D. PEDRO II

PAULO REZZUTTI

D. PEDRO II
A HISTÓRIA NÃO CONTADA

Edição revista
e atualizada

1ª edição

Editora Record
RIO DE JANEIRO • SÃO PAULO
2025

CIP-BRASIL. CATALOGAÇÃO NA PUBLICAÇÃO
SINDICATO NACIONAL DOS EDITORES DE LIVROS, RJ

R359d   Rezzutti, Paulo, 1972-
            D. Pedro II / Paulo Rezzutti. - 1. ed. - Rio de Janeiro : Record, 2025.
               (A história não contada ; 2)

           ISBN 978-85-01-92278-6

           1. Pedro II, Imperador do Brasil, 1825-1891. 2. Brasil - Reis e governantes - Biografia. 3. Brasil - História - II Reinado, 1840-1889. I. Título. II. Série.

24-94534   CDD: 981.04
                             CDU: 94(81).051/.06

Meri Gleice Rodrigues de Souza - Bibliotecária - CRB-7/6439

Copyright © Paulo Rezzutti, 2019, 2025

Todos os direitos reservados. Proibida a reprodução, armazenamento ou transmissão de partes deste livro, através de quaisquer meios, sem prévia autorização por escrito.

Todos os esforços foram feitos para localizar os fotógrafos das imagens neste livro.
A editora compromete-se a dar os devidos créditos em uma próxima edição, caso os autores as reconheçam e possam provar sua autoria.
Nossa intenção é divulgar o material iconográfico que marcou uma época, sem qualquer intuito de violar direitos de terceiros.

Texto revisado segundo o Acordo Ortográfico da Língua Portuguesa de 1990.

Direitos exclusivos desta edição reservados pela
EDITORA RECORD LTDA.
Rua Argentina, 171 – Rio de Janeiro, RJ – 20921-380 – Tel.: (21) 2585-2000.

Impresso no Brasil

ISBN 978-85-01-92278-6

Seja um leitor preferencial Record.
Cadastre-se no site www.record.com.br
e receba informações sobre nossos
lançamentos e nossas promoções.

Atendimento e venda direta ao leitor:
sac@record.com.br

Para Cláudia Thomé Witte

No alto de uma folha de papel escrevam a data do meu nascimento e o dia em que subi ao trono; no fim, quando faleci. Deixem todo o intervalo em branco, para o que ditar o futuro; ele que conte o que fiz, as intenções que sempre me dominaram e as cruéis injustiças que tive de suportar em silêncio, sem poder jamais defender-me.

D. Pedro II, 1888.

Se, depois de eu morrer, quiserem escrever a minha biografia, não há nada mais simples. Tem só duas datas — a da minha nascença e a da minha morte. Entre uma e outra coisa todos os dias são meus.

Alberto Caeiro (Fernando Pessoa).

SUMÁRIO

Prefácio à nova edição
Uma vida e muitos relatos   11

Introdução à nova edição   15

Prólogo
Estavam todos doidos   19

Parte I: Infância e adolescência (1825-1840)
O príncipe imperial   33
O menino imperador   75
Maioridade   137

Parte II: O imperador e o Brasil (1840-1864)
Fazendo um imperador   171
A família   183
Conhecendo o Brasil   235
A corte   265
As filhas   295

Parte III: O imperador e o mundo (1865-1889)
A guerra com o Paraguai   331
Cidadão do mundo   371
O fim do império   445

Parte IV: O ex-imperador (1889-1981)
Exílio e morte   555

Anexo
Fé de Ofício   617

Cronologia   623
Notas   635
Bibliografia   657
Agradecimentos   669

PREFÁCIO À NOVA EDIÇÃO

Uma vida e muitos relatos

A vida de d. Pedro de Alcântara João Carlos Leopoldo Salvador Bibiano Francisco Xavier de Paula Leocádio Miguel Gabriel Rafael Gonzaga, o carioca mais ilustre de todos os tempos, que governou o Brasil como o imperador Dom Pedro II entre 1840 e 1889, foi uma aventura digna de um romance. E o primeiro a operar a fusão entre persona e personagem foi Joaquim Maria Machado de Assis ao incluir d. Pedro no capítulo XXIX do romance *Dom Casmurro*, de 1899. Nele, o imperador-personagem faz uma quimérica visita à residência de d. Glória para dar conselhos à mãe de Bentinho sobre a futura carreira profissional do filho. E bem mais tarde foi o francês Jean Soublin, com seu *D. Pedro II, o defensor perpétuo do Brasil: memórias imaginárias do último imperador*, de 1996. Como o subtítulo indica, trata-se de um romance histórico que se aventura em uma narrativa de cunho fantástico na qual o ex-imperador, já ancião e exilado na estação de águas de Vichy, na França, relata suas fantasiosas reminiscências.

No plano não ficcional, sua vida tem sido revisitada por vários autores desde os tempos de sua existência terrena. E, mais uma vez, o pioneirismo coube a Machado de Assis, uma vez que a pesquisa de Cristiane Garcia Teixeira a ele atribuiu a autoria do artigo publicado na revista *O Espelho*, edição de 6 de novembro de 1859, "Dom Pedro II: esboço biográfico". Com esse opúsculo, o jovem de 20 anos, redator-chefe da efêmera *Revista Semanal de Literatura, Modas, Indústrias e Artes*, pode ser considerado o primeiro biógrafo do imperador que contava com 24 anos. Joaquim Pinto de Campos, monsenhor, professor e político pernambucano, publicou *O Senhor D. Pedro II, imperador do Brasil* no Porto, em Portugal, em 1871, quando o biografado estava para completar seus 46 anos. Em seu diário, preservado no Arquivo Histórico do Museu Imperial, d. Pedro registrou não ter tido interesse em ler os originais da obra. *Dom Pedro II, Emperor du Brésil*, escrita pelo rabino francês Benjamin Mossé, foi publicada em Paris, em 1889, o derradeiro ano de seu reinado como segundo imperador brasileiro. Para o sucesso da obra, o autor contou com entrevistas concedidas pelo biografado durante a terceira viagem do imperador ao exterior, em 1888, e com a fundamental ajuda de José Maria da Silva Paranhos Júnior, o barão do Rio Branco.

Por ocasião do centenário de seu nascimento, em 1925, o Instituto Histórico e Geográfico Brasileiro (IHGB) publicou um volume com textos de vários autores e que recebeu o título *Contribuições para a biografia de D. Pedro II*, uma homenagem da instituição fundada sob os auspícios do imperador-menino, em 1838. Ainda do exterior, a historiadora e pacifista estadunidense Mary Wilhelmine Williams publicou *Dom Pedro, the Magnanimous, Second Emperor of Brazil*, em 1937, pela editora da Universidade da Carolina do Norte, abrindo caminho para os estudos brasilianistas. No ano seguinte, passamos a registrar importantes obras publicadas no Brasil. Primeiro, o arrojado trabalho de Heitor Lyra, *História de Dom Pedro II*, em três volumes, resultado de sistemática pesquisa feita com base no arquivo privado de d. Pedro, recolhido por seus herdeiros no castelo d'Eu, residência dos Orleans, no norte da França. Parte dessa documentação, nomeada fundo Arquivo da Casa Imperial do Brasil, seria doada ao Museu Imperial pelo príncipe Dom Pedro de Alcântara, neto de d. Pedro, em 1948, estimulando a produção de novas pesquisas históricas. Outro trabalho do mesmo período é *O rei filósofo*, do futuro reitor da Universidade do Brasil Pedro Calmon, igualmente publicado em 1938. No âmbito das comemorações do sesquicentenário do nascimento de d. Pedro, em 1975, observamos a publicação de *História de D. Pedro II*, em cinco volumes, do mesmo Pedro Calmon, e *Pedro II e o século XIX*, da escritora feminista Lídia Besouchet. Obras bem diferentes, a primeira de cunho apologético e descritivo, a segunda mais comprometida com as questões trazidas pelas correntes historiográficas contemporâneas, mas que, juntas, explicitam o amplo interesse pelo tema.

Mais recentemente, Lilia Moritz Schwarz abriu uma nova fase dos estudos sobre d. Pedro com seu *As barbas do imperador: D. Pedro II, um monarca nos trópicos*, de 1998. Com o emprego de uma multiplicidade de fontes e com abordagens interdisciplinares, a antropóloga, historiadora e professora universitária, recentemente eleita para a Academia Brasileira de Letras, construiu uma referência obrigatória sobre a imagem pública de d. Pedro II que mereceu o Prêmio Jabuti, categoria Melhor Ensaio e Biografia, em 1999. Em mais uma contribuição da vertente brasilianista, o professor inglês radicado no Canadá Roderick J. Barman publicou *Imperador cidadão: Dom Pedro e a construção do Brasil, 1825-1891* no mesmo ano. Interessante observar a vitalidade dos estudos sobre o Brasil e, em particular, sobre personalidades brasileiras, uma vez que o mesmo pesquisador ainda se dedicou a uma biografia da princesa d. Isabel, filha de d. Pedro II, publicada em 2002. Já o recém-falecido professor José Murilo de Carvalho apresentou uma concisa e bem documentada contribuição com seu *Dom Pedro II: ser ou não ser*, publicado em 2007.

Uma vida e muitos relatos. Há espaço para mais? Paulo Rezzutti prova que sim. Nesse território, o autor paulista vencedor do Prêmio Jabuti com sua biografia de d. Pedro I, em 2016, transita com desenvoltura para alcançar um público mais amplo, não necessariamente formado por profissionais do campo da História, contribuindo para a formação de novos leitores interessados em temas históricos. A presente edição de *D. Pedro II: a história não contada* traz documentação inédita, preservada em arquivos de Portugal e da Áustria. Com ela, Rezzutti investiga aspectos da relação familiar íntima do biografado, especialmente com a madrasta, a imperatriz-viúva do Brasil dona Amélia, a quem d. Pedro tratava por mãe. Ou, ainda, com o cunhado, o rei dom Fernando II de

Portugal, tratado por "mano" em numerosa documentação epistolar. Outra novidade trazida pelo autor é a correspondência trocada entre d. Pedro e seu avô materno, o imperador Francisco I da Áustria.

A obra está organizada em quatro partes dispostas em sequência cronológica para melhor conduzir a leitura e facilitar o entendimento. A Parte I, Infância e adolescência (1825-1840), apresenta o biografado, com destaque para aspectos como a orfandade, a solidão, o rigor da sua formação e a preparação para a função pública que o aguardava desde a tenra infância. A Parte II, O imperador e o Brasil (1840-1864), descreve o amadurecimento do jovem imperador, sua função como pai de família e ainda nos fala das suas predileções, incluindo a convivência com Luísa Margarida de Barros Portugal, a condessa de Barral. A Parte III, O imperador e o mundo (1865-1889), informa como o biografado enfrentou crises políticas, conflitos, guerras e, ao mesmo tempo, se relacionou com as novidades de seu tempo, especialmente durante as três viagens que empreendeu pelo mundo: 1871, 1876 e 1887. Por fim, a Parte IV, O ex-imperador (1889-1891), narra o epílogo de uma vida de exilado. E a reprodução da sua Fé de Ofício, documento redigido de próprio punho em Cannes, sul da França, no dia 23 de abril de 1891, mesmo ano de seu falecimento, vaticina a construção de um mito.

No ano do bicentenário do nascimento de d. Pedro de Alcântara, *D. Pedro II*, de Paulo Rezzutti, é um contributo para o conhecimento mais amplo sobre a vida desse personagem único da história nacional.

Maurício Vicente Ferreira Jr.
Diretor do Museu Imperial e sócio titular do Instituto Histórico e Geográfico Brasileiro. Petrópolis, julho de 2024.

INTRODUÇÃO À NOVA EDIÇÃO

Em 2 de dezembro de 2025, completam-se duzentos anos de nascimento do primeiro brasileiro a governar o Brasil. D. Pedro II assumiu como imperador aos 5 anos, em 7 de abril de 1831, após a abdicação de seu pai, d. Pedro I. Ele passou 58 anos no posto, dos quais 49 exerceu efetivamente o cargo, após ter a maioridade antecipada.

É difícil imaginarmos nos dias de hoje um adolescente de 14 anos assumindo o trono de um país. Na época também, como ele confessa ao cunhado, o rei Fernando II de Portugal, em uma carta até então inédita estudada para esta nova edição: "Quiseram que eu tivesse 18 anos aos 14".

Além do fardo de assumir o poder tão jovem, não se tratava de governar um país pequeno. O Brasil, apesar de não ter na época a configuração atual, já possuía a maior fronteira de toda a América do Sul, e os problemas eram tão macro quanto seu tamanho. D. Pedro II herdou um país latifundiário, que produzia poucos produtos manufaturados e cujo comércio, em grande parte, estava ainda nas mãos de estrangeiros, sobretudo portugueses e ingleses. A sociedade era extremamente desigual, e a mão de obra era majoritariamente composta por escravizados.

Durante o reinado de d. Pedro II, o projeto imaginado por José Bonifácio de Andrada e Silva, da libertação gradual do elemento servil, foi, de certa maneira, implementado. O tráfico, graças à pressão inglesa, foi efetivamente combatido, e novas leis foram criadas visando à completa extinção do regime escravagista. Porém, desde a primeira delas, a do Ventre Livre, de 1871, que libertou os filhos dos negros nascidos em cativeiro, quase nada foi feito para a integração deles à sociedade. Se o imperador, em suas falas do trono, mencionava isso, as palavras caíam em terra pouco fértil. O Estado estava nas mãos da elite branca, ou embranquecida graças ao dinheiro e às relações sociais, e esse tipo de preocupação não fazia parte do seu dia a dia.

É um costume da superficialidade do nosso tempo atribuir a poucos o que, graças à evolução do modo de pensar da humanidade, enxergamos hoje como mazelas do nosso passado colonial e escravagista. Um desses culpados apontados é d. Pedro II. A realidade é que, naquele período, toda a nação, como boa parte do mundo, estava inserida nesses processos sociais. E, passados mais de 130 anos da abolição, com mudanças de sistema de governo, políticos e líderes, o Brasil ainda está longe de ser um exemplo mundial de igualdade racial e social.

Na nova edição desta obra, além de ajustes e correções à edição anterior, há novos documentos e estudos a respeito do relacionamento familiar de d. Pedro II, tanto na relação com d. Amélia, a madrasta que ele teve como mãe por toda a vida, quanto com o pai, o imperador d. Pedro I. A falta deste, e a busca pela sua imagem idealizada, levaria o filho, anos depois, a visitar todos os locais e pessoas com as quais o primeiro imperador do Brasil teve contato. O vazio sentido pelo "órfão da nação" seria preenchido e povoado em sua imaginação por cavaleiros medievais e donzelas em perigo, o que o tornou admirador dos romances de sir Walter Scott e das composições de Richard Wagner.

Esta obra traz cartas inéditas que demonstram a relação de d. Pedro II com seus parentes na Europa, tanto o avô, o imperador Francisco I da Áustria, quanto a irmã, d. Maria II de Portugal. O carinho e o respeito que ele tinha pela família austríaca eram grandes. D. Pedro II enviou para o avô diversas cartas e desenhos que ainda se encontram em arquivos em Viena. As missivas eram sempre respondidas por Francisco I, que não descuidou dos netos no Brasil, recebendo informes frequentes do diplomata austríaco creditado no Rio de Janeiro.

Já em relação a d. Maria II, as saudades que a rainha portuguesa, nascida e criada no Rio de Janeiro, tinha do Brasil ficam evidentes nas trocas de cartas entre ela e o irmão. Ele enviava à "mana rainha" desde abacaxis, de que ela sentia falta, até sementes de araucária, que ela procurava aclimatar em Portugal e que ainda hoje podem ser vistas no Parque da Pena, em Sintra. O construtor desse palácio, o rei d. Fernando II de Portugal, marido de d. Maria II, foi um dos maiores interlocutores de d. Pedro II. Isso é evidente no novo estudo, que apresenta informações inéditas retiradas de suas constantes trocas de correspondências, nas quais eles confidenciavam sobre praticamente tudo.

O estudo de todas as cartas enviadas por d. Pedro II ao cunhado e que se encontram na Torre do Tombo, em Lisboa, demonstra a confiança que depositava em d. Fernando, a ponto de abrir o seu coração, como não fez com praticamente mais ninguém em toda a vida. D. Pedro II fala da solidão, no auge dos seus 29 anos, e da falta de confiança nas pessoas, que só se aproximavam dele em busca de pretensa intimidade por interesse, levando-o a viver uma vida a mais íntima possível, na qual acabou perdendo até o entusiasmo pelos bailes, que anteriormente tanto apreciava.

Outro assunto que esta nova edição revisa e amplia diz respeito aos gastos do imperador com a educação dos brasileiros. Ele destinava parte de sua dotação anual para ajudar estudantes ou famílias que recorriam a ele. Sem dúvida, algo que chama a atenção é que, em um período em que as mulheres ainda não tinham acesso à educação superior no Brasil, d. Pedro II pagou os estudos e a pós-graduação nos Estados Unidos de Maria Augusta Generoso Estrela, a primeira mulher brasileira a se formar em Medicina. Entre outros que contaram com ajuda do imperador, esteve o paraense Júlio César Ribeiro de Souza, um dos primeiros aeronautas brasileiros.

Os acréscimos à nova edição buscam contribuir com a proposta inicial desta obra: tirar o imperador do pedestal e colocá-lo em carne e osso diante dos leitores, dando a estes ferramentas suficientes para observarem a evolução do pensamento e da maturidade ao longo da vida do biografado. Recusar a possibilidade de mudar de ideia ao longo da vida, tanto na nossa quanto na das personalidades que viveram antes de nós, é recusar o arrependimento, o aprendizado e a evolução de pensamento e dos costumes. Ao fazermos isso, negamos a todos, homens do passado, do presente e do futuro, o seu pertencimento à humanidade.

PRÓLOGO

Estavam todos doidos

"Os senhores são uns doidos!", exclamou d. Pedro II aos militares que o acompanhavam no embarque às 3 horas da manhã de 17 de novembro de 1889. Posteriormente, em suas anotações, a princesa d. Isabel lembraria: "Foi a única frase um pouco dura, mas bem merecida, que papai lhes disse".[1] "Se os senhores têm alguma lealdade, não deixem de repetir o que meu pai lhes declarou: que só embarcaria nesta ocasião para evitar um conflito",[2] disse a princesa imperial ao tenente-coronel João Nepomuceno de Medeiros Mallet enquanto ajudava o ex-imperador a entrar na lancha. O embarque apressado, na calada da noite, no Cais Pharoux, próximo ao Paço da Cidade, enervara a todos.

Não bastou um núcleo dissidente do exército, por uma questão classista, dar um golpe de Estado, depor o governo e acabar com o império em 15 de novembro de 1889. Não bastou cercarem o Paço com tropas e impedirem a entrada e a saída de todos. Era necessário urgência na retirada da família imperial do Brasil, mesmo que a dignidade deles sofresse com isso. O que havia sido combinado anteriormente, que a partida do ex-imperador e da família se daria por volta das 15 horas do dia 17, foi mudado abruptamente. Todos foram obrigados a sair de madrugada da cidade, por isso a zanga de d. Pedro II.

A família imperial foi levada na lancha do Arsenal de Guerra guarnecida por quatro jovens alunos da Escola Militar. Faltavam os filhos da princesa Isabel, que, por ordem dela, haviam subido na tarde de 15 de novembro para Petrópolis para se afastarem de qualquer confusão na capital. Com o imperador e a família, seguia também o octogenário marquês de Tamandaré. O ajudante de ordens do imperador fora um dos poucos presentes no Paço que declararam querer acompanhar a família até a bordo do navio que os levaria para o exílio. Também iam algumas damas; o médico do imperador, o conde dr. Cláudio Velho da Mota Maia, e seu filho; e o camarista do imperador, o conde de Alzejur, Francisco de Lemos de Faria Pereira Coutinho.

Além de Mallet, responsável direto do governo provisório e quem devia garantir o embarque da família imperial, iam também na lancha um oficial da Fazenda e o capitão-tenente Serrano, que deveria tomar o comando do navio caso o comandante do *Parnaíba* não se encontrasse a bordo.

Algumas horas antes, ainda com a família imperial dentro do Paço, ouviram-se tiros na praça. O major Frederico Sólon de Sampaio Ribeiro havia prendido quinze marinheiros que tentaram furar o bloqueio do exército e libertar o imperador. A Marinha ainda não havia aceitado unanimemente a queda da monarquia. Em meio à noite chuvosa, a lancha que levava o imperador e a família navegava por entre navios brasileiros, alguns dos quais ostentavam a bandeira imperial devido à relutância de seus comandantes em arriá-la. Varrendo com as lanternas de bordo a escuridão e a chuva, finalmente encontraram o *Parnaíba*, e Mallet ordenou que arriassem a escada. Porém, só depois da segunda vez, com voz forte de comando, é que conseguiu que ela fosse baixada.

O comandante Serrano foi o primeiro a subir a escada e oferecer a mão ao velho imperador. Este, apesar dos 64 anos incompletos, fazia tempo que não era mais um homem vigoroso e sadio. O diabetes e problemas relacionados lhe minaram a saúde. Agora, no meio da noite chuvosa, com uma pálida luz iluminando parcialmente a escada do navio, o imperador corria risco de vida. Apesar da ajuda de Serrano na escada do *Parnaíba* e do dr. Mota Maia e de Mallet na lancha, d. Pedro II não lograva vencer o vão entre elas. Naquele momento, Mallet tomou uma decisão: se d. Pedro caísse no mar, ele também se jogaria com o ex-monarca. Seria preferível morrer afogado ao lado do imperador ao tentar salvá-lo a ser acusado de matá-lo durante a tentativa de embarque precipitada.³

Por fim, ligando sua vida completamente à do monarca, conseguiu, com a ajuda de um impulso dado por um marinheiro, colocar o imperador a salvo na escada. Depois foi a vez da princesa Isabel, que teve ajuda do esposo, o conde d'Eu. Por fim, a ex-imperatriz claudicante, cuja subida para a escada do *Parnaíba* foi tão difícil e temerosa quanto a do marido — d. Teresa Cristina foi ajudada pelo marquês de Tamandaré até chegar a salvo no convés.

"Ao pôr o pé no vapor foi que soubemos que em vez do *Alagoas* levaram-nos para o *Parnaíba*. Em tudo notamos receio e atrapalhação",⁴ registrou a princesa Isabel, que, ansiosa, aguardava a chegada dos filhos vindos de Petrópolis. O estranhamento era compreensível: o *Parnaíba* era um canhoneiro de pequeno porte que teria dificuldade em atravessar o Atlântico. Haviam antes informado que a família partiria para o exílio no *Alagoas*, um navio de passageiros.

Apesar da chuva, d. Pedro não quis descer para a cabine do comandante, preferiu ficar ao ar livre. Para fazer a vontade do ex-monarca, ordenaram que fosse estendida a cobertura do tombadilho. Uma luz mortiça iluminava a cena melancólica, era a hora dos que acompanharam a família de d. Pedro partirem. O único resoluto foi o velho marquês de Tamandaré, que afirmou que não deixaria o navio enquanto a família imperial não estivesse alojada no *Alagoas*. Serrano, que havia assumido o comando do navio, não se opôs ao velho marquês, que aos 82 anos era um dos últimos grandes heróis militares vivos do Brasil Imperial.

O que Serrano não sabia era que Tamandaré, que contava ainda com o seu prestígio junto à Marinha, tinha tentado convencer o imperador a lhe dar permissão para levantar a Armada e debelar o golpe do Exército. Mas d. Pedro não lhe deu o aval e, mesmo assim, o velho marinheiro, permanecendo fiel ao seu imperador, não o abandonou enquanto não teve a certeza de que ele estaria seguro no *Alagoas*. Tamandaré, ao falecer em 1897, deixou explícito em testamento que recusava toda e qualquer honra militar oficial por parte do governo brasileiro por ocasião de sua morte, uma vez que o imperador não recebera nenhuma.

Outras ideias de fuga haviam sido cogitadas. Enquanto estavam prisioneiros, no Paço, uma passagem do edifício para uma casa na rua da Misericórdia continuava aberta e sem vigias. Por ela, pensaram pessoas próximas ao monarca, o imperador e sua família poderiam ter ido para o encouraçado chileno *Almirante Cochrane*, cujo comandante havia se oferecido para asilar os Bragança.

Os barões de Muritiba e Loreto, bem como o conde d'Eu, haviam aventado a hipótese de darem prosseguimento à ideia de se exilarem no *Cochrane* ou noutro navio de guerra estrangeiro no porto do Rio. Chegaram mesmo a esboçar um manifesto:

> Aos Brasileiros! Até hoje de manhã esperava poder me conservar em paz no país que tanto amo. Infelizmente desde poucas horas acho-me sob o peso da profunda mágoa de ver-me privado da liberdade de ação que nunca neguei a nenhum brasileiro. Assim, tratado como um culpado, e tolhido na liberdade de ação que sempre encareci como direito garantido por nossas leis a todos os cidadãos, entendi não dever conservar-me em posição tão afrontosa. Busquei abrigo sob o pavilhão de uma nação amiga, enquanto não me é dado tomar outra deliberação.[5]

A ideia, que o conde d'Eu apresentou ao sogro, foi veementemente refutada pelo ex-imperador. Em hipótese alguma faria isso. Era incapaz de demonstrar falta de confiança nos brasileiros, os quais ele governara por tantos anos. E se essa atitude provocasse uma revolta? D. Pedro não estava disposto a contabilizar na sua longa folha de serviços prestados ao Brasil uma luta fratricida. Não se tratava, como em tantas revoltas anteriores, de fragmentar o território brasileiro ou confrontar diretamente o governo, tratava-se agora de uma mudança de regime. O atendimento ao pedido do governo, para que o imperador e sua família se retirassem da pátria, era um capítulo a mais em sua longa lista de sacrifícios feitos pelo Brasil.

PRÓLOGO

Pela porta, quando ainda estava desimpedida do cerco dos militares ao Paço, partiu um pedido de d. Pedro II. Era um bilhete para o barão de Ramiz Galvão, professor dos seus netos que estava com eles em Petrópolis: "Dê-me a edição antiga de Camões que está numa caixa; também uma memória escrita pelo Castilho que a acompanha, e a edição francesa do *Decameron*, de Boccaccio".[6] As letras, os seus livros, principalmente a edição d'*Os Lusíadas* original com o autógrafo de Camões, e não a espada, era o que desejava para lhe fazer companhia.

A bordo do *Parnaíba*, apesar da comoção de alguns, o imperador expressava um ar de tranquilidade, como se lembraria anos depois o comandante do navio, o capitão de fragata José Carlos Palmeira: "Oh, ele conservava-se o mesmo homem, pairando sempre à mesma altura e esteve assim até o último momento em que o vi".[7] Palmeira retornara às pressas ao seu navio assim que viu nos jornais que o *Parnaíba* deixaria a barra. Para seu espanto, encontrou a família imperial a bordo. Foi apresentado ao imperador pelo marquês de Tamandaré, que agora chorava. Com todo o respeito, beijou a mão de d. Pedro II e da imperatriz e retirou-se para saber quais eram as ordens.

Às 9 horas da manhã, o tenente Cunha Gomes, ajudante de ordens do ministro da Marinha, chegou a bordo com novas resoluções acerca do destino da família. O *Parnaíba*, tão logo chegassem os filhos da princesa d. Isabel, deveria seguir para a Ilha Grande e ali fazer a transferência dos Bragança para o vapor *Alagoas*.

O imperador continuou pacificamente no tombadilho lendo os jornais dos dias 15 e 16 entregues a ele pelo comandante Serrano, enquanto a maioria da família desceu para as cabines. Alguns estavam enjoados devido ao mar agitado daquele domingo. Entre as 10 e as 11 horas da manhã finalmente chegaram os netos do imperador, acompanhados do barão de Ramiz Galvão, que trazia os livros solicitados por d. Pedro. As crianças, segundo o conde d'Eu relatou em carta para a condessa de Barral, "chegaram soluçando e foi para mim a cena mais dolorosa de toda a crise".[8]

Subiram também a bordo, seguindo o destino da família, o professor Frederico Stoll e o engenheiro André Rebouças, um simpatizante das ideias republicanas que, para espanto do conde d'Eu, afirmara não ser aquela a república com a qual sonhara e por isso seguiria com a família para o exílio.

Com a comitiva, chegava ao *Parnaíba* um dos únicos diplomatas estrangeiros, o conde Welsersheimb, representante do império austríaco, que viera de Petrópolis acompanhando os demais. Os outros diplomatas e representantes estrangeiros, além de conselheiros, ministros e algumas pessoas desejosas de se despedir do imperador, ficariam protestando no Arsenal de Marinha sem conseguir permissão para subir a bordo. O austríaco se recordaria do comportamento de d. Pedro II no navio:

> [...] a dignidade e o absoluto autocontrole caracterizaram a atitude de Sua Majestade enquanto esteve a bordo do navio. Nem uma palavra de queixa ou de acusação passou pelos lábios do imperador. Absteve-se, igualmente, de qualquer observação a respeito da crueldade de seu destino.

Se d. Pedro parecia estoico, o mesmo não se podia dizer de d. Teresa Cristina, que entre soluços dizia: "Mas o que fizemos para sermos tratados como criminosos?".[10] A princesa d. Isabel estava igualmente emocionada perante o representante austríaco, que havia subido a bordo para oferecer exílio na Áustria à família imperial. Ela tomou a mão de Welsersheimb e, com a voz entrecortada, disse várias vezes, como se ele tivesse que se recordar do que ela dizia: "Não pense muito mal do meu país, não é senão num acesso de loucura que eles agem".[11]

Mas o mal já estava feito, e o ministro austríaco, em despacho no dia 24 de dezembro para Viena, oficiaria:

> [...] esse mesmo monarca que partia para o exílio como um banido era recebido havia menos de um ano pelo mesmo povo com grande entusiasmo, com inúmeras ovações e festividades ao voltar depois de uma séria moléstia. Então todos, sem distinção, atropelavam-se para beijar a mão do "Amado Pai da

Pátria". Agora, o mesmo povo, nos últimos dias, não mexeu um dedo na sua estúpida apatia para evitar o banimento forçado do monarca que tão recentemente era o centro de tal regozijo.[12]

D. Pedro agradeceu ao embaixador a oferta de asilo na corte de seu primo, o imperador Francisco José, mas já estava resolvido a seguir para Portugal, ao menos por algum tempo.

Entre meio-dia e uma da tarde, o *Parnaíba* levantou ferros deixando a barra e, enfrentando o mar tempestuoso, pôs-se a caminho da Ilha Grande, em Angra dos Reis, onde ancorou às 18 horas na enseada do Abraão. Durante todo o percurso, o imperador continuou no tombadilho, conversando com André Rebouças e com o comandante e apreciando a paisagem.

A calma do imperador parecia infinita. O seu equilíbrio era notável, e quem o visse poderia achar que ele simplesmente não se importava em ter sido banido do país em que nascera e que governara por mais de quarenta anos. Mas a verdade é que externar desespero, ódio, raiva ou rancor estava abaixo da dignidade imperial que lhe haviam imposto desde o nascimento. Não deveria nunca se igualar ao pai em seus rompantes de humor, e sim parecer digno e equilibrado em todos os momentos e nas mais variadas circunstâncias, como a mãe. À sua maneira, quieto e introvertido, preferiu calar-se e ficou admirando a paisagem da costa do seu país pela última vez, como se quisesse fixá-la na memória.

Seria fácil vociferar e andar pelo tombadilho irritado e cheio de raiva incontida como Tamandaré, se d. Pedro II soubesse que voltaria à terra brasileira em breve. Tudo não passaria então de uma quartelada, a mais grave do seu reinado, a ponto de os militares derrubarem um ministério e tentarem enviar a família imperial para o exílio. Mas parecia não ser bem esse o caso. Apesar de toda a confusão e atropelo, d. Pedro II, ou melhor, o cidadão d. Pedro de Alcântara, não acreditava que tudo fosse um equívoco, e assim preparou-se para sair de cena com dignidade.

Pouco tempo depois da chegada à Ilha Grande, para alívio dos exilados, lançava ferros na mesma região o vapor *Alagoas*. Este faria o transporte final da família, já sob a nova bandeira do Brasil, que depois seria substituída pela imperial para poder entrar em Portugal, que não reconhecera de pronto o novo regime.

A bandeira republicana era uma cópia da norte-americana. No lugar das listras brancas e vermelhas, tremulavam as amarelas e verdes. Próximo ao mastro, havia agora um retângulo azul com estrelas brancas. A república transformaria essas cores no amarelo das nossas riquezas e no verde de nossas matas. Começava o apagamento da memória do Império brasileiro no ensino. Alterava-se o projeto original explicado por Antônio Teles da Silva Caminha e Meneses, futuro marquês de Resende, em 1823 ao governo austríaco, em que a cor amarela representava a casa dos Habsburgo, e o verde, a casa de Bragança.

O *Alagoas* trazia a bordo diversas pessoas que o governo permitiu que seguissem viagem com a família imperial ou que dela fossem se despedir. O ex-imperador e a família começaram a desembarcar do *Parnaíba* rumo ao *Alagoas* por volta das vinte horas. Entre os que aguardavam a família deposta estava o barão de Muritiba, que assim se lembrou da ocasião:

> Ancoramos na enseada da Ilha Grande sendo já noite, e por volta das 8 horas foram a família e mais pessoas que com ela tinham seguido transladadas de bordo do *Parnaíba* para o do *Alagoas*. O mar estava um tanto agitado, a noite escura, sendo por isso difícil o desembarque e embarque, os quais, de mais, foram feitos do lado em que o balanço era mais forte, de modo que a venerável imperatriz, mui nervosa e movendo-se com dificuldade, dava gritos, que a todos penalizava.[13]

A baronesa de Loreto e André Rebouças deixariam registradas suas lembranças a respeito da dificuldade com que a imperatriz foi levada a bordo e dos gemidos e das dores reumáticas que ela fora incapaz de segurar. Segundo Rebouças, a princesa d. Isabel foi uma das pessoas que ajudaram a mãe. Ela carregou "a imperatriz lembrando o episódio de Virgílio, quando Eneias carrega o pai, Anquises, na saída de Troia".[14]

A mesma imagem da *Eneida*, de Virgílio, foi evocada por frei Arrábida, preceptor do futuro d. Pedro I, quando deu a seu aluno o texto latino para ler enquanto a família Bragança atravessava o Atlântico, partindo de Lisboa em 1807 com o exército napoleônico às portas da cidade. Daquela vez, quem fizera o papel de Eneias era o príncipe regente d. João, que trazia ao Brasil a família e guiava a mãe, a rainha d. Maria I, incapacitada mentalmente. Oitenta e um anos separavam a chegada de d. Maria I da partida do seu bisneto, o último Bragança coroado na América.

D. Pedro agradeceu aos oficiais e marinheiros do *Parnaíba* que os acompanharam até o *Alagoas* e desejou a eles que continuassem a servir bem ao Brasil. O seu desejo era de que, ao chegar à Europa, recebesse notícias de não ter ocorrido nenhum derramamento de sangue. A partir das 22 horas, a família recebeu aqueles que haviam vindo despedir-se e depois foi descansar em suas cabines. À meia-noite, o navio partiu em direção à Europa, passando novamente diante do Rio de Janeiro às 6h30. Para alguns, naquele navio, seria a última vez que avistariam a entrada da barra, o Pão de Açúcar e toda a maravilhosa paisagem que encanta a todos até hoje.

Em seu diário, nesse dia, o ex-imperador escreveu um poema:

> Já deixei o lugar, que vi ao nascer,
> E vou correndo o que mais afastar
> Me há de tudo o que a m'encantar,
> Assim houvera os anos que viver:
> Do que de flores, agora de sofrer,
> Quando pesado for só no lembrar
> E este porque, a ainda mais me atormentar,
> M'o diz, e grave assim a ideia a remoer
> Embora gosto aí até o aspire,
> Irei, no amor que dei muito esperando,
> E confio com ausência, que mui breve expire,
> Voltar à pátria, à qual me devotando,

> À filha deixe e que em meu amor s'inspire,
> Ainda mais por essa trabalhando.[15]

O encouraçado de esquadra *Riachuelo*, um "negro monstro marinho", segundo a lembrança do barão de Muritiba, havia sido encarregado pelo governo brasileiro de escoltar o vapor *Alagoas*. Foi o que bastou para que d. Pedro Augusto, o neto mais velho de d. Pedro II, filho da falecida princesa d. Leopoldina, fosse obrigado a ficar confinado na sua cabine por causa de um ataque de pânico e ansiedade. Segundo a neurose do príncipe, o cruzador iria atirar contra o navio, matando todos eles. O *Riachuelo* recebera ordens de seguir o *Alagoas* até a altura da Bahia, comboiando o vapor até o dia 22 de dezembro, quando passaram próximo dessa província. O golpe que depusera o governo e o Império estava longe de ser unânime. Várias províncias, inclusive a Bahia, haviam inicialmente se recusado a aderir prontamente à nova ordem.

A comitiva a bordo do *Alagoas* era formada por dois grupos: a família imperial em si e o grupo que a seguia. A família imperial era composta por d. Pedro II, d. Teresa Cristina, seu neto d. Pedro Augusto — que o imperador chamava de "Pedro grande" —, sua filha e herdeira, a princesa imperial d. Isabel, o marido dela, o conde d'Eu, e os três filhos do casal: o príncipe do Grão-Pará, d. Pedro de Alcântara de Orléans e Bragança, e os príncipes d. Luís e d. Antônio. Seguiam juntos os barões de Muritiba e de Loreto com suas esposas, o conde de Mota Maia e seu filho, o camareiro de d. Pedro II, o conde de Aljezur, uma velha dama de d. Teresa Cristina, a viscondessa de Fonseca Costa, que a serviu por quarenta anos, André Rebouças, Frederico Stoll, professor de alemão e de ginástica dos príncipes, o professor de línguas orientais do imperador, Christian F. Seybold, além de diversos criados.

Na segunda-feira, dia 2 de dezembro, d. Pedro II iniciou seu diário às 5h15: "64 anos. Quase 50 destes procurei servir o Brasil e mesmo de longe o farei. O dia parece belo, mas há os verdadeiramente assim sem esperança de voltar quase certa à Pátria?".[16]

O grupo uniu-se para parabenizar o ex-imperador pelo seu aniversário. Os seus netos mais novos lhe escreveram uma cartinha:

> Querido Vovô
>
> Não temos flores aqui para oferecer-lhe por ocasião deste dia tão caro para nós; mas como sempre oferecemos a Vovô nossos corações.
>
> Seus netinhos que tanto o amam
>
> Pedro
Luís Antônio
Bordo do vapor Alagoas.[17]

Bem como d. Isabel e seu marido:

> Depois de tanta angústia, o dia de seus anos, nosso querido Papai, afigura-se-nos como o raiar da aurora de dias menos tristes. Possa esta esperança, que desperta o dia 2 de dezembro, se realizar, possamos nós todos pelo menos, ainda por muitos e muitos anos, passar este dia tão caro para nós ao lado do nosso querido Papai a quem tanto de coração ama seus filhos.
>
> Isabel, Condessa d'Eu Gastão de Orléans
Bordo do vapor Alagoas, 2 de dezembro de 1889.[18]

Alguns, incluindo os netos, prepararam composições literárias para homenageá-lo, depois houve um jantar, ao qual d. Teresa Cristina não compareceu por estar indisposta. O comandante fez um brinde a d. Pedro II em nome da tripulação ao qual o ex-imperador respondeu: "Pela prosperidade do Brasil". Tudo se passou como em uma festa de aniversário familiar.

O Brasil, pela segunda vez durante a vida do soberano, não comemorou o aniversário de d. Pedro II. A primeira vez que isso ocorreu foi quando o então príncipe imperial completou um ano de idade. Nessa ocasião, as festividades públicas foram canceladas devido à doença que vitimaria sua mãe, d. Leopoldina. A imperatriz faleceu nove dias depois do aniversário do filho, em 11 de dezembro de 1826.

PARTE I

INFÂNCIA E ADOLESCÊNCIA
(1825-1840)

O PRÍNCIPE IMPERIAL

Primeiro de dezembro de 1825 foi um dia de grande gala na corte: era o terceiro aniversário da coroação do imperador d. Pedro I. Além das salvas de praxe dadas pelos navios e fortalezas, houve missa de ação de graças na Capela Imperial e beija-mão no Paço da Cidade. Um grande desfile militar foi realizado no Campo da Aclamação com a presença da corte.[1] Mas, na ocasião, uma ausência importante foi notada: a da imperatriz d. Leopoldina, que estava prestes a dar à luz.

A noite festiva, na qual os fogos de artifício iluminavam a cidade e a baía de Guanabara, estava abafada e quente. Nessa ocasião, em pleno verão carioca, d. Leopoldina, uma austríaca criada em meio ao frio rigoroso e ao calor ameno, sentia as primeiras contrações. D. Leopoldina e d. Pedro tinham em 1825, vivos, quatro filhos, todos do sexo feminino: a princesa herdeira, d. Maria da Glória, nascida em 1819, e suas irmãs mais novas — d. Januária, nascida em 1822, d. Paula Mariana, em 1823, e d. Francisca, em 1824.

O herdeiro varão do casal, o príncipe d. João Carlos, morrera aos 11 meses de idade em 1822, após a insurreição do exército constitucional português. Visando cumprir à força as ordens da Assembleia Constituinte portuguesa e embarcar os príncipes e seus filhos para a Europa, as tropas se levantaram no Rio de Janeiro. D. Pedro, para proteger a mulher e os filhos, mandou-os para a Fazenda de Santa Cruz. D. João Carlos começou a passar mal durante a viagem e seu estado de saúde piorou aos poucos até morrer, em 4 de fevereiro. Seus pais culpariam pela vida afora a insubordinação dos oficiais portugueses pelo ocorrido.

O trabalho de parto de d. Leopoldina, entre 1º e 2 de dezembro de 1825, não foi dos mais fáceis. No boletim médico publicado na sexta-feira, dia 2, no *Diário Fluminense*, o médico da Imperial Câmara, dr. Domingos Ribeiro dos Guimarães Peixoto, informava:

> Às duas horas e meia da madrugada do dia 2 do corrente, S.M. a Imperatriz deu à luz um príncipe com a maior felicidade possível, no meio de um trabalho bem de quase 5 horas, todavia assaz incômodo, tanto pela posição pouco favorável do tronco à entrada do estreito superior da bacia, que não deixava sem grande dificuldade descer a cabeça [...], como pela distância dos ombros, cuja medida deu um número de polegadas abaixo indicado. Esta circunstância, única e primeira, influiu, qual foi mister a intervenção de socorros, que foram prudentemente ministrados. Medidas lineares: comprimento: 23 polegadas e 1/4; extensão de um a outro ombro: 6 polegadas e ¾.[2]

D. Leopoldina só escreveria ao pai, o imperador da Áustria, Francisco I, quinze dias depois:

> Perdoe-me, querido papai, por não lhe ter escrito pelo último paquete, mas estava muito doente e não pude cumprir o dever tão doce para meu coração. Graças a Deus estou muito feliz, embora tenha dado à luz, com muito esforço e não sem ajuda de um parteiro competente, [...] um menino muito grande e forte, que recebeu no sagrado batismo o nome de Pedro.[3]

Em linguagem decimal, usando como base a polegada portuguesa vigente na época, que equivalia a 27,5 mm, d. Pedro II nasceu com quase 64 centímetros de comprimento e medindo 18 centímetros de ombro a ombro. A criança estava bastante desenvolvida e em uma posição não muito favorável ao parto. A cabeça grande, por se destacar em relação ao corpo miúdo da criança em desenvolvimento, ocasionaria alguns estranhamentos quanto às imagens desenhadas de quando era bebê e de quando ainda estava em crescimento.

O herdeiro

Devido ao nascimento de um menino, a corte se pôs em festas por três dias, o ribombar dos canhões de terra e mar era ouvido, assim como o badalar dos sinos das igrejas. O imperador, ao lado das filhas, foi no dia do parto à igreja de Nossa Senhora da Glória do Outeiro, de especial devoção da família imperial, agradecer pelo nascimento. Um mês depois, em 2 de janeiro de 1826, retornaram com o bebê e a imperatriz para apresentar a criança junto ao altar e pedir diante dele a proteção da santa.[4] Nos dias seguintes, houve beija-mão no Paço, recebimento do corpo diplomático e um te-déum na Capela Imperial.

Guardadas no Arquivo Histórico do Museu Imperial, em Petrópolis, se encontram seis cartas escritas por uma senhora que as assina como Goufferteau de Château-Neuff. Elas foram endereçadas ao imperador d. Pedro I entre 8 de abril e 10 de novembro de 1827. Nelas, madame Château-Neuff pedia auxílio para conseguir manter o filho na Academia da Marinha. Segundo ela, o seu pedido era justo, afinal tinha sido ela quem havia ensinado a d. Leopoldina o segredo de ter filhos varões.

> Logo que Sua Majestade soube que eu lhe podia ser útil, ela imediatamente me mandou chamar, dizendo-me que daria voluntariamente tudo o que possuía para ter uma criança masculina por causa de seu augusto esposo e dos brasileiros. Sua Majestade me disse que havia consultado médicos e autores franceses e outros e que tudo [...] não dera resultado.[5]

A Constituição outorgada por d. Pedro I ao Brasil em 1824 permitia que tanto homens quanto mulheres pudessem herdar o trono, diferentemente de outras monarquias em que ainda imperava a lei sálica, que bania o sexo feminino da linha de sucessão. Entretanto, no Brasil, um herdeiro masculino mais novo tinha precedência sobre uma princesa nascida antes dele.

Apesar da ideia de sempre conservar o trono na mesma família, o casamento de uma princesa herdeira pressupunha a união com um príncipe estrangeiro. Em uma época, na qual a mentalidade patriarcal embutia na sociedade a ascendência intelectual do homem sobre a mulher, qualquer corte temia a influência de um estrangeiro sobre a sua rainha. A família de Bragança resolveria isso casando entre si. D. Maria I casou-se com seu tio, assim como havia sido planejado que a primeira filha de d. Pedro e d. Leopoldina, a princesa d. Maria da Glória, se casasse com o tio paterno, o infante d. Miguel.

Portanto, a preocupação de d. Leopoldina em ter um filho varão era compreensível. Ela sabia muito bem que uma mulher ocupando o trono poderia causar um trauma político. Sua bisavó, a imperatriz Maria Teresa, sofrera rebeliões internas e guerras com outras potências para fazer valer a sua herança. A filha de d. Leopoldina, d. Maria da Glória, seria feita herdeira de Portugal por d. Pedro I em 1826, quando este renunciou ao trono em nome dela. O projeto de casamento dela com d. Miguel foi desfeito em 1828, quando o infante português tomou o trono para si. Só em 1834 as coisas seriam resolvidas e ela conseguiria reinar de fato.

Era grande a importância simbólica de um herdeiro masculino que sustentasse o nome da dinastia. Esse novo príncipe viria a ser o herdeiro de um império americano criado por seus pais e o primeiro dinasta nascido na América. Tanto d. Pedro I, português, quanto d. Leopoldina, austríaca, sempre seriam considerados estrangeiros por seus críticos. D. Leopoldina seria chamada assim por algumas de suas criadas e damas portuguesas, e d. Pedro I, mesmo passando toda a sua juventude e a maior parte de sua vida adulta no Brasil, era considerado português.

D. Pedro I

D. Pedro II, assim como seu pai, d. Pedro I, e seu avô, d. João VI, não era originariamente o herdeiro do trono. D. Leopoldina teve dois outros meninos, d. Miguel, que faleceu logo após o nascimento, e d. João Carlos. O mundo ainda era repleto de crenças e superstições. A Igreja ditava as regras de comportamento, o andar dos dias e das horas nos países católicos. Nesse espírito, onde o céu e o inferno eram lugares muito bem definidos e quase palpáveis na mente da maioria esmagadora do povo, as mortes de crianças eram mais associadas a maus-olhados e maldições do que à falta de higiene e de cuidados. E assim surgiu a "Maldição da Casa de Bragança", para explicar a morte dos seus primogênitos.

O primeiro rei dessa dinastia, d. João IV, duque de Bragança, antes de sua aclamação como rei de Portugal, se irritou com um franciscano que lhe pediu esmolas. Sem qualquer paciência, e de modo bruto, mandou o religioso se retirar e lhe deu um pontapé que atingiu sua canela. Irritado com a grosseria do nobre, o franciscano rogou a seguinte praga: "A sua descendência nunca passará pelo primogênito, e os que lhe sucederem, Deus permita, tenham o mesmo sinal na perna que o senhor me produziu".[6]

Desde a época de d. João IV, já rei e arrependido do gesto, se criou a tradição de se apresentar os membros recém-nascidos da família de Bragança aos altares da ordem mendicante de São Francisco. Tanto d. João VI quanto d. Pedro I passaram a dar esmolas e a frequentar as festas religiosas dos franciscanos, assistindo às missas e fazendo a refeição na companhia deles. Mas nada disso fez a "maldição" arrefecer. Raros foram os primogênitos que chegaram a subir ao trono e reinaram tempo suficiente para deixar herdeiros. Futuramente, a "maldição" atingiria os herdeiros de d. Pedro II.

O pai de d. Pedro II nasceu em Lisboa, no Palácio de Queluz, na sala D. Quixote, às seis horas da manhã de 12 de outubro de 1798. O príncipe era filho da infanta espanhola d. Carlota Joaquina e do príncipe português d. João. D. Pedro era neto da rainha portuguesa d. Maria I e terceiro na linha de sucessão do trono português até a morte de seu irmão. Sua educação acabou sendo descontinuada em Portugal devido à invasão napoleônica e à transferência da corte para o Brasil.

Apesar de haver sido fixado um plano de estudos para o herdeiro, ainda se vivia em uma sociedade absolutista, e o desejo do príncipe era lei. Se d. Pedro não quisesse estudar, sua vontade era respeitada, e os servidores e mestres obedeciam ao futuro rei de Portugal. Futuramente se arrependeria muito de suas péssimas maneiras e da falta de uma educação mais sólida. Isso pode ser visto claramente nas cartas enviadas aos filhos, não somente aos herdeiros e legítimos, mas até aos que ele não reconheceu. Segundo ele, os filhos não deveriam mais confiar na hierarquia "pois a civilização tem feito ver aos monarcas, e aos grandes, que não basta o nascimento, que é necessária uma boa educação e saber".[7]

Embora a educação de d. Pedro I tenha sido desregrada, ele aprendeu diversas línguas e adorava música, chegando a compor várias obras, tanto sacras quanto profanas. A melodia do Hino Nacional Brasileiro da época, hoje conhecido como Hino da Independência, e a do Hino Constitucional Português são de sua autoria. Seus conhecimentos de aritmética, história e ciências eram pouco acima da média, mas não inexistentes; todavia, um dos problemas do monarca eram os seus modos. Estes horrorizaram boa parte dos que com ele conviveram. De temperamento vivo e afoito, era também abrutalhado. Era um homem autêntico, sem filtros, falava diretamente o que lhe passava na cabeça sobre determinada questão ou assunto levantado.

O que hoje pode ser entendido como um sinal de autenticidade e uma marca de popularidade, naquela época não era algo bem-visto em um futuro chefe de Estado. D. Pedro I era expansivo, falador, galante e sedutor, agindo mais por impulso que refletidamente. Parecia haver nascido com uma sede de viver que o devorava internamente. Quase tudo nele era desmedido. Gostava de velocidade, e com isso não poupava cavalos ou veículos para se satisfazer, nem o corpo, posto que foi vítima de diversas quedas e acidentes. Nadava, escalava, corria. Tinha necessidade de sentir-se vivo em todos os aspectos, inclusive nos amorosos.

Quanto aos seus ideais políticos, inicialmente educado para ser um rei absolutista português, aos poucos mudara o pensamento. Para horror de d. João VI, de grande parte dos ministros e da corte portuguesa, d. Pedro passou a flertar com as ideias liberais e o Constitucionalismo. Junto à questão da educação, deixará esses ideais de herança para seus herdeiros dinásticos: Maria II e d. Pedro II.

Seu filho, d. Pedro II, foi educado para ser a antítese do pai, como bem demonstrariam seus modos mais controlados e seus monossílabos trocados eventualmente com estranhos. Guardava o que efetivamente pensava para cartas mais pessoais trocadas com gente de sua inteira confiança e, parcialmente, para o seu diário. Neste, antevendo a posteridade, deixou registrada muitas vezes uma parte do seu "eu público" para os que quisessem se debruçar sobre seus apontamentos. Falou dos obstáculos do Brasil de sua época, sobretudo a respeito da escravidão, dos sucessivos problemas com o sistema eleitoral e sobre a educação, das filhas e dos brasileiros.

Uma das características do pai que mais herdou foi a pressa e a urgência de ver, fazer e saber. D. Pedro II era tão ansioso nesse ponto quanto d. Pedro I, chegando à impaciência com os seus famosos e anedóticos "já sei, já sei". Parecia não ter nunca tempo a perder, afinal fora acostumado desde cedo com regras rígidas de horários. Queria as coisas para ontem, não respeitava muito os horários dos outros e achava que, como ele, todos os demais tinham que dormir pouco. Em viagens, como à Rússia, acordaria um mosteiro inteiro por ter chegado muito cedo para visitá-lo. No Brasil, durante as visitas às cidades, acontecia frequentemente de os músicos das bandas não estarem a postos para recebê-lo, pois ele, sempre adiantado, já teria passado e visto tudo o que precisava.

D. Leopoldina

A mãe de d. Pedro II, a imperatriz Leopoldina, nasceu em 22 de janeiro de 1797 em Viena, na Áustria, na antiga Fortaleza de Hofburg. D. Leopoldina era o oposto do marido. Criada no seio de uma das dinastias mais poderosas da Europa, os Habsburgo, aprendeu desde cedo que o mundo em que vivia podia ser destruído pelas ideias liberais vindas da Revolução Francesa. Sua tia-avó, Maria Antonieta, fora guilhotinada durante a revolta que decepou algumas cabeças e introduziu ideias novas em outras tantas. As ideias de liberdade, igualdade e fraternidade, durante a infância e a adolescência de d. Leopoldina, na Áustria, varreram, junto com a marcha do exército napoleônico, a estrutura monolítica do Sacro Império Romano Germânico. Seu pai, o imperador Francisco II, foi obrigado a abdicar desse império ancestral, desarticulado por Napoleão Bonaparte, e a tomar para si o título de Francisco I, imperador da Áustria, um dos domínios iniciais dos Habsburgo.

Ao contrário do futuro marido, d. Leopoldina recebeu uma educação primorosa, foi educada como uma mulher apta a governar, fato raro entre as casas nobres da época. Ter uma arquiduquesa da Casa de Habsburgo como esposa era ter a melhor conselheira e estadista que um governante poderia desejar, sendo a exceção, decididamente, Maria Antonieta. Além de um currículo de estudo primoroso, d. Leopoldina se interessava, como a maior parte de sua família, por ciências naturais, principalmente botânica e mineralogia. Era uma estudiosa, como grande parte das mulheres da aristocracia europeia de sua época, e além disso desenhava, pintava e tocava muito bem.

O casamento entre d. Pedro e d. Leopoldina foi arranjado por dois estadistas: d. João VI, que via a Áustria emergir com força das guerras napoleônicas e a tinha como um aliado em potencial, e Francisco I. A Áustria serviria para contrabalançar os interesses da Inglaterra e suas pressões sobre Portugal e o Brasil. A aliança também era interessante a Francisco I, que, com a vinda de uma arquiduquesa para o Brasil, abria os portos da única monarquia americana para os germânicos. Durante anos, por esse fato, d. Leopoldina seria lembrada na Áustria e nos demais países germânicos como uma heroína, por ter tido a coragem de atravessar o Atlântico e fazer as alianças de seu país com os trópicos. Devemos nos lembrar de que, na época, o Brasil fazia basicamente comércio com a Inglaterra, desde a abertura dos portos brasileiros para o comércio exterior com a chegada da Família Real, em 1808.

D. Leopoldina, que veio inicialmente ao Brasil para se casar com o príncipe herdeiro de Portugal e voltar à Europa para, de Lisboa, reinar sobre os domínios lusitanos, não contava com os humores do destino. Em vez de uma entre várias outras rainhas consortes portuguesas, ela viria a ser a primeira imperatriz do Brasil. Auxiliando o marido a tomar decisões que normalmente ele não tomaria, afinal, em um primeiro momento, as ideias de d. Pedro eram focadas no seu futuro como herdeiro do reino português, d. Leopoldina ajudou o marido a decidir ficar no Brasil. Sua certeza em não retornar mais para a Europa e sua abnegação que a levava a continuar no Novo Mundo foram anteriores às do príncipe.

Chegou em 1817 ao Brasil, para conhecer o marido com quem havia se casado em Viena por procuração. Vinha cheia de sonhos e sentimentos — frutos do pensamento romântico que surgiu na Europa e em meio ao qual havia crescido. O príncipe idealizado, que conheceu por meio de um retrato preso a um colar de soberbos diamantes, não era nada daquilo que haviam dito. Não era tão estudioso como o embaixador português encarregado do casamento, o marquês de Marialva, lhe havia feito crer. A educação dele e o respeito pela nova esposa também deixavam a desejar. O encantamento de d. Leopoldina perdurou por algum tempo, até que logo, logo, d. Pedro passou a ter outros interesses amorosos. Ela não teve como não perceber, visto que algumas das conquistas do marido eram realizadas entre pessoas próximas a ela.[8]

Quanto ao clima, d. Leopoldina imaginava os trópicos com uma paisagem luxuriante, animais nunca antes vistos na Europa, flores e espécimes deslumbrantes, sem falar no mar, nas cachoeiras, nos vales e nos nativos. Tudo isso existia, mas ao cenário somavam-se o calor úmido carioca e os mosquitos, com os quais ela não contava.[9] Até chegar, d. Leopoldina imaginava o Brasil como "um país magnífico e ameno, terra abençoada que tem habitantes honestos e bondosos".[10] Além da natureza, outra diferença foi a corte portuguesa no Brasil, que pouco ou nada tinha de parecida com os tipos humanos da corte de Viena.

A independência brasileira

Em 1821, uma revolta na cidade portuguesa do Porto pôs fim ao Absolutismo de d. João VI. Agora quem governava Portugal e logo os demais domínios da Coroa, incluindo o Reino do Brasil, eram as Cortes Gerais e Extraordinárias da Nação Portuguesa, também chamada de Cortes Constituintes. Essa assembleia constituinte determinou o retorno da Família Real portuguesa para a Europa. D. João VI, relutantemente, acabou obedecendo, mas antes nomeou d. Pedro príncipe regente do Reino do Brasil. Essa jogada política do rei, que embarcava encarando um futuro incerto em Portugal, salvava seu herdeiro, d. Pedro, do mesmo destino e lhe legava, em última instância, uma parte de sua herança dinástica.

Com o tempo, as cortes portuguesas, em uma tentativa de retirar o centro administrativo do Brasil e torná-lo dependente administrativamente de Lisboa, tentaram dissolver o governo centralizado em torno de d. Pedro, no Rio de Janeiro. Uma das maneiras de alcançar esse objetivo foi fazer com que as províncias brasileiras se reportassem diretamente a Lisboa, como as demais províncias ultramarinas portuguesas. As reformas impostas pelo Parlamento em Portugal descontentaram sobretudo os grupos da elite brasileira, que, naquele momento — após séculos na condição de súditos coloniais —, tinham poder para influir no governo local, sendo o primeiro brasileiro nomeado ministro do Reino do Brasil o santista José Bonifácio de Andrada e Silva.

D. Leopoldina era, decididamente, mais favorável a ficar no Brasil que o marido. Apesar das últimas ordens recebidas das Cortes, que exigiam o regresso do casal e dos filhos, d. Leopoldina, usando sua gravidez como álibi, tentou convencer o vacilante marido quanto à sua permanência no Rio de Janeiro.

Nessa época, a princesa, em contato com grupos de pessoas ligadas ao movimento autonomista brasileiro, articulou para que o marido ficasse no Brasil. Até então, d. Pedro tinha receio de que, ao não cumprir os desejos das Cortes, fosse retirado da linha de sucessão, colocando como herdeiro o irmão d. Miguel. Por fim, convencido pelos brasileiros e pela esposa, ocorreu o Dia do Fico, em 9 de janeiro de 1822, no qual d. Pedro optou por ficar no Brasil, contrariando as ordens recebidas. Oito meses depois, em 7 de setembro de 1822, o príncipe oficializaria o rompimento dos laços políticos entre Brasil e Portugal durante uma viagem à província de São Paulo. Havia para isso sido aconselhado pelo Conselho de Estado convocado e presidido por d. Leopoldina em 2 de setembro. A pressão das Cortes para a recolonização e as suas exigências levaram a essa decisão.

A amante

Em algumas das províncias próximas ao Rio de Janeiro, como Minas Gerais e São Paulo, grupos rivais entraram em conflito: uns queriam seguir as ordens das Cortes, outros queriam continuar respondendo à autoridade do príncipe. Para apaziguar as regiões, d. Pedro visitou as duas províncias.

Na viagem a São Paulo, d. Pedro conheceu a paulista Domitila de Castro, por quem se apaixonou. Em 1823, ela e a família já estavam instaladas na corte do Rio de Janeiro. No princípio, o romance entre d. Pedro I e a paulista foi escondido, mas paulatinamente foi tomando corpo e se transformando em um escândalo, não apenas restrito ao Rio de Janeiro, mas também à Europa. Domitila foi subindo de dois em dois os degraus da recente nobreza brasileira e foi feita primeiro viscondessa, em 1825 — depois marquesa de Santos, em 1826. A família de Domitila seria ligada por d. Pedro à estrutura do trono e da corte. Pai, irmãos, cunhados, tios e primos da "favorita" seriam cobertos de regalias, comendas, títulos e honras. O pai da marquesa, o militar João de Castro do Canto e Melo, de tradicional família da Ilha Terceira, nos Açores, descendente da alta aristocracia lusitana, foi reformado com a patente de coronel da cavalaria e feito visconde de Castro, título que passou, com sua morte, ao filho mais velho.

D. PEDRO II

Um bebê público

D. Pedro II foi apresentado à corte, em uma almofada de cetim, pelo brigadeiro Francisco de Lima e Silva, pai do futuro duque de Caxias. Entretanto, a apresentação oficial do bebê aos deputados da Câmara e membros do Senado se deu nos braços do velho visconde de Castro. Aos 86 anos, o pai da amante do imperador apresentou o esperado herdeiro varão do trono brasileiro aos políticos que o vieram reconhecer como tal.

Não seria apenas esse o contato de d. Pedro II com a intricada e frondosa árvore de amores de seu pai e seus frutos abundantes. Ele passaria a vida convivendo com os bastardos deixados por d. Pedro I, tanto no Brasil quanto na Europa e nos Estados Unidos. Alguns só desejariam conhecer o irmão imperador, outros chegariam a pedir auxílio financeiro.

Nascido no dia 2 de dezembro, o príncipe herdeiro foi batizado uma semana depois, com toda a pompa, na Capela Imperial, atual igreja Nossa Senhora do Carmo da Antiga Sé, no centro do Rio de Janeiro. Era o primeiro grande acontecimento da vida do herdeiro, que estava sendo apresentado ao povo pela primeira vez.

A data escolhida para o batizado foi 9 de dezembro de 1825. Um dia depois, d. Pedro I declarou guerra às Províncias Reunidas do rio da Prata, que pretendiam incorporar a antiga província da Cisplatina ao seu território. Apesar da existência de um tão sonhado herdeiro masculino, a tensão a respeito do futuro do império ainda era grande.

Apesar do clima de incertezas, o batizado do bebê seguiu os ritos adquiridos, em parte, da corte portuguesa. Foi proclamado dia de Grande Gala. Ao nascer do sol, tanto as embarcações de guerra quanto as quinze fortalezas deram salvas de honra, que foram repetidas às 13 horas. Por volta das 15 horas, d. Pedro I chegou ao Paço da Cidade, atual Paço Imperial, na praça XV, com o bebê e suas filhas. Em grande uniforme, o imperador entrou no Paço com o filho nos braços, sob os olhares da corte reunida. Devido à chuva, resolveu que era melhor seguir para a Capela Imperial por dentro das edificações e não pela rua, em procissão. O cortejo foi montado, com o mordomo-mor da imperatriz, o visconde da Cunha, carregando o príncipe herdeiro nos braços, seguido pela família imperial e pela corte.

No momento em que a procissão entrou na capela, fogos de artifício deram sinal para que fortalezas e navios disparassem novas salvas. Na igreja, foram recebidos pelo bispo capelão-mor, que os esperava, juntamente com os demais membros do cabido. O príncipe foi levado para um leito ricamente ornado no corpo principal da Capela Imperial, e seu pai e suas irmãs se juntaram a ele depois de fazerem uma oração na capela do Santíssimo Sacramento. No ato do batismo, o bebê recebeu o seu extenso nome: d. Pedro de Alcântara João Carlos Leopoldo Salvador Bibiano Francisco Xavier de Paula Leocádio Miguel Gabriel Rafael Gonzaga.

O nome gigantesco que o pequeno bebê carregaria ao sair da capela era repleto de significados. O Pedro de Alcântara era uma homenagem dupla. Ao mesmo tempo que homenageava o pai e dava ideia de continuação e perpetuação do poder imperial, também era uma homenagem a são Pedro de Alcântara. Esse santo era padroeiro da Família Real portuguesa e seria padroeiro do Brasil a partir de 1826 por solicitação de d. Pedro I ao papa Leão XII. João era uma homenagem ao avô paterno, d. João VI; Carlos, à avó paterna, d. Carlota Joaquina; Leopoldo era uma homenagem à mãe da criança, a imperatriz d. Leopoldina. Já o Salvador pode ter dois significados, tanto uma referência a Jesus como à cidade de Salvador, primeira capital brasileira e para onde d. Pedro I planejava viajar em breve, inclusive já com a ideia de arregimentar tropas para a Guerra da Cisplatina.

Bibiano era uma homenagem a santa Bibiana, cuja data é comemorada no dia do nascimento de d. Pedro II, 2 de dezembro. Francisco Xavier e de Paula é a homenagem a dois santos: são Francisco Xavier e são Francisco de Paula; Leocádio, em homenagem a santa Leocádia, cuja data festiva é no dia 9 de dezembro, data do batizado do bebê. A invocação da proteção dos arcanjos está em Miguel, Gabriel e Rafael; Gonzaga faz referência a são Luís Gonzaga, um herdeiro nobre que renunciou a tudo e se dedicou a sua vocação religiosa com humildade, é o padroeiro da juventude e dos estudantes, tal qual d. Pedro II sempre foi.

Sua madrinha foi a princesa imperial d. Maria da Glória, d. Pedro I foi padrinho do próprio filho, e seu protetor foi são Pedro de Alcântara. Após ser batizado com as águas do rio Jordão, novamente fogos de artifício alertaram para o momento da cerimônia e os canhões salvaram, seguidos dos sinos das igrejas.

Assim que a criança foi batizada, o imperador, rompendo todo e qualquer protocolo, a pegou nos braços e a beijou, mostrando publicamente sua felicidade. O bebê foi colocado em outro leito, ao lado da capela-mor, pelo visconde da Cunha, e teve início, por parte do bispo e do coro, a execução do *Te Deum Laudamus*, composto por d. Pedro I especialmente para a ocasião.

Segundo um cronista da época, em artigo publicado no *Diário Fluminense*,[11] nunca havia se visto um espetáculo tão rico até então. Todas as velas iluminando feericamente a Capela Imperial, os religiosos ricamente vestidos, a corte reunida, assim como todas as damas de honra da imperatriz em seus lugares de destaque, além do corpo diplomático.

As cuidadoras

O irmão de leite de d. Pedro II chamava-se Leopoldo Equey e nasceu dois dias após o príncipe. Teve como padrinho d. Pedro I, que lhe deu o nome em homenagem à imperatriz d. Leopoldina. A ama de leite foi a suíça Maria Catarina Equey, que já amamentara a princesa d. Paula Mariana. Maria Catarina ficou a serviço do príncipe até 1827. Com pensão da Casa Imperial e morando em um aposento no Paço, Catarina faleceu de pneumonia em 1878. Antes, entregou ao seu filho de leite todas as lembranças que ainda possuía dele, incluindo um medalhão com mechas do cabelo dele que havia carregado por toda sua vida.

Outra mulher importante na vida do futuro imperador d. Pedro II foi sua aia, d. Mariana Carlota de Verna Magalhães Coutinho. D. Mariana veio para o Brasil em 1808, na comitiva da rainha d. Maria I, junto com o marido, Joaquim José de Magalhães Coutinho, e seus filhos. Fiéis a d. Pedro I, Joaquim foi secretário da Fazenda Real, ocupou diversos postos na corte e chegou a fazer parte do cerimonial da coroação do imperador, em dezembro de 1822. Servindo fielmente às suas funções, caiu morto durante uma missa na igreja de Nossa Senhora da Glória do Outeiro, em 1º de julho de 1823. O serviço religioso havia sido solicitado por intenção da recuperação da saúde de d. Pedro I, acidentado em uma grave queda de cavalo no dia 30. Após esse fato, o imperador tomou para si a proteção da viúva e de sua família.

Um mês antes do nascimento do príncipe herdeiro, d. Pedro convidou d. Mariana para ser aia do bebê. Esse era o maior posto na educação de uma criança na época. Conforme explica a professora Maria Celi Chaves Vasconcelos, "quando o monarca nomeava um aio, aia, ou mestre para um príncipe ou princesa, este [...] era responsável pela educação de todas as crianças nobres daquela casa, meninos ou meninas, que por vezes recebiam lições conjuntas".[12]

D. Mariana estava com 46 anos de idade e de pronto recusou. Mas d. Pedro I sabia ser convincente, e, por fim, depois de muitas promessas, d. Mariana aceitou. Em meados de novembro, ela se instalou no Paço à espera do nascimento da criança. D. Mariana era considerada, tanto na antiga corte de d. João VI quanto na de d. Pedro I, uma mulher virtuosa, piedosa, de grande energia, doce e de inabalável retidão de caráter.[13]

Uma ama com bom leite, forte, de aspecto saudável, paciente, zelosa, branda, asseada e uma aia — a grande responsável pela educação do príncipe — de moral elevada, de intelecto reconhecido: era basicamente isso o que os manuais de educação da época, como *A aia vigilante*, entre outros, sugeriam. Nesse livro, o papel da ama de leite era valorizado. Segundo sua autora, Joanna Rousseau de Villeneuve, os bebês rapidamente aprendem a conseguir afagos por meio de seu choro, sendo assim, acabariam usando essa estratégia para coisas não urgentes. À ama, responsável por acalentar e acalmar a criança, cabia educá-la antes das primeiras letras. O ato de pegá-la logo e acalmá-la, ou mesmo de dar o objeto para o qual ela estendia as mãos e gritava, daria à criança as primeiras ideias de império e servidão.

D. Mariana, logo que assumiu oficialmente sua função junto ao bebê imperial, escreveu uma carta ao filho:

> Estou tratando o nosso príncipe, o que dá para suavizar as minhas penas e todo o trabalho que tenho, a que me vou acostumando com perfeita saúde, e tudo fica pago com a cara alegre e a aprovação do pai. A tudo que eu faço não achou nenhuma recomendação a fazer, sempre me diz: "você entende disto melhor do que eu", é quanto se pode desejar, de sorte, que todos à proporção seguem o mesmo [...].[14]

Na época, era o pai, e não a mãe, quem dava a palavra final a respeito da educação dos filhos. Assim, d. Pedro, e não d. Leopoldina, era quem contratava e demitia aias e educadores, bem como impunha as regras quanto à educação das crianças, por exemplo, que as criadas evitassem que os príncipes tomassem os brinquedos uns dos outros. Para exasperação de d. Leopoldina, fora ele quem contratara e se desvencilhara da antiga preceptora de d. Maria da Glória, a inglesa Maria Graham. A preceptora da princesa lhe dedicaria um livro, *Escorço biográfico de D. Pedro I*, eivado de mágoas e ressentimentos.

A darmos crédito ao embaixador francês, o real motivo da demissão de Graham seria o fato de ela se intrometer em assuntos de política. D. Mariana também se intrometeria mais adiante, mas d. Pedro I, do exílio, só poderia lhe rogar uma praga. Por enquanto, a lua de mel entre ela e o imperador estava firme e forte, mas nem sempre permaneceria assim. Algumas vezes iriam discordar, quer fosse por um castigo aplicado, quer fosse por um choro ouvido fora de hora ou uma cena de birra de algum dos príncipes, que, visto fora de contexto pelo imperador, o faria se irritar e brigar com a aia.

D. Mariana chegaria a ponto de ter que lembrar ao imperador quem deveria mandar na educação do jovem d. Pedro II. Em uma das cartas dela a d. Pedro I, a aia demonstrou quais eram as suas funções e também comentou a respeito da moral de certos professores junto ao herdeiro:

> Nas grandes instituições de educação pública, na repartição de prêmios, sempre o maior é destinado ao caráter; aquele que em

todo o ano desenvolveu maiores virtudes e menos defeitos; provasse bem como todos os homens estão concordes em que as bases principais da educação são o que decide da felicidade da vida, são as virtudes sociais; esta educação os mestres não podem dá-la. Só se aprende com o exemplo [e] assiduidade de quem ensina e o convence com a razão; isto não quer dizer que sejam sempre virtuosas as pessoas que ensinam a praticar a virtude, mas precisa ao menos fingi-lo, ao pé dos que se educam, pois que pregar aos seus que não tenham medo, e mostre tê-lo, nunca poderá fazer um homem valoroso, e assim com as mais virtudes. A experiência me tem mostrado que desde o berço se deve principiar este trabalho, porque defeitos de caráter adquiridos, pode a razão abafá-los, mas nunca destruí-los. Este método bem que tão necessário é de muito difícil execução, pois quem o pratica precisa morrer para si e viver para o seu educando. Que a educação virtuosa é a base da sólida felicidade de toda a vida.[15]

D. Pedro II ficou sob a proteção de d. Mariana logo nos primeiros meses após seu nascimento, distante dos pais, que foram visitar a província da Bahia. Diversas cartas do acervo do Museu Imperial, em Petrópolis, dão conta das notícias que a aia passava constantemente a respeito do príncipe para o imperador durante a sua ausência. Diferentemente das outras jornadas de d. Pedro I, para Minas Gerais e São Paulo, dessa vez ele partia levando a esposa e a filha, d. Maria da Glória, além de parte da corte.

Entre as pessoas que seguiam na viagem estava a amante do imperador, Domitila de Castro. Desde abril de 1825 ela passara a exercer o cargo de dama camarista da imperatriz pouco depois de engravidar novamente de d. Pedro I. Desse modo, não apenas d. Leopoldina dera à luz em dezembro, mas a futura marquesa de Santos também. Ambas deram filhos homens ao imperador.

O irmão bastardo de d. Pedro II nasceu cinco dias depois dele, em 7 de dezembro, sendo batizado na igreja de São Francisco Xavier do Engenho Velho como Pedro de Alcântara Brasileiro. O imperador teria ficado tão esfuziante que chegou a imaginar um batismo oficial do bastardo na Capela Imperial e projetou dar a este o título de duque de São Paulo. Entretanto, após voltarem da viagem à Bahia, desembarcando no Rio de Janeiro em 1º de abril de 1826, souberam que o outro Pedro teve vida mais efêmera, falecendo em 13 de março. Dos diversos filhos que Domitila e d. Pedro I tiveram, somente duas meninas chegaram à vida adulta, a duquesa de Goiás e a condessa de Iguaçu, e com ambas o irmão, d. Pedro II, manteve contato.

Em 10 de março de 1826, três dias antes da morte do neto bastardo, faleceu no Paço Real da Bemposta, em Lisboa, o rei d. João VI. Na segunda quinzena de abril, após sua chegada ao Rio de Janeiro, d. Pedro I tomava ciência da morte do pai e da sua aclamação como d. Pedro IV, rei de Portugal. Depois de dar uma Constituição para o país de nascimento, em 29 de abril, ele abdicou condicionalmente ao trono português em favor de sua filha, d. Maria da Glória. Ela, com o nome de d. Maria II, se tornou rainha aos 7 anos.

Em maio, juntava-se às brincadeiras dos príncipes na Quinta da Boa Vista a duquesinha de Goiás, então com 2 anos de idade. Filha de d. Pedro I com a então viscondessa de Castro, o pai a reconheceu e passou, para desgosto da imperatriz, a recebê-la no palácio e fazer com que ela se relacionasse com os seus filhos. D. Pedro II manteria correspondência com ela e a visitaria futuramente na Europa.

Múmias no Rio de Janeiro

Em julho de 1826, o jornal carioca *Astréa* do dia 29 informava sobre uma grande curiosidade: havia múmias no Rio de Janeiro. Não só múmias, mas diversas peças de antiguidades egípcias. Elas pertenciam ao comerciante, que ora se declarava italiano, ora francês, Nicolau Fiengo, que as adquiriu do explorador italiano Giovanni Battista Belzoni. Belzoni as havia trazido de suas escavações em Tebas e pelo entorno da região, e as negociou na Europa entre 1816 e 1819.

Fiengo as embarcou no porto francês de Marselha para tentar vendê-las em Buenos Aires. Entretanto, devido ao bloqueio marítimo brasileiro ao porto argentino por causa da Guerra da Cisplatina, ele se dirigiu a

Montevidéu e depois ao Rio de Janeiro. A matéria do jornal carioca dizia que tudo se encontrava encaixotado na alfândega e que o proprietário pretendia fazer uma mostra pública das peças. Incentivando a curiosidade do público, Nicolau forneceu ao jornal uma listagem do conteúdo dos caixotes. Além de cinco múmias inteiras, algumas com sarcófagos, também havia múmias de animais, como a de um gato e as de três crocodilos, cabeças e outras partes humanas mumificadas, estatuetas votivas, estelas funerárias, amuletos e diversos outros objetos.

As peças foram liberadas pela alfândega quando se confirmou que não haviam sido vendidas para a República Argentina e, por isso, não podiam ser retidas como presas de guerra. Fiengo as expôs em setembro de 1826, no andar térreo do Museu Real, fundado por d. João VI e instalado desde 1818 no Campo da Aclamação. O povo do Rio de Janeiro visitou a exposição, mas nem todos gostaram do que viram. Alguns acharam um roubo o valor pedido pela coleção. Em carta ao jornal *Astréa*, do dia 19 de setembro, um visitante da exposição dizia que parecia que o andar térreo do museu, onde ela acontecia, havia sido transformado

> [...] nas antigas catacumbas dos Terceiros de S. Francisco, onde se mostravam pedaços de corpos mirrados, e mesmo inteiros, que uns tinham por bons católicos e outros por excomungados. Também aí se falou em gatos do Egito: por mais que acanhasse as pupilas dos olhos, não vi o que era, apenas umas capas, e uns embrulhos nojentos.[16]

Contrariando o gosto do visitante, d. Pedro I mandou adquirir a coleção em abril de 1827, a maior da América Latina e uma das mais antigas da América, que acabou sendo consumida pelo incêndio ocorrido no Museu Nacional, instalado no antigo Palácio de São Cristóvão, em 2 de setembro de 2018. Alguns autores dão como certa a influência do ex-ministro de d. Pedro I e futuro tutor de d. Pedro II, José Bonifácio de Andrada e Silva, como o incentivador dessa compra. Entretanto, nessa época, o venerando sábio se encontrava exilado pelo imperador na Europa, precisamente na França, e os dois estavam de relações rompidas. Se alguém, além do imperador, pode ter influenciado a compra, provavelmente essa pessoa foi d. Leopoldina, estudiosa e ávida por conhecimento.

À febre de colecionismo greco-romano juntou-se a das antiguidades egípcias, após o Egito ter sido invadido por Napoleão. Logo, os franceses passaram a estudar os artefatos e conseguiram traduzir a escrita dos antigos egípcios. D. Pedro II, no futuro, estudaria essa coleção e a ampliaria. É impossível deixar de questionar quanto essas antiguidades egípcias — as múmias, os sarcófagos — atuaram junto à imaginação do imperador menino. A criança que visitou essa coleção na infância e juventude, com os seus mestres, resultou no homem que se tornaria orientalista e seria apaixonado pelo Egito, visitando-o em duas ocasiões e sendo proibido, devido à sua saúde, de fazer uma terceira viagem.

Órfão de mãe

Em 2 de agosto de 1826, o futuro d. Pedro II era reconhecido oficialmente pelas duas Câmaras reunidas na Assembleia Legislativa como legítimo sucessor de seu pai ao trono e à coroa do Império do Brasil. No mês seguinte, d. Pedro I elevou a amante ao título de marquesa de Santos, e o pai dela, João de Castro, a visconde. O velho militar que apresentou d. Pedro II nos braços aos deputados faleceria pouco tempo depois, em 2 de novembro. Nesse mês, d. Leopoldina, grávida novamente, acabou adoecendo, e d. Pedro I partiu rumo ao sul para a Guerra da Cisplatina.

Em 29 de novembro, o jornal *Diário Fluminense* publicou a primeira notícia ao povo do Rio de Janeiro sobre o estado de saúde da imperatriz. O comunicado era assinado pelo porteiro da Imperial Câmara, João Valentim de Souza Lobato, e informava que, devido ao "incômodo" de d. Leopoldina, não haveria beija-mão no dia 1º, em comemoração à coroação de d. Pedro I, nem no dia 2 de dezembro, nascimento de d. Pedro II. Mas isso não impediu que o encarregado de negócios norte-americano no Rio de Janeiro, Condy Raguet, se apresentasse no palácio para cumprimentar o príncipe. O diplomata encontrou o bebê aos berros, furioso, querendo o seu carrinho. Segundo Raguet, o menino envergava na ocasião calça, jaleco e a Ordem do Cruzeiro.[17]

No dia 2 de dezembro, no aniversário do príncipe herdeiro, d. Leopoldina abortou um feto masculino. Depois disso, os boletins médicos referentes à saúde da imperatriz passaram a ser publicados diariamente no *Diário Fluminense*, levando os cariocas a uma comoção pública. Missas, promessas e procissões eram feitas em intenção da soberana, que faleceu em 11 de dezembro.

No dia 12, o corpo de d. Leopoldina, vestido em grande gala, com seu vestido de corte e seu toucado de plumas, foi colocado em um leito de Estado, sobre riquíssima colcha da China cor de pérola. O corpo descansava levemente erguido sobre duas grandes almofadas de seda, uma verde e a outra amarela. Suas damas e seus veadores revezavam-se na câmara-ardente de duas em duas horas. O quarto estava todo forrado em seda branca e verde, as portadas, guarnecidas de veludo verde com galões de ouro. Ao meio-dia, teve início o beija-mão à falecida.

O primeiro a fazê-lo foi o príncipe imperial loiro, de olhos azuis, de um ano de idade. D. Pedro foi conduzido por seu camarista, João José de Andrade Pinto, seguido pelas irmãs e os respectivos camareiros. Sem o pai por perto e agora com a mãe morta, essa foi a grande cerimônia que marcou o primeiro aniversário de d. Pedro II. Tão logo pôde, d. Pedro I retornou do Sul, e se reuniu aos filhos.

Em agosto de 1827, era publicado um boletim médico a respeito das condições de saúde do herdeiro. Assinado pelo barão de Inhomirim, dr. Vicente Navarro de Andrada, o documento informava que devido às febres causadas durante a primeira dentição de d. Pedro II, este tivera violentíssimos ataques de epilepsia, três no total. Eles foram diminuindo paulatinamente ao longo dos dias. Assim, os brasileiros ficaram sabendo que ele sofria da doença presente nos dois ramos da família, o dos Bragança e o dos Habsburgo. Seu pai já havia tido vários ataques, inclusive públicos, seu tio materno, o herdeiro do trono austro-húngaro, acabou abdicando devido à impossibilidade de consumar o casamento por conta da doença. Em d. Pedro II, a epilepsia apresentou-se mais branda do que foi com o seu pai e outros parentes.

O príncipe herdeiro visto pelos estrangeiros

Em 1827, temos, por meio de um relato do marquês de Gabriac, representante francês no Rio de Janeiro, uma ideia sobre como era o príncipe herdeiro na época. Convidado para a Fazenda de Santa Cruz, de propriedade da família imperial, o nobre francês para lá se dirigiu. Assim Gabriac descreveu a antiga propriedade confiscada dos jesuítas que se transformou primeiro em retiro para d. João VI e depois para d. Pedro I:

> O interior é curioso pela falta de qualquer conforto. Uma antecâmara com quatro cadeiras de palha e uma velha mesa de jogo chama-se o salão do despacho; dela saí para ir ao pavilhão diplomático ainda mais relaxado e repugnante. Fui, em seguida, recebido pelo imperador depois de jantar e rodeado pelos filhos. Pude ainda admirar a robustez da rainha de Portugal e a do pequeno príncipe imperial que, tendo apenas 2 anos, corre, grita e compreende o francês e, entretanto, ainda mama.[18]

Um ano depois, o reverendo britânico Robert Walsh, novo capelão da embaixada inglesa, foi apresentado à corte do Rio de Janeiro e assim descreveu a cena e o curioso príncipe:

> Depois de um curto tempo, um camareiro anunciou a nós que o imperador havia chegado e fomos prestar nossos respeitos. Nós passamos por uma antessala, onde agora pela primeira vez vimos reunidos a nobreza brasileira, oficiais, funcionários públicos e respeitáveis eclesiásticos, com as respectivas vestes de suas ordens; e como suas roupas eram muito ricas, eles formavam uma assembleia não só numerosa, mas brilhante. Tendo passado por uma fileira destes, nós entramos na sala de apresentação. Esta era um aposento muito amplo e espaçoso. Na outra extremidade estava o trono, erguido sobre diversos

degraus, sob um toldo, no qual permanecia o imperador em uniforme completo, com o seu filho, um belo rapazinho de 3 anos, em pé ao lado dele [...]. O imperador nos recebeu muito graciosamente, e parecia de sua elevação um homem belo e imponente. Seu filho não estava vestido em bordados, mas em uma jaqueta simples e calças como se ele fosse jogar bolinha de gude com elas, e parecia tão simples e belo que ele interessou todo mundo. Quando eu fui apresentado, ele pôs as suas mãos nos bolsos das calças e olhou muito resoluto a minha roupa, que não era exatamente aquela do clero a que ele estava acostumado.[19]

Não eram apenas os diplomatas e cortesãos que conheceram o príncipe. D. Pedro I, como fazia com as filhas, levava o filho e herdeiro constantemente para passeios a cavalo, onde apresentava a criança para qualquer um que encontrasse.

Uma nova mãe para os filhos

Em maio de 1827, o marquês de Barbacena se reuniu com d. Pedro I em São Cristóvão. O imperador perguntou ao marquês se já tinha visto o príncipe imperial. Diante da negativa de Felisberto Caldeira Brant, d. Pedro I foi buscar o filho para lhe apresentar, no que o marquês o achou um menino "magrinho e muito amarelo".[20]

O marquês de Barbacena levou a irmã de d. Pedro II, a rainha de Portugal, para a Europa em maio de 1828. D. Maria da Glória, casada com o tio, d. Miguel, irmão de d. Pedro I, seria levada para o Velho Continente, onde concluiria sua educação na corte de seu avô, Francisco I da Áustria, até ter idade para assumir o governo e o casamento com o tio. O marquês de Barbacena partia para a Europa também com ordens de d. Pedro I para lhe arranjar uma nova esposa, missão essa que se revelava desde 1827 bastante difícil.

Em julho de 1827, mostrando-se como um homem de moral reformada, o imperador pediu ajuda ao sogro para encontrar outra imperatriz para o Brasil e outra mãe para seus filhos. Dizia d. Pedro que a maldade dele havia acabado e que "de hoje em diante não cairei nos erros em que até agora tenho caído e dos quais todos me arrependo e tenho pedido a Deus perdão, prometendo nunca mais os cometer".[21]

Mas a Europa inteira já tinha conhecimento de quanto d. Leopoldina havia sofrido com a traição pública do marido com a marquesa de Santos. Muitos governantes foram contrários ao envio de suas filhas para o matrimônio na América, por causa da má fama que d. Pedro havia criado. O marquês de Barbacena, em missão desde 1827, retornaria novamente em 1828 para a Europa em busca de uma nova noiva. A viagem foi atribulada: na parada do navio em Gibraltar, ele soube que d. Miguel havia sido aclamado rei pelos portugueses e que, em vez de entregar d. Maria da Glória aos cuidados do avô, em Viena, ele mudou a rota e foi para a Inglaterra.

Tanto d. Pedro quanto Barbacena e boa parte da elite liberal da época imaginavam que por trás do golpe dado por d. Miguel estariam os austríacos. D. Miguel professava a causa absolutista, como Francisco I e os demais membros da Santa Aliança, Rússia e Prússia. Esses países se uniram, depois do advento de Napoleão, para impedir que as ideias liberais e constitucionais abalassem novamente a Europa. O pai de d. Pedro II pode, hoje em dia, ser sinônimo de fanfarrão e devasso, mas, na época, ele havia sido um dos poucos governantes criados dentro de uma corte absolutista a entender que a liberdade do seu povo, com leis justas e uma Constituição como guia, podia ser mais saudável para o sistema monárquico do que sustentá-lo por mão militar.

A Áustria, como desconfiava Barbacena em carta enviada ao ministro das Relações Estrangeiras do Brasil,[22] também era contrária a um novo casamento de d. Pedro I. O futuro d. Pedro II ainda era muito jovem se algo acontecesse, se o príncipe não sobrevivesse à infância, pela Constituição brasileira, um novo varão nascido de um segundo casamento do pai teria direito ao trono brasileiro, e não as demais princesas, filhas de d. Leopoldina e netas do imperador da Áustria.

Entretanto, apesar da Áustria e de todos os percalços, d. Pedro I encontrou uma nova esposa: Amélia de Leuchtenberg. No final de maio de 1829, era assinado na Inglaterra o contrato de casamento entre d. Pedro e a jovem princesa. Ela era filha do príncipe Eugênio de Beauharnais, filho da imperatriz Josefina e enteado de Napoleão Bonaparte, e sua mãe era a princesa Augusta da Baviera.

O casamento era certamente desigual. E não apenas porque a noiva tinha 17 anos e d. Pedro I, na época da assinatura do contrato, 30, mas principalmente porque a nova esposa vinha da "segunda parte do *Gotha*", o almanaque alemão que desde 1763 publicava a relação de casas nobres dinásticas soberanas e não soberanas.

D. Leopoldina havia sido filha de um imperador, d. Amélia não. Era apenas neta de um rei e filha de uma nobreza muito recente. Os títulos de duque de Leuchtenberg e de príncipe de Eichstätt foram comprados pelo pai de d. Amélia para que tanto ele quanto a esposa e os filhos pudessem ter alguma posição na corte do sogro, o rei da Baviera. O rei dera a mão de sua filha para o enteado de Napoleão e tudo tinha ido muito bem até a queda do imperador francês e o desmanche do Império, em 1814. De vice-rei da Itália, Eugênio, junto com a família, acabou se exilando no país do sogro. Com Eugênio morto em 1824, coube à sua viúva educar e casar os filhos. Mesmo com o histórico de d. Pedro I, valeria a pena ver uma filha sua imperatriz e, de lucro, ainda ver seu filho mais velho ser feito duque pelo imperador do Brasil.

Apesar da fama que o marquês de Barbacena angariou por ter trazido uma esposa para d. Pedro da Europa, existiram outros brasileiros no Velho Continente que tiveram mais destaque que esse nobre na empreitada. Um deles foi o barão, futuro visconde, de Pedra Branca, o baiano Domingos Borges de Barros, diplomata na França. Pedra Branca foi o primeiro a escrever como súdito para a nova imperatriz.[23] Na carta, ele dava inúmeros e avançados conselhos para d. Amélia, como a criação de um fundo para a emancipação progressiva dos escravos no Brasil, falava a respeito da questão indígena, da criação de uma sociedade de belas-letras na corte e da educação de meninas pobres por uma instituição de caridade a ser criada pela imperatriz.

Infelizmente nenhuma das ideias de Pedra Branca foi posta em prática por d. Amélia, mas o curioso na carta é o envio por parte do diplomata de dois presentes para a imperatriz, os primeiros oferecidos a ela por brasileiras. Um era da esposa do visconde e outro da sua filha, Luísa Margarida de Barros Portugal, a futura condessa de Barral.

Naquela época, costumava-se mandar miniaturas ou quadros mostrando a face dos noivos um para o outro antes do casamento. D. Pedro se apaixonou pela miniatura que chegou para ele, com a jovem princesa franco-bávara que, seguindo o costume da família, em honra à sua avó, a imperatriz Josefina, se deixara retratar com uma rosa. Dessa rosa e da divisa do brasão do príncipe Eugênio — "Honra e Fidelidade" —, d. Pedro tirou a inspiração para a criação da Ordem da Rosa, que seu filho futuramente distribuiria aos borbotões pelo Brasil e o mundo. Na peça, uma das mais lindas até hoje da medalhística mundial, vemos os 18 botões de rosas em esmalte da mesma cor, representando as províncias brasileiras, e de um lado as iniciais de d. Pedro e de d. Amélia entrelaçadas em volta da divisa "Amor e Fidelidade" e do outro a data do casamento, 2 de agosto de 1829, tendo ao redor os nomes "Pedro" e "Amélia" em ouro sobre esmalte azul.

D. Amélia desembarcou no Rio de Janeiro em outubro de 1829, após a saída definitiva da marquesa de Santos da corte. A ex-amante carregava móveis e objetos de arte para São Paulo e a última filha que teria com d. Pedro I na barriga. Deixava para trás, por ordem do imperador, a pequenina duquesa de Goiás, que seria mandada para Paris para ser educada.

A nova imperatriz chegava com o marquês de Barbacena e a filha de d. Pedro I, d. Maria II, rainha portuguesa com uma corte no exílio. Além do imperador, subiram a bordo do navio os seus filhos, para serem apresentados à madrasta e receberem a "mana" Maria sã e salva.

Esse foi o primeiro contato das crianças com d. Amélia. Com exceção de d. Maria da Glória, que conviveu com d. Leopoldina até os 7 anos, os outros eram muito pequenos quando a imperatriz faleceu, em dezembro de 1826. D. Pedro tinha acabado de completar um ano. Para sempre, a madrasta seria a única referência materna que teriam.

Na imagem que o pintor Jean-Baptiste Debret fez da bênção nupcial de d. Pedro com d. Amélia, ocorrida na Capela Imperial, é possível ver os filhos do primeiro casamento do imperador juntos no altar, inclusive o pequeno príncipe imperial, então com 4 anos incompletos. Mas, na realidade, tanto ele quanto a irmã, d. Paula Mariana, foram acrescentados pelo pintor, pois não estavam bem de saúde e não participaram da cerimônia. A chegada de d. Amélia foi um momento de mudanças no paço imperial. O idioma francês foi instituído como de uso cotidiano no serviço do palácio e, dessa maneira, as crianças passariam a usar no dia a dia a língua universal da época, falada fluentemente na diplomacia e na alta sociedade do mundo todo. Foi também definido que somente os funcionários do paço que estivessem de serviço poderiam entrar nos aposentos das crianças. A nova imperatriz havia trazido da Alemanha diversos brinquedos para os seus enteados, mas, seguindo regras rígidas de educação, quando eles vinham pela manhã cumprimentá-la, ela lhes dava alguns para brincar, que depois eram devolvidos e guardados nos armários.

D. Amélia não somente impôs novas regras como também trouxe consigo muito carinho e atenção, e procurou seguir à risca o pedido que sua mãe lhe havia feito. Em 29 de julho de 1829, a duquesa Augusta de Leuchtenberg escreveu à filha uma carta em que dava conselhos a respeito de vários aspectos da nova vida que ela teria no Brasil. Quanto aos filhos órfãos de d. Leopoldina, Augusta recomendou: "Seja sempre uma mãe amorosa para os filhos de teu marido, de maneira que eles não saibam jamais a diferença entre uma mãe e uma madrasta. As pobres crianças já são tão infelizes!".[24]

Augusto, irmão de d. Amélia, que a acompanhou da Baviera até o Brasil, permaneceu alguns meses com a Família Imperial no Rio de Janeiro. Em carta à mãe, mostrou o novo cenário em que as crianças passaram a viver após a chegada deles:

> Amélia se dá muito bem com as crianças, que já a amam muito. Eu estou em muito alta conta entre eles, já que me deixo atormentar pelas crianças e sirvo de cavalo quando eles querem. Se eu fosse um pintor, eu representaria o imperador e a imperatriz em um canapé [...], no chão o grande Augusto, sobre ele montado o pequeno Pedro, ao lado a Januária puxando minha orelha, a rainha mandando os irmãos me atormentarem e ajudando a fazer isso, e, finalmente, Diana, a cachorra de caça da finada imperatriz, encantada em ver um grande animal, como ela, de quatro patas (eu), e vindo me fazer carícias.[25]

As mudanças implementadas por d. Amélia não conflitaram com as decisões de d. Pedro I em relação à educação do herdeiro que haviam sido tomadas anteriormente. Dessa maneira, d. Mariana Carlota de Verna Magalhães Coutinho prosseguiu na sua função de aia do futuro imperador. No ano seguinte, em 1830, ela publicou no Rio de Janeiro uma obra dedicada ao seu pupilo, chamada *Pequeno catecismo histórico, oferecido a Sua Alteza Imperial, d. Pedro de Alcântara*. Na dedicatória da obra, d. Mariana, entre outras coisas, diz:

> Um soberano verdadeiramente cristão há de infalivelmente fazer a felicidade dos povos que forem sujeitos, sendo os bens do trono as virtudes principais da religião, a justiça e a caridade; Vossa Alteza Imperial, que em tão tenros anos começa a desenvolver tanto os princípios de virtude e firmeza de caráter, espero que, com o andar do tempo, fará glória ao Brasil, a quem Vossa Alteza Imperial se dará por bem pago dos sacrifícios que fizer merecer a sua admiração [...].[26]

Além de d. Mariana, principal responsável pela educação moral e a mulher mais próxima do príncipe imperial durante muito tempo, havia diversos professores. Entre eles estavam frei Severino de Santo Antônio para o português, padre Guilherme Tilbury, que lhe ministrou as primeiras noções da língua inglesa, e o abade Boiret, francês imigrado e capelão do exército imperial, que dava aulas de francês no Paço. Como mestre de desenho, teve o pintor da Casa Imperial, Simplício Rodrigues de Sá, de quem, futuramente, d. Pedro I, no exílio, notará o traço nos retoques dos desenhos que seu filho lhe mandaria. Luís Lacombe, depois sucedido pelo irmão Lourenço, lhe deu aulas de dança, e o maestro Marcos Portugal lhe forneceu os rudimentos de música até 1830, quando foi substituído por frei Severino. Todos esses professores eram dirigidos por frei Antônio de Arrábida, que já havia sido preceptor de d. Pedro I e do seu irmão, d. Miguel.

Em 1830, no início do ano, o príncipe imperial partiu para um período de férias na fazenda do padre Correa, na serra fluminense, caminho de Minas Gerais, com o pai, a nova madrasta e as irmãs. Essa fazenda recebia desde muito tempo o avô, d. João VI, que fugia do verão do Rio de Janeiro.[27] Trinta e um anos depois, durante a viagem de inauguração da Estrada União e Indústria, ligando Juiz de Fora a Petrópolis, d. Pedro II registraria em seu diário que parou às "seis no lugar dos Correas, onde eu passei alguns meses de minha meninice, reconhecendo logo a ponte em que ia pescar minha piabazinha".[28]

Correas, o início de Petrópolis

A irmã do finado padre Correa, d. Arcângela, não aguentava mais! Junto com a fazenda, recebeu também como herança a tradição de hospedar a família imperial. Em 1827, d. Pedro I havia subido a serra com a amante e todos os filhos, o que levou a proprietária a desabafar em carta para a filha:

> [...] Infelizmente vejo a minha bacia que até servia para nela se pôr as pequiras que iam pescar para divertimento da senhora duquesa [de Goiás], e muito pior depois que chegou a Rainha [d. Maria da Glória], que é um forte basilisco; que nada parava com ela e quando se despediram, foi até outra vez que esperam tornar; esta gente julgo pensam estas visitas que há obrigação de

os receber; e ser tudo deles; o cônego lhe carregaram a melhor besta que tinha e o seu cavalo em que andava nessa cidade [...].²⁹

Em janeiro de 1830, que provavelmente é de onde vem a recordação de d. Pedro II no seu diário, a família imperial subiu novamente para Correas para fugir do verão. Dessa vez também ia a nova imperatriz, d. Amélia, que, diferentemente do marido, deve ter notado e se apiedado com os transtornos que as visitas imperiais causavam a d. Arcângela. D. Amélia teria insistido com d. Pedro I para que comprasse a fazenda do padre Correa, mas a herdeira não quis se desfazer dela e indicou outra propriedade na região que estava à venda, a Córrego Seco, do outro lado da montanha. D. Pedro adquiriu as terras e chegou até a encomendar o projeto de um palácio para veraneio da família, ao qual deu o nome de Palácio da Concórdia, mas que, apesar de parcialmente projetado e orçado, jamais seria construído.

A impopularidade de d. Pedro I

Já se passara a época em que d. Pedro I era uma unanimidade nas ruas do Rio de Janeiro, considerado o salvador do Brasil. A morte da esposa e os rumores do tratamento dado a ela por ele, a forma ostensiva como impunha socialmente a amante e os filhos bastardos e, principalmente, as preocupações surgidas com o destino do trono português e com o partido lusitano, que se juntara a d. Maria II no Brasil, não ajudaram muito a sua popularidade.

Após a queda do rei Carlos X na França, o vento do Liberalismo e das reformas políticas varreu o Brasil. A Constituição outorgada por d. Pedro I em 1824, apesar de ser uma das mais avançadas de seu tempo e uma das poucas em que um monarca cedia deliberadamente ao povo parte do seu poder, ainda estava longe de contentar a elite dirigente do país. Após a consolidação da independência, essas elites buscariam cada vez mais poder, disputando com d. Pedro I o controle nacional.³⁰

Uma das prerrogativas garantidas pela Constituição era a de que ao monarca competia a escolha de seu ministério sem aprovação da Assembleia Nacional. Logo, começou uma queda de braço entre os deputados e d. Pedro I quanto a essa questão. Outro ponto que explodiria em 1830 era a forma como o imperador entendia o governo das províncias, até então com governantes indicados pelo governo central. No segundo semestre de 1830, os deputados se empenhariam em uma nova ideia: o Federalismo. Ao dar mais poder regional para as províncias se autogovernarem, estas escapariam da influência direta do governo central. D. Pedro não concordava com a ideia, pois entendia que isso ia contra a Constituição Imperial e que esse caminho levaria à desintegração nacional naquele momento.

As eleições no Brasil Imperial, conforme estipulado na Constituição, eram indiretas, e o voto era censitário. Para ser eleitor paroquial, que eram os que elegiam os eleitores de província, que por sua vez escolhiam os deputados nacionais, a pessoa tinha que ter 25 anos, ou 21, no caso de ser casado, podia ser ex-escravo, mas não podia trabalhar como caixeiro ou guarda-livros no comércio ou ser administrador de fazendas ou fábricas. Além disso, precisava ter renda líquida anual mínima de 100 mil-réis. Esses votantes, formados por uma parte pequena da sociedade brasileira, deixavam sem representatividade a grande massa do povo. Tanto os eleitores de província quanto os deputados tinham que ter renda líquida anual mínima de 400 mil-réis, e, para senador, era preciso ter renda de 800 mil. Nem eleitores de províncias nem deputados ou senadores podiam ser ex-escravos.

Devido a isso, o Congresso Nacional era composto, em grande parte, por donos de engenho de açúcar, que aos poucos migrariam para o café. E a maioria dos deputados e dos senadores não via com bons olhos o fato de d. Pedro ter assinado um tratado com a Inglaterra em 1826, no qual se previa que, a partir de 1829, qualquer navio que atravessasse o Atlântico com escravos poderia ser alvo de captura dos navios britânicos. Isso enfureceu a elite econômica nacional, formada majoritariamente por latifundiários muito bem representados no Congresso, que não queriam o término do regime escravocrata. Eles tampouco eram favoráveis à Guerra da Cisplatina. Consideravam a província, agregada ao Brasil por d. João VI, um lugar inóspito que, a não ser pelo gado, pouco interesse tinha para o Brasil agrário. A Guerra da Cisplatina acabou se transformando em um sorvedouro de recursos, vidas e da popularidade do imperador.

Em meio a esse clima, d. Pedro I resolveu visitar a província de Minas Gerais com a sua nova esposa, que ao longo da vida guardaria péssimas lembranças a respeito dessa viagem. Essa era uma das províncias que mais tinham deputados favoráveis ao Federalismo. Imaginando que, como fizera antigamente, quando era príncipe regente e viajou para Minas e São Paulo, apaziguaria seu povo, partiu para uma viagem de três meses que não deu o resultado esperado. Pelo contrário, apesar de não ter sido atacado diretamente, as casas das pessoas que o receberam foram apedrejadas.

Em fevereiro de 1831, na cidade de Ouro Preto, d. Pedro, diante do antigo Palácio dos Governadores, discursou para uma multidão na praça. A fala foi basicamente uma proclamação antifederalista, recebida friamente pelos locais. Nessa cidade, d. Pedro I recebeu a primeira carta do seu filho assinada de próprio punho. Em resposta à criança, o imperador respondeu:

> Meu querido filho. Grande prazer me causou o recebimento de tua carta datada de 8 de fevereiro. Ela seguramente se fosse toda escrita por ti conteria os mesmos sentimentos de amor e de respeito para comigo. Estou sumamente contente por saber que já assinas teu nome. Remeto-te para mandares ler essa proclamação que fiz na ocasião em que entrei nesta imperial cidade. Todos os trabalhos que tenho tido em viagens serão muito bem empregados se deles resultar o bem de meus súditos e a prosperidade do império que espero deixar-te por minha morte em paz. Teu pai e amigo. Pedro.
>
> Ouro Preto, 22 de fevereiro de 1831.[31]

As cartas escritas pelos príncipes ainda em idade de aprender geralmente eram redigidas por suas aias ou professores de caligrafia, mas, no caso, esse é o primeiro registro de que d. Pedro II sabia assinar sozinho. O curioso da carta de d. Pedro I ao filho fica por conta do modo de tratamento empregado. Ao se dirigir ao príncipe imperial não deixa de lado a meiguice de pai, mas trata com uma criança de 5 anos sobre questões de Estado. A ideia era oposta à do pai, d. João VI, que manteve o filho, o máximo que conseguiu, afastado dos negócios de Estado. O manifesto que d. Pedro I enviava ao filho era a respeito da sua luta contra a ideia da federalização do Brasil. Essa ideia permearia todo o reinado de d. Pedro II. No momento, era matéria árdua para uma criança daquela idade, que cedo descobriu que ser herdeiro de um império incluiria um amadurecimento rápido.

D. Pedro I continuaria com essa prática de tratar o filho como um príncipe responsável por uma nação, como demonstra a correspondência, durante quatro anos, de 1831 a 1834. Muito do que o imperador conversaria com o filho, ou melhor, muito do monólogo mantido por d. Pedro I com o herdeiro, tem mais um sentido de ensinamento do que de conversa propriamente dita. Guardadas por d. Pedro II em seu arquivo, essas cartas podem ter sido revisitadas pelo imperador em diversos momentos de sua vida; sobretudo, elas deixaram profundas impressões a respeito do Liberalismo do pai e de valores pessoais, como honra e dever com a nação.

A viagem de d. Pedro I a Minas Gerais serviu para perceber quanto estava distante da época em que era bem acolhido por onde quer que passasse. A viagem acabou sendo abreviada, e ele chegou ao Rio de Janeiro em 11 de março de 1831. O Primeiro Reinado estava com os dias contados.

Noite das Garrafadas

Na noite do retorno de d. Pedro I à corte houve comemoração da comunidade portuguesa no Rio de Janeiro. Com iluminação e fogos de artifício, davam-se "vivas" ao imperador e intimavam os donos dos imóveis que não tinham luzes em suas janelas a providenciá-las. Muitos brasileiros respondiam aos "vivas" ao imperador dados pelos portugueses com "Viva a Constituição!" e "Viva d. Pedro II!".

Não demorou muito para que as duas facções, os apoiadores de d. Pedro I e os contrários, passassem dos xingamentos para as vias de fato. Os brasileiros foram expulsos a garrafadas da rua da Quitanda, no centro do Rio, pelos portugueses, que as atiravam do alto de seus sobrados. As lutas entre os grupos se estenderam até o dia 15, quando a polícia interveio. Várias pessoas foram presas, inclusive oficiais brasileiros, o que agravou a situação.

No dia 18 de março, o padre Custódio Dias, deputado por Minas Gerais, foi ao Palácio de São Cristóvão entregar a d. Pedro I uma petição assinada por 23 deputados exigindo punição aos portugueses que haviam causado distúrbios no Rio de Janeiro. Caso o governo não fizesse nada, isso seria um sinal claro de que aos brasileiros caberia se vingar pelas afrontas e pelos crimes cometidos. D. Pedro, segundo o embaixador austríaco, teria ficado bastante abalado com o ultimato dos políticos.

Após a viagem a Minas e o retorno a uma cidade dividida, d. Pedro derrubou o ministério e constituiu um novo. Porém, em vez de escolher um ministério de reconciliação nacional, com ao menos alguns dos nomes que encabeçavam a petição enviada no dia 18, o imperador optou por outros. Todos eram brasileiros, no entanto nenhum dos homens nos postos-chave inspirava confiança no povo, nos políticos e na imprensa.

Foi uma medida inócua para a crise. As três atitudes positivas de d. Pedro I foram: nomear Francisco de Lima e Silva, homem de confiança dos liberais e dos nativistas, que foi recolocado no posto de comandante das Armas da Corte; libertar todos os oficiais brasileiros aprisionados durante os distúrbios; e oficiar ao conde de Sabugal, chefe de governo de d. Maria II, no exílio, que chamasse à ordem os súditos da rainha. Os portugueses retornaram a seus navios e suas residências.

Enquanto jornais como o *Diário Fluminense* de 23 de março conclamavam os brasileiros "dignos desse nome" a se unirem ao trono e ao imperador, e relembravam em vão o que este tinha feito para o Brasil, outros como *O Repúblico* afirmavam que o monarca estava mais para d.

Pedro IV, rei de Portugal, do que para d. Pedro I do Brasil, e convocavam o povo para lutar contra os portugueses.

"Viva d. Pedro II!"

No dia 25 de março de 1831, seria comemorado o aniversário de sete anos da Constituição. Houve parada militar no Campo da Aclamação, atraindo uma grande multidão, mas pouquíssimo entusiasmo à chegada do imperador ao local — à exceção de uma turma de mendigos pagos por alguém para saudá-lo e que d. Pedro, com asco, dispersou estalando seu chicote no ar. Um grupo, cerca de quarenta jovens, postou-se próximo ao imperador e dava constantes vivas à independência, ao Brasil, à Constituição e ao "imperador, enquanto constitucional". O restante da multidão vaiava e aplaudia as passagens dos batalhões de acordo com a tendência de seus chefes militares: pró ou contra o governo.

Em paralelo ao desfile, e sentindo a falta de vários políticos, d. Pedro soube por meio do general Morais que os liberais haviam mandado rezar uma missa na igreja de São Francisco de Paula, em comemoração à Constituição. D. Pedro não havia sido convidado e isso não fora um esquecimento, e sim uma afronta ao imperador. Uma tentativa de humilhá-lo.

Pedro I decidiu demonstrar que acreditava no Constitucionalismo e que, sobretudo, não conhecia a palavra medo: resolveu, então, impor sua presença na igreja. Pegou seu cavalo e saiu do desfile, deixando a imperatriz, d. Amélia, com a corte, na tribuna de honra. D. Pedro ainda era um belo homem, não perdera o porte marcial, apesar de alguma gordura que já começava a preencher seu rosto, pernas e quadril. Pareceu imponente ao desmontar do cavalo em frente à igreja.

Não lhe faltavam calma e sangue-frio ao entrar. Um cidadão tomou a sua mão para beijar e exclamou "Viva o imperador, enquanto for constitucional!", ao que d. Pedro respondeu "Sempre fui e hei de dar provas de o ser, e tanto que, sem me convidarem para a função, aqui estou". Abriu alas cumprimentando as pessoas e logo foi buscar as folhas verdes e amarelas que estavam sendo distribuídas. Ao se aproximar do altar-mor, dirigiu-se aos que haviam idealizado a cerimônia e, como se desculpando, afirmou ter ido mesmo sem ter sido convidado. Argumentaram que só brasileiros haviam sido convidados, ao que ele teria retrucado: "E eu também não sou brasileiro?".[32] E todos se calaram.

Frei Francisco do Monte Alverne fez um sermão em tom de comício público. Entre suas afirmações, estava a de que o povo não havia combatido pela escolha de um senhor. Falou que o Brasil e os brasileiros não mais aceitariam ministros ineptos ou tirânicos, que tornaram odiosa a autoridade real. No final, dirigindo-se a d. Pedro, exclamou: "Um anátema de execração fulmine aqueles que, pregando a doutrina do Absolutismo, apagam os brasões de vossa glória!".[33]

Na saída do imperador da igreja, muitas pessoas lhe davam vivas provocativas: "Viva o imperador, enquanto constitucional", ao que ele respondia "Fui, sou e sempre serei constitucional", ou, ainda, "Viva d. Pedro II", ao que d. Pedro retrucava: "É ainda criança!" Uma cena final aguardava d. Pedro na frente da igreja. Um homem do povo o agarrou pelo braço e o enfrentou face a face perguntando se ele estaria disposto mesmo a governar por meio da Constituição. Diante da resposta positiva do imperador, que disse que nunca fora outra a sua intenção, a multidão que presenciou a cena correu para dar mais folhas verdes e amarelas para d. Pedro e o ajudou a subir no seu cavalo. O tumulto foi tanto que d. Pedro quase foi atirado do outro lado da montaria. O fato foi muito chocante para o imperador, que, apesar de retornar ao Campo da Aclamação e contar às pessoas presentes na tribuna o ocorrido, tentando fazer daquilo um acontecimento curioso, deixou transparecer o que realmente sentira — seu rosto pálido, suas feições desfeitas e o olhar de espanto o traíram.

O princípio do fim

Na Sexta-Feira Santa, em 1º de abril, d. Pedro e a corte estavam assistindo à procissão do Paço da Cidade quando, no quartel de artilharia próximo ao local, o editor do jornal *O Républico* distribuía a nova edição de seu periódico aos soldados dizendo que mais brasileiros haviam sido mortos por portugueses, o que não era verdade.

O ar já se tornara envenenado, e a mentira alimentou ainda mais a paixão dos brasileiros contra os portugueses e contra d. Pedro I, que os protegia como súditos de sua filha. Os boatos logo chegaram ao povo. Os homens deixaram de tirar seus chapéus em sinal de respeito ao passarem diante do balcão em que estava o imperador. As tropas falavam em pegar armas e depor o tirano. Francisco de Lima e Silva interveio, apaziguou os homens e convenceu d. Pedro a retornar para a Quinta da Boa Vista.

No dia seguinte, lá estava *O Républico* novamente nas ruas conclamando o povo contra d. Pedro. No domingo, novas brigas entre brasileiros e portugueses encheram o dia. Mais manifestações aconteceram contra o "tirano", casas residenciais e comerciais de portugueses foram invadidas e depredadas, e qualquer um que parecesse ser fiel a d. Pedro era agredido.

O início da revolução

O imperador, de maneira imprudente, decidiu comemorar o aniversário da rainha de Portugal, no dia 4 de abril, com um beija-mão à menina no seu palacete. D. Pedro havia colocado a filha e a corte no grande e luxuoso casarão que pertencera à marquesa de Santos e que ele adquirira. Lá, compareceram os membros da corte portuguesa de d. Maria II, os diplomatas estrangeiros e os demais súditos portugueses. Com os tumultos que estavam acontecendo entre brasileiros e portugueses, uma comemoração puramente lusitana inflamou ainda mais os ânimos do povo.

Além da rainha, também estavam seus irmãos, o príncipe imperial d. Pedro, d. Paula Mariana, d. Januária e d. Francisca. Após um concerto de gala, foi servida uma ceia, interrompida por um ajudante de ordens que adentrou o palacete procurando pelo imperador. A cidade estava novamente sublevada, novos assassinatos estavam ocorrendo. D. Pedro levantou-se sobressaltado e pediu satisfações aos ministros da Justiça e da Guerra ali presentes, os quais atacou duramente com palavras. Apesar de, anteriormente, eles terem assegurado ao monarca que tinham tomado providências para pacificar a cidade, agora instaurava-se uma revolta. Pegou ambos pelo braço e tentou fazer com que tomassem alguma atitude, quando foi informado de que não havia mais o que ser feito.

Um novo ajudante de ordens chegou informando que a situação piorara. Os diplomatas estrangeiros esperavam que d. Pedro fizesse alguma coisa, mas ele estava quieto, pensativo. Foi nesse momento que o general conde do Rio Pardo, ex-ministro do Exército, se aproximou e disse que estava ali para derramar seu sangue pelo seu soberano, mas que as coisas não poderiam continuar como estavam. Pediu que d. Pedro tomasse alguma decisão, e o imperador autorizou-o a despachar patrulhas aos cruzamentos que ligavam a cidade a São Cristóvão para que os insurretos não os pegassem desprevenidos.

D. Pedro havia perdido o espírito de luta diante dos ministros, da corte e de todos os embaixadores. Por sorte, a cidade voltou a aquietar-se, e todos puderam ir para suas casas.

O 7 de Abril

No dia seguinte, 5 de abril, d. Pedro demitiu o ministério novamente e convocou outro, que ainda continuava aquém do ideal para a reconciliação nacional entre o Executivo e o Legislativo. Dois dos novos ministros haviam nascido em Portugal. No dia 6, os líderes liberais e nativistas começaram a convocar o povo para o Campo da Aclamação.

Por volta das 13 horas, já havia no local cerca de seiscentas pessoas, às 15 horas, 2 mil e às 17 horas, 4 mil tomavam a praça. Conforme as horas passavam, a multidão foi crescendo. No início da noite, militares do quartel de artilharia que ficava próximo juntaram-se à revolta. Na tentativa de d. Pedro acalmar o povo, ele enviou uma proclamação a ser lida na praça, na qual afirmava que nunca deixaria de ser constitucionalista e que iria continuar mantendo a Constituição. Também pedia confiança nele e no novo governo.

A proclamação foi feita em pedaços, enquanto a multidão exigia que d. Pedro demitisse os novos ministros e reintegrasse o antigo ministério. Foi enviada uma delegação de juízes paroquiais à Quinta da Boa Vista com o intento de passar a mensagem do povo ao imperador. Às 19 horas, d. Pedro recebeu-os e, polidamente, explicou que estava dentro de seu direito constitucional demitir e nomear ministros e que, se ele permitisse que o povo se imiscuísse em suas escolhas, além de estar indo contra a Constituição jurada, deixava de ser o representante dos interesses permanentes da nação e passava a ser somente um instrumento na mão da maioria. Foi então que pronunciou a frase que é até os dias de hoje deturpada: "Tudo farei para o povo, mas nada pelo povo". Ao ser transmitida pelos juízes a fala do soberano, a multidão, aos gritos, pedia "morte ao tirano". Às 23 horas, a maior parte das unidades do exército havia se juntado à revolta.

O então major Luís Alves de Lima e Silva, futuro duque de Caxias, segundo comandante do Batalhão do Imperador, informou a d. Pedro I que a revolta poderia ser debelada. O imperador se retiraria para a Fazenda de Santa Cruz com a família, se dariam baixas aos soldados que abandonaram seus oficiais e se convocariam as milícias. Enquanto isso o tenente-coronel Seara, com tropas do 14º Regimento de Infantaria, recém-chegado de Santa Catarina, aguardava ordens de atacar. Mas o mesmo marquês de Cantagalo que levou a mensagem retornou com a resposta do imperador: nem uma gota de sangue brasileiro deveria ser derramada por sua causa.

No início da madrugada, o exército já estava com o povo no centro do Rio de Janeiro. Francisco de Lima e Silva, comandante de armas da corte, pai de Luís Alves, havia levado seus soldados para a praça e se juntado à revolta. O comandante foi ter com o imperador, que deu a mesma resposta: não faria o que queriam, quando muito poderia demitir o ministério e constituir um novo. Logo após a partida de Francisco de Lima e Silva, o Batalhão do Imperador desertou e foi juntar-se aos revoltosos no Campo da Aclamação. O palácio ficou desprotegido, com poucas sentinelas. A artilharia montada igualmente abandonou seu posto e saiu da Quinta da Boa Vista.

D. Pedro, tentando a última cartada, mandou um oficial procurar o senador Vergueiro e levá-lo para São Cristóvão. Pretendia convidá-lo a formar um novo governo. Enquanto isso, ficou em uma das salas do palácio com d. Amélia, os ministros e os representantes diplomáticos da Inglaterra e da França. Estes dois diplomatas prontificaram-se a colocar seus navios de guerra, ancorados na baía de Guanabara, à disposição. Poderiam solicitar o desembarque imediato de tropas para proteger o palácio — o que d. Pedro recusou.

Alheios a todo o drama que se apresentava na Quinta, os príncipes dormiam sossegadamente. D. Pedro esperaria um tempo razoável pela resposta do senador, se é que este se deixaria encontrar. Eram quase 3 horas da madrugada do dia 7, quando o oficial retornou dizendo que não havia conseguido localizar Vergueiro em canto algum.

Diante desse cenário, d. Pedro, segundo testemunhas no palácio, teria dito que preferia abdicar "a receber imposições violentas, contrárias à Constituição, dadas pelo povo e pelo exército insurgido".

D. Amélia e o ministério eram favoráveis a que d. Pedro aceitasse o que os revoltosos pediam, mas ele estava decidido:

> Prefiro descer do trono com honra a governar desonrado e envilecido. Não nos iludamos. A contenda se tornou nacional. Todos quanto nasceram no Brasil estão no Campo e contra mim. Não me querem para governo porque sou português. Seja por que meio for, estão dispostos a se livrarem de mim. Espero por isso de há muito. Durante a viagem a Minas, anunciei que o meu regresso ao Rio seria o sinal da luta entre nacionais e portugueses, provocando a crise atual. Meu filho tem uma vantagem sobre mim, é brasileiro e os brasileiros gostam dele. Reinará sem dificuldade e a Constituição lhe garante os direitos. Descerei do trono com a glória de findar como príncipe, constitucionalmente.[34]

O major Miguel de Frias, que havia sido comissionado para obter uma posição definitiva do imperador perante o que o povo e a tropa exigiam, cobrou uma decisão imediata de d. Pedro I diante desse impasse. D. Pedro respondeu que certamente não nomearia "o ministério que querem: a minha honra e a Constituição mo não permitem".[35]

Inicialmente, havia pensado em reafirmar que não seguiria a vontade que lhe impunham e que rasgaria a Constituição que dera ao Brasil agindo contrariamente a ela. Porém, quando o major Frias estava para deixar o palácio com essa mensagem, d. Pedro o mandou esperar. Levaria o major uma mensagem mais definitiva ao povo.

Após pensar nos conselhos do marquês de Paranaguá e do embaixador francês, de que talvez fosse melhor dizer ao povo que seguiria o que a Constituição ditava ou sairia com toda a família imperial do Brasil, d. Pedro decidiu que, pela Constituição que dera ao país isso era impossível: "Não posso aceitar o conselho. O povo viria a São Cristóvão. Diria que posso dispor da minha pessoa, mas não carregar com o herdeiro do trono, reconhecido como tal pela Constituição do Império".[36] Deixando d. Amélia em lágrimas, d. Pedro retirou-se da sala para o seu escritório e retornou logo depois com um pedaço de papel em que se lia:

> Usando do direito que a Constituição me concede, declaro que hei muito voluntariamente abdicado na pessoa de meu muito amado e prezado filho, o sr. d. Pedro de Alcântara. Boa Vista, sete de abril de mil oitocentos e trinta e um, décimo da independência e do Império.
>
> Pedro.[37]

Com lágrimas nos olhos, d. Pedro I entregou a mensagem ao oficial e informou: "Aqui está a minha abdicação; desejo que sejam felizes! Retiro-me para a Europa e deixo um país que tanto amei e amo ainda".[38]

Algumas horas depois, d. Pedro I saiu de São Cristóvão com a esposa, a irmã e o cunhado, o marquês de Loulé e poucos servidores. Parte da corte da rainha d. Maria II, com a própria, se juntaria ao abdicante e embarcaria nos barcos enviados pela Inglaterra e pela França para os levar à Europa.

D. Pedro I não quis acordar as crianças. Viu-as em seus quartos e beijou o filho que deixava no Brasil. Cinquenta e nove anos depois, em seu exílio na França, d. Pedro II, que preferiu, como o pai, sofrer as saudades da pátria a permitir que se derramasse sangue por ele, fez uma anotação curiosa em seu diário. Relembrando o aniversário da abdicação de d. Pedro I anotou: "7 de abril 1890 (2ª fa.) — Abdicaria como meu Pai se não me achasse ainda capaz de trabalhar para a evolução natural da república".[39]

D. Pedro II, assim como d. Pedro I, não era inimigo do seu tempo, como diria ao seu amigo conde de Gobineau. D. Pedro II achava, de maneira filosófica e idealizada, que o destino do Brasil, quando estivesse maduro o suficiente, seria se transformar em uma república. Mas, nesse momento, o jovem príncipe, que acordaria imperador, dormia a sono solto em seu quarto.

O MENINO IMPERADOR

Ao despertarem, as crianças não souberam de imediato da partida do pai, da madrasta e da irmã, muito menos que o jovem príncipe, com pouco mais de 5 anos, já era imperador por direito. Ao assistirem à missa na Capela de São João Batista, que ficava dentro do palácio, viram as pessoas com fisionomias tristes. O ápice foi quando o padre chorou ao consagrar a hóstia. Sem entender o que estava acontecendo, as crianças foram avisadas de que a tristeza se devia à morte da mãe de uma dama da corte que estava de serviço no Paço.

O Congresso Nacional, com 26 senadores e 36 deputados, reuniu-se às 10 horas da manhã para receber de Francisco de Lima e Silva, oficialmente, a renúncia de d. Pedro I. O Rio de Janeiro e os partidos foram pegos de surpresa; quando muito a maioria dos revoltosos queria que o imperador se curvasse à vontade do povo e elegesse para ministros um corpo de funcionários responsável ao Congresso e não somente seu soberano.

O ato de d. Pedro I de abdicar atordoou muitos, mas logo as coisas se puseram nos eixos. O Congresso resolveu pôr em votação uma regência provisória para a qual foram eleitos o marquês de Caravelas, José Joaquim Carneiro de Campos; o senador Vergueiro, Nicolau Pereira de Campos Vergueiro; e o general Francisco de Lima e Silva. Seguindo-se os ditames da Constituição, na vacância do trono, os três senadores assumiram a Regência em nome do novo imperador, d. Pedro II. Um dos primeiros atos dos regentes foi, para apaziguar os ânimos, reinstalar o ministério que d. Pedro I havia demitido anteriormente.

A aclamação de d. Pedro II

Dois dias depois, em 9 de abril, todos os príncipes, agora já informados do que havia ocorrido, foram levados para a cidade para apresentar o novo imperador ao povo. D. Pedro II, assustado, banhado em lágrimas, foi posto na carruagem de gala. Sentada diante dele, ia d. Mariana tentando acalmá-lo e pedindo que acenasse para o povo. Ao passarem pelo Campo da Aclamação, a multidão tentou soltar os cavalos da carruagem para puxá-la. D. Mariana entrou em ação e evitou que isso acontecesse, ao menos em um primeiro momento. Tomou o menino imperador no colo e continuou pedindo que ele cumprimentasse as pessoas, o que ele fazia, bastante assustado.

Tropas formaram alas que iam se fechando após a passagem do coche aberto que conduzia o imperador e as irmãs, e os soldados iam marchando atrás do veículo. Em determinado momento, a multidão acabou fazendo o que d. Mariana não queria: o povo soltou os animais e puxou em júbilo a carruagem até a Capela Imperial. Lá, aguardava o pálio, o dossel segurado pelos grandes titulares do império, debaixo do qual d. Pedro II caminhou até o seu lugar na igreja para assistir ao te-déum solene ordenado pela Regência.

D. Pedro II e as princesas foram recolhidos ao Paço da Cidade, onde o imperador recebeu cumprimentos do corpo diplomático. Por volta das 13 horas, o menino, junto com as outras irmãs, os regentes e d. Mariana, apareceu nas janelas da fachada lateral do Paço. Ali, d. Pedro II, com José Bonifácio o amparando, subiu em uma cadeira para poder ser visto acima da balaustrada da sacada, onde saudou o povo, a tropa e os juízes de paz das diversas freguesias do Rio de Janeiro, que, montados em seus cavalos, portavam bandeiras e aclamavam o novo imperador.

Todo esse movimento de obediência ao novo imperador se deveu, inicialmente, ao general Francisco de Lima e Silva, que recebeu em 7 de abril a abdicação de d. Pedro I no Campo da Aclamação. O general, após ler o documento, seguiu dando vivas a d. Pedro II, o novo imperador do Brasil. Se, naquele momento, o brado tivesse sido outro, poderíamos ter nos tornado uma república. Mas as coisas estavam longe da calmaria. Segundo relata Henrique Raffard,[1] d. Mariana Carlota estava apreensiva na noite de 9 para 10 de abril no velho Paço da Cidade. Havia rumores de uma tentativa de raptar o novo imperador. Mandou que se recolhesse a criança, e ela e as demais damas passaram a noite vigilantes.

D. Pedro I, o imperador abdicante, escutou as salvas das fortalezas e dos navios que saudavam d. Pedro II como novo monarca brasileiro. O ex-imperador, que tomaria para si o título português de duque de Bragança, não partira de pronto.

Instalara-se e também os que com ele seguiam para o exílio nos navios oferecidos pela Inglaterra e pela França. Antes de ir para a Europa, tentava liquidar os seus negócios no Brasil. A bordo da nau, o entra e sai era constante. Havia os amigos que o visitavam para se despedir, além dos diplomatas estrangeiros e fidalgos sem rumo certo, cuja sorte até então estivera ligada ao monarca, que agora era um simples "particular" vendendo escravos e dando preços para as propriedades que ficavam.

Despedidas

Entre as notícias que lhe chegaram a bordo estava a da aclamação de d. Pedro II. Segundo testemunha, d. Pedro, ouvindo ainda o resquício da festa que chegava até o navio, encostou a cabeça em um mastro e, olhando para a terra, teria exclamado:

> Pedaços d'alma! Pátria! Filhos! Pouco há que iguais vivas retumbaram em honra minha; eu fui objeto de iguais manifestações... E hoje! Possa a fortuna ser mais fiel a meu filho! Possa o seu coração nunca ser dilacerado como este que tanto amou os próprios que o desconhecem![2]

D. PEDRO II

Nas anotações de uma caderneta denominada "Miscelânea", podem ser observados diversos rascunhos que viraram ordens ou apenas ideias que não chegaram a ser postas em prática. D. Pedro, em meio ao torvelinho de decisões que tinham de ser tomadas — venda de objetos, embarque de dezenas de coisas, cobranças de dívidas etc. —, também pensava nos filhos. Por diversas vezes, teve ímpetos de mandar chamar para junto de si as filhas, mas acabou por desistir. Afinal, elas eram princesas brasileiras e pertenciam à nação, não eram pessoas comuns. Caso acontecesse algo com d. Pedro II, havia um "time de reserva" para dar continuidade à dinastia de Bragança no trono brasileiro.

Nos primeiros dias a bordo da nau britânica *Warspite*, d. Pedro I recebeu mensagens do pequeno príncipe que agora era imperador do único império do continente americano e de um dos maiores do mundo. Um dos bilhetes, incompleto, mostra a letra vacilante de d. Pedro II. Um segundo bilhete, com caligrafia mais caprichada, explica a mensagem anterior:

> Meu pai e meu senhor
>
> Principiei a escrever a V.M.I. pela minha própria letra, mas não pude acabar, entrei a chorar, a tremer-me a mão [...], remeto para prova de minha verdade o princípio que tinha feito. Eu, todos os dias rogarei ao céu pelo melhor dos pais que uma desgraça tão cedo me fez perder, sempre serei obediente filho e seguirei os ditames de meu augusto pai. Beijo as mãos de V.M.I. como obediente filho. Pedro.
>
> P.S. Os meus criados beijam a mão de V.M.I. com o maior respeito e saudades.[3]

No bilhete incompleto, com letra infantil, vemos borrões, provavelmente pelas lágrimas caídas, sobre as letras "pai", "saudades" e "Pedro". Nela, vemos o pedido do órfão: "Meu querido pai e meu senhor. Tenho tantas saudades de V.M.I. e tanta pena de não lhe beijar a mão. Como obediente e respeitoso filho Pedro. Peço a V.M. um bocadinho de cabelo de V.M.I." Em um outro bilhete, d. Pedro II escrevia ao pai:

> Meu querido pai e meu senhor. Quando me levantei e não achei a Vossa Majestade Imperial e a mamãe para lhe beijar a mão, não me podia consolar nem posso, meu querido papai. Peço a Vossa Majestade Imperial que nunca se esqueça deste filho que sempre há de guardar a obediência, respeito e amor ao melhor dos pais tão cedo perdido para seu filho. Beija respeitoso as augustas mãos.[4]

O tutor dos príncipes

Atordoado com tudo o que tinha para resolver, d. Pedro ainda nomeou o velho conselheiro, José Bonifácio de Andrada e Silva, tutor de d. Pedro II. A carta comunicando a decisão ao velho Andrada inicia com o dístico latino: *Amicus certus in re incerta cernitur*, que significa: o amigo certo se manifesta na ocasião incerta.

> É chegada a ocasião de dar mais uma prova de amizade, tomando conta da educação do meu muito amado filho, seu imperador. Eu desejo em tão patriótico cidadão a tutoria do meu querido filho e espero que, educando-o naqueles sentimentos de honra e de patriotismo com que devem ser educados todos os soberanos para serem dignos de reinar, ele venha um dia fazer a fortuna do Brasil, de que me retiro saudoso. Eu espero que faça esse obséquio, que, a não me fazer, eu viverei sempre atormentado. Seu amigo constante, Pedro.[5]

A essa carta, José Bonifácio respondeu no dia 8:

Senhor,

A carta de Vossa Majestade veio servir de um pequeno lenitivo ao meu aflito coração, pois vejo que, apesar de tudo, Vossa Majestade ainda confia na minha honra e pequenos talentos para cuidar na tutoria e educação de seu augusto filho, o senhor d. Pedro II. Se eu não puder obter a confirmação da Regência e Câmara, ao menos como cidadão particular, não deixarei um só momento de vigiar sobre a sua futura felicidade e aproveitamento por todos os meios que me forem possíveis enquanto durar este sopro de vida que me anima. Confie, Vossa Majestade, em mim, que nunca enganei a ninguém e nunca soube desamar a quem uma vez amei. Rogo a Vossa Majestade me ponha aos pés das augustíssimas senhoras imperatriz e rainha de Portugal, por quem rogo ao Deus do universo, do fundo da minha alma, se digne felicitá-las em todo o tempo e circunstância desta nossa miserável vida. Iguais votos encaminha aos céus o meu sincero coração pelo soberano, que foi da minha escolha, e pelo meu amigo. Beija as mãos de Vossa Majestade.

José Bonifácio de Andrada e Silva. Paquetá, 8 de abril de 1831.[6]

D. Pedro II contaria, já com certa idade, ao seu camarista, o conde de Aljezur, a respeito do dia 8 de abril. Enquanto ele e as irmãs estavam agoniados em São Cristóvão, sem saber o que seria de seu pai e do futuro de todos, o Patriarca chegou. Invadindo os salões da Quinta, encontrou o pequeno d. Pedro II, suspendeu-o nos braços, comovidíssimo, e exclamou: "Meu imperador e meu filho!".[7]

Partida de d. Pedro I

No dia 12 de abril, d. Pedro I escrevia ao filho uma carta emocionada:

> Meu querido filho, e meu imperador. Muito lhe agradeço a carta que me escreveu; eu mal a pude ler porque as lágrimas eram tantas que me impediam a ver; agora que me acho, apesar de tudo, um pouco mais descansado, faço esta para lhe agradecer a sua, e para certificar-lhe que enquanto vida tiver as saudades jamais se extinguirão em meu dilacerado coração.
>
> Deixar filhos, pátria, e amigo, não pode haver maior sacrifício; mas levar a honra ilibada, não pode haver maior glória. Lembre-se sempre de seu pai, ame a sua, e minha pátria, siga os conselhos que lhe derem aqueles que cuidarem da sua educação, e conte que o mundo o há de admirar, e que eu me hei de encher de ufania por ter um filho digno da pátria. Eu me retiro para a Europa: assim é necessário para que o Brasil sossegue, o que Deus permita, e possa para o futuro chegar àquele grau de prosperidade de que é capaz. Adeus, meu amado filho, receba a bênção de seu pai que se retira saudoso e sem mais esperanças de o ver. D. Pedro de Alcântara. Bordo da nau *Warspite*, 12 de abril de 1831.[8]

No dia 13, o navio *Volage* deixava a baía de Guanabara com o imperador deposto. Naquele mesmo dia se ouviu, provocativamente, junto ao porto, o que viria a ser o atual Hino Nacional Brasileiro. Composto por Francisco Manuel da Silva, em 1822, como uma marcha triunfal comemorativa ao 7 de Setembro, ela teria diversas letras. Em comemoração à partida de d. Pedro I, em 1831, a marcha ficaria conhecida como Hino da Abdicação ou do 7 de Abril. A versão inicial da época afrontava diretamente o ex-imperador:

Os bronzes da tirania
Já no Brasil não rouquejam;
Os monstros que o escravizavam
Já entre nós não vicejam.

Posteriormente essa parte foi modificada e, novamente, em 1841, por ocasião da coroação de d. Pedro II, o hino viria a receber uma nova letra. Depois de alguns anos passou a ser usual somente se executar a parte da orquestra, quando o imperador estivesse presente em grandes eventos.

José Bonifácio

Apesar de d. Pedro I ter antedatado o documento em que nomeava José Bonifácio como tutor, retroagindo aquele para ser a ordem de imperador e não de simples pai, ele não foi aceito pela Regência e pelo Governo. Em 14 de abril, com a nave inglesa que transportava o ex-monarca já longe da costa, foi nomeado o marquês de Itanhaém mordomo-mor do Paço e tutor provisório das crianças. Segundo se alegou, o ato de d. Pedro I feria a Constituição de 1824 e poderia dizer respeito às princesas, mas não ao futuro imperador do Brasil. Encerrava-se o Primeiro Reinado com mais um atrito entre d. Pedro I e o Legislativo.

A questão principal era: o tutor, o responsável legal por d. Pedro II, teria influência inicial sobre o imperador menino, sobre sua formação, e seria, talvez, o poder por detrás do trono. As forças se agitaram. Não dissera d. Pedro I no documento que José Bonifácio era novamente o seu "verdadeiro amigo"? Alguém que gozasse de tal prestígio junto ao ex-imperador seria a melhor escolha para guia do futuro imperador?

Furioso, o bravo Andrada lançaria um manifesto público. Intitulado "Protesto à nação brasileira e ao mundo inteiro", o documento denunciava a todos que a "maioria da Câmara dos srs. Deputados [...] denega ao sr. d. Pedro de Alcântara o direito de nomear tutor a seus filhos", sendo assim, ele se via impedido de cumprir com a sua palavra dada ao "ex-imperador de cuidar na tutoria dos desgraçados órfãos". No mesmo dia do seu manifesto, 17 de junho, era eleita, em substituição à Regência Trina Provisória, a Permanente, com Francisco de Lima e Silva, José da Costa Carvalho e João Bráulio Muniz.

Novamente reunido o Congresso Nacional em 30 de junho, o nome de José Bonifácio foi proposto para a tutoria, e ele finalmente foi eleito. Dias antes, em 23 de junho, haviam sido regulamentadas por decreto, que seria sancionado no dia 12 de agosto, as funções do tutor do imperador.

Além de ilegal, aos olhos dos políticos, a nomeação de José Bonifácio feita por d. Pedro I era perigosa, uma vez que não havia, até então, instrumentação jurídica para que a Assembleia ou mesmo o governo pudessem substituir, se necessário, o tutor. Agora com a lei havia, e o artigo 2º do decreto demonstrava bem o que se temia: "Este tutor não terá parte em ato algum político em nome de seus pupilos". Muito mais que o responsável jurídico por d. Pedro II e pela nomeação do mordomo, dos tutores e da criadagem da Casa Imperial, se temia a força política que poderia acabar caindo nas mãos dessa pessoa. Ainda mais de alguém do porte de José Bonifácio e da facção política que ele seria capaz de juntar ao redor de suas ideias e de seus projetos para o Brasil.

Oficialmente como tutor, José Bonifácio acompanhou seu pupilo durante as comemorações do 7 de Setembro de 1831. O oficial William Samuel Waithman Ruschenberger, da Marinha norte-americana, assim se recordaria do pequeno imperador:

> A sala do trono era ricamente forrada de veludo verde, semeado de estrelas douradas e prateadas; e o assoalho forrado de vistoso tapete colorido, com um medalhão no centro.
>
> D. Pedro II, que apresenta sensível semelhança com o pai, achava-se de pé sobre [...] uma elevação de um degrau, onde o trono é usualmente colocado, tendo a regência à direita e as irmãs à esquerda. Seus grandes olhos líquidos vagavam

de uma pessoa para a outra com uma expressão de quase indiferença. Suas saudações eram rígidas e as princesas, que são mais velhas que ele (ele não tem ainda 6 anos), pareciam sofrer de algum tipo de vergonha.[9]

José Bonifácio de Andrada e Silva nasceu em Santos, litoral de São Paulo, em 13 de junho de 1763, filho do segundo homem mais rico da vila, e iniciou seus estudos em São Paulo, no seminário diocesano. Em 1780, partiu para estudar no Rio de Janeiro, onde fez os estudos preparatórios a fim de estudar na Universidade de Coimbra, em Portugal, para onde partiu em 1783. Bonifácio formou-se em Direito e depois começou sua incursão pela mineralogia. Durante quase dez anos viajou pela Europa estudando mineralogia e estagiando em diversas minas. Transformou-se em membro correspondente de diversos institutos mineralógicos e de ciências naturais europeus, chegando a receber ofertas de trabalho em diversos reinos, como na Noruega. Falava com desenvoltura diversas línguas. Ao retornar a Portugal, foi nomeado, em abril de 1801, pelo então príncipe regente d. João, professor de metalurgia, cátedra criada meses antes. No ano seguinte, assumiu como intendente-geral das Minas e Metais.

O estudioso de Rousseau, Voltaire, Montesquieu, Descartes, Locke, Leibniz e diversos outros pegaria em armas contra o exército de Napoleão que invadiu Portugal. Homem de estudos, aplicava-os, como poucos, à ação. Em 1812, foi nomeado secretário-geral da Academia Real das Ciências de Lisboa e um ano depois foi jubilado da cadeira de metalurgia. Desde alguns anos acalentava a ideia de retornar ao Brasil, o que faz em 1819. Alguns anos depois, em 1821, se viu presidindo, em São Paulo, a primeira eleição livre, por aclamação. Do alto da janela da Câmara, ele ouviu da população os nomes indicados para os cargos e depois os colocou em votação, também por aclamação popular, tornando-se, assim, vice-presidente da província.

Como tal, redigiu um documento para os deputados da província de São Paulo que partiam para a Assembleia Constituinte em Lisboa: "Lembranças e apontamentos do Governo Provisório para os senhores deputados da Província de São Paulo". Nesse opúsculo, ele encerrava parte de suas ideias para um projeto renovado do Estado brasileiro. Entre as propostas estavam a melhora da instrução pública com o aumento do número de escolas e a implantação de uma universidade no Brasil, preferencialmente em São Paulo. Também sugeria o fortalecimento do governo executivo brasileiro, sujeito ao governo das províncias, a mudança da política dos grandes latifúndios, as antigas sesmarias, um modelo arcaico que deixava vastas terras improdutivas nas mãos de grandes latifundiários. As terras improdutivas deveriam ir para as mãos do governo, que as redistribuiria, fomentando o povoamento do interior do Brasil. Além da questão das terras, José Bonifácio queria o término do tráfico de escravizados e a libertação gradual do elemento servil, bem como a integração dos indígenas à sociedade.

Em um Brasil no qual a riqueza vinha da terra e a mão de obra utilizada era a escravizada, não demoraria muito para José Bonifácio ser considerado um elemento perigoso por boa parte dos donos do poder do país.

Mas as Cortes Constitucionais Portuguesas, reunidas para estabelecerem a base da nova Constituição do Reino Unido de Portugal, Brasil e Algarves, tinham outras intenções. A ideia central era basicamente recolonizar o Brasil, as províncias brasileiras não teriam mais um governo executivo central para se reportarem no país, tudo deveria ser resolvido em Portugal. O príncipe regente, d. Pedro, deveria partir imediatamente para a Europa com a família. Entretanto, a maior parte das províncias brasileiras não desejava isso. De São Paulo partiu uma carta do governo da província, escrita por José Bonifácio, para o príncipe. Redigida em 24 de dezembro de 1821, o Andrada tomava para si a representação dos paulistas:

> Note V.A. Real que, se o Reino de Irlanda, que faz uma parte do Reino Unido da Grã-Bretanha, apesar de ser infinitamente pequeno em comparação do vasto Reino do Brasil, e estar separado da Inglaterra por um estreito braço de mar, que se atravessa em poucas horas, todavia conserva um governo-geral, ou vice-reinado, que representa o Poder Executivo do rei

do Reino Unido, como poderá vir à cabeça de alguém, que não seja, ou profundamente ignorante, ou loucamente atrevido, pretender que o vastíssimo Reino do Brasil haja de ficar sem centro de atividade, e sem representante do Poder Executivo; como igualmente sem uma mola de energia e direção das nossas tropas, para poderem obrar rapidamente, e de mãos dadas, a favor da defesa do Estado, contra qualquer imprevisto ataque de inimigos externos, ou contra as desordens e facções internas, que procurem atacar a segurança pública e a união recíproca das províncias!

Sim, Augusto Senhor, é impossível que os habitantes do Brasil, que forem honrados e se prezarem de ser homens, e mormente os Paulistas, possam jamais consentir em tais absurdos e despotismos: sim, Augusto Senhor, V.A. Real deve ficar no Brasil, quaisquer que sejam os projetos das Cortes Constituintes, não só para nosso bem geral, mas até para a independência e prosperidade futura do mesmo Portugal. Se V.A. Real estiver (o que não é crível) pelo deslumbrado e indecoroso decreto de 29 de setembro, além de perder para o mundo a dignidade de homem, e de príncipe, tornando-se escravo de um pequeno número de desorganizadores, terá também que responder, perante o Céu, do rio de sangue, que decerto vai correr pelo Brasil com a sua ausência; pois seus povos, quais tigres raivosos, acordarão decerto do sono amadornado, em que o velho Despotismo os tinha sepultado, e em que a astúcia de um novo Maquiavelismo Constitucional os pretende agora conservar [...].[10]

A resposta paulista mexeu com d. Pedro. Não era um cortesão que se dirigia ao príncipe, era um homem com experiência política, administrativa, que falava diversas línguas e com conhecimentos vários que faltavam ao príncipe regente. Em janeiro de 1822, José Bonifácio, junto com uma representação de paulistas, chegou ao Rio de Janeiro, onde se encontrou inicialmente com d. Leopoldina na Fazenda de Santa Cruz.

Ali a princesa havia se refugiado junto com os filhos em razão da revolta do corpo militar português após o Dia do Fico.

D. Leopoldina deve ter encontrado em José Bonifácio um dos poucos brasileiros natos com nível intelectual superior ao seu. Pouco tempo depois, após ela ter já alertado o Andrada de que o marido pretendia fazer dele ministro de Estado, José Bonifácio aceitou o cargo de ministro dos Negócios do Reino e começou a trabalhar arduamente para a união do Brasil ao redor do governo do príncipe no Rio de Janeiro. Tanto d. Pedro quanto d. Leopoldina depositaram nele sua confiança, o que acabou por enciumar os demais partidários da emancipação política brasileira, como o grupo de Gonçalves Ledo — a quem José Bonifácio via com reservas, por considerá-los uma espécie de agitadores. Principal conselheiro político de d. Pedro naquele momento, José Bonifácio preparou com diversos grupos de apoiadores a emancipação política do Brasil que culminou no 7 de Setembro de 1822.

A ascensão de d. Pedro I ao trono, aos 24 anos de idade, atraiu ao redor do monarca uma enorme gama de aduladores e de pessoas com outros pensamentos e outros modelos para o Brasil independente que nascia. Aos poucos, a antiga amizade e aliança entre José Bonifácio e d. Pedro foi se esvaindo, até que o Andrada deixou definitivamente o governo, em julho de 1823. Como deputado constituinte, trabalhou na nova Constituição brasileira até o fechamento da Assembleia por ordem do imperador, que culminou com o banimento de vários políticos para a Europa, entre eles José Bonifácio e sua família.

O velho Andrada, trazendo o corpo da esposa, a irlandesa Narcisa Emília O'Leary, morta durante o retorno para o Brasil, desembarcou no Rio de Janeiro de seu exílio em julho de 1829. D. Pedro I o recebeu bem, arrependido de suas atitudes contra o antigo conselheiro e aliado. José Bonifácio, que nas cartas aos seus amigos no exílio chamava d. Pedro de "Pedro Malasartes" e outros apelidos caricatos, perdoou o imperador e se manteve longe da política. Ao menos até ser novamente alçado ao centro dos acontecimentos nacionais com a sua nomeação como tutor do jovem monarca, d. Pedro II.

A tutoria

José Bonifácio instalou-se junto aos seus pupilos, inicialmente, no Paço da Cidade. Depois passariam a habitar novamente a Quinta da Boa Vista. Uma das primeiras ordens, logo após o 7 de Abril, foi liberar todos os brinquedos aprisionados. Com a partida dos imperadores para o exílio, os brinquedos ficaram esquecidos nos armários, e a regra imposta pela imperatriz d. Amélia foi abandonada. Quando José Bonifácio os achou, mandou chamar as crianças e liberou-as para brincar com todos eles, dizendo: "Acabou-se o monopólio, podeis brincar com tudo, pois tudo vos pertence".[11]

Após ser empossado oficialmente como tutor, em ato de 7 de outubro de 1831, José Bonifácio nomeou alguns professores, junto a outros que já vinham dando aula anteriormente aos príncipes: Luís Aleixo Boulanger para caligrafia, primeiras letras e geografia; Simplício Rodrigues de Sá, desenho e pintura; Fortunato Mazziotti, música e composição; Luís Lacombe, dança; o reverendo Guilherme Tilbury, língua inglesa; frei Severino de Santo Antônio, língua portuguesa; e o padre Boiret, língua francesa, substituído depois por Félix Émile Taunay.

D. Mariana procurava manter d. Pedro I a par do que ocorria com os filhos deixados no Brasil. No final de outubro de 1831, escreveu ao ex-imperador em seu exílio em Paris dando conta de como d. Pedro II estava indo em seus estudos e como havia sido a festa, de maneira íntima, do dia 12 de outubro, aniversário do pai das crianças:

> O imperador, assim como as três princesas, tem gozado sempre de perfeitíssima saúde. O imperador, esse menino raro em tudo, está adiantadíssimo. Está lendo português quase corretamente. Lê também inglês e vai agora ler francês, principiando a dar lições regulares com *Monsieur Boiret*; faz-lhe os cadernos de palavras, pergunta-lhe, e sem estudar responde-lhe a todas. Está aprendendo gramática, isto sem ter ainda 6 anos. Faz um gosto tal com as lições que eles tomam em classe todos juntos, que, estando com um destes pequenos incômodos e não po-

dendo sair do quarto para ir dar lição com as manas, desatou a chorar. E foi preciso mudar a casa de lição para o quarto dele, e apesar de estar com a cara inchada não perdeu lição nenhuma, sem que ninguém o obrigasse ou persuadisse.

Tem o melhor caráter possível, franco, dócil, polido e alegre. Assim também as princesas, que são uns bons anjinhos. Agora vamos para São Cristóvão. Perguntou-se ao imperador se gostara de ir para passear na Quinta. Respondeu que não, que não gostava nada. E por quê? Se lhe replicou — "Porque tenho muitas saudades do papai e da mamãe". Por mais que se lhe tornou a replicar, nada mais quis responder...

No dia 12, anos de vossa majestade imperial, o tutor mandou dar um chá no quarto do imperador. Triste dia, em que não houveram senão lágrimas, dia tão alegre em outro tempo. Havia neste chá todos os elementos de uma função e de um divertimento, muita luz, muitos doces e alguma gente; mas como os corações todos estavam oprimidos, não houve senão pesares.[12]

D. Pedro II, em carta ao pai datada de 19 de novembro de 1831, enviada de São Cristóvão, confirmava o que a aia havia dito, que não gostava de ter que retornar à Quinta da Boa Vista: "Tenho sempre tido muitas saudades de vossa majestade imperial. Agora, muitas mais tenho, vendo todos os dias os lugares em que tínhamos a felicidade de ver a vossa majestade imperial e de lhe beijar a mão".[13] Também comentava a respeito da saúde do tutor e de como ele tratava a ele e às irmãs: "O meu tutor tem estado doente, mas vai melhor. Nós todos lhe temos muita amizade, pois ele nos trata como seus filhos."

Correspondência de d. Pedro II com o pai

Boulanger dava, como exercício aos príncipes, a tarefa de copiarem máximas morais para ajudar na prática da caligrafia e fazia-os escrever quinzenalmente ao pai e à madrasta na Europa. No final de 1831, passaram também a se corresponder com o avô materno, o imperador Francisco I, na Áustria.

D. Pedro I manteve uma intensa correspondência com d. Pedro II, em todos os lugares. Do navio que o transportou ao exílio, de Paris, dos Açores — de onde partiu com a expedição que atacaria Portugal —, da cidade do Porto, durante o amargo cerco das tropas, até de Lisboa libertada do exército absolutista de d. Miguel, encontrava tempo e meios para se corresponder com o filho. Antes mesmo de atracar na França, d. Pedro I escreveu a d. Pedro II a bordo da nau *Volage* em 6 de junho de 1831:

> Lembre-se sempre de um pai que ama e amará até à morte a pátria que adotou por sua, e em que vossa majestade teve a fortuna de nascer. Eu não digo isto porque me arrependesse de ter abdicado, bem pelo contrário, eu nasci muito livre e amigo da minha independência por gostar de ser soberano e em uma crise em que eles têm ou de esmagar os povos que governam, ou de serem esmagados por eles, porque a luta tem chegado a um tal ponto de apuro que a conciliação, quando não seja impossível, é pelo menos muito dificultosa e de pouca duração, caso que possa ser conseguida. Ora pensando eu assim quanto aos soberanos que se governaram a si e aos outros, como pensarei eu a seu respeito quando olho para uma minoridade de 13 anos? O coração me estulta de dor a considerar a sua sorte e a da minha pátria, a estas horas já retalhada, e em esperanças de uma guerra civil?[14]

Ele não media qualquer palavra para com o filho, não procurou lhe adoçar a vida, que seria dura. A "minoridade de 13 anos" é uma referência ao tempo em que, pela Constituição, d. Pedro II deveria ainda ter que esperar, e com ele o Brasil, para que o soberano pudesse ser coroado. A Constituição Imperial estipulava em 18 anos a idade mínima para o soberano ascender ao trono. D. Pedro II, do "auge" de seus 6 anos incompletos, não desiludia o pai: "Eu vou seguindo os preceitos que vossa majestade imperial me deixou, cumprindo os meus deveres, com o desejo de merecer a preciosa amizade de Vossa Majestade Imperial."[15]

Após a saída de d. Pedro I do Brasil, o rumo político da nação não se tornou calmo — pelo contrário. Tanto na corte quanto no restante do Brasil, diversas revoltas e tentativas de se derrubar o poder central tomariam corpo. Cabia a d. Pedro I confiar no tutor e até mesmo nas forças internacionais. O barão Daiser, representante diplomático da Áustria no Rio de Janeiro, por diversas vezes oficiou a Viena assegurando a Francisco I, avô dos príncipes, que se algo ocorresse, se uma nova revolução estourasse e d. Pedro II fosse deposto, ele tomaria para si a guarda das crianças, nem que fosse à força.

Às vezes, não só cartas, mas palavras ditas, também chegavam ao destino, como d. Pedro I informou ao filho em mensagem escrita de Paris, datada de 26 de novembro de 1831:

> [...] Sinto que não tivesses tempos de me escreveres pelo almirante Grivel, mas a recomendação que lhe deste para mim, circunscrita na expressiva palavra "saudades", é para mim de um valor sem igual. Sim, meu amado filho, eu te mereço as saudades que tens de mim. Eu te amo muito e te desejo e a tua e minha pátria todas as felicidades possíveis. Recomendo-te obediência ao tutor, que te dei e a tuas manas, como me tinhas a mim mesmo. Eu assim o espero. Recebe, meu querido filho, a bênção que te deita
>
> Teu saudoso pai que muito te ama.
>
> D. Pedro.[16]

D. Pedro II guardaria para sempre as cartas que trocara com o pai e, depois da morte deste, receberia da madrasta, d. Amélia, parte do arquivo de d. Pedro I que continha as que ele havia enviado. Se a letra do imperador menino é, de início, vacilante, informa as coisas do dia a dia e remete desenhos do Rio de Janeiro feitos por ele; as cartas do pai são repletas de elogios e de muitos conselhos, além de protestos extremos de fidelidade ao imperador menino e ao Brasil, onde sonhava terminar os seus dias, como simples súdito do filho.

Em várias cartas, o ex-imperador fala das saudades que sente não apenas dos filhos que deixou, mas da terra onde cresceu. Invariavelmente, as cartas enviadas por d. Pedro I contêm conselhos a respeito da importância e da seriedade que o pequeno imperador deveria dar aos estudos, como podemos ver na que enviou de Angra do Heroísmo, nos Açores, em 12 de março de 1832:

> Muito estimarei que esta te ache de saúde e adiantado nos teus estudos. Sim, meu amado filho, é muito necessário, para que possas fazer a felicidade do Brasil, tua pátria de nascimento e minha de adoção, que tu te faças digno da nação sobre que imperas pelos teus conhecimentos, maneiras etc. etc., pois, meu adorado filho, o tempo em que se respeitavam os príncipes por serem príncipes unicamente acabou-se. No século em que estamos em que os povos se acham assaz instruídos de seus direitos, é mister que os príncipes igualmente o estejam e conheçam que são homens e não divindades, e que lhes é indispensável terem muitos conhecimentos e boa opinião para que possam ser mais depressa amados do que mesmo respeitados. O respeito de um povo livre para com o seu chefe deve nascer da convicção que aquele tem de que seu chefe é capaz de o fazer chegar àquele grau de felicidade a que ele aspira, em assim não sendo desgraçado chefe, desgraçado povo.
>
> Esta minha linguagem é nascida daqueles mesmos princípios que sempre tive e que jamais abandonarei. Espero que tu leias com atenção esta minha carta. Nela verás o interesse que tomo por ti como teu pai e teu amigo, e pelo Brasil, que desejo ver bem governado, como brasileiro que sou e muito amigo da minha pátria adotiva, à qual pertence meu coração.

> Adeus, meu amado filho. Recebe a bênção que te deita Teu saudoso pai e teu amigo,
>
> D. Pedro, duque de Bragança.[17]

Aos 7 anos, em abril de 1833, escreveu ao pai:

> Novamente tenho a honra de rogar à vossa majestade me deite a sua bênção e a continuação das suas estimadas cartas para juntar às outras, que tenho guardadas com particular cuidado, como verdadeiros guias para a minha presente e futura vida.[18]

Os problemas do tutor

O lado diplomático do Patriarca não havia melhorado com o tempo. O Autoritarismo de José Bonifácio, os modos abruptos e a preferência da ação à frivolidade dos cortesãos não demoraram a lhe granjear inimigos dentro do palácio, principalmente entre aqueles que ditavam as regras da casa antes de seu aparecimento. Logo, dois partidos se fizeram constar: o de d. Mariana Carlota de Verna Magalhães Coutinho de um lado, acompanhada da filha, d. Maria Antônia, aia da princesa d. Francisca; e, do outro, o partido do tutor, que tinha por aliadas a condessa de Itapagipe, antiga camareira-mor de d. Leopoldina, e a dama de d. Maria II e da imperatriz d. Amélia, entre outras servidoras do Paço. D. Mariana e sua filha, d. Maria Antônia, acabaram demitidas por José Bonifácio em agosto de 1833, para tristeza de d. Pedro II e da sua irmã. A condessa de Itapagipe substituiria d. Mariana no posto de aia de d. Pedro II.

A realidade nacional após a abdicação de d. Pedro I era caótica. De 1831 até 1833, três grandes grupos políticos, e diversos outros com agendas mais particulares e mesquinhas, tentavam dar um rumo ao Brasil. No centro, havia os chamados Liberais Moderados, que controlavam o novo governo e tinham maioria na Câmara; à esquerda, estavam os Liberais Exaltados, que ajudaram os Moderados no 7 de Abril, mas acabaram sendo deixados de lado e ficaram com pouca representação política na Assembleia. À direita, encontrava-se o Partido Restaurador, também conhecido como Caramuru, simpatizante de d. Pedro I e com apoio no Senado. Entre os Caramurus encontravam-se os irmãos Andrada. Além da tutoria, José Bonifácio se envolveu novamente na política nacional.

Arrebentavam rebeliões aos borbotões no Brasil. Havia os que achavam que se deveria aproveitar o momento e acabar com o império, a república seria a solução. Segundo era especulado na época, principalmente por paulistas como o padre Diogo Antônio Feijó, ministro da Justiça e depois regente do Império, o movimento Restaurador era um plano dos irmãos Andrada — José Bonifácio, Martim Francisco e Antônio Carlos — para voltarem ao poder. Ao tentarem o golpe, no caso de d. Pedro I aceitar voltar, quem ficaria no lugar como regente aguardando o retorno do ex-imperador seria Antônio Carlos Ribeiro de Andrada.

Entretanto, ainda havia outro grupo mais poderoso que começava a se mostrar logo após o 7 de Abril: os militares. Parte dos revoltosos do 7 de Abril só saiu do Campo da Aclamação após a partida de d. Pedro I para o exílio. Ainda durante o mês de abril e nos meses subsequentes, houve manifestações na capital. Boa parte da tropa estava indisciplinada e seguia qualquer político incendiário. A crise maior se deu em junho de 1831, pouco tempo depois de Feijó assumir o Ministério da Justiça, no dia 6. No dia 12, o 26º Batalhão de Infantaria, aquartelado no mosteiro de São Bento, no Rio de Janeiro, se sublevou, mas foi rapidamente cercado e dominado por guardas municipais e embarcado no dia 14 para a Bahia. O corpo policial juntou-se à sublevação no dia 13, e no dia 14 instalou-se no Campo da Aclamação. Para o local convergiram vários civis, e no final da tarde somente a Artilharia da Marinha, o 1º Corpo de Artilharia de Posição e alguns elementos do 2º Corpo continuaram fiéis à Regência.

Uma comissão, como em 7 de abril, foi formada para dialogar com o governo. Os revoltosos queriam, entre outras coisas, a deportação de 89 cidadãos, incluindo alguns senadores, a suspensão por dez anos da entrada de qualquer português no Brasil e a exoneração de funcionários públicos que eles consideravam contrários à causa brasileira. De prático, a sublevação conseguiu a formação de um novo gabinete de governo, com a nomeação de Lino Coutinho e do irmão do comandante de armas Manuel da Fonseca de Lima e Silva.

A desconfiança em relação à tropa fez o governo tomar diversas medidas que acabaram por resultar em um contingente mínimo de guarnição na corte. Em agosto, foi oficialmente criada a Guarda Nacional, subordinada diretamente ao Ministério da Justiça e não ao Ministério da Guerra. Essa força civil substituiria definitivamente a guarnição militar da corte em maio de 1832. No seu aniversário de 7 anos, em 2 de dezembro de 1832, d. Pedro II apareceria nas comemorações de Grande Gala usando o uniforme da Guarda Nacional, sendo escoltado por ela, enquanto passava em revista as tropas no Campo da Aclamação.

Em setembro de 1831, houve um novo incidente, dessa vez dentro do Teatro São Pedro, quando o juiz de paz Saturnino de Sousa e Oliveira deu ordem de prisão a dois oficiais do exército que haviam provocado um conflito no local. Um deles era o major Frias, que, como representante do povo no 7 de Abril, havia levado ao Campo de Santana a abdicação do imperador. Todos foram presos pela guarda municipal e recolhidos a fortalezas. No mês seguinte, Cipriano Barata, preso, conseguiu levantar a guarnição militar da Ilha das Cobras contra o governo.

A sequência de quarteladas prosseguiria. No início de abril de 1832, apareceram manifestos pedindo a substituição da Regência. Alegavam que a Regência era incapaz de governar a nação e impedir que d. Pedro I voltasse. Supunha-se haver uma conspiração para assassinar os regentes. O major Frias, escapando da prisão, levantou prisioneiros e a guarnição das fortalezas de Villegagnon e de Santa Cruz. Desembarcou com elas em Botafogo em direção ao Campo da Aclamação, mas os soldados da guarda municipal deram cabo da pequena revolta.

No dia 17 do mesmo mês, nova tentativa, dessa vez vinda de um falso barão estrangeiro, Von Büllow, que conseguiu juntar cerca de 250 pessoas, entre cortesãos, guardas, criados do paço de São Cristóvão, os quais conduziram dois canhões de brinquedo que haviam pertencido a

d. Pedro I e seu irmão, d. Miguel. O grupo, após recuar de um ataque de um esquadrão de cavalaria, acabou sendo disperso pelos soldados comandados por Luís Alves de Lima e Silva.

Feijó, usando as tentativas de levante contra o governo como motivo, em relatório de 10 de maio de 1832 tentou afastar José Bonifácio da tutoria. Enquanto a Câmara seguiu o parecer de Feijó, o Senado o rejeitou, levando o ministro da Justiça a renunciar. Em uma tentativa de golpe, junto com Feijó, renunciou o ministério e a Regência os seguiu. A ideia por trás de tudo era que a Câmara se convertesse em Assembleia Constituinte, acabando com a Constituição de 1824 e com todas as instituições. Entre elas, e principalmente, o Poder Moderador, que deveria ser "esvaziado", passando-se todas as prerrogativas do imperador para o Executivo. Mas as coisas não saíram como o esperado. A Câmara não aprovou o parecer para se transformar em Assembleia Constituinte, a Regência retirou sua renúncia, e Feijó e os demais ministros foram os únicos que caíram.

Enquanto isso, d. Pedro II e suas irmãs eram constantemente retirados às pressas ou de São Cristóvão ou do Paço da Cidade. Os primeiros anos de seu longo reinado não foram os mais tranquilos. José Bonifácio, em constante luta com a Regência para conseguir fazer valer o que achava correto, chegou a descumprir ordens de mudanças de residência das crianças. Em carta a José Lino Coutinho, ministro do império, a 3 de abril de 1832, comunicou:

> Ninguém conhece melhor do que eu o estado de desassossego do espírito público; e como recebi da Assembleia Geral, assim como recebeu o governo, a sua autoridade, tenho tomado as precauções necessárias para defender a vida e bens do meu augusto pupilo. Aprovando o zelo do governo a este respeito, devo declarar que não julgo necessário fazer esta rápida mudança, como o governo injusta e ilegalmente me ordena. Tome este as suas medidas que as minhas estão tomadas.[19]

Devido à antipatia dos políticos com José Bonifácio, logo começaram a surgir rumores de que a educação dada a d. Pedro II era muito severa. A criança estaria sendo criada de forma a se tornar um imperador débil, rodeado de medo e intrigas. Os jornais da época, como *A Verdade*, de Aureliano de Sousa e Oliveira Coutinho, atacariam sistematicamente o tutor, creditando a ele diversos fatos, na maioria inventados ou ampliados.

Em 17 de março de 1832, um artigo publicado no jornal *A Verdade* atacava o tutor, dizendo que José Bonifácio teria levado d. Pedro II e as princesas para a Quinta da Boa Vista na tentativa de enviar o imperador e as irmãs para fora do Brasil. Especulava-se se a tutoria de José Bonifácio, com suas tentativas de passar por cima das decisões da Regência, seria de fato um quinto poder ou se ele deveria se reportar ao governo.[20] O jornal espalharia boatos de que no Paço, estocadas pelos Andrada e seus correligionários, haviam sido encontradas munições e que a antiga casa da marquesa de Santos em São Cristóvão estaria repleta de barris de pólvora.

Acusavam José Bonifácio de urdir com seus aliados o retorno de d. Pedro I ao Brasil para assumir a regência em nome do filho, assim que o ex-imperador terminasse a luta contra d. Miguel e colocasse d. Maria II de volta no trono português. O que não é de todo irreal, uma vez que seus irmãos Martim Francisco de Andrada e Antônio Carlos de Andrada eram realmente partidários de tal ideia. Antônio Carlos, inclusive, esteve em Lisboa em 1833, onde conversou pessoalmente com d. Pedro sobre o assunto. O ex-imperador, entre diversas exigências, deixou claro que poderia

> [...] prestar ao Brasil os serviços que de mim exigir a nação, mas, para que isto tenha lugar, [...] sempre conforme com a lei e desejo respeitar como sempre respeitei a Constituição brasileira, que as municipalidades expressem a vontade nacional, e que a Assembleia Geral declare, solenemente, que convém que eu volte ao Brasil para, na qualidade de

regente, o governar durante a minoridade do imperador meu filho, e que a mesma Assembleia Geral me envie uma deputação a dar-me parte da sua resolução e a pedir-me, ao mesmo tempo, que eu haja por bem anuir ao voto nacional, legalmente expressado. [...][21]

A viagem de Antônio Carlos à Europa foi divulgada pelo jornal *A Verdade*, de Aureliano, causando inquietação no governo e na opinião pública. José Bonifácio passou a não contar mais com o apoio anterior do Senado. Aureliano Coutinho, como ministro da Justiça, que vinha com o seu jornal atacando sistematicamente o tutor, agora passava à ação prática. Tomou diligências a respeito do que ocorria efetivamente no palácio, onde José Bonifácio conferenciava constantemente com juízes de paz e chefes do partido Restaurador. Segundo o que foi apurado, o tutor procurava meios de prover com soldados fiéis a guarda do Paço, caso houvesse perturbações na ordem pública.

A queda do Patriarca

O tutor se instalou novamente no Paço da Cidade com os príncipes, e Aureliano Coutinho decidiu, como ministro da Justiça, fornecer uma guarda de confiança à família imperial. José Bonifácio se irritou com o gesto e partiu com os príncipes para São Cristóvão. Mas a atitude do tutor não poderia ter sido tomada devido à ordem expressa da Regência para que o imperador e as irmãs permanecessem no Paço da Cidade. Aureliano Coutinho mandou que José Bonifácio retornasse com os pupilos para a cidade, mas este tergiversou e acabou sendo suspenso de suas funções pela Regência em 14 de dezembro de 1833. Em seu lugar, foi colocado Manuel Inácio de Andrade Souto Maior Pinto Coelho, marquês de Itanhaém.

José Bonifácio não sairia facilmente de São Cristóvão. Foram enviados juízes de paz, que não conseguiram dissuadir o velho Andrada, o qual mandou uma resposta ao ministro do Império Chichorro da Gama:

> [...] Cederei à força, pois que a não tenho; mas estou capacitado que n'isto obro conforme a lei e a razão, pois nunca cedi a injustiças e despotismos, há longo tempo premeditados e ultimamente executados para vergonha deste império. Os juízes de paz fizeram tudo para me convencerem, porém a tudo resisti. E torno a dizer: só a cederei à força. [...][22]

Foram enviados a São Cristóvão dois batalhões, um de cavalaria e outro de infantaria, para retirar José Bonifácio de dentro do palácio, contra a sua vontade, se necessário. Mas não se chegou a tanto. Não foi preciso mais do que dois militares e um diplomata. Os generais José Joaquim de Lima e Silva e Raimundo José da Cunha Matos e o barão Daiser, representando a Áustria, e preocupado com as crianças, conversaram por seis horas com o Andrada. No fim, o tutor viu-se convencido a se retirar. Ele foi enviado para o cais de São Cristóvão e de lá para a ilha de Paquetá, lugar em que ficaria morando.

Aureliano Coutinho emergia como vitorioso da situação. Colocou no lugar de José Bonifácio o marquês de Itanhaém, de seu círculo, e fez voltar ao Paço sua parenta d. Mariana Carlota de Verna Magalhães.

> Parabéns, minha senhora. Custou, mas demos com o colosso em terra. A conspiração estava disposta para arrebatar qualquer destes dias, e chegaram a distribuir, antes de ontem, 1 mil cartuchos e algum armamento. Tudo foi descoberto e providenciado a tempo. O ex-tutor resistiu às ordens e Decreto da Regência, e foi preciso empregar a força e prendê-lo.
>
> Seria bom que v. exa. viesse hoje para minha casa, pois que vamos falar ao novo tutor para chamar v. exa. para o Paço, porque convém muito que ao pé do monarca esteja pessoa sua amiga e de minha confiança. [...][23]

A parte inexplicável é: diante de tantas armas e cartuchos distribuídos pelo ex-tutor, onde estavam os revoltosos na hora em que ele não se decidia a arredar pé de São Cristóvão? Em 1834, seria confirmada pela Assembleia a destituição do Andrada como tutor, mas ele seria absolvido de todos os crimes que lhe foram imputados, por falta de provas. Foram comprovadas como falsas as testemunhas apresentadas pelo governo.

Somando perdas

Em 1833, não apenas a troca de tutor causaria a perda de mais uma figura próxima a d. Pedro II e suas irmãs. No começo do ano, em 16 de janeiro, às 9h30, falecia na Quinta da Boa Vista a princesa d. Paula Mariana, com dez anos incompletos, no colo de d. Mariana Carlota. A princesa nunca tivera boa saúde, levando d. Pedro I a procurar para ela novos ares em temporadas na fazenda do padre Correa. Em outubro do ano anterior, d. Paula Mariana havia mandado uma carta para o pai, reconhecendo tudo o que ele havia feito até então por ela:

> Meu adorado pai e meu senhor,
>
> Todas as vezes que se me franqueia os meios de escrever a v.m.i. é dia de alegria, e muito mais quando eu tenho de felicitar a v.m.i. pelo dia 12 do corrente, para mim dia querido, e que será sempre respeitado até meus últimos alentos; pois que meu amor filial assim o exige, e eu, senhor, mais que todos obrigada a v.m.i. nunca me pudera esquecer os desvelos comigo pranteados na minha longa doença, que só o amor de um pai como v.m.i. não esmoreceu em tão teimoso mal; graças à Providência, agora vou continuando a passar bem peço a v.m.i. deite a sua bênção a quem submissamente beija a mão de v.m.i. como filha obediente e amiga verdadeira.
>
> Paula 12/10/1832.[24]

D. Pedro I, do outro lado do Atlântico, em meio ao Cerco do Porto, enviava ao tutor uma carta, se culpando por não estar junto à filha doente: "Eu lastimo não me achar aí por todos os motivos e mui principalmente porque [...] meus esforços nascidos do mais puro amor é que a influência que como pai poderia exercer para lhe fazer tomar os remédios obteria um muito maior resultado sobre a desgraçada enferma".[25]

Existem até hoje dúvidas a respeito da causa de sua morte, qual seria a doença, ou doenças, que se abatera sobre ela tão cedo. A vida das crianças, que não era das mais alegres, ficou mais triste com a morte da irmãzinha, a quem as criadas chamavam de "santinha", pois não se queixava de nada durante a doença.

Obviamente cairia na conta de José Bonifácio, aos olhos de seus detratores, a morte da pequena princesa. Alguns jornais o acusaram de não dar a devida atenção à saúde de d. Paula, de esconder do povo o seu estado real ao não divulgar boletins médicos, e outros até suspeitavam que a criança houvesse sido envenenada. O *Le Messager* dizia que, se dependesse do tutor, as crianças "viverão e morrerão sem que recebas a mais leve notícia oficial; saberás que deves chorar quando vires sair do Paço o enterro. São isto vinganças do velho caprichoso e caduco, sobre quem o bom senso e o decoro não podem já coisa alguma [...]".[26]

O momento era delicado, e tudo contribuía para incendiar os ânimos do povo carioca, para alimentar a sanha pública com as notícias do Paço. O corpo, acompanhado pelo tutor, foi por mar até o Paço da Cidade, onde ficou exposto e foi sepultado no Convento da Ajuda no dia 18.

Em outubro do mesmo ano, era a vez de o menino imperador adoecer — pegou catapora —, e dessa vez José Bonifácio não teve dúvidas em mandar publicar os boletins médicos, porque o que era para ser uma doença infantil atingiu complicações graves. No boletim de 5 de outubro, divulgado no *Jornal do Commercio*, do dia 7, na página 4, se lia:

> Dotado de temperamento linfático e minimamente nervoso, tendo algumas vezes sofrido ataques convulsivos e sujeito, por sua constituição débil, a frequentes indigestões, s.m. o

imperador, que parece gozar de boa saúde nestes últimos dias, foi acometido ontem, às 8 1/2 da noite, de um forte ataque de convulsões gerais, seguindo-se o estado comatoso, que pouco tempo depois se complicou de novos ataques convulsivos, mas lentiformes, curvando-se o corpo sobre o lado esquerdo. Foi ao segundo ataque de convulsões que apareceu febre com sinais de grande congestão cerebral.

O tratamento dado ao imperador era algo bem desagradável: fricções, sinapismos, clisteres, sangria, banho morno, e, quando pôde engolir, deram óleo de rícino. D. Pedro ficou de cama por semanas, e, quando se restabeleceu, foram mandadas rezar diversas missas em ação de graças.

As dores de estômago seriam uma constante durante a infância e adolescência de d. Pedro. E a culpa caiu sobre José Bonifácio, que era acusado de manter as crianças praticamente como prisioneiras e impedir que d. Pedro II levasse uma vida com exercícios e divertimentos próprios de sua idade. Isso mudaria com o novo tutor, que, em relatório à Assembleia Geral em 1835, afirmaria que as dores de estômago persistiam, mas que a nova vida que o imperador levava, submetido a uma regularidade inalterável, fazia com que ele ganhasse forças visivelmente.

Marquês de Itanhaém

O marquês de Itanhaém era mais jovem que José Bonifácio. Quando assumiu o cargo de tutor de d. Pedro II e das princesas, tinha na época 51 anos, dezenove anos a menos que o Patriarca. Tivera quatro esposas. Foi casado em primeiras núpcias com Teodora Arnault de Rios; a segunda esposa foi d. Francisca Matilde Pinto Ribeiro, com quem se casou no final de 1831; o terceiro casamento foi com a cunhada d. Joana Severiana Pinto Ribeiro. Tanto ela quanto a irmã foram damas do Paço. Com a morte desta última, casou-se com uma criada do palácio muito mais jovem do que ele, d. Maria Angelina Beltrão. A condição social da nova marquesa era bem inferior à do marido: o pai dela seria um palhaço que tocava rabeca, e o representante da França no Rio de Janeiro dizia que ela era mulata. O casamento foi mantido em segredo até que a jovem apareceu grávida e os jornais satíricos da capital se divertiram com o tutor.

Itanhaém estava longe de ser sábio e um político do nível de José Bonifácio, o que fez dele alguém muito mais dócil e maleável do que o Patriarca aos interesses palacianos e governamentais. O marquês, junto com Aureliano Coutinho, d. Mariana Carlota de Verna Magalhães e Paulo Barbosa, nomeado em 20 de dezembro de 1833 mordomo do Paço, formariam um núcleo forte ao redor do futuro monarca. Jornais da época comentavam que quem mandava efetivamente no Paço era o mordomo Paulo Barbosa, e que o tutor nem saberia assinar o nome. Os despachos dos embaixadores estrangeiros a respeito dele não eram muito animadores. A maioria tinha o marquês de Itanhaém como uma pessoa passiva, sem muita ambição... A não ser em não ficar viúvo.

O aio

Além de uma vida mais bucólica, com pescarias, passeios pelo campo, início de aulas de equitação e outras, o marquês não descuidou da educação dos pupilos imperiais. Uma de suas ações foi nomear um aio para d. Pedro II. A escolha recaiu sobre frei Pedro de Santa Mariana, um frade carmelita natural de Pernambuco. Frei Pedro havia estudado no seminário de Olinda e, depois de ordenado, matriculou-se na Academia Real de Marinha, em Portugal, em 1813. De volta ao Brasil, assumiu a cadeira de Cálculo, da Academia Militar, no Rio de Janeiro.

Segundo determinações de Itanhaém, frei Pedro deveria permanecer diariamente junto ao seu discípulo e tinha autoridade total sobre todos os serviçais do Paço. O frei era, nas palavras do tutor, "um pedagogo, que não só assistisse às suas lições, e às das princesas, como o preservasse de adquirir ideias falsas das coisas, aumentando-lhe pela lição os conhecimentos indispensáveis a um monarca constitucional, dando, para assim dizer, unidade e sistema à educação".[27]

Da hora em que d. Pedro II levantava até as 14 horas, ele era responsabilidade direta de frei Pedro, das 18 horas até a hora em que se deitava também, "devendo entregar s.m. aos senhores camaristas no restante tempo, nos intervalos da manhã e da noite em que seja preciso v.s. ausentar-se e nas ocasiões de recepção; nas quais v.s. pode estar presente para ver se s.m. executa os princípios de civilidade que lhe dá".[28]

Todos os professores tinham que se reportar ao aio. Este, oficialmente, passou a dirigir a educação do imperador. Tinha que saber como o aluno havia se portado na aula do dia e se tinha evoluído diante dos assuntos que frei Pedro havia mandado que os professores ensinassem. Aleixo Boulanger, o mestre de caligrafia, devia mandar escrever textos copiados ou impressos de obras que o aio prescrevesse.

Segundo relato recolhido pelo primeiro biógrafo de d. Pedro II, monsenhor Joaquim Pinto de Campos, frei Pedro ia tarde da noite ao quarto do pupilo e encontrava a criança, invariavelmente, debruçada sobre os livros. O religioso alertava sempre que isso poderia lhe fazer mal, que poderia prejudicar sua saúde. Pedia que d. Pedro II se deitasse e apagava a luz. Meia hora, ou uma hora depois, ao retornar, encontrava-o novamente mergulhado nos livros.[29]

Além das obras de estudo, d. Pedro II gostava de romances. Um de seus livros preferidos na infância foi *Ivanhoé*, de Walter Scott, considerado o primeiro romance histórico do Romantismo. Publicado em 1820, ele narra a história das lutas entre saxões e normandos, as intrigas do príncipe João Sem Terra, a prisão e o resgate do rei Ricardo Coração de Leão, tudo isso em meio a duelos e a princesas jovens, lindas e disputadas.

Órfão de mãe e na falta do pai por perto para lhe servir de modelo, d. Pedro enveredou pelos mitos e buscou suas primeiras referências em heróis romantizados, como Ivanhoé e os cavaleiros medievais. Posteriormente, isso acabaria levando o jovem a ser atraído pela música do compositor alemão Richard Wagner. O grande compositor romântico, em suas óperas, adoradas por d. Pedro, mesclava o orgulho nacional a um culto nostálgico de uma Idade Média idealizada, como em um conto de fadas, povoada por deuses, anões, gigantes e, principalmente, heróis.

Nessa infância solitária, frei Pedro seria o homem mais próximo do monarca, a quem este se afeiçoaria. O religioso, mesmo quando deu por terminado seu trabalho, não deixou seus aposentos na Quinta da Boa Vista, e continuou morando lá até o fim da vida. Devido à influência do imperador, frei Pedro foi nomeado pelo papa Gregório XVI bispo de Crisópolis em 1841, sendo sagrado na capela do Palácio de São Cristóvão. Faleceu em 6 de maio de 1864, aos 82 anos de idade, tendo seu pupilo junto a ele no quarto. Foi sepultado no Convento da Lapa, com honras, estando presentes d. Pedro II e sua esposa. Todos os anos, no dia do aniversário de sua morte, o imperador ia assistir à missa no convento em intenção de sua alma.

Em relatório à Assembleia, em 15 de maio de 1835, Itanhaém, além de falar sobre a saúde de d. Pedro II, relatou também sobre a educação dele: "Continua com pasmoso progresso, devendo muito ao seu talento o espírito indagador e reflectivo". O imperador, nessa ocasião, já traduzia "as línguas inglesa e francesa, aplica-se além disso à geografia, música, dança e ao desenho, nisto principalmente faz progressos admiráveis, por ser o estudo que mais o deleita. Apesar de sua aplicação a muitos ramos, não é fatigado pelos mestres, que exigem lições com a parcimônia que as forças da idade do augusto pupilo permitem".[30] Tudo isso aos 9 anos de idade.

O avô austríaco

Não era apenas o Estado nacional, tutor, aio, pai e madrasta que se preocupavam com d. Pedro II e as princesas brasileiras. Seu avô materno, o imperador austríaco Francisco I, recebia informes constantes do encarregado dos negócios da Áustria no Brasil, o barão Daiser. O diplomata enviava relatórios detalhados a respeito do estado de saúde das crianças e de seus progressos com os estudos. Além disso, como defensor dos netos do seu imperador, Daiser criticava abertamente, junto à regência e aos tutores, o que julgava que deveria ser melhorado no ensino, na educação, na saúde, na etiqueta do palácio etc.

Era comum a troca entre monarcas de cartas de Estado, ou de gabinete, que eram protocolares. As cartas oficiais dos netos para Francisco I geralmente tinham início com eles tratando o avô por "Sire", um termo antigo para designar reis e soberanos, e a escrita é mais formal e educadamente distante.

Mas a relação entre o Rio de Janeiro e Viena não se dava apenas por via diplomática. D. Pedro II, com 6 anos recém-completados, escreveu para o avô em 10 de dezembro 1831:

> Meu mui querido vovô,
>
> Acabo de escrever a Vossa Majestade Imperial uma carta que o próprio Senhor Lima, Presidente da Regência, escreveu, e eu não escrevi com a caligrafia dele; mas as cartas de Estado não são suficientes para o desejo que tenho de apresentar pessoalmente a Vossa Majestade Imperial a minha homenagem, o meu respeito e a minha ternura filial, pedindo a Vossa Majestade Imperial a vossa preciosa amizade.
>
> Rogo a Vossa Majestade Imperial que aceite a sincera devoção,
>
> de seu respeitoso neto,
>
> Pedro.[31]

D. Pedro II explica que havia mandado outra carta anterior, mais formal e protocolar, copiada do que havia escrito Francisco de Lima e Silva, presidente da Regência Trina Permanente. Mas, além de orgulhosamente afirmar que não escreveu com a caligrafia do regente, ou seja, não se limitou a cobrir de tinta o que escreveram a lápis, ele ainda tomou da pena para escrever outra mensagem, mais pessoal, ao avô.

A relação com a casa de Habsburgo seria estreitada ao longo dos anos. D. Pedro pediu retratos de todos os seus parentes e veio a se aproximar de outros membros, como o tio Fernando I, que subiu ao trono austríaco após o falecimento de Francisco I, em 1835. Em 1839, por exemplo, o monarca brasileiro pediu ao tio que fosse o seu padrinho de crisma. O imperador austríaco, sabendo do gosto do sobrinho por Tokay, um vinho doce mundialmente famoso produzido na Hungria, remeteu a ele um grande estoque, além de diversos presentes, como espingardas de caça. Foi Fernando I quem conferiu a d. Pedro II a Ordem de Leopoldo, criada por Francisco I em 1808, e a de Santo Estêvão. Às sobrinhas, enviou a Cruz Estrelada, uma ordem feminina a que d. Leopoldina havia pertencido.

Mas, sem dúvida, as cartas mais ternas foram aquelas trocadas entre os príncipes no Rio de Janeiro e o avô em Viena. Essas missivas foram localizadas em 14 de outubro de 2019 no Arquivo Nacional da Áustria pela pesquisadora Cláudia Thomé Witte. Além das cartas, ela também localizou os desenhos originais que as acompanhavam, feitos pelos netos para o avô. Tanto d. Pedro II quanto suas irmãs enviaram várias paisagens, que Francisco I guardou com todo o carinho.

O avô, muitas vezes, escrevia aos netos uma carta só, na qual mencionava os três e os presentes que eles lhe enviavam habitualmente:

> Meus queridos netos! O barão de Daiser, ao me fazer chegar vossa boa carta de 14 de dezembro último, teve a atenção de me enviar vossos três retratos que eu contemplei com ternura, e fiquei agradavelmente surpreso de encontrar a fita que ela continha, uma obra em bordado de Januária, e os desenhos de d. Pedro e de Francisca, que me deram grande prazer, ao me provar que vocês amam a ocupação e que vocês procuram todos os três adquirir talentos agradáveis; mas o que me fez experimentar um [prazer] bem mais vivo de novo, são os bons sentimentos que vocês me exprimem com as suas letras. [...][32]

Além dessas miniaturas dos netos, enviadas em 1833, Francisco I já havia recebido o primeiro retrato oficial de d. Pedro II, em 1832. Dessa obra, foram feitas inúmeras cópias enviadas para todo o mundo e para várias partes do Brasil, principalmente para as câmaras de cidades e vilas.

Em um despacho do barão Daiser para o príncipe de Metternich, chanceler austríaco, o diplomata informa a respeito da pintura do jovem imperador executada por Francisco de Souza Lobo. Na carta, ele explica que a fisionomia de d. Pedro II, então com 6 anos, "é séria demais", porém esse seria precisamente "o olhar que o jovem príncipe assume quando dele se aproxima alguém a quem ele não conhece".[33] Nele vemos a tentativa feita por uma criança de impor uma máscara de seriedade, parecer um adulto, mostrando todo o peso da cobrança que recaía sobre alguém tão jovem. Mas a impressão que fica é a de um menino bravo ou carrancudo. Posteriormente, d. Pedro II reconheceria a péssima fisionomia no retrato, e ao primo, o imperador Francisco José da Áustria, enviaria em 1850 um outro feito por Ferdinand Krumholz, para o qual posou com a ordem de Santo Estêvão. Ele pedia que o novo quadro substituísse o de 1832, que se encontrava no castelo de Laxenburg.

O primeiro retrato de d. Pedro como imperador mostra o início do seu processo de se fechar em si mesmo, buscando apresentar ao público a sua face de imperador, de estadista, enquanto reserva a de "cidadão d. Pedro de Alcântara" para ele próprio e alguns poucos escolhidos, entre eles as irmãs.

As sucessivas perdas sofridas uniu os três, como bem descreve a princesa d. Francisca em uma carta ao avô na Áustria, datada de 1º de outubro de 1834:

> Meu querido vovô,
>
> O senhor nos reuniu todos os três em uma mesma carta, e o senhor tem bem razão, pois nossos três corações são um só.
>
> Nós somos todos uns pelos outros. Nossa mãe e nossa irmã estão no céu, nosso pai e nossa madrasta partiram. O senhor, querido vovô, está em seu grande império, e que esperança temos nós de um dia nos ver? Nós estamos os três muito felizes, o barão Daiser que nos vê com frequência pode lhe dizer e quanto nós pensamos com frequência em nosso muito querido vovô, de quem eu sou, com os mais vivos sentimentos

de carinho, de respeito e de veneração, sua afeiçoada neta e afilhada, Francisca.³⁴

Além da morte da mãe e da irmã e da partida do pai e da madrasta, outras tristezas ainda aguardariam as crianças no Rio de Janeiro.

A perda do pai

Além do avô na Áustria, d. Pedro II também não deixava de escrever ao pai, como vemos nesta cartinha datada de 2 de setembro de 1834:

> Meu querido papá do coração. Sinto que estivesse doente e agora já sei que está melhor, o que estimo muito. Eu passo bem e também as manas que mandam saudades a meu querido papá e maman, à mana e à mana pequena também eu igualmente.³⁵ Papá perdoe as minhas faltas, eu mesmo noto as minhas cartas. Dou parte a v.m.i. que eu e as manas estamos muito contentes com o nosso amigo marquês de Itanhaém que gosta muito de nós e nós gostamos muito dele. Deite-me v.m.i. a sua bênção. Seu afetuoso e obediente filho. Pedro.³⁶

Sem qualquer resposta, d. Pedro II escreveu novamente em 12 de outubro para d. Pedro I desejando-lhe feliz aniversário. A carta começava com "Meu querido pai, dou parabéns a v.m.i. das suas vitórias e de estar já descansado [...]".³⁷ Realmente, agora, d. Pedro I descansava de todas as lutas enfrentadas. Porém, diferentemente do que pensava o filho, ansioso por notícias do pai, estas viriam na forma de uma carta tarjada de luto enviada por d. Amélia para a princesa d. Januária. Datada de 29 de setembro de 1834, a ex-imperatriz contava à enteada por que deixara de escrever a ela:

> Admiras-te de se passar tanto tempo sem receberes notícias minhas, o que depreendo de vossa boa carta de 7 de junho

[...]. O estado de teu infeliz pai que, de dia em dia, se tornava pior, era a causa do meu silêncio, porque eu não o deixava e me esforçava incessantemente em provar-lhe por meus cuidados e ternura quanto o amava! Minhas súplicas foram vãs, os socorros da arte inúteis, Deus quis chamá-lo a si!!! Ele expirou em meus braços no Palácio de Queluz, a 24 de setembro, pelas 2 ½ horas da tarde, depois de longos e cruéis sofrimentos que suportou com uma resignação e piedade edificantes! Não se iludindo nunca a respeito do seu estado, se preparou para a morte e fez suas disposições alguns dias antes do fatal momento, em que roubado à sua esposa aflita e a seus pobres filhos, passou para uma melhor vida. Morreu como um santo mártir e filósofo cristão, e jamais houve uma morte tão tranquila! Está no céu presentemente, meus caros filhos, junto de vossa excelente mãe e de vossa boa irmã Paula, e roga por nós. Ele prometeu e disse também para vos escrever que no seu leito de morte ainda vos abençoava!! [...] Nós, eu, sua infeliz viúva, e vós, todos seus infelizes filhos órfãos, somos dignos de compaixão, porque perdemos o nosso melhor amigo e protetor! Rogai e chorai comigo, meus infelizes filhos, e Deus tenha piedade de nós. [...] Ajunto aqui cabelos de teu pai para ti, teu irmão e tua irmã. Tuas irmãs te abraçam, bem como a Pedro e Francisca.[38]

Segundo testemunho de d. Maria Antônia,[39] filha de d. Mariana Carlota de Verna Magalhães, a informação sobre a morte do pai foi dada por três pessoas, simultaneamente, para as três crianças, que se encontravam em diferentes locais do palácio.

[...] Por um singular movimento instintivo, o príncipe e as princesas saíram dos aposentos em que se achavam, com o único fito de se procurarem reciprocamente encontrando-se logo, todos três se enlaçaram no mais, até que torrentes de lágrimas e ais prorromperam dos amargurados peitos, com uma intensidade e afeto filial capaz de comover o mais empedrado coração que semelhante espetáculo presenciasse.

Da ilha de Paquetá, em seu último refúgio, o velho Patriarca, quando soube da morte de d. Pedro I, enviou uma carta a seu ex-pupilo:

> [...] Carregado de pesares e de profunda amargura, eu vou dar os pêsames pela irreparável perda de seu augusto pai, o meu amigo. Não disse bem, d. Pedro não morreu, só morrem os homens vulgares, e não os heróis. Eles sempre vivem eternamente na memória ao menos dos homens de bem, presentes e vindouros; e sua alma imortal vive no céu, para fazer a felicidade futura do Brasil e servir de um modelo de magnanimidade e virtudes a Vossa Majestade Imperial, que o há de imitar, e as suas augustas irmãs, que nunca o perderão da saudade. [...][40]

D. Pedro II, em um soneto escrito em 1850, escreveu uma frase curta, mas que dizia muito sobre as perdas da juventude: "Coube-me o mais funesto dos destinos: vi-me sem pai, sem mãe, na infância linda".[41]

Em 2 e 3 de janeiro de 1835, d. Pedro II e suas irmãs, enlutados, foram às exéquias realizadas na Capela Imperial pelo governo em homenagem ao ex-imperador. Pouco antes, d. Pedro I era alvo de uma comissão parlamentar de inquérito na Câmara dos Deputados e havia políticos que queriam lhe cassar a cidadania brasileira e impedi-lo de voltar ao Brasil a qualquer custo.[42] Morto, virava definitivamente o herói da Independência.

É dessa época a ilustração feita por Taunay e dedicada ao então regente Feijó, em que aparecem d. Pedro II e as irmãs enlutados pela morte do pai em uma sala de estudos.

Antes de falecer, d. Pedro I havia, em seus últimos desejos, solicitado que o cunhado, Augusto de Leuchtenberg, tomasse d. Maria II de Portugal em casamento. Esta, em carta datada de 9 de fevereiro de 1835, escreveu ao irmão no Brasil: "Meu querido mano Pedro, aproveito a partida do navio que parte para o Rio de Janeiro para lhe dar parte que no dia 26 [de janeiro] teve lugar a ratificação do meu casamento, o príncipe encarrega-me de lhe fazer os seus cumprimentos. Adeus, meu querido mano Pedro. Tua mana e amiga, Maria."⁴³

D. Pedro e as irmãs no Brasil, tão logo souberam do casamento, escreveram em 30 de março para o tio e agora cunhado Augusto, com quem anos antes brincaram de cavalinho no Rio de Janeiro, desejando felicidades:

> Damos os parabéns a V.A.R., de se achar escolhido por uma nação de quem há de fazer decerto a felicidade assim como da nossa mana rainha, à qual tanta amizade temos, e por isso tivemos um vivo prazer de a saber com um esposo tão digno: pedimos a V.A.R. de nos conservar a amizade que já aqui nos mostrara. Acredite V.A.R. somos do íntimo do coração com a maior estima e consideração,
>
> De Vossa Alteza Real,
> Irmãos e amigos
> Pedro
> Januária
> Francisca.⁴⁴

Mas as alegrias desse consórcio seriam brevíssimas. Augusto chegou a Lisboa em 25 janeiro. Dois meses depois, em 29 de março, um dia antes de a carta de felicitação das crianças ser escrita, d. Maria II reportava a d. Pedro II no Brasil:

> Meu muito amado mano, aproveito o paquete para te escrever algumas linhas e dar-te parte que estou infeliz para toda a vida porque ontem perdi o príncipe. Adeus, não te posso escrever mais porque não tenho cabeça. Sou, por toda a vida, tua irmã e amiga, Maria.⁴⁵

Em 23 de março, Augusto começou a sentir dor de garganta, que evoluiu para uma faringite e se tornou uma infecção diftérica, levando-o a óbito em 28 de março de 1835. No dia 31, o corpo foi sepultado no Panteão dos Bragança, em São Vicente de Fora, ao lado de d. Pedro I.

Em seis meses, d. Pedro II e suas irmãs perderam o pai e o tio e cunhado. O espaço vazio deixado pelas crianças, entre a assinatura de d. Januária e a de d. Francisca, demonstrava o peso da falta de d. Paula Mariana, falecida dois anos antes, na vida dos órfãos de São Cristóvão.

São Cristóvão

O espaço da infância e juventude de d. Pedro II e de suas irmãs foi principalmente o Paço Imperial da Quinta da Boa Vista, em São Cristóvão. O termo palácio deve-se mais ao tamanho da residência e ao parque em que ela se situava do que a qualquer ideia de fausto, ostentação ou luxo das pessoas que ali habitavam. O que destoava quase completamente dos hábitos burgueses eram o protocolo e os militares que davam guarda às três entradas, além da pequena guarda de archeiros.

Os príncipes residiam todos no primeiro andar, onde também ficava o tutor, na chamada Ala do Pedregulho. Essa ala começava na frente, com o torreão velho construído em 1817 para habitação de d. Pedro e d. Leopoldina, reformado em 1826 pelo arquiteto e artista francês Pézerat, e seguia para o fundo do prédio, onde hoje está localizado o Zoológico. Ela continha uma grande sala de recepção, que também servia como galeria de quadros. No andar abaixo dos aposentos do marquês de Itanhaém ficavam os aposentos reservados para d. Mariana Carlota e sua filha, d. Maria Antônia.

Logo após os aposentos do tutor vinham dois grandes salões. O primeiro era ocupado pelo museu montado por d. Leopoldina, principalmente mineralógico, com peças de numismática e alguns exemplares zoológicos com uma importante coleção de conchas. No salão do fundo estava a biblioteca de d. Leopoldina, que era constituída, em parte, pelo que ela havia trazido consigo da Europa, em parte pelo que havia encomendado a familiares, amigos e diplomatas brasileiros no exterior quando vivia no Brasil. A biblioteca de d.

Pedro I ocupava uma sala no chamado "torreão velho", e foi posteriormente acrescida por coleções de autógrafos e peças artísticas.

O almirante Graham Eden Hamond, chefe da esquadra britânica no Atlântico Sul, convidado para um baile em São Cristóvão, em honra do príncipe Henrique de Orange, em visita ao Rio de Janeiro em dezembro de 1836, fez algumas anotações a respeito do palácio em seu diário.[46]

Segundo ele, assim que chegou a São Cristóvão, foi levado à sala de visitas oficial, onde encontrou o "pequeno imperador num sofá, com o príncipe holandês à sua direita e os membros da corte à sua roda". Na sala havia um quadro a óleo de d. Maria, rainha de Portugal. "Uma agradável fisionomia grande e bem-humorada e, num aposento interior, retratos do antigo imperador Pedro I, e de sua segunda imperatriz agora residindo em Lisboa." Aos poucos chegaram o regente e os demais convidados do corpo diplomático estrangeiro, pessoas da corte e ministros.

Segundo Graham, as salas eram "lindamente mobiliadas, mas muito pequenas". Como não havia mais cadeiras e o jantar já estava muito atrasado, para passar o tempo todos subiram para

> [...] ver a vista das salas superiores, que, realmente, é soberba, embora pouco se veja da baía, e muito pouco da cidade [...]. Existe uma grande extensão de terreno cercado de jardins e de parques, e vários trabalhos de melhoramento estão sendo feitos em vários lugares. Um pequeno jardim de recreio, guarnecido com um lindo laguinho, ficava debaixo das janelas.

Quando o jantar foi anunciado, o imperador levou os convidados por uma "interminável série de salas e de um lindo quarto que serve de museu, até a biblioteca, na qual o jantar foi servido. A mesa tomava todo o seu comprimento e estava coberta com um magnífico banquete", que, segundo o inglês, era apenas para ser visto. Pouca comida chegava efetivamente até ele, e um grande assado ficou intocado na mesa. O almirante descobriu, mais tarde, que a comida era "remuneração de **alguns** membros principais da Casa Imperial!!!! Não é de admirar não termos conseguido comer nada!".⁴⁷ As duas princesas se sentaram do lado direito do imperador seguidas do príncipe de Orange.

Após o jantar, foi servido o café na sala de visitas, para onde os homens retornaram. Saíram de lá para "a ala das senhoras no fim do palácio, até chegarmos às salas atapetadas onde, na mais comprida delas, o imperador sentou-se com o príncipe. E então começaram a desabar os convidados para o baile, com as senhoras lindamente vestidas e todos se dirigindo ao imperador para beijar sua mão".⁴⁸

A outra residência do imperador e de suas irmãs era o Paço da Cidade, antigo palácio dos vice-reis do Brasil, transformado em Paço quando da chegada da Família Real portuguesa. Atualmente chamado de Paço Imperial, localizado na praça XV de Novembro, no centro do Rio de Janeiro, o espaço era utilizado para recepções mais solenes, como as comemorações públicas de Grande Gala pelo nascimento de d. Pedro II, pelo Dia do Fico, 7 de Setembro, Dia da Constituição. Também para momentos fúnebres, como quando o imperador enlutado e as irmãs receberam condolências pela morte do avô, o imperador Francisco I da Áustria. Hamond, presente em 25 de março de 1835 na comemoração do Dia da Constituição Imperial, assim descreveu o que viu:

> Hoje, sendo feriado, havia uma multidão na praça. A cem passos do cais está o Palácio. Fomos levados por uma bonita escadaria até o hall superior e daí, passando por uma antecâmara, fomos à sala na qual os ministros se reúnem [...]. Os aposentos do governo são mobiliados muito simplesmente. Salas com papéis de parede, mobília forrada de seda e as paredes toleravelmente guarnecidas de quadros. Aqui e acolá, encontrei alguns razoáveis. Na terceira sala, uma guarda de 40 alabardeiros, em uniforme verde e prata, se dividia por cada lado [...].

D. PEDRO II

Seguindo por entre a linha dupla de alabardeiros e passando por duas pequenas salas, Hamond foi levado finalmente à presença do imperador. O almirante inglês achou o menino de 10 anos com uma boa aparência.

> Estava de uniforme azul e ouro, calças brancas e "amarrado" a uma espada enorme. Seu semblante é pálido e inexpressivo. Esteve mal de saúde, segundo ouvi. Pensei em encontrar um triste infeliz, mas fui agradavelmente surpreendido. Não só por encontrá-lo melhor do que esperava, como porque as duas irmãs estavam muito bem-vestidas, de branco, com largas bandas azul-claro de alguma ordem, sobre o ombro direito.

A princesa d. Januária tinha "olhos pretos e firmes, o semblante retrata a casta portuguesa [...]", enquanto d. Francisca, "a mais jovem, bem mais alta que a irmã, fará anos em 11 de agosto. É muito esbelta e, como o imperador, retrata a casta austríaca".

As meninas usavam diamantes pelos cabelos, e o imperador ostentava várias ordens em miniatura. Ao ser apresentado a d. Pedro II, o almirante Hamond observou: "O imperador nunca fala. É claro que não lhe permitem fazê-lo, enquanto for uma criança".[49] Na realidade, algumas vezes ele falava, sim, como na apresentação do diplomata britânico, em um breve discurso em inglês ainda na época da tutoria de José Bonifácio.

No verão, as crianças eram levadas para a Imperial Fazenda de Santa Cruz, que, como vários diplomatas e príncipes estrangeiros notaram, tinha uma construção que remetia à ideia de um velho mosteiro, o que efetivamente fora no passado. A construção ficava no meio de uma grande planície que servia de pasto para a grande quantidade de animais criados no local, como os cavalos. O príncipe de Joinville, em visita ao local em 1838, disse ter visto duzentos cavalos no curral e cerca de 2 mil pastando.

Diversões e deveres

D. Leopoldina, em cartas para a família na Europa, queixou-se de que no Brasil, segundo a tradição da corte portuguesa, não se dançava, não se davam festas, que tudo se regulava por meio do calendário religioso e que as missas e festas católicas podiam durar horas, quando não dias. Pelos dois dias dedicados aos serviços religiosos, quando da morte do pai, que as crianças enfrentaram, além da obrigação diária de assistir a missas na Capela de São Cristóvão, na Capela Imperial, quando não na igreja de Nossa Senhora da Glória do Outeiro, podemos ver que o costume não havia sido modificado.

Na realidade, até havia outras diversões, mas elas se baseavam em salões políticos, como o Clube da Joana, o Clube Militar e outros, nos quais cortesãos, políticos e aspirantes a ambos conspiravam. Mas não eram lugares que crianças frequentariam. Para elas restaria, como lembrou d. Maria Antônia, brincar de rezar missas: "A encantadora princesa d. Francisca revestia-se de padre, sua irmã e seu irmão eram acólitos; e não deixava de ser curiosa a seriedade de que se embebiam nestas ocupações inocentes [...]".[50]

Em um futuro próximo, as crianças brincariam no pequeno teatro criado para elas em São Cristóvão, onde representariam peças e declamariam — ainda estava longe o tempo em que d. Pedro II patrocinaria o teatro no Rio de Janeiro, escolhendo ele próprio peças para serem encenadas no teatro São Pedro.

Segundo pessoas íntimas do dia a dia do palácio, tanto d. Francisca quanto d. Januária teriam aprendido a cozinhar. Diariamente era entregue um pedaço especial de lombo enviado por um certo Cesário. Um dia, d. Pedro II, vendo que as irmãs não tinham apetite à mesa, percebeu que havia algo de errado. Pôs-se a investigar as irmãs e descobriu que elas preparavam e comiam escondidas o tal lombo. Após a descoberta, exigiu que as princesas repartissem com ele os quitutes que preparassem.

Junto, os príncipes brincavam o entrudo, costume português de, na época do carnaval, jogar laranjinhas e limõezinhos de cheiro uns nos outros. Esses limões e essas laranjas eram feitos de cera verde e amarela e recheados com água, algumas vezes perfumada. O que determinava se eram limões ou laranjas eram a cor e o tamanho. Nas ruas do Rio de Janeiro, tal costume, muitas vezes, terminava em brigas, com pessoas molhadas contra a vontade, e muitas vezes sujas com alvaiade, um pó branco à base de chumbo. Também pelas ruas costumava-se jogar nos transeuntes não propriamente laranjinhas e limõezinhos perfumados, mas, sim, excremento e urina, que faziam parte do trote mais popularesco. O costume dentro das casas burguesas e aristocráticas era, depois do almoço, a que se convidava parentes, amigos e conhecidos, tirar-se a louça e logo os limõezinhos e as laranjinhas começarem a voar pelos aposentos, sendo unicamente poupados os mais velhos. Os escravos da casa, se atingidos, não podiam revidar.

Certa vez, d. Pedro II, empolgado com a brincadeira, molhou bastante as irmãs. D. Maria Antônia, aia delas, pediu ao soberano que parasse, pois temia pela saúde das meninas. Chegava no momento Pedro Caldeira Brant, conde de Iguaçu, futuro cunhado de d. Pedro II, que, vendo a brincadeira, armou-se com sua munição e começou a disparar as bolas de cera. D. Maria Antônia, irritada, interveio: "Que o imperador o faça, ainda vá; mas tu, ó conde das canecas, não o consinto de modo algum!".[51]

Além das irmãs que estavam com ele no Brasil, d. Pedro II mantinha contato com d. Maria II. Em uma carta escrita a ela em 22 de agosto de 1834, temos um pouco a ideia do que o menino de oito anos entendia por diversão:

> Rio de Janeiro, 28 de agosto de 1834,
>
> Minha querida mana rainha,
>
> Não podemos lhe dizer a nossa vida porque uma vida da mana é como a minha, e também lhe mando dizer que São Cristóvão tem o jogo das argolinhas e também tem no lago um bote e

também irerês e gansos e capivaras e também se vai fazer à roda do lago casinhas para bichos. Eu me divirto quando vou lá e que me recomendo ao Papá.

Seu afetuoso mano e amigo Pedro.

E, em um pós-escrito, guloso, acrescentou: "Já tomei sorvete de limão e de baunilha".[52]

O ministro da França no Brasil, o conde de Saint-Priest, em despacho para Paris informou, em 20 de setembro de 1834, que o sorvete havia sido introduzido no Rio de Janeiro: "Nos primeiros dias, ninguém o queria; os brasileiros diziam que o gelo queimava, mas hoje já é muito popular e útil em tal clima".[53] O carregamento de mais de duzentas toneladas de gelo veio no navio norte-americano *Madagascar*, que aportou no Rio de Janeiro em setembro de 1834. O gelo durou aproximadamente cinco meses, e virou moda. As mulheres passaram a fazer filas em cafés, que preparavam os sorvetes com hora marcada, passando a frequentar estabelecimentos que antes eram majoritariamente masculinos. A moda, claro, chegou ao palácio.

Segundo uma história, recolhida oralmente e que ainda não foi comprovada por falta de relato médico da época, a voracidade de d. Pedro II com o sorvete teria levado o menino a uma laringite. O tratamento de algum médico inábil na raspagem do pus das amígdalas acabou por afetar as cordas vocais do menino imperador. Seria devido a esse fato que aquela criança franzina que se transformaria em um homem alto, com quase dois metros de altura, bonito, loiro e barbudo, tivesse voz fina.

Outras hipóteses para o timbre de sua voz, além da formação congênita, poderia ser de ordem psicológica. De menino imperador a imperador de fato, o ser humano d. Pedro de Alcântara passou da infância ao trono pulando a adolescência. Teria que se tornar um adulto responsável aos 14 anos de idade. A voz, além da escrita terrível de decifrar, um verdadeiro espanto para quem fez caligrafia desde a mais tenra idade, poderia ser uma maneira inconsciente de rebeldia.

Além de brincar de rezar missa, pular o entrudo e tomar sorvete, havia também os brinquedos, como um de fabricação francesa, notado pelo almirante Hamond em 1836:

> O imperador nos divertiu mostrando seu dançarino de corda bamba, uma peça mecânica muito engenhosa. É uma caixa de música sobre a qual se veem cinco figuras com roupagens turcas. Uma dançando sobre a corda esticada, as outras quatro olhando ou tomando parte ocasionalmente. A graça e a naturalidade da pequena figura do autômato dançando é tão extraordinária que se pode, facilmente, imaginar ser um liliputiano vivo que está representando. Com a mudança da melodia, a pequena figura varia os gestos ou apressa seus passos, de acordo com o compasso.[54]

Apesar dos brinquedos e das diversões, d. Pedro, aos 9 anos, não era somente uma criança. Além de imperador do Brasil, na falta do pai, ele era o chefe da dinastia da Casa de Bragança de ambos os lados do Atlântico, como lhe recordou a irmã, d. Maria II, ao lhe comunicar sobre seu novo casamento:

> Lisboa, 14 de janeiro de 1836
>
> Meu querido mano, não quero que este paquete parta sem levar a notícia ao chefe da nossa família que no dia 1º deste ano teve lugar o meu casamento por procuração com o príncipe dom Fernando Augusto de Saxônia Coburgo, sobrinho do rei dos Belgas e do duque reinante da Saxônia Coburgo. Espero que este consórcio faça a felicidade da nação portuguesa e a minha. Adeus, meu muito querido Pedro, abraço-te e sou por toda a vida tua mana e fiel amiga, Maria.[55]

Esse reconhecimento de que d. Pedro II era o chefe da dinastia era compartilhado também pelo seu tio d. Miguel. Em 24 de setembro de 1851, o infante escreveu ao sobrinho no Brasil para comunicar formalmente sobre seu casamento com a princesa Adelaide de Löwenstein-Wertheim-Rosenberg na mesma data.[56] Por uma coincidência funesta, ou não, o casamento foi realizado no aniversário da morte de d. Pedro I.

Amigos

Além das irmãs, na infância e na juventude houve alguns amigos, poucos, quase todos filhos de cortesãos ou altos funcionários imperiais. Um dos amigos de infância que permaneceu para a vida toda foi o visconde do Bom Retiro, Luís Pedreira do Couto Ferraz. Pedreira, como era chamado pelo imperador, era um dos únicos que d. Pedro II permitia que o tratasse, na intimidade, por "você".

Luís, juntamente com o seu irmão João, foi introduzido no Paço pela aia d. Mariana Carlota de Verna Magalhães. O pai de Luís era desembargador e possuía uma chácara vizinha à de d. Mariana, no Engenho Velho. Bom Retiro seria deputado pelo Rio de Janeiro e, de 1867 até a sua morte, em 1886, seria senador vitalício empossado por d. Pedro II. Também faziam parte do grupo de meninos ao redor do imperador os filhos do ministro Aureliano Coutinho; Guilherme Schüch de Capanema, filho do dr. Roque Schüch; Francisco Otaviano, filho do médico Otaviano Maria da Rosa; e Manuel José de Assis Mascarenhas, filho do marquês de São João da Palma.

Uma das brincadeiras preferidas do imperador era, assim como seu pai e seu tio faziam na mesma Quinta da Boa Vista anos antes, brincar de guerra com as crianças. Manuel José acabou não sendo mais bem-vindo depois de uma surra dada em d. Pedro II. Outro que teve que ser chamado de volta à ordem por ter se entusiasmado demais durante uma brincadeira de duelo com o imperador foi Guilherme Schüch.

O negro Rafael

Uma figura constante junto a d. Pedro II ao longo de sua vida foi a do "negro Rafael". Rafael foi seu criado particular a vida inteira, acompanhando o monarca em viagem aos Estados Unidos e à Europa. Ele deixaria saudades em uma francesa chamada Agnès, que se tomou de simpatias pelo velho servidor a bordo de um navio.

Segundo relatos colhidos de pessoas que participaram do dia a dia da corte do Segundo Reinado, Rafael seria um ex-soldado da Campanha da Cisplatina. Nasceu em Porto Alegre em 1791 e serviu a d. Pedro I como um pajem de segurança. Ao partir do Brasil, o ex-imperador teria dado instruções para que Rafael protegesse d. Pedro II na sua ausência.

Rafael morava em um quarto modesto, na parte de baixo do torreão velho do Palácio de São Cristóvão. Era lá que d. Pedro II se refugiava quando não queria ser encontrado por aia, aio, tutor, irmãs, enfim, por ninguém. Montado de cavalinho nos ombros de Rafael, o menino imperador vagava pelos caminhos arborizados da Quinta da Boa Vista, e os dois passavam horas inteiras conversando e explorando o local. D. Pedro gostava de ouvi-lo contar suas aventuras, e seria com ele que o imperador se sentiria livre o suficiente para ser ele mesmo, uma criança que ora se espantava, ora ria às gargalhadas com as histórias do amigo.

A baronesa de Loreto, amiga de infância da princesa Isabel, conheceu pessoalmente Rafael e lembrava-se dele como um dos servidores mais dedicados e fiéis de d. Pedro II. Alto, corpulento, valente, mas de extrema docilidade. No fim da vida, o único serviço que executava era de engraxate do imperador.[57] Segundo Múcio Teixeira, quando soube da queda do Império e do banimento de d. Pedro II, Rafael teria sido fulminado por um ataque cardíaco. Segundo a baronesa de Loreto, ele realmente adoecera na época, mas não se sabia qual teria sido o seu fim.

O dia a dia do menino imperador

Outra ocupação das crianças eram as danças nos bailes que eram dados em São Cristóvão ou noutros salões, por exemplo, o oferecido pela Assembleia Estrangeira ao príncipe de Orange em 7 de dezembro de 1836. Nele, d. Pedro II e as irmãs compareceram e dançaram três quadrilhas.[58]

Nos dias de Grande Gala, como no aniversário do imperador, era comum irem a algum grande espetáculo em honra do soberano no Theatro Constitucional Fluminense, antigo Real Theatro de São João, e, por fim, denominado Imperial Teatro de São Pedro de Alcântara. O camarote imperial ficava bem em frente ao palco. O imperador se sentava na fileira da frente com as irmãs do lado esquerdo, d. Pedro II de uniforme e as meninas com vestidos de gala e diamantes. O teatro era razoavelmente escuro, uma vez que não havia, na época, um grande lustre no centro do teto, o que fazia a cena do camarote imperial, revestido de espelhos e muitas luzes, o principal foco da sala depois do palco.[59] Mas nem tudo eram brincadeiras, muito pelo contrário. Pelas regras baixadas pelo marquês de Itanhaém no seu "Regulamento de serviço do Paço e das pessoas imperiais",[60] sabemos que d. Pedro II tinha que sair da cama às 7 horas, tinha uma hora para o asseio, vestir-se e fazer suas orações, e às 8 horas tomava o café da manhã. Era acompanhado pelo médico do Paço que estivesse de serviço, a quem cabia examinar a qualidade, a quantidade e a temperatura do que era servido ao menino imperador. Às 9 horas tinham início as lições, que iam até as 11h30 da manhã. Depois o imperador poderia se divertir como qualquer criança, desde que estivesse limpo e vestido para o almoço, que começava às 14 horas. Era acompanhado no almoço pelo médico, pelo camarista e pela camareira-mor. Eles deveriam, enquanto o menino almoçava, conversar sobre temas "científicos ou de beneficência". Após o almoço, ele podia ver as irmãs.

Nenhum criado, nem os particulares, de câmara, açafatas etc., podia se dirigir diretamente ao menino imperador, mas deveriam responder sempre que d. Pedro II se dirigisse a eles. Nenhum negro poderia ficar muito tempo no quarto do imperador. Deveria entrar e sair o mais rapidamente, o que só deveria ocorrer em casos excepcionais. Depois do almoço, o imperador era proibido de brincar. Não podia pular, dormir nem estudar. Podia passear pelos jardins, desde que não chovesse ou fizesse muito frio. Os passeios tinham início, no verão, às 17 horas, e no inverno, às 16h30, terminando ao crepúsculo.

Para esses passeios, d. Pedro II pedia que lhe dessem muitas moedas de prata. O imperador as colocava nos bolsos e voltava sem um centavo para o palácio. Distribuía o dinheiro aos soldados e aos pobres que encontrava no caminho. Aliás, a prática da esmola em São Cristóvão, que já vinha da época de seus pais, durante o reinado de d. Pedro II seria tradição. Ao se casar com a imperatriz d. Teresa Cristina, d. Pedro II acrescentaria aos dois contos que a mulher daria todos os sábados, mais cinco contos de sua parte, totalizando sete contos em notas de 20 mil-réis distribuídas aos pedintes.

Nas audiências públicas, que d. Pedro II sempre daria ao longo de sua vida, ele era procurado por um grande número de pessoas, a maior parte para pedir esmolas. Inicialmente, seguindo o protocolo, os peticionários tinham que escrever os seus requerimentos ao imperador em um papel especial chamado de meia-Holanda, que tinha uma larga margem dourada. Ele, por ser caro, logo foi abolido. D. Pedro II não achava justo que os pobres que iam pedir dinheiro tivessem que arcar com mais essa despesa.

O imperador ouvia o que os peticionários tinham para falar, lia as petições e, segundo a necessidade de cada um, dobrava o papel determinado número de vezes. Cada dobra representava tantos mil-réis. O imperador devolvia a petição e mandava a pessoa ir receber a esmola. Depois de algum tempo, essa prática acabou sofrendo abusos, e alguns peticionários passaram a dobrar mais vezes o papel para receber do superintendente mais dinheiro. O imperador, ao descobrir isso, acabou mudando o sistema e anotando com lápis colorido a quantia a ser dada.

A esmola era dada pelo superintendente da mordomia do Paço, em uma das entradas do Palácio de São Cristóvão, na chamada Portaria das Damas. Não era incomum ver pessoas que efetivamente não necessitavam de esmolas irem a São Cristóvão para conseguir dinheiro. Múcio

Teixeira e o príncipe d. Pedro Augusto, neto de d. Pedro II, observaram várias vezes, de uma janela do palácio, diversas moças, bonitas e elegantes, deixarem no alpendre da casa do Zé Careta, um velho guarda da Quinta, seus chapéus de plumas e suas luvas de pelica. Ali se cobriam com mantilhas escuras e iam, em seguida, estender as mãos com pele clara e sem marca alguma de trabalho em busca da caridade de uma nota de 20 mil-réis.

O menino imperador, segundo as normas do tutor, podia fazer exercícios, como andar a cavalo, desde que não se cansasse muito. Se ao fim do passeio d. Pedro estivesse suado, tinham que lavá-lo e trocar sua roupa. Depois do passeio, a leitura. Esta ia variando conforme a idade — inicialmente eram pequenos contos, que foram evoluindo conforme ele foi crescendo física e intelectualmente. Às 20 horas d. Pedro II fazia as orações noturnas, uma hora depois jantava e às 22 horas estava na cama.

Seu criado particular efetivo era um francês chamado Richer, a quem cabia vestir o menino de acordo com a temperatura. O médico de serviço na câmara do imperador tinha que regular a hora, o tempo e a temperatura da água dos banhos de d. Pedro II.

Segundo disposição do tutor,[61] deveria haver aulas de cópias e ditados em português. Faziam parte dessas lições de caligrafia dísticos morais e verdadeiros tratados sobre a arte de governar. As aulas de francês deveriam durar uma hora e meia, e falar português era proibido. Se por descuido os alunos pronunciassem algo na língua natal, o professor deveria chamar a atenção e fazê-los converter para a língua de estudo. A carga horária de inglês era a mesma que a de francês, e a de desenho e de pintura era de uma hora e quinze minutos. Havia salas especiais para as aulas, e as crianças nunca ficavam a sós com o professor, existia sempre uma dama presente e, à porta, um criado para impedir que alguém entrasse na sala e interrompesse a lição. Somente as aulas de dança podiam ser públicas, assistidas pelas pessoas que estivessem de serviço no Paço.

As ideias por trás dos trabalhos dos professores

O marquês de Itanhaém, em dezembro de 1838, baixou as suas "Instruções para serem observadas pelos mestres do imperador na educação literária e moral do mesmo augusto senhor".[62] O artigo primeiro começava com "Conhece-te a ti mesmo", e nele Itanhaém pretendia basear o sistema de educação de d. Pedro II, fornecendo ao imperador a ideia de todas as coisas, a fim de que ele soubesse discernir o falso do verdadeiro para, em último resultado:

> [...] compreender bem o que é a dignidade da espécie humana, ante a qual o monarca é sempre homem, sem diferença natural de qualquer outro indivíduo humano, posto que sua categoria civil o eleve acima de todas as condições sociais.

Deveriam os professores fazer ver ao imperador que a tirania, a violência da espada e o derramamento de sangue

> [...] nunca fez bem a pessoa alguma, e que, antes pelo contrário, o grande imperador romano Augusto César acabava de uma vez todas as conspirações com um passo muito simples, indo ele mesmo à casa do seu adversário para lhe dar um abraço fraternal e chamá-lo para ser colega no governo.

Essa ideia foi incutida em d. Pedro II de maneira particularmente positiva. Diversas foram as vezes em que ele não hesitou em chamar para o governo alguém efetivamente competente para dirigir determinada pasta, mas que era, publicamente, favorável à república.
Também era desejo do tutor que

> [...] meu augusto pupilo seja um sábio consumado e profundamente versado em todas as ciências e artes e até mesmo nos ofícios mecânicos, para que ele saiba amar o trabalho com

princípio de todas as virtudes e saiba igualmente honrar os homens laboriosos e úteis ao Estado.

Porém, não desejava Itanhaém que d. Pedro II fosse transformado em um intelectual que gastasse horas em discussões, muito menos em um político frenético que gastasse dinheiro e desperdiçasse o sangue dos brasileiros em guerras e em edificações luxuosas para dar ideia de sua grandeza.

Os mestres deveriam diariamente repetir a súmula instruída por Itanhaém de que

> [...] um monarca, toda a vez que não cuida seriamente dos deveres do trono, vem sempre ser vítima dos erros, caprichos e iniquidades dos seus ministros, cujos erros, caprichos e iniquidades são sempre a origem das revoluções e guerras civis, e então paga o justo pelos pecadores, e o monarca é que padece, enquanto que seus ministros sempre ficam rindo-se e cheios de dinheiro e de toda a sorte de comodidades.

Para evitar isso, d. Pedro II deveria ser instruído a sempre ler todos os jornais e periódicos da capital e das províncias e receber atentamente as queixas e representações que alguém fizesse contra algum de seus ministros, porque "só tendo conhecimento da vida pública e privada de cada um dos seus ministros e agentes é que o monarca pode saber se os deve conservar ou demiti-los imediatamente e nomear outros que melhor cumpram seus deveres e façam a felicidade da nação".

Quanto às qualidades dos seus ministros e de funcionários do governo e diversos cidadãos de destaque, ficaria famoso o "lápis fatídico" com que d. Pedro II anotava, ao longo da sua vida, em sua caderneta preta, o nome de personagens, políticos e ministros que caíam no desgosto imperial.[63] Os nomes que constavam de seu caderninho dificilmente se tornariam senadores vitalícios ou deteriam cargos de destaque ou títulos no que dependesse dele.

As ideias por trás da educação de d. Pedro II eram várias, mas, principalmente, que ele tivesse uma educação formal e rígida, de que o próprio pai, d. Pedro I, sentiu falta enquanto viveu, fazendo-o cobrar dos filhos uma dedicação aos estudos. Tanto José Bonifácio quanto o marquês de Itanhaém buscaram educar d. Pedro II para que este fosse a antítese de d. Pedro I. Não quanto às ideias liberais e à defesa da Constituição, bem como às prerrogativas do Poder Moderador que ele chefiaria, mas quanto ao controle das próprias paixões. A ideia era transformar o imperador em "um sábio, um estadista, um ser dedicado inteiramente ao Brasil",[64] desde que afastado totalmente da imagem brilhante do pai, pois se temia que o jovem se voltasse com admiração excessiva para ela.

Mestres

Na época da tutoria de Itanhaém, foram mantidos ou acrescentados, conforme d. Pedro II crescia, outros mestres e novas matérias. Aos 11 anos, ele passou a ter aulas de equitação com o professor Roberto João Damby e de esgrima com o coronel Luís Alves de Lima e Silva, futuro duque de Caxias. Cândido José de Araújo Viana, futuro marquês de Sapucaí, passou, em 1839, a dar aulas de latim e ciências práticas. O dr. Roque Schüch, que havia vindo como bibliotecário de d. Leopoldina na sua comitiva austríaca de 1818, deu aulas de alemão, italiano e história universal ao imperador. Nathaniel Lucas assumiu as aulas de inglês, Alexandre Vandelli, filho do famoso sábio italiano Domenico Vandelli e genro de José Bonifácio, ensinou ciências naturais. Nesse mesmo ano, Félix Émile Taunay foi nomeado subpreceptor de d. Pedro II, acumulando as aulas de francês, além do ensino de desenho e pintura, desde que o pintor Simplício Rodrigues de Sá ficara doente.

No boletim médico do dr. Joaquim Cândido Soares de Meirelles, de 30 de março de 1840, podemos ver a evolução do imperador.

> O senhor d. Pedro II, imperador do Brasil, de idade de 14 para 15 anos, dotado de uma constituição linfático-sanguínea,

> possuindo uma cabeça assaz desenvolvida e bem organizada, tendo começado em mui tenra idade sua educação literária, chegou a conseguir em curto espaço de tempo o conhecimento das línguas francesa, inglesa, alemã, latina, e o de História e Geografia, e muito adiantamento em geometria, retórica e botânica. Logo que s.m. entrou a tomar gosto pela aquisição da literatura e pelas ciências, nenhuma outra espécie de passatempo chamou mais a sua atenção que a leitura ou a conversação com pessoas literárias. Este ardor pelo estudo fez com que s.m.i. não achasse tanto prazer nos brincos [brincadeiras] de sua idade, como acontece às outras crianças, e se desse aos trabalhos literários, apesar de acabar de comer.[65]

O relatório pontuava os problemas do jovem imperador causados pela grande quantidade de estudos e pelos poucos exercícios. D. Pedro II na juventude padecia constantemente de dores de cabeça, má digestão, dores nos olhos, às quais se seguiam desmaios e convulsões por causa dos ataques epilépticos.

O príncipe de Joinville

Em janeiro de 1838, chegou ao Rio de Janeiro o príncipe de Joinville. Francisco, nascido em 14 de agosto de 1818, era o terceiro filho do rei dos franceses Luís Filipe e da rainha Maria Amélia. O jovem e garboso príncipe havia conhecido d. Pedro I em seu exílio em Paris. Chegou a cavalgar ao lado do ex-imperador brasileiro pela avenida Champs-Élysées, quando das comemorações do aniversário da Revolução de 1830, que derrubara o Absolutismo. Na ocasião, o ex-imperador brasileiro ajudou o rei Luís Filipe a assentar a pedra inaugural da Coluna de Julho, na Bastilha, em homenagem à revolta que depôs o rei Carlos X.

Apesar da tentativa, sem sucesso, de casar a rainha d. Maria II com algum de seus filhos, os reis franceses lançariam os olhares para as duas princesas do outro lado do Atlântico. Além do interesse político havia um laço de parentesco entre os Bragança e os Orléans. A rainha Maria Amélia era tia da imperatriz d. Leopoldina, o que fazia dos príncipes brasileiros seus sobrinhos-netos.

O príncipe Francisco de Joinville seguiu carreira na Marinha francesa e chegou ao Rio de Janeiro em 1838 como tenente da fragata *Hercule*. Alto, simpático e divertido, encontrou uma corte um tanto insossa para seus gostos europeus. Seus primos não o impactaram de maneira positiva, a princípio. A chegada, muito aguardada, do primo francês deixou o imperador ansioso. Segundo o que chegou aos ouvidos de Joinville, d. Pedro II, cada vez que era avistado um navio com bandeira francesa no horizonte, entrava no aposento das irmãs gritando: "Chegou o príncipe de Joinville, vistam-se depressa".[66]

No dia 3 de janeiro, Francisco foi levado para a Quinta da Boa Vista, onde o imperador e as princesas o aguardavam. Após chegar ao palácio, que achou pequeno, e passar por um bando de camaristas, subiu as escadas por entre as alas de alabardeiros, passou por salas cheias de ministros até finalmente perceber:

> [...] uma figura miudinha, da altura da minha perna, empertigada, compenetrada, emproada: é Sua Majestade. Fiz-lhe uma profunda reverência à qual ele respondeu e dei-lhe meus cumprimentos de chegada; ele não me respondeu nada. Eu tinha preparado minha mão caso houvesse um aperto de mão, o que na verdade aconteceu, mas ele segurou a minha mão e entramos de mãos dadas com o meu sabre que eu não conseguia segurar, batendo-lhe nas pernas. Nós nos sentamos, e ele, sempre sem dizer nada, começou a contemplar-me; minha nossa, isso não me divertia nada, eu fazia frases para manter uma conversa, mas não obtinha sucesso.

O rígido protocolo da corte pelo qual, invariavelmente, o menino imperador jamais se comunicava com os embaixadores presentes, mais uma vez provocou o estranhamento de alguém do Velho Mundo. Na Europa, as tradições vindas para a América Portuguesa com os Bragança tinham evoluído. Enquanto isso, essas tradições, no Brasil, tal qual uma flor rara criada em estufa, se sedimentaram e se cristalizaram. Seguia-se no Brasil um cerimonial que havia caído no esquecimento em outras partes do mundo.

Exasperado pela recepção, Joinville fez menção de se retirar:

> [...] Mas o imperador murmurou qualquer coisa ininteligível e, retomando nossa caminhada, encaminhamo-nos para os aposentos das princesas! Atenção! Começarei dizendo que eu não estava tão embasbacado com todo esse cerimonial que não vi dessas pobres princesas senão o acanhamento e os dentes que são horríveis. Tinha no quarto um regimento de senhoras e, na frente delas, uma velha rabugenta, que era a governanta delas [d. Mariana Carlota de Verna Magalhães]. Fiz uma profunda reverência e, murmurando uma frase, entreguei à princesa Januária uma carta da rainha, depois, sem uma palavra, sentamo-nos.

D. Pedro II, curioso, começou a tentar se soltar, perguntando sobre os lugares aos quais Joinville havia viajado, mas as coisas ainda não tomavam prumo: "Eu não entendia senão a metade do que ele dizia e respondia a torto e a direito". Depois apresentou os oficiais do *Hercule* para eles e entregou as joias que a mãe havia enviado para as princesas, partindo com um convite para jantar no dia 5 de janeiro, quando o "gelo" finalmente começou a derreter e a frieza a se dissipar.

Apesar de Joinville ser recebido com o mesmo cerimonial, logo d. Pedro II o pegou pela mão e foi levá-lo para ver a vista que se tinha do palácio, depois levou o primo para ver a coleção de minerais de d. Leopoldina. As princesas se encontraram com eles no gabinete e de lá foram jantar. Depois, sentaram-se para uma conversa de quase duas horas. Estavam mais à vontade, e Joinville pôde observá-los melhor:

> O imperador tem uma testa muito alta e proeminente, olhos fundos, suas bochechas são gordas embaixo e vêm se juntar ao seu maxilar inferior que se salienta sobre o outro; estava à paisana e usava seu cordão do Cruzeiro do Sul e um enorme diamante como botão na camisa. As princesas são miúdas e bastante delicadas; elas estavam bem-vestidas com roupas esvoaçantes, de mangas frouxas, mas vi que suas luvas eram de crochê, um terror; usavam o que acredito ser as joias da rainha. Elas são espantosamente malconformadas para sua idade. Dona Januária é bem mais tímida do que dona Francisca, ela é mais gorda e fica normalmente um pouco curvada. Dona Francisca é aprumada, seca e extraordinariamente sagaz, sua irmã sempre a coloca na dianteira e ela informou que vai me dar um papagaio que fala.[67]

Em outra recepção, um jantar de Grande Gala no dia 9 de janeiro em comemoração ao Dia do Fico, o príncipe de Joinville notou algo que alguns outros já haviam visto. As recepções aconteciam, como comentara o almirante Hamond em seu diário, como um grande espetáculo no qual o imperador e as princesas eram exibidos ao público presente como algo extraordinário a ser visto. Por certo, na ânsia de demonstrar que seus pupilos aprendiam as suas lições, os professores e o tutor colocavam o imperador e as princesas para tocar piano e dançar em público. O que, a demonstrar as reações do príncipe francês e do almirante britânico, se tratava de um caso *sui generis*.

> Depois que chegou bastante gente, o imperador pegou suas duas irmãs pela mão, sentaram-se ao piano e começaram uma sonata a seis mãos; o imperador mostrava uma espantosa aplicação, mas o professor de piano tendo virado duas folhas em vez de uma, conseguiu uma cacofonia completa. Foi terrível. Veio em seguida uma segunda sonata pela princesa Januária, e depois fomos dançar. O imperador pegou a mais velha, eu a mais moça, e fomos para o meio da sala; eu pensava que ia vir

mais gente, mas deixaram-nos sozinhos e tivemos de dançar, eu tinha uma vontade de rir inextinguível e mal consegui conter, pois o imperador em luvas e com um grande lenço esvoaçante na mão fazia uns passos tão extraordinários que realmente era de estourar de rir e eu sofria pelo seu professor de dança que estava presente.[68]

Joinville notou que o contato do menino imperador e das princesas com pessoas do mesmo sexo, socialmente, só se dava entre eles ou seus iguais. No caso, com Joinville, um príncipe de sangue real, algo impensável até então ocorreu. Com as cortes brasileira e francesa movendo peças para a realização de um casamento entre ambas as casas reinantes, ele pôde dançar com d. Francisca. Normalmente, somente o imperador dançava com as irmãs; na falta delas, ele não dançava com nenhuma outra mulher, e na falta do irmão, d. Januária e d. Francisca dançavam uma com a outra ou com pessoas do mesmo sexo.[69]

Depois de partir para conhecer um pouco do restante do Brasil e tendo chegado a extrair ouro de uma mina, Joinville retornou ao Rio de Janeiro na primeira quinzena de fevereiro. Foi almoçar em São Cristóvão, onde notou como "tentaram todas as oportunidades para me aproximar e de me juntar com a princesa Francisca". Inicialmente, Joinville não viu nada de mais na prima quatro anos mais nova que ele. As anotações em seus diários só a colocam física e socialmente em campo diametralmente oposto ao da irmã, d. Januária, mas nada mais do que isso.

Joinville foi um verdadeiro bálsamo na vida engessada que aqueles jovens levavam naquela corte. Foi com eles para a Fazenda de Santa Cruz e depois, no retorno ao Rio de Janeiro, apresentou ao imperador e às princesas o simulacro de uma batalha:

> Em uma pequena ilha situada na enseada vimos construído um pequeno campo com tendas e um pequeno forte com sacos de terra defendido por dois canhões. Nesta ilha estava colocada a companhia do barco disfarçada, com sacos nas

> costas e encarregada de defendê-la. As embarcações armadas para guerra vieram atacar a ilha com tiros de canhão, depois todos os marinheiros com os oficiais à frente pularam na água, nadaram para a terra onde se enfrentaram em formação de combate. Levei o imperador que estava encantado e que fazia sua parte com um grande mosquete de munição. Depois de um pequeno combate, subiram para o assalto e o forte foi tomado. Então peguei o imperador e disse-lhe que os inimigos tendo abandonado sua ração seria preciso comê-la e levei-o para uma grande tenda onde havia um excelente almoço com sorvetes e frutas de todas as espécies que nós comemos.[70]

Como cereja do bolo, o primo príncipe marinheiro, que os levava para uma aventura, carregava consigo um leão domesticado! De noite, ainda houve outro simulacro, dessa vez uma guerra noturna com fogos de artifício. Para terror de Joinville, tudo foi invadido por uma multidão de curiosos devido à ineficiência da polícia da corte. Em meio ao tumulto, o francês se perdeu do imperador e das princesas, "encantados de ver tal festa, cruzando a baioneta com suas sombrinhas mas eu não estava contente, pois a desordem era horrorosa, todos os homens dispersados pela multidão atiravam a torto e a direito, as bombas e as panelas choviam de todos os lados". Finalmente, Joinville conseguiu retirar os primos de lá, e tudo terminou com uma parada iluminada por tochas.

No dia 21, pouco antes de partir do Brasil, Joinville deu uma imensa festa a bordo do *Hercule*. O convés foi transformado em um imenso salão de baile coberto que comportou cerca de setecentas pessoas. O imperador e as irmãs chegaram por volta das 22 horas ao salão de festas flutuante.

> Tendo terminado a volta, dançamos; para começar dancei com as princesas, depois me libertei e, fazendo isso, joguei por terra uma das leis da etiqueta brasileira. Pois foram forçados a fazer

o imperador dançar com as senhoras e as princesas com os oficiais, com diplomatas etc., como é costume na nossa terra.⁷¹

Demoraria cinco anos para que outra lufada de vento fresco trouxesse o príncipe marinheiro para a baía de Guanabara.

MAIORIDADE

Parte da elite vitoriosa com a revolução de 7 de abril de 1831, que levou à abdicação de d. Pedro I, conseguiu com o Ato Adicional de 1834 o que queria: uma maior autonomia política nas províncias, o fim do Conselho de Estado e a aprovação do Código de Processos, que davam mais autoridade ao poder local. Entretanto, o governo central, durante todo o período regencial, viveu uma grande instabilidade provocada por inúmeras rebeliões, motivadas, em grande parte, por movimentos sociais que estouraram por todo o Brasil.

Dezesseis revoltas surgiram entre 1831 e o Golpe da Maioridade em 1840. As que duraram mais tempo foram a Cabanagem, no Pará, de 1835 a 1840; a Balaiada, no Maranhão, de 1838 a 1841; a Sabinada, na Bahia, de 1837 até 1838; e a maior de todas, no sul do Brasil, a Guerra dos Farrapos, de 1835 a 1845.

A Cabanagem e a Balaiada envolveram basicamente a população excluída: negros, indígenas, mulatos, artesãos; gente pobre, que se revoltou contra as péssimas condições de vida e contra o domínio dos grandes latifundiários. Já a Sabinada e os Farrapos foram revoltas lideradas pela elite regional, contrária à perda de poder local e favorável a uma maior autonomia econômica e política. A Guerra dos Farrapos, apesar de toda a sua retórica liberal e libertária, foi motivada, em grande parte, pela alta dos impostos dos produtos do Sul do país, como a carne de charque, que passou a ser mais cara que a produzida em países vizinhos.

Houve também as revoltas de escravos. Na Bahia, os malês, africanos de religião islâmica, se insurgiram em 1835, entre outros episódios, pela falta de liberdade de crença. Em 1838, na região de Vassouras, no território fluminense, mais de trezentos escravos fugiram das fazendas da região, se levantando contra a condição de escravizados.

As diversas guerras civis que o governo central foi obrigado a combater durante quase vinte anos, como nos lembra Emília Viotti da Costa,[1] eram indicadores das resistências que o governo imperial tinha de superar para estabelecer sua hegemonia. De 1831 até 1848, os líderes revolucionários, amparados pela retórica liberal e social, exigiam principalmente: a federalização, a abolição do voto censitário, o fim do Poder Moderador, a nacionalização do comércio, a libertação dos escravos e o término do recrutamento militar forçado. As elites locais queriam de volta o poder que tinham antes de o governo central se imiscuir em seus assuntos e em sua região. Queriam seus próprios correligionários governando as províncias e não os designados pelo poder central no Rio de Janeiro. Queriam menos interferência do governo na economia, menos impostos e o fim do monopólio dos produtos estrangeiros, cujos impostos mais baratos, garantidos por tratados internacionais entre o Brasil e outras nações, tornavam os produtos nacionais caros.

Liberais e conservadores

Durante o período da Regência, dois polos partidários se formaram: os regressistas e os progressistas. Seus membros dariam origem aos dois partidos que fariam a política brasileira ao longo do Segundo Reinado: o Conservador e o Liberal. Apesar de ambos terem por base os fundamentos do Liberalismo econômico, o Liberal era federalista, queria a autonomia local, a abolição do Poder Moderador e do Conselho de Estado. Seus membros eram contra a vitaliciedade dos senadores e a intromissão do governo na economia. Eles eram favoráveis à liberdade de culto, de expressão e ao livre comércio, inclinavam-se mais para o estilo de uma monarquia britânica, em que o rei reina e não governa.

Os conservadores defendiam um Estado forte e centralizador ao redor do Poder Moderador, do Conselho de Estado e do Senado vitalício e a religião católica como oficial do Estado. Para os conservadores, o rei não apenas reinava, mas governava também.

Mas, na prática, liberais e conservadores eram rótulos. A falta de compromisso ideológico dos políticos com os partidos, como hoje, era notável. Também, como nos dias atuais, era fácil vermos o partido de oposição, quando virava situação, se esquecer de boa parte de sua plataforma política. Era possível encontrar conservadores mais liberais que os próprios liberais e liberais mais conservadores que o partido oposto. As ideias sociais encontravam defensores e opositores tanto em um partido quanto noutro. A queda do gabinete do conservador barão de Cotegipe, João Maurício Wanderley, contrário à abolição da escravidão, em 1888, colocou no poder outro gabinete, liderado pelo também conservador João Alfredo, que fez tramitar rapidamente nas duas casas a Lei Áurea, que libertou definitivamente os escravizados.

A elite, que defendia o que era melhor para ela própria, brigava pelo poder em si e não por um projeto ideal de Brasil. Nesse mundo político, houve momentos em que a ideia da maioridade dos príncipes surgiu devido às questões políticas. Uma delas foi posta em ação, em 1836, após a vitória do padre Diogo Antônio Feijó nas eleições para regente do Império, ao derrotar o presidente da província de Pernambuco, Antônio Francisco de Paula de Holanda Cavalcanti de Albuquerque. Na tentativa de afastarem Feijó do poder, os "holandeses", partidários do deputado derrotado, inicialmente buscaram colocar em prática a emancipação da maioridade da princesa d. Januária. A mais velha dos irmãos, ela já havia sido oficializada como princesa imperial, ou seja, herdeira do trono, caso ocorresse algo com d. Pedro II. A ideia, que não vingou, era colocá-la como regente no lugar do irmão, tirando dessa forma Feijó do poder e acabando com a eleição para o cargo.

A ideia não vingou por falta de articulação entre os membros da corte e os políticos. Os "holandeses" voltaram-se, então, para d. Amélia, com esperança de ela vir ao Brasil para resolver as pendências em relação ao que tinha que receber, por contrato matrimonial, como viúva de d.

Pedro I. Eles pretendiam que ela assumisse a tutoria dos enteados, como o ex-imperador pedira por testamento. A resposta dada pelo marquês de Resende, mordomo-mor da imperatriz viúva, foi clara: segundo o documento, ela só se responsabilizaria formalmente pelos enteados se estes tivessem que sair do Brasil, caso contrário, a tutoria e as decisões a respeito deles deveriam partir do governo brasileiro. Se achavam que podiam contar com a imperatriz, d. Amélia, para perturbar a tranquilidade do Império, estavam enganados.

A facção áulica

Enquanto isso, no palácio, reinava a facção áulica ao redor do imperador. Formada pela aia d. Mariana Carlota de Verna Magalhães e pelo mordomo Paulo Barbosa, o elemento político externo era Aureliano Coutinho, que vinha sobrevivendo como ministro em diversos gabinetes. Esses três personagens formaram o chamado Clube da Joana, com reuniões políticas e saraus abertos à sociedade na Chácara da Joana.

A Chácara ou Quinta da Joana ainda existe no Rio de Janeiro e é conhecida hoje como Palacete Laguna. A propriedade fazia parte do complexo da Quinta da Boa Vista, em São Cristóvão, e foi, durante o Segundo Reinado, a residência oficial do mordomo-mor. O mordomo, no caso Paulo Barbosa, tinha a função de administrador da Casa Imperial, sendo responsável por cuidar de tudo o que envolvesse o funcionamento da vida privada e pública do imperador. Faziam parte das funções do cargo desde mandar encadernar os livros do imperador até mandar aprontar a carruagem ou o cavalo para o passeio ou a visita às tropas. Também era ele quem ordenava a edificação de construções temporárias para eventos em que o imperador estivesse presente. Demitir e contratar os criados do Paço também era prerrogativa sua.

Esse grupo palaciano do Clube da Joana se uniria em 1840 com o chamado Clube da Maioridade, no qual os principais líderes liberais, como José Martiniano de Alencar e Antônio Francisco de Paula de Holanda

Cavalcanti de Albuquerque, articulavam para a subida de d. Pedro II ao poder o mais rapidamente possível.

A realidade do brasileiro, sem o costume da cultura política, levou os regentes a terem problemas para afirmar sua autoridade. O regente Feijó, devido às suas ideias abolicionistas, viu os deputados progressistas, que formavam sua base, se voltarem contra ele, não havendo o que fazer além de abdicar — o fato abriu espaço para a regência do regressista, ou conservador, Pedro de Araújo Lima.

Em maio de 1840, a Lei Interpretativa do Ato Adicional de 1834 foi aprovada pelo governo conservador. Novamente, em um cabo de força que parecia não acabar nunca, os conservadores conseguiram reverter grande parte das vitórias dos liberais, com o Ato Adicional à Constituição de 1834. A nova lei que interpretava o Ato Adicional retirava boa parte das questões envolvendo a autonomia das províncias, tanto em questões administrativas quanto na segurança e no Judiciário. Essas e outras movimentações dos conservadores fizeram crescer entre os liberais a ideia da antecipação da maioridade.

A experiência republicana, de Regências Unas, com regentes eleitos pela elite econômica e política com divergências de ideias dentro dos próprios partidos, levou ao quase colapso da unidade territorial brasileira. A psicologia por trás da ideia de se colocar d. Pedro II como chefe de Estado pleno, muito mais aguerrido ao imaginário popular do brasileiro, acostumado a trezentos anos de monarquia, era uma ação que, naquela época, se pensava que poderia estabilizar a nação. A ideia romântica de alguém apartidário que vigiasse e protegesse o Brasil e os interesses dos brasileiros, com sabedoria, justiça e equilíbrio foi depositada sobre os ombros de um rapaz de catorze anos.

Os conservadores, alçados momentaneamente ao poder, não sabiam por mais quanto tempo conseguiriam se manter nele. Não ofereceriam uma resistência aguerrida contra a ideia de se antecipar a maioridade de d. Pedro II.

Na realidade, os dois partidos estavam mesmo interessados nos jogos políticos. O Liberal queria derrubar o Conservador, e este não queria ir totalmente contra a ideia da maioridade. Opor-se a ela seria claramente cair em desgraça perante a opinião pública e a do futuro governante que não tardaria em subir ao trono.

Pelas ruas, o povo, entusiasmado com a propaganda dos liberais, já cantava quadrinhas a respeito da maioridade, umas a favor:

> Queremos Pedro II,
>
> Ainda que não tenha idade. A nação dispensa a lei.
>
> Viva a maioridade!

Outras contrárias:

> Por subir Pedrinho ao trono,
>
> Não fique o povo contente;
>
> Não pode ser coisa boa
>
> Servindo com a mesma gente.

O golpe da Maioridade

Durante a abertura e o fechamento do ano legislativo era realizada a chamada Fala do Trono, quando o Congresso se reunia e deputados e senadores assistiam ao imperador, do trono, discursar para os representantes da nação a respeito de questões importantes para o Brasil. Durante a menoridade de d. Pedro II, essas Falas do Trono foram realizadas pelos regentes. Em 7 de maio de 1840, Aureliano Coutinho, como redator de uma comissão formada pelos deputados Antônio Carlos Ribeiro de Andrada Machado e Silva, irmão de José Bonifácio, e Francisco Gê Acaiaba de Montezuma, apresentou a proposta para a resposta da Assembleia à Fala do Trono de 1840. Em um trecho do texto, aparece a questão da maioridade de d. Pedro II.

A câmara, senhor, profundamente convencida da importância do consórcio das augustas princesas, sobre o qual tem V.M.I. grande interesse pela natureza e pela lei, e vendo com prazer aproximar-se a maioridade de V.M.I., assegura a V.M.I. que se ocupará oportunamente, com toda a solicitude, deste objeto, que o trono se dignou oferecer à consideração da assembleia geral.[2]

Essa leve menção foi o que bastou para no dia 12 o deputado Honório Hermeto Carneiro Leão pedir a retirada da frase: "sobre o qual tem V.M.I. grande interesse pela natureza e pela lei, e vendo com prazer aproximar-se a maioridade de V.M.I.".

Enquanto isso, no Senado, no dia seguinte, em 13 de maio, o senador Holanda Cavalcanti fez um discurso no qual falava a respeito dos

> [...] embaraços e dificuldades que todos os dias resultam do estado excepcional em que nos achamos; quando vejo que este estado excepcional nunca poderá trazer estabilidade e prosperidade para o país; quando, por outra parte, percebo a grande conveniência que há de se tomar à medida que tenho de propor, sendo a todos notório que o nosso augusto imperador se acha presentemente muito desenvolvido em suas faculdades; e, permita-se-me dizê-lo, quando antevejo o prazer que todos terão de que se entregue ao augusto órfão o tesouro que a Providência e o voto unânime dos povos lhe tem destinado; à vista destas considerações, não hesito em julgar eminentemente conveniente dispersar-se um artigo que não é constitucional. E quanto porém à circunstância da oportunidade, confesso que tenho duvidado se já é chegada; mas já expus ao senado os motivos que me precipitaram a apresentar este pensamento [...].[3]

No fim do discurso, Holanda Cavalcanti apresentou dois projetos de lei, um sobre a criação de um Conselho Privado da Coroa, em substituição ao antigo Conselho de Estado que havia sido posto abaixo pelos liberais; outro, a forma que deveria dar por maior de idade d. Pedro II:

A assembleia geral legislativa decreta:

> Art. único: O senhor D. Pedro II, imperador constitucional e defensor perpétuo do Brasil, é declarado maior desde já.
>
> Paço do Senado, 13 de maio de 1840[4]

O projeto já aparecia com as assinaturas, além do proponente, de mais cinco senadores: José Martiniano de Alencar, Francisco de Paula Cavalcanti de Albuquerque, José Bento Leite Ferreira de Melo, Antônio Pedro da Costa Ferreira e Manuel Inácio de Melo e Sousa. Votada no dia 20 de maio, obteve dezesseis votos a favor e dezoito contra. Os dois votos de diferença animariam ainda mais os maioristas, que, na Câmara dos Deputados, tentavam derrubar a ideia dos conservadores de uma reforma constitucional no artigo da Constituição de 1824, que dava a maioridade ao monarca quando este completasse 18 anos. A manobra conservadora da reforma constitucional visava ganhar tempo suficiente para garantir os conservadores no poder até, no mínimo, 1842.

O assunto continuou sendo discutido tanto no Senado quanto na Câmara, até que, em 21 de julho, Ribeiro de Andrada propôs um projeto de lei declarando: "o sr. d. Pedro II maior desde já". A matéria entrou em discussão de urgência e em pauta no plenário no dia seguinte. Quando o presidente da Câmara iria submeter o projeto à votação, alguns deputados pediram a palavra, quando o último terminou de se pronunciar, chegou um decreto do governo informando que estava adiada a Assembleia Geral para o dia 20 de dezembro.

A medida, oficialmente, havia sido tomada devido a uma reclamação coletiva do ministério. Os ministros acreditavam ser necessário estabelecer a tranquilidade para que a Câmara dos Deputados meditasse melhor a respeito da importante matéria sobre a antecipação da maioridade do imperador.

A manobra de evitar deputados e senadores juntos na Assembleia debatendo o assunto que incendiava ambas as casas e a cidade do Rio de Janeiro era uma tentativa de sobrevivência do regente e do seu ministério. O decreto foi tomado por golpe dentro da Câmara, que explodiu em gritos de "calúnia", "traição", "governo conspirador" e vivas a d. Pedro II. Antônio Carlos Ribeiro de Andrada, em meio à balbúrdia, se pronunciou:

> Declaro que não reconheço legal este ato do governo; o regente é um usurpador desde o dia 11 de março [dia em que a princesa d. Januária completou 18 anos e, como Princesa Imperial, poderia assumir a regência em nome do irmão]. É um traidor! É um infame o atual ministério! Quero que estas palavras fiquem gravadas como protesto.[5]

Vários gritos de ordem se seguiram, os deputados falavam todos ao mesmo tempo, e o alarido do povo nas galerias era grande. Ainda em meio ao tumulto, Antônio Carlos deu sua cartada: "Quem é patriota e brasileiro, comigo para o Senado! Abandonemos esta Câmara prostituída".[6]

Às 11 horas da manhã do dia 22 de julho, a maior parte dos deputados saiu da Câmara, que ficava onde hoje se ergue o Palácio Tiradentes. Uma multidão, agora engrossada por alunos da Escola Militar e pela Guarda Nacional, seguiu com Antônio Carlos para o Senado, no Campo da Aclamação. Contavam-se mais de 3 mil pessoas. Algumas conseguiram tomar as galerias do Senado, que estava instalado no antigo Palácio do Conde dos Arcos, onde hoje funciona a Faculdade Nacional de Direito da Universidade Federal do Rio de Janeiro. O povo que não conseguiu entrar no prédio ocupou a atual praça da República.

Deliberando em comum, a Câmara e o Senado entraram em sessão permanente e conjunta e se decidiu enviar a São Cristóvão uma delegação para conversar com d. Pedro II. Essa comissão deveria explicar ao imperador o que estava acontecendo e lhe pedir que tomasse as rédeas do poder.

O "Quero já", mas nem tanto...

A deputação, liderada por Antônio Carlos, foi levada ao Palácio de São Cristóvão pelo mordomo do Paço, Paulo Barbosa. Antônio Carlos, Martim Francisco, o senador Vergueiro, Holanda Cavalcanti, entre outros, foram recebidos por d. Pedro II, e o Andrada leu para o imperador a mensagem do Congresso que pedia a ele que salvasse o trono e a nação, entrando desde já no exercício de suas atribuições.

O regente Araújo Lima, vendo o estado das coisas, também seguiu para a Quinta da Boa Vista. Ali justificou que a sua decisão de adiar a reunião do Congresso para novembro visava a que o imperador fosse aclamado em 2 de dezembro, no seu aniversário de 15 anos. Mas que estava lá, garantiu o regente, diante do imperador, para acatar qualquer que fosse a sua vontade.

O "Quero já", que Antônio Carlos levou como resposta de d. Pedro II ao Congresso, passava uma posição de forte resolução por parte do imperador, mais do que de fato ocorrera. O "Quero já", nunca dito, se tornou lenda e passou a constar em memórias, estudos e lembranças sobre a maioridade ainda na época do reinado de d. Pedro II. Na biografia a respeito de Francisco José Furtado, publicada por Tito Franco de Almeida, em 1867, o escritor, falando da questão da maioridade, afirmou:

> [...] A maioridade perante o direito foi um crime constitucional, do qual o Imperador participou e ao qual a nação anuiu. No arrebatamento das suas intenções, não compreenderam os autores toda a grandeza do perigo à custa de profunda ferida na Arca Santa da soberania, independência e liberdade nacional.[7]

Na sua cópia da biografia do líder maranhense liberal, d. Pedro II acrescentou na margem, a lápis, a seguinte informação: "Eu não tive arrebatamento. Se não fosse aconselhado por diversas pessoas que me cercavam, eu teria dito que não queria".[8]

O imperador informaria, durante uma sessão do Instituto Histórico e Geográfico Brasileiro, que, após ouvir a comissão liderada por Antônio Carlos, e escutar o regente, se reuniu em particular com o tutor, o marquês de Itanhaém, e com seu aio, frei Pedro, voltando para a sala com a decisão tomada. D. Pedro II retornou ao salão. O regente, diante da comissão enviada pelo Congresso, perguntou ao imperador se, em vista das circunstâncias, queria tomar conta do governo. O imperador, bastante comovido, "limitou-se ao monossilábico: — Sim!". O regente disse, então, que marcaria o juramento do imperador para domingo, dali a quatro dias. Antônio Carlos alarmou-se com medo de que algo acontecesse nesse meio-tempo. Tinha que ser logo. O regente dirigiu-se ao imperador e perguntou se queria já. "Em igual estado de emoção, foi lançado outro monossílabo: — Já."[9]

D. Pedro II conspirador?

Diversos testemunhos de políticos da época apontam que nada havia sido feito sem a aprovação do imperador. Ao ser questionado por um cortesão, enviado especialmente para tratar do assunto, ele teria dito que "queria a maioridade e desejava que ela fosse realizada, estimando muito que a ideia partisse dos Andrada e seus amigos".[10]

Seria arriscado para os maioristas se envolverem em um golpe contra a Constituição e d. Pedro II não estar de acordo. E se eles levassem o povo e os políticos rumo a tal ideia e o imperador de catorze anos não se visse tentado a seguir o rumo da multidão?

Durante a leitura do trabalho do conselheiro Araripe, no Instituto Histórico e Geográfico Brasileiro, sobre a maioridade, d. Pedro II, presente, disse que não tinha recordação de que alguém fizesse declarações sobre a maioridade dentro do Paço. Muito menos de ele ter manifestado desejos de ver essa providência realizada, pois ele se preocupava, na época, mais com seus estudos do que com política militante. Afirmou que se lembrava de ter ouvido algo no Paço, mas que só se pronunciou mesmo diante da Comissão de 22 de julho e do regente.

Ou a memória de d. Pedro II falhava, ou não era essa a história que ele gostaria de ver registrada, afinal, não uma, mas várias testemunhas, e as atas do Clube da Maioridade, atestam que nada se fez sem a participação do jovem de catorze anos. O embaixador da Áustria, no Rio de Janeiro, barão Daiser, concordava. Em ofício de 20 de maio de 1840, para o chanceler austríaco Metternich, Daiser informou que, após apresentar sua proposta da maioridade do imperador no Senado, Holanda Cavalcanti foi convidado para ir ao Palácio de São Cristóvão explicar a d. Pedro que a sua proposta contribuía muito para a pacificação das províncias. Ainda segundo o embaixador austríaco, o imperador não teria feito esforço algum para conter sua alegria juvenil, na qual as princesas tomaram parte pulando e dançando, pois, segundo elas, com a maioridade do "mano", elas poderiam passear à vontade.

Daiser também informou que o regente Araújo Lima, quando as discussões no Senado e na Câmara começaram a tomar maior vulto, em julho, teve uma reunião com o imperador perguntando se ele queria governar, e que, em caso positivo, ele cederia o poder, mas d. Pedro II não respondeu à pergunta e se retirou.[11]

Outro que visitou o imperador foi um dos mais importantes deputados da situação, Honório Hermeto Carneiro Leão, que havia solicitado a referência à maioridade de d. Pedro II na resposta à Fala do Trono. Ele foi a São Cristóvão para sondar o imperador e teve com ele o seguinte diálogo: "Senhor! Acha-se pois em tanto risco a paz do império como a causa da monarquia. Só um braço há, que a ambos possa salvar: — é o de vossa majestade. Antevemos desde já um porvir de venturas, confiados a tão alta sabedoria". A resposta de d. Pedro II foi a mais prudente possível: "Pois será certo que em pouco mais de 14 anos de idade possa haver sabedoria?".[12]

Seria surpreendentemente ardiloso e politicamente hábil um jovem de 14 anos ludibriar o regente, os ministros e os políticos e, por comunicação secreta, tratar com um grupo fora do palácio que pretendia levá-lo ao poder. Por que, mesmo com testemunhos a respeito, d. Pedro II negou esse fato? Uma hipótese é que os conspiradores não gostariam de ser vistos como estando acima do imperador, passando por cima da autoridade máxima do país. Sendo assim, teriam inventado a participação de d. Pedro II no golpe. Outra seria o próprio imperador, guardião e cioso da importância da Constituição, não querer entrar para a história como alguém que deu a sua autorização para o golpe impetrado contra a lei máxima do país. Seria melhor ser visto como tendo sido obrigado pelas circunstâncias a seguir a maré da história, se colocando na crista da onda, em vez de permitir ser engolido por ela.

O juramento

Naquela noite, diante da notícia da maioridade, a população, espontaneamente, iluminou toda a cidade. No dia seguinte, 23 de julho, quinta-feira, os cariocas foram tomando as ruas, às primeiras horas da manhã, em direção ao Campo da Aclamação. No local, já se encontrava parte da Guarda Nacional e dos cadetes da Escola Militar, que haviam passado a noite no Senado, por desconfiança de que algo contrário aos interesses da maioridade de d. Pedro II pudesse acontecer.

Por volta das 10 horas da manhã, já se contavam mais de 8 mil pessoas dentro e fora do Senado. Meia hora depois, o marquês de Paranaguá, presidindo a Assembleia, iniciou um breve discurso no qual resumiu os acontecimentos que levaram àquela sessão. Em seguida, ordenou que fosse feita a chamada e, com o número legal apurado, abriu a sessão e declarou a fórmula aprovada por aclamação dos deputados e senadores:

> Eu, como órgão da representação nacional, em assembleia geral, declaro desde já maior a S.M.I., o senhor d. Pedro II, e no pleno exercício de seus direitos constitucionais. Viva a maio-

ridade de S.M. o senhor d. Pedro II! Viva o senhor d. Pedro II, imperador constitucional e defensor perpétuo do Brasil! Viva o senhor d. Pedro II!¹³

Todos na sala, deputados, senadores e o povo, corresponderam entusiasmados aos vivas do presidente. Às 15h30, saído de São Cristóvão, despontou o cortejo do imperador, que vinha aclamado pelo povo nas ruas. Os diplomatas estrangeiros já haviam chegado ao Senado e ocupavam a tribuna que lhes era destinada para assistirem à cerimônia de juramento do monarca. No primeiro coche vinham o mordomo, Paulo Barbosa e frei Pedro; no segundo, os camaristas; no terceiro, as princesas; e no quarto, o marquês de Itanhaém, junto ao imperador. A última carruagem, em que estava d. Pedro II, tinha chegado de Londres recentemente, toda guarnecida de prata, e causou profunda impressão aos espectadores. Vinha escoltada por diversos militares de alta patente.

As princesas foram recebidas por uma comissão de deputados em meio à comemoração do povo. Mas a comoção mesmo foi na hora do desembarque de d. Pedro II da carruagem. Houve uma verdadeira trovoada de vivas e gritos entusiasmados, que não pararam durante a cerimônia do juramento dentro do edifício.

Assim que desembarcou, d. Pedro II foi cercado por um cidadão que pediu licença para dirigir ao imperador uma felicitação, como expressão espontânea de júbilo. O monarca aceitou, emocionado. Uma comissão de senadores e deputados escolhidos pela Assembleia acompanhou d. Pedro II para o Senado. Ao chegar à sala, o marquês de Paranaguá e os secretários da mesa vieram ao encontro dele e o conduziram ao trono. O secretário do Senado leu a fórmula do juramento, e d. Pedro II, colocando-se de joelhos, repetiu com voz firme e distinta:

> Juro manter a religião Católica, Apostólica, Romana, a integridade e a indivisibilidade do império, observar e fazer

observar a Constituição política da Nação brasileira e mais leis do império, e prover o bem geral do Brasil quanto em mim couber.[14]

Paranaguá, ao terminar o juramento, rompeu vivas à maioridade de d. Pedro II, que foram repetidos de forma entusiasmada pela Assembleia. Assinado o auto do juramento, continuaram os vivas, enquanto d. Pedro II se retirava para o Paço da Cidade.

Todos os monarcas e chefes de Estado deveriam ser informados a respeito da subida efetiva do imperador ao trono. Na lista das pessoas a serem comunicadas pela mordomia do paço, d. Pedro II anotou no topo: "minha mãe",[15] referindo-se a d. Amélia. A imperatriz nunca se descuidou dos enteados, sempre mandando e pedindo notícias, apesar de nunca ter retornado ao Brasil. Essa seria a única figura materna com a qual d. Pedro II estabeleceria vínculos reais. Ao partir do Brasil com d. Pedro I, em abril de 1831, ela escreveu, em uma carta para o enteado, que esperava que ele guardasse "para tua mãe, que te ama tanto", um lugar no coração. Efetivamente, ele faria isso, e ao longo da vida daria diversas mostras da ligação entre eles. Da parte de d. Amélia, não foi uma usurpação do papel de d. Leopoldina, afinal, d. Pedro II só teria lembrança dessa mãe pelo que lhe contariam dela. Até a sua morte, segundo a biógrafa da segunda imperatriz do Brasil, Cláudia Thomé Witte, d. Amélia mandou rezar uma missa todos os anos, em 11 de dezembro, aniversário de morte de d. Leopoldina, em intenção à sua alma.[16]

Primeiro gabinete

O primeiro gabinete ministerial composto por d. Pedro II, em 1840, dava uma clara mostra do beneplácito imperial derramado sobre a facção áulica e os políticos que se enfrentaram pela maioridade. Aureliano Coutinho assumiu como ministro dos Estrangeiros, os dois Andrada, irmãos sobreviventes de José Bonifácio, receberam dois ministérios:

Antônio Carlos ficou com o Ministério do Império, e Martim Francisco assumia, como no reinado de d. Pedro I, a Fazenda; Antônio Francisco de Paula de Holanda Cavalcanti ficou com a pasta da Marinha, e seu irmão, Francisco de Paula, ficou com a da Guerra; Limpo de Abreu ficou com a pasta da Justiça.

Novamente, Aureliano Coutinho surgiu no governo: ele tinha se equilibrado entre os gabinetes conservadores e liberais até então. Devido a sua posição junto aos cortesãos, chefiando então a chamada "facção áulica", que cercava o imperador, ele tinha acesso direto ao soberano. O embaixador austríaco, barão Daiser, resumiu bem o que se seguiu após o Golpe da Maioridade, que, no fundo, não passou de uma ficção. Nada do que se fazia de importante podia ser atribuído de fato ao imperador. Basicamente, d. Pedro II havia saído de uma tutoria para cair noutra. Segundo o diplomata, quem governava era Aureliano Coutinho, que praticamente inventara os dois primeiros ministérios de d. Pedro II.[17]

O barão Daiser agia no Rio de Janeiro não apenas como representante de uma das principais potências europeias, mas como interlocutor entre a família Habsburgo, em Viena, e seus parentes no Brasil. Tendo em vista a iminência de d. Pedro II subir ao trono americano, Daiser assustava-se perante a falta de experiência política do monarca. Antes mesmo do Golpe da Maioridade, o diplomata vinha insistindo com o regente Araújo Lima a respeito do aprendizado prático político de d. Pedro II:

> Supliquei-o, mais de uma vez, que admitisse sua majestade o mais possível ao Conselho dos Ministros, para que ele possa habituar-se ao manejo dos negócios sem ficar pessoalmente comprometido; para que conheça a necessidade de seu povo, os recursos do país e, sobretudo, para que aprenda com que facilidade se é levado a cometer erros, cujas consequências desastrosas são algumas vezes impossíveis de evitar.[18]

A única providência tomada foi o retorno do beija-mão no Paço. Seu pai se divertia com seu tio nos beija-mãos de São Cristóvão, dando piparotes

MAIORIDADE

com os dedos no queixo dos cortesãos do rei d. João VI, que vinham beijar as jovens mãos dos príncipes. Mas d. Pedro e d. Miguel, como jovens príncipes, podiam às vezes fazer molecagens públicas. Essa diversão maldosa estava proibida ao jovem e sisudo monarca.

Entretanto, essa sisudez, própria do posto e do encargo oficialmente incumbido, fazia mais parte do personagem que usaria a coroa do que do jovem por debaixo dela. O decreto de 23 de julho podia ter dado a d. Pedro II a maioridade jurídica, mas não a física e mental. O adolescente de catorze anos era ainda franzino e, como qualquer outro na sua idade, imaturo e dado ainda a arroubos infantis, como ele próprio revela em seu diário:

> 27 de agosto de 1840,
>
> Acordei-me às seis horas e ½; às sete e quase ½ chegou o deputado Navarro e me requereu uma audiência particular, na qual me pediu que o nomeasse meu oficial de gabinete.
>
> Às oito, almocei; acabado o almoço, fui ao quarto das manas, à casa das lições, a ver as manas.[19]
>
> Aconteceu que estando a mana sem prestar atenção, eu lhe advertisse e ela me apresentasse as costas, eu lhe desse um soco, sem ser de propósito, e ela se banhasse em lágrimas.
>
> Retirei-me. Daí a pouco veio ter comigo dona Mariana, dizendo-me que a mana estava em choros, que eu devia fazer as pazes com ela; não quis.[20]

Havia dois Pedros: o cidadão d. Pedro de Alcântara e o imperador que, por alguns anos, foi o candidato ao trono de um país dividido. Enquanto o primeiro gostava de arreliar as irmãs e brincar com os amigos, o segundo preferia se entreter com livros. Desde cedo, ele percebera que não seria fácil lidar com os políticos e seus interesses. Ele se sentiria muito mais confortável com os seus estudos.

A reação inicial de d. Pedro II, quando Araújo Lima perguntou se queria assumir o trono, foi notada por outros membros da corte. Diversos cortesãos, fora do círculo íntimo, políticos e estrangeiros, perceberam que o imperador falava pouco. Era mais de ouvir e, quando questionado, dava respostas vagas ou não respondia. Nada mais sábio para um adolescente atirado no meio dos jogos do poder. Com o tempo, a experiência o deixaria mais seguro, mas nunca prolixo em se tratando de política.

D. Pedro II seria várias vezes mal interpretado e considerado dúbio ou dissimulado. Sobre isso, ele registra no seu diário em 16 de dezembro de 1862: "Não sou dissimulado e apenas esforço-me por não dizer senão o que é preciso e se se enganam comigo algumas vezes, não é porque eu procure enganar; mas porque examinam mal minhas ações".[21]

O dia a dia pós-maioridade

O barão Daiser, no despacho de agosto de 1840, informava a Viena como era o dia a dia do imperador. Obviamente que não saberia do péssimo comportamento de d. Pedro II surrando as irmãs por lhe darem as costas. Informava que o imperador se levantava entre as 5 e as 6 da manhã e que, depois de fazer a higiene e rezar, lia as petições e os jornais. Das 9 às 14 horas, tinha aulas de história geral e de direito público, além de latim e grego, intercaladas por recepções e conselhos de ministros. Às 14 horas, ele almoçava com as irmãs e depois saía para passear a pé ou de carro, ou mais frequentemente a cavalo, junto com d. Januária e d. Francisca. À noite, quase sempre havia recepções.

Às quintas-feiras, d. Pedro II ia para a cidade assistir às peças no teatro. Aos sábados pela manhã, às 7h30, seguia com as irmãs à igreja de Nossa Senhora da Glória do Outeiro, repetindo o hábito iniciado pelo avô, d. João VI, continuado por d. Pedro I e d. Leopoldina. Ali, assistiam à missa e distribuíam esmolas, como a mãe fizera anos antes. Depois visitavam a Biblioteca Nacional e outros estabelecimentos. À noite, ainda com as princesas, ia ao Teatro Francês. Terminada a função, retornavam para São Cristóvão.

O adolescente e o teatro

A companhia francesa funcionou no Theatro São Januário de 1838 até 1842, sob a direção de Ernest Gervaise. Pelos diversos bilhetes de d. Pedro II para o mordomo Paulo Barbosa, o imperador demonstrou não só apreciar as peças, mas praticamente coordenar o diretor da companhia. Sugeria-lhe textos e quando deviam ser encenados:

> Sr. Paulo,
>
> Mando-lhe dizer que já escolhi uma peça nova para d'este sábado a oito dias — Les Saltimbanques — mui engraçada, hei de lhe mandar a peça para entregá-la ao Ernesto, porquanto pode ser que a não tenha, e se ao contrário, é melhor assim, por ter emendado algumas coisas que julguei conveniente. D. Pedro 2º.[22]

Além de emendar textos, também recorreria a censura e ameaças, afinal, como projeto de soberano, o jovem sabia o que era próprio, ou não a pessoas da idade dele e das irmãs: "Diga ao Ernesto que deixaremos de ir aos sábados ao Teatro Francês se ele continuar a escolher dramas e *vaudevilles* que, por exemplo, não devemos ver".[23] Além de escolher as peças, ainda escalava o elenco, como quando mandou encenar a obra *Britânico*, de Racine, na qual determinava que o próprio Ernesto representasse Nero. Agripina seria representada por Madame Armand; Burro, por Piel; Britânico, por Duforu; Júnia, por Caroline; e Narciso, por Guenée.[24]

D. Pedro II e as ciências

O embaixador austríaco, ainda informando Viena, disse, em agosto de 1840 que, apesar de ainda não ter completado quinze anos, o imperador dava a impressão de ser um homem de "quase 18 anos de idade [...].

Desenvolve-se todos os dias de maneira plenamente satisfatória. Isto se aplica não só [ao] aspecto físico, mas às condições intelectuais. Em dois meses cresceu ao menos dois centímetros. [...]".[25] Apesar do fim da tutoria, d. Pedro II não deixaria nunca de continuar estudando:

> Sua Majestade continua estudando ativamente e está sempre ocupado com negócios do governo. Seu coração é excelente, seu espírito vivo e pesquisador e tem um sentimento religioso decidido. Não é comunicativo, mas é muito observador. Falta-lhe somente a influência de uma mulher que mereça seu amor e confiança pelos encontros pessoais, pela superioridade de sua educação e pelo prestígio conferido por alto nascimento.[26]

O casamento poderia esperar um pouco mais, apesar de o tema entrar em pauta: inicialmente, Viena foi sondada em busca de uma arquiduquesa austríaca para esposa do imperador. O que não poderia nunca se esperar na vida de d. Pedro II era a sua educação e a sua curiosidade científica.

No início de 1836, quando ele ainda tinha dez anos, foram encomendados em Paris pelo diplomata e engenheiro Cândido Batista de Oliveira, seguindo ordens do tutor, instrumentos e aparelhos de física e química. Oliveira encomendou o material de um certo Saigey. Em ofício ao mordomo-mor, Paulo Barbosa, Cândido Batista afirmava que, segundo as suas especificações, o gabinete de física que estava sendo preparado para d. Pedro II era o melhor de todos os gabinetes particulares que se poderia encontrar em Paris naquela época.

Com a sobra de quinhentos francos do crédito dado para as compras, ele encomendou uma máquina "representativa do sistema Planetário, compreendendo até os planetas novos, a qual se está prontificando e será remetida com os instrumentos de física".[27] A curiosidade do jovem, cultivada e estimulada desde pequeno, não abandonaria d. Pedro II nem na velhice.

Ao chegar à maioridade, nunca deixaria de estudar. Aprenderia grego, hebraico e diversas outras línguas orientais, estudaria astronomia e matemática avançada. Seria patrono da fotografia no Brasil e de diversas instituições que visavam à cultura e à modernidade, objetivando construir uma nação mais "civilizada", como, à época, se entendia ser a europeia.

A fotografia no Rio de Janeiro

Em janeiro de 1839, foi apresentada na Academia de Ciências da França a descoberta da daguerreotipia, um processo fotográfico desenvolvido por Joseph Niépce e Louis Daguerre. Em 19 de agosto, em uma reunião do Instituto da França, o secretário da Academia de Ciências explicou para os presentes o processo e informou que o governo francês o havia adquirido, disponibilizando-o ao mundo. Seis meses depois, o navio-escola *L'Orientale*, de passagem pelo Brasil, trazia a bordo o invento. Junto vinha o abade Louis Compte, capelão da corveta. Ele realizou demonstrações do daguerreótipo no dia 17 de janeiro de 1840, no Rio de Janeiro, no hotel Pharoux, como informou o *Jornal do Commercio*:

> É preciso ter visto a coisa com os seus próprios olhos para se poder fazer ideia da rapidez e do resultado da operação. Em menos de nove minutos o chafariz do Largo do Paço, a Praça do Peixe, o Mosteiro de São Bento, e todos os outros objetos circunstantes se acharam reproduzidos com tal fidelidade, precisão e minuciosidade, que bem se via que a coisa tinha sido feita pela própria mão da natureza, e quase sem intervenção do artista.[28]

O capitão Lucas, do *L'Orientale*, ofereceu demonstrar o invento ao imperador e às princesas — o que foi aceito. O capitão e o abade foram convidados para ir a São Cristóvão, conforme informa o *Jornal do Commercio* do dia 20 de janeiro de 1840. O abade, segundo o jornal, teve

> [...] a honra de explicar na presença dos augustos espectadores todo o processo. Posto este em prática, formou-se em nove mi-

nutos a vista da fachada do paço tomada de uma das janelas do torreão, e logo em igual tempo a perspectiva geral que se goza da varanda com todas as mais pequenas miudezas e variações. Sua majestade e altezas imperiais se mostraram muito satisfeitos com as experiências, cujo progresso mereceu-lhe toda a atenção e cujos produtos s.m., o imperador, se dignou aceitar.[29]

Iniciava-se uma das paixões de d. Pedro II, que em março mandaria vir de Paris o seu primeiro daguerreótipo.[30] D. Pedro viria a ser o primeiro fotógrafo amador brasileiro, alguns meses após o anúncio oficial da daguerreotipia. O monarca incentivaria e patrocinaria diversos fotógrafos, impulsionando e criando um ambiente propício para a evolução da fotografia no Brasil. Ao longo da vida, juntaria um acervo de mais de 25 mil imagens, entre fotos tiradas por ele mesmo, no Brasil e no mundo, e outras adquiridas de diversos fotógrafos.

Na Europa, a fotografia era vista como uma distração burguesa. A burguesia se fazia retratar pelo daguerreotipista tal como anteriormente a elite pelos pintores. Já no Brasil, d. Pedro II, ávido pelas invenções, mais do que pelas convenções, iria introduzir no espírito da corte e do aparato imperial o moderno invento da fotografia.[31]

O colégio e o instituto

Em 1837, foi reorganizado pelo ministro Bernardo Pereira de Vasconcelos o Seminário de São Joaquim, durante a regência de Araújo Lima. Assim, foi criado no aniversário do imperador, 2 de dezembro, o Colégio Pedro II, oficializado pelo decreto de 20 de dezembro de 1837. Em 1857, o colégio seria dividido em internato e externato.

O primeiro reitor do colégio foi frei Arrábida, que havia sido o primeiro diretor de estudos de d. Pedro II, assim como antes fora o de seu pai e de seu tio. D. Pedro II manteria, ao longo de sua vida, uma relação bastante próxima ao que chamava de "seu colégio". Futuramente, como lembra Lilia Moritz Schwarcz, em carta a José Bonifácio, o moço monarca diria: "Eu só governo duas coisas no Brasil: a minha casa e o Colégio Pedro II". Isso, para além de ser uma frase de efeito, encerra uma verdade. Não era raro o imperador, ao longo de sua vida no Brasil, aparecer de surpresa na escola, ver como as matérias estavam sendo dadas, conferir médias de alunos e até mesmo identificar quem estava doente na sala de aula e deveria ir para a cama aos cuidados de um médico.

D. Pedro II usaria o colégio também para fins intelectuais, reunindo diversos interessados, entre eles panfletistas republicanos, professores do colégio e intelectuais em geral para discutirem, ao menos quinzenalmente, poesia, literatura e traduções que eles vinham fazendo. Poliglota, o monarca acompanhava no original as traduções que ia escutando e dava o veredito final. Quem se recordaria dessas sessões no Colégio Pedro II foi Múcio Teixeira, que, morando no Palácio de São Cristóvão, acompanhava o monarca.

Muitos afirmam que o imperador também teria dito em seu diário que se não fosse "imperador desejaria ser mestre-escola". Em nenhum momento ele escreveu isso. O que existe é uma espécie de recordação de seus primeiros anos de reinado na qual ele anota em 31 de dezembro de 1861: "Nasci para consagrar-me às letras e às ciências, e, a ocupar posição política, preferiria a de presidente da República ou ministro à de imperador".[32] A frase em que afirma que gostaria de ser um mestre-escola ele teria dito em Cannes, na França, na presença de alguns brasileiros, e foi registrada pelo barão do Rio Branco. A citação completa, ainda segundo Rio Branco, seria: "Se não fosse imperador desejaria ser mestre-escola. Nada conheço mais nobre do que dirigir inteligências jovens e preparar os homens do futuro".[33]

Esse colégio exemplar do Segundo Reinado serviria para iniciar os jovens de famílias privilegiadas nos estudos para que depois conseguissem entrar nas academias de Direito ou Medicina. Seus formandos recebiam os diplomas diretamente das mãos do imperador e de sua esposa, em uma sala que futuramente levaria o nome do monarca. O colégio era o templo iniciático do imperador, que via na educação um meio de civilizar o Brasil. Mas o Brasil era imenso, e a corte, uma parte diminuta desse império, que parecia pouco querer fazer pela educação, ao contrário de d. Pedro II.

Outra instituição do saber, que atuaria por muitos anos como a principal difusora do conhecimento a respeito do Brasil, era o Instituto Histórico e Geográfico Brasileiro, fundado, assim como o Colégio Pedro II, no final da década de 1830, em 21 de outubro de 1838. D. Pedro II cedeu, em 1840, algumas salas do Paço da Cidade para que o instituto tivesse uma sede, que depois seria transferida para o antigo Convento do Carmo, atrás do Paço. O imperador compareceria às suas sessões, incentivando o debate e a produção de uma história nacional. Contribuía o máximo possível para isso, fazendo doações e encarregando os embaixadores brasileiros no exterior de copiar documentos históricos referentes ao Brasil.

Dotação do imperador

Com a maioridade, foi aprovado o Decreto nº 151, de 28 de agosto de 1840, que estabeleceu a chamada "Dotação de Sua Majestade Imperial e de sua augusta família". Até então, d. Pedro II recebia 240 contos de réis anuais. Após o decreto, a dotação passou para oitocentos contos.

Segundo a lei, esse dinheiro era destinado para todas

> [...] as despesas de sua imperial casa, reparos de palácios e quintas, serviço e decoro do trono; não compreendendo, porém, as despesas da Capela Imperial, da Biblioteca Pública e das aquisições e construções de palácios que a nação julgar conveniente para a decência e o recreio do imperador e sua augusta família.[34]

O valor da dotação era repassado anualmente do Tesouro Nacional para a Casa Imperial e administrado pelo mordomo. Ou seja, o que alguns podem entender erroneamente como sendo um "salário" milionário do imperador era, na realidade, o orçamento anual da Casa Imperial. Com esse valor, se arcava com todas as despesas do imperador e de sua casa. Mas nem tudo era seguido ao pé da letra, nem mesmo pelo imperador. Além da manutenção da casa e do pagamento dos servidores do Paço,

d. Pedro II usava o dinheiro para pagar pensões, dar esmolas, aposentadorias, pagar estudos de pessoas sem recursos, incluindo alunos do Colégio Pedro II, e manter e financiar artistas brasileiros no exterior, como pintores e compositores.

D. Pedro, com a sua dotação, também arrumava um jeito de ajudar sábios, cientistas e artistas estrangeiros. O francês Louis Pasteur e o compositor alemão Richard Wagner foram alguns dos vários personagens mundiais que receberam dinheiro dele. O monarca tentou insistentemente fazer Pasteur vir ao Brasil. Enquanto o cientista queria se dedicar à cura da raiva, o imperador queria fazê-lo estudar uma vacina para a febre amarela, que, segundo d. Pedro, matava mais gente no Rio de Janeiro do que a raiva no mundo todo. Mas não houve meios de fazer Pasteur vir ao Brasil ou de se dedicar ao tema. Entretanto, d. Pedro II ajudou o francês na fundação do seu instituto em Paris, o Instituto Pasteur, que só pôde ser erguido mediante subscrição internacional, da qual o imperador participou. Até hoje, na sede da instituição francesa, se encontra um busto de mármore do imperador. D. Pedro II também ajudou o compositor alemão Richard Wagner a erguer sua casa de ópera em Bayreuth, participando de subscrição.

Para se ter uma ideia do que o valor representava para o Tesouro Nacional, a Despesa Geral do Império, para o ano de 1841-1842, que seria o equivalente hoje ao Orçamento Geral da União, foi de pouco mais de 20 mil contos de réis, enquanto em 1889 era de mais de 153 mil contos de réis, sete vezes mais.

Como dito anteriormente, para ser senador era necessário ter, na época, uma renda líquida anual de 800 mil-réis. A Casa Imperial recebia mil vezes esse valor. Se levarmos em consideração que em 1860 com um conto de réis se comprava um quilo de ouro, o valor pago como dotação do imperador à época daria para comprar oitocentos quilos de ouro por ano. Sem levarmos em conta a flutuação de câmbio etc., hoje oitocentos quilos de ouro, com o grama cotado a R$156,00, dariam, arredondando, R$125 milhões por ano. Em 2017, a Presidência da República teve um gasto de R$624,7 milhões, sendo que esse orçamento sofre reajustes anuais, enquanto d. Pedro II manteve sua dotação de oitocentos contos de réis por 49 anos, sem alteração, independentemente da inflação.

Não foi por acaso que diversos viajantes estrangeiros e parentes da família imperial que visitaram o Brasil foram tomados de espanto e acharam os hábitos do imperador quase burgueses e nada imperiais. Não havia dinheiro para luxos e coisas supérfluas.

D. Pedro II tinha o costume de, nas reuniões do Conselho de Estado, anotar a lápis, em umas tiras, alguns pensamentos relativos a assuntos que surgiam. Em uma nota de 1881, ele fala a respeito da sua dotação:

> Falaram de minha promessa de construir, à custa da dotação, o Colégio do Anjo Custódio, como instituto para formar professores dos cursos superiores. Tal não foi o fim declarado no decreto, e, se eu não realizei a ideia deste, foi porque tenho querido que todas as minhas despesas corram por conta da dotação, que jamais quis, desde que ela foi votada, nem quero, que seja aumentada. Até parei com as obras do Palácio de São Cristóvão; e, se tenho gasto com o jardim, tornando-o um dos mais belos do Rio, é porque desejo que aproveite ao público, que precisa desse passatempo higiênico. Nada devo, e, quando contraio dívida, cuido logo de pagá-la, e a escrituração de todas as despesas de minha Casa pode ser examinada a qualquer hora. Não ajunto dinheiro e julgo que o que recebo do Tesouro é para gastá-lo com o Imperador. Quarenta anos de um tal procedimento devem ter criado hábitos que não se muda facilmente.[35]

Um diário imperial

No Museu Imperial, em Petrópolis, estão guardados os diários de d. Pedro II. São diversos cadernos, cadernetas e às vezes simples folhas soltas que ele preencheu ao longo da vida. Existem alguns extravios dessa coleção, como o diário de sua viagem ao Egito, que ficou esquecido na gaveta de uma mesa em São Cristóvão, quando da saída da família do Brasil.

Lendo as cadernetas do início ao fim, notamos como o jovem foi amadurecendo, tornando-se adulto e, mais velho, editando melhor o que sabia que se tornaria público e que faria a delícia dos pesquisadores. Em uma anotação datada de 1861, informou que: "Tinha apontamentos dos anos passados; mas julguei acertado queimá-los".[36] Mas o jovem d. Pedro não tinha tantos pruridos ainda. No primeiro caderno, vemos o início de suas anotações que ele fizera quando de seu aniversário de quinze anos, em 2 de dezembro de 1840.

> Minha vida desde 2 de dezembro de 1840 até 1841 no mesmo dia.
>
> Às cinco da manhã os tiros já ribombavam pelos montes de S. Cristóvão e as bandeiras hasteadas tremulavam no azulado céu; eram estes os indícios do dia do meu nascimento; 2 de dezembro, dia memorável nas páginas da história do Brasil.[37]

O adolescente que, no mesmo ano, foi pego surrando a irmã se dava ares de importância. Poderíamos até pensar que ele estava sendo jocoso consigo mesmo. Mas não era o caso, não ainda. Continuando o relato, lemos que o imperador, apesar de ser despertado pelos tiros às 5 horas da manhã, saiu da cama às 6, quando foi direto para a mesa de despacho para ver se as condecorações e os títulos, que eram distribuídos em dias de Grande Gala, eram ou não justos. Para isso, tinha que meditar a esse respeito.

Na hora do café da manhã, anotou que comeu o mesmo de sempre, "ovos e café com leite, aprazível bebida". Depois, foi assistir à missa e se trocar: "coitados de meus ombros, gemiam com o peso, tem 8 libras, afora as ordens, a espada e a banda, safa!". Para o garoto ainda em fase de crescimento, o manto e o uniforme pesavam mais que o poder.

Por volta das 10 horas partiu para a cidade com toda a comitiva de gala, que era composta de sete coches. No primeiro ia o porteiro da cana, no segundo, os camaristas, no terceiro o estribeiro-mor, no quarto as princesas, seguidas pelo dele, atrás vinham o coche de Estado e depois o das damas do Paço. "Levamos uma hora certa, muitos vivas tive, todos para mim."

Ao longo do passeio, foi admirando as decorações feitas na cidade em homenagem ao seu aniversário, principalmente os diversos arcos de triunfo, como o de Mata-Porcos, além das "laranjas iluminadas da ponte dos Marinheiros, a iluminação do Rocio Pequeno assaz bonita, o do fim da rua de S. Pedro da cidade nova, o do princípio da cidade velha, o do largo do Capim e o da rua Direita".

O cortejo foi em direção ao Paço da Cidade, onde todos desembarcaram. D. Pedro informa: "Chegando [...] descansei um pouco, depois fui para o *Te Deum*, grandezinho, mas suportável por ser composto por meu pai [...], houve muita gente, muitos criados que vinham a petiscar honras, malsucedidos".

Após o término do ofício religioso na Capela Imperial, foram todos para o Paço, onde d. Pedro saiu à sacada:

> Já a tropa estava em ordem e de bandeiras desenroladas; quando cheguei à janela tocaram o Hino Nacional, que, acenando, mandei parar. Depois a trombeta tocou o seu clarim, que outrora me era tão terrível; principiaram os tiros de artilharia, que antigamente até me faziam verter lágrimas de terror. Acabadas as descargas, o comandante mandando tirar as barretinas disse: Viva S.M.I. o Sr. Dom Pedro II, Vivam Suas Altezas, Viva a Constituição, ao que todos responderam com unânime aclamação, tendo passado em continência fui para o beija-mão.

Dentro do Paço, no trono, d. Pedro recebeu felicitações do corpo diplomático, dito pelo seu decano, ao qual ele respondeu em francês. O imperador continua anotando em seu diário que houve um cortejo grande, com 560 pessoas, fora o corpo diplomático: "A parede esteve tão cheia, que foi preciso que as excelências se metessem pelos vãos das janelas, brilhante corte". Quanto à lista dos agraciados que foi lida em público, ele acrescenta que "graças a Deus agradou aos homens sensatos". "Pela fidelidade e amor com que me têm servido Vaía e Brant, nomeei o primeiro conde com grandeza de Sarapuí, ao segundo de Iguaçu." O conde de Iguaçu, filho do marquês de Barbacena, se casaria alguns anos depois com Maria Isabel de Bourbon, meia-irmã de d. Pedro II, última filha de d. Pedro I com a marquesa de Santos. Tanto marido como mulher frequentariam a corte.

Depois de toda a parada e do cansativo beija-mão, d. Pedro II foi para o andar de cima, onde retirou a roupa para descansar melhor, almoçou por volta das 16 horas, tomou café e um cálice de licor "e joguei alguma coisa (não pensem que foi com cartas)". Interessante notar essa ideia do jovem, que completava quinze anos, de alguém olhando e devassando seu diário e o julgando. Seria uma amostra de sua sensação de que sua vida nunca havia sido privada.

Por volta das 19h15, ele saiu para o teatro, e aí veio a parte mais enfadonha do seu dia:

> [...] depois de tocar a sinfonia, ouvi bater palmas num camarote, disse cá comigo: "Lá vai verso" [...] foram outros piores, enfim foram os últimos péssimos. Depois de longo intervalo e desafinadas overtures, apareceram *Os dois renegados*, drama de engenho, mas muito mal executado [...]. Acabada a peça, dormindo fui para casa, dormindo me despi e dormindo me deitei, agora façam o favor de me deixarem dormir, estou cansado, não é pequena a maçada!

D. Pedro II passaria por grandes e pequenas maçadas. A vida na corte não seria a mais apaixonante face da vida que o monarca teria. Os arcos de triunfo e o restante das lembranças de seu aniversário que veria no dia seguinte e anotaria em seu diário dão uma ideia de quão crítico ele era em relação a tudo. Via tudo de cima e com a característica normal a qualquer adolescente: a pouca paciência com algo que não lhe interessava pessoalmente. A peça não fora bem executada, as outras apresentações ainda em sua homenagem ao correr da semana também não, tal arco não estava mau, mas a iluminação não prestava, o poema era ruim, a ênfase, forte demais.

Mas tudo ele encarava com "boa cara", com uma aparente paciência e boa vontade. Apesar de achar quase tudo uma "maçada", ele aprendera, como a sua mãe também, que, em uma sociedade de corte, a peça fundamental é o soberano e para que tudo funcionasse todos tinham que saber o seu lugar, principalmente o personagem principal dessa sociedade: o monarca.

D. Pedro II era um homem público e aprendeu isso desde cedo. Fora arrancado da infância por um golpe de Estado que destronara seu pai e o alçara ao trono. A consciência de que sua vida particular não lhe pertencia é gritante ao vermos ele se dirigir a um observador externo em seu diário. Constantemente amparado, cercado, vigiado e tutorado desde que nasceu, nem mesmo sente que o pouco da intimidade que possui é completamente sua. Talvez de sua necessidade de representar bem seu papel tenha nascido o crítico mordaz às péssimas peças e aos atores medíocres.

Até poderíamos imaginar que seu diário fosse lido pelo aio, pela aia, pelo tutor, ou pelo professor de caligrafia. Mas a realidade era que o soberano, desde tenra idade, tinha a percepção de que, além do trono, herdara uma vida pública na qual a sua pessoa era esquadrinhada por todos. Isso o levaria a momentos depressivos, como é possível ver em uma anotação no seu diário em 23 de julho de 1842, dois anos depois da sua maioridade. Neste trecho, ele transcreve um diálogo que teve com seu mordomo-mor, Paulo Barbosa:

> Mordomo: Vossa Majestade é admirada pela sua perseverança.
> Eu: Sem a qual nada se faz.
>
> Mordomo: O seu segredismo...

MAIORIDADE

Eu: Alguns quando me viram triste há tempo, ficaram pesarosos.

Mordomo: Eu fiquei muito abatido.

Eu: Pensaram que eu tinha desanimado; não desanimei, nem tinha motivo para melancolia; era como um ataque de hipocondria.

Mordomo: Em certa idade até chorava, nada havia de agrado no mundo.

Eu: Julgo que todos os soberanos devem ser alguns tanto melancólicos, porque quase sempre são chamados a meditar.

Tudo era muito pesado para o jovem monarca. A orfandade, as intrigas, as revoltas que arrebentavam pelo Brasil, e ele sendo obrigado a confiar nos ministros, no governo, e desconfiando de muitos, tudo ao mesmo tempo.

PARTE II

O IMPERADOR E O BRASIL
(1840-1864)

FAZENDO UM IMPERADOR

A coroação e a sagração de d. Pedro II foram programadas para 1841. Seus longos preparativos deixaram o Rio de Janeiro e os diplomatas estrangeiros boquiabertos. A sagração e a coroação do imperador, mais do que uma simples cerimônia, consistiam na exaltação de um projeto de Estado, a afirmação da monarquia brasileira, de sua aparente força e pujança. A verdade, porém, era outra, o Brasil possuía um crônico déficit público e as guerras civis ainda não haviam sido debeladas. Enquanto d. Pedro II estava sendo sagrado no Rio de Janeiro, algumas províncias ainda se encontravam rebeladas ou em vias de se revoltar.

Os trabalhos para a cerimônia foram febris e deixaram o jovem imperador entusiasmado. Em bilhetes para o mordomo Paulo Barbosa, podemos ver a sua exultação. Queria que se tirassem cópias do programa da cerimônia para que se enviassem a todos que dela tomariam parte.

Quanto à coroa, que seria confeccionada pelo ourives Carlos Marin, enviava "o risco [...] que achei". A nova peça fugia ao desenho daquela feita para d. Pedro I. Da antiga coroa seriam aproveitados os 639 diamantes que pertenceram a seu pai. Um fio de 77 pérolas, que pertencera à falecida d. Leopoldina e chegara a d. Pedro II por herança, também foi usado na coroa. Pais e filho, que a vida separou cedo, se uniam no novo símbolo de uma nova era imperial. Ao todo, a peça pesa 1,9 quilo. Se o jovem achou o manto e o uniforme pesados um ano antes, agora teria que ser mais forte para aguentar todos eles somados à coroa e aos outros símbolos que usaria na cerimônia.

D. PEDRO II

A coroa, que hoje pode ser vista no Museu Imperial, em Petrópolis, foi foco de uma briga judicial entre a família imperial e o governo da República. As joias da Coroa, que ficaram no Brasil, foram deixadas por d. Pedro II à filha, d. Isabel, mas nunca foram entregues a ela. A princesa abriu um processo contra a União, mantido pelos seus descendentes após sua morte, para reaver as peças. Na década de 1930, foi dado ganho de causa à família, e a Lei nº 25, de 14 de fevereiro de 1935, autorizou a compra delas por parte do Estado brasileiro. Com mais de quarenta anos de regime republicano, os Orléans e Bragança não quiseram guardar para si peças que, a seu ver, pertenciam à história nacional.

Inicialmente, a coroa ficou em exposição no Museu Histórico Nacional e depois, com a criação do Museu Imperial, foi transferida para lá. O total que devia ser pago pelo governo brasileiro aos herdeiros de d. Pedro II, segundo o jornal *Pequena Ilustração*,[1] foi uma pequena fortuna para a época: 1.140:149$600, mais de mil contos de réis. Conforme mostra o *Jornal do Brasil* de 17 de março de 1935, o quilo da alcatra custava na época 1$700 (mil e setecentos réis). Com a indenização devida, a família podia comprar 670 mil quilos de carne. Hoje, para essa quantidade, seriam necessários cerca de 17 milhões de reais.

Além da coroa, outros objetos simbólicos faziam parte da cerimônia, alguns já utilizados por d. Pedro I. Da primeira coroação, em 1822, viam-se o cetro, com a serpe heráldica da família de Bragança no topo, o orbe, a "espada do Ipiranga" e o manto que havia pertencido ao primeiro imperador. De elementos novos havia a nova espada de d. Pedro II, a Constituição, o novo manto, a nova coroa, o anel da coroação, a mão da Justiça e a túnica branca bordada a ouro. Esta se assemelha muito à que havia sido usada pelo avô materno, Francisco I, da Áustria. Além dos símbolos usados por d. Pedro II, outros seriam distribuídos, como a medalha na qual um indígena coroava o imperador e cópias da mão da Justiça. Essas cópias ainda podem ser encontradas em alguns museus brasileiros e são réplicas da mão do imperador usando o anel da coroação.

O trono, que viria a ser colocado na Capela Imperial, e que hoje, modificado, encontra-se no Museu da Catedral Metropolitana do

Rio de Janeiro, foi inspirado no de Napoleão Bonaparte e desenhado por Manuel de Araújo Porto-Alegre. Porto-Alegre também foi autor da magnífica varanda que cobria todo o antigo Convento do Carmo, ao lado da Capela Imperial. A construção da varanda foi executada em oito meses, e o projeto era diferente, embora a localização fosse a mesma. Foi realizada por ocasião da aclamação do avô de d. Pedro II, d. João VI. Essas construções eram erguidas com estruturas de madeira e gesso que recebiam um fino acabamento, mas eram efêmeras, duravam apenas o tempo do evento.

Essa varanda, que causou espanto aos diplomatas estrangeiros, começava no adro da Capela Imperial, onde uma escada levava até ela, e seguia pela fachada do antigo convento por mais de 31 metros de comprimento. No centro da varanda, se destacava um grande templo que media, da base até a ornamentação, quase dez metros de altura. Era acessado por uma escada de cinco metros de largura que dava para a praça do Paço da Cidade. Esse templo central tinha no alto uma varanda saliente, semicircular, onde d. Pedro II aparecia para o povo. Na base, no começo da escadaria, havia duas estátuas, uma representando a Justiça e a outra, a Sabedoria. Acima, no frontão do templo, estava o brasão imperial, e no friso havia a inscrição "Deus protege o Imperador e o Brasil", coroando tudo. No alto, o "Gênio do Brasil", uma alegoria com uma figura humana dirigindo uma quadriga com a mão esquerda e na direita um cetro imperial.

O templo era ligado por dois corredores avarandados a dois pavilhões que ficavam nos extremos. À direita, perto da Capela Imperial, estava o pavilhão Amazonas, com uma estátua evocativa; à esquerda, o templo do Prata, com uma escultura relacionada ao rio. A obra exibia a magnificência do império brasileiro e a sua dimensão quase continental. Os limites extremos, o rio da Prata, no Sul, e o rio Amazonas, no Norte, uniam-se ao grande templo central, no qual o imperador já coroado surgiria como símbolo dessa união.

Na varanda, havia uma sala do trono. Os corredores eram decorados com estátuas, brasões, pinturas e medalhões. As decorações evocavam personagens históricos brasileiros e portugueses, além de heróis, escritores, poetas, cidades e províncias. Também surgiam cenas da história pátria e recordações evocando a linhagem imperial de d. Pedro II, com seus antepassados, como Carlos Magno. Toda a varanda era iluminada por lustres de bronze ricamente trabalhados.

O evento, que duraria nove dias, seria investido de toda a pompa que devia marcar oficialmente o início do reinado de d. Pedro II. Tudo tinha sido minuciosamente estudado, e um programa, de cuja elaboração tomara parte o próprio imperador, explicava quem deveria estar onde e quando, qual o momento em que as girândolas deveriam ser acesas para alertar os navios e as fortalezas das salvas que deviam ser dadas etc.

Ao meio-dia de 16 de julho, na antevéspera da coroação, o grande cortejo partiu em direção à cidade, com cavalaria, fanfarra e todos os funcionários da corte que teriam alguma função. A rei de armas, arautos, passavantes, porteiros da maça e da câmara — resquícios do Feudalismo português que guardavam a heráldica e os distintivos da nobreza —, juntaram-se os juízes de paz, o comandante de armas da corte e o seu estado-maior.

Após passarem por ruas cobertas de folhas e flores, as sacadas embandeiradas e com colchas coloridas penduradas, a multidão dando vivas, chegaram todos à Capela Imperial. Ali foram recebidos pelo bispo e pelo cabido ricamente paramentado. Aos acordes de *Salvum fac Imperatorem*, d. Pedro II entrou na igreja, e, depois, todos se dirigiram para o Paço da Cidade, onde ele recebeu cumprimentos. No dia seguinte, d. Pedro e as irmãs ficaram recolhidos. O imperador se preparava para a confissão e para comungar no ato da sagração no dia seguinte.

No dia 18, d. Pedro II, a corte, os ministros e o corpo diplomático se dirigiram em cortejo até a Capela Imperial, às 11h30. Alguns nobres e cortesãos mais importantes carregavam os símbolos e objetos que seriam usados na coroação. O imperador vestia o manto branco e azul com a placa de grão-mestre da Ordem do Cruzeiro e a espada da mesma ordem, de punho de esmalte e estrelas de brilhantes. Seguia atrás de toda a corte, dos ministros e dos secretários de Estado.

Recebido pelo bispo do Rio de Janeiro e pelo clero, foi conduzido por seis bispos até o trono e daí ao presbitério, onde foi ungido no pulso direito e nas espáduas pelo arcebispo metropolitano. Após isso, foi revestido com as vestes imperiais e sentado no trono, onde ouviu a missa, e depois se dirigiu ao altar para receber do celebrante as insígnias imperiais. Novamente no trono, ouviu o te-déum e o sermão. Suas irmãs assistiram a tudo junto ao lado do corpo diplomático e da corte.

Terminado o ato religioso, o cortejo saiu da igreja, e o povo ovacionou o jovem imberbe d. Pedro II, que, provavelmente, estava exausto depois de três horas de cerimônia. Além do sobrepeso do poder, estava sobrecarregado com o novo manto de veludo verde bordado a ouro, a murça de papo de tucano, a espada, o cetro de 2,5 metros de altura, pesando 2,5 quilos, e uma coroa de quase dois quilos na cabeça. Mesmo assim, saudava com "boa cara" a multidão, pensando, provavelmente, na "maçada" em que estava metido.

O cortejo seguiu pela escada lateral que partia do adro da igreja para a varanda que dava na praça. No templo principal, no salão do trono, d. Pedro II apareceu entre as colunas, e, nesse momento, o rei de armas, levantando a mão direita, gritou à multidão reunida na praça: "Ouvide, ouvide, estais atentos!", e o alferes-mor repetiu três vezes: "Está sagrado o mui alto e mui poderoso príncipe, o sr. d. Pedro II por graça de Deus e unânime aclamação dos povos, imperador constitucional e defensor perpétuo do Brasil. Viva o Imperador!". Depois das aclamações ouviram-se as salvas de artilharia, e d. Pedro se dirigiu à sala do trono do Paço, onde foi receber os cumprimentos da corte e dos convidados.

No dia seguinte, 19 de julho, o monarca recebeu no Paço um cortejo de pessoas que vinham felicitá-lo; de noite, houve espetáculo no Teatro São Pedro. Os outros dias foram igualmente reservados para assistir às apresentações musicais em sua honra, onde foi tocada a nova versão do Hino da Abdicação ou do 7 de Abril, que, com nova letra, passou a ser o Hino Nacional Brasileiro. A melodia de Francisco Manuel da Silva ganhou estrofes novas unindo lembranças do hino em comemoração à partida de d. Pedro I à coroação de d. Pedro II, levando para o esquecimento, para o rodapé da história pátria, a época das Regências. O hino também enaltecia o que o reinado de d. Pedro II procuraria sempre manter e fortalecer: as suas fronteiras.

No sábado, dia 24 de julho, encerravam-se as comemorações com o Baile da Coroação, oferecido por d. Pedro II, no Paço da Cidade. Os convidados, cerca de 1.500 pessoas, começaram a chegar às 17 horas.

O baile era de gala e pedia que as pessoas estivessem vestidas com traje de corte ou fardadas. Às 20h30, aos primeiros acordes do Hino Nacional, d. Pedro II, acompanhado das irmãs cobertas de diamantes, entrou no salão por entre as reverências dos convidados. Os três tomaram assento em um belo sofá colocado sobre um palanque de dois degraus, ficando acima dos demais.

Depois de instalados, Paulo Barbosa, como mestre-sala, deu um sinal para que parassem o hino. D. Pedro, de braços dados com d. Januária, aos acordes de uma marcha, passeou pelo salão rompendo, assim, o baile, no qual não dançou. As irmãs, ao contrário, depois de dançarem com representantes estrangeiros e nobres brasileiros, dançaram com algumas amigas. Finalizando as celebrações da coroação, foi servida uma ceia na varanda. No templo, a sala do trono agora servia de sala de jantar para o imperador e as irmãs. Tudo terminou à 1h30 do dia 25.

Nos registros mantidos por d. Pedro II em seu diário, faltam as páginas dessa época, desaparecidas, talvez, na tentativa de ele próprio criar um memorial a respeito desse dia, que, naquela altura da sua vida, havia sido o seu mais importante e inesquecível momento de poder. O que sobreviveu foram as cartas dele para o mordomo Paulo Barbosa, em que ele pede informações sobre os rituais e os participantes e a frase composta para celebrar a iluminação do largo da Constituição: "pois há de servir para a história que eu hei de fazer da coroação e sagração".[2] Que não foi realizada ou localizada até hoje.

Além dos relatos elogiosos dos jornais da época, nos servem de dimensão do espetáculo da coroação de d. Pedro II os relatos dos embaixadores estrangeiros. O representante da Áustria escreveu a Metternich, no ofício de 7 de agosto de 1841, que a corte havia ostentado na coroação e nas festividades que se seguiram um enorme luxo em funcionários vestindo as librés da Casa Imperial,³ em verde com galões amarelos, mosqueado de amaranto.

Os cocheiros da Casa Imperial usavam um chapéu tricórnio, com penas verdes e amarelas.⁴ Tudo o que se havia feito anteriormente, no tempo de d. Pedro I, não chegava próximo ao que havia ocorrido em julho de 1841 na capital do império. O barão Daiser prossegue dizendo que d. Pedro II havia se portado bem e que havia suportado dignamente a fadiga do dia da coroação.

> O golpe de vista no momento em que o imperador se apresentou ao povo da balaustrada da varanda era magnífico e possivelmente incomparável por causa da natureza do local: essa galeria de colunas com mais de 250 pés de comprimento, repleta de muitas centenas de uniformes ricamente bordados; à direita, o palácio, com todas as suas janelas guarnecidas pelas damas do Paço; à esquerda, os edifícios ricamente decorados e cheios de uma imensa multidão de espectadores; na praça, a Guarda Nacional em grande uniforme [...]. E todo esse belo espetáculo era ainda realçado, de uma maneira inimitável, pela vista do mar em frente da galeria e ao longo da praça, e no qual se viam os navios de guerra e uma quantidade de outros, todos embandeirados e salvando; ao longe, estava a cidade da Praia Grande [Niterói], e todos os fortes salvavam ao mesmo tempo; o sol estava deslumbrante e o mar calmo e belo, na sua cor de veludo celeste.⁵

Mas nem tudo foram maravilhas, houve diversos acidentes durante as comemorações, e o mais grave foi no Campo da Aclamação, onde havia um palacete com o mesmo nome erguido para a aclamação de d. João VI. No edifício, arrumavam-se os fogos para a grande queima, tudo coordenado por Francisco de Assis Peregrino, que havia estudado pirotecnia na Europa.

Na manhã de 22 de julho, o Rio de Janeiro foi abalado por um grande estrondo. O palacete explodira, e o que restava dele pegava fogo. Todos os edifícios ao redor, como o Senado, tiveram suas vidraças estilhaçadas. Os pavios, postos para secar ao tempo, provavelmente foram acesos devido ao facho de luz solar refletida pelo metal de um lampião da rua. Eles entraram em combustão e explodiram tudo. Francisco de Assis, tendo sobrevivido à explosão, acabou esmagado por uma parede que desabou. Morreram mais três pessoas: duas no local, um pai e seu filho, que trabalhavam no palacete, e um escravizado que faleceu no hospital.[6]

O Hospício do Imperador e o "imposto da vaidade"

Outro marco, quase irônico, da sagração e coroação do imperador, além da lembrança, e das medalhas cunhadas, foi a criação do Hospício Pedro II, um anexo do Hospital da Santa Casa, no Rio de Janeiro. O prédio começou a ser construído em 3 de setembro de 1842 e terminaria dez anos depois. Seria apelidado de "Palácio da Praia Vermelha", mais popularmente conhecido, como José de Alencar diz no seu romance *Senhora*, "palácio para guardar os doidos".[7]

O provedor da Santa Casa de Misericórdia, José Clemente Pereira, maçom e um dos líderes políticos da Independência, deu início à arrecadação de fundos ainda durante os festejos da coroação. O imperador contribuiu com o valor que fora arrecadado para as festas da aclamação, cerca de 6 mil contos de réis. Além disso, houve loterias e o que ficaria conhecido como "imposto da vaidade". Nele, os grandes negociantes, financistas, fazendeiros que fizessem grandes doações, não apenas para a construção do hospício, mas também do hospital da Santa Casa e tantos outros sob a proteção imperial, receberiam títulos honoríficos. No caso do hospício, conta-se que a lista de subscrições teve um título a lápis colocado maliciosamente: "A vaidade à loucura".[8]

D. Pedro II distribuiria títulos honoríficos principalmente para os que contribuíssem às causas beneméritas. Sua filha, a princesa d. Isabel, continuaria com o costume. E, mesmo no exílio, conseguiria por meio do Vaticano a concessão de títulos nobiliárquicos papais para brasileiros que se destacassem por sua caridade e benemerência.

Além da benemerência, também o destaque na política, no funcionalismo público, no exército, no empreendedorismo, na defesa da pátria, na magistratura e entre a intelectualidade justificaria a concessão dos títulos. Nem todos os títulos eram indicação direta do monarca, muitos eram propostos pelo governo. Entretanto, cabia ao imperador o veto final, o que algumas vezes foi feito — às vezes por motivos políticos, outras por motivos pessoais. Por exemplo, d. Pedro II não considerava dignos de receberem comendas e títulos comerciantes e fazendeiros implicados em traficar escravos após a Lei Eusébio de Queirós, que, aprovada em 4 de setembro de 1850, proibia a entrada de escravizados no Brasil.

Os custos cobrados eram para as concessões das cartas patentes e do brasão iluminado por artista do Cartório da Nobreza. O valor não revertia para o imperador, mas, sim, para o Estado. Diversos titulados, pobres ou remediados, só tinham como comprovar sua titulação com a publicação do decreto estampado no *Diário Oficial*.

Para os fazendeiros que hospedassem d. Pedro II em suas futuras andanças pelo Brasil seria distribuída a Ordem da Rosa em grau geralmente de comendador ou de dignitário. Se em uma segunda visita ele ficasse hospedado no mesmo lugar, um título podia seguir à segunda estada. Também com a Ordem da Rosa, geralmente em graus superiores, como Grã-Cruz ou grande dignitário, d. Pedro II agraciaria diversos intelectuais estrangeiros, contribuindo, de certa forma, para a construção de sua imagem de patrono das artes e das ciências. Literatos portugueses como Camilo Castelo Branco e Feliciano de Castilho receberam a comenda, Alexandre Herculano a recusou.

Diante da resposta negativa de Alexandre, o monarca brasileiro produziu uma peça de retórica interessantíssima como resposta. Nela, d. Pedro II se desdobra em duas personas: uma é o cidadão brasileiro d. Pedro de Alcântara, que entende por que o escritor não quer aceitar a comenda, o outro é o imperador do Brasil:

Logo que recebi sua carta de verdadeiro amigo mostrei-a ao imperador. A afeição que ele e eu lhe votamos não podia de nenhuma sorte ressentir-se de sua determinação [...] hei de necessariamente discutir as razões apresentadas para não ser aceita a alta prova de consideração dada pelo governo do Brasil, ao ilustre literato duma nação tão ligada à minha.

Começo pela defesa do imperador que lhe é muito afeiçoado; mas sempre procurou evitar a influência de sentimentos pessoais nas ações do governo de sua nação. Propôs ele seu nome para uma condecoração poucas vezes concedida; por isso que entende que os serviços às letras e às ciências são feitos a todas as nações, e os testemunhos públicos de apreço dados àqueles revertem em honra destas, que tanto, além disto, devem empenhar-se em promover mútuas relações da mais cordial estima [...].

Sua carta quase que revela a condenação dessas provas de apreço de mérito individual. Não estou longe de acompanhá-lo em tal juízo, e o imperador também violenta bastante sua opinião quando cede a satisfazer a vaidade humana. A sociedade, porém, pela maior parte das vezes, não peca infelizmente só por esse lado e não se lhe inspirarão os sentimentos de raros indivíduos se estes não se esforçarem por elevá-la a seus próprios olhos em lugar de fazê-la descer ainda mais de si.[9]

Esse rascunho de carta foi escrito em 1872, em resposta à negativa de Herculano datada de agosto desse ano. É curiosa a confissão de d. Pedro II: "o imperador também violenta bastante sua opinião quando cede a satisfazer a vaidade humana". Em conversa registrada com o monarca pelo barão de Paranapiacaba, este diz que caberia bem um baronato a uma pessoa que considerava merecedora. D. Pedro II foi áspero:

— Aí vem o senhor com a mania das tenteias! Admira que certa classe de homens se namore de embelecos!

— Vossa majestade é o grão-mestre das ordens honoríficas e guarda a chave do cofre das graças. Tem tudo. Os pobres mortais, porém, não desdenham as provas de distinção, que esses embelecos traduzem.

— Eu sou como Carnot. Não gosto das honras, que se despem com a casaca.[10]

Não gostava de dar honrarias pela vaidade dos outros, mas sabia reconhecer os méritos de vários. Afinal, em um Estado monárquico, os títulos, assim como a vaidade, poderiam ser excelentes moedas de troca e de reconhecimento público e ajudavam a angariar a simpatia da nação.

Uma carta publicada no jornal *A Aurora Fluminense*,[11] por um anônimo que assinou como "O Heráldico", ironizou os títulos distribuídos no aniversário de d. Pedro I em 12 de outubro de 1829, ainda no Primeiro Reinado. No texto, ele dizia que, em Portugal, com 736 anos de monarquia, segundo o levantamento feito em 1803, quando os títulos portugueses foram renovados e outros foram criados, contavam-se: dezesseis marqueses, 26 condes, oito viscondes e quatro barões. O Brasil — segundo "O Heráldico", com oito anos de idade: "como potência, encerra já no seu seio 28 marqueses, 8 condes, 16 viscondes e 21 barões". Se as coisas continuassem do modo como estavam "teremos no ano 2551, que é quando a nossa nobreza titular deve contar a mesma antiguidade que a de Portugal tinha em 1803, nada menos do que 2.385 marqueses, 710 condes, 1.420 viscondes e 1.863 barões". O autor ainda seguia ironizando, dizendo que, como não existia nobreza sem riqueza, o Brasil seria riquíssimo.

O prognóstico de "O Heráldico" não chegou perto, mas é verdade que houve crescimento, sobretudo após a maioridade, uma vez que durante a Regência não ocorreu concessão de títulos. Em 1859, havia, segundo os almanaques da época, e tirando o título da duquesa de Goiás, irmã de d. Pedro II, titulados com honra de grandeza: oito marqueses, onze marquesas, oito marquesas viúvas, cinco condes, duas condessas tituladas, duas condessas viúvas, dois viscondes, onze viscondessas viúvas, 25 barões e sete baronesas viúvas; sem as honras de grandeza existiam dois viscondes e uma viscondessa viúva, 65 barões, uma baronesa titulada e dez baronesas viúvas.

A honra de grandeza era como uma honra extra ao título. No Brasil, os títulos eram pessoais, não eram herdados. Com a honra de grandeza, o nobre ganhava o direito de um herdeiro reivindicar o mesmo título do parente falecido, o que nem sempre era concedido. Também era permitido usar no seu brasão a coroa do título subsequente. Um marquês com honras de grandeza podia usar uma coroa de duque no seu brasão, por exemplo.

No final do reinado de d. Pedro II, havia cerca de 480 nobres, um número bem menor do que na França, com 101.726, além das 300 mil pessoas que tinham o direito de usar a partícula "de" antes do sobrenome. Somente Napoleão III, em dezessete anos de reinado, criou 52 nobres e permitiu que 318 pessoas passassem a usar o "de".[12]

Imperador, mas não de todo imperante

Apesar do Golpe da Maioridade e da coroação, o imperador passou da maioridade nominal para a real em 1843 ao completar 18 anos. Nessa época, d. Pedro II rompeu com os conservadores e a partir de 1844, durante o chamado "Quinquênio Liberal", continuaria a se servir de organizadores de gabinete, espécies de primeiros-ministros pró-forma, até a criação oficial da Presidência do Conselho de Ministros em 1847. Gradualmente, d. Pedro iniciou uma participação mais ativa na administração, diminuindo aos poucos a influência sobre ele dos assessores palacianos, como Paulo Barbosa e Aureliano Coutinho.

A FAMÍLIA

A moralidade do imperador começou a ser uma preocupação coletiva após a maioridade. Os embaixadores e membros da corte começaram a recear que o jovem acabasse sendo seduzido e que sua moralidade fosse comprometida. Afinal, o projeto de Estado monárquico, em que pela primeira vez um brasileiro representava a sua nação, não daria para ser levado adiante com um jovem devasso, como o pai, no poder.

Em 1835, já havia começado uma movimentação do tutor, com a ajuda dos parentes austríacos dos príncipes, para procurar um nobre para se casar com d. Januária. Como princesa imperial, legítima sucessora de d. Pedro II e quase atingindo a maioridade, era importante ao grupo palaciano assegurar a continuidade da linhagem. Entretanto, como ainda não tinham sido reguladas por lei as questões relativas ao dote e às propriedades da princesa, não houve avanço por parte dos austríacos na questão até 1840.

A Rússia e a França tentaram sugerir príncipes das casas dinásticas para d. Januária, mas sem sucesso, pois, segundo o representante austríaco, a memória de d. Leopoldina estava viva demais e a preferência do povo por um arquiduque seria mais aceitável.[1] Entretanto, todos tramavam. A embaixatriz francesa no Rio, madame de Rouen, queria a qualquer custo casar uma das princesas com o príncipe de Joinville, que havia visitado o Brasil em 1838.[2]

Ao fim, cinco nações lançaram os olhos para os príncipes brasileiros entre 1835 e 1841: Portugal, França, Rússia, Espanha e Áustria. Mas d. Pedro II foi taxativo: a Áustria é quem deveria guiar os casamentos. Em carta ao tio, agradecendo ter recebido a Ordem da Cruz Estrelada, afirmou que desejava "de coração decidir estes três casamentos, mais especificamente o meu, com a augusta casa de Habsburgo".[3]

As dificuldades para se fazer o segundo casamento de d. Pedro I, com a questão da amante pública instalada às portas de São Cristóvão, não foram muito diferentes dos problemas enfrentados com o casamento de d. Pedro II. O todo-poderoso chanceler Metternich não se animou a fazer as vontades do neto de Francisco I, no Brasil, filho da arquiduquesa que quase o pusera louco na Itália antes de embarcar para a América.

Os ideais que haviam motivado o casamento de d. Leopoldina com d. Pedro I por parte dos austríacos foram frustrados. A abertura dos portos do Novo Mundo para os germânicos e a manutenção do ideal absolutista implantado na América resultaram em uma arquiduquesa se envolvendo em um movimento independentista liberal contra uma nação europeia e em acordos de comércio com a Áustria não muito satisfatórios.

A realidade era que, aos olhos europeus, a aventura de um casamento com a Casa Imperial do Brasil não era a melhor das opções. O monarca era basicamente uma criança tutelada por uma camarilha em um país que poderia, como os demais da América do Sul, se incendiar em guerra civil do sul ao norte resultando em dezenas de novos Estados republicanos. Além do mais, o noivo não era rico. Tinha o usufruto de algumas propriedades da Coroa, como o Paço da Cidade e o de São Cristóvão, que davam prejuízo e não lucros. A Imperial Fazenda de Santa Cruz, explorada por 1.600 escravos de propriedade da Coroa, não rendia muito. Além disso, dispunha dos oitocentos contos de réis por ano e dos juros de 193 apólices da dívida pública. D. Pedro I havia trocado os diamantes que d. Pedro II e as irmãs herdaram da mãe por essas apólices para poder fazer a Tiara Bragança, que agora pertencia a d. Amélia.

Bento da Silva Lisboa foi encarregado da missão de arrumar uma noiva para o imperador. Partiu para Viena em dezembro de 1840 para acertar os detalhes. Ali descobriu, depois de perambular por mais de um ano pelas antecâmaras do palácio da Chancelaria, que não havia detalhe algum para ser acertado. Nenhum membro da Casa Imperial se animara a atravessar o Atlântico como d. Leopoldina fizera em 1817. Além disso, a Áustria não conseguia achar nenhum príncipe ou princesa que fosse interessante politicamente para os Habsburgo, para instalar na corte brasileira.

Enquanto isso, Aureliano Coutinho, ministro dos Negócios Estrangeiros, d. Pedro II e suas irmãs esperavam. Tanto Coutinho quanto o soberano temiam iniciar conversações sobre outras ofertas que chegavam à corte brasileira à revelia dos austríacos. Quem acabou por resolver a questão foi o plenipotenciário brasileiro, Silva Lisboa. Desprezado pela corte vienense e pelos funcionários da Chancelaria, acabou por se relacionar com os embaixadores estrangeiros e recebeu de Vincenzo Ramirez, representante do Reino das Duas Sicílias em Viena, a oferta de casar d. Pedro II com a irmã mais moça do rei Fernando II, Teresa Cristina Maria.

Silva Lisboa, como tinha ordens expressas de tratar o casamento com Metternich em Viena, conseguiu uma entrevista com o príncipe. Agora Metternich estava oficialmente desincumbido de encontrar uma noiva para d. Pedro II, pois o embaixador brasileiro já a achara. Entretanto, Silva Lisboa não podia passar por cima do chanceler. Metternich concordou com a ideia. Nada tinha a se opor quanto à família da princesa. Entre d. Pedro II e Teresa Cristina, uma Bourbon-Duas Sicílias, havia laços de parentesco. A avó paterna do imperador brasileiro, d. Carlota Joaquina, era irmã da mãe de d. Teresa Cristina, a infanta espanhola d. Maria Isabel de Bourbon. Ambos também eram aparentados com os Habsburgo, descendendo da imperatriz Maria Teresa. O que poderia representar alguma dificuldade entre ambos era o fato de a princesa ser quase quatro anos mais velha que o monarca brasileiro.

Após a conversa com Metternich, em paralelo a conversas no Rio de Janeiro e em Nápoles, em dois meses tudo estava resolvido na Europa. A 20 de maio de 1842, o plenipotenciário brasileiro e o embaixador napolitano firmavam em Viena o contrato de casamento entre os jovens. No aniversário da maioridade de d. Pedro II, chegavam ao Rio de Janeiro os ofícios e o retrato da noiva.

O jovem, em seu diário, misturou as festividades dos dois anos da maioridade com as notícias oficiais do seu casamento.

> Quanto me custa um cortejo! Como mói! Mas me é sinal da gratidão de meus amados súditos; devo recebê-los com boa cara.
>
> Começa um, dois, três, [papel rasgado] parece que não tem cauda, sim tem, já vejo é a deputação do Instituto [Histórico e Geográfico Brasileiro] cujo orador, o cônego Januário, que [...] exprime um pensamento que me agrada; este "Escavando a base do Trono de Vossa Majestade veem a solidez sua" [...]. Respondi "Agradáveis me são os sentimentos do Instituto Amigo dos livros, os protegerei sempre".
>
> Mal podendo comigo de cansado, depois de dar a mão para que a Corte a beije, fui me assentar na sala de despachos, aonde, conversando com meus Ministros, veio dizer Paulo [Barbosa] que aí estava Ribeiro, disseram: "O tratado de casamento".
>
> Que boa nova, que feliz coincidência!
>
> O ministro dos Negócios Estrangeiros saiu, e daí a pouco voltou com ofícios de Bento da Silva Lisboa, e o retrato de minha futura esposa, que é muito bela, e dizem alguns diários da Europa, muito ponderada e instruída. Abriram, e deu-me Aureliano [Coutinho] o tratado de casamento, Meu com a irmã do rei das Duas Sicílias, Thereza Maria Christina.[4] Todos nós, eu, e meu ministro, fomos alegres jantar, findo o qual subi a meu quarto a largar o enorme peso que trazia.
>
> Sinto alguém subir a escada, é Cândido,[5] que me pede licença para publicar, tão fausto acontecimento, a qual, depois de alguma hesitação, dou.

Os semanários beijam-me a mão e vêm depois felicitar-me os criados que tinham ficado menos o barão de Caxias.

Das mãos de Aureliano tomo o retrato e corro ao quarto da mana Januária, elas já sabiam, mostrei-lhes o retrato, de que gostaram muito.

À noite, seguindo o protocolo da celebração da maioridade, o imperador e as irmãs foram ao teatro, onde surgiram no camarote imperial por volta das 20 horas. A notícia do noivado já havia se espalhado pela cidade. O retrato da noiva circulou no teatro de mão em mão. No dia seguinte, quem quisesse ver a futura imperatriz era só procurar um dos ministros que ele mostraria a imagem.

Duquesa de Goiás

Enquanto essas ações entre Viena, Nápoles e o Rio de Janeiro ocorriam, tratava-se entre Lisboa, Rio e Munique de outro casamento de família: o da filha de d. Pedro I e da marquesa de Santos, a duquesa de Goiás.

Chegada em Paris no início de 1830, foi educada por ordens de d. Pedro I no exclusivo Sacré-Coeur, onde teve entre suas companheiras de escola a futura imperatriz da França, Eugênia. Após a morte do imperador, a imperatriz viúva, d. Amélia, e sua mãe, a duquesa Augusta da Baviera, tomaram a nobre brasileira sob sua proteção. Isabel Maria foi enviada para Munique para um colégio frequentado pela aristocracia. Sempre informado pela madrasta a respeito da meia-irmã, d. Pedro II, juntamente com d. Maria II, foi instado por d. Amélia a contribuir para o dote da menina, e assim procedeu.

Isabel Maria se casou com Ernst Fischler, conde de Treuberg e barão de Holzen, rico proprietário de terras aparentado com a família real da Prússia. A diferença de idade entre o marido e a esposa era grande. Ernst era treze anos mais velho que Isabel Maria. Em novembro de 1842, com tudo já acertado, d. Amélia solicitou e conseguiu que d. Pedro II desse ao cunhado a Ordem da Rosa. O casamento da duquesa de Goiás foi celebrado em Munique, no Palácio Leuchtenberg, em 17 de abril de 1843.

A duquesa de Goiás teve dois casais de filhos. Em carta para d. Pedro II, durante a sua gestação, disse que esperava que nascesse um menino para dar o nome do padrinho, o imperador, mas o primeiro filho a nascer em 1844 foi uma menina, a quem batizou de Maria Amélia, em honra à madrinha e meia-irmã, filha de d. Amélia com d. Pedro I. Depois teve uma outra menina, em 1846, a quem deu o nome de Augusta, em homenagem à mãe de d. Amélia. Os meninos receberam os nomes de Fernando e Francisco.

Sobre seus pais, a duquesa de Goiás só sabia ser filha de d. Pedro I. Não sabia quem era a mãe, muito provavelmente devem ter dito que ela havia morrido. Mas essa farsa familiar, em que d. Pedro II, d. Amélia e os demais irmãos tomaram parte, acabaria sendo desmascarada no futuro pelo seu cunhado, o conde de Iguaçu, que se casaria em 1848 com Maria Isabel, última filha que d. Pedro I teve com a marquesa de Santos.

A primeira tentativa de contato entre Iguaçu e Isabel Maria foi uma carta enviada por ele para o castelo de Holzen. Nela, o conde informava à cunhada do seu casamento com Maria Isabel e da intenção de conhecê-la em uma futura viagem à Europa. Entretanto, a carta foi barrada pelo conde de Treuberg. Ciente do segredo de família, não pretendia que se revelasse à esposa a existência da mãe e dos demais parentes no Brasil. Futuramente, em uma nova tentativa, depois da morte de Ernst Fischler, a duquesa receberia uma carta do conde de Iguaçu. A duquesa de Goiás iniciaria uma correspondência ativa com o cunhado brasileiro, que lhe revelaria finalmente sua origem. A comunicação, a princípio escondida de d. Pedro II e da imperatriz d. Amélia, depois seria revelada, o que acabou por causar um mal-estar na família.

Joinville e Francisca

Enquanto os preparativos seguiam, com a escolha de um embaixador plenipotenciário e uma corte para enviar à Itália e trazer a nova imperatriz ao Brasil, outros acontecimentos mexeriam com a vida dos três Bragança na América.

Surpreendido com as notícias a respeito do casamento do imperador d. Pedro II com uma princesa italiana, o rei francês ordenou que o barão de Langsdorff e sua mulher fizessem o que fosse possível por um casamento franco-brasileiro. Os pais do príncipe de Joinville temiam que, em vez de o filho se adequar a uma aliança dinástica, acabasse se tornando um boêmio contumaz. Quem deu pistas a respeito do assunto foi a rainha Vitória, da Inglaterra, que em carta ao tio, Leopoldo, rei dos belgas, afirmou em 12 de novembro de 1842:

> [...] Relativamente ao casamento de Joinville, o caso é o seguinte: Joinville é um excelente companheiro, mas um tanto estouvado e [...] os pais estão ansiosos por fixá-lo. Devido à escassez de princesas católicas, e não tendo fortuna considerável, pensou a rainha, não em d. Januária, mas na irmã d. Francisca. Joinville não prometeu exatamente casar-se com ela; prometeu vê-la. Não fora a presente situação da família, estou certo de que recusaria inteiramente.[6]

Os casamentos dinásticos geravam filhos, e estes precisavam manter a posição e a fortuna. Como nem todos eram herdeiros diretos de um trono, muitos eram obrigados a certos malabarismos para conseguirem manter o estilo de vida. Amor não fazia, quase nunca, parte da equação. Joinville, na verdade, se apaixonara e manteve um caso com a atriz francesa Elizabeth-Rachel Félix, mais conhecida simplesmente como Rachel. Em 28 de março de 1843, um dia depois de aportar no Rio de Janeiro, após meses navegando com o seu navio *La Belle Poule* por diversos países, o príncipe teve certeza, por cartas enviadas de Paris, de que Rachel não era mais sua. A atriz trocou Joinville, o príncipe da França que trouxera o corpo de Napoleão de Santa Helena para Paris, pelo filho bastardo do Corso, o conde Walewski.

Joinville, após a perda da amante, entregou-se de bom grado aos arranjos dos aflitos barões de Langsdorff e da corte carioca. Segundo a baronesa, Joinville foi recebido inicialmente pela corte de forma glacial, ao menos para os padrões europeus aos quais ela estava acostumada. Entretanto, a baronesa acabou se surpreendendo com o imperador. Observou que ele possuía um grande ar majestático que nada tinha de teatral. "Até que ele dê o sinal, seja de levantar, seja de sentar, seja de falar, sentimo-nos pregados no lugar e uma força irresistível nos obriga ao silêncio."

A queixa contra a etiqueta palaciana parecia ser geral, como observou a baronesa. Exteriormente, notou Langsdorff, d. Pedro II não possuía qualquer traço que lembrasse um tirano. Ele era

> [...] loiro; sua tez, de excessiva brancura, testemunha um temperamento um tanto apático. Seus olhos são de um azul muito suave e seu olhar, muito profundo, nunca tem nada de brilhante. É calado em excesso e nunca parece perturbar-se com a duração do silêncio que causa a sua aproximação. Quando os circunstantes se sentem por isso inquietos e acabam por rompê-lo, em absoluto não demonstra a mínima impaciência e nem prazer. Entretanto, quando, na conversa retomada, colhe uma frase que vá além do lugar-comum, olha sem surpresa, nem aprovação para a pessoa que disse algo digno de ser ouvido. Geralmente não toma a palavra senão sobre fatos. Quando percebe que alguém tem dúvida sobre um fato qualquer, ou que cometeu um erro, ele interrompe quem fala e prova, quer esclarecendo, quer retificando, que acompanhou e escutou tudo.[7]

A baronesa de Langsdorff ficou abismada pela quantidade de coisas que d. Pedro II sabia. Fizeram-na falar sobre os palácios reais franceses e sobre as pinturas de Versalhes. "O imperador sabia tudo melhor do que eu!", exclamou admirada.

> O que leu, em sua vida, bem curta ainda, é prodigioso, mas sua ciência tem aquele caráter meio morto do saber adquirido mais pela leitura que pela observação direta. Parece esmagado sob a profusão de seus conhecimentos, não tem movimento nem imaginação. É uma espécie de monstruosidade em um jovem de dezoito anos.[8]

Anos de estudo e de conhecimento acumulado seriam o combustível para as suas furiosas andanças por três dos quatro continentes, ávido por ver e conhecer tudo o que lera em livros, jornais e trocas de correspondências.

Uma das queixas da etiqueta palaciana era a respeito de não se falar enquanto o imperador tomava suas refeições. Certa vez, d. Pedro II, esganiçando a voz no ouvido surdo do príncipe de Joinville, perguntou se na França se falava durante as refeições. Ao saber que sim, o imperador comentou: "Eu queria muito falar um pouco, mas não que me falem, porque prefiro escolher um momento para falar — pois, se me fosse preciso responder enquanto estou com a boca cheia, como o faria?".[9]

Grande parte dos embaixadores estrangeiros tinha razão ao achar que as pessoas que cercavam o imperador e as princesas não tinham educação suficiente para os educar e os preparar efetivamente para o mundo além da redoma de um palácio. A corte bragantina na Europa criava seus príncipes para serem vistos, mas o Absolutismo e o direito divino dos reis haviam caído por terra com a Revolução Francesa e as subsequentes revoluções liberais que varreriam a Europa. Soberanos e príncipes, como os brasileiros, seriam cada vez mais raros e teriam que se adequar aos novos tempos e eventos.

Isso ocorria para desagrado da Dadama, d. Mariana Carlota de Verna Magalhães, que achava que certos conhecimentos não tinham importância: "Outras princesas podem ser mais cultas, tocar piano melhor, desenhar muito bem, mas tudo isso não passava de valores secundários. O certo é que quando se é pura e inocente como um anjo vale-se mais do que tudo no mundo".[10] Para sorte de d. Francisca, na França ela seria assessorada pela condessa de Barral, que lhe explicaria o funcionamento e os meandros de uma corte muito mais elaborada.

No dia 3 de abril, foram todos almoçar no Jardim Botânico, criado por d. João VI para aclimatar várias espécies no Brasil. O protocolo foi mais relaxado para o piquenique que se seguiu, e d. Francisca, segundo a baronesa de Langsdorff, "animava-se, gritava com voz aguda, enfim, nada tinha de princesa; dir-se-ia uma bela rapariga mostrando que sabia agradar por si mesma, como se não tivesse títulos, nascimento, fortuna".[11] À noite, Joinville e *Chicá*, como ficaria conhecida na França, dançaram.

Ambos haviam crescido desde a última vez que se viram. Ela, segundo as memórias dos acompanhantes de Joinville, havia se tornado uma moça alta e bonita, com a voz aguda. Maurice Touchard, ajudante de ordens de Joinville, se referiu a ela como "pálida, mas quando se anima passam-lhe pelo cetim das faces rubores que lhes dão uma cor fresca e vermelha; a fronte é alta, os olhos grandes e rasgados, cheios de expressão e vivacidade".[12] A baronesa de Langsdorff achou d. Francisca alta e elegante, com uma expressão amável, vivaz, formosa e digna. "A princesa tem cabelos louros, olhos muito escuros e ligeiramente afastados e um olhar doce muito agradável. Sua fronte talvez seja proeminente em demasia, mas toda a parte inferior do rosto e da boca possui uma expressão sedutora"[13] — descreveu o barão de Langsdorff ao rei Luís Felipe.

No dia 5 de abril, em audiência privada com o imperador, Joinville pediu oficialmente a mão de d. Francisca. Os preparativos para o casamento foram aos poucos sendo acelerados, d. Pedro II permitiu que o protocolo fosse quebrado, e assim a irmã mais nova, e não a mais velha, pôde se casar primeiro.

A presença de Joinville causou uma modificação profunda em d. Pedro II. Segundo o barão de Langsdorff, havia ocorrido uma revolução: "O imperador, sempre tão taciturno e desanimado, se tornou quase risonho e loquaz. Fala de tudo: literatura, belas-artes, conhece de nome os nossos principais artistas, cita-lhes as obras".[14] No dia 28 de abril, Joinville recebeu os príncipes para um jantar no *Belle Poule*. O que devia ser um evento protocolar acabou se transformando em diversão, segundo a baronesa de Langsdorff: "O imperador ria, como suas irmãs, pelo menor motivo, e de pé, os braços pendentes, onde a alegria o tomasse, detinha-se e desatava em um riso desabrido, sem se esconder, sem se mostrar, mas abandonando-se a uma felicidade sem inquietação nem constrangimento".[15] Além de mais loquazes, estavam todos muito alegres. D. Pedro II ria às gargalhadas. Segundo o que a baronesa de Langsdorff apurou, a última vez que o imperador estivera tão alegre fora seis anos antes, quando da primeira visita de Joinville.

A baronesa, nessa ocasião, se convencera por completo do porte imperial do jovem monarca: "Não sei que traços há no rosto do imperador que o fariam ser reconhecido como soberano por todo mundo". Ela notara que o príncipe de Joinville, apesar do porte, da inteligência e do ar de comando, não tinha nem um pouco o ar imperial que emanava de d. Pedro II.

> Não me cansei de procurar de onde vinha essa diferença, mas, esta manhã, fiquei mais impressionada do que nunca com ela, porque acreditava que, se tirassem o imperador de seu paço, o separassem de seus camareiros e, depois, o colocassem num navio, rodeado de capitães e de ajudantes de ordens, o príncipe suplantaria em realeza o imperador; mas a troca de cenário nada mudou no aspecto dos dois.[16]

No clima alegre e descontraído, algo desconhecido pelos jovens, d. Francisca resolveu propor um jantar invertido, pelo qual começou com o café, depois doces e, por fim, uma costeleta. D. Pedro, tão animado quanto a irmã, buscava se dominar, mesmo tendo em uma das mãos uma flauta feita de cascas de cebola enquanto com a outra atirava bolinhas de pão nos acompanhantes. Depois que comeram, d. Pedro II disse: "É justo deixar que, depois de nós, os camareiros e os capitães jantem, mas, quando estiverem na sobremesa, poderemos jogar bolinhas neles pela claraboia".[17]

O imperador, os príncipes e seus acompanhantes subiram, e os camareiros, capitães e outros entraram para comer. Olhando a cena pela claraboia, d. Pedro repetia constantemente para todos que era justo que eles comessem tranquilamente ao menos o primeiro prato. Mas dizia isso já fazendo bolas de pão com as mãos. Por fim, ao repetir pela décima vez a mesma frase, foi buscar Joinville pela lapela do casaco. Disse que era justo deixá-los comerem ao menos o primeiro prato, mas como eles poderiam começar a jogar coisas neles, se eles não jogassem primeiro, era melhor começarem. E logo o imperador começou a arremessar pela claraboia bolinhas, depois pepinos, água, vinho e o que mais em que conseguisse botar as mãos.

A baronesa registrou um traço interessante da personalidade do jovem imperador naquela noite. Após o jantar, houve algumas diversões de salão, entre elas um tal de sr. Lugeol fazendo mágicas. D. Pedro II fez papel de cúmplice do mágico, escondendo em um bolso de seu colete uma moeda. Langsdorff comentou, em seu diário, o espanto que causou a forma como d. Pedro fingiu não saber que a moeda estava no seu colete. "Jamais vi uma simulação tão completa. Seu espanto foi tão bem representado que dificultaria, no futuro, que se confiasse cegamente na sua fisionomia."[18] Essa arte, a da dissimulação, d. Pedro II exercitaria sempre. Impassível, insondável, dificilmente exibiria uma emoção em público. A caricatura que fizeram dele, já idoso, na qual aparece como uma esfinge, sintetiza bem essa sua faceta, que aprimoraria cada vez mais com o passar do tempo.

O casamento de d. Francisca com o príncipe de Joinville ocorreu no dia 1º. de maio na capela do próprio Palácio de São Cristóvão. D. Francisca estava muito bonita, vestia-se como "uma mocinha francesa" e não com a roupa da corte e mantô com as cores verde e amarela. Usava um vestido branco, com véu longo, e tinha nos cabelos uma tiara formada por flores de laranjeira.[19]

D. Francisca agora experimentava a liberdade que nunca tivera. Foi com o marido ver as vitrines da rua do Ouvidor, no centro do Rio de Janeiro. Conversou sem parar com Joinville no teatro e explorou o navio que a levaria para a Europa de alto a baixo. Essa imagem romântica de um príncipe partindo de um país longínquo, levando a sua princesa em seu navio, povoaria a imaginação da rainha Vitória e de tantas outras mulheres românticas da época.[20]

Tudo era novidade e excitação. Mas quem não estava bem com tudo isso era d. Januária, que, passada a empolgação inicial, confessou à baronesa que se a cerimônia do casamento houvesse demorado mais teria caído em prantos em público. Já sentia por antecipação a falta da irmã e a incerteza de revê-la. Pouco antes da partida de d. Francisca, d. Januária adoeceu, o que causou muitas preocupações.

No dia 12 de maio de 1843, a galeota real levou d. Pedro II a bordo do *La Belle Poule*. A despedida do imperador e da irmã foi estranha aos olhos da baronesa de Langsdorff. D. Pedro II, frio, quase não trocou palavras, só olhares com d. Francisca.

> As crianças estavam embaraçadas, uma na frente da outra. O imperador surpreendeu-se ao ver que sua vontade não era mais uma lei absoluta para a princesa e ela, por sua vez, por obedecer a um outro que não o seu irmão, mas muito certa de seu direito. Assim estavam muito constrangidos um com o outro, e isso era bem visível. O imperador mandou que levantassem âncora: queria que sua irmã partisse naquele dia. Ela nada ousava dizer diante dele e ficou comigo encerrada no salão, olhando pela escotilha que não se animava a abrir, com seu irmão sentado perto do degrau do cata-vento.[21] Passaram, assim, os últimos momentos de despedida sem se falarem, sem se aproximarem, frios um com o outro, ousando, apenas, olharem-se.[22]

Talvez houvesse da parte do imperador, e irmão que até então comandara a vida das duas irmãs, uma mistura de sentimentos contraditórios.

Obviamente, estaria feliz vendo a felicidade de d. Francisca, mas ela, e não ele, conheceria os castelos franceses, as pinturas, todas as obras de arte, os artistas e o mundo.

Ele, que socara uma das irmãs, anos antes, por ter lhe dado as costas, acostumado a que suas ordens fossem cumpridas, não tinha mais controle algum sobre d. Francisca. Agora a princesa era livre, para terror da baronesa. D. Francisca, na primeira noite, não conseguiu dormir e foi para o camarote das camareiras, onde brincou de ficar pulando em cima das camas, abrindo caixas e experimentando toucas, dançando e cantando. Juventude, energia e liberdade, finalmente. Enquanto isso, São Cristóvão se fechava novamente na monotonia dos dias.

A nova imperatriz do Brasil

Pouco menos de três meses depois da partida de d. Francisca, chegou ao Rio de Janeiro a esquadra que transportava d. Teresa Cristina. Os navios apareceram na linha do horizonte em 3 de setembro de 1843. Mensagens foram enviadas para São Cristóvão. Segundo o protocolo estabelecido para a ocasião da chegada da nova imperatriz, e publicado pelo Ministério do Império, em decreto de 7 de agosto de 1843, o imperador e sua irmã mais velha sairiam de São Cristóvão na galeota real e subiriam a bordo do navio *Constituição* para saudar a nova imperatriz, seguidos do seu ministério. Depois voltariam à terra e a nova imperatriz desembarcaria no dia seguinte.

Tudo se deu já ao entardecer, e, segundo diplomatas, que não estiveram presentes, mas ousaram descrever a cena, a acharam "seca". D. Pedro II não teria demonstrado emoção diante da nova esposa, ou ao menos não teria se deixado trair. O embaixador francês afirmou que o jovem, sem conseguir se livrar de sua timidez e reserva, mostrou-se embaraçado com a situação.[23]

D. Pedro foi duplamente enganado, e isso resultaria, segundo a princesa d. Isabel, em futuras precauções na busca de noivos para as filhas. Em entrevista ao historiador Tobias Monteiro em 1920, d. Isabel se recordaria de que duas das damas de sua mãe, presentes ao primeiro encontro do casal, lhe informaram que o jovem monarca não gostou do que vira. Uma delas era Elisa Carneiro Leão, esposa do plenipotenciário brasileiro encarregado de trazer d. Teresa Cristina de Nápoles ao Rio de Janeiro. Elisa, que serviu de dama à imperatriz, disse a d. Isabel que, quando d. Pedro se retirou do navio, d. Teresa voltou a sua cabine e, jogando-se nos braços da embaixatriz, disse aos prantos: "Elisa, o imperador não gostou de mim".[24]

Diferentemente do retrato que lhe foi enviado, com uma bela mulher morena com a baía de Nápoles e o Vesúvio ao fundo, a princesa napolitana era troncuda, baixa e manca. Também teriam mentido ao imperador quanto à formação de d. Teresa Cristina. Venderam a ele a musicista que ela nunca fora, apesar de ter uma belíssima voz e adorar cantar.[25] Para evitar que suas filhas passassem pelo mesmo constrangimento, de terem seus destinos decididos à revelia como o dele, um dos requisitos para os futuros genros era que os príncipes dispostos a desposar as princesas brasileiras deveriam atravessar o Atlântico para conhecê-las.

A história passada de geração em geração, pela família da aia de d. Pedro II, d. Mariana Carlota de Verna Magalhães, e pela do mordomo Paulo Barbosa, é que o jovem desabou ao sair do navio. "Enganaram-me, Dadama!", teria chorado o monarca nos ombros do mordomo e no colo da aia que o consolava desde o nascimento. E de ambos, com termos diferentes, teria recebido o mesmo conselho: cumpra com o seu dever.

E ele cumpriu. O protocolo seguiu à risca os eventos semelhantes, o mais antigo sendo a chegada de d. Leopoldina no Brasil, quase 26 anos antes da nora. A nova imperatriz, com o irmão que a acompanhava, o príncipe Luís, conde d'Áquila, desembarcou às 11 horas da manhã do dia 4 de setembro. Ao contrário de d. Leopoldina e d. Amélia, d. Teresa Cristina não desembarcaria no cais do Arsenal de Marinha e sim no remodelado Valongo, que, com estátuas e nova roupagem, passou a ser conhecido como Cais da Imperatriz. Apesar do toque festivo do novo nome, o cais, de 1811 a 1831, havia sido uma das maiores portas de entrada de africanos no Brasil, contabilizando entre 500 mil e 1 milhão de escravizados.

Um enorme cortejo, que lembrava a pompa com que foi recebida d. Leopoldina em 1817, aguardava a nova imperatriz. Rei de armas, arautos e passavantes, piquetes de cavalaria, bandas marciais montadas, juízes de paz, os membros da corte e todo o ministério. Treze coches ao todo seguiram em procissão, com batalhões de archeiros fazendo guarda junto aos moços de estribeira. Junto ao coche do imperador, cavalgavam o comandante de armas da corte e o seu estado-maior. As janelas e ruas estavam decoradas, colchas multicores nas sacadas e uma multidão ansiosa em ver a sua futura imperatriz completavam o cenário visto pela princesa italiana, tudo emoldurado pela luxuriante vegetação dos morros.

O *Jornal do Commercio* de 5 de setembro, na página 3, deu uma pequena nota a respeito dos acontecimentos do dia anterior: "Apesar da chuva que caía de quando em quando, estavam as ruas, porque tinha que passar o préstito, apinhadas de povo que procurava com ansiedade ter a fortuna de ver a imperatriz". D. Teresa Cristina, ainda segundo o jornal, "respondia com suma benevolência e graça aos sinais de prazer e respeito que lhe testemunhava a população". Seguia no mesmo coche a princesa imperial, d. Januária, em cujo semblante "divisava-se a expressão do mais íntimo contentamento. Sua alteza imperial parecia impaciente em tributar à sua majestade a imperatriz todos esses doces afagos de irmãs que outrora prodigalizava à Sra. d. Francisca, hoje princesa de Joinville".

D. Pedro seguia com o conde d'Áquila noutro coche. O mesmo periódico dava notícia de que o imperador ia com a sua "boa cara". "Sua majestade o imperador, em cujo coche ia o irmão da imperatriz, tinha um ar risonho e digno, que indicava o contentamento de que estava possuído, e ao mesmo tempo a gravidade da augusta cerimônia que ia celebrar-se."

Após a bênção na Capela Imperial, seguiram para o Paço da Cidade. Na sala do trono, o casal recebeu seus súditos. Qualquer pessoa que aparecesse decentemente vestida podia chegar até o trono e beijar as mãos de Suas Majestades. Depois da longa procissão que se seguiu, onde o povo se misturou aos grandes do império, o cortejo seguiu para a Quinta da Boa Vista. Grandes ocasiões marcaram a história da construção desse prédio. Assim como da chegada de d. Leopoldina e depois de d. Amélia, também a vinda de d. Teresa Cristina ao Brasil foi marcada por uma reforma no principal palácio que servia de moradia ao imperador.

Para o novo lar rumou o novo casal, reunindo em uma mesma carruagem os imperadores, d. Januária e o conde d'Áquila. Por nove dias se comemoraram na corte a chegada de d. Teresa Cristina e o casamento imperial, mas os ventos que trouxeram a napolitana varreriam o Paço, e nada seria como antes.

Primeiros tempos de casado

Os murmúrios dos criados do Paço chegaram à cidade, aos políticos e aos diplomatas. Os lençóis do quarto do casal imperial eram trocados sem vestígios visíveis da consumação do casamento.

Segundo rumores, o embaixador austríaco teria enviado na mala diplomática para Viena um informe oficial dizendo que o imperador sofria de impedimento físico para as funções matrimoniais. Seguia junto um relatório minucioso atestado pelo dr. Sigaud. Chegou-se a cogitar que d. Pedro II seria impotente.[26]

O casal parecia não se acertar. De acordo com a história oral, transmitida ao longo de gerações dentro da família do mordomo Paulo Barbosa, os criados teriam presenciado discussões à mesa, nos primeiros tempos. O imperador comia rápido para se livrar logo da presença da esposa, que se mantinha impassível e generosa, sem se deixar afetar pelo mau humor do marido. A paciência do casal imperial, como na geração anterior, residiria na esposa, não no monarca.

Quanto ao sexo, d. Pedro II podia ter sido ensinado sobre tudo, mas não demonstrava publicamente, como percebido por embaixadores, interesse no sexo oposto. Ao menos não de maneira descarada como o pai. Enquanto d. Pedro I, na idade do filho, já havia feito diversas incursões amorosas e deixado diversos lençóis em desalinho, o filho, pautado pelos ensinamentos de moralidade da aia e do frei aio, não se acertava ainda com a esposa.

As coisas mudariam mais para o final do ano. As primeiras cartas com um carinho a mais aparecem no final de 1843, durante a estada na

Fazenda Taquaral, para onde foram levar d. Januária, que convalescia de icterícia. Em uma separação breve, d. Teresa escreveu ao marido em 20 de dezembro:

> Taquaral, 20 de dezembro de 1843,
>
> Caro Pedro,
>
> Já faz 6 horas que estou separada de ti, e estou inconsolável: a ideia de só te ver até amanhã angustia-me ainda mais. Aguardo com impaciência notícias tuas e saber como foi de viagem; espero que não tenha acontecido nada desagradável, e que a chuva que apanhaste não te faça mal; não achei prudente teres ido a cavalo com esse tempo, por caminhos que não são bons. [...] Peço que não esqueças uma amiga sincera que sempre pensa em ti; beijo-te com ternura e sou para a vida toda.[27]

Ele respondeu no mesmo dia:

> Cara Teresa,
>
> Muito me tem custado esta separação, inda que curta, pois amanhã de tarde o mais cedo possível pretendo estar em tua doce companhia.[28]

O casal finalmente parecia entrar em harmonia na vida íntima. Porém, cercados por criados, damas, retretas, açafatas, pelo mordomo, ministros, semanários, guardas e o que mais houvesse dentro e fora de São Cristóvão, a vida era tudo, menos a dois. Talvez a viagem tenha feito bem, com um grupo menor ao redor, o relacionamento finalmente desabrochou. Em 19 de julho de 1844, o dr. Jobim atestava que a imperatriz apresentava sintomas de gravidez, confirmados mais adiante em 3 de novembro, oficialmente, pelo dr. Guimarães Peixoto, antigo parteiro de d. Leopoldina.

D. Teresa Cristina não era bonita, mas era meiga, inteligente, sensível e paciente com o marido. Com o tempo, o casamento, que duraria 46 anos, se manteria na base da amizade, do companheirismo e da cumplicidade. Para evitar que ela se afundasse em dívidas, como a mãe dele, a imperatriz d. Leopoldina, d. Pedro II teria pedido a ela que se dedicasse à dupla missão de ser esposa e mãe. Ela nunca deveria indagar sobre política, nem atender aos pedidos de quem quer que fosse, pois para cada pedido atendido haveria centenas de frustrados. "Isso é lá com o imperador", diria a imperatriz sempre que alguém se atrevesse a importuná-la com solicitações.[29]

O conde d'Áquila

Desde a época do início das conversas sobre o casamento de d. Pedro II, já se começava a cuidar do da irmã, d. Januária, mais espinhoso que o de d. Francisca; a irmã mais velha era, pela Constituição, princesa imperial, ou seja, herdeira do trono. Na falta de d. Pedro II, ela era a primeira na linha de sucessão, e, na falta de herdeiros do irmão, ela e seus filhos herdariam a coroa. Com isso, enquanto não se resolvesse o casamento de d. Pedro II, e este começasse a fornecer herdeiros, d. Januária era, literalmente, um bem do Estado. Qualquer príncipe estrangeiro que se casasse com ela tinha que concordar em permanecer no Brasil, ao menos até que d. Pedro II tivesse o primeiro filho e este fosse reconhecido herdeiro pela Assembleia.

Os planos de se arrumar um arquiduque austríaco ou um príncipe da casa de Savoia foram iniciados. Os austríacos novamente não se interessaram. O príncipe de Carignano, filho do rei da Sardenha, estivera no Rio de Janeiro em 1839, conhecera d. Januária, e gostaram um do outro. As negociações desandaram devido a algumas exigências por parte da família do noivo consideradas descabidas. Da Europa, a imperatriz d. Amélia, sempre inteirada de tudo o que acontecia em São Cristóvão, desabafava que deviam ter tomado todas as resoluções para o casamento enquanto o príncipe estava no Brasil, que tudo seria resolvido mais rápido sem o pai se imiscuir diretamente nos negócios diplomáticos.

As coisas se ajeitariam com a chegada de d. Teresa Cristina. Seu irmão, o conde d'Áquila, e d. Januária se entenderam bem, a ponto de o embaixador francês comentar a respeito da tristeza malcontida na hora do embarque do conde em retorno a Nápoles. Agora, era novamente hora de os diplomatas e políticos entrarem em ação. Costurou-se um acordo no qual a princesa só poderia fixar residência definitiva na Europa após o nascimento de um herdeiro de d. Pedro II e de d. Teresa Cristina. Enquanto isso, o casal, junto, e o príncipe, separadamente, só poderiam se ausentar do Brasil com permissão do imperador e da Assembleia.

O conde retornou ao Rio de Janeiro no início de 1844. O casamento de d. Januária foi cercado de muito mais pompa que o da irmã. D. Pedro II disponibilizou como moradia ao futuro cunhado o Paço da Cidade. O conde d'Áquila partiu no domingo, dia 28 de abril, para se encontrar com a noiva e os imperadores em São Cristóvão. De lá, um grande cortejo seguiu até o Paço da Cidade. Passaram pelas ruas cheias de gente, coloridas por flores e pelas colchas nos balcões. No Paço, com a corte reunida e a chegada do corpo diplomático e dos ministros, seguiram para a Capela Imperial. Depois da cerimônia, houve recepção no Paço, parada militar e um jantar.

O Paço da Cidade agora ficava sendo a residência oficial da princesa imperial e de seu marido. A presença de dois novos personagens junto ao trono, d. Teresa Cristina e seu irmão, agitou os círculos mais estreitos. As coisas se mantiveram unidas sob a batuta de Aureliano Coutinho, Paulo Barbosa e da Dadama — esta, com o casamento da última filha solteira de d. Pedro I e d. Leopoldina, fora dispensada de suas funções com o título de condessa de Belmonte, em 5 de maio de 1844. Paulo Barbosa, o todo-poderoso mordomo do Paço, sofreu logo um choque quando o conde d'Áquila dispensou seus serviços dizendo que ele próprio administraria sua casa, ou seja, o dinheiro de d. Januária. Desse estranhamento inicial nasceriam as primeiras rusgas entre São Cristóvão e o Paço da Cidade.

Ouvindo sempre seu mordomo, d. Pedro II deixaria se levar pela trama e acabaria se ressentindo do cunhado. Vivaz, espirituoso e mais mundano que d. Pedro II, tinha traquejos de salão, sabia conversar e ser simpático. O imperador, acostumado desde a infância a ser mimado e idolatrado pela sua corte, era educado, mas taciturno, sentia-se melhor em uma biblioteca do que nos salões, envolvido em conversas com intelectuais.

Paulo Barbosa, tal como Iago em *Otelo*, sutilmente inflamaria d. Pedro II contra o conde d'Áquila. Haveria um plano para colocar d. Januária no trono, o cunhado ambicionaria mais poder do que tinha e invejava o imperador. Ajudavam a trama outras intrigas, que ventilaram, com ou sem fundamento. Um dos murmúrios era que se deveria tirar d. Pedro II do trono, assim que a esposa engravidasse, e fazer do novo herdeiro uma marionete na mão de regentes. Segundo uns, a regente seria a "mana Januária"; segundo outros, se voltaria à regência civil, ou, ainda, os cunhados, príncipes europeus, poderiam representar melhor a Coroa brasileira do que o nativo.

A questão tomou grandes ares a ponto de, em julho de 1844, o embaixador da Áustria no Rio de Janeiro pedir instruções a Viena a respeito do que fazer com d. Pedro II, no caso de ele ser deposto. O poder do mordomo Paulo Barbosa se fez sentir na prática. A antiga dama de d. Januária e sobrinha da Dadama, d. Joaquina de Verna e Bilstein, foi destituída por um guarda à porta do Paço da Cidade. De repente, a princesa imperial se viu separada de sua mais antiga companheira, depois da irmã. Não puderam nem se despedir. Pouco depois, o visconde e a viscondessa de Santo Amaro não tiveram, pela Casa Imperial, efetivados seus postos de camaristas dos condes d'Áquila e se demitiram de suas funções, exercidas até então de maneira temporária.

A corte, em polvorosa, logo formou dois círculos: o do imperador e o dos condes. O espírito vivaz e simpático do italiano somava pontos contra o do cunhado, cada vez mais sombrio e suspeitando de tudo e de todos, o que era péssimo para a monarquia ainda mal solidificada no Brasil. Paulo Barbosa, Aureliano Coutinho e os demais membros da camarilha não perceberam que um racha dentro da família imperial só enfraqueceria o princípio monárquico, transformando as picuinhas familiares em munição, inclusive para os republicanos.

D. Pedro II, segundo os observadores estrangeiros, ainda não se fizera suficientemente influente para se manter no poder. De acordo com o embaixador austríaco, o clero, o funcionalismo público e as armas respeitavam o imperador pela posição que ele ocupava, mas não eram completamente fiéis. Distanciado das classes influentes da sociedade, faltava ao imperador, em 1844, o que continuaria faltando 45 anos depois — em quem efetivamente se apoiar em um momento de crise. Segundo Rechberg, o embaixador austríaco que substituíra Daiser, os brasileiros queriam a monarquia por interesse, "para não se cair nas guerras civis e na anarquia que devastam a maioria das antigas colônias espanholas. Pouco importa que o imperador seja destronado, desde que as rédeas do governo fiquem em mãos bastante fortes para proteger os interesses particulares".[30]

O conde d'Áquila passou a ser destratado, ignorado por ministros, pelo mordomo e até mesmo pelo imperador, que em cerimônias ou visitas particulares não lhe dirigia a palavra. Em uma recepção, no Palácio de São Cristóvão, o conde conversou com alguns diplomatas e foi depois se juntar à irmã, d. Teresa Cristina, e à esposa, d. Januária, enquanto d. Pedro II ignorava a irmã e o cunhado. E quando isso não acontecia havia discussões públicas presenciadas pelos diplomatas.

Honório Hermeto Carneiro Leão, futuro marquês de Paraná, do Partido Conservador, havia se retirado do governo por manobra política de Aureliano Coutinho e da camarilha palaciana. Uma conversa, durante um baile em São Cristóvão, entre o conde d'Áquila e o demissionário foi o que bastou para uma das discussões. Conforme despacho do embaixador austríaco, D. Pedro frontalmente acusou a irmã de conspiração, e d. Januária teve uma crise de choro. O conde pediu ao cunhado que explicasse o que estava querendo insinuar:

> [...] Respondeu-lhe o imperador que num baile no Paço de São Cristóvão ele tinha falado longo tempo com o sr. Honório Hermeto, chefe do último ministério, da oposição conservadora, e atual membro do Conselho de Estado. Tendo o príncipe replicado que não lhe parecia crime falar a um membro do

Conselho de Estado, e que na mesma noite falara igualmente com o sr. Aureliano, membro influente da atual administração, o imperador limitou-se a observar secamente que ele falava mais tempo com o sr. Honório do que com o sr. Aureliano [...]. Eis as futilidades com que se chegou a impressionar o espírito suspeitoso do jovem soberano![31]

Quando do aniversário de casamento do imperador, em 4 de setembro de 1844, um incidente público escancarou de vez a questão entre d. Pedro II e os condes d'Áquila. Dia de Grande Gala na corte, desfiles, missa, banquete, vivas, foguetório e salvas das fortalezas e dos navios na baía de Guanabara, mas faltava alguém na festa. Nem d. Januária nem o esposo apareceram. Não haviam sido convidados. O "esquecimento" do mordomo e do ministro do império havia tido o beneplácito imperial ou a camarilha agiu para gerar um mal-entendido que indispusesse ainda mais os três?

Os diplomatas foram perguntar aos condes, por não terem aparecido, se estavam bem de saúde, e o conde disse que eles estavam ótimos. Não foram por falta de convite. De pronto, o ministro dos Negócios Estrangeiros surgiu dizendo que o imperador iria gostar de vê-los na cerimônia de gala no teatro mais à noite. Pensando que se tratava de um convite oficial, o casal foi, para depois ser ignorado em público pelo imperador.

A explosão final se deu durante um encontro no início de outubro. Segundo Gennaro Merola, encarregado de negócios do Reino das Duas Sicílias no Rio de Janeiro, em um almoço, d. Januária questionou o irmão a respeito de como ele podia crer que ela, que o amava tanto, tramaria qualquer coisa contra ele. Contrariado, o imperador teria respondido: "Sim, sobre isso temos muito que dizer!". Áquila interveio, desabafou dizendo tudo o que efetivamente pensava a respeito de toda aquela intriga e tratou o imperador, aquele jovem de 19 anos, como alguém inexperiente e manipulável por Paulo Barbosa:

Sou um príncipe real e vós deveis me ouvir até o fim para me ter convidado para uma explicação. Vós dizeis que eu sou mal aconselhado. Quem me fez insultar de seus empregados e de todo o Palácio? Não é o execrável Paulo Barbosa que se serve de vós como de um mero louco por figurar-vos como chefe de um partido? E esta parte sublime de um imperador superior a todos os partidos? Vós perdei-vos com vosso império.[32]

Retirando-se do Paço da Cidade e alugando uma casa em Botafogo, começou a pressão de Áquila para que conseguissem autorização para ir à Europa. Se o imperador não entendia que o partido dele era o mesmo do cunhado e que estava no Brasil só porque gostava de d. Januária, então não tinha mais o que fazer ali em meio a tanta desconfiança a seu respeito. Queria voltar para Nápoles.

Por algum tempo, Áquila usou d. Januária para pedir com "jeitinho" ao mano, que tergiversava. O conselho de Estado era contra o afastamento da princesa do Brasil. Apesar de grávida, a imperatriz ainda não dera um herdeiro ao trono. O ministério não queria tomar uma decisão que cabia pela Constituição à Câmara, e esta, ao se reunir para debater os motivos da saída da princesa herdeira do Brasil, exporia pública e oficialmente o racha na Casa Imperial.

Diante do impasse, Áquila solicitou a ida da princesa para a Europa para tratamento de saúde. D. Pedro II consentiu unicamente porque o cunhado ameaçava partir mesmo sem a permissão oficial. Assim que d. Pedro deu o consentimento, o conde se preparou para embarcar com a princesa, com ajuda dos franceses, no navio de guerra *La Reine Blanche*.

D. Pedro se aborreceu mais, magoado com a teimosia do cunhado em querer sair do Brasil com a princesa herdeira em um navio de guerra estrangeiro. Queria que fossem para a Europa a bordo do *Constituição*, que ficaria pronto em duas semanas. Não houve acordo: partiriam o mais rápido possível. D. Pedro queria que um navio de guerra brasileiro comboiasse o francês, mas não havia como aprontar algum de maneira decente para partir no mesmo período. A presença de um camarista e de uma dama de honra brasileiros junto aos condes também serviu para mais desacordos. Seguiria como camarista o conde de Beaurepaire, empregado do Paço, mas francês de nascimento, e a dama não iria.

Aqui existe um ponto pouquíssimo explorado. A ajuda francesa não era desinteressada. O auxílio aos condes d'Áquila poderia levar a Câmara a banir d. Januária da linha de sucessão e colocar d. Francisca e o príncipe de Joinville um degrau mais próximos do trono. Ao contrário do napolitano, o francês e d. Januária continuaram muito amigos do mordomo Paulo Barbosa quando deixaram o Brasil. A partida dos condes colocava d. Pedro II isolado com a camarilha do palácio e alijado da grande popularidade que d. Januária, a "Princesa da Independência", sempre teve. Seria fácil para a princesa reverter essa popularidade para o trono se d. Pedro II não se deixasse ver, na época, pelos olhos dos cortesãos.

Tudo se tornava público no império, era impossível que ninguém percebesse a precipitação da partida dos condes. A maneira obstinada de Áquila em recusar qualquer coisa que fosse brasileira virou um escândalo. A única coisa do país de que ele usufruiria seria o dote de d. Januária, que o napolitano perdulário dissiparia em vida colocando o casal à beira da falência, com grande escândalo internacional em 1874. Quanto aos franceses, eles não lograram seu intento, ao menos não durante o Segundo Reinado, mas tentaram influir no projetado terceiro.

D. Afonso e os demais herdeiros

A princesa herdeira do Brasil, d. Januária, partiu em 22 de outubro de 1844, em meio a despedidas chorosas entre ela e d. Teresa Cristina. Ao lado delas, os maridos estavam imersos em um mutismo glacial. Em 23 de fevereiro de 1845, nasceu o príncipe d. Afonso Pedro. Ao apresentar o príncipe herdeiro à corte, d. Pedro II, despido de toda a formalidade e autocontrole, que sempre pautaram a sua vida pública, não conseguiu terminar de invocar ao bebê as bênçãos de Deus, pois irrompeu em lágrimas de emoção. A madrinha foi a avó, a imperatriz d. Amélia.

Um ano depois, em 29 de julho de 1846, nascia a primeira menina, d. Isabel, batizada no dia 15 de novembro. Em junho de 1847, d. Afonso, enquanto brincava na biblioteca do palácio com gravuras de animais, começou a sofrer diversas convulsões consecutivas. Elas duraram mais de cinco horas, o que o levou a óbito no dia 11 de junho de 1847. Os pais estavam ausentes, quando isso ocorreu. A imperatriz se encontrava grávida de oito meses, e temeu-se pela saúde dela e do bebê devido ao choque da perda. Mas em 13 de julho ela deu à luz uma menina saudável, a quem deram o nome de Leopoldina.

O último filho nasceu em São Cristóvão, em 19 de julho de 1848, foi batizado como d. Pedro Afonso. Como tradicionalmente era feito, se passou o período de férias, entre o final do ano e a Páscoa, fora do Rio de Janeiro, dessa vez na Imperial Fazenda de Santa Cruz. Em janeiro de 1850, d. Pedro e d. Teresa Cristina partiram de Santa Cruz para o Paço, por ser dia de Grande Gala, com a comemoração do Dia do Fico. As crianças foram deixadas na fazenda, para onde os pais retornariam. Uma das questões que os levaram para Santa Cruz foi a procura por melhores ares para o descanso e restabelecimento de d. Pedro Afonso. A criança estava indisposta. Também epiléptica, como o pai e o avô, desde a última crise não se restabelecia direito, tendo sempre febres intermitentes. No dia 8, estava bem, e no dia 9 voltaram as febres. Faleceu às 4h20 da manhã do dia 10, longe dos pais, que ainda estavam em São Cristóvão.

D. Pedro II deu ordens para que as meninas fossem enviadas a São Cristóvão. Pedia ao camarista em Santa Cruz que mandassem "esses filhos que me restam e estimo mais que a vida". Continuava o pai sofrido:

> Foi o golpe mais fatal que poderia receber e decerto a ele não resistiria se não me ficassem ainda mulher e duas crianças, que tenho a educar para que possam fazer a felicidade do país que as viu nascer, e é também uma das minhas consolações. Desejava ainda desafogar, mas cada palavra é interrompida por minhas lágrimas e muito incomodado me sinto desde

ontem à noite, como se fosse um pressentimento do que havia de suceder.³³

Os poetas da época Gonçalves Dias e Álvares de Azevedo cantariam o príncipe morto. O maranhense diria: "E entre os rostos que divisas,/ que a tua vida pranteiam,/ entre quantos te rodeiam,/ tu não enxerga teus pais!"; o paulista focará na mãe: "Choro-te, sim! Mas esse dó que vibra/ Minh'alma solitária — dei-o à triste,/ A essa mísera mãe que te há perdido,/ A essa infeliz, à italiana santa,/ Que gemerá como Raquel chorosa [...]".

Não existe dúvida quanto à dor da perda de um filho. Se nos diários de d. Pedro II e de d. Teresa Cristina faltam as páginas a respeito desses tristes episódios, existe um poema do imperador em que ele revela o seu luto pela perda do segundo filho:

Duas vezes a morte hei sofrido,
Pois morre o pai com seu filho morto;
Para tamanha dor não há conforto,
Dilui-se em pranto o coração partido!

Para que ninguém ouça o meu gemido,
Encerro-me na sombra do meu horto,
Entregue ao pranto, no sofrer absorto,
Querendo ver se vejo o bem perdido!...

Brota a saudade onde a esperança finda;
Sinto n'alma ecoar dobres de sino!...
Só a resignação me resta ainda.

Coube-me o mais funesto dos destinos:
Vi-me sem Pai, sem Mãe, na infância linda,
E morrem-me os filhos pequeninos.³⁴

Após a morte de d. Pedro Afonso, o último menino, rarearam as visitas dos imperadores a Santa Cruz. D. Teresa Cristina não queria mais voltar à fazenda. Muitos têm afirmado que o casal, diante da dor da perda das crianças, desistiu de tentar ter novos filhos.

Distante da ideia do que é ser o chefe de uma dinastia nos dias de hoje, na época, era impensável um monarca deixar de ter filhos porque algum morrera. D. Pedro e d. Leopoldina perderam quatro filhos. D. Pedro I deixou quatro herdeiros ao trono brasileiro ao partir para o exílio. Quando ainda em Paris, esperou o período fértil de d. Amélia antes de embarcar para a guerra contra d. Miguel em Portugal.

Além de governar, era obrigação de um dinasta deixar herdeiros para a sua casa, para os tronos, afinal, crianças morriam com mais facilidade do que nos dias de hoje e ter príncipes "de reserva" fazia parte. Além do mais, em 1848, quando nasceu o último filho, d. Teresa tinha 26 anos, e d. Pedro II, 23, jovens demais para decidirem nunca mais ter filhos, o que significava não terem mais relações sexuais.

Entre o nascimento e a morte do último menino passaram-se dois anos sem d. Teresa engravidar novamente. O que podemos conjecturar, infelizmente sem documentação médica ou mesmo indícios escritos que comprovem a decisão dos imperadores, é que a última gestação de d. Teresa Cristina possa ter ocasionado a perda do seu útero. Ela ou ele podem ter se tornado inférteis, ou ainda algum outro problema pode ter impossibilitado uma nova gravidez.

Uma das hipóteses da morte de d. Pedro Afonso, com o registro das tais febres intermitentes, que também atacaram d. Isabel à época, foi a febre amarela, que devastou o Rio de Janeiro. O surto da doença, diagnosticada em 17 de dezembro de 1849, na Bahia, chegaria à corte no começo do ano seguinte, para ficar. A febre amarela se tornaria endêmica na cidade, matando milhares de pessoas até o início do século XX. Daí a insistência de d. Pedro II para que Louis Pasteur se dedicasse ao seu estudo.

A FAMÍLIA

A morte das irmãs

À morte dos herdeiros de d. Pedro II se somaria a de duas das suas irmãs, uma com a qual o imperador tivera pouca convivência e outra a quem não chegou a conhecer pessoalmente.

A caçula, a princesa d. Maria Amélia, filha de d. Pedro I com a imperatriz d. Amélia, nasceu durante o exílio dos pais em Paris, em 1º de dezembro de 1831, e recebeu o nome da madrinha, a rainha Maria Amélia da França. Órfã de pai antes de completar 3 anos, a princesa morou em Portugal com a mãe e passou longas temporadas na Baviera. Ela foi educada pelos melhores professores particulares tanto em Portugal quanto na Alemanha. Jovem, linda e culta, d. Maria Amélia, apelidada de "Princesa Flor", era uma exímia pianista e dominava diversos idiomas, além de pintar muito bem. Mas a sua instrução não se restringiu ao programa educacional tradicionalmente dado às mulheres na sua posição nessa sua época. Com autorização do rei da Baviera, d. Maria Amélia conseguiu estudar física com professores da universidade, prestar exames e formar-se aos 19 anos, tornando-se a primeira brasileira diplomada. Desde a morte de d. Pedro I, d. Amélia buscou o reconhecimento da filha como princesa brasileira. Afinal, ela havia sido concebida no Brasil antes da abdicação do imperador. O que hoje pode parecer um mero detalhe, na época era uma questão importante. Ser reconhecida como princesa do Brasil lhe garantiria um dote pelo seu casamento e uma posição perante a nobreza mundial. O assunto só foi solucionado após a maioridade de d. Pedro II, que fez com que o reconhecimento da irmã ocorresse.

Apesar da distância, há várias cartas dela para d. Pedro, em que podemos notar a meiguice da menina para com o irmão imperador. Um exemplo é a que ela escreveu ao receber as comendas a que tinha direito como princesa do Brasil:

D. PEDRO II

Lisboa, 2 de dezembro de 1842

Meu querido mano. Acabava de escrever-te pelo dia dos teus anos quando recebi a carta de 1 de setembro, e não quero tardar um momento em agradecer-te o listão que me mandas das Ordens Brasileiras que muito gosto me dá por ser uma coisa da nossa terra e dada por um irmão de quem sou tão amiga.

Também te agradeço muito a coleção que me prometes mandar, de borboletas e beija-flores, e fica descansado que eu não hei de tirar uma só asa ou pena a estes meus lindos patrícios.

Adeus, meu querido mano, peço-te de dar um abraço às manas e recebe o que muito de coração te dá esta tua afeiçoada maninha, Maria Amélia[35]

Um primo de d. Pedro II e de d. Amélia, o arquiduque Maximiliano da Áustria, futuro imperador do México, visitou d. Maria Amélia em Lisboa em 1852, e chegou-se a cogitar um futuro casamento entre eles, porém o destino da jovem princesa seria outro.

Em carta datada de 3 de outubro de 1851 ao irmão no Brasil, d. Maria II, rainha de Portugal, alertou: "A mana Amélia encontra-se bastante doente com sezões [febres], mas eu tenho medo sempre que as sezões não degenerem em coisa pior". Alguns meses depois, em 14 de fevereiro de 1852, a saúde de d. Maria Amélia continuava preocupante: "Quem tem estado de novo doente e que nos tem dado bastante cuidado é a mana Amélia, tem tido uma angina complicada com uma bronquite e inflamação do estômago".

D. Amélia se mudaria com a filha para a ilha da Madeira em busca da cura para a doença, a mesma que havia matado d. Pedro I: tuberculose. Segundo d. Maria II, no entanto, os médicos agiram tarde demais, pois deveriam ter enviado d. Maria Amélia antes para esse local, em busca de repouso e sol. A jovem faleceu no Funchal aos 21 anos, em 4 de fevereiro de 1853.

A FAMÍLIA

No dia 12, d. Maria II escreveu ao irmão no Brasil: "Meu querido Pedro, não quero deixar de te escrever em uma ocasião tão triste para nós todos. Não fazes ideia quanto sinto que tu nunca conheceste a nossa boa mana Amélia, era na verdade um verdadeiro anjo e a única consolação da pobre Maman".[36]

D. Pedro II, apesar de nunca ter encontrado essa irmã, não se esqueceu dela. Quase dez anos depois da morte da princesa, ele anotou em seu diário, em 3 de fevereiro de 1862: "Ouvi missa por minha mana Amélia que tanto sinto não haver conhecido e era tão amiga".

D. Maria II, a irmã mais velha de d. Pedro II, esteve ao seu lado desde o nascimento dele, em dezembro 1825, até a primeira partida da jovem rainha para a Europa, em julho de 1828. Devido ao golpe em Portugal que lhe tomou o trono, ela ficou na Inglaterra, de onde retornou ao Brasil, chegando em outubro de 1829 junto com a madrasta. D. Maria partiria novamente, de forma definitiva, em abril de 1831. Ao todo, foram pouco mais de quatro anos de convivência entre ela e d. Pedro II, que a viu pela última vez quando tinha 5 anos. Apesar disso, nunca perderam contato, e a correspondência entre eles foi constante, o que ajudou a manter e a estreitar os laços entre os irmãos. A carta mais antiga de que se tem registro dela para d. Pedro é datada de 28 de junho de 1831, na qual a rainha avisa que havia chegado ao porto de Brest, na Bretanha.

Nas cartas trocadas ao longo de vinte anos, d. Maria dava notícias a respeito de sua família, que ia crescendo com o nascimento dos sobrinhos de d. Pedro II, cobrava notícias sobre as sobrinhas no Brasil e mantinha-se muito bem informada sobre a saúde delas: "Muita pena tive de saber que a Isabel teve sarampo, espero que esteja de todo boa".[37]

As saudades que a rainha portuguesa sentia do Brasil eram grandes. Ela pedia notícias de pessoas do paço que conhecia desde criança e encomendava diversos produtos que só podiam ser encontrados no país em que nascera:

> Se tu me fizesses um gosto de me mandares às vezes por estes vapores frutas do Brasil e conserva de palmito teria nisso muito gosto, posso te dizer que a fruta chega otimamente por-

que ontem comemos um delicioso ananás do Rio, o que me fez saudades do nosso tempo de pequenos. Manda-me caroços de grumixamas e mesmo algum pé da arvore. Perdão, ainda se te for possível, manda também uma coleção de todas as espécies de bananeiras do Brasil porque cá dão-se muito bem.³⁸

Em outra carta, ela aproveita ainda mais a boa vontade do irmão:

> Visto me dizeres que te escrevesse o que queria do Brasil, aí vai uma lista de plantas, e além disso o Pedro [futuro d. Pedro V de Portugal, afilhado de d. Pedro II] pede-te que lhe mandes pássaros mortos e conchas raras. O Luís [futuro rei d. Luís I] (como pai dos papagaios e todos os animais) pede alguns papagaios raros e outros pássaros, mas vivos. Por minha parte, vou te ainda pedir que me mandes conserva de palmito e alguns pés de ananases Abacachy [sic] e alguns frutos dos ditos.³⁹

Em agradecimento pelos itens enviados pelo irmão, ela informava que, dos pássaros enviados para d. Luís, "só" trinta tinham morrido na viagem de navio, e aproveitava para justificar os pedidos alimentícios: "Vou te pedir de não acreditares que eu sou gastrônoma visto encomendar-te guloseimas, mas são para fazer provar ao Fernando e aos pequenos".⁴⁰

Não era só de informações a respeito da saúde dos filhos e de parentes, além de pedidos infinitos de livros da parte de d. Pedro II, que a correspondência entre os dois tratava. A proximidade dos dois tronos, pela consaguinidade dos monarcas, facilitava o que pode ser chamado de diplomacia pessoal. Um dos casos tratados foi o do conselheiro Drummond, diplomata brasileiro em Portugal que simplesmente inventou uma fábrica de embutidos em que se misturaria à carne de porco a de outros animais mortos por doença e até humana. Furiosa, d. Maria II escreveu ao irmão:

> Parece-me que tu estás mal-informado de tudo de cá, não me admira porque quando se tem um representante que escreve ofícios como um que acabo de ler num periódico brasileiro em que ele na sua poética imaginação cria uma fábrica (que não se conhece cá) em Aldeia Galega na qual ele diz que fazem chouriços de carnes de animais e talvez humana!! Parece-me que o sr. Drummond, se desejava saber se tal noticia era verdadeira, deveria perguntá-lo aqui ao governo antes de escrever um semelhante ofício que provocou artigos indignos contra os portugueses.[41]

Obviamente, o conselheiro Drummond foi afastado do seu posto. Ainda indignada a respeito de como a imprensa brasileira tratou o caso da falsa fábrica de embutidos, d. Maria II desabafou:

> Sempre direi, se tu me dás licença, que me parece que o Brasil não seria o que é se não tivessem sido os portugueses, mas a ingratidão é nada e o Brasil não se pode esquecer que foi colônia portuguesa, mas ao mesmo tempo deviam-se também lembrar os brasileiros que se são uma nação independente e se têm liberdade devem-no a um príncipe português.[42]

No final de 1853, d. Pedro II recebeu uma carta de outra irmã, d. Francisca, escrita em 20 de novembro. Ela havia acabado de chegar com o marido, o príncipe de Joinville, a Lisboa, onde passariam uma temporada com d. Maria II e a família. A rainha estava grávida novamente, e d. Francisca estava ansiosa para estar com a irmã, porém

> chegando no Tejo [...] Joinville chamou-me e perguntou-me por que tiravam tiros a todos os momentos e todas as bandeiras estavam no meio do mastro. Ele disse-me logo: houve alguma desgraça, é sem dúvida o pequeno da Maria que morreu, mas nada pensamos na pobre mana.[43]

Ao chegarem a Belém e desembarcarem, Joinville perguntou a quem foi recebê-los como ia d. Maria, e, assim, descobriram que fazia 24 horas que ela estava morta. Segundo d. Francisca, "o mais depressa possível, viemos à casa da Maman [d. Amélia] e de lá ao pé do pobre Fernando, que achamos, como podes pensar, num estado de tristeza terrível. Que vida vai ele ter agora o pobre rapaz, é horrível [...]".

Ao longo da carta, d. Francisca lamenta o futuro do cunhado e continua dando os detalhes da morte da irmã, que entrara em trabalho de parto no dia 14 de novembro à noite:

> [...] os médicos não estavam contentes de ver que nada avançava, de maneira que, vendo a Maria muito cansada e que as coisas no dia 15 de manhã não eram da mesma maneira, decidiram, de empregar os ferros para extrair a criança. Esta operação foi horrivelmente dolorosa e durou 2 horas, isto foi das nove da manhã até as onze. A pobre Maria perguntava sempre, há perigo para mim, responderam-lhe não e é verdade, então não o havia. Enfim, depois da criança ter nascido, ela começou a perguntar se havia perigo para ela, então havia.

D. Amélia, que estivera presente a tudo, auxiliando a enteada, tinha lhe dito "que ela faria melhor de preparar-se [...] então o Patriarca [de Lisboa] que estava ali para assistir ao nascimento do pequeno foi para ao pé dela confessá-la e dar-lhe a comunhão. Enfim, apenas tinha ela comungado perdeu os sentidos e, então, a extrema-unção foi dada e ela expirou logo sem nada sofrer".

A "mana Maria", irmã mais velha de d. Pedro II, falecia aos 34 anos, em 15 de novembro de 1853, deixando o viúvo, d. Fernando, para terminar de criar sete filhos. Ele seria obrigado a assumir a regência do reino até a maioridade do mais velho, d. Pedro V, que seria aclamado rei de Portugal em 16 de setembro de 1855.

A FAMÍLIA

D. Fernando também escreveu ao cunhado, de quem gostava muito, para informar da morte de d. Maria no dia 27 de novembro: "Tu, que tinhas tanta amizade a tua saudosa irmã, partilharás, mais do que ninguém, toda a amargura da nossa dor e chorará comigo a minha prematura viuvez!"[44]

A notícia da morte da irmã pegou d. Pedro de surpresa. Ele perdia uma interlocutora e uma amiga, que, entre outras demonstrações de carinho, fazia questão de dar uma festa brasileira todo dia 2 de dezembro, aniversário do imperador. D. Pedro II decretou luto nacional de seis meses, sendo os três primeiros de luto carregado e os últimos de luto aliviado. Todos os anos, ele participaria de missas no dia 15 de novembro em memória da irmã mais velha. Seria em uma delas, em 1889, que receberia o último telegrama do visconde de Ouro Preto informando que o gabinete havia sido deposto pelos militares.

Cunhado e confidente

D. Pedro continuaria se correspondendo com o cunhado e com os sobrinhos em Portugal. As suas cartas para d. Fernando, após este assumir a regência em nome do filho, foram ficando cada vez mais longas e cheias de detalhes, tanto a respeito dos problemas enfrentados no governo do império quanto pessoais.

Único menino em uma família de muitas irmãs, em sua juventude, d. Pedro tinha verdadeira adoração pelo primo, e depois cunhado, príncipe de Joinville. Este encarnava, aos olhos do jovem imperador, o papel de herói romântico, com suas aventuras navais e seu leão como companheiro. Mas foi em d. Fernando que d. Pedro encontrou um interlocutor que considerou à altura para se abrir, de monarca para monarca. O rei português, além de ser homem, entendia a posição que eles ocupavam no topo da hierarquia do país e compreendia que deveriam ser cautelosos com palavras, atitudes e comportamentos, pois todos os olhares estavam voltados para si.

Uma das cartas mais emblemáticas de d. Pedro II, abrindo o coração ao cunhado, encontra-se na Torre do Tombo, em Portugal. A pesquisadora Cláudia Thomé Witte localizou-a e fotografou-a para que pudesse ser estudada na íntegra para a presente edição. A carta é imensa: inicia-se em 25 de fevereiro de 1855 e termina em 11 de março. O imperador foi escrevendo ao longo desses dias, sempre passando um traço quando encerrava um trecho e anotando o dia em que a recomeçava. D. Fernando, em resposta à missiva, chamou-a de "journal", provavelmente usando o sentido da palavra alemã e francesa para "diário". Infelizmente, d. Pedro não cumpriu o que prometia logo no cabeçalho: "Tenho tempo para te escrever sem hieróglifos". Sua letra varia de razoavelmente legível a ilegível ao longo dos dias e das páginas.

A carta é bastante icônica porque nela vemos d. Pedro de uma forma mais íntima, exprimindo livremente seus pensamentos para alguém que agora era seu igual, sentindo-se à vontade para falar sobre seus sentimentos, hábitos e problemas com o governo. Na época, por exemplo, havia duas grandes preocupações no horizonte do imperador, a questão do Prata e a implantação de uma nova estrada de ferro, a *D. Pedro II*. Ela havia tido sua concessão autorizada pelo decreto nº 641, de 26 de junho de 1852, mas, passados pouco mais de dois anos, poucos progressos haviam sido feitos no sentido da sua constituição e implantação. Na carta, d. Pedro informava:

> Já estudei os papéis relativos à estrada de ferro. O meu ministro em Londres contratou, aliás sem autorização, mas para não perder tempo e oportunidade, segundo alega — é questão digna de maior exame — o engenheiro Eduardo Price, indicado pelo célebre Stephenson, a construção duma parte da estrada, aquela cujo plano tiver sido feito acuradamente conforme o projeto do engenheiro [...], Mr. Austin, por ajuste com o visconde de Barbacena, que portanto encarrega-se da construção [...].[45]

A sequência é uma série de detalhes técnicos, desde o percurso da linha que devia ser construída, as futuras estações que deveriam existir, até como a sociedade seria constituída, como seria sua implantação, quais os valores e a forma de emissão das ações. A carta dá detalhes até sobre a cobertura que a malha ferroviária deveria alcançar para atender o Rio de Janeiro e garantir o escoamento dos principais produtos, como o café do vale do Paraíba.

D. Pedro também abordou na carta, por duas vezes, a questão do Prata. A região era um verdadeiro paiol de pólvora na fronteira sul do Brasil desde a época da Colônia, com as disputas de fronteiras e os interesses dos vários países da região do rio da Prata. Na época, em 1855, o presidente do Paraguai era Carlos Antonio López. Durante sua gestão, ele havia começado um processo de modernização do país, com a construção de ferrovias, entre outras ações para o desenvolvimento nacional. Mas a busca por abrir o Paraguai ao comércio exterior foi dificultada pelos argentinos, que impediam o acesso ao oceano Atlântico.

Na época em que d. Pedro escreveu essa carta, o presidente do Paraguai entrou em disputa com o Brasil a respeito da definição da fronteira sul. Para os paraguaios, o limite deveria ser o rio Branco, enquanto para o Brasil, deveria ser o rio Apa. López chegou a condicionar a livre navegação do rio Paraguai aos navios brasileiros a que o império aceitasse a fronteira ditada por ele.

Para d. Fernando, d. Pedro desabafou: "O López do Paraguai nos embargará à traição, mas passaremos; a força e o direito estão do nosso lado".

José Maria da Silva Paranhos, futuro visconde do Rio Branco, foi enviado em missão para a Argentina em busca de apoio para o lado dos brasileiros na disputa, o que obteve, em troca de um empréstimo. Em paralelo, o Brasil enviou uma expedição naval para o local, conforme narrado por d. Pedro:

> As notícias do rio da Prata são boas; parece-me que tudo se arranjará só com ameaça sem emprego da *ultima ratio* [último argumento], [...]. A última data é dia 15 de fevereiro, e consta que o filho do presidente iria esperar a nossa expedição na confluência do [rio] Paraguai e Paraná para tratar com o comandante e ao mesmo tempo negociar. Talvez pensem

que nos contentarão com breves palavras, mas eles terão medo de alguma resposta positiva mesmo que não façamos logo falar os nossos castelos de madeira, o que desejarei sempre evitar.[46]

Os "castelos de madeira", os navios da Marinha brasileira, não "falaram" naquele momento, mas falariam dentro de alguns anos ao mesmo filho de Carlos mencionado na carta, Solano López, que futuramente assumiria o governo paraguaio.

Além de questões a respeito dos literatos portugueses, como Alexandre Herculano, Almeida Garrett e António Feliciano de Castilho, d. Pedro dividiu com o cunhado seus próprios versos e suas traduções. As belas-letras sempre aparecem na correspondência entre eles, bem como os diversos estudos que d. Pedro fazia e gostava de compartilhar. O imperador, em quase todas as cartas para o cunhado, pedia que este enviasse livros para ele, de todos os tipos. Nessa, especificamente, d. Pedro solicitava obras sobre arqueologia:

> E não te esqueças dos livros que te pedi, e se achares alguma antiqualha bibliográfica, madama; que eu tenho muito querer para tudo o que é arqueologia; nestes dias, às horas de lazer, tenho estado a ler, com muito prazer e aproveitamento para a classificação nas minhas memórias das épocas da história antiga, a obra de Heródoto; em francês, bem entendido, [...]; — pois em grego, por falta de tempo — começava o original quando quiseram que eu tivesse 18 anos aos 14 — cheguei ao princípio da gramática, sinto-o muito, e se tivesse alguns meses de descanso atirava-me a esse estudo.[47]

O Golpe da Maioridade que ele menciona, ao recordar que "queriam que ele tivesse 18 anos aos 14 ", não só o obrigou a amadurecer antes do tempo como tirou-lhe as horas que queria ter usado para o estudo de grego e de outras línguas, a que só muito posteriormente voltaria a se dedicar. Os negócios do Império sobrepunham-se aos seus momentos de estudo, como ele afirma: "Queria desta vez mandar o resto da análise da tradução da Epístola aos Pisões do d. Gastão;[48] mas tu bem vês qual é a razão por que o não faço, e não me acusarás de preguiça".

D. Pedro também enviou ao cunhado um retrato de como era o seu dia a dia em 1855:

> Costumo acordar às 7h, porque começo às vezes a dormir depois das 2h da madrugada, e até o almoço faço muito bom trabalho, depois converso e em Petrópolis também jogo bilhar até 11h ou meio-dia, retirando-me em São Cristóvão pouco depois do almoço para o meu gabinete de trabalho; torno a trabalhar até 4h30, 5h, ou 5h30, quando janto, e finda esta mais conversa, leio alguma coisa que demanda pouca atenção, ou jogo bilhar, e isto somente aqui, e é noite, se não há teatro, ou não tiver despacho, ou negócios que examinar, emprego as horas até dormir no que mais me agradar.[49]

Ao contrário de d. Pedro, os divertimentos de d. Fernando eram vários, e um deles tinha acabado de se transformar em um escândalo. Em 7 de fevereiro de 1855, em um sarau privado no Palácio das Necessidades, em Lisboa, o rei cantou um dueto com a contralto italiana Marietta Alboni, acompanhados ao piano pelo maestro João Guilherme Daddi. O evento repercutiu dos dois lados do Atlântico. D. Pedro II comentou a respeito: "Vejo que te divertes bastante — e o que não se fará em companhia de um irmão? É sinal de que não padeces agora de *spleen* —, estimo muito; mas o que alguns têm reparado, talvez mais do que eu, que peco igualmente pelo romancismo, é que hajas cantado com os cômicos".

Em resposta, d. Fernando explodiu:

> Entre nós, um artista do teatro, quando é homem bem-educado, é recebido em todas as casas e tido como qualquer outro homem, por isso não acho nada de repreensível que eu cantasse

em particular com alguns e algumas que eu conheço e que são pessoas muito bem-criadas, e só diante de uma dúzia de pessoas do meu conhecimento. É preciso extirpar estas pieguices que só vivem talvez ainda na cabeça de alguma devota rabugenta, outrora devassa, que repara que uma pessoa real esteja numa soirée, algum tempo sentado ao pé de uma cantora, mas que achava talvez engraçado que infantas de Portugal sorvessem todo o cálice do amor, com alguns camaristas, nos corredores dos palácios de Mafra ou Bemposta![50]

D. Fernando afirmou que, devido à posição que eles, como príncipes, ocupavam no mundo, este os condenou a serem os "maiores sensaborões". Os sabores, ou prazeres, dos quais os homens comuns podiam desfrutar, inclusive em público, não estavam destinados a eles, que deveriam saber dividir muito bem o público e o privado. D. Pedro II entendia perfeitamente o que o cunhado queria dizer, como podemos ver quando afirma que não gostava de passear "porque não, não me convém andar só pensamenteiando [sic] — em tudo reparam". Como em criança, agora, aos 29 anos, continuava se preocupando com tudo o que poderiam pensar a respeito dele e as conclusões que tirariam ao vê-lo só, perdido em seus pensamentos: "Não gosto de sair unicamente para sair de casa". Mas, como monarca, não podia deixar de ser visto. Aos domingos à tarde, ele ia até o Botafogo, "lindo arrabalde, na extremidade oposta a S. Cristóvão, para que me vejam sem ser à noite nos teatros, nas festas públicas, ou visitas a estabelecimentos públicos ou particulares, e a minha vida, como já te disse, é a mais interior possível na nossa posição".

A caça, entretenimento ancestral da realeza e da nobreza, também não lhe agradava: "Não gosto de caçar, matando entes, cuja carne, pouco saborosa para mim, nem me serviria de desculpa, além de que esse divertimento — assim o chamam alguns — nos toma muito tempo".

O período dos bailes também havia passado, ou, ao menos, era a imagem que ele queria transmitir para d. Fernando: "Não gosto de bailes, a que só irei agora para não ser estranhada a minha ausência. [...] Não recebo em casa, à exceção de um ou outro baile da corte, ou reunião muito particular". Mesmo nesses encontros mais íntimos da corte, d. Pedro tinha que tomar muito cuidado com quem recebia devido às "exclusões irrefletidas que às vezes se dão, ou mesmo justas".

A culpa, segundo ele, de não gostar de se divertir também seria devido ao *spleen*, como a segunda geração do Romantismo designava a melancolia provocada por pessimismo, ceticismo e tédio. Mas, na realidade, d. Pedro havia se tornado um jovem bastante taciturno: "Não sou apaixonado das distrações, [...] quando não existe toda a reserva, o que será muito difícil a quem pensar como eu se não evitar talvez as ocasiões de vê-la em perigo, o que tornará então insuportáveis simimantes [semelhantes] saraus".

As "reservas" referem-se à distância que d. Pedro mantinha dos cortesãos, políticos e outras figuras brasileiras com as quais ele achava que não lhe convinha estreitar laços por diversos motivos:

> Sou segredista; e tenho sido muito acusado de dissimulação, quando da minha parte não há senão reservas; mas pouco me importo com tais ditos; porque partem geralmente de pessoas que procuram as nossas confidências como meio de ganharem a influência que, as mais vezes, não merecerem pelas suas qualidades. Conheço cabalmente este mundo e já me teria tornado completo cético se não fossem as tuas cartas e outras provas, que recebo, como Pedro d'Alcântara.[51]

Não era fácil a vida de quem, desde jovem, havia sido criado para servir ao Estado, sendo a principal figura da sociedade brasileira e, por isso, alvo de todos os tipos de aproximações de quem lhe queria tirar vantagens. Se com os cortesãos a aproximação era estudada, com as mulheres mais ainda:

Com efeito, é um assunto melindradíssimo tudo o que se refere ao coração e à parte secreta da vida particular; mas o homem não pode concentrar sempre em si o que sente, e com um amigo a franqueza, além de nos consolar de bastantes mágoas, pode livrar-nos de assim maiores desgostos. A nossa posição é mais infeliz do que a dos outros, e eis mais uma razão para que recorramos à amizade, quando o meu coração reclama um desafogo.

A experiência é a mestra — há séculos que isso se diz; — mas quantas vezes a esquecemos pelo que nos fascina, em um momento de surpresa! Mas tão já gozaste da verdadeira felicidade, ao menos assim o acreditas, ainda que durasse pouco tempo, e este seja o principal fundamento de nossos juízos a respeito dos outros e de nós mesmos, e, apesar de não desprezares nada o que é bonito, espero que não te deslumbrarás mais as aparências [...] entregando o teu coração a quem não sabe votar-te todo o seu. À altura em que nos achamos colocados, iludi-mos (sic) muito e só o tempo e uma contínua observação nos podem convencer da verdade. Então a nossa condição ainda aumenta o preço de nossas venturas, e se a traíssemos, mesmo em pensamentos — não me aches estúpido, antes de haver considerado bem todas as minhas razões —, aos nossos próprios olhos nos cobriríamos de vergonhas, perdendo a confiança que tínhamos em nós, e, portanto, a que depositávamos em outrem, e sem a qual não há felicidade.[52]

D. Pedro, ao escrever para o cunhado, chegou a questionar os assuntos relativos ao amor:

Bem vês que interrogo o amor perante o tribunal do coração e da razão; perante a decisão começo por dificilmente reconhecer-lhe em muitos, não direi na maior parte dos casos, a identidade, e por isso não poucas vezes nós somos vítimas da própria hipocrisia, ou tiranos, ou mal correspondidos, ou traídos, e quando vítimas da própria hipocrisia, que o devem ser nessas circunstâncias todos os homens honestos, permitir-se-nos-á gozar ao menos [...] de um sentimento puro do coração que, satisfazendo em parte os seus direitos, até nos evita alguns desafogos, que, aliás momentâneos, podem até parecer tiranias.

Na carta em resposta a d. Pedro, d. Fernando alertou:

Somos muitas vezes mal julgados, e com certa injustiça, por empregarmos certas expressões que no papel quase sempre exprimem mais do que queríamos dizer. Por isso entendo eu que se deve ser ainda mais prudente no que se escreve do que no que se diz. O que se escreve fica, e o que se diz o vento lo leva!

Mas, apesar da reprimenda, d. Fernando compreendia bem os sentimentos de d. Pedro. Tentando relativizar um pouco os rompantes do imperador, que dizia que não gostava de bailes, ele respondia: "Aqui diz-se sempre que tu gostas muito de bailes e que neles danças sempre muitíssimo, vejo por tua carta que não sou bem informado".

Quanto às questões do coração, ou "capítulo mulheres", como diz o rei, ele duvidava um pouco da castidade filosófica do cunhado: "Também se diz muita cousa de *puncto puncti*, quer dizer do capítulo mulher, que não está muito de acordo com o que tu escreves. *Che pensar deggio?* Está claro que devo acreditar a tua carta!". D. Fernando, no auge dos seus nove anos a mais que o cunhado, filosofou:

Aqui me refiro eu sobretudo àquele sentimento tão variamente explicado e de cada um, a seu modo sentido, chamado vulgarmente amor, amore, amour, em alemão liebe, em húngaro szerelem, e em China não sei como. Igualmente dizem essas minhas reflexões respeito à mulher, aquele ente que ainda ninguém chegou verdadeiramente a compreender, que ficará eternamente um sedutor e delicioso enigma, para o homem tão diversamente organizado, para o homem que, amando e desprezando-a ao mesmo tempo, não imagina uma existência sem ela.[53]

A divisão entre o prazer e o dever para d. Pedro era bem clara. O primeiro devia ser sacrificado pelo bem do segundo: "Essa discordância entre o prazer e o dever é uma consequência do primeiro pecado, [...] o desejo dá uma ilusória felicidade, ficando assim o dever sacrificado", o que jamais deveria ocorrer com homens em suas posições.

Ao contrário de d. Pedro, d. Fernando tinha uma válvula de escape, pois possuía uma forte veia artística. Diante do pedido do cunhado por um retrato dele, o rei sugeriu que se pensasse nele não com fraques, nem com fardas, mas sim em "trajes pitorescos dos antigos soberanos da Assíria", pois, segundo ele, isso provava que "minha cabeça não se sujeita às estúpidas modas inglesas e segue mais os artísticos impulsos dos nossos maiores".

Esse rei-artista legaria a Portugal um dos patrimônios mais visitados do país, o Palácio da Pena. D. Fernando possuía uma vasta educação e cultura, sobretudo artística, era um grande colecionador, um ótimo músico e desenhava muito bem. Quando chegou a Portugal para se casar com d. Maria II, em 1836, teve que deixar para trás suas propriedades no exterior, vendendo tudo o que o ligava à sua antiga origem para se tornar o príncipe de uma nova nação. Com sua fortuna pessoal, d. Fernando adquiriu em 1838 as ruínas do antigo mosteiro de São Jerônimo, na serra de Sintra. Ao longo dos anos, o projeto passou de restauro do antigo edifício quinhentista à construção de um novo palácio, sob a direção do barão Wilhelm Ludwig von Eschwege. Este já havia anteriormente trabalhado no Brasil, na época de d. João VI, montando diversas siderúrgicas, principalmente na região das Minas, havendo retornado à Europa em 1821.

O parque que cerca o palácio era inicialmente um projeto conjunto de d. Maria II, enquanto era viva, e do marido. Em carta datada de Sintra, de 11 de setembro de 1843, a rainha pede ao irmão no Brasil que lhe envie "árvore de Araucária e sementes da dita, mas bastante fresca para ver se nascem. Não há coisa que nós mais gostemos como de aclimatar plantas do Brasil, por isso recomendo-te que cada vez que puderes me mandes plantas em lugar de bichos".[54] Quase dez anos depois, em uma carta de d. Fernando para d. Pedro datada de 14 de julho de 1853, podemos ver que a aclimatação da araucária no parque da Pena deu certo: "É notável que a *Araucaria brasiliensis*[55] se dá lá quase como na sua pátria. Os exemplares que lá tenho, se continuarem assim, chegarão a grande altura, por ora tem só 6 a 8 anos, ou ainda menos. [...]".[56]

O palácio e o parque eram o lugar preferido de d. Fernando, como ele dá a entender para d. Pedro: "Estamos há perto de duas semanas na bela e fresca Sintra, como os poetas lhe chamam e que por isso mesmo, como todas as coisas que todos os dias se ouvem, já poucos encantos para mim possuía, se eu não tivesse a minha propriedade da Pena, lugar outrora uma espécie de ermo e hoje coberto de belas florestas e de viçosos jardins".[57]

A construção do Palácio da Pena durou de 1842 a 1857. Enquanto isso, no Brasil, no mesmo período, d. Pedro II estava envolvido com seus próprios projetos de construção na serra, não de um único palácio, mas de uma cidade inteira.

A cidade de Pedro

Em 1834, d. Pedro I faleceu em Portugal com dívidas, parte contraída por ocasião de sua partida do Brasil, quando, por exemplo, hipotecou e não pagou a Fazenda do Córrego Seco, no alto da Serra da Estrela. Essa fazenda cabia por herança paterna a d. Pedro II. O valor para tirá-la da mão dos credores era 14 contos de réis. Honório Hermeto proporia à Câmara, em 1839, que o governo saldasse a dívida, o que foi feito pela Lei Orçamentária nº 108, de 26 de maio de 1840, quando foi autorizado o resgate da fazenda para que ela ficasse "pertencendo a S.M. o Imperador, e aos seus Sucessores, sendo incorporada aos Próprios Nacionais".[58]

Em 16 de março de 1843, por meio do Decreto Imperial nº 155, d. Pedro II autorizou o plano do mordomo-mor, Paulo Barbosa, de arrendar a fazenda ao major e engenheiro militar alemão Júlio Frederico Koeler. A cidade de Petrópolis, segundo testemunho deixado pelo mordomo, deve o seu nome a Paulo Barbosa: "Lembrei-me de Petersburgo, cidade de Pedro, recorri ao grego [...] e sendo o imperador d. Pedro, julguei que lhe cabia bem esse nome".

No decreto, d. Pedro reservou para si um terreno para a construção de um palácio, que foi projetado e executado no então chamado Outeiro de Santa Cruz. Ele também doou terrenos para a construção de uma igreja, sob a invocação de São Pedro de Alcântara, e de um cemitério. A cidade cresceu com o acréscimo de novas terras adquiridas ao redor da antiga Fazenda do Córrego Seco. As fazendas Quitandinha, Itamarati e Morro Queimado, junto com o núcleo original da Córrego Seco, passaram a compor em 1854 a Imperial Fazenda de Petrópolis.

Os terrenos foram divididos em lotes e aforados para particulares. O aforamento era a cessão de uso do solo, não a sua propriedade definitiva, o que gera até hoje o apelido "imposto do príncipe", uma porcentagem sobre a venda de imóveis localizados nas áreas da antiga Imperial Fazenda de Petrópolis. A taxa é recolhida à Imobiliária de Petrópolis, de propriedade dos descendentes de uma parte da família imperial. Tal prática não é uma herança do Império, ou um privilégio: o aforamento ou enfiteuse é um instrumento jurídico. Existem pedaços inteiros de cidades brasileiras construídos sobre antigas fazendas doadas à Igreja ou à Santa Casa de Misericórdia. Essas instituições recebem pelo aforamento dos lotes, assim como a União pelos chamados "terrenos de marinha", áreas de sua propriedade que ficam localizadas na costa a até 33 metros a partir da linha do preamar médio de 1831.

Para a historiadora Alessandra Fraguas, do Instituto Histórico de Petrópolis, a criação da cidade é fruto de três elementos distintos: um plano do governo da província do Rio de Janeiro, que "buscava o emprego de mão de obra estrangeira e livre nas obras públicas, além da formação de colônias agrícolas"; um plano estabelecido pelo mordomo da Casa Imperial, que pretendia construir um palácio "fora da corte, onde a família imperial pudesse passar temporadas, especialmente durante o

A FAMÍLIA

verão"; e um plano pessoal do major Koeler "visando ao arrendamento das terras da Fazenda do Córrego Seco e à contratação de colonos livres para a sua ocupação e desenvolvimento econômico".[59]

A cidade projetada pelo major Koeler seria algo ainda não visto no planejamento urbano brasileiro. Era um projeto de vanguarda. Feito um minucioso levantamento topográfico, o major previu a construção das casas com frente para os rios, ladeados por ruas. Assim, se evitava a degradação das margens e da água. A construção das casas teria que obedecer a recuos, que acabaram por se transformar em hortas e jardins.

O plano de Koeler deu as diretrizes para toda a cidade que nasceria ao redor do palácio, foco principal da urbanização do local. Os quarteirões virariam bairros, e estes passariam a ser conhecidos pelos nomes das regiões da Alemanha de onde vieram as famílias dos imigrantes, como Palatinado, Renânia, Vestfália, entre outras.

Em 1859, além de outros europeus, como portugueses e suíços, era esmagadora a presença dos alemães, que somavam 3.300 colonos. Primeiramente foram abrigados em barracões, até receberem os lotes onde construiriam suas casas. Os alemães também trabalhariam na urbanização de Petrópolis e na construção do Palácio Imperial.

Segundo Alessandra Fraguas, os colonos germânicos "adaptaram-se mais às atividades manufatureiras do que à agricultura. Possuíam seus grêmios recreativos, suas sociedades musicais, seus clubes, enfim, redes de sociabilidade que mantiveram suas tradições".

D. Pedro II foi o único monarca a construir uma residência para si no Brasil. Tanto d. João VI quanto d. Pedro I reformaram prédios construídos antes da chegada da Família Real portuguesa, em 1808. Além do Rio de Janeiro, Petrópolis passou a ser a única cidade brasileira a deter a memória do cotidiano da corte.

A família imperial, e com ela os cortesãos, subia a serra na época do verão e voltava para o Rio de Janeiro no final do primeiro semestre. Normalmente, passavam cerca de cinco meses, subindo em novembro ou dezembro e retornando em maio. Às vezes d. Pedro chegava a prolongar até junho sua permanência na cidade. A mudança de ares visava fugir do Rio de Janeiro no auge do calor, quando as febres, vindas dos mangues e do ar parado da cidade, transformavam a corte em um centro de epidemia. Na capital, d. Pedro II era o monarca; em Petrópolis, com o palácio construído com o seu dinheiro, ele se considerava o cidadão d. Pedro de Alcântara.

Nas cartas e nos bilhetes comunicando o afastamento da cidade e a subida da serra, ele deixaria clara a sua predileção por Petrópolis. "Parto amanhã para Petrópolis, onde posso levar uma vida mais a meu gosto. Lá desfruto melhor da luxuriante natureza de meu país, e sobra-me mais tempo para ler e estudar." "Parto depois de amanhã para Petrópolis e espero então poder ocupar-me mais à vontade dos estudos e leituras que me interessam verdadeiramente." "Passarei ainda uma semana, ao menos, nestas montanhas que me agradam, sobretudo pela tranquilidade que aqui encontro." "Aqui trabalho melhor que no Rio apesar dos dois passeios que faço todos os dias."[60]

Alcindo Sodré, primeiro diretor do Museu Imperial, deixaria registrados os hábitos de d. Pedro II na cidade: "Madrugador, seu almoço era às nove e seu jantar às quatro horas. Depois das refeições, entretinha-se um pouco com o bilhar e conversas com os veadores, moços fidalgos e [o] médico da semana, bem como a leitura de jornais".[61] No seu diário, em 5 de janeiro de 1862, anotava como pretendia passar os dias em Petrópolis, aproveitando para estudar os idiomas antigos, que haviam ficado suspensos desde que queriam que ele "tivesse 18 anos aos 14":

> Pretendo distribuir assim o tempo. Acordar às 6, e até às 7 grego ou hebraico; passeio até 8 ou 8 ½, e desde então até 10 grego ou hebraico. 10h almoço. De meio-dia às 4 exceto terças e quintas em que será até as 3, exame de negócios, ou estudo. Jantar, e às 5 ½ passeio. Das 9 às 11 escrita deste livro; depois dormir.[62]

Às quintas-feiras, com a princesa d. Isabel já casada e com casa montada também em Petrópolis, ia jantar no palácio da filha, "onde ouvia música de excelentes concertos, exibindo-se muitas vezes Arthur Napoleão".[63] Também frequentava os saraus e eventos do Hotel Bragança. Porém, apesar de querer parecer um cidadão burguês em sua casa de campo, o imperador era cercado pela corte e pelos diplomatas estrangeiros, que começaram a veranear também na cidade.

Apesar de andar a cavalo e a pé, pela manhã — assim como Getúlio Vargas seria filmado oitenta anos depois cumprimentando "casualmente" o neto de d. Pedro II, o príncipe d. Pedro Gastão na cidade —, o imperador não estava livre da pompa e circunstância do cargo nem na cidade serrana. Lá também recebia diplomatas, convocava ministros e políticos para compor o governo e era obrigado a sair de casaca e placa da Ordem do Cruzeiro e do Tosão de Ouro na carruagem puxada por seis cavalos.

Sua casa, o local de refúgio do imperador como cidadão, foi transformada, após a sua saída do país, em escola. Depois da morte de d. Pedro II, o palácio foi alugado pela família seguidamente a duas instituições de ensino. O contrato de locação possuía uma cláusula curiosa: em caso do término do banimento e mudança do regime, o contrato seria anulado imediatamente. Em 1940, durante a ditadura de Getúlio Vargas, quando ele buscava ligar sua imagem de pai da nação à de d. Pedro II, a coroa imperial foi comprada da família, assim como o prédio do antigo palácio, que foi transformado em Museu Imperial. Na realidade, a construção não é um palácio: trata-se de uma grande e confortável casa de campo. De palácio, mesmo, só o fato de ter sido habitada por um imperador.

A cor rosa que vemos hoje pintada na fachada do prédio foi aplicada muito posteriormente à vida de d. Pedro II. Quem se dirigir, pelo lado de fora do palácio, à varanda da lateral direita, tendo a avenida Imperatriz Teresa Cristina às suas costas, verá na parede, em cima das portas, um trabalho de prospecção e recuperação.

Nessas verdadeiras janelas para o passado, vemos que o palácio era, na realidade, revestido externamente por um acabamento pintado que imitava mármore amarelo. O prédio também não era inicialmente como o vemos hoje. Foi construído o primeiro pavimento e depois erguido o segundo. Ainda na década de 1860 eram feitas obras nele.

O parque e os jardins foram projetados por Binot. As cavalariças, cozinha e viveiros de pássaros ocupavam uma área muito maior do que vemos hoje. Já no final do século XIX, após o banimento da família imperial, os terrenos foram sendo loteados pelos seus administradores. O chamado Bosque do Imperador, uma praça existente nos fundos do Museu Imperial, para onde a biblioteca do museu dá frente, era área ajardinada do palácio. Um prédio antigo que dá frente para essa praça, o chamado Palácio Grão-Pará, era a casa dos semanários, os servidores do Paço, que cumpriam as "semanas" de serviço junto aos imperadores.

No parque do palácio, havia três repuxos e quatro fontes. Em uma delas, na do sapo, a população local ia encher suas bilhas e jarros — era considerada a melhor água da região. Diversas plantas, entre exóticas e nativas, conviviam no parque. Junto das palmeiras da Austrália, dos cedros da Índia, das bananeiras de Madagascar se viam jaqueiras, ingás e magnólias. Algumas dessas árvores ainda podem ser encontradas lá hoje em dia. Duas espécies, a grumixama, árvore da Mata Atlântica, e uma jaqueira, plantadas no parque, deixaram memórias vinculadas a d. Pedro II. Da fruta da grumixama, era feito um licor, apreciado pelo imperador. E a jaqueira, existente em um canteiro do lado direito da descida do palácio para a avenida da Imperatriz, foi personagem de uma história oral até hoje lembrada.

Segundo Alcindo Sodré, que contava essa história para os visitantes, em certa ocasião, d. Pedro II descia por esse caminho, como sempre fazia, quando de repente parou e tomou a direção contrária. O camarista que o acompanhava estranhou: "Mas Vossa Majestade não prefere sempre este caminho?". E o imperador respondeu: "É que há um homem trepado naquela árvore, provavelmente roubando jaca; pode se assustar com a minha presença, cair e quebrar a perna... Vamos voltar!".[64]

Em 1845, d. Pedro subiu pela primeira vez para a nova povoação, ainda em construção, e foi alojado provisoriamente numa antiga sede de fazenda. Quatro anos depois, em 1849, o monarca já passaria a habitar o novo palácio. Em 1852, os jornais da época contavam a respeito da apresentação de mágica do "célebre mágico *Herr* Alexander" no palácio do imperador em Petrópolis. Mesmo em obras, d. Pedro mandou ajeitar as salas para receber a corte para a apresentação. Oito anos depois, o palácio recebeu um visitante muito mais ilustre, outro Habsburgo para quem a América não faria bem, o arquiduque Maximiliano, futuro imperador do México. Maximiliano visitaria Petrópolis e jantaria no palácio, preferindo, porém, hospedar-se no Hotel Bragança, o centro da vida mundana da cidade. O prédio, que não existe mais devido à abertura da rua dr. Alencar Lima, ficava mais ou menos onde hoje se localiza o antigo prédio do Banco do Brasil, na rua do Imperador.

Da época do imperador, ainda podemos pisar no mesmo saguão de entrada axadrezado em mármore branco (Carrara) e preto (belga) com duas colunas gregas ao fundo. É possível caminharmos pelos mesmos assoalhos, passarmos pelas mesmas portas, espiarmos pelas mesmas janelas. Apreciarmos a beleza do trabalho em marcenaria, em que foram usados cedro, jacarandá, canela, peroba, pau-cetim e pequi. Podemos observar os trabalhos de gesso nos tetos por meio dos quais é possível identificar os antigos usos desses espaços. No quarto do casal imperial, por exemplo, temos, nos quatro cantos, as iniciais P e T, Pedro e Teresa.

Os móveis não são todos originalmente da casa. Testemunhos da época do imperador se referem à mobília, geralmente de mogno, com encosto e assento de palhinha, sem qualquer marca que denunciasse seus imperiais proprietários. Os que hoje se encontram no museu servem para compor um cenário. Encontram-se lá peças que pertenceram a outras casas de Petrópolis, a outras famílias, além de móveis do Palácio de São Cristóvão, outros que foram do Paço da Cidade e até mesmo alguns que estavam no *Constituição*, navio que trouxe d. Teresa Cristina ao Brasil.

Alguns dos espaços não eram utilizados como hoje se configuram. A sala de jantar era pouquíssimo usada pela família, que preferia tomar as refeições em outro cômodo, onde hoje se localiza a exposição das vestes de d. Pedro II. O quarto de dormir do casal, no andar superior, nos últimos anos do império, seria usado apenas por d. Teresa Cristina. O imperador mandou colocar no seu gabinete de trabalho uma cama de ferro debaixo da qual mal se escondia o urinol. O médico de d. Pedro II, Mota

Maia, vendo a quantidade de formigas que se juntavam no objeto pela manhã, pôde diagnosticar de maneira empírica o diabetes do soberano.[65]

No Museu existem uma sala do trono, que nunca existiu nessa residência, e as joias da Coroa, que ali nunca estiveram antes. São, sem dúvida, a cereja do bolo de um dos museus mais visitados do Brasil e que periodicamente figura no ranking dos mais visitados do mundo. A cidade, transformada oficialmente em "Cidade Imperial" durante o regime militar,[66] recebe seus visitantes, quer na rodoviária, quer na estrada, com propagandas comerciais que evocam o nome do imperador ou fazem alusão à época do Império. Se na época de d. Pedro II ele tinha a pretensão de parecer mais um burguês em sua casa de campo, na Petrópolis de hoje o monarca, se pudesse aparecer por um instante para matar saudades da sua cidade, se sentiria nela mais imperador do que ali jamais quisera ser.

CONHECENDO O BRASIL

D. Pedro I, em cartas para d. Maria II, enquanto ainda lutava no Porto, esbravejava "Carta, Carta, Carta", ou seja, tudo devia seguir a Constituição que ele dera para Portugal em 1826. Se d. Pedro II relesse, já empossado, as cartas enviadas pelo pai ao garoto que deixara no Brasil, nada teria de diferente das recomendações feitas por d. Pedro I à rainha de Portugal. Doutrinado desde a infância pelo pai e pelos tutores, d. Pedro II faria da Constituição a sua segunda religião, como ele afirmaria em seu diário no final de 1861.

E, entre as suas prerrogativas constitucionais, estava o Poder Moderador, instituído em 1824. Esse quarto poder garantia a supremacia da Coroa sobre os demais poderes; dessa maneira, d. Pedro II não era apenas o chefe de Estado, mas também o chefe do Executivo. Entre as prerrogativas constitucionais estava a que já havia feito a desgraça de d. Pedro I, a de nomear e destituir ministros sem consulta ao Parlamento, além de convocar, prorrogar e adiar a Assembleia Geral, convocar e dissolver a Câmara dos Deputados, suspender magistrados, perdoar penas e conceder anistias. O imperador também era o responsável pela escolha final dos senadores. Estes eram eleitos pelas províncias, em listas tríplices, cabendo ao monarca escolher um nome entre os três mais votados. Também cabia a d. Pedro vetar decisões do Legislativo e a nomeação dos membros do Conselho de Estado.

O Ato Adicional de 1834 havia acabado com o Conselho de Estado, que retornou pela Lei nº 234, de 23 de novembro de 1841, regulamentada em 5 de fevereiro de 1842. Reinstituído o Conselho, ele passou a ser uma espécie de protetor do jovem soberano e das ações do Poder Moderador até 1847, quando então foi criado também o Conselho de Ministros. Este era um órgão permanente, sob a direção do presidente do Conselho, espécie de primeiro-ministro, com quem o imperador dividiria e, ao longo do reinado, a quem cederia a tarefa de montar os ministérios. Até o início da década de 1850, o imperador se veria livre das duas grandes figuras que fizeram a política interna e externa durante boa parte da sua vida até então. Paulo Barbosa pediu para sair do Brasil após a descoberta de um atentado contra a sua vida, em junho de 1846. Aureliano Coutinho começou a perder sua proximidade ao trono com a criação da presidência do Conselho de Ministros.

Durante seu período inicial do exercício pleno como imperador, d. Pedro II caiu em erros, como quando Cândido José de Araújo Viana, futuro marquês de Sapucaí, fez uma exposição no Conselho de Estado a respeito das fraudes eleitorais de 1840. Com a queda do Gabinete da Maioridade, os conservadores formaram novo governo. A Câmara dos Deputados, que deveria se reunir em 3 de maio de 1841, majoritariamente liberal e hostil ao novo gabinete, foi dissolvida dois dias antes de ser aberta. Cabia ao soberano efetivamente encerrar e dissolver a Câmara. Mas mesmo antes de a legislatura começar?

A consequente demissão de Tobias de Aguiar do cargo de presidente da província de São Paulo demonstraria a falácia da ideia de que o imperador no trono uniria o Brasil. São Paulo e Minas, contrários à dissolução da Câmara e à demissão dos membros liberais dos cargos executivos dessas províncias, se insurgiram nas Revoltas Liberais de 1842, às quais Caxias e seu exército foram enviados para debelar.

Em 1867, 25 anos depois, num despacho com o ministério, d. Pedro se lembrará da dissolução premeditada da Câmara e de suas consequências: "Confesso que foi um erro, o maior talvez do meu reinado; mas os liberais, queixosos ainda hoje, ao que entregaram o poder a uma criança de 15 anos?".[1]

A remoção de Aguiar em São Paulo visava ao desmonte da máquina eleitoral dos liberais naquele estado. As fraudes que existiram nas eleições de 1840, as chamadas "Eleições do Cacete", continuariam ao longo de todo o Segundo Reinado. A máquina funcionaria do seguinte modo durante o reinado de d. Pedro II: o imperador nomeava um gabinete, alternando no poder ora os liberais, ora os conservadores. Muitas vezes, a nomeação era realizada tendo como base a maioria da Câmara dos Deputados, que daria sustentação a um primeiro-ministro do seu partido. Se o gabinete caísse, d. Pedro II pedia ao ministro renunciante a indicação de outro membro do seu partido para constituir um novo gabinete. Mas nem sempre funcionava assim. Quando, baseado nos seus direitos como chefe do Poder Moderador, ele mantinha um ministério e encerrava a Câmara, esse ministério realizava as eleições, e a ordem de representatividade se via alterada.

As eleições

O gabinete que estivesse no poder nomeava os presidentes das províncias, e, de acordo com suas alianças, estes escolhiam seus "apadrinhados" políticos para os postos-chave, como o de chefe de polícia, que por sua vez colocava seus correligionários nos cargos de delegado, subdelegado. A facção no poder dominava a província e controlava as eleições de maneira ditatorial, com ajuda até da Guarda Nacional. Fechavam-se paróquias eleitorais em que a maioria fosse do partido oposto e abriam-se novas paróquias em áreas nas quais se tivesse a maioria dos votos, roubavam-se urnas e depois elas apareciam com mais votos do que havia de eleitores credenciados naquela paróquia. Enquanto em outros países parlamentaristas as eleições duravam quinze dias, no Brasil levavam em média quatro meses. Assim, se elegiam as Câmaras que davam sustentação aos gabinetes. De 1840 até 1889, ou seja, em 49 anos de governo, houve 37 gabinetes, uma média de um a cada um ano e três meses.

D. Pedro sabia como eram realizadas as eleições, mas tinha pouco a fazer quanto a isso. Em seu diário, em 31 de dezembro de 1861, anotou:

> Acho muito prejudicial ao serviço da Nação a mudança repetida de ministros; o que sempre procuro evitar, e menos se daria se as eleições fossem feitas como desejo; a opinião se firmaria, e o procedimento dos ministros se mais conforme seus deveres, reputando eu um dos nossos grandes males a falta geral de responsabilidade efetiva.[2]

Em 31 de maio de 1862, comentou sobre as eleições que estavam para ser realizadas:

> Também a dissolução agora [da Câmara] não permitiria ao ministério fazer a melhor escolha possível de presidentes para as eleições, que além disto se fariam pela legislação atual que, relativamente ao processo eleitoral, é muito viciosa. Contudo, depois se tiver de sair esse ministério custar-me-á muito a achar outro que dê iguais garantias de imparcialidades nas eleições. É preciso andar muito vigilante e estar prevenido para a verdadeira solução da crise por meio duma eleição livre para todos.[3]

Em agosto de 1862, na presença do presidente da Câmara, perguntou por que não se dava prosseguimento à reforma da lei eleitoral. O presidente respondera que por falta de empenho dos ministros, o que d. Pedro sabia não ser verdade, e completou que o ministério estava trabalhando. O imperador aproveitou e registrou claramente sua opinião sobre o processo eleitoral no seu diário:

> [...] Falei sobre o projeto de lei regulando a qualificação eleitoral, e perguntando-me ele como se poderia obter mais trabalho da Câmara respondi que trabalhasse como outros faziam 8 e

mais horas por dia, de manhã e à tarde, ainda que a verdadeira reforma seria a do modo por que fazem as eleições entre nós, o que só se conseguirá por meio da adequada reforma do processo eleitoral e, sobretudo, do procedimento dos que estão à testa dos partidos, porque nobreza obriga como diz o rifão.[4]

Aos ouvidos de d. Pedro II, que nascera e fora criado desde cedo para o exercício do poder, com horas de trabalho e estudo rigidamente estabelecidas, certas respostas obtidas dos políticos, quando questionados a respeito de determinados assuntos, soavam como desculpas.

Vontades políticas

Apesar de o Poder Moderador estar acima de todos e de abrir brechas para um exercício autocrático de mando, o imperador compartilhou sua força com presidentes do ministério e seus gabinetes. Para d. Pedro ser um verdadeiro autocrata, ele precisaria ter a seu lado um exército forte. Com a diminuição dos efetivos e a criação da Guarda Nacional — um simulacro de força —, isso se tornara impossível. E com o fortalecimento do exército, no episódio da Guerra do Paraguai, a consequência mais direta foi a postura dos militares em fazer mais parte da política do que servir de sustentáculo ao trono.

Certa vez, com a crise financeira causada pela Guerra do Paraguai, surgiram matérias no *Jornal do Commercio* tratando sobre economia política. Os textos eram assinados sob o pseudônimo de *Veritas*. D. Pedro, achando interessantes as ideias ali expostas, solicitou ao presidente do Conselho de Ministros que descobrisse quem era o autor dos artigos. O conhecimento deste poderia, de alguma forma, servir para o Ministério da Fazenda, que estava sem rumo com a crise.

Alguns dias depois, o gabinete se reuniu novamente para despacho, e o imperador foi logo perguntando se haviam descoberto quem era o *Veritas*.

— Senhor — respondeu o visconde de São Vicente —, se Vossa Majestade soubesse quem é o *Veritas*...[5]

Mas o imperador já sabia. *Veritas* era o mesmo Francisco de Sales Torres Homem que, assinando como *Timandro*, escreveu um panfleto chamado *O libelo do povo*, em 1848, no qual atacava tanto a família de Bragança quanto os Bourbons, especificamente o irmão de d. Teresa Cristina, o rei das Duas Sicílias. "Não posso colocar os meus sentimentos pessoais acima dos interesses do meu povo", teria dito o imperador na ocasião. "Atravessamos uma crise econômica e financeira das mais agudas, esse homem parece dispor dos meios precisos para atenuá-la, se não vencê-la, vá convidá-lo, em meu nome, para vir a minha presença."

E assim foi feito. Torres Homem tornou-se ministro da Fazenda, para sua desgraça perante a opinião pública. D. Pedro fez dele visconde de Inhomirim com honras de grandeza em 1872. O nobilitado, agradecido e comovido, durante uma audiência com o imperador, expressou seu desejo de ir beijar a mão da imperatriz, como mostra de arrependimento do que havia escrito mais de vinte anos antes.

— Não, sr. visconde, é no seu próprio interesse que não consinto — advertiu o imperador. — O senhor iria assim expor-se a nova decepção. A imperatriz, ferida nos seus melindres [...] talvez não tenha a magnanimidade precisa para esquecer uma ferida que ainda sangra no coração dela [...]. Lembre-se de que ela é italiana e as italianas não perdoam tão facilmente como nós, os brasileiros.[6]

A ideia de que a chamada "mãe dos brasileiros", d. Teresa Cristina, era um ser passivo e quase destituído de personalidade está longe de ser verdade, como pode ser entendido por essa frase atribuída ao imperador e pelas cartas dela ao marido. Afinal, quem já viu uma italiana, por mais bem-educada que seja, calma quando mexem com a sua família?

D. Pedro II, além de exercer o Poder Moderador como chefe do Executivo, também exerceu seu poder sobre parte do Legislativo, no caso o Senado. Um dos projetos caros a d. Pedro foi a Lei do Ventre Livre (1871), que, além de libertar as crianças nascidas no cativeiro, criaria um fundo emancipatório e libertaria também todos os escravizados da nação e da Coroa. Por causa da tramitação dessa lei, o imperador impediu que o famoso escritor e político José de Alencar, defensor da escravidão, entrasse para o Senado. Alencar foi o mais votado pelo Ceará para o posto de senador nas eleições de 1870. O seu nome encabeçava a lista sêxtupla que foi entregue ao imperador para que ele escolhesse os dois novos senadores da província. Mas d. Pedro, antevendo o efeito de mais um senador vitalício contrário a projetos em prol dos escravizados, nomeou para as vagas Domingos José Nogueira Jaguaribe e Jerônimo Martiniano Figueira de Melo. Ambos votariam favoravelmente à Lei do Ventre Livre em 1871.

Após um dos primeiros desacertos no uso do Poder Moderador, encerrando uma Câmara ainda não empossada, d. Pedro II, em 1844, o exerceu de maneira benéfica, tomando medidas para a reconciliação nacional. Contrário à sugestão do Conselho de Estado, a quem cabia ouvir antes de tomar decisões executivas, e usando do Poder Moderador, concedeu anistia a todos os participantes das Revoltas Liberais. O brigadeiro Rafael Tobias de Aguiar saiu da prisão no Rio de Janeiro e retornou com a esposa, a marquesa de Santos, para São Paulo. Aguiar seria votado em duas ocasiões para o Senado, entretanto, d. Pedro II pode tê-lo perdoado da prisão, mas nunca o escolheu para preencher a vaga de senador por São Paulo. Isso não impediu Tobias de ser eleito deputado para a Câmara dos Deputados do Império em duas ocasiões, passando a residir no Rio de Janeiro junto com a esposa.

E assim ia se construindo a política por d. Pedro, com ele soltando ou apertando as rédeas, conforme o espírito do povo e a necessidade de se governar um país quase continental. Porém, mesmo com todas as suas prerrogativas constitucionais, nem sempre ele conseguia que os políticos cumprissem suas ideias. Perante a iminente demissão do barão de Paranapiacaba do cargo de presidente do Conservatório Dramático, frustrado em tentar criar um teatro nacional, d. Pedro II o acalentou, dizendo para ele não desanimar: "Há dez anos que eu teimo para abertura da Biblioteca Nacional, à noite, e só agora é que pude consegui-lo".[7]

Em seu diário, deixou registradas algumas frustrações como soberano:

> Muitas coisas me desgostaram; mas não posso logo remediá--las e isso aflige-me profundamente. Se ao menos eu pudesse fazer constar geralmente como eu penso! Mas para quê, se tão poucos acreditariam nos embaraços que encontro para que se faça o que eu julgo acertado! Há muita falta de zelo e o amor da pátria só é uma palavra para a maior parte! Ver onde está o bem e não poder concorrer para ele senão lentamente, bur-lando-se muitas vezes os próprios esforços, é um verdadeiro tormento de Tântalo[8] para o soberano que tem consciência; mas a resignação é indispensável para que a influência do soberano vá produzindo, sem abalos sempre maus, seus efeitos desinteressados do que não seja bem público — alvo necessário do monarca constitucional.[9]

Ao longo da década de 1840, diversas leis foram feitas visando à estabilização da ordem política e também das finanças do Império. O tratado comercial com a Inglaterra não foi revalidado, acabando com os privilégios ingleses, principalmente sobre as baixas taxas de exportação sobre produtos vindos daquele país. Ocorreu a reforma tributária sobre os produtos importados, e novas leis, em 1846 e 1847, como a chamada Alves Branco, procuraram fomentar a indústria nacional. Esse cenário abriu espaço para homens como Irineu Evangelista de Souza, o futuro barão de Mauá, surgirem. Isso possibilitou ao Tesouro maior arrecadação, e com isso o governo passou a investir em obras e fomentar a economia.

O charque produzido pelos países da região do rio da Prata recebeu uma sobretaxa de 25% para que o mesmo produto produzido pelo Rio Grande do Sul pudesse competir no mercado interno. Isso, somado à anistia e à possibilidade da integração dos farrapos ao exército imperial, colocou fim à Revolução Farroupilha, em 1845, após dez anos de luta.

Viagem ao Sul e ao Sudeste

Os primeiros cinco anos de d. Pedro como imperador foram passados ao redor da corte. Mas o Brasil era imenso, e o Rio de Janeiro era um cantinho do vasto império do qual d. Pedro II era o soberano. O imperador precisava se mostrar mais, como seu pai havia feito, ao marcar presença em alguns dos principais acontecimentos políticos. O enfrentamento em Minas Gerais e o Grito em São Paulo, em 1822, a viagem à Bahia e a ida para a Guerra da Cisplatina, em 1826, são alguns dos exemplos.

Muito mais que olhar o rosto do imperador em moedas, notas, quadros, gravuras e medalhas, sua presença pelo Brasil demonstraria a ligação direta do trono com o seu povo e com a terra que governava. Não foi por acaso que a primeira grande viagem do imperador, entre 1845 e 1846, foi pelas províncias do Sul e do Sudeste, Rio Grande do Sul, Santa Catarina e São Paulo, recém-pacificadas. A viagem foi realizada para demonstrar a presença do Estado, materializada sob a figura do seu chefe supremo, e a integração territorial e política das províncias ao governo central.

A viagem foi paga pelo próprio bolso do imperador. Para isso, o mordomo Paulo Barbosa tomou um empréstimo de sessenta contos da casa Phillips & Comp., representantes dos banqueiros Rothschild no Rio de Janeiro, em adiantamento à dotação do imperador. Junto a essa quantia, capitalistas de Porto Alegre, José e João Ferreira Porto, juntaram mais 135 contos.[10] O dinheiro seria utilizado para a manutenção dos soberanos e da pequena comitiva que levavam, além de pagamentos de presentes para os anfitriões e doações para hospitais e casas de caridade.

Apesar de d. Pedro II ter mencionado, na Fala do Trono de 14 de setembro de 1846, seu desejo de conhecer as províncias do império, a viagem não foi bem recebida pela corte. Segundo o embaixador austríaco, houve uma má impressão a respeito de o jovem soberano seguir em viagem para uma região recentemente em revolta contra o governo central.[11]

Em São Cristóvão, no dia 5 de outubro de 1845, d. Pedro e d. Teresa Cristina se despediram do herdeiro, o príncipe d. Afonso, com oito meses de idade, que ficou aos cuidados da babá alemã e do mordomo Paulo Barbosa. D. Teresa se separou penosamente da criança. O casal e seus acompanhantes embarcaram na praia de São Cristóvão em direção ao navio *Constituição*.

Além do *Constituição*, ainda com o mobiliário que trouxera d. Teresa Cristina para o Brasil, seguiam os vapores *Imperatriz* e *Sampaiense*, as corvetas *Euterpe* e *Sete de Setembro* e os brigues *Felicidades* e *Irajá*. Apesar de não convidar nenhum diplomata estrangeiro para a viagem, o monarca não pôde recusar que a esquadra fosse comboiada até o Sul por navios de guerra de outros países, um inglês e um norte-americano.

Florianópolis

A primeira parada foi em Desterro, atual Florianópolis, capital da província de Santa Catarina. Devido ao calado do navio *Constituição*, os imperadores e sua pequena corte foram transferidos para o *Imperatriz* para chegarem mais próximo da costa e desembarcar. Tudo já estava resolvido no dia 11, por volta do meio-dia, entretanto d. Pedro II não desembarcou de imediato, aguardou até o dia seguinte, que era uma data especial para o império. O jornal *O Relator Catharinense* lembrou que o dia do desembarque do imperador em Desterro, 12 de outubro, era o do aniversário de aclamação de d. Pedro I como primeiro imperador brasileiro.

A construção da figura de d. Pedro II como monarca passaria obrigatoriamente ao longo do seu reinado pelas datas que o aproximavam do pai como seu antecessor. Não apenas as datas, mas também os símbolos do primeiro imperador estariam constantemente presentes em determinadas cerimônias, como a "Espada do Ipiranga", que hoje se encontra no Museu Histórico Nacional, no Rio de Janeiro.

D. Pedro II e d. Teresa Cristina passaram 27 dias visitando diversas localidades de Santa Catarina. Além de verem e serem vistos, o imperador deixou atrás de si a memória de sua passagem pelos locais. Como em Santo Amaro, onde em 1818, por determinação de d. João VI, foi construído um hospital, para se aproveitar as águas termais da região. Com a passagem do Casal Imperial, as chamadas Caldas de Cubatão se transformaram em Caldas da Imperatriz, e Santo Amaro passaria a se chamar Santo Amaro da Imperatriz.

Em Santa Catarina, d. Pedro visitou escolas e examinou os alunos, achando o colégio dos jesuítas espanhóis excelente e os alunos da classe de latim eficientes. Em um beija-mão, conheceu frei João de São Boaventura, que lhe foi apresentado pelo senador João da Silva Mafra. O frei miguelista, que deixara Portugal em 1834 e viera se estabelecer no Brasil, trouxera em sua bagagem uma segunda edição d'*Os lusíadas*, que ofertou a d. Pedro II. Esse livro havia pertencido anteriormente à biblioteca do mosteiro de São Bento da Saúde, em Lisboa, e nele ainda se lê, escrito pela mão de Camões: "Luís de Camões seu dono". O imperador acabou ficando com esse livro a vida toda e 44 anos depois o levaria consigo para o exílio.

Rio Grande do Sul

Em 8 de novembro, o imperador partiu para o Rio Grande do Sul, onde visitaria diversas cidades, como São José do Norte, Rio Grande, Porto Alegre, Viamão, São Leopoldo, Triunfo, Santo Amaro, Rio Pardo, Cachoeira, São Gabriel e Pelotas.

D. Pedro II passou pelos mesmos locais que seu pai passara anteriormente e receberia testemunhos de fidelidade e hospedagem de pessoas que anteriormente já haviam feito o mesmo com d. Pedro I. Foi o caso, em São José do Norte, à beira da lagoa dos Patos, de d. Maria de Sá Araújo, que havia hospedado d. Pedro I em 1826. Como presente da segunda visita imperial, d. Maria recebeu uma tabaqueira de ouro com as iniciais P e T, de Pedro e Teresa, encimadas pela coroa imperial, cravejada de pequenos brilhantes com quatro grandes nas pontas. Essa peça hoje, doada por sua família, encontra-se no acervo do Museu Imperial, em Petrópolis.

Na cidade de Rio Grande, o casal imperial foi recebido em festa pela população e se hospedou na residência do principal capitalista da região, João Antônio Lopes. Ali o imperador visitou a fábrica local de chapéus feitos com pele de castor e comprou um, sendo imitado por todos os homens da sua comitiva.

Vestido de acordo com o costume do Sul, com o poncho que já trouxera na bagagem, foi visto pelas ruas com ele e no teatro. A demonstração agradou à população, que à passagem do imperador exclamava: "Que, puxa, imperador!... Ah! monarca!... Moço lindo como lista de poncho."[12] A imperatriz também despertou atenção pelos seus modos simples. Anunciou que receberia visitas sem necessidade de que as pessoas se apresentassem com roupa de gala ou mesmo luxuosa. Para dar o exemplo, desembarcou com um vestido de seda, manta de lã e chapéu de fita, sem joias. O que encantou alguns, desencantou outros. Ao ver as roupas comuns do imperador, em Porto Alegre, uma senhora teria dito: "Assim também é demais!".[13]

Nas cidades de Rio Grande e Porto Alegre, os imperadores visitaram todas as instalações locais, como a Santa Casa, quartéis, alfândega, mercados, porto e o comércio em geral, além de fábricas e fazendas da região. Nas duas cidades, o imperador apadrinhou crianças órfãs abandonadas. Em Rio Grande, apadrinhou um menino a quem deu o nome de Afonso, em homenagem ao príncipe herdeiro; em Porto Alegre, uma menina que passou a se chamar Cristina.

Por todos os lados, eram saudados e cumprimentados por pessoas ilustres, magistrados, fazendeiros e pelo povo, a quem o monarca recebia, ao menos, duas vezes por semana nos paços improvisados nos quais se hospedou. As crianças e os jovens estudantes fizeram parte dos festejos: à passagem de d. Pedro, eles estavam sempre presentes abrindo alas e fazendo chover pétalas de flores sobre o monarca. Também chegaram a ser sabatinados pelo jovem que completaria 20 anos em Porto Alegre em meio a uma grande festa.

Durante a apoteótica comemoração do aniversário de d. Pedro II no local, com te-déum mandado cantar pela Câmara, o imperador recebeu os cumprimentos de mais de quinhentas pessoas. Houve parada militar na várzea do rio Guaíba com 2 mil soldados do exército e da marinha. D. Pedro assinou vários decretos, um deles o da criação do Asilo de Santa Teresa, para crianças órfãs. Esse asilo foi construído em um terreno comprado e doado pelo imperador no morro de Santa Teresa, onde hoje ficam sedes e antenas de diversas rádios e televisões da capital gaúcha.

O conde de Caxias, futuro duque, que havia pacificado a província e esteve com d. Pedro II desde a sua chegada ao Rio Grande, deu um grande baile em honra do aniversário do imperador na casa do comendador Israel Soares de Paiva. Seria a primeira vez que d. Pedro II dançaria depois da sua maioridade, e não somente com a imperatriz. Das mulheres presentes que dançaram com o imperador, a história guardou apenas o nome de seus pais: a filha do visconde de São Leopoldo, a do marechal Mena Barreto, a do coronel Pedroso e uma filha do segundo visconde de Castro, João de Castro do Canto e Melo. O pai do visconde havia levado d. Pedro II para ser apresentado à comissão da Assembleia que fora a São Cristóvão reconhecê-lo como herdeiro do trono. João de Castro, irmão da marquesa de Santos, havia sido muito amigo do pai de d. Pedro II. O visconde foi o comandante das baterias de Porto Alegre contra os farrapos, lutando ao lado do império e de Caxias contra a revolta. A imperatriz dançou com o próprio Caxias, além dos comandantes dos navios que os acompanhavam e com diversos gaúchos.

O ministro que seguiu com d. Pedro II ao Sul, o visconde de Macaé, escreveu para o mordomo Paulo Barbosa a respeito das diversões do imperador: "Já dança seis contradanças em uma noite, e já está em um baile fora de casa e de seu paço sem sono e sem fastio até uma hora da madrugada".[14]

O imperador continuou inspecionando tudo em Porto Alegre, dando atenção principal às escolas, nas quais se demorava muito mais que no Arsenal de Guerra, por exemplo. Certa ocasião, querendo visitar uma aula de latim, não encontrou o professor nem os alunos, o que gerou um escândalo e a suspensão do professor.

Os principais líderes dos farrapos, Bento Gonçalves, Joaquim Pedro Soares, Vicente da Fontoura e os demais, foram recebidos no palácio do governo pelo imperador durante a sua estada na capital gaúcha. Bento Gonçalves encontrou-se mais de uma vez com d. Pedro, tendo como testemunha somente o visconde de Macaé. As conversas foram pessoais e reservadas, mas a preocupação era a mesma: a fronteira sul do império. Um jornalista, cobrindo a viagem do imperador, escreveu no *Jornal do Commercio*, publicado no Rio de Janeiro:

> [...] Em que país do mundo se deu já o fato de, no mesmo dia e hora que se proclama extinta uma guerra civil, expirarem todos os ódios e ressentimentos naturalmente originados por essa [...]. Ninguém se lembra de ter sido rebelde ou legalista para evitar a comunhão e aliança de seu adversário![15]

Em Viamão, no dia 7 de dezembro, o imperador assistiu a um grande combate simulado em companhia de Caxias. Passou d. Pedro II pelo mesmo Caminho do Meio, estrada que ligava Viamão a Porto Alegre, exatos dezenove anos depois da passagem de d. Pedro I. O pai parecia surgir sempre nos primeiros passos do filho para fora da corte. Pode não ter sido uma simples coincidência, uma vez que a busca pela figura paterna permeou boa parte da vida de d. Pedro II. Ele cresceu embalado pelos feitos de cavaleiros míticos, cantados e contados por artistas românticos, mas, para além dessas criações, teve um herói romântico de carne e osso como pai. Essa busca pelo ser lendário que o gerou faria, por exemplo, d. Pedro II procurar, em 1845, o velho visconde de São Leopoldo, que havia acompanhado d. Pedro I na sua viagem ao Sul em 1826. Em 1886, em São Paulo, o imperador perguntaria ao presidente da província, João da Silva Carrão, se ele havia visto a cena do Grito. Carrão diria que não, mas que em Campinas havia ainda um velho, João Cintra, que tinha participado da comitiva do primeiro imperador. Durante sua passagem pela cidade, d. Pedro II o procurou e se juntou como mero espectador ao círculo formado ao redor do velho que rememorava sua história.[16]

Em 16 de dezembro, a comitiva subiu o rio dos Sinos para conhecer a colônia alemã de São Leopoldo. As festas iam se sucedendo, e d. Pedro II e d. Teresa Cristina as aproveitavam alegremente. Em 1º de janeiro, chegaram a Rio Pardo, quando, em uma festa, o casal dançou cinco quadrilhas. Nessa cidade, d. Teresa Cristina ficaria aguardando o imperador, que continuou a viagem. Em Rio Pardo, se anunciou que S.M. a imperatriz está de "esperanças", ou seja, grávida de d. Isabel. Provavelmente ela teria engravidado no começo da viagem.

Igual ao pai, ele era apressado e corria a cavalo mais que os companheiros. Os que foram procurá-lo na capela do Senhor dos Passos, em Rio Pardo, para o bota-fora às quatro da manhã não o encontraram. Às 3h30 já havia partido depois da missa. Pousou a cinco léguas de Rio Pardo, e, enquanto todos ainda descansavam, d. Pedro II os acordou fazendo pouco da fraqueza dos companheiros.

Na Vila de Cachoeira, com Caxias e os demais, assistiu da janela ao baile que prepararam para ele. Estava sem a esposa, não iria dançar, mas mandou os seus criados ajudarem a servir na festa e fez questão que usassem a baixela que trazia. Seguindo viagem, chegou ao Passo do São Lourenço, na margem direita do rio Jacuí, percorrendo o campo do 2º Regimento, do general Osório, e ali experimentando pela primeira vez um churrasco que faziam no acampamento.

Pelo pampa, seguido por um esquadrão de cavalaria, foi tomando contato com os estancieiros e os indígenas da região, com os quais aprendeu, na língua guarani, o nome de alguns objetos. O imperador e a sua comitiva atravessaram seis rios durante a jornada, o Pardo, o Botucaraí, o Jacuí, o São Sepé, o Salso e o Vacacaí. No dia 12 de janeiro, entraram na cidade de São Gabriel em festa. Fugindo do sol, viajavam à noite, e, como chegariam de madrugada na cidade, pararam antes para descansar. Caxias fez do seu poncho uma rede para d. Pedro, que usou de travesseiro um tronco.

Em São Gabriel houve novas festas, novamente sem d. Pedro II dançar, pois continuava sem a imperatriz. Nessa cidade, recebeu outros líderes farroupilhas. David Canabarro enviou seu tio, por se encontrar doente. Todas as manhãs o imperador nadava no rio Vacacaí. Voltando para Rio Pardo, se encontrou com d. Teresa Cristina e regressaram a Porto Alegre, de onde partiram em 3 de fevereiro para Pelotas, último destino da visita. Na cidade, o casal foi muito festejado, e no Theatro Sete de Abril, epicentro da vida da riquíssima cidade produtora de charque, assistiram a uma noite de gala. Conheceram fazendas e charqueadas, navegaram pelo arroio Pelotas e pelo canal São Gonçalo.

Em 11 de fevereiro, d. Pedro II e sua comitiva partiram do Rio Grande do Sul, mas não em destino à corte. Passariam antes por Santa Catarina em direção à província de São Paulo. Em Porto Alegre, ele decidira visitá-la. O imperador se soltava, Caxias já via nele o homem que os demais ainda se recusavam: "O homem tem apenas 20 anos de idade e pode teimar".[17] E teimava, como teimaria sempre, inclusive quando estava errado. A corte não gostaria da notícia do prolongamento da viagem imperial, mas o imperador estava decidido.

São Paulo

Partindo de Santa Catarina em 17 de fevereiro, chegou a Santos no dia seguinte pela tarde. Passou alguns dias visitando Santos e São Vicente, até que subiram no dia 25 serra acima. Almoçaram em Cubatão e, no final da tarde, chegaram ao chamado Ponto Alto, no alto da Serra do Mar, onde havia sido armado um arco alegórico com a bandeira imperial para a passagem da comitiva. Lá o esperavam o senador Vergueiro e o ex-revolucionário de 1842, então deputado provincial, Rafael Tobias de Aguiar. Aguiar seria um dos agraciados nos decretos que choveriam sobre os paulistas no aniversário da imperatriz em 14 de março. O sorocabano seria feito dignitário da Ordem da Rosa.

Na manhã seguinte, chegaram a São Bernardo e ficaram hospedados na fazenda de Francisco Martins Bonilha, o maior produtor de chá da província. Ali, d. Pedro assistiu ao preparo da planta e se interessou pelo seu cultivo. A viagem prosseguiu até o Ipiranga, lugar onde se deu o Grito. Uma tenda havia sido armada no local para os imperadores se refrescarem e mudarem de roupa para entrar na cidade. A entrada se deu em coches de gala, ofertados pelas pessoas de São Paulo, como o bispo, a marquesa de Santos, o barão de Iguape, entre outros. São Paulo em festas, enfeitada com arcos do triunfo, recebeu os monarcas.

O presidente da província, que hospedou d. Pedro II no palácio do governo, no Pátio do Colégio, os recebeu para um jantar de gala. No dia seguinte, d. Pedro caminhou pela cidade de manhã cedo e depois foram para Santana. Ao retornarem, fizeram um lanche no Jardim da Luz e visitaram as recolhidas dos conventos da Luz e de Santa Teresa, além dos prédios dos mosteiros de São Bento e de São Francisco.

Na Faculdade de Direito da Universidade de São Paulo, diante de oitocentas pessoas, houve festa, banda, declamações dos alunos. A faculdade, criada por d. Pedro I pelo decreto de 11 de agosto de 1827, foi a primeira de ciências jurídicas a funcionar no Brasil. Das arcadas do velho convento franciscano, transformado em instituição de ensino superior, sairia grande parte da elite política e cultural do império. Ao lado de estadistas como José Maria da Silva Paranhos, o barão do Rio Branco; Afonso Celso, o visconde de Ouro Preto, último presidente do ministério imperial, Joaquim Nabuco, Rodrigues Alves e tantos outros, passaram pelas arcadas Castro Alves, Álvares de Azevedo, Fagundes Varella — gerações que deixariam sua marca na história política e cultural do Segundo Reinado.

D. Pedro II partiu da cidade de São Paulo, em 16 de março, para conhecer outras partes da província, deixando d. Teresa Cristina na capital. O imperador e sua comitiva visitaram Cotia, São Roque, Sorocaba, São João de Ipanema, onde d. Pedro inspecionou a fábrica de ferro e assistiu a diversas fundições de peças, inclusive a de fogões de cozinha, e viu a extração do minério que brotava da terra. Também conheceu Bom Retiro, Porto Feliz, Itu, Indaiatuba, Campinas e Jundiaí.

Retornando a São Paulo, voltou, pela terceira vez, à Academia de Direito. Voltaria mais cinco vezes, totalizando oito visitas à Academia, na sua primeira visita a São Paulo. Ficava geralmente das 9 às 13 horas. Além de ter assistido a diversas outras aulas, também esteve presente em duas defesas de tese.

Festas, recepções, banquetes, tudo se encerrou com um último baile oferecido por d. Gertrudes Galvão, no Sábado de Aleluia. Em 14 de abril, embarcavam em Santos em direção ao Rio de Janeiro, aonde só chegariam onze dias depois devido aos ventos contrários.

Seis meses e vinte dias, nove cidades, nove vilas, doze povoados. Duzentas e vinte e nove léguas a cavalo. Sem contar a quantidade de quadrilhas dançadas, recepções, beija-mãos, apadrinhamentos, visitas recebidas e retribuídas, bailes, jantares e merendas.

O ganho político foi enorme, mostrou-se que as revoltas estavam sanadas e o Sul e o Sudeste estavam unidos ao redor do trono. Agora restava visitar o território fluminense.

Viagem à província do Rio de Janeiro

De fevereiro a abril de 1847, d. Pedro II excursionou pelos campos fluminenses. Macaé, Campos, São João da Barra, São Fidélis seriam alguns dos locais visitados, além de diversas povoações e fazendas, como Quissamã. A região havia enriquecido com a cana-de-açúcar e tinha muito que mostrar ao imperador. Por exemplo, o canal de Macaé a Campos, cujas obras d. Pedro II visitou em 20 de março de 1847. O canal foi uma das maiores obras do império, uma hidrovia de 106 quilômetros de extensão para levar a produção açucareira da região de maneira mais rápida para o porto. Em extensão, só perderia para o canal de Suez, inaugurado mais de vinte anos depois.

Sem a imperatriz, que ficou no Rio de Janeiro, grávida da princesa d. Leopoldina, soltou-se mais, diferentemente dos bailes no Sul, nos quais sem a esposa não dançava. Em 1847, não negava convite para valsas e quadrilhas. Em Campos, na Fazenda do Beco, de propriedade de Joaquim Pinto Neto dos Reis, o monarca informou a d. Teresa Cristina que havia se divertido muito no baile dado pelos anfitriões "dançando até perto das 3 horas da madrugada".[18] Mas, mesmo divertindo-se sem a imperatriz, era atencioso com ela. Numa das cartas, informou que gostou de entrar na sala de uma das casas "causando-me agradável impressão encontrar o teu retrato".[19]

Nas cartas para d. Teresa Cristina, o imperador continuou contando os seus divertimentos: "Joguei bilhar com Joaquim Pinto, que o tem asseadamente, e até com riqueza [...] e ao fim de tudo dancei, retirando-me à uma hora". No sarau dado pelos Barros,

> [...] dancei muito, não com muita felicidade, pois numa valsa torci o pé direito no mesmo lugar que antes de vir para cá, não tendo podido depois senão dançar uma contradança, e vendo-me obrigado a estar assentado, mas entretido com a conversa e ver os outros bailar só me retirei perto das 3 vindo para casa pôr cataplasmas.[20]

Francisco Otaviano, em carta para o visconde de Ourém, referindo-se a um baile dado pela Câmara Municipal de Campos, comentou: "Sua majestade tem dançado doze quadrilhas por noite".[21]

No regresso para a corte, d. Pedro II passou pelas Salinas Perynas, em Cabo Frio, propriedade de Ludwig Lindenberg. O sobrinho deste, Heinrich Adolph Lindenberg, em carta ao irmão Johann Friedrich Wilhelm, assim narrou a visita do monarca de 21 anos:

> Como já mencionei, há uns dias o próprio imperador com toda a sua comitiva esteve aqui para ver as salinas, no seu regresso de Campos e Macaé [...]. Fez-se também bastante comida etc., porém, S. Majestade decidiu pregar-nos uma grande partida! Fomos notificados da sua chegada no dia antes e por isso fomos para Cabo Frio para organizar cadeiras, mesas etc. Eu fiquei ali, porque faltava ainda muita coisa para a cerimônia no dia seguinte. Em Cabo Frio, o tio Ludwig recebe a mensagem de

S. Majestade que chegaria no dia seguinte entre as 2 e 3 horas, para o almoço, porque antes gostaria de visitar a fortaleza e um outro lugar que fica a 1 ½ ou 2 horas da mesma. O tio Ludwig, que não pôde tratar das coisas na véspera [...] pensava em chegar às 10 horas da manhã, e chegou efetivamente a essa hora. Infelizmente, nesse dia, havia forte ventania e o imperador foi impedido de demorar-se mais no referido lugar para visitar o farol (que fica no meio do mar) etc. Por causa disso e porque o imperador é conhecido como cavaleiro feroz que ninguém consegue acompanhar, chegou cedo demais às salinas, enquanto nós ali ainda esperávamos o tio e nada estava feito na barraca, nem estavam cadeiras nem nada, mas logo resolveu-se tudo. Quando da casa vimos Sua Majestade chegando lá ao longe, só desviamos tudo um pouco para o lado e eu, uma vez que o tio ainda não havia chegado, me vesti a rigor, já que as senhoras também ainda não estavam prontas, pensando apresentar as devidas desculpas e dar as informações que pudesse pretender. Mas para grande alegria minha, o tio chegou ainda em tempo, praticamente correndo. Alguns fogos de artifício anunciaram a boa-nova aos vizinhos. O imperador visitou as salinas, cavalgando célere, em trote médio. É de estatura alta, de corpo bastante volumoso na parte inferior (se se tratasse de gente vulgar, se diria barrigudo), fisionomia, cabelo e figura de alemão loiro, vestido de preto [...].[22]

Chegar antes do acertado, avisando de véspera ou muito próximo, seria uma das peculiaridades constantes de d. Pedro II em suas visitas. Algumas vezes, só às vésperas ele decidia comunicar aonde iria. Ele já sabia antecipadamente para onde queria ir, mas guardava a informação para si, só divulgando-a, quando necessário, geralmente no último instante.

Poderíamos imaginar que o elemento surpresa era para que o imperador visse realmente como as coisas eram sem preparativos para impressioná-lo. Entretanto, d. Pedro II agiria várias vezes, em alguns aspectos, como se não devesse satisfação a ninguém. O mordomo já havia se queixado do "mutismo" do imperador, quando jovem. Mais velho, as coisas não melhorariam. D. Pedro II saberia frequentemente ser esquivo e arredio, imerso em seus próprios pensamentos e praticamente insondável no que estava em seu íntimo.

Como a aliança feita ao longo da viagem de d. Pedro I ao Vale do Paraíba em 1822, agora o filho tecia novas ligações com os potentados do Norte fluminense, alguns dos quais o imperador enobreceu durante a viagem, como o visconde de Araruama e o barão de Muriaé.

Se em 1847 ele contemplou os senhores do açúcar, no ano seguinte seriam os senhores do café. Em fevereiro de 1848, d. Pedro visitou o outro extremo da província do Rio de Janeiro: Paraíba do Sul, Valença, Vassouras e Iguaçu. Ambas as viagens foram coordenadas por Aureliano Coutinho, que vinha exercendo a presidência da província do Rio de Janeiro desde 1844 e encerraria o mandato em abril de 1848. Terminava nessa época a presença marcante dele junto ao imperador. Daí em diante Aureliano assumiria a vaga de senador vitalício por Alagoas e cumpriria os seus dias no Paço, quando estivesse na escala dos semanários, como camarista do imperador.

Viagem às províncias do Norte

Outra grande e importante viagem do imperador pelo Brasil foi realizada muitos anos depois, e durou de 1º de outubro de 1859 a 11 de fevereiro de 1860. Nessa ocasião, d. Pedro II e d. Teresa Cristina visitaram boa parte do Norte e do Nordeste brasileiro, do Espírito Santo até a Paraíba.

Uma esquadra de três navios seguiu o vapor *Apa*, comandado pelo futuro marquês de Tamandaré, Joaquim Marques Lisboa. Nela iam os soberanos e sua pequena comitiva. Deixando o Rio de Janeiro, os navios seguiram direto até Salvador, Bahia, onde d. Pedro e d. Teresa Cristina desembarcaram no Arsenal de Marinha pouco depois do meio-dia de 6 de outubro.

A viagem não fora fácil para o imperador nem para os demais. Os barcos jogaram muito, e d. Pedro passou boa parte da travessia enjoado. Foram hospedados no Paço da Cidade e do dia 7 ao dia 11 receberam visitas e foram conhecer os prédios públicos e instituições da cidade. A lembrança da Guerra da Independência é uma referência constante em seu diário, inclusive com menções a veteranos que lutaram nela e lhe pediram favores.

Ao contrário do pai, d. Pedro II não nomeou um regente durante suas viagens pelo Brasil. Diferentemente da época de d. Pedro I, o mundo evoluía constantemente em termos tecnológicos, e a comunicação no Brasil começava a ser mais rápida. Os navios eram mais velozes e o telégrafo não era mais apenas visual. Desde 1857, Petrópolis e a cidade do Rio de Janeiro estavam ligadas por ele, e trinta anos depois boa parte do Brasil também, inclusive com a Europa.

O imperador, além dos relatórios usuais e dos pareceres técnicos, levava consigo nessa viagem um documento interessante. Eram as anotações feitas para ele por uma pessoa que havia sido inserida no círculo íntimo da família imperial, a condessa de Barral, que assumiu o lugar de preceptora das princesas. A filha do visconde de Pedra Branca, apesar de viver por muitos anos na Europa, era baiana, nascida no Recôncavo. Nessas anotações da condessa para o imperador, ela dividiu as pessoas de Salvador e as áreas: aristocracia da Bahia, poetas maçantes, padres, desembargadores capazes, conventos, igrejas e passeios de carro.

Numa verdadeira dissecação da sociedade baiana, a condessa de Barral descreveu as principais famílias, contando particularidades e demonstrando quais eram honradas e quais não eram: "Família Bandeira: D. Anna Bandeira. Irmã da Teté — dizem coisas dela com o cunhado visconde de Fiaes, homem imoral com fingimentos de santo". Não poupou nem a própria família. Além de duas tias freiras no Convento do Desterro, tinha ainda "um tio, Francisco Borges (alferes reformado com 60 anos!!!) muito extravagante que arrematou sua vida casando com uma parda e tendo dela doze filhos — é pobríssimo". Barral, no documento, seguiu explicando quem traía quem, qual baronesa ou senhora de engenho tinha bastardos. Dizia quem eram as pessoas mais ou menos capazes e recomendava que o imperador não se hospedasse em qualquer lugar, por melhor que fosse a residência. "Se for a Cachoeira passando por Maragogipe deve evitar de se hospedar em casa de um padre Inácio Aniceto de Souza, homem muito imoral que aliás tem lá a melhor casa — a família do Pinto Lima não tem tão boa casa, mas é melhor gente."[23]

Cachoeira de Paulo Afonso

Assim como nas viagens anteriores, d. Pedro II seguiu para as províncias do Norte com os seus passos sendo cobertos pela imprensa nacional. No Rio de Janeiro, sabia-se dos locais que ele estava visitando e, assim, se cristalizava a imagem do estadista preocupado em conhecer a nação que governava. O grande sacrifício de d. Pedro II, chegar à cachoeira de Paulo Afonso em outubro de 1859, foi estampado no *Jornal do Commercio* do Rio de Janeiro:

> Sua majestade sentiu arroubado seu espírito; assentou-se num rochedo, largamente mirou tudo nessa primeira e profunda emoção, que se não revela, mas que se sente; que se receia ver perdida se algum objeto estranho no-la perturba. Havia alguma coisa de solene na contemplação silenciosa do imperador; a fadiga da viagem desaparecia de sua fisionomia aureolada pela luz da alegria íntima da alma feliz diante do poema homérico, que a mão inspirada da natureza escreveu na fronte de pedra do gigante condenado àquela eterna solidão. Depois, o imperador desenhou todo aquele majestoso painel, e contemplando-o de novo, como para gravá-lo no seu pensamento, levantou-se e foi percorrer todo o espaço da cachoeira.[24]

Realmente, d. Pedro se encantou com o lugar, e assim o descreveu em seu diário:

> Partimos do Salgado às 2 da madrugada e chegamos a Paulo Afonso pouco depois de 5 ½. Na distância de menos de légua é que se ouviu o ruído da cachoeira. Logo que me apeei comecei a vê-la [...]. É belíssimo o ponto de que se desdobram 7 cachoeiras que se reúnem na grande que não se pode descobrir daí, e algumas grandes fervendo a água em caixão de encontro à montanha que parece querer subir por ela acima; o arco-íris produzido pela poeira de água completava esta cena majestosa. Dizem que a névoa de água vê-se na distância de léguas, do lado da Água Branca; mas não o creio [...] e só perto da cachoeira é que borrifa, quando constava que a meia légua da cachoeira já se sentia o chuvisco.
>
> Tentar descrever a cachoeira em poucas páginas, e cabalmente, seria impossível, e sinto que o tempo só me permitisse tirar esboços muito imperfeitos. O terreno é todo pedregoso e se muito se tem exagerado a respeito desta cachoeira, não sou eu exagerado dizendo que há verdadeiro perigo em percorrer todos os pontos de vista da cachoeira, e principalmente descer à furna dos morcegos, como eu fiz, dando, contudo, três quedas nesta última exploração, felizmente sem me machucar. Uma mulher do local, que se arriscou à empresa, não foi tão venturosa, pois deslocou ossos do metacarpo, rachou o beiço e pisou a maçã do rosto e o olho; o dr. Abreu logo lhe aplicou os aparelhos. Se soubesse o que era a tal furna não teria descido a ela, contudo a sua abertura é muito alta, descendo a parte superior e subindo a inferior até o fundo, havendo duas aberturas que se comunicam com outra menor. Parece que o rio se abriu amontoando na sua entrada milhões de pedras, troncos e ramos, dando o movimento das águas aos paus as formas as mais curiosas.

Não há muita falta de luz na furna, e os morcegos são pequenos. Destaca-se às vezes terra do teto principalmente quando fazem fogo para matarem os morcegos, tão prejudiciais ao gado. Colheram-se pedrinhas trabalhadas pelas águas, curiosas, e arranquei algumas plantinhas secas da pedra em que me assentei no meio das sete cachoeiras.[25]

Obviamente que para a aventura foi preciso coragem e sair da sua zona de conforto, como fizera no Sul, comendo churrasco com as tropas em meio ao pampa. Na Bahia, para ver a cachoeira, se hospedou em lugares não muito aprazíveis:

> Na fazenda dos Olhos d'Água fiquei mal acomodado na senzala — nome que convém à casa que aí há — mas sempre arranjei cama em lugar de rede e dormiria bem, apesar das pulgas, cujas mordeduras só senti no outro dia de manhã, se não fosse o calor, e a falta de água que é péssima aí, tardando a de Vichy, que vinha na bagagem pela falta de condução.[26]

No rio São Francisco

A viagem à cachoeira havia sido uma grande aventura. Partindo dia 12 de Salvador, onde ficara d. Teresa Cristina, seguiu no vapor *Apa* até Piaçabuçu, em Alagoas, quando trocou de navio. D. Pedro procurou se informar antes a respeito dos locais que visitaria. Muitas vezes só demonstrou vontade de conhecer alguns lugares quando chegava próximo deles, sem aviso prévio, como já fizera em várias outras viagens.

Quando chegou à barra do rio São Francisco, a bordo do navio, encontrou-se com o presidente da província das Alagoas, Manuel Pinto de Souza Dantas, que veio recebê-lo. Lá é que avisou ao governo local que iria navegar pelo rio e demoraria mais de quinze dias na região.[27] Assim não deu tempo para os políticos e poderosos suavizarem a imagem dos problemas locais a ponto de o imperador não notá-los.

D. Pedro II valeu-se, então, das notas escritas por José Próspero Jehovah da Silva Caroatá e do engenheiro militar e ex-presidente da província do Ceará, o marquês de Lajes, João Vieira de Carvalho. Além disso, levou também um mapa feito pelo engenheiro Henrique Halfeld, que havia realizado estudos na região do rio de 1852 a 1854. D. Pedro ia apontando na coberta do navio o desenho feito por Halfeld, anotando os lugares vistos e traçados pelo técnico.

Pelo São Francisco, chegou até Penedo, onde visitou o hospital local e notou a quantidade de sifilíticos. Segundo ele havia ouvido, naquela época, a sífilis em Penedo era uma das três coisas mais respeitadas na região do rio São Francisco. Também visitou fábricas de extração do óleo de mamona e destilarias de cachaça, além, claro, das escolas, nas quais assistiu a exames tanto de meninas quanto de meninos.

Ao presidente da província de Alagoas, solicitou amostras das frutas e pedras da região, que levaria consigo, junto com as coisas que ia comprando ou ganhando, como as granadas que achava que fossem da época da invasão holandesa. Também mandou copiar inscrições antigas. Inquiria sobre datas de fundação dos locais, via as roupas de couro dos sertanejos, aprendia com o povo local mais sobre o pequi, o xiquexique e o mandacaru. Por onde passava, mostrava uma verdadeira sede de saber mais sobre o país que governava.

Em seu diário, podemos notar diversas críticas sobre o que encontrava: o baixo nível dos professores, o estado das escolas, a miséria das cidades e de seus habitantes. Na sua passagem pela vila de Pão de Açúcar, estranhou o nome: "Não é bem cabido, pois que o morro é antes um mamilo pedregoso do que Pão de Açúcar".[28] Em Piranhas, mais pobreza: "O aspecto do lugar é tristíssimo e o calor é horrível". Daí em diante tudo foi feito a cavalo. O imperador foi cavalgando e morrendo de calor, sendo guiado pelo major Manuel Calaça, dono da fazenda em que d. Pedro II se viria picado por pulgas. O fazendeiro lhe explicou diversas coisas sobre o sertão. Depois de visitar Paulo Afonso, começou a retornar no dia seguinte, 21 de outubro. O total da viagem por Alagoas para ver a cachoeira somou mais de duzentos quilômetros de navio e sessenta a cavalo. Chegou a Salvador a 26 de outubro e partiu a 19 de novembro. Deixava novamente para trás diversos títulos e comendas.

Agora era a vez de conhecerem Pernambuco. Chegaram a Recife no dia 22 de novembro, ficando hospedados no velho palácio erguido por Maurício de Nassau e transformado em Paço Imperial. Visitou, como de hábito, o maior número de escolas e faculdades, igrejas e conventos, como o do Carmo, onde quis ver a antiga cela do seu aio, frei Pedro de Santa Mariana e Sousa. Viu as obras do porto do Recife, asilos, hospitais, Santa Casa, e no dia 30 foi até Guararapes, onde se deu a célebre vitória brasileira contra os holandeses. Em 1º de dezembro, estava na vila do Cabo, depois, de 3 a 9, visitou Olinda, Igarassu, Goiana, Tejucupapo e a ilha de Itamaracá. Passou também por Sirinhaém, Rio Formoso, Tamandaré. Quis conhecer o monte das Tabocas, outra recordação da guerra contra os holandeses.

Novamente em Recife no dia 23, assistiu às provas orais na Faculdade de Direito, e de noite, no Hospício D. Pedro II, ainda em construção, foi oferecido pela Associação Comercial do Recife um baile em homenagem aos imperadores. No dia seguinte, pela manhã, partiam para a Paraíba, chegando no mesmo dia. Nova visita a fortes e pontos históricos. Conheceu o Forte de Cabedelo, a vila de Pilar, a cidade de Mamanguape e a fonte do Tambiá. Partiu no *Apa*, chegando ao porto de Maceió no dia 31 de dezembro. Ficou na capital alagoana até o dia 2 de janeiro, visitando a cidade e a região antes de seguir até Porto de Pedras e Porto Calvo, regressando no dia 8 a Maceió. Depois de alguns dias, seguiram para Aracaju, aonde chegaram em 11 de janeiro. O ritual era o mesmo: conhecer o poder local, os institutos de ensino e os edifícios públicos, fábricas, fazendas, engenhos e locais históricos. Em Sergipe, d. Pedro percorreu Barra dos Coqueiros, Laranjeiras, Estância e visitou o engenho Escurial.

No dia 22, a esquadra chegou a Valença, na Bahia, seis dias depois estavam em Vitória, no Espírito Santo. Ali, d. Pedro II visitou o forte de São João, o convento da Penha e, afundando pelo interior, foi até as colônias de Santa Leopoldina, Santa Isabel e Rio Novo. Nessa visita, o imperador recolheu um vocabulário com mais de cem palavras do povo indígena puris, passando-o para o português. Ao todo, foram três meses e nove dias de viagem, voltando ao Rio de Janeiro em 11 de fevereiro.

O Brasil do imperador

Houve outras viagens de d. Pedro II pelo Brasil, algumas marcantes, como a de 1865 para o Sul durante a Guerra do Paraguai, mas todas muito mais curtas comparadas a essas três. Em 1863, o imperador, a bordo do vapor *Niterói*, visitou vários pontos costeiros da província do Rio de Janeiro. Em 1880, de 18 de maio a 5 de junho, d. Pedro II e a imperatriz conheceram a província do Paraná.

D. Pedro II faria outras viagens mais curtas, principalmente para inaugurações. Por exemplo, em 12 de abril de 1856, quando compareceu para o início dos trabalhos da estrada União e Indústria, primeira estrada de rodagem moderna do Brasil, que uniria Juiz de Fora a Petrópolis. Em 1889, fez a sua última viagem pelo Brasil, quando em julho, com o presidente do Conselho de Ministros, o visconde de Ouro Preto, visitou mais uma vez Minas Gerais.

D. Pedro já havia estado em Minas antes, de 26 de março a 30 de abril de 1881. Nessa ocasião, ele conheceu a neta de Maria Doroteia Joaquina de Seixas, a famosa "Marília de Dirceu", musa do inconfidente Tomás Antônio Gonzaga. D. Pedro II unia à obrigação de se mostrar presente para o povo o contato com a arte — prestigiar obras importantes, agraciar os artistas eram coisas caras ao monarca. Interessavam a d. Pedro todos os cidadãos que se destacavam, com a sua sede de conhecer tudo sobre o Brasil: fauna, indígenas, línguas, costumes, geografia e história. Não é difícil perceber que d. Pedro II foi o brasileiro que mais viajou e conheceu de perto o Brasil de sua época.

O monarca, ao realizar essas viagens, se aproximou da elite econômica e política dos locais visitados, o que gerou estranhamentos de ambas as partes. D. Pedro, mesmo sendo muito educado, não "descia" completamente da posição em que o destino o havia posto. O povo, à sua passagem, via um homem de quase dois metros de altura, com voz fina e vestindo algo que qualquer pessoa com dinheiro podia comprar. A única diferença é que aquele gigante loiro, vestido de preto, usava a Ordem do Tosão de Ouro, dada aos chefes de casas reinantes, presa na botoeira, e a placa do Cruzeiro ao lado, na casaca.

Aqueles que esperavam um imperador em toda a sua majestade às vezes se decepcionavam. Muitos viam alguém apressado, comendo rápido e vistoriando escolas, chegando ao ponto de anotar que o mesmo cadáver usado numa aula de anatomia já havia sido usado em outro lugar. Era um imperador ou um inspetor escolar?

D. Pedro II era brasileiro, carioca, mas fruto de uma cultura e educação europeias. O intelectual, que morava dentro de um monarca, muitas vezes não era compreendido pelos brasileiros, mesmo os bacharéis, muitos dos quais ele assistiu aos exames de graduação. Grandes homens se dedicaram à literatura, à poesia, e muitos, à ciência. Mas com certeza poucos souberam conjugar tamanho ecletismo com relação à sede de conhecimento. Ao mesmo tempo que tentava entender o Brasil que governava, o monarca intelectual queria saber das literaturas, das línguas, das múmias, das invenções mais modernas, como a fotografia. Buscava conhecer a nossa origem, incentivava a busca por documentos da nossa história pelo mundo para conseguir compreender a nossa formação. Ele era dual, um intelectual dividido entre o país continental que governava e a sede de saber, de conhecer tudo, e buscar o espírito das luzes que jamais deixaria de procurar.

A CORTE

A vida de d. Pedro II foi pautada pela responsabilidade em primeiro lugar. Tomava constantemente uma carruagem — não a "monte de prata" nem a "monte de ouro", que eram usadas em ocasiões de grande gala, mas outra, mais moderna — e partia para visitar escolas, hospitais, fortalezas, navios de guerra, quartéis, estabelecimentos científicos e beneficentes. A carruagem era puxada por seis cavalos, que quase sempre eram vistos a galope.

Abriam alas dois cadetes, soldados que se destacavam dos demais por serem filhos de nobres, oficiais superiores ou altos dignitários. Junto à portinhola da carruagem do monarca ia a cavalo um capitão. Batedores seguiam na frente, enquanto um piquete de cavalaria acompanhava o veículo.

Assim como nas viagens, era comum ele chegar de surpresa ao Colégio Pedro II, a uma reunião do Instituto Histórico e Geográfico ou das demais sociedades e instituições. Uma vez por semana, aos sábados, no Paço da Cidade, o imperador presidia o Conselho de Ministros e, duas vezes por semana, na terça e no sábado, dava audiências públicas.

Quanto aos cerimoniais da corte, esses eram raros. No primeiro sábado de cada mês, às 20 horas, recebia no Palácio de São Cristóvão o corpo diplomático, sempre vestido com seu uniforme de marechal ou de almirante.

As recepções das grandes datas nacionais eram dadas geralmente no Paço da Cidade, após o serviço religioso na Capela Imperial. Para lá d. Pedro II e a imperatriz se dirigiam vindos de São Cristóvão. Da Quinta da Boa Vista partia uma verdadeira procissão de carruagens em direção ao centro, levando funcionários, camaristas, damas, escoltados por regimento de cavalaria. Tiros de canhões das fortalezas e dos navios de dia e fogos e arcos iluminados à noite completavam o quadro, que era o mesmo desde a época de d. João VI. Também dessa época era a carruagem de aparato, a "monte de ouro", feita em Paris. Ela foi restaurada em 1816 pelo pintor Manuel da Costa e retocada em 1822 por Jean-Baptiste Debret e Francisco Pedro do Amaral. Hoje se encontra no castelo d'Eu, na França.

De nova, no cortejo, somente a "monte de prata" ou "carro cor de cana", a berlinda de aparato de d. Pedro II. Fabricada em Londres, em 1835, pela firma inglesa Pearce & Countz, fornecedores da Casa Real britânica. Ela foi usada no Brasil pela primeira vez para a coroação de d. Pedro II e posteriormente para todas as cerimônias de gala em que houvesse cortejo. Suas cores revelam a preocupação do projeto em ressaltar no veículo oficial o Brasil. O verde presente no veludo, o amarelo-ouro nos douramentos e a própria cor "de cana" do carro nos remetem ao principal produto de exportação nacional da época da maioridade do imperador.

Normalmente, duas vezes por ano, d. Pedro II aparecia em trajes majestáticos no Senado para a abertura e o fechamento das Câmaras. Usava para a ocasião a coroa, o manto e o cetro, além da roupa confeccionada para sua coroação, que seria reajustada inúmeras vezes.

O imperador era visto constantemente no teatro, ouvindo ópera ou assistindo a peças. Mas, além das circunstâncias, que o protocolo exigia, a sociedade da corte não era propriamente ditada pela sua figura. O termo "corte" era muito mais geográfico, um sinônimo da cidade do Rio, uma vez que com o tempo o imperador se afastaria cada vez mais da sociedade. Aos poucos, d. Pedro II se aburguesou. Se no início ele pensava em produzir uma memória sobre a sua coroação e sagração, mais tarde esqueceria o projeto por completo. A sua maturidade, os estudos e o modo como passou a encarar a vida acabaram por distanciar sua imagem daquela que o inconsciente coletivo atribuía a um imperador.

Além da influência que ele teria sobre a construção de uma história brasileira, com o seu patrocínio ao Instituto Histórico e Geográfico

Brasileiro, aos artistas e cientistas, o trono não ditava modas como nos outros países. Vivendo à custa da sua dotação, tentava equilibrar seu orçamento dentro dela.

O conde de Suzannet, nobre francês em visita ao Brasil no início da década de 1840, deixou registrado:

> O imperador, fiel a todos os detalhes de etiqueta da corte de Bragança, evita a sociedade, e só dá festas nas grandes solenidades; os cortesãos imitam o seu exemplo e a corte desse imperador, que não tem ainda 20 anos, mas que tem os gostos e os hábitos de um velho, é incontestavelmente a mais triste do universo.[1]

A engessada corte bragantina, com seus rituais que ainda vingavam e vigiavam o Paço da menoridade e do começo da maioridade, aos poucos, mas não completamente, foi tendo seus costumes rompidos. D. Pedro II, após saber pelo príncipe de Joinville que na França o soberano podia falar à mesa, passou a adotar esse costume. Hoje, o mundo acompanha com interesse pela mídia determinados rituais da monarquia inglesa, como casamentos e funerais. Grande parte das tradições mostradas foi inventada faz pouco mais de um século. Em comparação com os Windsor, que souberam se reinventar sempre que foi necessário e se modernizar, criando tradições contemporâneas, d. Pedro II continuou seguindo seu papel quase que de maneira inalterada.

Entretanto, a manutenção das tradições da monarquia no Brasil falhou no momento em que não sofreu ao menos um cuidado mínimo. Se com o mesmo interesse com que o monarca acompanhava os periódicos locais, a imprensa estrangeira e as novas invenções, ele cuidasse da aparência externa, de como a sua presença como imperador era vista pelo seu povo, a face visível da monarquia estaria assegurada. Mas isso não ocorria.

Quarenta anos depois da coroação do imperador, o jornalista e imigrante alemão Carl von Koseritz assistiu a um triste espetáculo em maio de 1883. Diante do Senado, ele registrou a chegada e a partida do imperador, quando da abertura das Câmaras: "Estranho espetáculo!", escreveu o alemão. "Sobre animais ofegantes passou primeiro, a galope, uma unidade de cavalaria, brandindo os sabres virgens e desembainhados, e logo depois vieram quatro carruagens de corte, com os fidalgos e camareiros de serviço, e damas de honra". Mas nada impressionava muito:

> [...] Carruagens de corte, disse eu, mas de que espécie!... Todas vinham do século passado [...]. A douração de há muito ficou preta, os estofamentos se foram, tudo está no mais triste estrago. Igualmente triste são as velhas librés que vestem cocheiros na sua maioria negros, e que parecem, assim, macacos num circo de cavalinhos. Librés verde-escuras ou pretas, com galões brancos, chapéus de três bicos, como usam entre nós, os cocheiros de carro de defunto, a espada — faziam deles as mais cômicas figuras do mundo.

O carro que trazia d. Teresa Cristina era um pouco melhor, "mas sempre bastante gasto e estragado". Após a chegada dela e de sua entrada no Senado, surgia o carro do imperador, com "quatro batedores de libré nova, belos cavalos com ricas arreatas e uma carruagem, se não nova, pelo menos completamente restaurada, guarnecida e ornada de prata e coroa imperial sobre a portinhola, anunciaram a sua chegada".

D. Pedro, na mesma vestimenta da coroação que havia motivado o espanto e os comentários sobre o seu luxo e o da cerimônia em si, não era mais capaz de despertar reações semelhantes. "Nenhum aplauso o saudou, nem mesmo um simples 'viva'. Ele próprio pareceu sentido com isso porque, depois de descer do carro, endireitou-se em toda a sua altura e mergulhou um olhar longo e agudo sobre o povo que o cercava."

"Não lhe pude achar majestade", continuou observando Koseritz. Ele viu um homem alto, envelhecido e que estava ficando calvo, usando "sapatos de fivela, meias de seda, calções, gola de pena e manto de veludo verde, sob o qual brilhavam as condecorações de ouro". O destaque era "o curioso ornamento de penas [papos de tucano]" que produzia, ainda segundo o jornalista, "uma impressão quase carnavalesca".

Num país formado em grande parte por analfabetos que não liam jornais, as viagens do imperador pouco ou nada queriam dizer. Muito menos que grande parte da dotação dele era gasta com caridade e bolsas de estudo. O próprio Koseritz fala sobre isso, ao dizer que nada justificava a falta de apuro na apresentação da realeza junto ao povo:

> A impressão total da festa era mais de molde a sugerir o sentimento de cômico que o de respeito. Quando a monarquia exibe o seu luxo, deve ser de forma imponente e grandiosa, o que não é o caso, aqui. Eu sei bem que o imperador não pode ter uma corte brilhante porque ele emprega a sua lista civil em fins de caridade; mas por mais nobre que isso seja, não justifica a falta de tato de se apresentar velhos cacarecos como luxo imperial. Se o imperador aparecesse no seu uniforme de marechal — que lhe vai tão bem — e numa carruagem moderna e elegante, a impressão seria sem dúvida muito melhor do que os antiquados ornatos da coroa e ainda mais antiquadas carruagens de corte [...].

Segundo o germânico, não havia "nenhuma sensação de grandiosidade e o silêncio do povo não contribuía para aumentar o calor do momento. Entretanto, não julguemos nada; tudo isto já se transformou em costume, e, ainda que não fosse tal, não seria certamente d. Pedro II o primeiro a afastar estas coisas".[2]

Anos antes, em 1851, d. Francisca se mostrava preocupada com a falta da sociedade de corte. No seu período de exílio na Inglaterra, após a deposição do seu sogro, Luís Filipe, do trono francês, a "mana Chica", desabafava com o ex-mordomo Paulo Barbosa:

> O mano não dá mais bailes e saraus, não viaja mais. Tudo isto é de um efeito péssimo. Então vai nos bailes do Cassino

[Fluminense],³ o que é de mau efeito, e temo que lhe façam mal ao prestígio e que os nossos compatriotas ainda garantam pela monarquia. Se ela nos foge estamos perdidos, sem dúvida nenhuma.⁴

Festas

D. Pedro II, ao contrário do que o conde de Suzannet dissera, não era um erudito sisudo avesso a qualquer tipo de divertimento, ao menos nos primeiros anos de seu reinado, quando começou a tomar gosto pelas danças. Depois da primeira passagem do príncipe de Joinville pelo Brasil, acertou-se um novo cerimonial no qual as princesas, ainda solteiras, poderiam dançar com príncipes estrangeiros em visita ao Brasil e com cidadãos nacionais e estrangeiros na mesma ocasião. Foi assim na visita do príncipe Adalberto da Prússia, quando, em 1842, esse alemão dançou valsa pela primeira vez na vida no palácio de São Cristóvão. Nesse mesmo ano, existem registros de sarau ocorrido na corte em 11 de julho, de um baile em São Cristóvão oferecido no aniversário da imperatriz, d. Amélia, em 20 de julho, outro em 17 de setembro, e mais um na despedida do príncipe Adalberto, em 29 de outubro.

No ano seguinte, houve um grande baile em comemoração ao casamento de d. Pedro II e d. Teresa Cristina. Segundo a esposa do general uruguaio Callado, que estava na festa: "A imperatriz é extremamente amável, ela é muito querida pela princesa que lhe trata como irmã, seu marido [o imperador] se mostra pouco amável com ela em público, porém dizem que em particular a trata com bastante carinho [...]".⁵ Na ocasião desse baile de Estado, d. Pedro e a esposa teriam ficado pouco mais de meia hora. No ano seguinte, existem registros de outros bailes e saraus, mas poucos.

Mas fora da corte ele se divertia, talvez por se ver livre justamente da corte e da etiqueta bragantina. Não podemos nos esquecer do imperador "pé de valsa" que luxou o pé direito enquanto dançava no Norte fluminense. Na ocasião da visita à Fazenda de Neto da Cruz, o futuro barão de Muriaé, d. Pedro II assistiu à festa da "botada", que marca o início da safra da moagem no engenho da fazenda. Os trabalhos começaram com o monarca jogando nas moendas uma cana enfeitada de flores, ato seguido por diversas mulheres e homens. A banda que tocava música começou a executar uma polca, e imediatamente improvisou-se um baile no galpão perto, e d. Pedro tomou para companheira de dança a futura viscondessa de Santa Rita. De noite, em novo baile, agora na sede da fazenda, d. Pedro não fez feio e não recusou nenhuma contradança, honrando todas as mulheres presentes.[6]

O último dos grandes bailes na corte foi dado por d. Pedro II no Paço da Cidade, em 31 de agosto de 1852. Segundo as crônicas da época, compareceram 548 damas e 952 cavalheiros. O seguinte relato foi publicado em O *Álbum Semanal*, de 5 de setembro:

> Com o aparecimento de SS. MM. II deu-se logo sinal para a dança e daí então ou em umas ou em outras salas ao mágico som das harmoniosas orquestras, as lindas e bem trajadas damas ostentavam compassadamente todas as graças e encantos [...]. SS. MM. II fazendo a honra de escolher para seus pares aquelas pessoas, que, na classe social mais elevada, se achavam, eram os primeiros a animar tão magnífico baile.[7]

A nata do Império estava presente nesse último grande baile, os marqueses de Caxias, senadores e a alta sociedade — incluindo a bela Carolina Bregaro, sobrinha do correio da Independência, Paulo Bregaro.[8] Carolina era, desde junho de 1851, esposa de Rodrigo Delfim Pereira,[9] irmão bastardo de d. Pedro II. O imperador, segundo os boatos da época, seria apaixonado por ela e teria tido um caso com a cunhada.

Foram executados dezenove contradanças, vinte quadrilhas, quatro *scottishes*, além de seis valsas. O baile acabou se prologando até as cinco horas da manhã. O evento entrou para a memória dos contemporâneos. Segundo as memórias do conselheiro Albino Barbosa de Oliveira:

A 31 deste mês teve lugar o último baile que o imperador deu. Foi no Paço da Cidade. Paulo Barbosa estava na Europa, e o mordomo era José Maria Velho. Foi nesse baile que José Inácio Silveira da Mota requestou a Albininha, filha do Martins Pinheiro, e ajustou o casamento com ela. Isabelinha foi, e levou um vestido de seda que nos custou cem mil-réis na loja do Leal & Gama. Era nesse tempo o custo dos melhores vestidos. Havia dois cortes iguais na qualidade e no preço e somente diversos na cor. A condessa de Baependi levou o azul e Isabelinha o cor-de-rosa. O imperador dançou a primeira contradança com a viscondessa do Uruguai e a imperatriz dançou uma delas com o desembargador Couto que representou a magistratura.[10]

A verdade é que faltava dinheiro para as grandes festividades patrocinadas pelo imperador. Além dos gastos gerais de d. Pedro II, somava-se ao estado caótico da contabilidade a corrupção dentro do Paço Imperial, além de desastrosos negócios nos quais a Casa Imperial entrou como fiadora.

As coisas melhorariam um pouco com o retorno de Paulo Barbosa ao comando da mordomia da Casa Imperial. Uma das primeiras atitudes dele foi solicitar uma auditoria levantando gastos e pagamentos do período em que ele se ausentara. Na perspectiva de se surgirem desvios e desmandos, o imperador determinou num bilhete para o mordomo que, para "decoro da Casa", ele seguisse o sistema de aposentadorias.

O mordomo deveria afastar do serviço os funcionários relapsos, a não ser que houvesse contra eles "algum fato flagrante de imoralidade",[11] e Paulo Barbosa encontrou vários, de mau comportamento a fraude nas contas. Houve o caso do porteiro da Câmara, que saiu de seu posto para fumar na galeria do palácio. Advertido pelo porteiro da entrada sobre o regulamento em que se proibia fumar no palácio, o porteiro da Câmara desacatou e ofendeu o outro funcionário, "pronunciando palavras que convém não serem repetidas nem pronunciadas nos recintos dos paços, nem devem caber na boca dos que têm a honra de servir à S.M. o Imperador".[12]

Compras superfaturadas já ocorriam naquela época. O agente da repartição das Imperiais Cavalariças, José Antônio de Saldanha, comprou por preço maior que o praticado uma grande quantidade de veludo vermelho. Saldanha teve seu salário suspenso e foi advertido pela sua "criminosa falta e tanto mais de estranhar por ser de seu rigoroso dever o exame dos preços de tudo que se precisa comprar para esta repartição".[13] Outro caso envolvendo as finanças do imperador foi o apoio da Casa Imperial, como avalista, a um velho amigo de infância de d. Pedro, Guilherme Schüch, futuro barão de Capanema. Na construção de uma fábrica de papel, ele contraiu dívidas que chegaram, com os juros, a mais de duzentos contos de réis. Com a Casa Imperial sendo avalista, ela acabou por pagar a dívida.

Além do caos da administração da Casa Imperial, que começaria a ser resolvido na década seguinte, 1853, o ano seguinte ao último grande baile imperial, foi quando d. Pedro perdeu suas duas irmãs, d. Maria Amélia e d. Maria II de Portugal. As imagens posadas dele, taciturno, com livros ou com a família, nada lembravam o jovem e alegre rapaz dançando no galpão de um engenho fluminense. Com a suspensão das festas nos palácios até o fim do seu reinado, d. Pedro II pareceria, como lembra Wanderley Pinho, "querer manter a corte nas meias tristezas de um luto aliviado".[14]

Findos os bailes e as festas grandiosas, não terminaram, entretanto, os saraus e as pequenas reuniões literárias ou teatrais, realizadas mais na intimidade da família que ia se aburguesando cada vez mais. Em São Cristóvão, políticos aspirantes a literatos e literatos aspirantes a políticos declamariam seus versos ao imperador, que continuava mantendo bravamente a sua reserva, como confidenciara anteriormente ao cunhado, d. Fernando II de Portugal.

Em 30 de agosto de 1869, num grande e memorável sarau no palácio, apresentou-se o compositor e pianista norte-americano Louis Moreau Gottschalk, que se tornara sensação no Rio de Janeiro. Na ocasião, o músico tocou a "Grande fantasia triunfal sobre o Hino Imperial Brasileiro", que dedicou à princesa d. Isabel. No mesmo sarau, apresentou-se a atriz dramática italiana Adelaide Ristori, com quem d. Pedro II se corresponderia e teria amizade até a sua morte.

Nos últimos tempos do Segundo Reinado, d. Pedro II dava um grande jantar por ano em comemoração ao aniversário do seu sobrinho, o rei de Portugal, ao qual convidava o embaixador português na corte. Fora isso, os jornais da época, com a liberdade de imprensa que d. Pedro II fez questão que fosse mantida ao longo dos 49 anos de seu reinado, castigariam a falta de uma corte presidida pelo imperador.

Em 19 de agosto de 1883, durante a visita do príncipe Henrique da Prússia, na coluna "Balas de Estalo", da *Gazeta de Notícias*, o redator, mordaz, que assinava com o nome de Blick, escreveu:

> Temos príncipe, e príncipe alemão, na terra. O paço foi varrido, depois de não sei quantos anos, e o jantar imperial juntou à canja clássica mais alguns pratos de ocasião. Foi um rebuliço geral, mas um rebuliço em pura perda.
>
> A querer ménager la chèvre et la chou,[15] el-rei está se intrigando com ambos. Nas cortes da Europa vai passando como excêntrico, republicano, ateu, darwinista, e não sei que mais.
>
> Tudo quanto representa a monarquia tradicional tem medo dele, de suas ideias liberais, de suas relações com gente mais que suspeita. O príncipe deve ter trazido instruções apropriadas para tais condições.[16]

As atitudes nada imperiais que d. Pedro II mantinha em suas viagens à Europa causavam profundo estranhamento aos seus parentes em tronos europeus.

Outra questão era o estado dos paços, tanto o da cidade quanto o de São Cristóvão. Além do ajardinamento da Quinta que d. Pedro II mandou executar, poucas outras melhorias ocorreram, e mesmo a manutenção dos prédios não era realizada. Em 1875, em seu diário, o engenheiro André Rebouças, ao vistoriar o Paço Imperial, anotou que o "estado de ruína e imundície fica abaixo de toda a crítica".[17]

O mais curioso a respeito da falta de bailes e festas da corte é lembrarmos que o fim da monarquia no Brasil se deu logo após o mítico baile da Ilha Fiscal. D. Pedro II e a família imperial estiveram presentes, entretanto, o baile não foi oferecido pelo imperador, e sim pelo ministério.

Os outros divertimentos mundanos do imperador

Os divertimentos do imperador em alguns dos bailes de sua juventude suscitaram diversos comentários, como os de Francisco Otaviano, amigo de infância de d. Pedro II. Em carta para o visconde de Ourém, em 30 de agosto de 1847, Otaviano disse: "Fala-se aqui nos salões em relações íntimas do imperador com a viúva Navarro."

Educado, diferentemente do pai, d. Pedro II não daria escândalos públicos com seus casos extraconjugais, quase todos passageiros. Mas, no início, o medo dos funcionários da Casa Imperial a respeito do legado da imagem de d. Pedro I era um temor constante. Em carta de 31 de julho de 1850, o superintendente da Fazenda de Santa Cruz, o coronel Conrado Jacob de Niemeyer, após a passagem do imperador e de sua família pela propriedade, escreveu ao mordomo Paulo Barbosa acerca da imperatriz:

> Ao meu ver o seu maior receio é que seu esposo faça em Santa Cruz as mesmas galanterias que fazia o senhor d. Pedro I, e como ela é talvez a única esposa que desvirginando-se desvirginou o esposo, tem muito ciúme dele. É isto bem mal, mas que muito se deve desculpar às senhoras. É ele, se bem que de uma moral austera, homem, e se o diabo tentou Jesus Cristo quanto mais a ele que já provou o fruto de Adão.[18]

No balanço de sua vida, aos 36 anos, o monarca escreveu em seu diário:

> [...] Viveria inteiramente tranquilo em minha consciência se meu coração já fosse um pouco mais velho do que eu; contudo, respeito e estimo sinceramente minha mulher; cujas qualidades constitutivas do caráter individual são excelentes.[19]

Mas o coração do imperador não envelheceria nunca. Conta-se que, no início de seu casamento, um leitor lia em voz alta para ele numa sala com a porta aberta para outra, na qual a imperatriz e suas damas realizavam trabalhos de agulhas. D. Pedro II deixava a sala em que estava e o leitor continuava a sua leitura, dando a impressão, para a imperatriz, de que ele ainda estava trabalhando na sala adjacente, mas, na verdade, dava uma escapada.

Juan Valera, adido da embaixada da Espanha no Rio de Janeiro entre 1851 e 1853, em cartas para o seu amigo Serafín Estébanez Calderón, falava de maneira mordaz das principais figuras da corte brasileira. Numa de suas cartas ao amigo, ironizou um poema que d. Pedro II escreveu no caderno de recordações de uma jovem brasileira, no qual o monarca se comparava ao Sol.

Mas, se não lhe dava créditos como poeta, Valera o considerava um erudito e um filólogo. Dizia que as pessoas próximas ao imperador, como ministros e cortesãos, tentavam mostrar erudição, mesmo que a atitude depois gerasse algumas piadas. Ainda quanto à cultura de d. Pedro, Valera nos conta que o palco de alguns encontros amorosos do imperador era a sua biblioteca:

> A imperatriz do Brasil é tão virtuosa como feia, e d. Pedro II lhe é infiel muitas vezes. O teatro de suas infidelidades costuma ser a biblioteca do palácio; e aqui é que as senhoras são instruídas; e as poucas vagens que o imperador lhes lança as transformam em

Aspásias e Corinas. Enquanto isso, as menos afortunadas e bonitas, que não foram à biblioteca, mantêm a crosta primitiva [...].[20]

Valera gostava de uma brasileira, a quem deu o apelido de Armida[21] e que também tinha um caso com o imperador.

Quanto a minha Armida brasileira, [...] ela é uma das pessoas que foram e vão à biblioteca com mais frequência, mas s.m.i., embora dê ciência, não dá dinheiro, porque tem os bolsos muito espremidos; e como ela gasta, sem restrições, o pobre marido tem mais dívidas que cornos [...].[22]

O que nos contam Valera e Francisco Otaviano poderia ser tachado de intriga ou de fofoca. Entretanto, a Coleção Tobias Monteiro, abrigada na Seção de Manuscritos da Biblioteca Nacional, no Rio de Janeiro, guarda diversas mensagens trocadas entre o imperador e algumas mulheres no período de 1878 a 1888. Elas foram salvas por algum funcionário da Casa Imperial da devassa dos papéis do imperador promovida pelos republicanos entre 1889 e 1890.

Claire d'Azy ou Claire Benoist, Anne de Baligand, Eponina Otaviano e as condessas de Villeneuve e de La Tour são algumas das mulheres com as quais d. Pedro II se relacionou e que existe prova documental a respeito, sem falarmos na famosa condessa de Barral. Quanto às intrigas e às fofocas, é melhor deixar as cartas falarem por si mesmas e revivermos as histórias contadas por seus missivistas.

Eponina Otaviano

Eponina era filha de Joaquim Francisco Alves Branco Muniz Barreto, dono do *Correio Mercantil* e concessionário da Estrada de Ferro da Bahia ao São Francisco. Ela se casou aos 17 anos com Francisco Otaviano de Almeida Rosa, tido por Machado de Assis como um dos jornalistas mais elegantes do Império. Otaviano foi na infância uma das poucas crianças que gozavam do círculo de amizades de d. Pedro. Nascido no Rio de Janeiro, formou-se em Direito em São Paulo e foi poeta. A lista de cargos que exerceu no governo imperial é longa: de secretário a ministro, chegando ao posto de conselheiro. Foi eleito diversas vezes deputado e, por fim, foi feito senador.

Eponina e d. Pedro mantiveram um relacionamento amoroso, aparentemente dos mais triviais. As cartas dela, comparadas às cartas das outras amantes do imperador, são as mais superficiais e, de todas as demais, ela parece ter sido a que mais favores pediu ao monarca. Pelas datas e por algumas menções de acontecimentos, é possível imaginar que o relacionamento tenha perdurado, no mínimo, entre 1883 e 1887.

> 10 de abril de 1883.
>
> Tendo de partir no dia 16 para Nova York, para ver meu filho que está doente, faço este para dizer-te que não pude despedir-me pessoalmente, por ser uma viagem precipitada. [...]
>
> Dizem que também vai para a Europa, assim seja amável e vá até Nova York ver-me, porque sabe o prazer que terei. Peço-lhe na minha ausência não se esqueça do meu cunhado G., sabe como quero bem a minha irmã e a ele; assim vou descansada porque sei que fará sempre o que lhe peço [...]. Não se esqueça de todo de mim. Tenho muitas saudades suas e dos meus que aqui ficam.
>
> Muitas saudades, abraços e beijos, E.[23]

No final de fevereiro de 1887, d. Pedro II sofreu em Petrópolis de uma congestão hepática, que, somada ao diabetes, o deixou debilitado. O seu estado acabaria por levá-lo a uma viagem de restabelecimento na Europa, mas, antes disso, o imperador tentou se restabelecer entre Petrópolis, na Fazenda Águas Claras, e a propriedade dos Itamaraty no alto da Tijuca.

As cartas a seguir são de Eponina Otaviano ao monarca, do período em que ele estava adoentado.

> 23 de fevereiro
>
> Meu amorzinho
>
> Nem uma linha. Eu tanto tenho pedido que me escreva umas linhas! Por que não me quer dar este prazer tão grande? Não viva somente sendo e gostando de Mme. Amelot e outras, lembre-se um minuto de quem vive lembrando-se tanto e querendo tanto o seu Pedro. Por que não se lembra mais de mim? Por que não me quer bem?
>
> Por sua filha eu lhe peço que me escreva umas linhas, que se lembre de mim e me queira bem, sim, meu bem?
>
> [...] Quando me escrever, que perguntem por mim; se eu não estiver, que não entreguem a carta, porém estou sempre durante o dia em casa.
>
> Não esqueça do meu filho Eduardo, o que lhe pedi, um bom consulado ou um bom emprego aqui ou fora; não seja mau e me faça esse favor, que serei sempre reconhecida.
>
> Mil saudades, e mil beijos eu lhe envio.
>
> Um sábado à noite, V. me marcando a hora em que eu poderia ir dar-lhe um beijo e um abraço, sim, mande-me dizer, por Deus, a sua
>
> Eponina.[24]

Efetivamente, o filho conseguiria um posto, como a mãe almejava, em Copenhague. Mas, durante a doença do monarca, a última coisa com que ele estaria preocupado, enquanto tentava se recuperar, era encontrar-se com outras mulheres. Ao contrário do que achava a enciumadíssima

Eponina, que ao longo das cartas entrega o nome de outros amores passageiros do imperador.

> Meu amorzinho,
>
> Não imaginas a alegria que tive hoje lendo que estás livre e contente e salvo da tua enfermidade. De coração sinto, eu te juro. Com prazer vejo que ainda podes namorar a Vera e a Amelot. Porém um bocadinho para mim também, sim?
>
> Vi também hoje que há uma vaga de cônsul em Barcelona, pode servir para o meu filho Eduardo que está habilitado. Não esmoreças, eu te peço, faze o que eu te peço pelo bem que queres a tua filha Isabel.
>
> Eu fico esperando uma solução favorável a mim.
>
> Por Deus peço que fiques bom e que te possa ver ainda e beijar-te. Mil saudades de tua
>
> E.[25]

Condessa de Villeneuve

Diferentemente do caso com Eponina Otaviano, no qual só temos as cartas dela para ele, no relacionamento que o imperador manteve com a condessa de Villeneuve temos as dele para ela. Seu nome era Ana Maria Francisca de Paula Cavalcanti de Albuquerque, filha do conselheiro José Francisco Cavalcanti de Albuquerque.

Nasceu em Madri, Espanha, em 5 de dezembro de 1838 e faleceu em Paris em 20 de dezembro de 1890. Seu marido, o conde de Villeneuve, foi diplomata, ministro plenipotenciário na Bélgica e um dos proprietários do *Jornal do Commercio*, do Rio de Janeiro. O seu posto em Bruxelas provavelmente foi conseguido por intermédio da esposa, que em carta para d. Pedro II comentou:

Eu deixei Bruxelas com muito boa impressão e a vontade de ali voltar. Assim, caro amigo, eu tenho confiança no afeto que tens para com o meu marido, para que seja nomeado aqui, desde que isto seja possível. Tu me permites falar assim, não é, meu querido?[26]

Ana Maria era uma mulher belíssima, costumava entrar no teatro ao final do primeiro ato com a casa toda cheia para que todos a vissem. Tinha o costume de prender frouxamente os cabelos para que acabassem naturalmente se soltando e caindo sobre os ombros e as costas. Em uma recepção em Paris, foi mencionada como "decotada sem exagero, nem uma joia, apoiada em uma coluna. Dir-se-ia a mais bela das estátuas de mármore. Toda gente passava diante dela para admirá-la".[27]

O início do relacionamento, pelo que ela dá a entender em uma carta, se deu durante uma das viagens do imperador à Alemanha:

> Eu saio amanhã para a Baviera [...] eu pensarei em ti, meu bem-amado, achando-me de novo neste hotel onde te vi e onde o meu coração apertava-se tristemente frente a tua frieza. Ah! não acreditas, não é preciso deplorar o impulso que te fez escrever-me e mais tarde responder a esta admiração tão profunda e tão sincera que me levava para ti.[28]

As duas vezes em que d. Pedro esteve na Alemanha, antes do exílio, foram em 1871 e, depois, em 1876. Depreende-se daí que o relacionamento entre os dois começou em algum ponto da década de 1870 e se estendeu pela década seguinte, como demonstram as datas das cartas dele para ela.

Aparentemente frio de início, o imperador se transformaria num vulcão de paixão por Ana de Villeneuve. É interessante notarmos que d. Pedro II, que tanto interesse demonstrou pela fotografia desde o seu aparecimento, transformando-se num verdadeiro entusiasta, a usasse para encurtar as distâncias e relembrar dos seus momentos de prazer.

Madame la Comtesse de Villeneuve

Legation du Brésil, Bruxelles, 14 de maio de 1883.

Ana

Serias muito cruel não vindo ao Rio. Amo-te cada vez mais e tu sabes que sofro de não poder gozar do teu amor nos teus braços.

Peço-te ainda mandar-me fotografias, cabelos, tudo o que tiver tocado teu corpo encantador. Será um grande consolo para quem te adora. [...]

Guarda tanto quanto puderes alguma flor no teu seio, cuja lembrança me desespera de desejos insaciáveis, e envia-me carregada de carícias ardentes.

Põe teus lábios onde te cobri de beijos, e imagina o que eu sinto por ti. Mais, mais te aperto contra o meu peito ofegante!

Nada nos separa, é como deliro!

Adeus. Até logo. Manda-me pois, já que não podes, ou não queres vir a mim.

Teu P.[29]

7 de maio de 1884.

Querida Ana

Quantas loucuras fizemos sobre a cama grande com os dois travesseiros. Amo-te cada vez mais, e não posso expressar suficientemente o que sinto por ti. Obrigado, com mil carícias pela fotografia do teu quarto. Que representa o quadro? E a estátua? Onde puseste o retrato do teu querido?

[...] Não paro de pensar em ti. E quantos sonhos à noite! Quando chegará o momento delicioso de podermos nos lançar nos braços um do outro?

Se pudesse, estaria sempre perto da tua morada para te fazer desfrutar da minha paixão sem limites, ao menos uma vez por dia. [...]

O delírio que se apodera de mim, quando me lembro de teus encantos (e que teu amor faz saborear nos êxtases de prazer infinito) é igual à amizade e à estima que te dedico.

Sou todo teu e os tormentos que sofro, quando arrancado de ti, são quase gozos. Pois, se não desespero de não desfrutar desse corpo admirável e desse espírito que o torna ainda mais belo, é porque sinto mesmo tão de longe as delícias que para ti serão quase reais se leres as minhas cartas com os mesmos sentimentos com os quais escrevo.

Oh! quando terei uma carta onde me dirás tudo-tudo o que sonhas do teu amor e responderás a meus pedidos. Quero saber a história do teu amor por mim.

Não posso mais segurar a pena. Estou ardendo de desejo de cobrir-te de carícias... Mais e mais sinto como nada nos separa e estremeço de amor por ti.

O que farás lendo esta carta? Adeus, todo teu.

P.

13 de maio de 1884.

Querida Ana

Vieste ao encontro dos meus desejos. Ia pedir-te uma fotografia como apareces no quadro vivo, e eis que beijei, muitas vezes beijei teus braços tão belos. Colando os meus lábios sobre os teus gozei de toda a felicidade que todo o teu amor me traz mesmo de longe. Mais e mais quero essas carícias tão ardentes de paixão. Sabes e deves sentir como eu te adoro, lendo minhas cartas. Imagina o que eu sonhei com a tua fotografia, e diante da imagem dos teus aposentos, onde o sofá convida a desfalecer de delícias nos braços um do outro. Os teus me estreitam apertando ao meu peito teu colo tão lindo, teu corpo inteiro envolve o meu e nossos lábios saboreiam um amor inefável. Quanto eu te amo e sou louco pela minha Ana. Escreve, escreve-me mais vezes e manda-me o que te pedi. Não há um momento sequer durante o dia em que não me lembre de ti. E à noite! Quantos sonhos deliciosos!

Quanto desejaria estar frente a essa tua natureza esplêndida. Quando a contemplo, eu sinto te ver como naqueles momentos fugazes quando nada nos separava. Gostaria de dizer-te que tudo o que eu faço, faço-o pensando em ti, mas não posso. Dirás que é loucura, mas não posso amar-te de outra maneira. Mais uma vez: amo-te com ardor, como teu espírito e o teu coração merecem, com uma estima sem limites. Este amor faz minha felicidade, mesmo no martírio da separação. A sorte foi mais que cruel, arrancando-nos um do outro. Adeus. Faço uma pulseira de beijos nesses braços lindos e entreabro a túnica para me deleitar nesse colo que enrubesce sob as minhas carícias. Não pensaste, antes da nossa entrevista no Grande Hotel, que eu te amasse a tal ponto, que temesse não poder sobreviver a esta paixão se algo nos separasse.

Conte-me os princípios do teu amor por mim e por que não me obrigaste a compartilhar mais cedo da felicidade infinita de teu amor.

Adeus.

Cubra com teus beijos e carícias tudo o que encanta em ti a página branca, mas onde põe o que tem de mais apaixonado.

O teu P.

Uma das últimas cartas dele para ela é de um ano antes da Proclamação da República, às vésperas de ele completar 63 anos.

Querida Ana.

Eu só penso em ti. Tuas fotografias estão sempre junto a mim, embora estejas longe de mim. Imagina, portanto, o que sofro e manda-me uma fotografia tua, que tirarás pensando que eu te amo desesperadamente. Já faz bastante tempo que eu não recebo mais das tuas lembranças, e que falta elas me fazem!

Pedro
Petrópolis, 9 de novembro de 1888.

Existem também as cartas da condessa de Villeneuve para d. Pedro II, nas quais há uma particularidade que nas demais não acontece: os envelopes foram rasgados, diferentemente dos demais, cortados provavelmente com espátulas para os abrir. O frêmito do monarca em ter notícias da amada fica evidente.

Terça-feira, 22 de março.

Querido, duas palavras somente para te dizer da minha satisfação em te saber restabelecido desses dias de sofrimento que tanto me atormentaram. Quis tanto que me telegrafasse, uma só palavra para tranquilizar-me, mas não ousei te pedir.

Eis algumas pétalas de rosas para ti que mantive sobre meus lábios [...]. Devolva-me sempre, como tens feito até aqui, a afeição que te ofereço de todo coração.

Anne[30]
3 de janeiro de 1881.

Caro amado, já estamos no Ano-Novo. Que deus te guarde e te traga de volta.

Eu recebi tua carta de 3 de outubro [...]. Eu olhei para o teu querido retrato e beijei-o carinhosamente. Aqui estão algumas pequenas violetas que usei ontem. Cole-as sobre os teus lábios. Eu não posso escrever longamente. Adeus, uma vez mais, eu te amo.

Procura os vestígios dos meus beijos.

Tua Anne.[31]

Condessa de La Tour

Matilde, a condessa de La Tour, nasceu numa família nobre francesa em 1840. Casou-se contra a vontade da família com o conde piemontês Victor Sallier, cujo título original era conde de La Torre. Matilde acabou se envolvendo com o conde de Gobineau, nobre francês, intelectual e diplomata, muito amigo de d. Pedro II. O conde e o monarca se conheceram no Rio de Janeiro, quando Gobineau serviu na embaixada francesa de 1869 a 1870. Após a partida dele, o conde e o imperador continuaram uma longa amizade por cartas e se viram novamente quando d. Pedro esteve na Europa.

Gobineau conheceu Matilde em Estocolmo em 1873, quando ele e o conde de La Tour serviam como diplomatas na Suécia. Em 1877, Matilde e Gobineau passaram a se relacionar até a morte do francês, em 1882. Em 1876, durante a viagem de d. Pedro à Europa, ele reviu Gobineau em

Estocolmo e conheceu, por indicação do amigo, a condessa em Florença no mesmo ano. Escreveu para o amigo dizendo que ela era uma boa pintora e uma "senhora de real mérito".[32] Para d. Pedro II, uma senhora de real mérito era alguém com quem ele podia ter conversas intelectuais.

Apesar de o conde de La Tour ter servido como diplomata no Rio de Janeiro de 1880 a 1884, não há indícios de que ela teria vindo ao Brasil. Aparentemente, o relacionamento de Matilde com d. Pedro II teria começado após a morte do conde de Gobineau. Tirando a futilidade de Eponina e a paixão carnal de d. Pedro por Ana de Villeneuve, de La Tour seria uma paixão mais intelectual, como podemos ver pelas cartas trocadas. Apesar de apimentar algumas frases, ele se abre mais sobre o que pensa e sobre o peso que sente em governar o Brasil.

Numa das cartas, ao mesmo tempo que d. Pedro II diz que sente saudades e que os deveres o prendem ao Brasil, comenta sobre acontecimentos mundiais. Um exemplo é a sua apreensão de que ocorra algo em Moscou, durante a coroação do czar russo Alexandre III, após o pai, o czar Alexandre II, ter sido assassinado por terroristas em São Petersburgo dois anos antes.

> Petrópolis, 14 de maio de 1883.
>
> Querida amiga
>
> Acabo de receber sua carta de 19 de abril. Como eu gostaria de estar perto de você para lhe encorajar a vida! Compreendo o que a aflige e aliás basta que você sofra para que eu sofra igualmente. Creia em toda minha afeição e se eu não vou este ano lhe encontrar é porque devo ficar aqui [...]. Continuo a admirar a natureza nestas montanhas tão pitorescas, mas estou tão atarefado que não posso lhe falar como se nós conversássemos juntos. [...]
>
> Minha vida é sempre a mesma. Vejo o seu retrato todos os dias, mas você não pode fazer uma ideia de tudo o que sonha Catão.

> Espero com impaciência o que acontecerá na coroação do imperador em Moscou. Temo, apesar desta cidade não sofrer tanto, como São Petersburgo, a influência de certas ideias; no entanto, a história da Rússia nos habituou a estes horrores [...].
>
> Eis-me sempre a seu lado em pensamento e me responda de coração aberto. Adeus ainda.
>
> Todo seu P.[33]

Numa brincadeira íntima entre eles, Matilde o apelidou de "Catão", parte filósofo, parte amoral.[34]

Em outras cartas enviadas de Petrópolis, como na de 14 de fevereiro, vemos o interesse do imperador por lugares que ele ainda não conhece:

> Espero com impaciência as suas impressões sobre a Sérvia. O nome de Belgrado é interessante para mim, por causa da luta entre o Ocidente e o Oriente. Com certeza, você percorrerá o Danúbio, que somente naveguei de Linz a Viena e desta cidade até Perth.[35]

Seu interesse pelo mundo e pelos acontecimentos políticos e sociais também acabava surgindo na correspondência: "Que diz da perseguição na Hungria contra os judeus e dos crimes cometidos em Viena?". Até o chanceler alemão é tema de conversas: "Bismarck deve estar satisfeito da morte de Lasker [...]. Será para ele muito difícil conter as ambições que suscitou. Ultimamente, o que quer é fazer um Socialismo governamental. A Itália não faz, felizmente, só fala dela em demasia".

Nessa carta, uma das mais extensas de d. Pedro II para Matilde, ele fala muito sobre política, principalmente de que os encargos que ele desempenha como imperador não mais despertam nele a paixão que antes sentia. Falando de assuntos variados, além do tema principal, que é o sentimento por ela, podemos ver que d. Pedro II se dizia tão apaixonado pela condessa de La Tour quanto pela condessa de Villeneuve, simultaneamente. As cartas de suas declarações apaixonadas, inflamadas, para Ana são da mesma época desta para Matilde.

Petrópolis, 31 de março de 1884.

Cara amiga

Respondo a sua carta do 28 de fevereiro. Suas fotografias estão aqui, enfim — adivinhe o que faço com elas e o delicioso amuleto que mandou para o seu Catão.

Se somente imagina o que representa uma verdadeira paixão, talvez você não entenda quanto sofro longe de você. Em todo caso, acredite que eu a amo com paixão, que o meu coração é profundamente seu, que tenho toda confiança em si, que deve estar certa de que nunca senti, por quem quer que seja, o que sinto por você. O que pede do meu amor, sei que poderia lhe dar completamente se vivesse perto de você, mas espero que não me fará sofrer ainda mais de nossa separação, não se achando um pouquinho feliz pelo amor que queria lhe provar a todo instante e de maneira que lhe seria mais agradável. Eu negaria a força da minha imaginação se você não acreditasse e não fosse justa para o amor apaixonado que me inspirou! Que alívio, acho eu, nos sonhos que tenho pensando em minha cara amiga!

Nesta horrível condição onde nasci, minha felicidade depende ainda mais que a sua dos compromissos com o destino, e se você lastima não poder estar com seu amigo por mais tempo, como seria se vivêssemos na mesma cidade, que diria — eu que tenho uma sede ardente de amor, que senti somente depois de a conhecer?

Entretanto, mesmo de tão longe, posso fazer muitas coisas para provar que eu a amo como o verdadeiro amor exige. A paixão — eu acho conhecê-la apesar de tê-la descoberto somente com você — não pode somente querer a união íntima de duas almas, o egoísmo será apenas o desejo de um gozo completo desta identificação. A principal qualidade deste maravilhoso estado é uma maior sinceridade, e só falei a verdade quando escrevo que a amo desde a primeira vez que a vi. Combati comigo mesmo para não me deixar levar pela paixão, mas a maneira como vivi na minha juventude me tornou tímido e eu tinha medo também de que, querendo esperar de você um sentimento igual, eu só fizesse aumentar meu tormento longe de você, sem, entretanto, reencontrar o verdadeiro amor tal como você o desejava, como eu não posso agora senão dá-lo.

O sofrimento da ausência, este afastamento de você, seria intolerável se eu agisse de outro modo. Você compreende, sem dúvida, minhas hesitações, que são, de resto, a garantia de que eu sou e serei todo o nosso amor. Nunca lhe escondi nada, confesso ainda que seu amor, como o que eu sinto por você, é necessário à minha felicidade. Mas o amor não pode ser egoísta, e eu gozarei de meus sofrimentos de lhe amar sempre com paixão, mesmo que você não os sentisse da mesma forma. Preciso interromper a carta, até a tarde.

Continuo nossa conversa. Você pode deixar suas mãos entre as minhas — meu amor não é egoísta e se eu sinto com paixão isto não é razão para que você duvide de meu desejo de fazer somente o que lhe agrada. Nunca esqueci nosso amigo Gobineau e nunca me recusei a cooperar para a publicação das suas obras. Só ponho esta condição, que o meu nome não apareça. Gobineau me conhecia bastante, para compreender meu desejo, se a publicação fosse feita com ele vivo.[36]

Neste trecho em que d. Pedro fala sobre Gobineau é importante notar que, apesar das ideias controversas sobre racismo e pureza racial deste, o monarca tinha interesse em fornecer os meios financeiros para a publicação póstuma das obras do amigo, desde que o seu nome não aparecesse. Não por vergonha de ver o seu nome ao lado do de Gobineau, mas por não querer publicidade por sua benemerência. D. Pedro fez isso diversas vezes ao longo da vida, arcando com a publicação de obras sem que seu nome aparecesse. O livro *Hugonianas*, de Múcio Teixeira, uma coletânea com mais de cem poemas de Victor Hugo, traduzidos por autores nacionais, em homenagem ao então recém-falecido escritor francês, foi idealizado e pago por d. Pedro II, mas executado por Múcio, a quem o imperador mandou que assinasse como organizador. Outra obra, mais conhecida, foi *A Confederação dos Tamoios*, de Gonçalves de Magalhães. Quanto a esta, existe uma carta no arquivo de Paulo Barbosa no Museu Imperial em que d. Pedro diz que prefere fornecer o dinheiro para publicação, desde que seu nome não apareça, a vê-la ser editada e impressa noutro país. O imperador não queria que uma obra desse porte, importante para o movimento literário brasileiro da época e para o projeto de identidade nacional, fosse impressa em outro lugar que não o Brasil.

Na carta, continuava:

Se não gosto do luxo, não posso, entretanto, esquecer a decência, e sou sobretudo contrário a tudo que é desperdício. Eu preferiria dar meu dinheiro, que vê-lo roubado.

Constantemente ele declara ser contra luxos e desperdícios. Mas não era sovina, só não gostava de gastar mais do que precisava. Preferia investir o dinheiro nas ciências e em estudos, até mesmo na compra de materiais ópticos para observações astronômicas feitas no Brasil.

Numa carta de Matilde para ele, após o reencontro deles em Nápoles, em 1888, ela comenta sobre um quadro que fez de d. Pedro II e o amor que este consagrava à princesa d. Isabel:

Eu me lembro tão bem da expressão e do tom de voz com que você me dizia em Nápoles: "Eu! Eu adoro minha filha!"

Bem, como você tem a felicidade de ter a sua filha, eu, que já não tenho mais a minha, vou lhe dar a oportunidade de fazê-la feliz: oferecendo-lhe este retrato que fiz.

Talvez fosse melhor destinar esta tela a Sua Majestade, a imperatriz, que sempre me testemunhou tanta bondade, antes que à princesa imperial, à qual nunca tive a honra de ser apresentada, mas a velha e fiel amizade que eu lhe dedico une meus sentimentos aos seus, e o amor de minha filha morta ainda é muito vivo em meu coração para que o amor de sua filha, que temeu por seus dias, não me comova antes de tudo.

Nada há, além de demonstrações de carinho e amizade, da parte dela, que justificasse a carta dele falando em paixão. Talvez essa paixão tenha sido idealizada. Por meio da correspondência, d. Pedro II se permitira sonhar, o que faria se fosse um homem livre, sem as obrigações de Estado, que incluíam o casamento com alguém por quem não se apaixonara. Junte a isso as cartas apaixonadas dele para Matilde de La Tour e para Ana de Villeneuve, da década de 1880 em diante, e teremos já um senhor no declínio de suas forças, minado pela diabetes. Longe de ter o "coração envelhecido", como desejava em 1862.

Segundo a historiadora Lidia Besouchet, d. Pedro II "parecia amar o amor mais do que a própria pessoa amada; e encarnava também, sem o saber, outro mito do século romântico, o dom-juanismo, herança do Pré-Romantismo, não menos forte que o mito da eterna juventude".[37]

Ele era atencioso e romântico com todas as mulheres, mandava flores em cartas, joias e outros mimos, assim como também era atencioso com a esposa e com a filha, d. Isabel. Muito mais que escancarar de forma "despudorada" a vida íntima do imperador, suas cartas de amor nos mostram o homem por debaixo da coroa e por detrás dos papos de tucano ou, ainda, das fotos posadas com livros por meio das quais tornava pública sua imagem de sábio, intelectual — um patrono das artes e das ciências.

Despido, o imperador se humaniza e mostra seus anseios e suas dúvidas, que nem ao diário ele se atreveu confiar de maneira tão franca. E, apesar de ter vivido a sua juventude de forma tímida, como confessa a Matilde, o fruto não caiu muito longe da árvore. Tal como o pai, mas discreto, não deixou seu coração e desejos ficarem presos às convenções sociais. Fingiu segui-las, afinal, como disse a condessa de Barral: "Na força de um sentimento e na sua sinceridade está a desculpa para tudo".[38]

AS FILHAS

Na entrada de 31 de dezembro de 1861, em seu diário, d. Pedro escreveu: "Sou dotado de algum talento; mas o que sei devo-o, sobretudo, à minha aplicação, sendo o estudo, a leitura e a educação de minhas filhas, que amo extremosamente, meus principais divertimentos".

Após a morte dos dois filhos, d. Pedro voltou os olhos para as meninas que agora eram as suas herdeiras. A mais velha das princesas fora batizada em 15 de novembro de 1846 como Isabel Cristina Leopoldina Augusta e a mais nova, no dia 7 de setembro de 1847, como Leopoldina Teresa Francisca Carolina. Ambos os batismos ocorreram na Capela Imperial e foram realizados pelo capelão-mor e bispo diocesano d. Manuel do Monte Rodrigues de Araújo, conde de Irajá.

D. Leopoldina teve por padrinhos os príncipes de Joinville, Francisco e d. Francisca, e d. Isabel, a avó materna, a rainha viúva das Duas Sicílias Maria Isabel e o rei de Portugal, d. Fernando II, seu tio, casado com d. Maria II.

Em 1850, logo após a morte de d. Afonso, temeu-se pela vida da princesa d. Isabel, que sofreu com as mesmas "febres intermitentes" que mataram o irmão. Uma carta do filho da condessa de Belmonte, Ernesto, para Paulo Barbosa, ainda na Europa, antes de seu retorno ao Brasil, fala sobre a morte do príncipe herdeiro e da doença da princesa ao mesmo tempo que demonstra a corte dividida entre subirem para Petrópolis ou irem para a Fazenda de Santa Cruz para fugir do calor do Rio de Janeiro.

Parece que havia na época grandes intrigas e ciúmes, até mesmo com pessoas torcendo para que a cidade de Petrópolis não vingasse.

> Enfim, apesar de haver tanto quem queira que aquilo vá para trás, ela vai indo seu caminho, e pode lhe convir bem — Deus protege Petrópolis — e uma prova foi a ida o ano passado da família imperial. Não se queria Petrópolis por modo nenhum; houve grande empenho por Santa Cruz, para se mostrar que Santa Cruz é Santa Cruz; acabou fatalmente a viagem e, por certo, não voltarão mais lá tão cedo. Depois, era forçoso sair da cidade, mas nada de Petrópolis. Procurou-se um casebre na Tijuca — isso sim, isso é que é bom ar, sem umidade, etc., aqui é [que] s. majestade devia ter um palácio, e com a quarta parte do que se tem gasto em Petrópolis tinha aqui uma magnífica habitação. Mas eis que aquece o tempo, o sol ardente abrasa os pedregulhos de que o casebre é rodeado, a princesa entra a piorar, copiosos suores lhe aparecem todas as noites, e muito à pressa tudo degringola, e vamos em debandada para Petrópolis. Apesar de tudo é ali que a princesa acha saúde. Tudo isso eu presenciei porque desgraçadamente estive de semana efetiva.[1]

A pequena princesa, com 4 anos, às 11 horas da manhã de 10 de agosto de 1850, sete meses após a morte do irmão, foi aclamada pelos deputados e senadores reunidos em assembleia geral no Paço do Senado herdeira e sucessora de d. Pedro II. A infância das irmãs, passada principalmente no palácio de São Cristóvão e em Petrópolis, não foi muito diferente da infância das princesas anteriores, filhas de d. João VI e de d. Pedro I, ao menos até terem idade para aprender.

D. Isabel teve como primeira governanta a dama da Casa Imperial d. Rosa de Sant'Ana Lopes, prima-irmã da marquesa de Santos. D. Rosa havia caído nas graças da família já fazia muitos anos. Servia como dama da imperatriz quando foi indicada para o cargo de dama de quarto da princesa d. Isabel por d. Francisca, que gostava muito dela. D. Isabel se afeiçoaria muito a sua dama, a quem chamaria pelo resto da vida de "minha Rosa". A dama de d. Leopoldina era d. Rita Francisca Roze e, em seguida, após o falecimento dela, Maria Amália Azambuja Carvalho de Morais.[2] A educação das meninas não estava sob responsabilidade delas, mas sim a administração e o funcionamento dos aposentos das princesas.

O isolamento dos palácios e da gente da corte, damas, lacaios etc. era quebrado eventualmente quando elas assistiam a uma procissão de uma das janelas do Paço da Cidade ou quando, mais crescidas e acompanhadas da aia, participavam de entrega de prêmios e alguns outros eventos. Apartadas do mundo externo, o qual viam, na maior parte de suas infâncias, por detrás das janelas dos palácios, carruagens e nas subidas e descidas para Petrópolis, ao menos tiveram amigas.

Essas amizades eram selecionadas no círculo íntimo do palácio. Assim, as princesas passaram a receber visitas e brincar com Adelaide Taunay, filha do antigo professor de francês e desenho de d. Pedro II, que também viria a dar aulas às princesas. Outra companheira foi Maria Ribeiro de Avelar, apelidada de Mariquinha, filha de Mariana Velho da Silva, amiga de infância das princesas d. Januária e d. Francisca. Mariana e Maria Ribeiro eram, respectivamente, filha e neta do conselheiro José Maria Velho da Silva, antigo servidor da Casa Imperial, mordomo--mor interino durante a ausência de Paulo Barbosa e administrador da Imperial Fazenda de Petrópolis. Uma terceira amiga mais próxima foi Maria Amanda Lustosa Paranaguá, futura baronesa de Loreto, cuja vida seria marcada por um incidente envolvendo d. Isabel. Em 1862, enquanto faziam um canteiro, d. Isabel atingiu acidentalmente com um instrumento de jardinagem o olho direito de "Amandinha". Apesar do esforço dos médicos da Casa Imperial, Amanda perdeu o olho e usaria por toda a vida um de vidro. O incidente não abalou a relação delas, que continuaram a amizade até a morte da princesa, em 1921.

Amanda era filha de João Lustosa da Cunha Paranaguá, proprietário de terras no Piauí e membro da elite política e administrativa do Império. Encarnando a piada da época de que nada mais semelhante a um conservador que um liberal, entrou na política no primeiro partido e se transformou em líder do segundo. Foi presidente da província da Bahia, do Maranhão e de Pernambuco, juiz, ministro de diversas pastas, presidente do Conselho de Ministros, conselheiro do império, além de visconde e depois marquês de Paranaguá.

Outras crianças que participaram do círculo das princesas foram: a filha do mordomo Paulo Barbosa, Flora; Francisca Ferreira de Abreu, filha de um professor das princesas; e Dominique de Barral, filho da aia de d. Isabel e d. Leopoldina.

A infância despreocupada delas teve uma mudança em 1º de maio de 1854 quando, segundo a historiadora Maria de Fátima Moraes Argon, elas passaram a ser alfabetizadas por Francisco Crispiniano Valdetaro.[3] Antes disso, já no ano anterior, d. Pedro passou a se preocupar cada vez mais com a educação das filhas. O que não é de estranhar — como herdeiras do pai, elas tinham que saber muito mais do que ler e escrever. Isso, por si só, já as faria mais instruídas que grande parte das brasileiras de seu tempo, mas, além disso, precisavam entrar de certa maneira no universo masculino que comandariam no futuro. Isso se deu pela educação.

A educação de mulheres era diferente da educação dos homens. O mundo governamental e das decisões era majoritariamente um mundo masculino. Para que as herdeiras de d. Pedro II interagissem nesse universo, elas teriam que ser educadas como os homens de seu tempo. Por isso, o pai determinou que as filhas tivessem uma dupla educação. Elas deviam receber tanto a instrução cabível às mulheres quanto a que os homens recebiam.

As damas de quarto, apesar de serem, como o imperador diria em carta para a imperatriz d. Amélia, pessoas "muito cuidadosas (honra lhes seja feita) não possuem o grau de educação que mesmo na sociedade ordinária se requer".[4] As damas das princesas não seriam diferentes das que tiveram as princesas d. Januária e d. Francisca.

D. Pedro inicialmente se dirigiu a sua madrasta, coberta de luto e extremamente deprimida com a perda da única filha em 4 de fevereiro de 1853. Datam desse ano, a se confiar nos rascunhos mantidos no arquivo do imperador, as tentativas de fazer d. Amélia assumir a educação das netas. Talvez a intenção de d. Pedro fosse trazê-la ao Brasil e distraí-la do luto a que ela se entregou até o final da vida. Outra hipótese relativa ao convite feito seria o fato de que d. Amélia havia se esmerado na educação de sua filha, d. Maria Amélia, e tinha vivência internacional suficiente para fazer diferença ao educar ar princesas.

A imperatriz d. Amélia relutou. Disse na segunda carta que havia ficado muito comovida com o insistente convite do enteado. Mas a resposta ainda era não. Não desejava assumir tal responsabilidade devido ao estado emocional em que se achava após a perda da filha.

> [...] Meu melhor desejo falharia perante a dor do meu coração [...] não tenho no momento nem forças e nem saúde para empreender essa viagem e assim, com sincero pesar e vivo sentimento de gratidão, vejo-me obrigada a dizer-te, com toda a franqueza, não poder aceitar a prova de confiança que me queres dar.[5]

D. Amélia sugeriu que d. Teresa Cristina tomasse conta da educação das próprias filhas. Como já vimos anteriormente, tal ideia não seria possível devido ao costume da corte bragantina. A educação cabia ao pai. D. Pedro I estipulou sobre a educação dos filhos e contratou a inglesa Maria Graham como preceptora de d. Maria da Glória. D. Pedro II também assumiria a responsabilidade de determinar quem educaria as filhas. O imperador chegou mesmo ao ponto de afirmar ter ele vontade de assumir o encargo:

> O meu desejo seria tomar sobre mim este encargo, mas bem pode prever minha mãe que o tempo que me resta das minhas obrigações não m'o permitiriam e além disso não sou dos mais habilitados para lidar com senhoras, principalmente com as desta casa que, afora as ocasiões de serviço, vivem na mais completa ociosidade.[6]

Na mesma carta, d. Pedro discriminou as qualidades que ele gostaria de encontrar em uma aia. Já que d. Amélia não se dispunha a atravessar o Atlântico pela terceira vez, que ela o ajudasse a encontrar alguém para educar as princesas.

Ele queria uma mulher alemã, católica romana e religiosa, viúva, sem filhos menores, maior de 40 anos, sem interesses na Europa e que soubesse bem as línguas mais usadas. Quanto ao português, nem precisava ser fluente: ela devia entender "ou que venha depois de saber alguma coisa dele, para não estar sem ocupação quando aqui chegar".[7] A aia deveria ter gênio dócil, maneiras delicadas e conhecer as diversas atividades com as quais as senhoras passavam as horas vagas. Como sabia que a nova aia estrangeira seria uma alienígena na corte brasileira, rogava à madrasta que a escolha de alguém da parte dela daria "prestígio a quem necessariamente há de ser por algum tempo o alvo das censuras".[8]

O drama para se encontrar uma aia para as princesas pode ser comparável à tentativa de se arrumar uma segunda esposa para d. Pedro I na Europa entre 1827 e 1829. Tanto o pai quanto o filho tiveram que modificar a lista do que buscavam. O processo de busca da aia europeia iniciado em 1853 só daria resultado três anos depois.

A imperatriz d. Amélia, após consultar até a tia, a imperatriz-mãe da Áustria, Sofia da Baviera, sem conseguir qualquer dama que se aventurasse, dentro das especificações do enteado, a vir para o Brasil, sugeriu a d. Pedro II que buscasse junto a d. Francisca alguma indicação. Talvez a rainha Maria Amélia da França pudesse se lembrar de alguém.

A condessa de Barral

Nesse período, a família real francesa vivia no exílio. Em 1848, após dezoito anos no trono, o rei Luís Filipe foi obrigado a abdicar. A segunda república foi instalada na França, e o rei e a família, incluindo a princesa d. Francisca, o marido e os filhos, foram obrigados a se exilar na Inglaterra.

Para lá também seguiu outra personagem, a dama de companhia de d. Francisca, a viscondessa de Barral e marquesa de Monferrat. Por debaixo dos títulos franceses que lhe tocaram por casamento, se encontrava a baiana Luísa Margarida de Barros Portugal, filha do visconde de Pedra Branca. Pedra Branca foi um dos primeiros brasileiros a cumprimentar e tentar aconselhar a jovem imperatriz d. Amélia antes da partida dela da Europa para o Brasil, em 1829.

O visconde de Pedra Branca, Domingos Borges de Barros, pai de Luísa Margarida, era filho de senhor de engenho. Estudou no Colégio de Nobres de Lisboa e fez filosofia em Coimbra. Muito culto, foi considerado um dos precursores do Romantismo na Bahia.[9] Já tarde para a época, aos 35 anos, casou-se com Maria do Carmo de Gouvêa Portugal, com quem teve dois filhos: Domingos e Luísa.

Nascida em Salvador em 13 de abril de 1816, Luísa passou a infância nos engenhos de São João e São Pedro e na Europa, onde o pai foi representante do governo brasileiro. Na França, ela se tornou filha única em 1825 com o falecimento do irmão em Paris. Assim como d. Pedro II se preocupou com a criação das filhas, Pedra Branca também concentrou esforços na educação de Luísa.

Ela passou grande parte de sua adolescência na França e viajando pela Europa com os pais. Segundo a dra. Ana Cristina Francisco, isso "contribuiu consideravelmente para o seu alto grau de cultura, destacando-a acima da educação feminina brasileira da época".[10] Tendo assuntos a tratar no Brasil e precisando assumir sua cadeira no Senado, Pedra Branca, viúvo desde 1833, retornou ao país deixando Luísa com uma família de amigos na França. Ao retornar alguns anos depois, Luísa recusou os planos do pai em casá-la com o político baiano Miguel Calmon du Pin e Almeida, vinte anos mais velho que a noiva e amigo de infância de Pedra Branca.

Em 1837, Luísa Margarida uniu-se a Jean Horace Joseph Eugène, visconde de Barral, marquês de Monferrat e marquês de La Batîe D'Arvillars. Jean Horace era sobrinho-neto, por parte materna, do marquês de Beauharnais, avô da imperatriz d. Amélia. Após uma temporada no

Brasil, o casal retornou a Paris, onde Luísa se tornou dama de companhia da princesa de Joinville, d. Francisca de Bragança. Segundo Wanderley Pinho, a presença de Barral, conhecedora da corte francesa, foi fundamental para a apresentação da princesa brasileira na corte francesa.

> A cada pessoa que a rainha lhe apresentava, a princesa de Joinville dizia uma palavra amável, a revelar surpreendente conhecimento da sociedade para a qual apenas entrava. Era de maravilhar. Lisonjeava e conquistava de logo a todos, fazendo feliz contraste com o silêncio das princesas que antes haviam sido apresentadas em corte.[11]

O cavaleiro de Saint-Georges, antigo representante da França no Rio de Janeiro e amigo do pai de Luísa, deixou registrado que as pessoas se entreolhavam espantadas com a desinibição da brasileira. Como ela sabia o que deveria dizer a cada um dos que lhe eram apresentados sem os ter conhecido anteriormente? A chave para o enigma era a viscondessa de Barral, dama de honra da princesa. Cada vez que a rainha Maria Amélia apresentava um nome à nora, Luísa dizia qualquer coisa no ouvido da princesa:

> A palavra misteriosa designava a categoria social a que pertencia a dama apresentada e era uma indicação mnemônica da expressão polida, afetuosa ou de interesse que a princesa lhe devia dirigir. A Barral, que conhecia nas pontas dos dedos o mundo parisiense, tinha feito uma lista quinze dias antes da recepção classificando seus componentes por categorias. A princesa preparara uma locução para cada categoria. E o jogo fora assim bem armado. Eis como uma dama de honor pode ajudar a reputação de uma princesa inteligente.[12]

Semelhante ação tomara Luísa Margarida ao apresentar uma listagem de "quem era quem" no Recôncavo para d. Pedro II, que para lá viajou já sabendo tudo o que precisava sobre as pessoas que encontraria. Isso demonstra o caráter internacional da brasileira, que ampliaria cada vez mais, ao longo da vida, a sua rede de sociabilidade dos dois lados do Atlântico.

Em Paris, a viscondessa de Barral manteve um salão literário, recebendo diversas personalidades, como artistas, pintores, compositores e cantores. Por ele, além de Chopin, passaram também brasileiros, como o ex-mordomo de d. Pedro II, Paulo Barbosa, quando de sua saída do Brasil, no final dos anos 1840.

Com a Revolução de 1848, Barral conseguiu recolher algumas poucas recordações que sobreviveram ao saque do Palácio das Tulherias e entregar a sua princesa na Inglaterra. No início da década de 1850, Luísa e o marido partiram para a Bahia, onde foram se juntar ao pai. Em 1856, após o falecimento de Pedra Branca, chegou o convite do mordomo da Casa Imperial para que ela assumisse as funções de aia das princesas. A indicação veio da princesa d. Francisca, que, após ser consultada pelo irmão, se recordou da antiga dama de honra.

> Meu querido mano Pedro,
>
> Vou começar esta carta falando-te logo do que nos interessa tanto da escolha da aia. Creio que não podias escolher melhor do que a Barral a qual não é só mui bem-educada como possui maneiras e princípios sólidos em tudo. Mas também sabe bastante. Ela fala perfeitamente bem o francês, o inglês e a sua língua. O piano também é muito forte. Toca perfeitamente bem. E creio que com mestres debaixo da sua vista e direção tudo poderá ir como o desejas e teres para suas filhas uma educação excelente. [...] O que eu temo é que a Barral não aceite o posto tendo o seu marido e sobretudo o seu filhinho que ela nunca deixa sozinho. Creio que lhe deves fazer o sacrifício de teres ao pé do paço o seu ménage do qual creio que ela nunca há de se separar sendo muito unido como ele é [...].[13]

D. Francisca concluía que era preciso ainda garantir a Barral na corte uma "posição mui boa". Uma posição boa para a viscondessa, além de títulos ou valores elevados para seus serviços, queria também dizer *status*. Um posto elevado dentro da organização do palácio daria segurança para Barral poder se colocar acima das intrigas que provavelmente seriam criadas ao redor de um novo elemento inserido nos aposentos das princesas. Uma possível saída de Barral, como ocorrera anos antes com a inglesa Maria Graham, significaria a quebra da continuidade da educação de d. Isabel e d. Leopoldina.

Barral não era alemã, nem viúva, nem livre e desimpedida de negócios no estrangeiro como desejava o imperador. Após uma longa negociação entre ela e d. Pedro, intermediada pelo mordomo Paulo Barbosa — negociação dura na qual Barral discutiu salário, moradia e posição na corte —, ela finalmente aceitou a proposta de trabalho. Já com o título de condessa de Barral, herdado pelo marido com a morte do pai, a nova aia desembarcou no Rio de Janeiro, no segundo semestre de 1856, com toda a família e criadagem. O marido ficaria inicialmente junto da esposa, partindo depois de algum tempo para ocupar um cargo oferecido na França.

Luísa, além de ser nomeada dama da imperatriz, receberia um salário mensal de um conto de réis e teve garantida uma aposentadoria de 6 mil francos, que passaria a receber ao término do trabalho, e ainda teve direito a uma casa mobiliada, uma carruagem da Casa Imperial e assento à mesa de refeições do imperador. Fora isso, os atritos iniciais que Barral teve com as damas de quarto das princesas e demais pessoas do serviço íntimo da casa foram resolvidos com uma circular de Paulo Barbosa. No comunicado, o mordomo alertou a todos sobre a posição da qual a condessa gozava, como pessoa de extrema confiança de d. Pedro II no que tangia à educação das filhas.

Não era a primeira vez que Luísa Margarida e d. Pedro II se encontravam. Segundo uma carta de d. Francisca ao irmão, datada de 31 de março de 1847, eles já haviam se visto antes: "Vi a Mme. de Barral, a qual falou-me muito de ti. Não fazes ideia do prazer que todas as notícias que ela deu-me de ti, do quanto pensas sempre na tua mana Chica. Também agradeço o acolhimento que fizeste aos Barral. São pessoas dignas dele de quem gosto muito".[14] Em seu diário, no começo de 1891, d. Pedro II mencionou que eram amigos desde 1848. De qualquer maneira, já teriam tido um encontro antes da nomeação dela para a corte.

A condessa de Barral ficou responsável pela educação das princesas, não apenas intelectual, mas também moral. Ela se reportava exclusivamente aos monarcas. Esse convívio estreito com a família, de 1856 até o fim da educação das princesas com o casamento delas em 1864, foi o início de uma relação íntima entre a família imperial e a condessa que perdurou até a morte dela, em 1891. Cabia a ela controlar os horários das aulas, os boletins e os cadernos das crianças e manter todo o planejamento funcionando. Na falta dos pais, era ela a autoridade máxima no que dizia respeito às princesas.

A educação das princesas

O imperador supervisionava de perto, chegando a tomar parte ativa na educação das filhas. Num documento chamado "Atribuições da Aia", d. Pedro II registrou sua orientação:

> [...] O caráter de qualquer das princesas deve ser formado tal qual convém às senhoras que poderão ter que dirigir o governo constitucional d'um império como o do Brasil. A instrução não deve diferir da que se dá aos homens, combinada com a do outro sexo: mas de modo que não sofra a primeira.[15]

A princesa d. Isabel não seria a primeira mulher a governar uma nação. A rainha Vitória, na Inglaterra, e a falecida irmã do imperador, a rainha d. Maria II em Portugal, atestavam que não havia nada de anormal numa mulher, casada, com filhos, assumir as responsabilidades de representar um Estado. D. Leopoldina não havia chefiado o Conselho de Estado mais de uma vez durante as ausências de d. Pedro I do Rio de Janeiro? D. Pedro II tentou preparar as filhas do modo como havia sido preparado: estudando, estudando, estudando, sempre mais.

Além da aia e do pai, tanto a avó, d. Amélia, em Portugal, quanto a tia, d. Francisca, no exílio na Inglaterra, se preocupavam com a educação das princesas. D. Amélia mandava livros e brinquedos para as meninas, lhes escrevia ora em português, ora em francês para elas irem treinando a língua mais internacionalmente usada na época. D. Francisca, além de lembranças, mandava também partituras e peças teatrais para elas encenarem.

Junto aos trabalhos manuais, desenho, pintura, dança e piano, as princesas receberam aulas de história universal, brasileira e de Portugal, inglês, francês, italiano, história da filosofia e da religião, economia política, mitologia, latim, grego, física, química, botânica, filosofia, álgebra, trigonometria, fotografia etc. Segundo o cavaleiro de Saint-Georges, no opúsculo biográfico que escreveu sobre a condessa de Barral, as princesas teriam sido bacharéis, pela carga horária de algumas das matérias e sem serem diplomadas, em Letras e doutoras em Direito, com complementação em Direito Civil, Administrativo e Constitucional.[16]

Entre seus mestres, havia pessoas que se destacaram nas respectivas áreas de atuação, como Carlos Gomes, para música, o escritor Joaquim Manuel de Macedo, que lhes deu aulas de história e literatura, e o pintor Victor Meirelles. Mesmo após casada, d. Isabel continuaria tendo aulas com o pintor e com outros professores.

Muitos são os autores que acusam d. Pedro II de ter negligenciado a educação política das filhas, não as preparando para governar. Mas o que ele podia dar além do que ele teve, senão em maior quantidade, de forma mais organizada e com mais qualidade? Quando o embaixador austríaco cobrou do último regente do Império que já era hora de colocar d. Pedro II para tomar parte nas funções governamentais, Araújo Lima limitou-se a restabelecer o "beija-mão". O imperador passou a lidar com o governo, após a maioridade, com ajuda de Aureliano Coutinho, mas sem qualquer preparo prático, somente tendo sido instruído nas leis e fazendo da Constituição seu livro de cabeceira.

Segundo a dra. Ana Cristina Francisco: "O pai guiou a filha, pelo que entendia ser o melhor para trilhar na política: o estudo". Além deles, d. Isabel, como princesa imperial, regente em três ocasiões, teve o pai para pedir conselho e se apoiar.

Numa carta, sem data, mas escrita já com a filha adulta, o imperador aconselhou a princesa que tivesse cautela com as relações partidárias. Cautela, estudo e opiniões próprias — era a fórmula recomendada por d. Pedro a d. Isabel:

> O sentimento inteligente do dever é nosso melhor guia; porém, os conselhos de seu pai poderão aproveitar-lhe. O sistema político do Brasil funda-se na opinião nacional, que, muitas vezes, não é manifestada pela opinião, que se apregoa como pública. Cumpre ao imperador estudar constantemente aquela para obedecer-lhe. Dificílimo estudo, com efeito, por causa do modo por que se fazem as eleições; mas, enquanto estas não lhe indicam seu procedimento político, já conseguirá muito. Se puder atender com firmeza ao que exponho; sobre as principais questões, mormente do ponto de vista prático. Para ajuizar bem delas, segundo os casos ocorrentes, é indispensável que o imperador, mantendo-se livre de prevenções partidárias, e portanto não considerando também como excessos as aspirações naturais e justas dos partidos, procure ouvir, mas com discreta reserva das opiniões próprias, as pessoas honestas e mais inteligentes de todos os partidos; e informar-se cabalmente de tudo o que se disser na imprensa de todo o Brasil nas Câmaras legislativas da Assembleia Geral e provinciais. Não é producente provocar qualquer outro meio de informação e cumpre aceitá-lo cautelosamente.[17]

O pai zeloso, além de cartas, também deixaria para a filha os "Conselhos à Regente", um guia do que d. Pedro II entendia como necessário para a condução dos negócios brasileiros, quando de seu afastamento em viagens para fora do Brasil.

Mas esses tempos de preocupações políticas ainda estavam distantes. Na infância das filhas, d. Pedro II alternou a severidade da criação com o seu lado mais amoroso. Ao mesmo tempo que, em bilhetes ou pessoalmente, cobrava lições, aplicava problemas geométricos e aritméticos, também enviava a elas bonecas, amêndoas confeitadas e mandava-lhes "beijinhos" e "abracinhos" por cartas, quando estava longe delas.

Durante a viagem dos imperadores ao Norte e ao Nordeste brasileiros, as princesas ficaram sob os cuidados da preceptora, que enviava regularmente informações sobre as crianças. Em 6 de novembro de 1859, Barral mandou para a imperatriz notícias das filhas falando a respeito da coragem de d. Leopoldina em arrancar um dente e de que d. Isabel estava ficando muito gorda. Na carta, solicitou ajuda da imperatriz para educar as meninas contra maus comportamentos e atitudes que deviam ser corrigidos:

> Rogo a v.m. de instar com s.a. a princesa d. Leopoldina para que se corrija do mau hábito que tem de estender o lábio inferior, de coçar a cabeça e o nariz, e de vesgar os olhos quando escreve. Diga-lhe que espera achá-la sem esses cacoetes na sua volta, para ver se ela atende às minhas constantes advertências. — Não temos tido grandes tempestades de gênio, apenas alguns aguaceiros que passam, coitada, sem rancor.[18]

Pequenas infrações eram administradas pela própria condessa, como quando ela deixou uma das princesas sem poder ver o retrato da mãe. Nãos e castigos mais significativos partiam do imperador, em acordo tácito com a preceptora. As cartas das princesas para os pais demonstram alguns dos métodos persuasivos de Barral em fazer as crianças se comportarem e se concentrarem em suas lições. No Natal de 1859, com os pais viajando, a princesa d. Leopoldina descreveu um acontecimento que nos dias de hoje equivaleria a uma cena de terror para os educadores e para os alunos: uma árvore de Natal enfeitada com palmatórias.

> Petrópolis, 25 de dezembro de 1859. Minha cara mãe,
>
> Desejo que esteja boa. Eu estou boa. Ontem a condessa arranjou uma árvore muito bonita. [...] tinha na árvore 4 palmatórias em que estavam escritos para a mais preguiçosa (eu), para a mais teimosa (mana), para quem não sabe tabuada (Dominique) e para quem troca letras (Francisca) [...].[19]

Segundo a historiadora Jaqueline Aguiar:

> Com este rigor simbólico apresentado de forma bem-humorada, a aia chamava a atenção de cada uma das crianças para que corrigissem suas falhas, mas também as educava e alegrava o ambiente que certamente estava mais triste pela ausência dos pais das princesas.[20]

No arquivo da família, além das cartas para os pais durante suas viagens, é constante o encontro de bilhetinhos das princesas para d. Pedro e d. Teresa Cristina. Era comum elas se comunicarem, quando a família estava num mesmo palácio, por meio de bilhetes. Isso demonstra que o dia a dia não era vivenciado em conjunto e que os espaços eram fortemente delimitados. Entretanto, em alguns momentos, havia encontros, como mencionou a princesa d. Isabel em seu diário:

> Demos um baile e convidamos a mamãe e de repente vem a minha Rosa e a condessa com um rabecão, e depois com um tambor, e papai tocou o rabecão, e eu e a mana também tocamos, jogamos jogos de prendas, com papai e mamãe, um era la mer était agitée e outro dos leques.[21]

Apesar de o contato com o mundo exterior ser restrito, as princesas conviviam com membros do palácio, como funcionários e guardas. Num desses encontros, d. Isabel fez uma petição ao imperador: "Papai [...] um cadete ontem na chácara disse-nos que nos queria pedir uma graça: Mandamos saber o que era e disse que era a passagem para sua província. Ele chama-se José Sabino de Brito e é sergipano".[22]

O furacão Barral

Barral era mais velha que o imperador e com uma vivência cultural na Europa com a qual d. Pedro só podia, naquele momento, sonhar. Não foi difícil para ela despertar a atenção do monarca. Muito menos abalar a modorra de São Cristóvão, a quem a princesa d. Leopoldina, já casada na Europa, apelidou de "Convento".

Ao contrário das mulheres de sua época, como lembra Mary del Priore, Barral tinha uma "personalidade forte", era "culta, poliglota e elegante, não deixava escolhas: era amada ou detestada. Não se submetia jamais ao despotismo dos homens: nem do pai, nem do marido. Menos ainda ao das mulheres".[23]

Alcindo Sodré, primeiro diretor do Museu Imperial, contava que certa vez, como de costume, d. Pedro II foi assistir a uma aula das filhas. Algum tempo depois d. Leopoldina, então com 10 anos de idade, teria perguntado para d. Teresa Cristina: "Mamãe! Por que é que, durante as lições, papai pisa no pé da condessa?"[24]

D. Teresa Cristina em seu diário e em cartas para o marido deixaria alguns registros a respeito da passagem de Barral pela vida deles. Durante a viagem que fariam à Europa, bem depois do casamento das filhas e já com a condessa morando fora do Brasil, d. Teresa Cristina escreveu para o imperador das termas de Gastein, na Áustria, em 12 de agosto de 1876. Na carta, é possível notar que a imperatriz, mesmo depois de trinta anos no Brasil, ainda misturava um pouco de italiano com a língua portuguesa:

AS FILHAS

> Meu querido e sempre amado Pedro.
>
> [...] como tu me disseste ontem de te escrever tudo non [não] te posso negar que senti uma inveja vedo [vendo] que mandaste uma flor à condessa antes que a tua pobre mulher. Não passei muito tranquilamente o dia tive uma palpitação no estomaco [estômago] como nunca tive, os médicos dizem que é nervoso, causado pela emoção da separação. Devo me resignar, paciência, como tu me diz sempre que devo ter.[25]

Além da flor, que seria o suficiente para deixar a imperatriz com dor de estômago de nervoso, a condessa de Barral não encantou apenas o pai de suas filhas, como também as próprias.

O contato constante da condessa com as princesas criaria um forte vínculo entre as três a ponto de solapar a autoridade materna. Não raras vezes as duas pediram autorização para a preceptora para coisas que sabiam que a mãe não deixaria que fizessem. Como lembra a historiadora Jaqueline Aguiar, "alguns meses antes do término da formação educacional das princesas, a imperatriz confidenciou estes sentimentos ao seu diário":

> Fui hoje com a C. de Barral, disse que não tinha todo o poder para a educação de minhas filhas, por isso não as educava, mas somente lhes dava lições. Depois de diferentes coisas que disse, e que seriam muito longas para escrever, ela disse que minha filha Leopoldina lhe contava tudo aquilo que eu dizia a ela como mãe. A condessa disse que aproveitava e fazia um julgamento de mim e disse que eu era muito falsa. Paciência, tudo se deve suportar nesse mundo. Mas é bem triste para o coração de uma mãe ver que não pode ter confidências com uma filha. A condessa queria me forçar a dizer que não a amava, mas eu não disse que sim nem que não.[26]

A cultura, a inteligência e a segurança natural da condessa, como afirma Jaqueline, deviam impressionar as princesas, assim como a d. Pedro II.

Se faltam cartas e bilhetes íntimos de d. Pedro II para a aia das princesas na época em que ela frequentava os mesmos ambientes que ele, após a partida da condessa do Rio de Janeiro até 1890 elas são abundantes. São mais de 25 anos de correspondência. Como acontece com as cartas entre d. Pedro I e a marquesa de Santos, na correspondência entre d. Pedro II e a condessa de Barral, predominam as mensagens dele para ela. As dela para ele são escassas. Ele, como o pai, destruiria as cartas da amante, enquanto esta colecionava as missivas imperiais. Talvez o mesmo romantismo com pitadas de vaidade que fizera Domitila guardar as recordações da paixão de um imperador por ela tenha agido em Luísa.

Barral deixaria as cartas, ao morrer, arranjadas em três lotes, separadas por datas: 1865-1868, 1876-1877, 1878-1881. Os pacotes foram amarrados com fita, lacrados, e os anos escritos pela condessa. As cartas ficaram esquecidas na França até a descoberta delas, no século XX. Hoje, por doação de um descendente da condessa, encontram-se no Museu Imperial desde o final dos anos 1940. Outras estão disseminadas em arquivos particulares e públicos e seguem até 1891.

As primeiras cartas do monarca para ela são de quando a condessa deixou o Rio de Janeiro em 1865. Ao longo da viagem de Barral, ele ia procurando saber notícias suas. De Pernambuco a Lisboa até a chegada dela em Paris, as cartas foram chegando ao seu destino. Mas o que um soberano queria com uma mulher casada e que não cumpria mais nenhuma função junto ao Paço e às suas filhas? A quantidade de cartas para a condessa supera em número e em intimidade as que ele trocou com familiares na Europa durante toda a vida.

As missivas eram das mais diversas. Havia cartas em que eles trocavam comentários escrevendo em cores diferentes, havia cartas-diários que eles escreviam e enviavam um ao outro. Havia também cartas mais protocolares, que eram para vistas coletivas de esposos e filhos, e havia as que eram para serem lidas a sós.

D. Pedro de Alcântara bebê deitado na almofada e a princesa d. Francisca de pé. Óleo sobre tela de Arnaud Julien Pallière (atribuído), *circa* 1826. Acervo da Fundação Maria Luisa e Oscar Americano, São Paulo/SP.

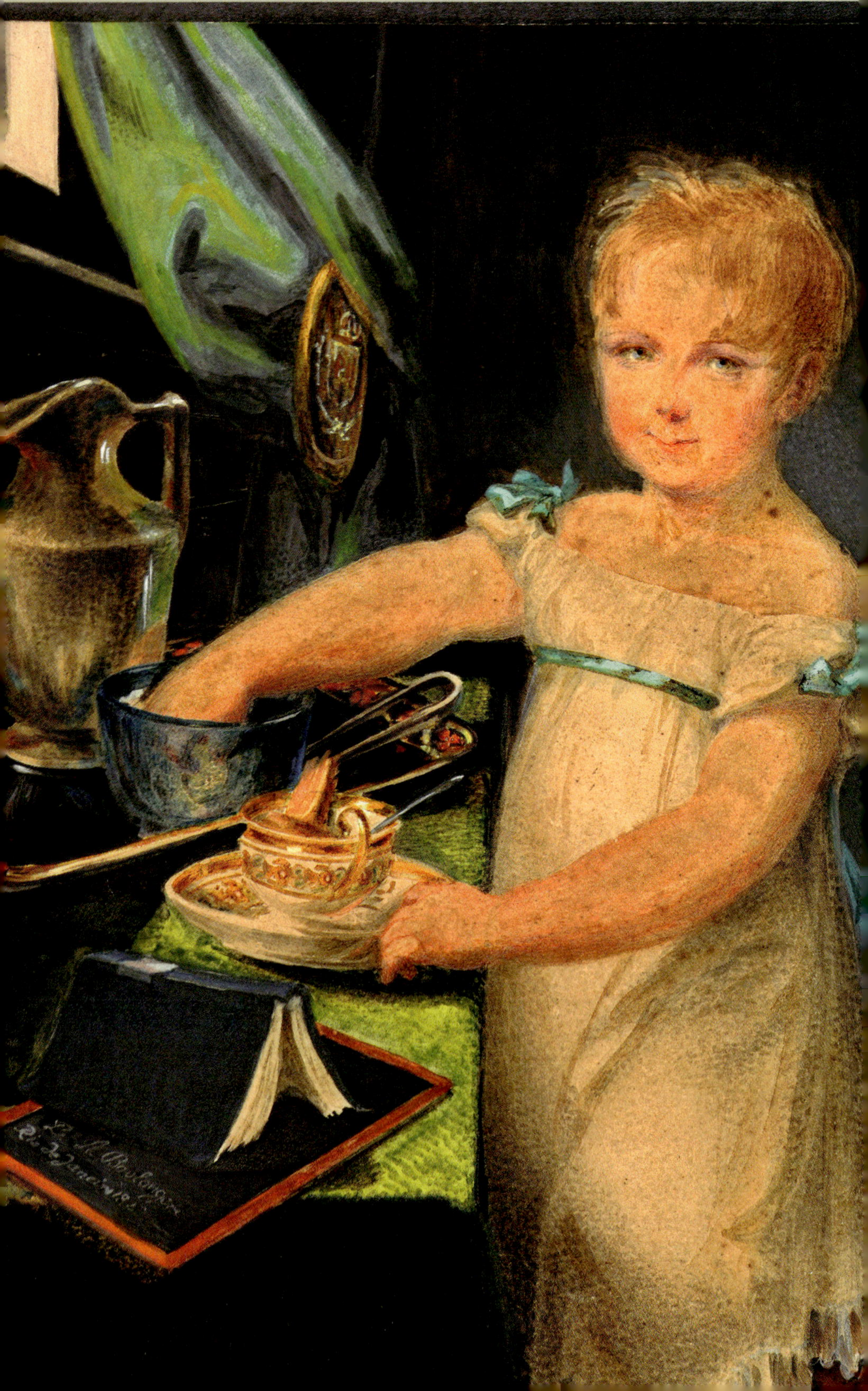

D. Pedro I, no centro, entrega a coroa de Portugal para d. Maria II, à direita, e a do Brasil para d. Pedro II, à esquerda. D. Afonso Henriques, primeiro rei de Portugal, segura uma coroa de louros acima da cabeça do ex-imperador. Tabaqueira em ouro, detalhe da tampa. Brasil, séc. XIX. Acervo Began Antiguidades. Foto de Paulo Rezzutti.

Broche com a efígie de d. Pedro II, ainda príncipe imperial, 1827. Acervo da Fundação Maria Luisa e Oscar Americano, São Paulo/SP.

Esse retrato de d. Pedro II mostra mais do que um menino em sua primeira infância. Na composição, encontramos símbolos que remetem ao Brasil. O brasão do Império aparece em um puxador de cortina no lado esquerdo; o café e o açúcar, principais produtos de exportação brasileiros, estão diante da criança, que tem junto a si um livro aberto e uma pequena lousa de estudo, demonstrando que estava sendo educada. *Dom Pedro II, criança*. Guache sobre metal de L. A. Boulanger, 1829. Acervo do Museu Imperial/Ibram/MinC.

D. Pedro II em 1832, gravura do livro *Retrato do imperador Marco Aurélio*, de Antônio Gomez Ferreira Brandão. ACERVO DA BIBLIOTECA DO MUSEU IMPERIAL/IBRAM/MINC.

D. Pedro II aos 9 anos em 1832, autorretrato a lápis. ACERVO DO MUSEU IMPERIAL/IBRAM/MINC.

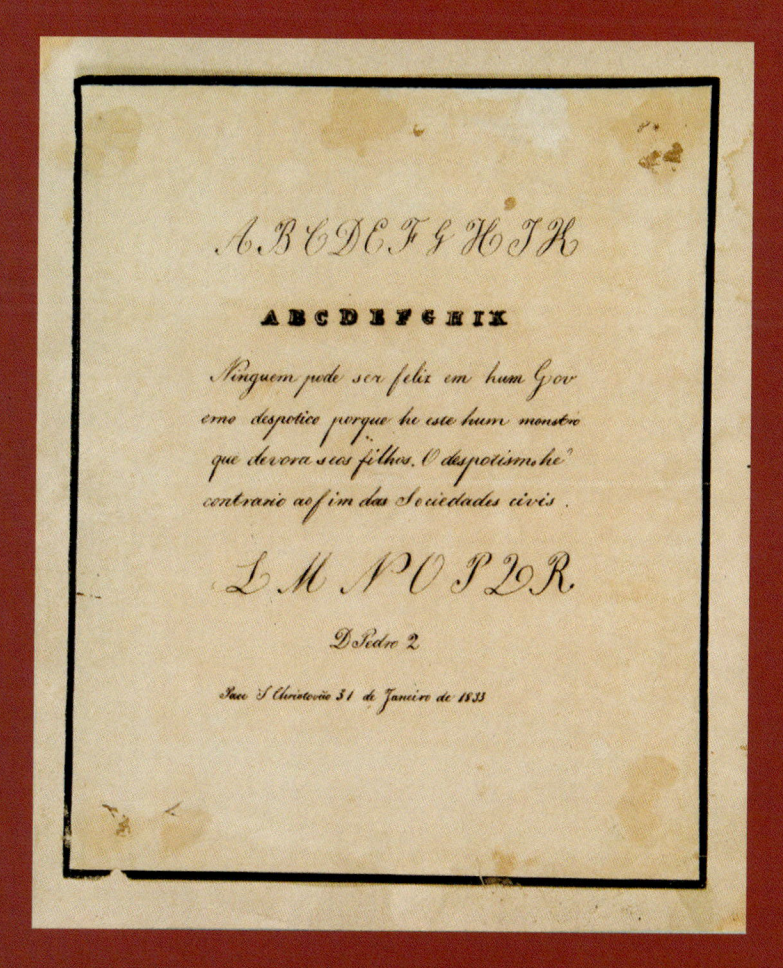

Exercício de caligrafia de d. Pedro: "Ninguem pode ser feliz em hum governo despótico porque he este hum monstro que devora seos filhos. O despotismo he contrario ao fim [objetivo] das sociedades civis. D Pedro 2. Paço S. Christovão 31 de janeiro de 1833". Nem um simples exercício de caligrafia era somente isso. As frases copiadas traziam pensamentos a ser fixados ao longo da lição.
Acervo da Fundação Maria Luisa e Oscar Americano, São Paulo/SP.

D. Pedro II no início da década de 1830. Guache sobre papel de Armand Julien Pallière, s/d. ACERVO DO MUSEU IMPERIAL/IBRAM/MINC.

D. Pedro II pouco depois de completar 10 anos. Óleo sobre tela de Félix Émile Taunay, 1837. ACERVO DO MUSEU IMPERIAL/IBRAM/MINC.

D. Pedro II jovem estudando desenho, ladeado pelas irmãs d. Januária, de vestido amarelo, e d. Francisca, de vestido branco. Numa das paredes da sala, aparece um retrato do rei d. João VI, avô das crianças, e, ao fundo, pode-se ver um retrato do imperador d. Pedro I. Pintura em aquarela de Adolphe D'Hastrel, 1840.
ACERVO DA FUNDAÇÃO MARIA LUISA E OSCAR AMERICANO, SÃO PAULO/SP.

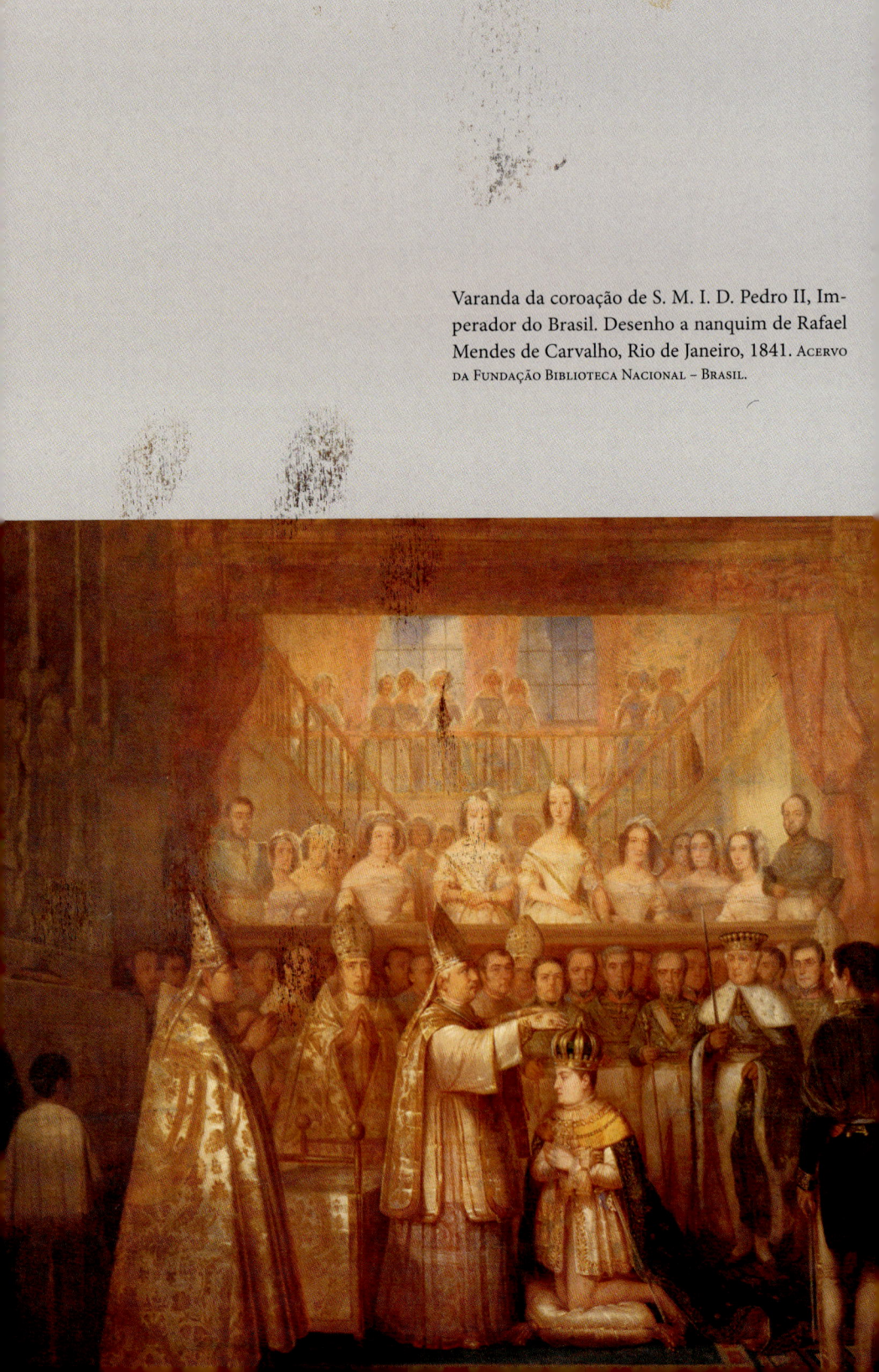

Varanda da coroação de S. M. I. D. Pedro II, Imperador do Brasil. Desenho a nanquim de Rafael Mendes de Carvalho, Rio de Janeiro, 1841. Acervo da Fundação Biblioteca Nacional – Brasil.

O imperador, ajoelhado ao centro da tela, recebe a coroa do bispo d. Romualdo Antônio de Seixas. Todos os principais personagens da corte e da vida de d. Pedro II estão representados no quadro. Atrás das mãos do bispo d. Romualdo, aparece o mordomo Paulo Barbosa, na extrema direita, antes do último bispo, encontra-se, de perfil, Aureliano Coutinho. Em segundo plano, na tribuna ao fundo, encontra-se no centro a princesa d. Francisca; do seu lado esquerdo, sucessivamente, aparecem a princesa imperial d. Januária e d. Carlota de Verna Magalhães Coutinho. Na extrema esquerda da tribuna, está Luís Alves de Lima e Silva, futuro marquês e duque de Caxias. *Sagração e coroação do imperador D. Pedro II*. Óleo sobre tela de François-René Moreaux, 1842. ACERVO DO MUSEU IMPERIAL/IBRAM/MinC.

Leque comemorativo da maioridade de d. Pedro II, decorado com o busto do imperador, com a legenda "Viva/D. Pedro II/Imperador defensor/Perpétuo/do/Brazil". A imagem é circundada por ramos de café, fumo e estrelas, representando as províncias brasileiras, e ladeada pelo pavilhão imperial e pelo cetro, este entrelaçado pelo fitão azul com a placa da Ordem do Cruzeiro. Nas laterais, aparecem dignitários chineses. Como esses leques eram feitos na China, provavelmente essas imagens entraram como parte da decoração. Leque em papel pintado e madeira laqueada, China, século XIX. Acervo da Fundação Maria Luisa e Oscar Americano, São Paulo/SP.

Manto imperial de d. Pedro II. Confeccionado por Rosa Alexandrina de Lima, primeira metade do século XIX. Tecido de veludo verde com bordados em fio de ouro. Três elementos repetem-se como padrão por todo o manto: a estrela, a esfera armilar e a serpe, animal heráldico dos Braganças. No alto, a murça feita com penas de papo de tucanos. Acervo do Museu Imperial/Ibram/MinC.

Cetro que pertenceu a d. Pedro I e d. Pedro II, confeccionado por Manuel Inácio de Loiola. Acervo do Museu Imperial/Ibram/MinC.

Coroa que pertenceu a d. Pedro II, feita por Carlos Marin em 1841, com ouro, brilhantes e pérolas. Acervo do Museu Imperial/Ibram/MinC.

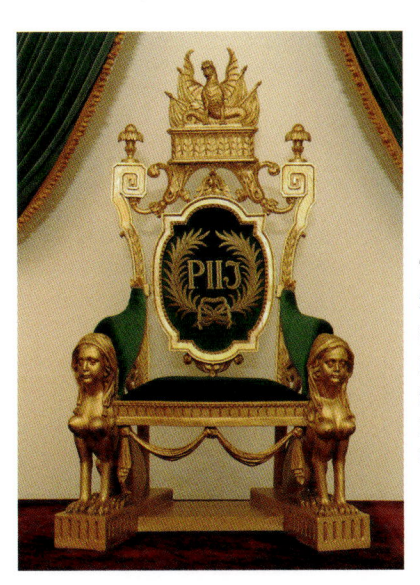

Trono de d. Pedro II que ficava no antigo Palácio de São Cristóvão, na Quinta da Boa Vista, e hoje se encontra no Museu Imperial, em Petrópolis. Acervo do Museu Imperial/Ibram/MinC.

Retrato de d. Teresa Cristina. Nele, vemos a princesa napolitana com a baía de Nápoles e o Vesúvio ao fundo. Ela usa um medalhão com o rosto de d. Pedro II e a banda da Ordem do Cruzeiro. Óleo sobre tela de José Correia de Lima (atribuído), *circa* 1843. Acervo do Museu Imperial/Ibram/MinC.

D. Pedro retratado por volta de 1842 ou 1843, após o seu noivado com d. Teresa Cristina, irmã do rei das Duas Sicílias. Vemos na tela as ordens que ele recebeu do cunhado, como a de São Fernando, a de São Januário e a banda vermelha do reino das duas Sicílias. Óleo sobre tela de pintor desconhecido, s/d. Acervo da Fundação Maria Luisa e Oscar Americano, São Paulo/SP.

D. Teresa Cristina, final da década de 1840. Óleo sobre tela de François-René Moreaux (atribuído), s/d. Acervo do Museu Imperial/Ibram/MinC.

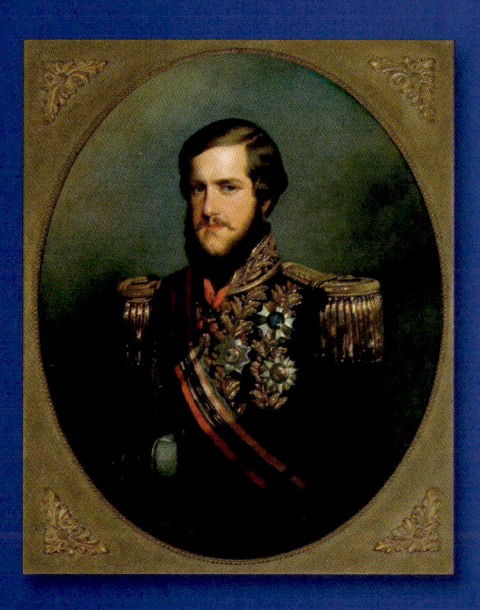

D. Pedro II, final da década de 1840. Óleo sobre tela de François-René Moreaux (atribuído) s/d. Acervo do Museu Imperial/Ibram/MinC.

Daguerreótipo de Abram-Louis Buvelot, *circa* 1851.
Acervo do Museu Imperial/Ibram/MinC.

D. Pedro II foi um dos monarcas mais retratados de sua época, que coincidiu com a popularização da fotografia. Ele aparece representado aqui aos 24 anos, em uma pintura de François-René Moreaux, e, na página ao lado, por volta dos 25 anos, em um daguerreótipo de Abram-Louis Buvelot, primeiro fotógrafo estabelecido no Brasil a receber o patrocínio de d. Pedro. Em março de 1851, Buvelot foi autorizado a usar as armas imperiais no seu estabelecimento, na rua dos Latoeiros, no centro do Rio de Janeiro. Óleo sobre tela de François-René Moreaux, 1849. Acervo do Museu Imperial/Ibram/MinC.

Príncipe imperial d. Afonso (1845-1847), um dos herdeiros masculinos de d. Pedro II e de d. Teresa Cristina que não sobreviveram à infância. Óleo sobre tela de Claude Joseph Barandier, s/d. Acervo da Fundação Maria Luisa e Oscar Americano, São Paulo/SP.

A família imperial brasileira no final da década de 1850. Da direita para a esquerda: d. Teresa Cristina, d. Pedro II, d. Isabel e d. Leopoldina. Óleo sobre tela de François-René Moreaux, 1857. Acervo do Museu Imperial/Ibram/MinC.

Princesa imperial d. Isabel (1846-1921). Óleo sobre tela de Ferdinand Krumholz, 1851. Coleção particular, foto de Miguel Salles Escritório de Arte.

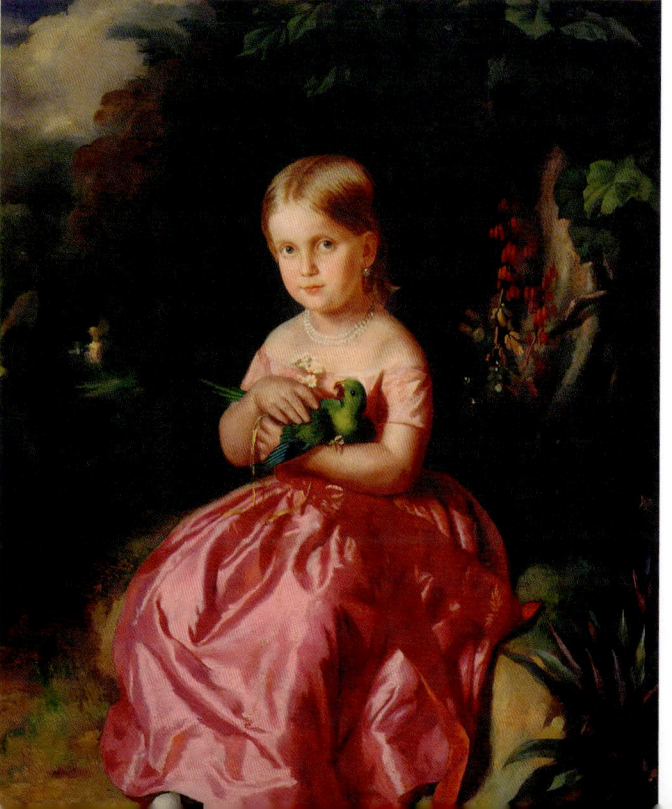

Princesa d. Leopoldina (1847-1871). Óleo sobre tela de Ferdinand Krumholz, 1851. Acervo da Fundação Maria Luisa e Oscar Americano, São Paulo/SP.

Princesa d. Isabel, sentada, princesa d. Leopoldina em pé, *circa* 1855. Ambrótipo, Joaquim Insley Pacheco, Rio de Janeiro. Acervo da Fundação Maria Luisa e Oscar Americano, São Paulo/SP.

Bracelete com efígie da princesa Isabel, *circa* 1870. Óleo sobre marfim, ouro e tecido. ACERVO DA FUNDAÇÃO MARIA LUISA E OSCAR AMERICANO, SÃO PAULO/SP.

Princesa Leopoldina, *circa* 1870. Daguerreótipo de Joaquim Insley Pacheco. ACERVO DA FUNDAÇÃO MARIA LUISA E OSCAR AMERICANO, SÃO PAULO/SP.

D. Pedro II e d. Teresa Cristina, sentados, com as filhas e os genros. Em pé, da esquerda para a direita: princesa d. Isabel de perfil, o conde d'Eu de frente, d. Leopoldina e o duque de Saxe. Acervo do Museu Imperial/Ibram/MinC.

D. Pedro II em traje de campanha durante a Guerra do Paraguai. Porto Alegre, 1865. Acervo do Museu Imperial/Ibram/MinC.

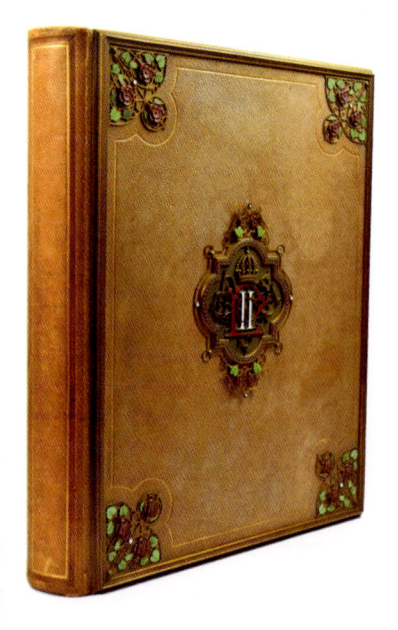

Caixa de documentos em forma de livro que pertenceu a d. Pedro II. Coleção F. Canova. Foto de Marília Lemos.

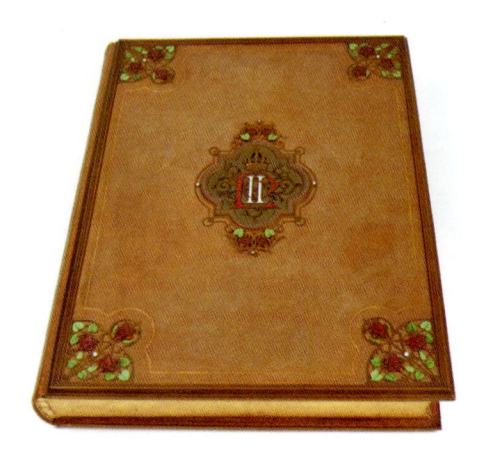

Espátula para livros em marfim com o monograma de d. Pedro II gravado. Pertenceu ao imperador e era utilizada para cortar as páginas dos livros que não vinham refilados. Acervo do Museu Imperial/Ibram/MinC.

Frasco da água de colônia produzida especialmente para d. Pedro II por Eugene Rimmel, perfumista francês estabelecido em Londres e mundialmente reconhecido. Coleção F. Canova. Foto de Marília Lemos.

D. Pedro, d. Teresa Cristina e sua comitiva durante a viagem de 1871 ao Egito. Acervo da Fundação Biblioteca Nacional – Brasil.

Retrato de d. Pedro II ostentando a insígnia do Tosão de Ouro. Guache sobre papel assinada L. Bello, fim do século XIX. Acervo da Fundação Maria Luisa e Oscar Americano, São Paulo/SP.

Retrato da condessa de Barral e marquesa de Monteferrat, preceptora das princesas d. Isabel e d. Leopoldina, amiga e confidente de d. Pedro II. Óleo sobre tela de Franz Xaver Winterhalter, s/d. Acervo da Fundação Maria Luisa e Oscar Americano, São Paulo/SP.

Numa corredeira em Imatra, na Finlândia, um registro da passagem de d. Pedro II pelo local durante a viagem de 1876. Pelo seu diário, vemos que era comum ele marcar os lugares por onde passava, como dentro e fora da Grande Pirâmide e num rochedo em Abusir, um dos principais cemitérios da V Dinastia. Foto de Tuomas Vitikainen.

RECRESSO DE SS. MM. IMPER

D. Pedro II e d. Teresa Cristina de regresso ao Brasil. À direita, no meio da multidão, vê-se o imperador acenando com a cartola na mão, tendo ao seu lado a imperatriz. ACERVO DO MUSEU IMPERIAL/IBRAM/MINC.

A Rua 1º de Março (tomada d'après nature.)

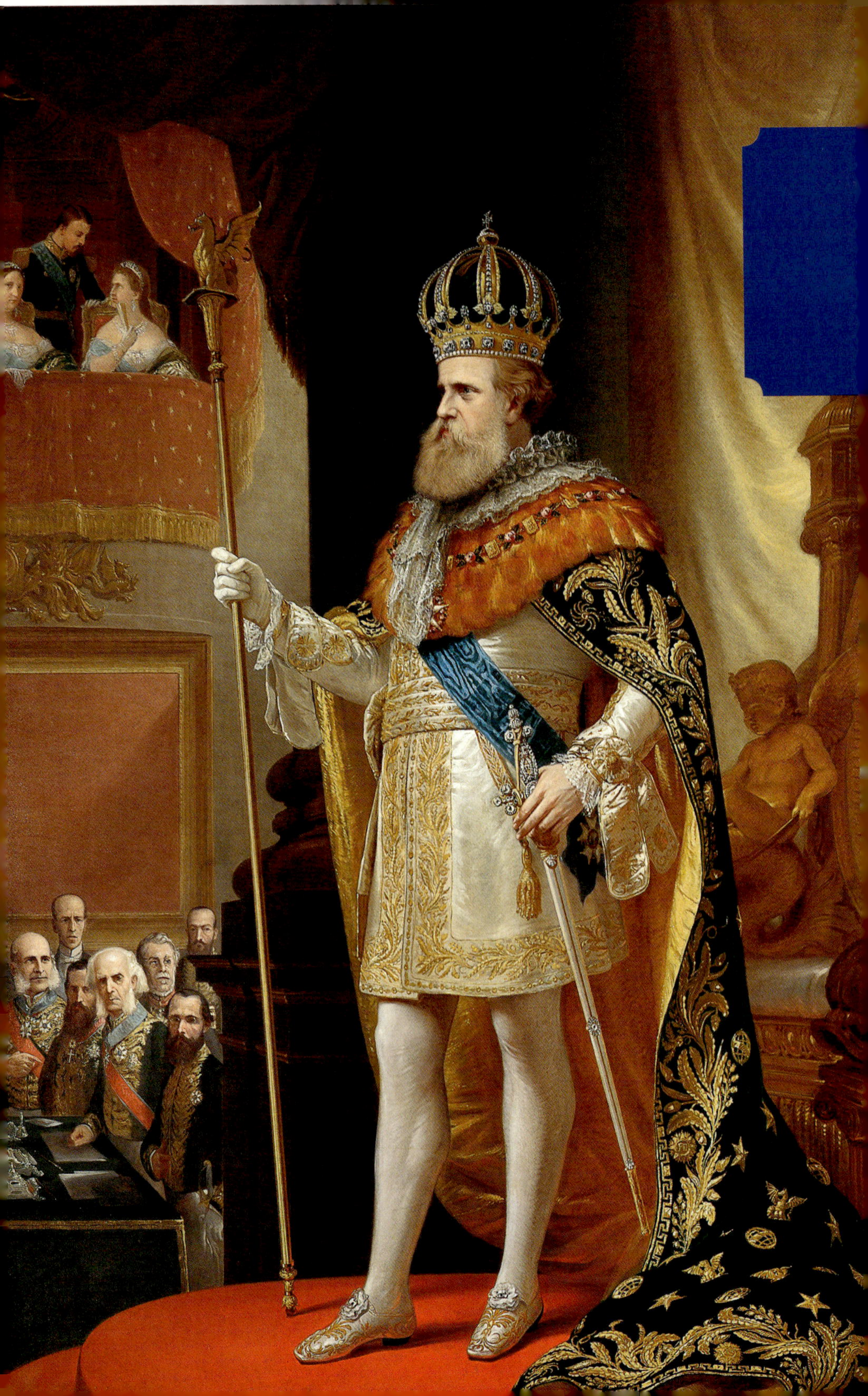

D. Pedro II na abertura da Assembleia Geral, em 3 de maio de 1872, após o retorno de sua primeira viagem ao exterior. Ao fundo, embaixo, vemos o presidente do Senado, Antônio Paulino Limpo de Abreu, visconde de Abaeté; o marquês, depois duque de Caxias, Luiz Alves de Lima e Silva; e José Maria da Silva Paranhos, visconde do Rio Branco, que era presidente do Gabinete e ministro da Fazenda. Na tribuna, na parte superior, aparecem a imperatriz, d. Teresa Cristina, a princesa Isabel, o conde d'Eu e, ao fundo, Joaquim Marques Lisboa, marquês de Tamandaré. Óleo sobre tela de Pedro Américo de Figueiredo e Mello, 1872. ACERVO DO MUSEU IMPERIAL/IBRAM/MINC.

Acima: d. Pedro e d. Teresa Cristina, fim da década de 1880. Óleo sobre tela de Armand Berton, s/d. ACERVO DO MUSEU IMPERIAL/IBRAM/MINC.

D. Pedro II, d. Pedro Augusto e d. Teresa Cristina, *circa* 1887.
Acervo do Museu Imperial/Ibram/MinC.

Da direita para a esquerda, d. Luís, d. Pedro, príncipe do Grão-Pará, e d. Antônio, na sua residência em Petrópolis, hoje Casa da Princesa, no primeiro velocípede com corrente de transmissão que veio para o Brasil. Acervo do Museu Imperial/Ibram/MinC.

Uma das últimas fotos de d. Pedro II e d. Teresa Cristina nos jardins do Palácio Imperial, em Petrópolis. Acervo do Museu Imperial/Ibram/MinC.

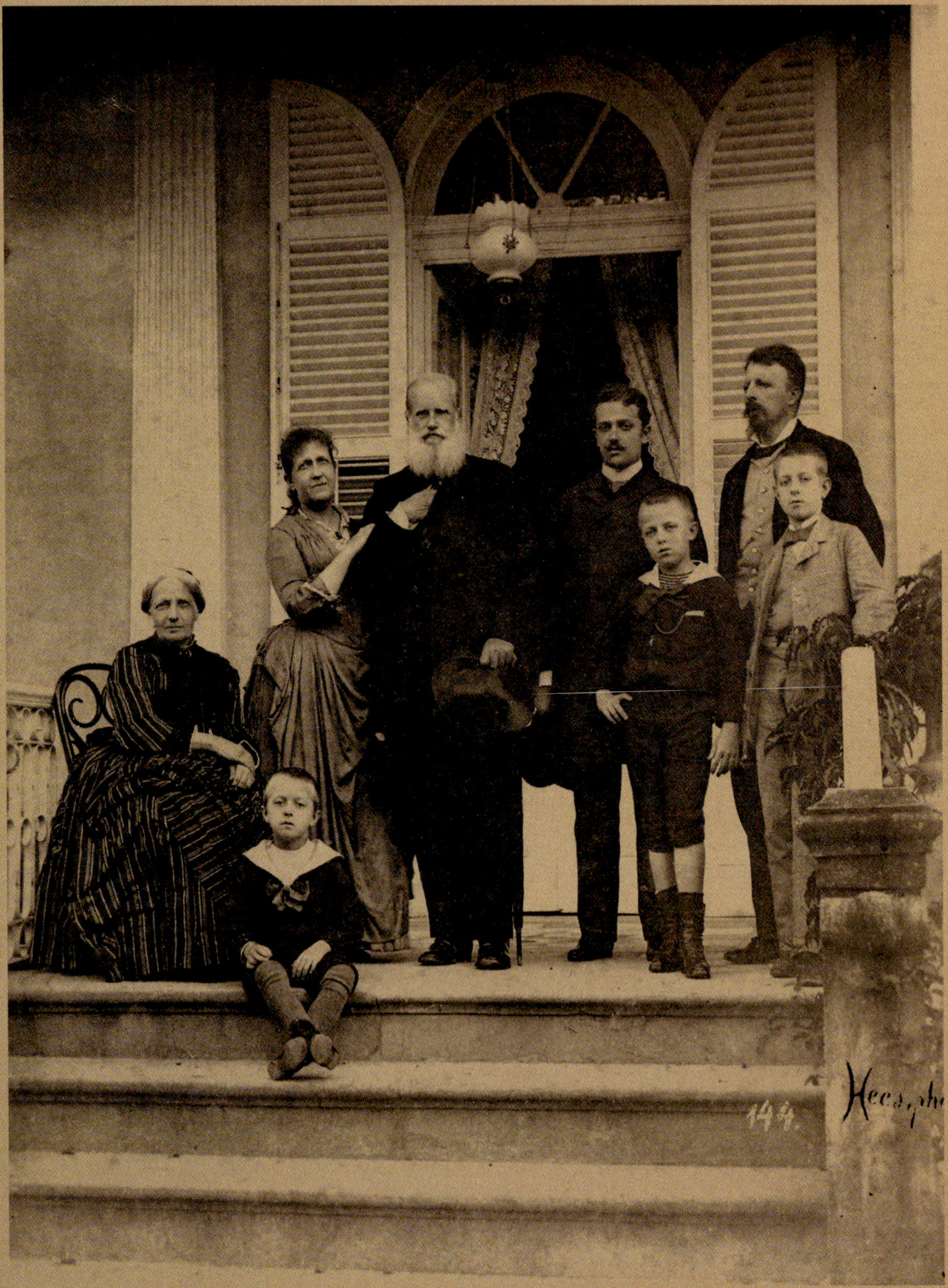
Hees, ph
144.

EVOLUÇÃO

A família Imperial, no Paço, «actualmente Repartição Geral dos Telegraphos», recebendo a intimação do Governo Provisorio, para deixar o Territorio Brazileiro, sendo portador da Mensagem o Major Solon Ribeiro e seus assistentes — Alferes Joaquim Ignacio Cardoso e Sebastião Bandeira, no dia 16 de Novembro de 1889.

Na gravura, da direita para esquerda, d. Pedro II, Gastão de Orleans, conde d'Eu, a princesa d. Isabel, Cláudio Velho da Mota Maia, conde de Mota Maia, d. Pedro Augusto, Manuel Vieira Tosta Filho, barão de Muritiba, Manuel Antônio da Rocha Faria, conde de Nioac, e a baronesa de Loreto. Reprodução de litografia original da obra *Galeria Histórica da Revolução Brasileira de 15 de novembro de 1889...* Rio de Janeiro, 1890. Acervo do Museu Imperial/Ibram/MinC.

A família imperial na varanda da residência da princesa Isabel e do conde d'Eu em Petrópolis, hoje Casa da Princesa. Da esquerda para a direita: d. Teresa Cristina, sentada, princesa Isabel, de braços dados com d. Pedro II, d. Pedro Augusto e conde d'Eu, todos em pé. Na frente, d. Luís e d. Pedro, príncipe do Grão-Pará. No degrau da escada, d. Antônio, sentado, aos pés de sua avó. *Circa* 1889. Acervo do Museu Imperial/Ibram/MinC.

Alegoria à proclamação da República e à partida da família imperial. Óleo sobre tela de pintor desconhecido da Escola Bahiana, *circa* 1890. Acervo da Fundação Maria Luisa e Oscar Americano, São Paulo/SP.

Retrato de d. Pedro II que ficava no gabinete do ministro da Guerra. O rosto do imperador foi rasgado por golpes de espada quando ocorreu a Proclamação da República. A equipe de restauração optou por manter o registro histórico. Óleo sobre tela de pintor desconhecido, *circa* 1858. Acervo do Museu Histórico Nacional/Ibram. Foto de Jaime Acioli.

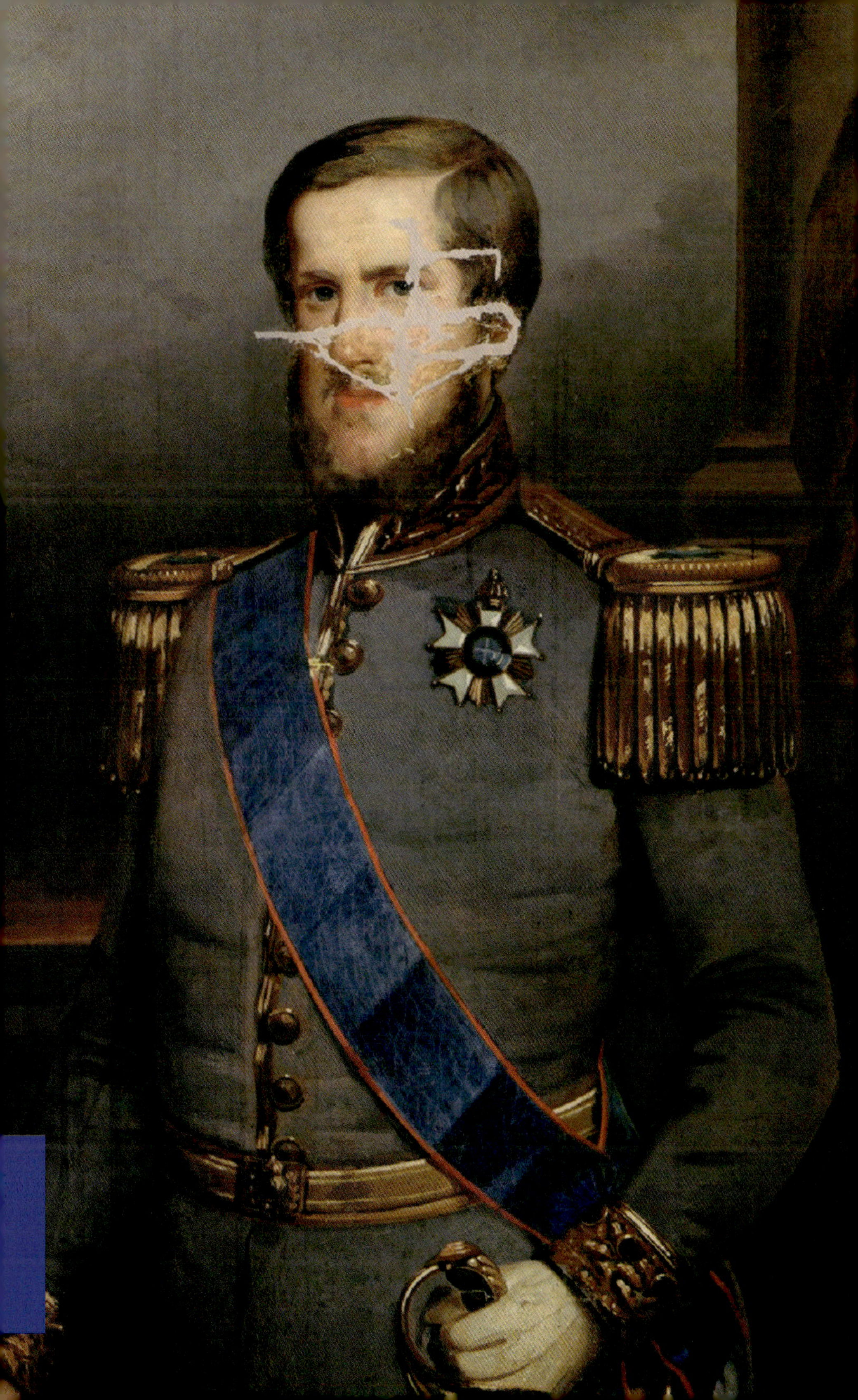

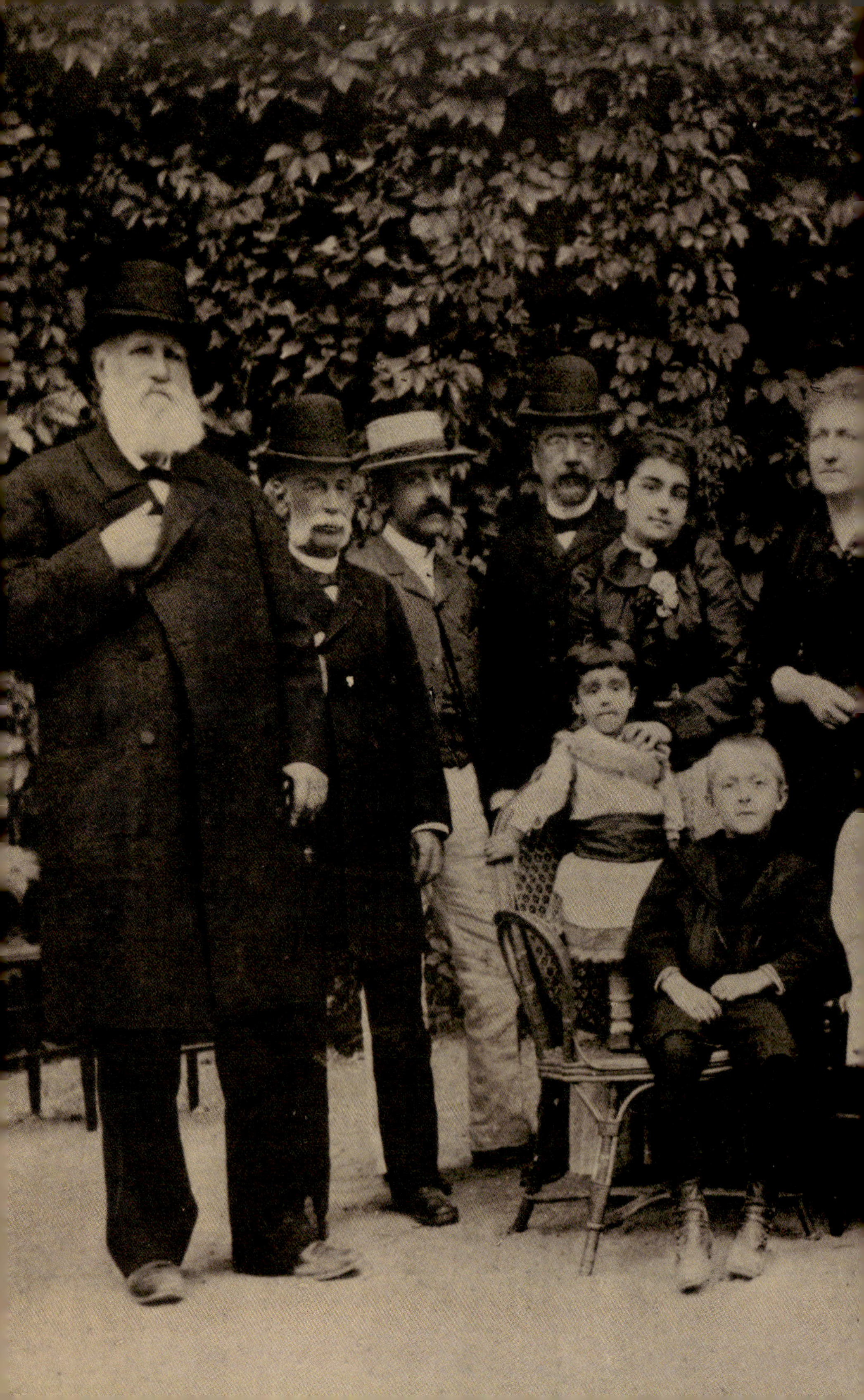

D. Pedro II no castelo de Voiron, de propriedade da condessa de Barral. Grupo formado por quinze pessoas, entre elas, da esquerda para a direita, em pé: d. Pedro II, Francisco Lemos de Faria Coutinho, conde de Aljezur, homem não identificado, Franklin Américo de Meneses Dória, barão de Loreto, mulher não identificada, princesa d. Isabel, Maria Amanda Paranaguá Dória, baronesa de Loreto, Luísa Margarida Portugal de Barros, condessa de Barral e da Pedra Branca, d. Pedro, príncipe do Grão-Pará, conde d'Eu, segurando um guarda-chuva, e senhora não identificada. Sentadas, quatro crianças, entre elas d. Antônio e d. Luís. ACERVO DO MUSEU IMPERIAL/IBRAM/MINC.

A família imperial reunida no Castelo d'Eu, França, por ocasião das bodas de ouro dos condes d'Eu, em 15 de outubro de 1914. Em pé, da esquerda para a direita, os filhos do casal, d. Luís, d. Antônio e d. Pedro de Alcântara. Sentados, da esquerda para a direita, d. Maria Pia, nora de d. Isabel, casada com o príncipe d. Luís, tendo à frente seus três filhos, d. Luís Gastão, d. Pia Maria (no colo) e d. Pedro Henrique. Sentados: no centro, a princesa Isabel, tendo nos braços d. Maria Francisca, e à sua esquerda o conde d'Eu, segurando a mão de d. Isabel, futura condessa de Paris, em pé. Também sentada, d. Elisabeth, condessa de Dobrezensky de Dobrzenics, nora dos condes d'Eu, casada com o príncipe d. Pedro de Alcântara, tendo ao colo seu filho d. Pedro Gastão. Acervo do Museu Imperial/Ibram/MinC.

Funerais do imperador d. Pedro II em Paris, em dezembro de 1891. Vê-se a multidão que aguardava a passagem do coche fúnebre e um pelotão de cavalaria. Acervo do Museu Imperial/Ibram/MinC. Foto de P. Nadar.

D. Pedro II em seu leito de morte, em 1891. Fardado e condecorado, mãos cruzadas, segurando o crucifixo enviado pelo Papa. Acervo do Museu Imperial/Ibram/MinC. Foto de P. Nadar.

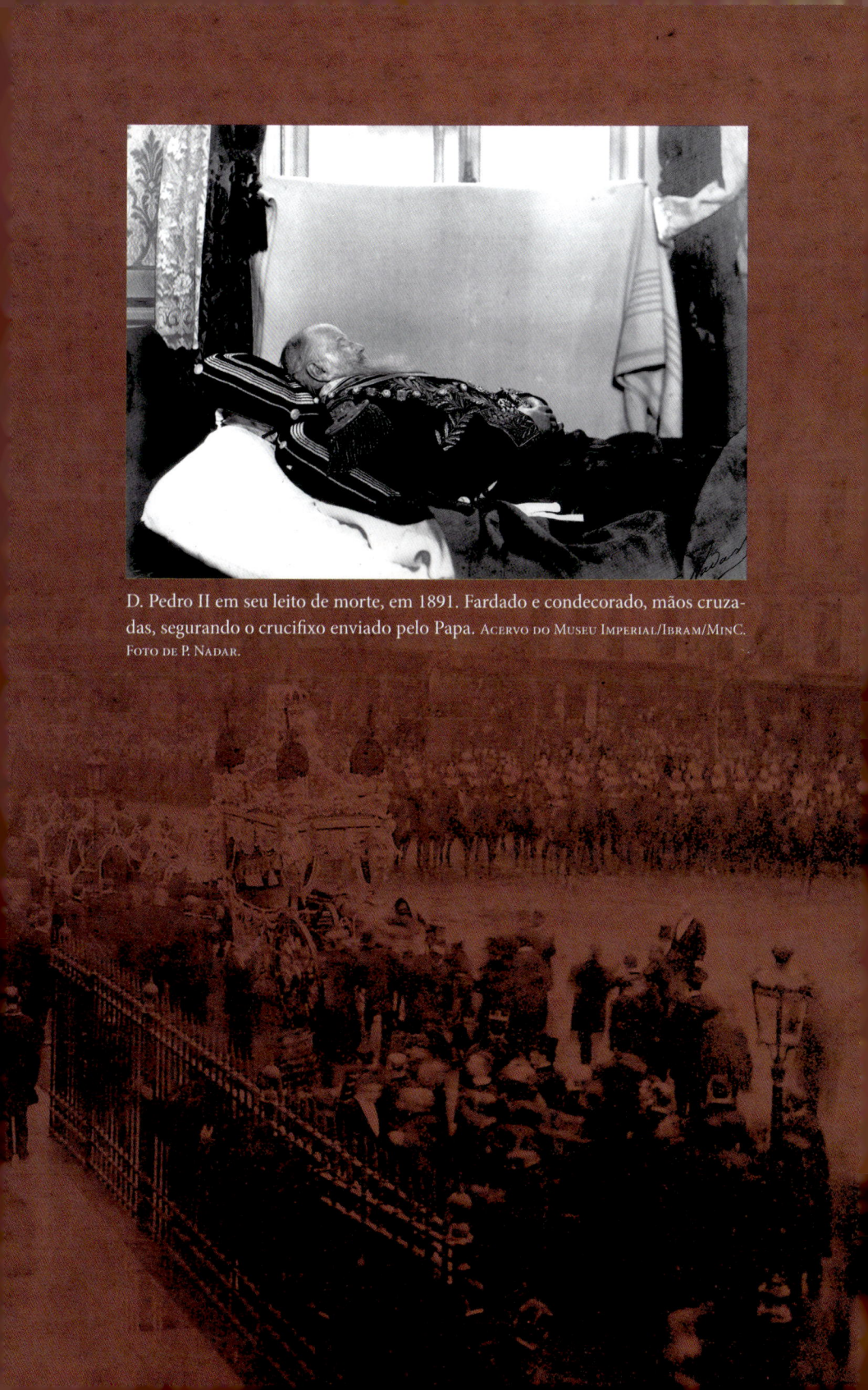

Vitral principal do mausoléu imperial localizado na Catedral de Petrópolis. Na parte de baixo, aparecem as imagens de d. Isabel, d. Pedro II e d. Teresa Cristina. Foto de Paulo Rezzutti.

Estudos das pinturas murais para o mausoléu da família imperial na Catedral de São Pedro de Alcântara, em Petrópolis. Cerimônia de coroação de d. Pedro II e partida da família imperial para o exílio – estudo. Guache sobre cartão de Carlos Oswald, década de 1930. Acervo do Museu Imperial/Ibram/MinC.

Mausoléu da família imperial na Catedral de São Pedro de Alcântara, em Petrópolis. Em primeiro plano, a sepultura de d. Pedro II, ao fundo, a pintura mural de Carlos Oswald retratando a sua coroação. Foto de Paulo Rezzutti.

Em 1868, após ficar viúva na Europa, a condessa retornou ao Brasil com o filho, Dominique, ficando até 1870. Depois retornou à França, voltando ao Brasil de 1874 até 1876. Entre idas e vindas pelo Atlântico, conforme os anos se passaram, a intimidade aumentou cada vez mais, assim como a cumplicidade. D. Pedro passou a tratá-la por "você". Em vez de continuar assinando "seu amigo D. Pedro II", passou a ser "Seu Pedro", "seu e sempre seu D.P." ou simplesmente "P.". Depois de a condessa ficar viúva, d. Pedro insistiu que ela viesse para o Brasil. Nesse período, as intimidades aumentaram. Mas em nenhuma das cartas conhecidas dele para Barral surgem descrições de cenas tórridas como as narradas por ele nas mensagens para a condessa de Villeneuve.

Nas primeiras cartas, d. Pedro II reclamava a falta da companheira de estudos e conversas e alfinetava a condessa dizendo que ela se divertiria mais em Paris do que no Rio de Janeiro. Com o passar do tempo, as mensagens foram ficando mais saudosas, a distância realmente começou a se fazer sentir. Em Caçapava, no Rio Grande do Sul, enquanto seguia para a Guerra do Paraguai, d. Pedro II escreveu à condessa de Barral no dia 17 de agosto de 1865: "Querida senhora. Está doente e eu não posso mesmo fazer-lhe uma pequena visita. As saudades aumentam nestas ocasiões, e eu já as tenho, muitas, creia-me. [...] que distância de você e de minhas filhas, o tripé de minhas afeições as mais vivas".[27] E a esposa? Perguntarão alguns. Bem, essa continuava na corte e festejando a distância da condessa.

Em carta para d. Pedro II, datada de São Cristóvão de 4 de setembro do mesmo ano, d. Teresa Cristina escreveu: "[...] Recebi ainda uma carta da condessa de 5 de agosto, ela também sabia da tua viagem e que se estivesse aqui pediria permissão para fazer-me companhia em alguns momentos. Digo-te francamente que estou contentíssima por ela estar em Paris, já é suficiente tudo o que me aflige". No *p.s.* da carta uma lembrança romântica: "Hoje são 22 anos que tive o prazer de te conhecer. Sinto muito não passar este dia contigo".[28]

Anos depois da morte do conde de Barral, d. Pedro lembraria em carta para a condessa do "[...] tempo em que estudávamos juntos e não havia mapa que não percorrêssemos juntos; não nos escapando nem mesmo um lugarejo da Herzegovina [...]".²⁹ A área da península dos Bálcãs que mataria um Habsburgo e levaria a Europa à Primeira Guerra também incendiava o monarca brasileiro: "Adeus! Com o melhor dos abraços depois de ler ainda o retalho do diário e lembrar-me das excelentes herzegovinadas! Quem m'as dera!".³⁰ Outras lembranças, como as do Chalé Miranda em Petrópolis, onde ela havia se hospedado em 1875, e os quartinhos anexos do Hotel Leuenroth em Nova Friburgo, seriam constantes na troca de cartas do imperador.

Mas, assim como o corpo, a paixão também envelhece e acabou se transformando numa amizade e cumplicidade de quem se conheceu bem por anos. Mesmo com mais de sessenta anos, Barral, coquete, brinca com o imperador após visitar um asilo de freiras:

> [...] Por um triz que não largo todos e tudo para me consagrar aos pobres. Mas esse triz é muito valente, pois não me faz renunciar nem a meu filho, nem a meus amigos, nem nada! Decididamente não presto para nada — e por que aliás me quer você tanto bem? Talvez seja porque você não presta para nada também [...].³¹

Na carta de feliz Ano-Novo de 1881, d. Pedro II escreveu para ela:

> Você sabe quem foi que ocupou completamente meu coração. Que culpa tenho eu do que sinto? Ele está dizendo que é verdadeiramente seu — e creia que o ano começa e há de ser como os outros de quem lhe quer como você nem mesmo imagina e pede-lhe cada vez mais o consolo de suas cartas.³²

Como lembra Mary del Priore, o imperador, com o passar dos anos, se tornou enfadonho, lembrava das "noites de Atenas" e de diversas outras noites. Cobrava de Barral algo que ela não estava mais disposta a ceder. Ambos envelheciam, mas a diferença de idade pesava mais agora para ela. D. Pedro II cobrava da condessa algo idealizado romanticamente por ele e pouco real. Sua solidão e sua carência se transformaram em ansiedade para preencher um vazio cada vez mais existencial. Isso o fazia idealizar relações e se jogar nos braços reais ou imaginários de mulheres que lhe davam alguma ou muita atenção. Para De La Tour e Villeneuve, jurava, no mesmo período, que não sabia o que era paixão até conhecê-las, enquanto para Luísa dizia ser ela o oásis do deserto em que ele vivia: "Fale-me de tudo, lembrando-se do meu deserto, em que só viceja o estudo, no meio das urzes da saudade, e de tantos dissabores!".[33]

Se imaginarmos o grau de religiosidade das princesas e da imperatriz, qualquer deslize do pai seria fatal. D. Teresa Cristina, apesar de suas rusgas com a condessa, jamais deixaria de manter relações cordiais com Barral. Tanto a imperatriz quanto d. Isabel e d. Leopoldina mandavam para a condessa de Barral e para Dominique presentes de aniversário e outras lembranças, anos depois de encerrada a preceptoria. D. Pedro II aprendeu com os escândalos do pai a ser discreto, mas até que ponto? Ao contrário da família, que passou a fazer parte dos laços de sociabilidade da condessa, a imprensa nacional viu algo a mais na relação entre imperador e Barral. A família fecharia os olhos às escorregadelas do patriarca, enquanto a imprensa nacional não?

Os favores a Barral

No último decênio do período imperial, apareceram trovas na imprensa falando do relacionamento clandestino de d. Pedro II e da condessa. Os republicanos tinham material farto contra o pai do imperador para acusar a monarquia de ser um regime vulgar e corrupto, inclusive moralmente. O que não tinham efetivamente contra d. Pedro II inventariam, quando este mesmo não desse motivo ou indício.

Com a amizade íntima junto ao imperador, a condessa de Barral o admoestaria a respeito da escravidão, da liberdade exagerada da imprensa, de seu Liberalismo e do fato de ele não se impor mais com relação ao trono. Além disso, a condessa também pedia favores, o que deu margem a comentários maldosos nos jornais, como o artigo escrito por José do Patrocínio, publicado na *Gazeta da Tarde*:

> Entende o imperador que, pelo fato de haver uma condessa educando a futura imperatriz do Brasil, não se lhe pode negar coisa alguma. A mais de um ex-ministro ouvi eu dizer que, no Brasil, se fazia tudo quanto desejava a condessa: ela queria que fosse ministro de Estado o Sr. F. D. (Franklin Dória, concunhado de Dominique) e esse senhor foi ministro; quis que ocupasse o posto de chefe de certa Legação importante na Europa, um protegido seu, e conseguiu; exigiu, por telegrama, o lugar de cônsul-geral em Paris para seu compadre, e levou-se a nomeação [...].[34]

Exageros à parte, o certo é que algumas nomeações de fato ela conseguia, sendo o imperador leitor atento de suas cartas e querendo dar mostras constantes de quanto a estimava. Às vezes, o imperador se dobrava a algum favor solicitado. Uma das cartas da condessa para ele, escrita em 1884, mostra o modo íntimo e o linguajar franco com que ela tratava suas solicitações junto ao monarca:

> A moléstia da infeliz Lídia e a ameaçadora disponibilidade do Araújo me tiraram toda a minha alegria. Será possível que, depois do que v.m. escreveu a lápis sobre uma carta do Araújo, autorizando-me a lhe mostrar essas lisonjeiras notas, lhe dê agora, como cumprimento da palavra do Saraiva, a disponibilidade, em lugar de um posto na Europa?! Não venha agora, que há seis meses fecharam todas as portas ao cumprimento dessa palavra, me dizer: que não há posto, e que não se podem inventar legações novas. Que precisão havia de dar, às pressas, Roma ao Calado, por exemplo? E finalmente por que, querendo se fazer uma injustiça, não preferia a menor à maior,

aposentando o octogenário Figueiredo, que não pode mais prestar serviços, em vez de pôr no andar da rua um prestimoso empregado moço, de quem não há a menor queixa, que tem prestado relevantes serviços, e que até merece sua estima? É tão extraordinário que, se não fizesse chorar, faria rir.[35]

O conde de Nioac, Manuel Antônio da Rocha Faria, foi um dos homens da corte mais próximos de d. Pedro II no final do seu reinado e até a sua morte. Maledicente, em cartas ao próprio imperador, enviadas da França em 1887, se refere à "fadinha", apelido da condessa de Barral, e a sua mania de pedir: "Amanhã verei a interesseira fadinha; nunca vi mulher tão ambiciosa; já se empenhou, na passagem por Madri, com o fim de obter a Ordem de Maria Luísa", ou ainda: "Que mulherzinha temível para pedir!".[36]

O mesmo Nioac, com a sua maledicência, se voltaria contra o próprio imperador. Em carta ao conselheiro João Alfredo, se espantaria, em 14 de agosto de 1889, diante da liberalidade do monarca: "Vejo que estão malbaratando as graças; onde é que o imperador cedeu a empenhos da imperatriz. Tudo isso me impressiona porque me estou convencendo que o imperador não vai bem".[37] À imperatriz não cedia, mas a fadinha fazia mágica.

Os genros

Além de instruir as filhas, chegava o momento de casá-las. Elas precisavam constituir e ampliar a família, não só para a alegria dos pais e futuros vovôs, mas para estocar herdeiros ao trono tropical dos Bragança. Os candidatos às mãos das princesas tinham que ser os melhores. D. Amélia, na Europa, com o *Almanaque de Gotha* decorado, sabia quem descendia de quem e insistia que determinadas alianças seriam de grande ajuda ao enteado.

Um das primeiras cartas de que se tem notícia sobre o assunto da busca de príncipes europeus para as princesas brasileiras é de quando

d. Isabel tinha 9 anos. Foi escrita pelo rei d. Fernando II de Portugal. Na carta, o viúvo de d. Maria II diz ao cunhado que não sabia de nada a respeito das notícias recebidas por este de Bruxelas de que haveria interesses da Casa Real portuguesa numa aliança matrimonial. D. Fernando, num trecho da carta, diz:

> [...] É inteiramente contra o meu gênio, em certas coisas bastante orgulhoso, tomar a iniciativa em semelhantes questões. Nem quis nunca cair na indiscrição de tocar num assunto em que tu nunca me tinhas falado. [...] Com a mesma franqueza digo que tu decerto não duvidas que uma tal união seria, por mil motivos, um dos meus mais queridos sonhos. Não direi entretanto mais, porque não sei o que tu, sobre isso, pensas e mesmo, como já mencionei, porque nunca quero ser indiscreto, nem adiantar-me ou contrariar os projetos dos outros.[38]

A negativa diplomática de que d. Fernando não havia cogitado o assunto, ao mesmo tempo que afirma que seria para ele esse arranjo um sonho, abriu a porta para negociações até 1857. Nesse momento se ventilou a ideia e ela não foi bem aceita no Brasil. O jornal *Marmota Fluminense* de 16 de outubro de 1857 reproduziu um verso do jornal *Asmodeu*, de Lisboa:

> Há de ser cousa fatal
> De crua guerra civil
> D. Luís de Portugal
> Futuro Rei do Brasil[39]

No artigo, criticou-se severamente a ideia de o noivo ser português. Dois anos depois, o deputado Pinto Lima pediu na Câmara explicações ao ministro do Império a respeito da veracidade das tratativas de d. Pedro II em querer casar uma das princesas com um príncipe português. O assunto tomou maior vulto em 1862, quando surgiu no *Jornal do Commercio* uma série de artigos assinados sob o pseudônimo de *Cévola*. Os textos criticavam a infeliz iniciativa de se fazer esse casamento. Quarenta anos depois da independência ainda havia uma reação negativa a qualquer ideia de se aproximar as duas Coroas.

Os artigos foram publicados de 3 a 11 de janeiro de 1862, e, apesar de contrariado, o imperador não quis tomar qualquer atitude de censura. Não era da mesma opinião o presidente do Conselho de Ministros, Luís Alves de Lima e Silva, que desejava silenciar *Cévola*. D. Pedro anotou sobre o assunto no seu diário em 16 de janeiro:

> Falou-me o Caxias a respeito dos artigos do Cévola; mas eu disse que à imprensa se respondia com a imprensa, porém que ele fizesse o que entendesse; pois que não vi que estivesse disposto a deixar de pedir à redação do *Jornal do Commercio* que cortasse certos trechos, que parecessem mais inconvenientes, dos artigos. Creio que faz mal, e Deus queira que não se lembrem de combater o Cévola por outro meio, que é o melhor para provocar novos Cévolas famintos.[40]

Enquanto o projeto de um casamento com o príncipe d. Luís era enterrado, outros surgiram. Segundo mexericos do embaixador austríaco, havia entendimentos para o casamento do filho mais velho dos condes d'Áquila com a princesa imperial. Segundo ele, confundindo provavelmente d. Luís de Bragança com d. Luís de Bourbon, a ideia era perfeita. D. Luís era filho de uma princesa brasileira, portanto um candidato natural, uma vez que se adequava perfeitamente às tendências e aos sentimentos exclusivos dos brasileiros.

Mas d. Pedro II não pensava em juntar o primogênito da ex-princesa imperial, d. Januária, com nenhuma das duas filhas, pelo contrário. A prova está numa carta do cunhado, o príncipe de Joinville, para o monarca: "Não falemos, bem entendido, nem de espanhóis, nem de portugueses, que não os há, nem de príncipes de Nápoles, que já os descartaste [...]".[41]

Os boatos eram frequentes. A visita do arquiduque Maximiliano, irmão do imperador da Áustria e primo de primeiro grau de d. Pedro II, ao Brasil despertou na Europa a falsa notícia de que ele vinha pedir a mão de uma das princesas ao irmão mais novo, o que não aconteceu.

Além de várias outras ideias, uma se formou e tomou corpo. D. Isabel havia se interessado pelo primogênito dos príncipes de Joinville, Pedro, duque de Penthièvre. As cartas da tia, fotos trocadas, ou Barral, fielmente pró-Orléans, poderiam ter levado os olhos da herdeira em direção ao primo. Segundo o rascunho de uma carta para d. Francisca, d. Pedro se abriu no segundo semestre de 1863 sobre o casamento das filhas:

> Rio, 21 de setembro de 1863.
>
> Cara mana, cumpre-me tratar do casamento de minhas filhas, e de ti espero o que me afiança nossa amizade de tantos anos. [...] Quem casar com Isabel há de renunciar previamente aos direitos que possa ter a qualquer soberania, e quem casar com a Leopoldina só poderá fazer valer direitos da referida natureza quando minha sucessão estiver bem segura [...]. A celebração dos casamentos há de realizar-se aqui. Ainda não há nenhum ato público preparatório de semelhantes contratos, e conforme o andamento que tiver tido este negócio até a próxima sessão legislativa, assim se resolverá o que se deve levar ao conhecimento dos camaradas. Agora e até que me respondas apenas saberão por mim deste meu passo a imperatriz, minha mãe, e o presidente do Conselho de Ministros a quem comunicarei esta carta. A Isabel muitas vezes me tem dito que não quer casar se não com teu filho Pedro; mas só lhe respondo que há de casar com quem eu escolher, no que ela concordará por ser muito boa filha. [...] Peço-te desde já que te ocupes somente com o da tua afilhada, fazendo-te as seguintes recomendações: o marido deve ser católico de sentimentos liberais e não ser português, espanhol ou italiano, desejando que não seja austríaco. Sabe tão bem como eu o caráter que deve ter sobretudo o marido de

AS FILHAS

> Isabel, porém que há de ser imperiosa, e o contrário a irmã, e que procurei dar-lhes conhecimentos mais próprios do outro sexo. Os maridos devem corrigir os caracteres delas, para o que é preciso para que não se respeitem unicamente por dever. Nada se fará que comprometa a palavra sem que minhas filhas sejam ouvidas [...]. Envies fotografias não favorecidas dos noivos, e mesmo outros retratos pelos quais se possa fazer ideia exata de sua fisionomia. Muito desejaria que minhas filhas casassem quando Isabel fizesse 18 anos ou pouco depois.[42]

Na consulta feita à irmã, tanto ela quanto o marido aprovaram o projeto, mas o primo de d. Isabel descartou a hipótese. O duque de Penthièvre não queria deixar de ser um príncipe francês para se tornar esposo da herdeira do trono brasileiro. Após a carta enviada por Joinville, em dezembro de 1863, em que informava ao cunhado que o filho não desejava o casamento, d. Francisca escreveu se lamentando ao irmão em 7 de janeiro de 1864: "Ele é muito francês e nunca poderia renunciar ao seu país. A coragem dessa decisão custou-lhe muitíssimo e com a mesma firmeza que tem de caráter, respondeu-me bem francamente". A decisão do filho deixou a princesa entristecida, como ela afirma: "Esta decisão de Pedro magoa-me muito meu coração de brasileira [...] entendo que o meu caro país não perderia nada em ter um príncipe como o Pedro, e meu filho — o que seria muito doce para o meu coração de mãe e de verdadeira brasileira".[43]

D. Amélia, em Portugal, inconsolável, tentava de qualquer maneira colocar Penthièvre como marido de uma das netas. Se ele não desistiria da França, então que se casasse com d. Leopoldina. D. Pedro II não aprovou porque d. Isabel era quem havia se interessado por ele, mas d. Amélia ainda insistiu:

> Perdão, meu caro filho, mas neste caso não posso concordar com tua maneira de ver. Se Isabel tivesse conhecido Pedro, se

tivesse por ele alguma inclinação, eu conviria que desejasses evitar-lhe o desgosto de vê-lo tornar-se marido da outra. Mas não se trata de sentimento desse gênero. Tendo Isabel ouvido fazer o elogio do primeiro, veio-lhe a ideia de desposá-lo. Mas uma vez que ela se case com outro príncipe, não vejo o menor inconveniente que Leopoldina se case com Pedro.[44]

Joinville, escrevendo uma longa carta sobre a decisão do filho ao cunhado, elencou diversos outros príncipes europeus que poderiam ser boas escolhas para genros do monarca brasileiro. Veio daí a sugestão de dois nomes que aos poucos foram tomando cada vez mais corpo. Ambos eram sobrinhos de Joinville:

Existe um príncipe Augusto, segundo filho da minha irmã Clementina, muito bom rapaz. É bem constituído, muito forte, belo rapaz, inteligente, falando todas as línguas. Foi muito bem-educado. No momento serve à marinha austríaca; é vivo, barulhento, mas bom menino. É católico e fez 18 anos há pouco.[45]

Além de outros príncipes sobre os quais comenta, deixa para o final os dois filhos do seu irmão, o duque de Némours: "[...] um de 21, outro de 19 anos. O mais velho é grande, forte, muito instruído, mas um pouco surdo. Fez brilhantemente a guerra no Marrocos". Tratava-se do conde d'Eu.

D. Amélia, em Portugal, e o príncipe de Joinville, na França, foram colocando por terra diversos outros nomes, como o do irmão mais novo do conde d'Eu, "um pouco preguiçoso". O casamento do conde de Flandres com d. Leopoldina, segundo d. Amélia, não agradaria ao imperador Napoleão III. Joinville comentou com o cunhado que Flandres não queria casar e desconfiava de que ele mantinha uma relação secreta, "embora deva dizer que nada sei de positivo". Inicialmente, Joinville imaginou Augusto de Saxe-Coburgo-Gotha para d. Isabel, e Gastão, o conde d'Eu, para d. Leopoldina. Isso contrariou o irmão, o duque de Némours, que não desejava ver escapar a ideia de ter seu filho casado com a herdeira de um trono.[46] Para ajudá-los, os Orléans contaram com d. Amélia na Europa. Recebida pela rainha Maria Amélia da França e pelo rei Luís Filipe, quando de sua chegada exilada com d. Pedro I, ela sempre manteria boas lembranças e relações cordiais com os Orléans.

Clementina, irmã de Joinville e de Némours, mãe de Augusto, havia se casado com o príncipe Augusto de Saxe-Coburgo-Gotha, uma das maiores fortunas do Império Austro-Húngaro. O príncipe Augusto era irmão do rei d. Fernando II de Portugal, primo da rainha Vitória e do príncipe Alberto da Inglaterra e sobrinho do rei Leopoldo da Bélgica. Apesar disso, subitamente, d. Amélia, devorando as árvores genealógicas do *Almanaque de Gotha*, apontou a d. Pedro II que nem para se casar com d. Leopoldina Augusto serviria. A fortuna da família, explicou d. Amélia, vinha de uma avó húngara, a princesa Koháry: "A posição desse ramo dos Coburgo é muito inferior na Áustria [...] e a posição que tua filha ocuparia não estaria de acordo com uma princesa do Brasil, neta de uma arquiduquesa da Áustria".[47] D. Amélia ainda insistia na ideia de casar a neta mais jovem com Pedro, o filho dos Joinville.

Mas d. Pedro II já havia resolvido a vinda ao Brasil dos dois primos: Gastão, conde d'Eu, e Augusto, duque de Saxe. Os Coburgo acreditavam, assim como Augusto, que ele seria o marido da herdeira e que ao francês caberia d. Leopoldina. Enquanto isso, Joinville e d. Amélia tramavam o contrário e influenciavam d. Pedro em suas escolhas, auxiliados no Brasil pela condessa de Barral. Isso acabou causando embaraços. Primeiro, o monarca havia escrito para d. Fernando II que desejava o sobrinho dele, Augusto, para d. Isabel, depois, em nova carta, mudou de ideia. Surpreso, d. Fernando foi procurar d. Amélia no seu palácio em Lisboa. De lá, a imperatriz escreveu ao enteado: "Compete a ti sair desta embrulhada".[48] Esta era instigada pelos parentes na Europa e pela aia no Brasil.

Mas o que importava era dar um fim ao assunto e resolver logo a questão. D. Pedro II, na sua Fala do Trono na abertura das Câmaras, em maio de 1864, dissera que tinha dado início às tratativas de casamento das princesas brasileiras que ocorreria ainda naquele ano, sem contanto informar com quem elas se casariam. Manobra dúbia e arriscada. Os príncipes, sem qualquer compromisso formal estabelecido, embarcaram em 8 de agosto de 1864 no navio *Paraná*, em Southampton, Inglaterra.

Chegados ao Brasil, no início de setembro, Gastão e Augusto foram recepcionados pela família imperial. A primeira impressão de ambos foi favorável ao imperador e à imperatriz. Gastão os achou extremamente amáveis e bons, mas achou que o imperador tinha um olhar bastante sério. Os dois primos em cartas para suas famílias foram unânimes em achar as duas princesas feias. Mas tratava-se de um negócio. Augusto, apesar da fortuna familiar, era o segundo filho, não podia esperar casamentos grandiosos, e Gastão, filho mais velho do empobrecido duque de Némours, faria um ótimo casamento com qualquer uma das duas.

Em suas memórias, a princesa d. Isabel revelou: "Pensava-se no conde d'Eu para minha irmã e no duque de Saxe para mim. Deus e nossos corações decidiram diferentemente." O fato devia-se menos a Deus que ao pai dela.

Em carta para a família, o conde d'Eu relatou que o general Dumas, representante da família que acompanhava os dois príncipes ao Brasil, em audiência com o imperador, foi informado por este que se desejava Gastão para marido de d. Isabel. Ainda segundo o francês, a proposta o teria comovido muito: "Não creio dever recusar-me a esta posição importante que Deus coloca no meu caminho. Mas nenhuma decisão ainda foi tomada: 'O imperador deverá remeter-nos suas condições por escrito. Nós iremos pesá-las e pediremos alguns dias para responder'".[49]

Augusto não gostou inicialmente da ideia de não se casar com a herdeira, porém acabou aceitando. O curioso de tudo isso foi a chegada ao Brasil do documento de permissão do duque de Némours para que o filho, o conde d'Eu, se casasse com d. Isabel. O documento foi recebido no Brasil em 17 de setembro de 1864, quinze dias após os príncipes aportarem no Rio de Janeiro, do que se conclui que a autorização seguiu viagem logo após o embarque dos dois primos na Inglaterra. Na farsa orquestrada pelos mais velhos, os jovens e influenciáveis príncipes achavam que realmente detinham algum direito de escolha.

AS FILHAS

Tudo acertado, d. Pedro II avisou ao Conselho de Ministros a respeito dos futuros casamentos. Gastão e d. Isabel morariam no Brasil e teriam permissão de viagens para a Europa. D. Leopoldina e Augusto poderiam morar na Europa, mas d. Pedro foi taxativo quanto a eles passarem temporadas no Brasil e que, ao menos, os primeiros filhos nascessem em solo brasileiro. A medida foi acertada, uma vez que durante anos os netos que d. Leopoldina lhe daria seriam os únicos herdeiros do trono do avô. D. Isabel só veio a ter o primeiro filho depois de dez anos de casada, quando já era julgada estéril.

D. Isabel casou-se primeiro, em 15 de outubro de 1864. O casamento foi realizado com toda a pompa e circunstância como não se via no Rio de Janeiro desde o de sua tia d. Januária com o conde d'Áquila, vinte anos antes. A cerimônia ocorreu, como todas as grandes celebrações da corte, na Capela Imperial. De lá, a corte seguiu para o Paço da Cidade, onde as tropas desfilaram diante do balcão em que estavam os monarcas e os recém-casados. Nesse dia, Gastão recebeu o posto de marechal honorário do exército brasileiro. No Paço, houve recepção ao corpo diplomático e à corte, com beija-mão. Como favor pelo dia do seu casamento, d. Isabel solicitou ao pai que libertasse os escravos que serviam a ela.

Por volta das três horas da tarde, d. Isabel e o marido seguiram para Petrópolis, onde o conde d'Eu havia alugado a casa de Joaquim Ribeiro de Avelar, o futuro visconde de Ubá. Hoje, modificado, o edifício é ocupado pela Universidade Católica de Petrópolis. Habitariam o local até janeiro de 1865, quando então partiriam para a Europa para visitar os parentes. No dia 24 de outubro, desceram para o Rio de Janeiro. Lá, d. Isabel participou pela primeira vez de eventos sociais, como banquetes, bailes e até o teatro. Tudo, então, havia sido vetado às princesas, inclusive recepções no palácio aos embaixadores estrangeiros. Em seu diário, d. Teresa Cristina anotou que, no dia 31 de julho de 1864, em comemoração ao aniversário de d. Amélia, as princesas tiveram pela primeira vez autorização de almoçarem com os pais e os embaixadores.[50]

Se d. Isabel, casada, se divertia com o marido pelo Rio de Janeiro, d. Leopoldina amargaria a vida de solteira até dia 15 de dezembro, quando se casaria com o duque de Saxe, ou Gusty, como o chamaria. Além das proibições paternas, havia também o rigor do ensino a que ela era ainda submetida. Em carta para a irmã, em novembro de 1864, d. Leopoldina desabafava:

> Minha querida Isabel. Recebi sua cartinha que me fez muito prazer. Quanto a dizer à minha saúde anceio [sic] que tenha tido febre todos estes dias mas ela há de passar quando não for mais maçada. Como talvez lhe dissesse na minha carta de ontem as soirées[51] têm-se tornado uma escola. Ontem eu já chorei quando papai quis que se fizesse *dictée* [ditado] eu perguntei a ele se eu podia não fazer *dictée* ontem ele me disse que sim, mas que Augusto ia ditar alemão. O que é que isto me adianta? Nada. Então eu vi-me obrigada a fazer *dictée* então ficando triste mamãe começou a dizer Léopoldina pleure [Leopoldina chora]. Você sabe bem que enquanto uma pessoa tem vontade de chorar e lhe dizer que ela chora isto ainda dá mais vontade. Depois mamãe está perpetuamente dizendo que eu tenho ciúmes da amizade do que ela tem a ele. Diz também que eu não quero fazer prazer a ele. Como! Eu! Que gosto tanto dele! A minha vontade é só de agradar a ele. Ele gosta também muito de mim. Nós ainda não pudemos falar dos nossos negócios. Esta cartinha está uma verdadeira lenga-lenga mas você bem sabe que depois de Augusto é condessa e você em que posso ter mais vontade de contar minhas misérias. Lá vão os livros que você me mandou pedir [...].[52]

D. Pedro não daria trégua, sempre a educação em primeiro lugar, mesmo sendo quase massacrante a uma noiva ter que fazer ditados em francês ou alemão durante os encontros após o jantar com o noivo. A insistência do imperador devia-se ao fato de que ambas as línguas seriam as mais usadas por d. Leopoldina na Europa, quando estivesse com a família do marido. Entretanto, a ansiedade dela em se ver livre de tudo aquilo era bem compreensível. Todo o drama das *soirées* ocorria, para mortificação da princesa, diante do noivo e sob o olhar atento dos pais. Enquanto o imperador, severo, insistia nos ditados, a mãe, italiana, insistia no drama e na chantagem emocional para tentar fazer a filha estudar.

No início de 1865, d. Isabel e o conde d'Eu partiram para a Europa, onde uma das primeiras obrigações foi visitar a avó, d. Amélia, em Lisboa. De lá, a imperatriz viúva escreveu para o enteado cobrando um título brasileiro para o conde d'Eu, afinal, "Princesa Imperial" era mais um posto que um título nobiliárquico em si.

Por que o enteado não dava para o genro o título de duque de Santa Cruz, que d. Pedro I dera ao irmão de d. Amélia, quando este a acompanhou ao Brasil? O duque, casado com d. Maria II, faleceu em 1835, e o título estava vago desde então. Assim, ao menos na Europa, o casal poderia ser apresentado como duques de Santa Cruz, um título brasileiro, não como conde e condessa d'Eu, como d. Isabel passaria a assinar até o final da vida.

> Por toda a parte na Europa onde Gastão e Isabel forem, teriam esse título, mais conveniente nas circunstâncias atuais que o de conde e condessa d'Eu, que marca em Gastão sua qualidade de príncipe francês, com a circunstância de príncipe exilado. Enquanto que um título brasileiro o colocaria, antes de tudo, no lugar que lhe pertence.[53]

Mas d. Pedro era destituído das sutilezas nobiliárquicas tão caras ao Velho Mundo. O monarca limitou-se a comunicar ao presidente do Conselho de Ministros, em outubro de 1864, quando surgiram questões relativas ao contrato de casamento, que o título do genro seria o que a Constituição determinasse. Como ela não determinava nada, então estava tudo resolvido para o imperador.

Se a obrigação de casar as filhas havia sido resolvida, a absorção desses novos parentes no dia a dia não seria a coisa mais fácil para d. Pedro, principalmente em se tratando de Gastão, o esposo da futura imperatriz. O conde d'Eu não estava disposto a ser um mero enfeite. Preocupado quanto ao que via como falhas de educação de d. Isabel, colocou-a para estudar história contemporânea, visitou com ela repartições públicas e pôs-se a tirá-la do isolamento a que estava acostumada durante toda a sua vida até então.

Quanto ao sogro, o mutismo e a desconfiança com que tratava os ministros e cortesãos logo se fizeram sentir, ainda mais quanto à questão dos estudos, que Gastão apelidaria de "manias do imperador". Que o casal fosse para a Europa no início de 1865 e não fosse recebido oficialmente pelas principais cortes europeias, a da Inglaterra, devido à Questão Christie, e a da França, por ser um príncipe exilado, não importava a d. Pedro. O que interessava era que d. Isabel e Gastão usassem o tempo para visitar fábricas e aprender mais sobre métodos e técnicas modernas de agricultura.

Era uma das "manias" de d. Pedro, segundo o conde d'Eu, a de aprender sobre tudo. Ainda segundo o genro, o imperador pouco se importava com as políticas do Velho Mundo e sofria, segundo Gastão, de "um patriotismo selvagem".[54]

PARTE III

O IMPERADOR E O MUNDO
(1865-1889)

A GUERRA COM O PARAGUAI

As relações entre o Brasil e a Inglaterra já não vinham bem desde 1844, quando o governo imperial não renovou o tratado de comércio e navegação que d. Pedro I havia assinado em 1827 com os ingleses. No ano anterior, em 1826, uma convenção entre Brasil e Inglaterra determinava que o Brasil, depois de três anos da ratificação do tratado, deixaria de praticar o tráfico negreiro e o combateria.

Apesar de a Lei Feijó, de 7 de novembro de 1831, declarar livre todos os escravos desembarcados no Brasil a partir de sua promulgação, o governo brasileiro fez muito pouco para coibir o tráfico, ao contrário da Inglaterra, que apreendeu diversos navios negreiros.

O tratado de 1827 teve vigência até 1844, como também diversos acordos e convenções que se amparavam nele, alguns ainda da época de d. João VI. Entre esses acordos, estava o que garantia benefícios fiscais para os produtos ingleses e o que criava os chamados tribunais mistos, estabelecidos por uma convenção de 1817. Esses tribunais, formados por brasileiros e britânicos, julgavam as presas marítimas: navios negreiros e seus equipamentos capturados pelos ingleses.

Com o fim da convenção de 1826 e sem que o Brasil quisesse renová-la, além da perda das regalias dos produtos britânicos, os tribunais mistos foram fechados. Em 1845, um ano depois do término da vigência da convenção de 1826, a Inglaterra aprovou o Aberdeen Act, conhecido entre nós como Bill Aberdeen. Por meio dessa lei, os navios de guerra ingleses dariam caça aos navios negreiros pondo-os a pique ou confiscando-os.

Sem os tribunais mistos sobre as presas, o Brasil perderia mais de trezentas embarcações, entre destruídas ou apreendidas, e os envolvidos com o tráfico seriam capturados, considerados piratas e julgados pelos tribunais ingleses. Em 1850, o embaixador francês no Rio de Janeiro oficiava em Paris:

> Os navios de guerra ingleses aqui estacionados não põem mais limites no rigor com que controlam a navegação e o comércio do Brasil. Penetram nos portos, visitam os navios, arrestam os que lhes são suspeitos, enviando-os depois ao Cabo da Boa Esperança e a Santa Helena, quando não os incendeia à vista mesmo dos canhões dos fortes e das populações. O litoral brasileiro tornou-se, assim, para a marinha inglesa, um trato de proezas igual ao que era até agora a costa da África. Os cruzeiros têm ordem, segundo parece, de arrestarem todo navio suspeito não somente de fazer o tráfico, como também de tentar fazê-lo ou tê-lo feito outrora.[1]

Diante de tamanha humilhação, o que o governo efetivamente podia fazer ou reclamar se até então havia sido inapto, quando não cúmplice, do tráfico? Nada, a não ser criar uma nova lei, em 1850. A nova Lei Eusébio de Queirós, diferentemente da antiga Lei Feijó, criava instrumentos que priorizavam a repressão ao traficante. Instituía tribunais especiais para julgar os casos, deixando os compradores de escravos ilegais sob a alçada da justiça comum. Alguns anos após a promulgação da lei, o tráfico estava praticamente extinto, entretanto a questão dos navios apreendidos e destruídos pelos britânicos, as chamadas "presas marítimas", ainda estava entalada na garganta do governo imperial.

A Questão Christie

No início de 1860, após retornar da viagem às províncias do Norte, d. Pedro II recebeu as credenciais do novo embaixador inglês no Rio de Janeiro, William Dougal Christie. Seu sobrenome virou sinônimo de encrenca não apenas entre os brasileiros, mas até com os seus colegas diplomatas no Rio de Janeiro. Suas inconveniências e seu caráter violento e irrefletido atingiram o embaixador dos Estados Unidos no Rio durante uma partida de cartas na casa do representante da Rússia. A atitude do britânico fez com que ele tivesse que se manter por algum tempo distante, numa casa na Tijuca.

Christie, de temperamento nada dócil, teria que lidar não com um, mas com três problemas ao longo do tempo em que permaneceu no Rio de Janeiro. O primeiro foi uma briga entre brasileiros e ingleses na baía de Guanabara, em 24 de junho de 1861. Um bote que transportava soldados brasileiros do cais Pharoux até o Forte de Villegagnon e outro com marinheiros e oficiais britânicos se cruzaram na baía e houve uma briga, por conta do chapéu de um dos ingleses. Os ingleses, que pertenciam ao HMS *Emerald*, atacaram o bote dos brasileiros com remos; por sua vez, os brasileiros para fugir se jogaram ao mar. Um dos soldados, Vicente Ramos, morreu afogado. Tanto o almirante da esquadra inglesa quanto o embaixador Christie se recusaram a entregar seus marinheiros à justiça brasileira, alegando que esta não tinha legitimidade para julgar oficiais ingleses. Mas o almirante concordou em indenizar a família da vítima.

Naquele mesmo mês de junho, entre os dias 7 e 8, um navio de bandeira inglesa, o *Prince of Wales*, pego por uma tempestade, foi a pique a catorze milhas do litoral gaúcho, na região do Albardão, a 96 quilômetros de Porto Alegre. Alguns dos corpos das vítimas chegaram à costa, assim como mercadorias que foram saqueadas. O que já era ruim ficou pior com as acusações infundadas do cônsul inglês no Rio Grande do Sul que dizia que os sobreviventes do naufrágio teriam sido mortos ao chegar à praia e seus objetos de valor haviam sido roubados pelos saqueadores.

O que não era verdade — a autópsia indicou que os ingleses foram vítimas de afogamento. Mas Christie havia comprado a versão do cônsul e pedia respostas ao governo imperial, exigindo indenização e desculpas. Chegou a mandar que fossem enviados dois navios de guerra britânicos para a região.

No ano seguinte, 1862, novamente o mês de junho se mostrava tenebroso para as relações anglo-brasileiras. No dia 17, foram presos no Rio de Janeiro o capelão George Clemenger, o tenente Eliot Pringle e o aspirante Geoffrey Homby, da fragata inglesa HMS *Forte*. Os três, bêbados e à paisana, tinham brigado com policiais brasileiros no posto do Alto da Tijuca. Reclamando por desculpas formais e pela libertação dos oficiais, Christie prosseguia com as investidas contra o governo. Em 10 de dezembro de 1862, d. Pedro anotou no seu diário:

> Abrantes [ministro das Relações Exteriores] leu um extrato fiel das notas recebidas de Christie sobre o naufrágio do *Prince of Wales* e da bulha entre oficiais ingleses e o posto de permanentes da Tijuca. Suas exigências, sobretudo a respeito da última reclamação, não podem ser admitidas e concordou-se em que se respondesse a Christie que estes negócios continuariam a ser tratados em Londres para evitar alguma discussão desagradável com o Christie que briga com todos.[2]

Mas o embaixador britânico insistia em resolver no Brasil, e do modo dele, a questão. Exigiu satisfações formais por causa da prisão dos oficiais do HMS *Forte*, a demissão do oficial da polícia que dera voz de prisão aos ingleses e uma indenização arbitrada pelo próprio Christie a respeito do roubo da carga do *Prince of Wales*. Segundo d. Pedro registrou em seu diário no dia 24 de dezembro:

> Abrantes leu notas de Christie sobre as reclamações do *Prince of Wales* e oficiais da fragata Forte em que faz exigências a que não podemos anuir com decoro. Referiu que conferen-

> ciando com o Christie este lhe dissera que no caso de não serem satisfeitas suas exigências entregaria o negócio ao almirante inglês, e que ele [Abrantes] de acordo com seus colegas eram de opinião que não cedêssemos deixando empregar a força [...]. Eu aprovei inteiramente a proposta do ministério, e, falando-se sobre o desforço que poderiam tirar os ingleses, todos concordaram em que se acometessem algum navio de guerra nosso, fosse antes ele ao fundo do que arriasse bandeira. Christie pediu uma conferência para sábado, e exige resposta por escrito até segunda fa [feira]. Assentou-se em que houvesse despacho no sábado, onde se apresentaria Abrantes depois da conferência com Christie.[3]

A questão crescia dia a dia. Em 27 de dezembro, d. Pedro anotou em seu diário que o seu ministro dos Negócios, Obras Públicas e Agricultura, Sinimbu, contou que o embaixador britânico havia procurado o cavaleiro Saint-Georges. Segundo o embaixador francês, Christie teria perguntado a ele qual seria a desforra do Brasil caso um navio brasileiro fosse tomado dentro ou fora do porto. O francês alertou ao colega que a população se voltaria contra os ingleses no Rio de Janeiro.

D. Pedro informou na ocasião ao ministério que queria ser avisado "de qualquer movimento hostil dentro e fora do porto da marinha de guerra inglesa", pois ele iria na mesma hora para o Arsenal de Marinha. Dissuadido pelos ministros, o monarca registrou:

> [...] Seria melhor eu ir somente para o Paço da Cidade para que minha presença no arsenal não excitasse a população. Eu respondi que apenas desejava não parecer indiferente em tal conjura indo para o meio da população e que, portanto, sairia do Paço da Cidade logo que o ministro da Marinha me avisasse por telégrafo.

Nessa reunião, o almirante De Lamare, ministro da Marinha, saiu com a incumbência de armar os navios brasileiros no porto e colocar a Marinha de prontidão. No dia 31, diante da resposta do governo brasileiro, Christie comunicou que o almirante inglês Warren iria fazer as presas. Warren já havia mandado desatracar dois navios no dia anterior, o HMS *Stromboli* e o HMS *Curlew*. Outros três navios britânicos receberam ordem para ir em direção a Pernambuco, Bahia e Rio Grande do Sul.

O imperador saiu de São Cristóvão no dia 31 e chegou às 6h30 da manhã no Paço da Cidade, onde uma grande multidão o recebeu no cais do palácio. Dentro do Paço, já o aguardava o almirante De Lamare, que comunicou as medidas tomadas quanto aos navios de guerra brasileiros e a respeito do repentino aparecimento do barão de Mauá no início da crise.

Mauá

Irineu Evangelista de Sousa, o barão de Mauá, foi sem sombra de dúvida um dos maiores capitalistas do período. Banqueiro, industrial, criador da primeira estrada de ferro brasileira e homem de diversos empreendimentos, enriqueceu junto aos seus sócios britânicos, principais acionistas de suas empreitadas brasileiras.

D. Pedro via com cautela o empresário. Mauá tinha se feito sozinho, desde cedo aprendera sobre o valor do dinheiro. Ganhou fortunas em seus empreendimentos e afirmava querer o bem e o progresso brasileiros. Avesso às negociatas, o monarca desconfiava, injustamente, de quem dizia trabalhar pelo bem do Brasil e ainda conseguia lucrar. Criado tendo um padre como aio, a relação de d. Pedro com o dinheiro e o interesse público contrastava com a de Irineu.

Não era de estranhar que o maior magnata brasileiro, com empresas abertas no Brasil e na região da bacia do Prata e com interesses no mercado de Londres, assim como seus associados, não desejasse uma crise diplomática entre a Inglaterra e o Brasil. Isso seria péssimo para os negócios. Tendo acesso não só a d. Pedro II, como também aos ministros e aos negociantes ingleses no Rio de Janeiro, Mauá, segundo de Lamare, havia procurado "Abrantes e Olinda [presidente do Conselho de Ministros] e lhes sugerira a ideia de recorrer na questão do *Forte*; que a outra é de dinheiro, a uma terceira potência não parecendo Christie opor-se a esta ideia".

D. Pedro II não ficou, de início, satisfeito com a intromissão de Mauá, como anotou: "Manifestei-me logo contra semelhante alvitre", entretanto, após ouvir a função religiosa na Capela Imperial, mudou de ideia: "Durante o *Te Deum* pensei moderadamente sobre o caso". A ideia de Mauá não era ruim, entretanto, d. Pedro, após conversar com Abrantes, soube que a conversa tinha evoluído. Mauá já estaria em contato com Christie, o que desgostou muito o imperador.

Em seu diário, d. Pedro anotou que havia dito que Abrantes "cumpriria seu dever se, não repelindo logo a lembrança de Mauá [...] ouvisse a seus colegas e a mim antes de ter dado qualquer resposta a Mauá".

D. Pedro e o ministério seguiram o acordo já estabelecido. Antes de solicitarem qualquer arbitramento, iriam ter certeza de que o almirante Warren fizesse as presas dos navios brasileiros. No dia 1º de janeiro, d. Pedro, taciturno, registrou no diário: "Que triste começo de ano sob a pressão de ameaça dum governo estrangeiro!". Apesar de d. Pedro ter solicitado prudência e calma ao ministério para que o governo agisse de forma coesa, os próprios ministros ventilavam parte das discussões ocorridas em despacho e ajudavam a produzir boatos.

Até que chegou aos ouvidos do imperador que membros do Partido Liberal afirmavam que Abrantes, o ministro dos Negócios Estrangeiros, havia garantido que sairia do governo se "se alterasse a marcha seguida", isso quando d. Pedro aconselharia prudência a todos. De noite, no diário, desabafou: "Já esperava esta injustiça, e muito estimaria se eu fosse o único arriscado que se desse ocasião de provar quanto sou brasileiro". Diante da divergência das opiniões dos ministros, com o almirante De Lamare e Sinimbu animados com a reação brasileira contra Christie e os marqueses de Abrantes e Olinda desanimados em relação ao britânico, anotou: "Deus queira que antes que brigarmos com os ingleses não briguem eles entre si!".

Os navios apreendidos

Em 1º de janeiro de 1863, entre d. Pedro e o ministério, já estava cristalizada a ideia dada por Mauá sobre a arbitragem estrangeira. Até mesmo já surgiam, por lembrança do marquês de Olinda, os nomes do rei da Prússia e do rei da Bélgica. Em seu diário, o imperador anotou: "Ainda espero que tudo se arranje por meio do recurso a uma terceira potência, que o Olinda lembrou ontem ser a Prússia e de preferência a Bélgica, sem o menor dever para nós". O Conselho de Estado seria convocado de maneira *pro forma*, para o Brasil ganhar tempo.

Mas enquanto d. Pedro II, no melhor espírito do velho d. João VI, aguardava e consultava todas as partes, já tendo certeza do caminho que tomaria, os navios ingleses apreendiam cinco navios brasileiros e os mantinham sob a guarda do HMS *Crowley* na baía de Palmas. Outros fecharam o porto do Rio de Janeiro — marinheiros ingleses desembarcaram em terra, enquanto o navio do almirante Warren, no porto, era uma lembrança constante de que poderia acontecer um bombardeio à cidade.

No dia 4 de janeiro, o HMS *Stromboli* retornou ao porto do Rio de Janeiro conduzindo a tripulação e os passageiros dos navios que haviam sido aprisionados pelos ingleses, mas sem trazer os barcos ou suas cargas. O tiro de Christie e do almirante saíra pela culatra. O Rio de Janeiro em peso estava contra eles, e até os comerciantes ingleses viam com insatisfação a precipitação do embaixador, que tinha tumultuado diversos negócios. Mauá não veria as coisas serem realizadas de maneira rápida, como ele e todos os demais comerciantes e capitalistas gostariam.

Arbitragem

O governo imperial não se curvou ao ministro britânico, que concordou com a arbitragem da questão do HMS *Forte* pelo rei da Bélgica — o Brasil pagaria as mais de 3 mil libras de indenização pelo "roubo" do *Prince of Wales*. Apesar de isso não ser do agrado de d. Pedro II, o imperador anotou em seu diário: "Recomendei ao Abrantes que consultasse seus colegas sobre o papel do Christie e ele ficou de passar ao Christie uma nota com referência ao papel a fim de firmar os pontos de que não prescindo para que o arranjo, que já me dói profundamente, não nos fique indecoroso".

Acertado o negócio, as presas foram relaxadas pela Marinha britânica, e o porto foi liberado. D. Pedro II, no Dia de Reis, em 6 de janeiro de 1863, foi ovacionado no Paço da Cidade pela população. Sua carruagem foi cercada pelo povo e o imperador falou com a população que o seu governo cuidaria de tudo de maneira digna. O que poderia ser uma meia vitória, por causa do pagamento indevido da indenização e do protesto da carga do *Prince of Wales*, evaporou-se no ar na medida em que o imperador e o governo não deram mostras de que se curvariam às exigências descabidas de Christie. A popularidade do imperador alcançou um dos níveis mais altos de todo o seu reinado.

Em 5 de março, chegaram as ordens da Inglaterra ratificando o acordado. Os ingleses concordavam com a estipulação do rei Leopoldo da Bélgica como juiz da questão dos marinheiros presos. Christie, isolado em Petrópolis e se preparando para deixar o posto, solicitou audiência com o imperador para se despedir, mas teve seu pedido negado. O embaixador retirou-se para a Inglaterra, e diversos políticos externariam no Parlamento a sua falta de tato com os negócios brasileiros.

O novo encarregado não foi bem recebido por d. Pedro. Era como se a ofensa à honra e ao brio do Brasil pela arrogância e empáfia inglesas tivesse atingido pessoalmente o monarca.

Francisco Inácio de Carvalho Moreira, o futuro barão de Penedo, diplomata brasileiro que estava residindo na França, foi a Londres negociar a questão. Preferia a conciliação, entretanto o imperador teimaria. D. Pedro insistiu em três condições para que fossem esquecidas as loucuras da legação inglesa no Rio de Janeiro: 1 — que o governo britânico exprimisse seu pesar pelos fatos ocorridos; 2 — que afirmasse nunca ter sido a sua intenção ofender a dignidade e a soberania do império; e 3 — que se pagassem os prejuízos financeiros causados pela navegação no porto do Rio de Janeiro.

Em viagem para a Inglaterra, em maio de 1863, Carvalho Moreira apresentou formalmente as condições para lorde Russell , ministro das

Relações Exteriores. Em nota, o governo britânico informou que não houvera sentimentos inamistosos ou agressivos para com o Brasil. O diplomata enviou um relatório explicando todos os atos hostis de Christie e Warren no Rio de Janeiro, mas os ingleses se recusaram formalmente a admiti-los. Conforme instruções dadas pelo governo imperial, o diplomata brasileiro solicitou o seu passaporte e os do resto da delegação, e toda a comitiva se retirou da Inglaterra no início de junho. Um mês depois, a representação inglesa no Rio de Janeiro retirava-se igualmente. Em 18 de julho de 1863, o rei Leopoldo I deu causa favorável ao Brasil, mas o imperador demoraria dois anos para ouvir as desculpas públicas da Inglaterra. E, quando elas chegassem, seriam só desculpas, pois a indenização reclamada pelos prejuízos do ato britânico nunca seria paga.

A guerra

A questão com a Inglaterra foi o que mais próximo levou o Brasil às vias de fato com alguma nação europeia. Ninguém, nem mesmo o imperador, tinha qualquer outra intenção além de um rompimento diplomático. Durante as tentativas de preparar navios e fortalezas na baía de Guanabara, era claro que o poderio marítimo inglês era superior ao do Brasil: "Meu modo de pensar era sabido entendendo eu que não devíamos consentir na entrada de presas neste porto, ao menos havendo força para não ficar vencidos nos primeiros encontros."

Mas se com a Inglaterra as coisas esquentaram, na América Latina elas explodiram mais de uma vez ao longo do reinado de d. Pedro II. Duas guerras com os vizinhos marcaram a época do monarca no trono. Entretanto, não é possível acusar d. Pedro II de promovê-las em uma sanha imperialista. Todas as ações bélicas nas quais o Brasil se envolveu durante o Segundo Reinado visaram à manutenção e à paz das fronteiras brasileiras e não ao ganho territorial. O território do Prata, do final dos anos 1840 até meados dos anos 1860, seria a grande escola de formação dos principais diplomatas brasileiros, que, por diversos modos, tentaram não levar o país à guerra.

A guerra contra Oribe e Rosas e a Guerra do Paraguai

A primeira guerra enfrentada por d. Pedro II ocorreu em 1849, levando à demissão do antigo regente, o marquês de Olinda, do cargo de presidente do conselho. Ao contrário de Olinda, o monarca não via mais saída pacífica para a questão envolvendo o ditador da Argentina, Juan Manuel de Rosas, que, junto com Manuel Oribe, ditador do Uruguai, se encaminhava para a recriação do antigo Vice-Reinado do Prata, formado por Argentina, Uruguai, Bolívia, Paraguai e parte do sul do Brasil.

Era o que se dava a entender pela ingerência do argentino nos negócios uruguaios e paraguaios. Além disso, mesmo que o ditador argentino realizasse o seu intento sem reconquistar as antigas áreas espanholas no Rio Grande do Sul, a presença de um Estado imperialista na fronteira brasileira por si só já seria incômoda. Ainda mais se esse Estado abocanhasse as duas margens do rio da Prata, o que dificultaria a comunicação entre Brasil e Mato Grosso.

As escaramuças e as guerras civis pelo poder entre os uruguaios levaram a região a uma constante instabilidade, afetando até mesmo a Guerra dos Farrapos. Invasões das fronteiras foram constantes, com caudilhos atravessando para o território brasileiro, onde pilhavam as estâncias e roubavam o gado. Rosas, na Argentina, apoiou Oribe militarmente contra seus inimigos políticos no Uruguai, sem contanto conseguir tomar a capital, Montevidéu. Na capital uruguaia, o governo brasileiro dava apoio financeiro, logístico e militar ao presidente legítimo cercado.

Irineu Evangelista de Sousa, com a sua casa bancária e seus negócios que se estendiam do Rio de Janeiro aos pampas e para fora do Brasil, foi um dos principais agentes do governo brasileiro. O barão de Mauá foi até mesmo responsável por alguns acordos diplomáticos na região.

Durante o final da década de 1840 e o início da de 1850, o Brasil teceu alianças diplomáticas, militares e assinou tratados comerciais com as principais nações do Prata, incluindo inimigos políticos de Rosas dentro da Argentina. Em maio de 1851, Justo José de Urquiza, governador da província argentina de Entre Ríos, juntando-se à província de Corrientes, declarou guerra ao ditador argentino. O Brasil enviou a Marinha para a região, e, no início de agosto, os primeiros soldados brasileiros desembarcaram no Uruguai, desencadeando a declaração de guerra de Rosas contra o império. Até outubro, os três exércitos, o brasileiro, o uruguaio e o argentino, derrotariam Oribe e, em Montevidéu, assinariam um tratado para a libertação da Argentina do ditador Rosas.

Em 3 de fevereiro de 1852, a Batalha de Monte Caseros sepultou de vez os sonhos do ditador e de seus seguidores argentinos. Rosas, disfarçado, embarcaria para a Inglaterra. O exército imperial brasileiro fez sua entrada triunfal pelas ruas de Buenos Aires no dia 20 de fevereiro, data em que 25 anos antes havia sido derrotado por forças platinas na Batalha do Passo de Rosário, durante a Guerra da Cisplatina. Mas tudo parou por aí: as tropas brasileiras se retirariam logo da Argentina, e Rosas partiu para o exílio na Inglaterra. Durante sua passagem por portos brasileiros, não houve nenhuma tentativa de aprisioná-lo. Nada de vinganças, muito menos Imperialismos.

O fim da guerra não trouxe estabilidade ao Uruguai. Em 1854, o presidente uruguaio, Venancio Flores, solicitou ajuda militar brasileira para asfixiar uma revolta. D. Pedro foi contra o governo e anotou em seu diário em 1º de janeiro de 1862:

> Depois da guerra contra Rosas sempre fui partidário da abstenção do Brasil nos negócios do Prata, sem prejuízo da honra nacional e dos interesses brasileiros, e bem me opus à ocupação de Montevidéu pelas tropas do Brasil, ainda que houvesse pedido o governo oriental. Protesto contra qualquer ideia de anexação de território estrangeiro ou sua mudança de sistema de governo como injusta...[4]

Apesar de o imperador ter vontade de dirigir um império pacífico que não realizasse atentados à soberania de outras nações, principalmente as vizinhas, as fronteiras do Prata eram explosivas desde as colonizações espanhola e portuguesa na América. As coisas não se aquietariam ao longo do século XIX.

A questão uruguaia

Em 1864, o Brasil se viu novamente às voltas com questões de fronteira, e mais uma vez o estopim foi o Uruguai envolvido em guerra civil. A população brasileira com propriedades no país e na fronteira reclamava ao governo imperial dos constantes assaltos aos seus bens, da violência das autoridades uruguaias, do recrutamento forçado de brasileiros para as tropas e de assassinatos. Esses problemas já somavam mais de dez anos sem solução. Desesperançados de obter alguma ajuda do governo, os brasileiros chegaram a se filiar ao Partido Colorado, contra o Partido Blanco, e se enfrentaram, na chamada Cruzada Libertadora.

O general Sousa Neto, brasileiro residente e proprietário de terras no Uruguai, foi ao Rio de Janeiro em 1864 expor a questão ao governo e pedir ajuda. Em sua Fala do Trono, em maio do mesmo ano, na mesma fala em que anunciava o futuro casamento das filhas, o imperador também tratou do assunto uruguaio:

> Continuando, infelizmente, a lavrar na República Oriental do Uruguai a guerra civil e recrescendo as queixas de ofensas dos direitos e legítimos interesses dos nossos compatriotas ali residentes, entendeu o governo brasileiro que, sem quebra da neutralidade que nas discussões da república vizinha lhe cumpre guardar, era de seu dever enviar ao Estado Oriental do Uruguai uma missão especial para conseguir do respectivo Governo a satisfação devida às nossas reclamações, e providências eficazes a fim de se realizarem as garantias que as próprias leis desse estado prometem aos que habitam seu território.[5]

O império enviou ao Sul o conselheiro Saraiva, que buscou junto ao governo uruguaio garantias dos direitos e interesses dos brasileiros na região.

Saraiva acabou tentando realizar a paz entre os dois partidos por meio dos seus representantes, Aguirre, presidente do Uruguai do Partido Blanco, e o general Flores, do Colorado. No tratado, Aguirre oferecia paz e Flores reconhecia o governo blanco, desde que este mudasse o seu ministério. O acordo foi fechado com a ajuda dos governos da Argentina e da Inglaterra, que auxiliaram nas negociações, e com a do governo brasileiro, que recusou a oferta do ditador paraguaio Solano López para arbitrar a questão.

Aguirre realmente mudou o seu ministério, mas com ministros blancos mais extremados. Flores não concordou com isso, o que colocou por terra o acordo negociado por Saraiva. Os blancos, por essa época, já contavam como certa uma aliança entre eles e o ditador paraguaio Solano López, cuja nação vinha crescendo em influência na região, além do apoio do general Urquiza, governador da província argentina de Entre Ríos e inimigo político do presidente argentino Bartolomé Mitre.

Em 21 de julho, diante das negociações arruinadas, o governo imperial ordenou a Saraiva que tomasse medidas extremas. No dia 4 de agosto, o diplomata brasileiro deu o prazo de seis dias para que Aguirre voltasse atrás e satisfizesse as condições de paz exigidas pelo Brasil. De maneira arrogante, o uruguaio devolveu o documento dizendo que uma declaração daquele tipo não devia ficar nos arquivos do governo. Diante da atitude de Aguirre, Saraiva enviou um memorando sobre os acontecimentos para o almirante Barroso e para o general Mena Barreto, que estava com suas forças estacionadas próximas ao Uruguai, para dar início à ofensiva.

Barroso e Flores assinaram um acordo no qual o Partido Colorado passava a ser oficialmente aliado dos brasileiros. Enquanto isso, na Argentina, Saraiva assinou com o presidente Mitre um protocolo no qual os dois países se uniriam para resolver a questão uruguaia.

Em 30 de agosto de 1864, o ditador paraguaio Solano López alertou o Brasil que entenderia como uma declaração de guerra uma possível invasão ao Uruguai, fazendo valer a aliança do Paraguai com os blancos de Aguirre. Ignorado pelo Império, o Paraguai colocou sua máquina de guerra em ação. Em novembro do mesmo ano, os paraguaios sequestraram o navio *Marquês de Olinda*, que levava o novo presidente de Mato Grosso, coronel Frederico Carneiro de Campos, e invadiu a província em dezembro de 1864. Isso criou uma complicação estratégica gigantesca para o exército brasileiro, que esperava alguma reação do Paraguai na fronteira do Rio Grande do Sul.

A questão com o Uruguai se resolveu rapidamente com a invasão e a deposição de Aguirre e com o governo sendo entregue ao general Flores, que se juntou ao Brasil contra os paraguaios. O governador de Entre Ríos, Urquiza, aliado inicialmente a López, após uma visita ao general Osório, juntou-se à causa contra o Paraguai.

O Brasil invadido

A Grande Guerra, ou a Guerra da Tríplice Aliança, começaria com o Brasil e a Argentina sendo invadidos por forças paraguaias. Em maio de 1865, Uruguai, Brasil e Argentina celebrariam a Tríplice Aliança. A notícia da invasão de Mato Grosso, assim que chegou ao Rio de Janeiro, causou espanto. Ninguém acreditava que o Paraguai teria coragem ou mesmo exército para tal façanha. Mas tinha e, na época, a força regular dos paraguaios sobrepujava a do exército brasileiro, para espanto do imperador, que ao estudar os números da invasão paraguaia os achou inicialmente exagerados.

A invasão do território brasileiro, assim como ocorrera com a Questão Christie, foi levada de maneira pessoal por d. Pedro. Como marechal do exército e como brasileiro, o imperador entendia que cabia a ele partir imediatamente para se juntar às suas tropas. Mas não em Mato Grosso. Queria partir para a fronteira com o Sul, também invadida. Em 10 de junho de 1865, o exército paraguaio cruzou o rio Uruguai, invadiu São Borja e Itaqui e tomou Uruguaiana em 5 de agosto. Os paraguaios quase não tiveram grandes enfrentamentos. Em São Borja, os primeiros voluntários da pátria fugiram após os primeiros disparos. O exército invasor entrava nas cidades e vilas pilhando tudo o que encontrasse pela frente e despachando os produtos em carroças em direção a Assunção.

O primeiro voluntário da pátria

Para a condessa de Barral, d. Pedro II escreveu: "O Rio Grande foi invadido. Meu lugar é lá, e para lá vou partir [...]"[6] Quem não gostou da ideia foi o governo, que protestou. De acordo com os ministros, no teatro da guerra, o imperador mobilizaria as forças locais, enquanto na capital ele mobilizaria todo o Brasil. O Conselho de Estado, deliberando sobre a iniciativa do imperador, também foi contra a ideia da partida para o teatro de operações. Mas d. Pedro teimava. Ele iria. "Se me podem impedir que siga como imperador, não me impedirão que abdique, e siga como voluntário da Pátria."[7]

O primeiro dos voluntários da pátria, d. Pedro II, seria um dos poucos brasileiros a ter ânimo para ir à guerra. Os voluntários não eram, na maioria das vezes, dignos desse nome. Segundo as lembranças de viajantes estrangeiros, e mesmo dos brasileiros, durante cinco anos marchou na frente de batalha uma massa de encarcerados, pobres e escravizados, sendo alguns escoltados.

No dia 10 de julho, d. Pedro II partia para o Rio Grande do Sul ao lado do genro, o duque de Saxe. O outro genro, o conde d'Eu, foi convidado para seguir com o sogro assim que chegasse ao Brasil. Ele e d. Isabel estavam retornando da viagem à Europa. Gastão embarcou no dia 1º de agosto para o Sul, onde se juntou à comitiva do imperador, em Caçapava do Sul.

D. Isabel, em carta ao pai, pedia mil considerações ao marido e afirmava: "Papai há de fazer bem ideia de quanto me custará essa separação! Não tenho necessidade de pedir-lhe que tenha cuidado de meu bom, excelente e carinhoso Gaston". Afirmou, porém, que por não ser egoísta, gostaria que o marido voltasse logo cheio de glórias e sem nenhuma arranhadura. Mas o que queria mesmo era "que a guerra acabasse bem depressa. Está aí o que pedirei mais a Deus". O imperador desejava e tinha esperança do mesmo. Mal tinham ideia de que a guerra se complicaria e viraria um lamaçal que tragaria homens e dinheiro que o Brasil não tinha.

Para o Rio Grande do Sul, seguiu o imperador, levando Caxias como ajudante de ordens. Apesar de o ministério liberal não aceitar o velho militar conservador como comandante das armas brasileiras, d. Pedro II impunha sua vontade de outras maneiras. No dia 16 de julho, recém-chegado ao Rio Grande e antes de partir para Porto Alegre, onde chegaria no dia 18, d. Pedro II lançou uma proclamação a respeito da guerra na qual ele se colocava como pai da nação:

> Viva a Nação Brasileira
>
> Rio-grandenses! — Sem a menor provocação, é por ordem do governo do Paraguai invadido pela segunda vez o território da nossa pátria. Seja vosso único pensamento o vingardes tamanha afronta, e todos nos ufanaremos cada vez mais do brio e denodo dos brasileiros.
>
> A rapidez das comunicações entre a capital do Império e a vossa província permite a mim e a meus genros, meus novos filhos, presenciar vossos nobres feitos.
>
> Rio-grandenses! Falo-vos como um pai que zela a honra da família brasileira, estou certo de que procedereis como irmãos, que se amam ainda mais quando qualquer deles sofre.
>
> Palácio do Rio Grande, 16 de julho de 1865.

O imperador passou em revista várias instalações militares e civis e concluiu que as coisas não estavam como gostaria. Ficou dez dias na capital do Rio Grande do Sul, de onde partiu para Uruguaiana, chegando lá em 11 de setembro.

Era intenção de Caxias não deixar d. Pedro passar de Caçapava do Sul e esperar ali a notícia da reconquista de Uruguaiana: "Ia dispondo as coisas para que ele não passe de Caçapava e aí espere as notícias do exército e do estado de guerra: veremos se isso consigo, pois o homem quer por força fazer o valente".[8] Para a mulher, Caxias pediu que, quando visitasse a imperatriz, agradecesse a ela as lembranças que mandara em cartas para o imperador e "diga-lhe que hei de ter todo o cuidado nele e no duque que é um anjo de bondade de juízo".[9]

Entretanto, para seu desgosto, não conseguiu o intento. D. Pedro não escutava ninguém. O ministro da Guerra, Ângelo Ferraz, lastimava a teimosia ferrenha do soberano. Acusou-o de ser precipitado e inconsequente, teimando realizar a viagem em desabalada carreira em tempo ruim e estradas péssimas. Haviam enfrentado nevoeiros, chuvas torrenciais, frio, vento e rios. Em dois dias, segundo o ministro, a marcha havia deixado 240 animais imprestáveis, entre mortos e cansados demais para prosseguir a viagem. A despesa era imensa, e a irritação dos companheiros se fazia sentir cada vez mais, inclusive do genro, conde d'Eu, que acusava o sogro de só pensar em si.

A queda de Uruguaiana e o reatamento com a Inglaterra

Em quatro semanas, d. Pedro II e sua comitiva, cada vez mais infeliz e sem conseguir controlar o soberano, percorreram de Porto Alegre até Uruguaiana cerca de 72 quilômetros por dia. Chegaram em tempo de ver a rendição das tropas paraguaias. No local se encontraram com os demais chefes militares, brasileiros e aliados — sendo esta a primeira reunião de chefes de Estado sul-americanos. A opinião do monarca prevaleceu. O cerco contra a cidade seria mantido. Uruguaiana não seria arrasada, como queria o general Osório, nem bombardeada, como desejavam o general Flores e o almirante Barroso.

Assim como o pai no Cerco do Porto, d. Pedro II assumiu riscos, se colocando algumas vezes ao alcance do fogo inimigo. Não era a primeira nem seria a última em que o imperador se mostraria valente ou inconsequente. Em 1855, durante o surto de cólera que assolara o Rio de Janeiro, enquanto a elite subia a serra fugindo da cidade, d. Pedro II visitava o hospital da Gamboa, onde morriam diversos doentes por dia.

No dia 18 de setembro, foi enviado, em nome do imperador, ao comandante em chefe das forças paraguaias em Uruguaiana uma intimação para que ele se rendesse. Isso aconteceu depois de algumas negociações com o comandante Antonio de la Cruz Estigarribia, que entregou sua espada, oferecendo-a ao imperador. No dia seguinte, d. Pedro lançou uma nova proclamação:

> Soldados! O território desta província acha-se livre, graças à simples atitude das forças brasileiras e aliadas. Os inimigos renderam-se; mas não está terminada a nossa tarefa. A honra e a dignidade nacional não foram de todo vingadas: partes da província de Mato Grosso e do território da República Argentina jazem ainda em poder do nosso inimigo.
>
> Avante, pois, que a Divina Providência e a justiça da causa que defendemos coroarão nossos esforços.
>
> Uruguaiana, 19 de setembro de 1865. D. Pedro II, imperador constitucional e defensor perpétuo do Brasil.[10]

Mas a história do imperador no teatro de operações ainda teria mais um episódio, o encerramento do imbróglio causado pelo embaixador Christie e da suspensão das relações entre Brasil e Inglaterra. No dia 23 de setembro, próximo de Uruguaiana recém-libertada, diante de sua barraca de campanha, no meio do acampamento militar, houve uma cerimônia para oficializar o reatamento das relações entre os dois países. O encarregado de negócios britânicos na Argentina, Edward Thornton, chegou para uma audiência com o imperador.

A fala do britânico perante o monarca, de poncho e com o chapéu de abas largas e desabadas de voluntário da pátria, foi a seguinte:

> Senhor. Tenho a honra de depositar nas mãos de v.m.i. a carta pela qual s.m. a rainha se dignou acreditar-me como seu enviado em missão especial junto de v.m.i. e suplico a v.m.i. se digne acolher com a sua reconhecida benevolência as seguranças de sincera amizade, e as expressões que fui encarregado

de transmitir por s.m. a rainha e pelo meu governo. Estou incumbido de transmitir a v.m.i. o sentimento com que s.m. a rainha viu as circunstâncias que acompanharam a suspensão das relações de amizade entre as cortes do Brasil e Inglaterra, e declarar que o governo de s.m. nega da maneira mais solene toda a intenção de ofender a dignidade do império do Brasil; e que s.m. aceita completamente e sem reserva a decisão de s.m. el-rei dos Belgas; e será feliz em nomear um ministro para o Brasil, logo que v.m.i. estiver pronto para renovar as relações diplomáticas.

Creio ter perfeitamente interpretado os sentimentos de s.m. e do seu governo, e estou convencido que v.m.i. terá a bondade de aceitá-los com o mesmo espírito de conciliação que os ditou.[11]

A resposta do imperador foi seca. Limitou-se a dizer que via com sincera satisfação a renovação das relações entre os dois países e aproveitava para dar lição de moral nos ingleses a respeito de se saber unir moderação à defesa do direito:

> A circunstância de tão feliz acontecimento de se realizar onde o Brasil e os seus leais e valentes aliados acabam de mostrar que sabem unir a moderação à defesa do Direito, aumenta meu prazer, e prova que a política do Brasil continuará a ser inspirada pelo espírito de harmonia justa e digna com todas as outras nações.
>
> Assim, com esta satisfação, renovam-se as relações amigáveis do Brasil com a Inglaterra, que se mostrou verdadeiramente grande reconhecendo o nosso direito.[12]

Esse reatamento foi costurado por Portugal e Bélgica. A dívida do Brasil com a Inglaterra era imensa. Pegavam-se empréstimos sobre empréstimos na Casa Rothschild e também por outros meios no mercado londrino, em grande parte para pagar juros das dívidas antigas ainda do início da independência brasileira. O Brasil precisava do dinheiro inglês, além de armamentos e navios importados, para continuar a guerra. Os britânicos estavam ávidos por negócios lucrativos que a guerra com certeza forneceria. Então, que se fizesse a paz, mas que a Inglaterra desse o braço a torcer primeiro, como ocorreu.

Enquanto isso, na Europa, os jornais combatiam o Império escravocrata que se batia contra uma república. Entretanto, a viagem de d. Pedro II ao Sul, segundo o príncipe de Joinville, em carta para o conde d'Eu, ajudou a mudar a visão europeia. O prestígio que os paraguaios detinham até então foi transferido para o imperador.

À uma hora da tarde de 9 de novembro de 1865, d. Pedro II chegava de volta à capital, sendo o seu retorno comemorado com festa.

Escolas em vez de estátuas

À chegada do imperador, surgiu a ideia de se erguer uma estátua equestre em sua homenagem. O projeto tomaria corpo e evoluiria ao fim da guerra. A estátua que Francisco Manuel Chaves Pinheiro fez em gesso do imperador na tomada de Uruguaiana, montado a cavalo, com chapéu e poncho, foi apresentada em 1867 na Exposição Universal de Paris. Esse modelo pode ser visto hoje no Museu Histórico Nacional, no Rio de Janeiro, diante das escadas rolantes que sobem e descem do andar superior. Mas ela nunca seria fundida.

Não que d. Pedro II não fosse afeito a estátuas, pelo contrário. Com toda a pompa e circunstância, ele inaugurou no Rio de Janeiro em 30 de março de 1862 a estátua equestre de seu pai, de autoria do escultor francês Louis Rochet. Apesar da chuva, houve uma grande concentração de pessoas para o descerramento do pano que cobria o monumento e os discursos foram realizados no Teatro Constitucional Fluminense, diante do largo do Rocio, atual praça Tiradentes, onde a estátua ainda hoje pode ser vista.

Em seu diário, d. Pedro II anotou que, no dia seguinte, indo para Petrópolis, fez questão de passar pela praça para ver novamente a estátua: "Faz belíssima vista, e dos grupos [de indígenas que se encontram na base do monumento] agradam-me mais o do Amazonas e S. Francisco, ainda que este tenha poucos ares dum índio do Brasil; mais dos Estados Unidos".

Desde o dia anterior vinha acompanhando o que a imprensa diária falava da estátua e ficou indignado com um dos comentários: "O folhetim do jornal parece-me injusto, e todos os que conheceram meu pai dizem que é perfeita a semelhança. O autor do artigo parece que queria a verdade histórica até o ponto de pôr meu pai de fardeta e montado numa besta".

A construção da identidade nacional, segundo a época e o seu espírito romântico, passava por imagens idealizadas como na estátua em que d. Pedro I doa a Constituição ao Brasil e no quadro em que Pedro Américo pintou o primeiro imperador dando o Grito do Ipiranga.

No caso de d. Pedro I, os pintores e escultores puderam deixar-se levar pela imaginação e pela construção da imagem que o momento solene exigia. Se isso era permitido numa época em que se fazer retratar dependia do talento e da imaginação dos pintores, na era de d. Pedro II, a fotografia e a agilidade da imprensa davam outro ritmo aos registros e à popularização dos momentos históricos. A construção da imagem do imperador, na segunda metade do século XIX, se dava por meio da fotografia e das gravuras então rodadas em jornais e revistas diários ou semanais de grande alcance.

Mas d. Pedro II não buscava explicitamente glórias para si, louvava o pai — a quem ele considerava digno. Em vez de utilizarem o dinheiro arrecadado pela subscrição pública para fundir a estátua equestre em bronze, o monarca defendia que se erguessem escolas. Com esse intuito, o imperador escreveu em março de 1870 para o ministro do Império, Paulino de Sousa:

Leio no *Diário* [do Rio de Janeiro], que se pretende fazer uma subscrição para elevar-me uma estátua [...] desejo que declare quanto antes à comissão de que [...] muito estimaria eu que só empregassem seus esforços na aquisição do dinheiro preciso para a construção de edifícios apropriados ao ensino nas escolas primárias, e o melhoramento do material de outros estabelecimentos de instrução pública. O senhor e seus predecessores sabem como sempre tenho falado no sentido de cuidarmos seriamente da educação pública, e nada me agradaria tanto como ver a nova era de paz firmada sobre o conceito da dignidade dos brasileiros começar por um grande ato de iniciativa deles a bem da educação pública.[13]

Além da ideia do jornal, a Câmara dos Deputados também tentaria levantar-lhe uma estátua, votando para isso verba, que d. Pedro, taxativo, disse que não aprovaria. O jeito foi construir escolas, um total de oito, que passariam a ser lembradas como as escolas do imperador. Melhor isso que uma estátua para alimentar uma vaidade exibicionista que não era o seu forte.

Além do mais, era ele mesmo o grande herói? Seria ele mais herói que os escravos libertos para guerrear, deixando famílias para trás, ou os baianos e outros brasileiros acostumados ao calor a congelarem, adoecendo e sendo mutilados no Sul? Tudo isso lhe pesava no pensamento. A guerra, apesar de ter lavado a honra nacional, custou muito caro ao Brasil, e disso ele jamais se esqueceria.

O conde d'Eu

O conde d'Eu já havia tido seu batismo de fogo anos antes, na Guerra do Marrocos, lutando pela Espanha. Agora, desejava demonstrar seu brio militar na pátria que adotara pelo casamento com a herdeira do trono. Queria participar da Guerra do Paraguai, se cobrir de glórias e fazer o seu nome no Brasil, honrando o sogro e a esposa. Entretanto, o sogro não queria dos genros mais do que a simples companhia.

O imperador, o conde d'Eu e o duque de Saxe cavalgavam ou chacoalhavam em carroças pelo pampa afora às vezes por mais de doze horas. Visitavam escolas, alojamentos, quartéis, enfermarias, mas não havia o menor indício de que o imperador deixaria Gastão participar da guerra.

Em cartas aos familiares na Europa, o conde se abria em relação ao que ele via pelo interior do Brasil, tudo era miserável e deprimente. Se o Rio de Janeiro já não era Paris, Londres ou Nova York, no sentido de riqueza e pujança, as vilas tristes e perdidas, a ineficácia do exército e a infraestrutura brasileira eram algo muito decepcionante.

Gastão comentou nas cartas a respeito do "humor negro", da maneira taciturna e fechada do monarca, ninguém era capaz de antever as ideias ou mesmo a direção que o sogro seguiria. Qual o próximo passo, quais seriam os projetos para a dinastia e para a guerra? Nada se conseguia descobrir, d. Pedro se fechava e, quando insistiam, tergiversava.

Após retornar com o sogro e o primo para o Rio de Janeiro, Gastão insistiu em assumir alguma posição na guerra. Diante da cobrança do conde, o sogro lhe respondeu, sem o convencer, que o tratado da Tríplice Aliança e o contrato de seu casamento com a princesa imperial eram conflituosos em alguns pontos, como o de associar os príncipes a assuntos de outros países que não o Brasil.

O conde d'Eu não entendia dessa forma a cláusula do casamento e a guerra em questão. D. Pedro passou a alegar outros motivos, mas demonstrou boa vontade em nomeá-lo para algum posto honorário ou administrativo:

> Não o inibe de ser empregado facilmente, e eu o proporia ao governo, em comissão de organização do exército, ou defesa material do império, e, se como moço e pouco conhecido ainda dos brasileiros, será menos fácil dar-lhe o comando de outros oficiais, como, aliás, exige o principal posto do exército; contudo sua ação, que não seja no sentido de preparar o país

para a guerra, poderá comprometer o prestígio de meu genro, pois que ainda se carece muito de organizar a sua posição de futuro marido da imperatriz provável do Brasil, a quem melhor ajudará, atendendo igualmente os interesses do Brasil e seus próprios se aparecer sempre mais claramente a ação de sua esposa, embora influída por seus conselhos.[14]

Não havia maneira mais direta para d. Pedro dizer o que efetivamente esperava do genro. Ele não favoreceria Gastão dando-lhe um posto de comando, preterindo oficiais brasileiros que efetivamente mereciam a promoção. Outra questão era evitar que Gastão pudesse eclipsar a esposa, a princesa d. Isabel. Se ele quisesse uma função administrativa, d. Pedro daria, mas pô-lo em combate, não. Até porque d. Leopoldina já se encontrava grávida, mas d. Isabel ainda não. A vida do genro e a manutenção do casamento com a herdeira também foram levadas em conta na decisão do imperador. Isso, claro, enfureceu o cunhado de d. Pedro II, o príncipe de Joinville, que da Europa fuzilou: "[...] Certamente quisestes para marido de vossa filha um homem de valor e não um simples fazedor de filhos".[15]

A família do outro lado do Atlântico mandou cartas ao imperador insistindo na partida dos genros para a frente de batalha. D. Francisca, Joinville e os demais príncipes Orléans cerraram fileira sobre o assunto a favor de Augusto e Gastão. Joinville, ainda no início da guerra, em carta para d. Pedro, tocou no assunto:

> Que lástima não estar o conde d'Eu se distinguindo no campo de luta em vez de estar aqui passeando. Isto faz grande pesar a Gaston que me confessou suas mágoas sobre o posto no exército brasileiro [o de marechal] que lhe conferiram à sua revelia. Como teria ele preferido um posto inferior que lhe permitisse servir ativamente. Como seria feliz se qualquer nova ocasião de guerra lhe permitisse se apresentar como voluntário. Mas acrescentou que não sois favorável a nada disso.[16]

Ao contrário de Gastão, se batendo com unhas e dentes no Brasil por um posto decente, d. Leopoldina e o marido, o duque de Saxe, aparentemente conformados com a situação, viajaram para a Europa, em 1866.

Isso foi um desconsolo para Joinville, que castigou o cunhado tentando lhe ensinar como eram as coisas na Europa. Segundo ele, não se tinha como acreditar efetivamente que Augusto fosse um almirante brasileiro que passeava pelo Velho Mundo, enquanto a Marinha brasileira lutava no Prata. "Sabeis bem que não posso compreender esta situação de príncipe ocioso que por mim não teria suportado [...] e que cria para vossos genros uma falsa posição."

O modo de d. Pedro tratar os genros, os afastando, era diferente do que ocorria com os príncipes prussianos e os arquiduques austríacos na guerra entre os dois países. Como explicou Joinville ao imperador: "Que diferença entre esses príncipes que partilham do perigo com os soldados e esses ociosos que só sabem ostentar falsas dragonas e desfilar nas cortes — quando leio e ouço tais coisas e quando penso no que fazeis com o meu pobre Gaston me enrubesço de vergonha".[17]

O imperador se defendia por trás das leis e dos meandros políticos — alegava que os postos militares dependeriam do Poder Legislativo e não dele. O imperador se perdia em explicações. Ora se justificava invocando cláusulas do contrato matrimonial, ora as cláusulas do tratado da Tríplice Aliança — noutras, eram os entraves burocráticos. Deixado sem opção, Gastão acabou aceitando o posto de comandante geral da Artilharia e de presidente da Comissão de Melhoramentos do Exército. O primeiro, meramente protocolar, o segundo, burocrático e sem o sabor das ações em batalha.

D. Francisca, do seu exílio inglês, tão enfurecida quanto Joinville, escreveu a d. Pedro II em novembro de 1866: "Fico bem aflita de ver que a guerra continua [...] e de não ver partir Gaston com nossas tropas [...]. Se eu fosse Gaston — aqui para nós — daria a minha demissão do meu posto inteiramente de nenhuma utilidade, sobretudo agora, durante a guerra".[18]

D. Francisca acreditava que seria salutar que os genros de d. Pedro II fossem vistos no campo de batalha "fazendo a guerra com seus compatriotas de adoção". Com isso, eles seriam identificados pelos brasileiros como príncipes ligados às causas nacionais e não como alienígenas perante os acontecimentos pátrios. Seria bom, segundo a princesa, que os rapazes enfrentassem os perigos junto aos brasileiros. "Para ti mesmo isto seria bem bom, e bem útil à tua futura dinastia."[19]

O conde d'Eu já estava farto das respostas em que d. Pedro assinava como "seu pai extremoso", "seu pai que muito o ama", mas que tudo lhe negava. Tenaz, continuaria insistindo ao longo de anos pela sua partida para o campo de batalha. Enquanto isso, a guerra se arrastava penosamente, destruindo a economia brasileira e gerando uma inflação galopante.

Em 1867, durante um espetáculo no teatro, Gastão apresentou ao sogro um memorial extremamente bem redigido no qual argumentava todos os prós em tê-lo no comando da guerra. Consternado, ouviu de imediato da boca do próprio sogro que este havia acabado de nomear o marquês de Caxias, futuro duque, para o posto de comandante das Forças de Operações.

A situação era completamente inesperada. Caxias era um político do Partido Conservador, e quem estava no poder era um ministério liberal. Entretanto, d. Pedro conseguiu conciliar ambos os partidos. O imperador acreditava que, com a saída do presidente Mitre do comando supremo dos exércitos da Tríplice Aliança, teria na figura de Caxias o melhor e mais fiel militar brasileiro para levar a empreitada até o fim.

Para Caxias, d. Pedro II fez valer a sua vontade. Passou por cima da opinião do gabinete liberal, levando o ministro do Exército a se demitir para não dar a nomeação ao novo comandante. Ignorando a opinião da Câmara, d. Pedro fez Luís Alves de Lima e Silva ser nomeado. A pátria para o imperador era mais importante que as questões partidárias e as brigas pessoais. Quando o imperador estava determinado, ele fazia valer os seus direitos, e a sua vontade era lei.

Era muito evidente que d. Pedro não tinha vontade alguma de, no início, colocar o genro no palco de guerra, caso contrário, teria trabalhado para isso. Mas a questão não era pessoal. Independentemente de o monarca achar o conde d'Eu capaz ou não para esse posto, ou qualquer outro mais arriscado, havia alguém que decididamente não queria que Gastão fosse para a guerra: a esposa. A princesa d. Isabel, em diversas cartas aos parentes na Europa, se lamentava, dizendo como ficava o seu espírito ante qualquer probabilidade de o marido ir para o Paraguai. Teria ela e a mãe, d. Teresa Cristina, influído nas decisões do imperador?

Diante da nomeação de Caxias, os Orléans atacaram de frente. D. Francisca, sem papas na língua e se mostrando filha de d. Pedro I, acusou diretamente o irmão de não querer que o genro fosse para a guerra por inveja ante a possibilidade de Gastão se cobrir de glórias. Numa das cartas, peremptória, ordenava: "Deixa ir o moço!". Como cartada final, o conde d'Eu tentou falar diretamente com Caxias e com o ministro do Exército, o que resultou na ideia de se consultar o Conselho de Estado, que deu parecer contrário à ida dele à guerra. Diante da negativa, d. Francisca explodia: "O Conselho de Estado é uma quantidade de velhos medrosos que teme tudo". E recomendava que o sobrinho fosse sem licença.[20]

D. Pedro, após a deliberação do Conselho e farto das lamúrias do genro, o chamou à ordem:

> [...] Todos sabem que meu filho tem querido e quer ir para a guerra, e se não o faz é porque reconhece dever sujeitar sua opinião à de pessoas melhor instruídas dos negócios públicos do que meu filho, o que não fica mal a ninguém, sobretudo a um moço que, pela sua posição presente e ainda mais futura, deve empenhar-se em mostrar que não está disposto a colocar seu alvitre acima dos conselhos de quem tem direito de dá-los.[21]

O imperador, fazendo a sua vontade, ou a da filha, transformava as lamúrias do jovem príncipe em conversa de salão. Logo, os liberais, contrários a Caxias, veriam em Gastão um militar apto a substituir o velho conservador.

A crise de 1868

A tentativa de paz entre os dois partidos, durante a guerra, falhara. O presidente do conselho de ministros, Zacarias de Góis, liberal, enfrentava constante oposição dentro do próprio partido, além da rivalidade histórica dos conservadores. O primeiro-ministro tinha contra si e seu gabinete grande parte do Conselho de Estado. A presença de Caxias, que era incômoda, acabou se tornando um problema, no começo de 1868, quando o comandante passou a ser atacado pela imprensa nacional.

Caxias achava que o gabinete e os liberais estavam por trás dos ataques, querendo sua cabeça. Farto, ele a ofereceu de bandeja com um pedido de demissão diretamente ao presidente do gabinete. Zacarias respondeu a Caxias que a presença dele era imperativa para o bom andamento da guerra. Lembrou ao militar que o gabinete chegou a oferecer exoneração, caso Caxias achasse que não conseguiria trabalhar com os liberais. Agora que Caxias alegava, em sua demissão, falta de confiança no ministério, não restava ao gabinete mais nada além de oferecer sua exoneração ao imperador.

D. Pedro, como árbitro, deveria decidir a questão, e convocou para isso o Conselho de Estado. A pergunta proposta pelo imperador era: "Qual julga o Conselho o menor mal, a demissão do general ou a do Ministério?". Era muito mais fácil achar um general, talvez não com uma folha de serviços como a de Caxias, do que organizar um novo governo. Por isso, unanimemente, inclusive os conselheiros do Partido Conservador, deram votos favoráveis à manutenção do governo e à demissão do militar.

D. Pedro conseguiu, diplomaticamente, manter ambos, o governo e Caxias, no comando. Entretanto, o governo já estava debilitado e agonizante devido à falta de amparo dentro da própria maioria liberal na Câmara, cada vez mais hostil ao gabinete. Aliando a sua sorte à de Caxias, o gabinete vinha sofrendo constantes ataques da imprensa e dos deputados, que reclamavam da falta de resultados definitivos para a guerra e por seu fim. O estopim da queda do gabinete acabou não sendo Caxias, mas a nomeação de Torres Homem, o antigo detrator da monarquia, para o Senado. A escolha feita por d. Pedro irritou Zacarias de Góis, que pediu ao imperador que escolhesse outro senador. D. Pedro não se deixou intimidar, manteve a escolha e recebeu e aceitou a demissão do gabinete. Como de praxe, com os liberais gozando de maioria do Senado, d. Pedro solicitou a Zacarias que indicasse outro nome de dentro do partido para compor novo ministério. Diante da recusa do ex-primeiro-ministro, o imperador convocou o conservador visconde de Itaboraí para montar um novo gabinete.

D. Pedro, ao não permitir que afrontassem o seu direito constitucional de nomear quem quisesse para o Senado, acabou com o problema de ter um chefe de exército de partido oposto ao do governo. Mas a crise ainda estava longe de ter fim. A maioria da Câmara era composta por liberais, que, antes divididos, com a queda do gabinete se uniram e fecharam questão contra o novo Conselho de Ministros, que ficaria conhecido como Gabinete de 16 de Julho.

Na histórica sessão de 17 de julho de 1868, José Bonifácio, apelidado de O Moço,[22] a segunda geração dos Andrada na Câmara, subiu à tribuna e pronunciou um memorável discurso: "[...] Hoje, do dia para a noite, um ministério cai no meio da numerosa maioria parlamentar e inopinadamente surgem os novos ministros como hóspedes importunos que batem fora de horas e pedem agasalho em casa desconhecida". Segundo ele, o gabinete de Zacarias desapareceu "de cena como figurante incomodado ao novo sistema que vai ensaiar-se".[23]

No final do discurso, o Andrada propôs a seguinte moção:

> A câmara viu com profundo pesar e geral surpresa o estranho aparecimento do atual gabinete, gerado fora do seu seio e simbolizando uma nova política, sem que uma questão parla-

mentar tivesse provocado a queda de seus antecessores. Amiga sincera do sistema representativo e da monarquia constitucional, a câmara lamenta este fato singular, não tem e não pode ter confiança no governo.[24]

A moção de desconfiança foi aprovada por maioria esmagadora de 85 votos a favor e dez contra. Diante da impossibilidade de um gabinete governar dessa maneira, d. Pedro convocou o Conselho de Estado no Palácio de São Cristóvão às 9 horas da manhã do dia 18 e propôs a seguinte questão aos membros presentes: "Tendo a Câmara dos Deputados declarado peremptoriamente que nega ao Governo os meios de sustentar o Exército e Esquadra em operações no Paraguai, e de fazer face aos compromissos, que passam sobre o Tesouro Nacional, convém ou não que seja dissolvida?".[25] Essa era realmente a questão principal que agitava d. Pedro. O orçamento ainda não havia sido votado e, com isso, temia-se a paralisação da guerra e do Estado nacional em geral.

Durante a sessão do conselho, Nabuco de Araújo, os viscondes de Abaeté e Jequitinhonha e o conselheiro Sousa Franco, que desaconselhava atitudes extremas, votaram contra o fechamento da Câmara dos Deputados. Os viscondes de São Vicente e de Sapucaí, assim como o conselheiro Torres Homem e o barão do Bom Retiro, votaram favoráveis. No empate, o monarca decidiu e dissolveu a Câmara no mesmo dia, 18 de julho de 1868, aniversário de 27 anos de sua coroação.

Gerou-se uma contradição perigosa, e por isso a palavra "ditadura" foi usada tanto dentro do Conselho de Estado quanto na Câmara e no Senado. D. Pedro escolheu o seu ministério e dissolveu a Câmara para convocar novas eleições, que se dariam no molde de todas as demais, por meio de fraudes para sustentar o partido alçado ao poder pelo imperador para fazer o que ele quisesse.

A ideia de república

José Bonifácio, com a perda do mandato, voltou para a Academia de Direito de São Paulo, onde foi recebido pelos alunos em ovação e celebrado num banquete político dentro da faculdade de Direito, na chamada Sala da Concórdia. O escolhido para fazer a saudação foi um aluno do terceiro ano, Joaquim Nabuco.

Joaquim era neto do senador Nabuco de Araújo, que do Senado, em 17 de julho, juntou sua voz à de José Bonifácio e denunciou como "verdadeiro Absolutismo" o modo pelo qual as eleições eram realizadas no país. O senador atacou diretamente o Poder Moderador, acusando o imperador de ter agido de forma ditatorial. "O Poder Moderador pode chamar a quem quiser para organizar ministérios; esta pessoa faz a eleição [...] esta eleição faz a maioria. Eis aí o sistema representativo do nosso país."

Entre os diversos colegas que se juntaram ao neto de Nabuco de Araújo para saudar José Bonifácio estavam Castro Alves, Rui Barbosa e dois futuros presidentes brasileiros: Afonso Pena e Rodrigues Alves. A influência desse momento na história do Brasil seria imensa e reverberaria na criação do jornal *A República*. Em seu primeiro número, publicado em 3 de dezembro de 1870, o jornal estamparia o Manifesto Republicano. Nele, parte do discurso do senador Nabuco de Araújo foi citada. O movimento culminaria com a criação do Partido Republicano Paulista em 1873, seguido do Partido Republicano Mineiro, de junho de 1888, e do Partido Republicano Fluminense, de novembro de 1888.

Embora o ato de d. Pedro II não fosse ilegal, por constar das prerrogativas constitucionais, ele corrompia o sistema de representatividade, e isso indignou inclusive membros conservadores e monarquistas. O jornal *Constitucional Pernambucano*, sob a influência do visconde de Camaragibe e de outros monarquistas do Partido Conservador, vociferou:

> O governo, a nefasta política do governo do imperador foi quem criou este estado desesperado em que nos achamos... política de proscrição, de corrupção, de venalidade e de cinismo... um tal governo não é o da nação pela nação, é o governo do imperador pelo imperador... À proporção que o poder se une nas mãos de um só, a nação se desune e divide.[26]

Na época em que dissolveu a Câmara, o monarca de 42 anos parecia ter envelhecido vinte, os traços de seu cansaço eram evidentes, o cabelo começara a embranquecer e o sobrepeso aumentava. A nova crise política não ajudou muito. Além de toda a crítica na imprensa, o ato expunha o sistema viciado das eleições e o partidarismo raso da política nacional. Os liberais, fazendo oposição aos conservadores, acabaram por derrubar a Câmara antes que ela votasse o orçamento para 1869. Por outro lado, os conservadores, usando de fraudes eleitorais, fariam de tudo para conseguir a maioria na Câmara. A ideia por trás do golpe do imperador não era a ditadura que muitos temiam, mas obter um governo coeso que não dificultasse mais a continuidade da guerra e acabasse com as questões entre o comando militar de Caxias e o gabinete.

No mesmo 18 de julho de 1868, enquanto tropas patrulhavam as ruas da capital para apaziguar os ânimos, o exército brasileiro e seus aliados travavam a Batalha de Acayuazá, na qual os paraguaios saíram vencedores. Entretanto, no dia 25, a Fortaleza de Humaitá foi tomada pelo exército da Tríplice Aliança, e seis meses depois o exército entrava em Assunção, capital do Paraguai. Para qualquer militar, isso significava a paz. No dia 7 de janeiro de 1869, assim que chegou a notícia ao Rio de Janeiro, o conde d'Eu escreveu ao pai dizendo que a guerra já havia praticamente acabado. Mas não para o monarca, nem para a política externa. Solano López, o ditador paraguaio, ainda estava vivo e junto com seguidores partiu para a guerrilha. A esperança de vê-lo partir para sempre, como Rosas partiu derrotado para a Inglaterra, se esvaiu.

A hora do conde d'Eu

Caxias, aos 65 anos, havia reordenado e treinado boa parte do novo exército brasileiro antes da campanha de 1868, que levaria à queda da capital paraguaia. Cansado e doente, desmaiou durante o te-déum na catedral de Assunção, deixando algum tempo depois a guerra. Seus detratores o acusariam de ter saído da guerra, após a tomada da capital paraguaia, em plena glória para não se sujeitar à insana caçada a López, que tinha fugido para o interior com alguns homens.

Meses antes, o conde d'Eu e a esposa planejavam deixar o Brasil, novamente partindo para a Europa. Gastão não tinha qualquer esperança de ir ao Paraguai. Foi pego desprevenido pelo sogro, que, ao saber da possível viagem, mandou que ele esperasse, dando a entender que pudesse precisar do conde para substituir Caxias. Diante da incredulidade do genro, d. Pedro II arrematou que era necessário pensar em tudo.

A guerra para o imperador só acabaria com a prisão ou a morte do ditador paraguaio. Em instruções escritas para o presidente do Conselho de Ministros, empossado em 16 de julho de 1868, o visconde de Itaboraí, foi taxativo no primeiro desejo ao novo governo: "Não admito que se trate com López". Era o eco do que já havia dito ao conselheiro Saraiva quatro anos antes: "Com López não trataremos, cumpre que saiba isto lá bem claramente".

Um diplomata norte-americano lançou um boato de que o imperador havia ficado irritado com uma sugestão de casamento do ditador com uma das princesas e a consequente criação do reino do Paraguai. Tudo isso para justificar que algo mais movia d. Pedro contra López. Mas a visão era geopolítica. Manter uma bandeira viva para a luta era deixar a chama acesa para novas questões na região. A guerra só terminaria com a finalização do tratado da Tríplice Aliança. Isso impediria que as nações aliadas tivessem que manter exércitos no país para evitar o restabelecimento de López.

Mas a eliminação de López não queria dizer assassinato, ao menos não na cabeça de d. Pedro. Em 1868, o imperador escreveu ao ministro da Guerra que havia um boato da fuga do paraguaio para a Europa, o que para ele já era uma ótima notícia. Noutra carta para o mesmo ministro dizia que, se López fosse aprisionado, ele deveria ser solto com a condição de partir para a Europa. Em seu diário ou nas cartas, se notam as comemorações do imperador com as vitórias brasileiras, mas há sempre uma sombra em torno do ex-ditador continuar no Paraguai.

Caxias, pretextando doença e decidido a não dar caça a López, entregou o comando do exército e retornou, sem autorização, ao Rio de Janeiro. D. Francisca, da Europa, indignada, em carta ao irmão, disse que em qualquer país isso seria o suficiente para o general ser julgado por um tribunal militar. Mas não no Brasil.

Finalmente, com a saída de Caxias da guerra, d. Pedro escreveu ao genro, em fevereiro de 1869, quando Gastão e d. Isabel estavam em Petrópolis:

> Caro filho. Caxias pediu demissão do comando do exército [...]. Em tais condições, propus a você para esse cargo, porque confio em seu patriotismo e iniciativa. O governo que pensa como eu a respeito de você, que é preciso livrar quanto antes o Paraguai da presença de López, julgou que se deve conceder a demissão a Caxias e nomear você.

Assim, os problemas com o contrato matrimonial, que rezava que o conde d'Eu não poderia prestar serviços fora do Império, evaporavam-se no ar. Que diferença do tom usado com o genro em 1867: "Minha opinião não basta, sobretudo no sistema que nos rege". Quando era de seu interesse, o imperador passava por cima do sistema, ainda mais quando, após o retorno de Caxias, outros militares se mostraram descontentes em ter que permanecer no teatro de operações.

A princesa d. Isabel, diante das notícias, entrou em pânico. Em carta ao pai, ela suplicou intuindo do que se tratava: "Pelo amor de Deus, não me mande meu Gaston para o sul". O marido sofria de bronquite crônica. "Se não é bom para o Caxias não estar lá [...] ainda é pior mandar para lá meu

Gaston que pode apanhar alguma doença de peito [...]. Se papai soubesse minha aflição [...]." E arrematava: "Papaizinho, tenha dó de mim".[27]

Quando a princesa teve certeza do que havia acontecido, escreveu furiosa ao pai, até mesmo ironizando o discurso do imperador a respeito da Constituição:

> Meu querido Papai. Gaston chegou há três horas com a notícia de que papai estava com um desejo vivíssimo de que ele fosse já para a guerra. Pois será possível que papai, que ama a Constituição, queira impor sua vontade aos ministros, ou que estes sejam bastante fracos de caráter para que um dia digam branco e outro preto?! Teriam eles, unanimemente, e ao mesmo tempo, mudado de parecer, como Papai!!!! Por que não convidam o seu Caxias para voltar para lá? Ele já está melhor, e os médicos lhe recomendaram os ares de Montevidéu [...]. Lembro-me, Papai, que na cascata da Tijuca, há três anos, papai me disse que a paixão é cega. Que a sua paixão pelos negócios da guerra não o tornem cego! Além disso, papai quer matar meu Gaston. Feijó [médico] recomendou-lhe muito que não apanhasse muito sol, nem chuva, nem sereno; e como evitar-lhe isso se está na guerra? [...] A falta de meu bom Gaston seria muito mais prejudicial para o Brasil do que a de Caxias.

Em seu desabafo, a princesa afirmou que iria atrás do marido: "O que papai saberá é que, se Gaston for para Assunção, para lá também irei, com a minha Rosa, que compartilha bem minhas dores. Irei até o fim do mundo com o meu Gaston".

Apreensiva, continuava d. Isabel, e já antevendo o triste papel que estava destinado ao marido:

> Meu Deus! Meu Deus! Não sei verdadeiramente como veio essa decisão súbita, quando o que agora só o que se tem é papel de capitão do mato atrás do López. Pois para dirigir de Assunção

(papai mesmo me disse que não era o papel de Caxias, o de ir ele mesmo atrás de López) basta outra pessoa.

O imperador já havia decidido, o genro iria — e as reclamações da filha não teriam mais efeito sobre ele. A princesa d. Leopoldina, em carta à sogra, a princesa Clementina, comentara um ano antes que o pai era muito "cabeçudo em alguns pontos". Segundo a princesa, para o imperador, a pátria "era a coisa principal, pois, para ele, a Pátria passa na frente da família e que era pronto a sacrificar a felicidade de qualquer um de quem gostava se isto for útil à Pátria".[28] As lágrimas de d. Isabel teriam que secar. Tiveram efeito no início, quando se achava que a guerra seria rápida. Agora, sem outra opção, iria o genro.

Quanto a Caxias, o imperador optou por recebê-lo para jantar, como anotou a imperatriz no seu diário, em 21 de fevereiro de 1869. Ele e d. Pedro ficaram sozinhos conversando e depois se juntaram às suas esposas, quando então o imperador pediu que a imperatriz colocasse no peito de Caxias a medalha da campanha da Guerra do Paraguai. Segundo carta de d. Teresa para a princesa d. Isabel, ela achou o marquês de Caxias magro e abatido e comentou que ele dissera que o fígado ainda continuava inflamado. Se a doença não passou de uma farsa, para não pôr fim de maneira indigna à folha de serviços ou se tudo foi intriga dos seus inimigos, não se sabe. Fato é que d. Pedro sabia como tratar seus principais aliados.

No *Diário Oficial* nº 73, de 24 de março de 1869, surgiram três decretos: os dois primeiros do ministro do Exército concedendo ao marquês de Caxias a demissão solicitada do posto de comandante em chefe, e o outro nomeando o conde d'Eu. Já o terceiro, expedido pelo ministro do Império, elevava o título nobiliárquico de Caxias de marquês para duque. Caxias foi a única pessoa fora da família imperial a receber esse título.

Precisava-se de sangue jovem, de alguém ambicioso e capaz para finalizar a questão de López. Quem o monarca tinha em mãos na hora era o conde d'Eu, que se prestou avidamente ao papel. Papel triste que o imperador, na ânsia de ver cumprida sua vontade, não percebeu tratar de uma péssima ideia para a monarquia nomear um membro da família imperial para caçar um inimigo. Como mesmo se referiu d. Isabel, os inimigos do regime logo comparariam o conde com um capitão do mato. Sob o seu comando geral, López foi perseguido e morto em 1º de março de 1870.

A morte de López

D. Pedro, assim que recebeu a notícia da morte do ditador, escreveu ao genro o felicitando em 19 de março. Mas esse fantasma o assombraria. López, após ser ferido por uma lança na Batalha de Cerro Corá, não se rendendo ao general José Antônio Correia da Câmara, acabou sendo morto com um tiro nas costas, numa ribanceira do rio Aquidabanigui, afluente da margem esquerda do Aquidaban.

O general Câmara, em carta à esposa, disse que perseguiu López com alguns de seus soldados até o ponto do rio em que eles encontraram o ditador ferido por uma lança em batalha. Câmara mandou que López lhe entregasse a espada e se considerasse seu prisioneiro, que ele garantiria a sua vida. O ditador respondeu que não a entregaria, que morreria com a espada e com a pátria. Câmara ordenou que lhe tomassem a espada: um soldado puxou-a da mão de López, que, sem soltá-la, caiu na água e quase se afogou. Nesse momento, quando Câmara iria dar ordem para carregá-lo para a terra, soou um tiro por trás do general, matando López. Também foi morto o filho de López, então com 15 anos, que, assim como o pai, se recusou a se entregar.

Em posterior carta para o conde d'Eu, o imperador informou que soube pelo major José Simeão de Oliveira das circunstâncias da morte de López. José Simeão informou a d. Pedro que viu a perseguição do general Câmara e de seus comandados ao ditador. A impressão que o relato deixou no imperador foi de que López poderia ter sido aprisionado em vez de morto. D. Pedro temeu que a morte do ditador se transformasse em desonra para o Brasil, e lamentou o fato de os arquivos com os relatórios haverem se perdido. Estranhou, mais ainda, o fato de o general Câmara não ter mandado proceder a um exame cadavérico de imediato.

O ministro da Guerra, Manuel Vieira Tosta, em carta a José Maria da Silva Paranhos, futuro visconde do Rio Branco, representante brasileiro na organização do governo provisório paraguaio, o informou em 15 de março:

> O imperador admirou-se de que o Câmara não fizesse autenticar a morte de López por meio de um exame em regra para ser devidamente publicado. Entende ele que isso ainda pode ter lugar, por saber-se que foi sepultado em uma choupana próxima à sua tenda, depois de se lhe sacar a sobrecasaca e o colete de pano azul, deixando o cadáver com as botas e a calça também azul agaloada. Se v. exa. pensar que é possível satisfazer o desejo de sua majestade, cuido que não será mau.[29]

Uma análise do corpo de López foi feita em 25 de março de 1870 pelos cirurgiões Manoel Cardoso da Costa Lobo e Militão Barbosa Lisboa. Entretanto, ela é considerada inconclusiva pelas imprecisões e pelo fato de não haver sido realizada uma necropsia para analisar os danos internos e a trajetória da bala que ficou alojada dentro do corpo. Foi o triste coroamento do final da guerra. Além das suspeitas a respeito do assassinato de López, centenas de atos de selvageria foram cometidos por soldados brasileiros contra paraguaios, homens e mulheres, desarmados, à revelia do comandante em chefe, o conde d'Eu — que entendeu melhor a relutância de Caxias em continuar com tudo aquilo.

Alfredo Maria Adriano d'Escragnolle Taunay, o visconde de Taunay, em suas memórias, se recordaria do final da guerra. Ele se lembraria do conde d'Eu, na sua chegada ao teatro de operações, como um jovem e impetuoso militar. Porém, ao fim da campanha, o conde estava abatido e dizia não ter mais o que fazer ali, que já era hora de regressar. Diferentemente de Caxias, o conde não podia abandonar a guerra sem a autorização do sogro. Ao final, o genro de d. Pedro II se desgastou com o ministério e com parte da opinião pública brasileira ao libertar todos os escravos do Paraguai. Pagou caro! Seu retorno ao Rio de Janeiro foi menos apoteótico do que desejava a princesa d. Francisca, que sonhava em ver o sobrinho como César entrando em Roma vitorioso. Mesmo assim, uma multidão recebeu Gastão, no Rio de Janeiro, em festa, no dia 29 de abril de 1870.

O exército brasileiro

Mas nem tudo era festa. O Brasil havia gastado com a guerra mais de 800 mil contos de réis. A dívida externa atingiu níveis estratosféricos para uma nação predominante agrícola e com uma indústria nacional incipiente que importava mais que produzia. Quem saiu fortalecido e modernizado foi o exército brasileiro, que voltaria novamente a ser a força que o regente Feijó tentara abafar com a criação da Guarda Nacional anos antes.

Esse novo exército, agora reformado e profissionalizado, passou a ser um caminho para muitos filhos das classes baixa e média ascenderem socialmente. Logo, oficiais começariam a discutir grandes questões nacionais, incluindo a escravidão. E, apesar de os políticos tentarem calar essa classe, ela se voltaria cada vez mais às discussões políticas a respeito do rumo do Brasil.

CIDADÃO DO MUNDO

Ao longo da guerra, a família imperial cresceu, não da parte da primogênita, d. Isabel, mas da irmã, d. Leopoldina. Ela foi a primeira a dar um neto ao imperador e consequentemente um herdeiro presuntivo ao seu trono. Em 19 de março de 1866, às 4 horas da manhã, nasceu, no Palácio Leopoldina, d. Pedro Augusto, um bebê gordo, loiro e de olhos azuis, que recebeu o nome do avô, o imperador dos brasileiros, e do seu pai, o duque de Saxe. Três foguetes disparados do palácio avisaram as sentinelas das fortalezas e dos navios brasileiros no porto sobre o nascimento do príncipe, e logo os canhões puseram-se a trovejar as 21 salvas de praxe. Anunciava-se a boa-nova para a capital do império: a continuidade dinástica estava assegurada.

D. Pedro e a imperatriz visitavam diariamente o bebê, que foi apresentado pelo duque de Saxe à corte. O nome do jovem príncipe foi acrescido das fórmulas de invocação de santos e arcanjos tradicionais dos Bragança, por insistência do imperador, que fez questão de que o neto recebesse os nomes de Miguel, Gabriel, Rafael, Gonzaga.

Na Fala do Trono de maio de 1866, d. Pedro fez menção ao nascimento de seu primeiro neto, que por anos seria o segundo na linha de sucessão do trono imperial do Brasil. O batizado não foi cheio de pompas, como d. Pedro II queria, pois a notícia da morte da rainha Maria Amélia da França, bisavó do bebê, deixou a corte brasileira enlutada. Após o nascimento do filho, Augusto e Leopoldina, levando com eles a criança, partiram para a Europa para apresentar o bebê aos avós paternos.

Entre idas e vindas do Brasil à Europa, de 1866 até 1870, d. Leopoldina teve quatro filhos: d. Pedro Augusto (1866-1934), d. Augusto (1867-1922), d. José (1869-1888) e d. Luís Gastão (1870-1942). D. José foi o último a nascer no Brasil. Logo após o seu nascimento, d. Leopoldina e o duque de Saxe partiram novamente em viagem para junto da família em Viena.

Em carta para a sogra, d. Leopoldina queixava-se do pai, que, devido à guerra, quase não a visitava nem aos netos. Quando d. Pedro ia, ficava apenas dez minutos. Além disso, não deixava a imperatriz ir sem ele. Mas d. Teresa Cristina não respeitava a decisão do marido e ia mesmo assim.[1] D. Pedro ainda tentou reter o primeiro neto no Brasil, quando d. Leopoldina e Augusto comunicaram sua partida para a Europa, em agosto de 1869. Mas o duque de Saxe foi peremptório ao afirmar que as crianças ainda eram muito jovens para ficar longe dos pais e que d. Pedro Augusto iria com eles para o Velho Continente.

Na Europa, novamente grávida em 1870, d. Leopoldina convidou a irmã e o cunhado para batizar o novo bebê que esperava. O que seria um batizado com a presença dos padrinhos se transformou num batizado por procuração. O imperador não autorizou, de início, a ida da princesa imperial para mais uma viagem à Europa. Quando o imperador permitiu que eles partissem do Brasil, o encontro entre as irmãs não foi o esperado.

A morte de d. Leopoldina

D. Leopoldina adoecera no início de 1871 em Viena. Foi diagnosticada com febre tifoide. D. Isabel, encontrou-a recolhida ao leito sem sequer abrir os olhos. Em resposta à voz da princesa imperial, a irmã balbuciou algumas palavras em português. No dia 7 de fevereiro, d. Leopoldina faleceu no Palácio de Coburgo, em Viena. De lá, d. Isabel comunicou a morte da irmã aos pais e pediu que eles se lembrassem de que ainda tinham outra filha, e pedia que os imperadores se cuidassem e não adoecessem com a notícia. Mas o rogo da princesa não foi suficiente, e a imperatriz d. Teresa Cristina se abateu diante da perda de mais um filho.

A corte austríaca declarou luto por dezesseis dias, e o imperador Francisco José compareceu junto à câmara-ardente no palácio para prestar homenagens à princesa brasileira. Durante dois dias, a aristocracia de Viena, bem como os brasileiros que lá estavam, prestou suas últimas homenagens a d. Leopoldina, que, assim como a avó homônima, faleceu jovem.

A avó deixou Viena e morreu no Rio de Janeiro, a neta deixou o Rio de Janeiro e faleceu em Viena, parecia um ciclo que se fechava. No dia 11 de fevereiro, o corpo de d. Leopoldina, acompanhado pelos condes d'Eu, pelo marido e por parentes próximos, seguiu de trem até Coburgo, na Alemanha, chegando no dia seguinte. O duque Ernest II e a esposa os aguardavam na estação, e o féretro seguiu em cortejo até a igreja de Santo Agostinho, em cuja cripta se encontra até hoje. Augusto, que havia desmaiado ao presenciar a morte da esposa, encontrava-se inconsolável e aflito. Não podia acreditar no que acontecera. Nem o imperador nem a imperatriz do Brasil, que igualmente desnorteados começaram a receber as primeiras notícias da morte da filha de apenas 23 anos.

No dia seguinte à morte de d. Leopoldina, telegramas chegavam ao Rio de Janeiro vindos de todas as partes do mundo. Uma das mais compungidas cartas recebidas por Suas Majestades foi a da condessa de Barral, que afirmava que a dor que sentia com a perda da princesa só poderia ser comparada à perda de seu próprio filho. Entre as diversas cartas recebidas por d. Pedro II pelo falecimento de d. Leopoldina, encontra-se uma do protegido de d. Pedro e de d. Teresa Cristina, o maestro Carlos Gomes:

> Senhor!
>
> Em viagem para este reino soube do passamento de sua alteza sereníssima a senhora d. Leopoldina, minha princesa e senhora.
>
> Eu não tenho palavras para exprimir a vossa majestade imperial a minha dor, quando considero a do meu bom imperador e pai e a de sua augusta consorte! O que posso afiançar a vossa majestade imperial é que eu sinto o que deve sentir todo o

brasileiro que o ama como filho, o respeita como soberano, e o adora como o modelo dos príncipes.

Beijo suas augustas mãos e as de minha santa imperatriz. Milão, 2 de maio de 1871.

A. Carlos Gomes.[2]

Logo no início de sua Fala do Trono, em 3 de maio de 1871, d. Pedro II fez menção à morte da filha perante os representantes da nação:

> Transpassado da mais pungente dor, comunico-vos que no dia 7 de fevereiro último faleceu em Viena d'Áustria minha muito amada e prezada filha, a princesa d. Leopoldina, duquesa de Saxe.
>
> Resigno-me submisso aos decretos do Altíssimo, e as manifestações de pesar que recebi de todos os brasileiros, as quais sou cordialmente reconhecido, muito contribuem para mitigar-me tão profunda mágoa.[3]

Com o retorno de d. Isabel e do marido ao Brasil, começaram os preparativos para a ida dos imperadores para a Europa. Um dos objetivos, além de uma viagem de conhecimento por parte de d. Pedro e de tratamento de saúde por parte de d. Teresa Cristina, era trazer para o Brasil os filhos mais velhos do duque de Saxe e de d. Leopoldina. D. Pedro Augusto e d. Augusto, como herdeiros de d. Pedro II, deviam ser criados no Brasil como príncipes brasileiros.

A problemática da regência

Em carta para a princesa Clementina, d. Teresa Cristina informava, no início de abril, que ela e o imperador partiriam em viagem à Europa em 24 de maio de 1871, segundo os planos de d. Pedro II, "se as Câmaras lhe derem licença".⁴ As Câmaras efetivamente dariam a permissão, graças à vontade férrea de d. Pedro em não abrir mão da viagem e ao ministério forte que governava o Brasil, liderado pelo visconde do Rio Branco. A opinião pública e diversos políticos viram com ressalvas o fato de o imperador viajar, deixando o Brasil nas mãos de uma mulher.

Não seria a primeira mulher a assumir a condução dos negócios brasileiros, afinal a avó de d. Isabel, a imperatriz d. Leopoldina, havia assumido a regência entre agosto e setembro de 1822, e depois novamente no final de 1826 até a sua morte. Mas o sistema patriarcal brasileiro seria implacável para com d. Isabel. Num mundo governado por homens, acreditava-se que eles deveriam mandar. D. Pedro II, por mais liberal que fosse, não fugia ao pensamento patriarcal da época. Ele acreditava, por exemplo, que após o casamento da filha havia passado a responsabilidade de educar e conduzir d. Isabel para o seu marido, o conde d'Eu.

D. Isabel teria sua entrada para o Senado inicialmente barrada e seria alvo de várias discussões por ser mulher. A Constituição Imperial, em seu artigo 40, declarava serem os príncipes da Casa Imperial senadores por direito, devendo assumir assento no Senado ao completar 25 anos. D. Isabel completou 25 anos em 29 de julho de 1871, durante a sua regência, mas somente recebeu um título honorário de senadora, sem exercer mandato algum. Afinal, segundo o pensamento da época, lugar de mulher não era na política. Além disso, chegou-se a questionar se não era melhor dar o título ao marido, o conde d'Eu, uma vez que ele seria o responsável por aconselhar e guiar a esposa. Basicamente, a mulher, na época, nobre ou plebeia, era tratada pela sociedade como um ser incapaz de se articular politicamente. O espaço da política é o espaço público, frequentado pelos homens públicos, os políticos — eram eles que faziam política, frequentavam as ruas, a Câmara, o Senado e os cafés. O mundo da mulher, idealizado pelos homens, era o ambiente privado, o da casa, o do lar.

Com bastante custo, o imperador conseguiu fazer com que, tanto o presidente do Conselho de Ministros, o visconde do Rio Branco, quanto os demais, aceitassem a regência de d. Isabel. Rio Branco ficou inicialmente contrariado e receoso de ter que lidar diretamente com o marido da princesa, um príncipe estrangeiro se imiscuindo nos negócios brasileiros. D. Pedro o acalmou dizendo que já havia instruído a filha sobre como ela deveria se portar. Para tanto, criou um documento que conhecemos hoje com o nome de "Conselhos à Regente", uma espécie de guia para a filha saber como atuar e como o seu pensamento deveria ser guiado, durante o tempo em que ocupasse a chefia da Coroa.

Nele, d. Pedro demonstrava para d. Isabel que a arte de governar passa, como ensinou Maquiavel, pela arte da simulação:

> Para que qualquer ministério não tenha o menor ciúme da ingerência de minha filha nos negócios públicos, é indispensável que o meu genro, aliás conselheiro natural de minha filha, proceda de modo que não se possa ter certeza de que ele influiu, mesmo por seus conselhos, nas opiniões de minha filha. Além disso, a Constituição assim o quer, e meu genro, ou antes, meu filho sabe, mesmo antes de poder-lhe eu dar esse nome, e disso fiquei certo, e mais robusteci minha convicção pelas qualidades que lhe reconhecia depois, que ele seguiria o exemplo do esposo da rainha Vitória, príncipe Alberto.[5]

No fim, o "Conselhos à Regente" também servia de código de conduta para o conde d'Eu. Mas, além de deixar uma princesa jovem e inexperiente à frente dos negócios brasileiros, o imperador deixou também uma bomba armada diante de sua saída.

O processo da Abolição

Em 1866, d. Pedro II recebeu uma carta da Junta Francesa de Emancipação instando-o a libertar os escravos no Brasil. Alguns autores veem os atos a respeito do combate à escravidão, praticados pelo imperador, como sendo frutos dessa pressão de intelectuais europeus a quem o monarca admirava. Entretanto, as atitudes e medidas pessoais de d. Pedro datam de antes da chegada dessa carta.

Era comum o imperador escrever aos presidentes do Conselho de Ministros, quando estes tomavam posse, informando o que ele esperava que o governo fizesse. Em 1864, antes da eclosão da Guerra da Tríplice Aliança, nos seus "Apontamentos" para o então presidente do Conselho de Ministros, Zacarias de Góis, o imperador mencionou a questão da libertação dos escravos, tendo em vista o que estava ocorrendo nos Estados Unidos, conflagrados em guerra civil devido à abolição.

No seu memorando ao primeiro-ministro, d. Pedro II o aconselhava a pensar no futuro da escravidão no Brasil "para que não nos suceda o mesmo que a respeito do tráfico de africanos", quando ele teve que ser definitivamente extinto devido às pressões inglesas. No documento, ele continuava:

> A medida que me tem parecido profícua é a da liberdade dos filhos dos escravizados, que nascerem daqui a um certo número de anos. Tenho refletido sobre o modo de executar a medida; porém, é da ordem das que cumprem realizar com firmeza, remediando os males que ela necessariamente originará, conforme as circunstâncias o permitirem.[6]

A reflexão era mais do que necessária, afinal o Brasil era um país predominantemente agrário e dependente da mão de obra escrava. O mesmo problema enfrentado por seu avô, d. João VI, e por seu pai, d. Pedro I, também havia sido entregue a d. Pedro II junto com o trono. Mais do que acabar com a mão de obra escrava, era necessário pensar num sistema paulatino para isso. Qualquer outra ação poderia causar uma ruptura social, como o exemplo norte-americano comprovou.

O imperador ainda recomendava que o chefe do gabinete de ministros se dirigisse ao embaixador brasileiro em Washington. O diplomata Miguel Maria Lisboa deveria, com base no conhecimento do que estava acontecendo nos Estados Unidos, fazer as suas considerações.

A Guerra da Tríplice Aliança fez com que as coisas andassem mais devagar. O Conselho de Estado foi convocado algumas vezes para debater o assunto. Terminada a guerra, d. Pedro II viu com impaciência governos subirem e caírem sem conseguirem levar em frente as propostas da abolição gradual, que deveria começar com a Lei do Ventre Livre. Quem levou adiante essa lei foi o gabinete conservador do visconde do Rio Branco, apresentando-a para discussão no Senado e na Câmara.

Existem algumas opiniões sobre o que teria levado d. Pedro a se ausentar do país no momento em que se discutia a Lei do Ventre Livre. Uma hipótese seria a de popularizar a primeira regência da filha, futura imperatriz do Brasil, inaugurando a sua experiência junto ao governo com a aprovação da lei. Outra era de gozar, em solo europeu, dos louros colhidos pelo evento emancipatório das crianças nascidas de escravas. Ambas as hipóteses foram lançadas por parlamentares e intelectuais da época, mas, segundo o próprio imperador assegurava ao visconde do Rio Branco, a razão era a doença da esposa, que ele não queria deixar partir sozinha para a Europa.

Reclamações

A viagem estava marcada para 25 de maio, mas d. Pedro teria problemas para impor o seu cronograma. A opinião pública começou uma campanha contra o imperador. Os jornais diziam que d. Pedro já havia comprado passagens num navio inglês antes de solicitar a partida às Câmaras. Os periódicos davam a entender que o imperador estava pouco se importando com o que os deputados e senadores decidissem. Segundo o monarca, em carta para o visconde do Rio Branco, o que os jornais informavam era mentira. D. Pedro justificava-se dizendo que não havia comprado nada, havia apenas reservado as passagens, para o caso de a autorização das Câmaras vir tarde demais e ele não conseguir embarcar.

Políticos do porte de José de Alencar se opuseram na tribuna da Câmara dos Deputados à partida do imperador. O deputado considerava a viagem arriscada no momento em que o governo sinalizava que pretendia fazer passar a Lei do Ventre Livre. Quanto à doença da imperatriz, o Brasil dispunha de possibilidades, ela não precisaria ir à Europa, a menos que as principais autoridades médicas do país assim decidissem.

A imprensa e os partidos reclamariam de tudo o que dizia respeito à partida do imperador. Achavam um absurdo d. Pedro II ir à Europa como se fosse uma pessoa comum, ainda mais abrindo mão de ir num navio brasileiro. Mas, provavelmente, se ele tivesse feito a viagem num navio de guerra nacional, com os contribuintes pagando por isso, também haveria reclamações, do mesmo modo que reclamaram por d. Pedro ter recusado a ajuda de custo que o Parlamento propusera para a viagem. Em resumo, os brasileiros, como crianças mimadas, pareciam emburrados com a partida do imperador.

Rumo à Europa

Finalmente, em 25 de maio de 1871, conforme suas expectativas, d. Pedro II deixava o Brasil, ainda afirmando que a viagem era feita para tratamento de saúde da imperatriz. Cerca de quinze pessoas, entre médico, criados e damas, seguiam na comitiva. Uma senhora se juntaria aos imperadores na Europa, a condessa de Barral, a quem d. Pedro não via havia anos. Ela assumiria junto a d. Teresa Cristina a função de dama da imperatriz.

Divertido, e com tom mais leve e jocoso, o imperador em seu diário fez piada dos que seguiam no mesmo navio:

> Já se caracterizou um esganiçado, que por trajar diversas cores chamam-no arco-íris e para diante falarei de outras.
>
> Reparo que os louros — não são os papagaios; pelo contrário — louraços e outros da mesma nuance são calados; os de cabelos pretos, castanhos etc. — os portugueses sobretudo papagueiam que é um gosto — para eles.[7]

Um casal jovem, a quem o imperador apelidou de Julieta (Mariana Guimarães) e Romeu (Joaquim Pereira Guimarães), seguiu no mesmo navio para a Europa, e d. Pedro não parou de anotar a respeito do comportamento amoroso do casal ao longo da viagem. A fixação do imperador chegou a ponto de ele desenhar o casal e até mesmo o anel que Joaquim dera para Mariana.

Em 12 de junho, d. Pedro chegou a Lisboa a bordo do navio *Douro*. Foi recebido pelo cunhado, d. Fernando, pelo sobrinho, o rei d. Luís I, e a esposa, a rainha Maria Pia de Saboia. D. Pedro falou com eles da escada do *Douro*, pois os portugueses permaneceram a bordo de escaleres. O cunhado e o sobrinho ofereceram ao imperador o navio D. *Estefânia*, para que ele e sua comitiva cumprissem a quarentena, em vez de cumpri-la no Lazareto de Lisboa. O Lazareto era um edifício destinado ao controle sanitário, onde os viajantes chegados de áreas em que havia doenças epidêmicas ou contagiosas eram mantidos para observação. A quarentena era necessária devido ao surto de febre amarela em Buenos Aires, local inicial da partida do *Douro*, antes de sua escala no Rio de Janeiro. Porém, o monarca foi taxativo: informou que viajava como d. Pedro de Alcântara e não como o imperador do Brasil — como se essas personas pudessem efetivamente se dissociar. Não foi a d. Pedro de Alcântara que a família real portuguesa, os representantes do governo, ministros e, sobretudo os nobres portugueses que serviram a d. Pedro I do Brasil e IV de Portugal durante as Guerras Liberais acorreram para cumprimentar.

D. Pedro II, como homem esclarecido e que confiava em estudos científicos, encarou a quarentena como uma questão necessária para a saúde pública e o bem-estar da coletividade. No seu diário, anotou: "Há um certo prazer em estar aqui encarcerado em nome da saúde de uma população de 300 mil pessoas que eu estimo".[8]

Mas os oito dias que ele passou no Lazareto de Lisboa estiveram longe de ser calmos. Diversas personalidades foram cumprimentar o imperador do Brasil, entre eles o conde de Campanhã, o das Alcáçovas, o marquês de Sá da Bandeira e o de Ficalho. Todos eles amigos e companheiros de armas de d. Pedro I no Cerco do Porto, sendo Ficalho e Campanhã os responsáveis pela entrega do coração do imperador à igreja da Lapa, no Porto, onde ainda hoje se encontra. O marquês de Ficalho, no início de 1872, quando d. Pedro II retornou a Portugal, seria o encarregado de recebê-lo de volta ao país e levá-lo ao Porto.

Sá da Bandeira achou d. Pedro II muito parecido com o pai, elogio esse que embeveceu o imperador, a quem nem estatura, porte, cor de olhos ou cabelos lembravam em nada d. Pedro I. Um dos mais fiéis amigos do ex-imperador, o marquês de Rezende, também foi visitar d. Pedro II, tanto na qualidade de camarista do monarca brasileiro como na de mordomo da imperatriz d. Amélia, que aguardava a visita do enteado que não via havia quarenta anos.

No Lazareto de Lisboa, d. Pedro ficou recolhido com a esposa e os demais membros de sua comitiva e do vapor. Apesar de ele querer se passar por um mero cidadão, os membros de sua família real portuguesa não permitiram, incluindo seu tio, o duque de Loulé, com quem se reencontrava após quarenta anos. Vários deles foram visitá-lo. Conversaram pelas grades do parlatório que separava os "empesteados" dos sãos. Outras personalidades, como escritores e intelectuais portugueses do porte de Alexandre Herculano, além de cidadãos e diplomatas brasileiros e estrangeiros em Lisboa, também foram conversar com d. Pedro no parlatório do Lazareto. Tanto d. Fernando quanto d. Luís I iam quase todos os dias ver o imperador.

D. Pedro tentou com algum erudito uma amostra da letra de Camões, para comparar com a assinatura de sua segunda edição e confirmar se "Luís de Camões seu dono" queria dizer que efetivamente o livro havia pertencido ao ilustre escritor, mas nada conseguiu na ocasião. É curioso notar a estima que o imperador guardava por essa obra que ganhara já fazia quase trinta anos e carregaria sempre consigo.

O duque de Saxe partiu de Viena para se juntar aos sogros em Lisboa. Subiu a bordo do *Douro* e seguiu junto com os imperadores para o Lazareto. Augusto uniu-se a eles na dor da perda de d. Leopoldina. Para alegrar um pouco d. Pedro e d. Teresa Cristina, o genro, que na sua passagem por Marselha fora preso temporariamente pela polícia, suspeito de ser um espião da Comuna de Paris, trouxe fotos recentes dos filhos. As imagens dos netos alegraram os avós. D. Pedro II, em seu diário, registrou que d. José, o último filho de d. Leopoldina nascido no Brasil, era muito parecido com a mãe falecida.

As lembranças de d. Pedro I

Tudo lhe evocava o pai: os amigos que conviveram com ele e vieram visitá-lo, o retrato de d. Pedro I num dos salões que d. Pedro II utilizava no Lazareto. Até a banda do 5º Batalhão de Caçadores, do qual d. Pedro I foi oficial, apareceu para tocar em honra do imperador e distrair os ilustres hóspedes.

Durante a estada do imperador no local, ele teria uma nova lembrança do pai. Datada de 16 de julho de 1871, em seu arquivo pessoal, existe uma carta que ele recebeu, enquanto ainda estava em quarentena:

> O autor dos vossos dias também o foi dos meus (porém, a vossa mãe não foi a minha). Peço-vos em nome dele e por alma dele, me não negueis a graça de pessoalmente vos conhecer, e a honra de vos beijar a mão; permitindo-me a narração verbal da minha história apenas conhecida de alguns altos personagens [...].[9]

Assinava a carta d. Mariana Amélia de Albuquerque. Ela era uma dos inúmeros bastardos de d. Pedro I, que se aproximavam de d. Pedro II. Inicialmente, o imperador tomou precauções, e, confrontadas as informações com os nobres portugueses que conheceram seu pai, confirmou-se a filiação da senhora.[10] Ainda em Lisboa, durante essa viagem, conheceu Teotônio Meirelles, outro meio-irmão.

Em 1872, com o retorno do imperador ao Brasil, em nova carta, d. Mariana Amélia informou sobre suas privações e enviou um retrato seu ao meio-irmão pedindo ajuda financeira para sobreviver. Ela não foi a única a entrar em contato com d. Pedro II. Anos antes, em 1865, d. Pedro II recebeu uma carta de um francês estabelecido na Califórnia, Pedro

Saisset. Ele era filho de madame Clémence Saisset, que, ao lado do marido, havia tido uma loja no centro do Rio de Janeiro, durante o Primeiro Reinado. D. Pedro I teve um caso com a modista, que embarcou grávida para a Europa em 1828. Assim que a mãe faleceu, Pedro Saisset recebeu do inventariante de Clémence documentação que atestava a sua origem nobre. Apesar de Pedro Saisset ter, em carta a d. Pedro II, se oferecido a vir para o Brasil e se colocar a serviço do irmão, isso não ocorreu.

Reencontros

Assim que saiu do Lazareto, d Pedro II partiu com as carruagens que a casa real portuguesa deixou à disposição dele e da sua comitiva para a praça do Rossio. Ali, um ano antes, em 29 de abril de 1870, no aniversário da outorga da constituição portuguesa por seu pai, foi inaugurada a estátua em homenagem a d. Pedro IV de Portugal e I do Brasil. O conjunto é composto de uma base de granito, um pedestal de mármore e uma coluna, com a estátua no alto. O ex-monarca usa um uniforme de general e um manto cobre seus ombros. Em vez de uma coroa real ou imperial tem na cabeça uma coroa de louros e segura a Carta Constitucional de 1826. O conjunto tem mais de 20 metros de altura, foi projetado pelo arquiteto francês Gabriel Davioud e esculpido pelo seu compatriota Elias Robert. A estátua era muito diferente da que havia sido inaugurada no Rio de Janeiro, em 30 de março de 1862, e daquela na cidade do Porto, inaugurada em 19 de outubro de 1866. O d. Pedro em Lisboa aparece em pé, não sobre um cavalo.

A emoção de d. Pedro II foi grande ao se ver diante dessa representação do pai, tanto que o filho retirou o chapéu em sinal de respeito. Segundo alguns contemporâneos, ele teria ido diversas vezes visitar a estátua enquanto esteve em Lisboa.

Após admirar a homenagem ao pai, envolto em suas lembranças, a primeira visita de d. Pedro II foi àquela que chamava de mãe, a imperatriz-viúva d. Amélia. Fazia quarenta anos que eles não se viam, tempo em que a relação entre eles foi sendo tecida por cartas e lembranças que atravessavam o Atlântico com constantes demonstrações de carinho e preocupação. O reencontro deu-se no Palácio das Janelas Verdes, atual Museu Nacional de Arte Antiga, onde a duquesa de Bragança morava. D. Pedro II, em seu diário, confidenciou: "Chorei de alegria e também de dor vendo minha mãe tão carinhosa para mim, mas tão avelhantada e doente".[11]

Garantindo que retornaria com mais tempo depois da viagem que iria fazer pela Europa, d. Pedro despediu-se e foi novamente atrás do pai, dessa vez não no Rossio, mas na igreja de São Vicente de Fora, em visita ao Panteão dos Bragança. Ali rezou por d. Pedro I e nos túmulos das duas irmãs, d. Maria II e d. Maria Amélia, e do sobrinho, d. Pedro V. Quanto ao avô, d. João VI, apesar de tentar, não conseguiu localizar sua sepultura, nem que alguém lhe informasse onde estava.

O cunhado-irmão

D. Pedro II, depois de anos e muitos planos frustrados, visitou o cunhado, d. Fernando, no Palácio das Necessidades, em 20 de junho de 1871. Em seu diário de viagem, o imperador anotou que o palácio era "todo arte por dentro" e que d. Fernando havia lhe apresentado "a mulher, tendo eu logo decidido esta questão com a minha mãe".[12] Após passar muito tempo viúvo, o rei-artista conheceu Elisa Friedericke Hensler. Elisa tinha origens suíço-americanas e havia ido a Portugal em 1859 integrando a Companhia de Ópera de Laneuville, da qual era uma das cantoras. Depois de uma temporada no Teatro São João, na cidade do Porto, a companhia apresentou-se no Teatro São Carlos, em Lisboa, em fevereiro de 1860. Elisa cantou o papel do pajem Óscar na ópera *Um baile de máscaras*, de Verdi. Podemos imaginar a impressão causada por uma mulher, em meados do século XIX, apresentando-se como um jovem rapaz, usando meias que expunham completamente suas pernas, incluindo parte das coxas. A crítica disse que ela havia feito um pajem de arrebatar. Quer pelas notas alcançadas, quer pelas pernas exibidas, efetivamente Elisa arrebatou o rei d. Fernando II, que estava na plateia naquela noite.

Anteriormente, d. Fernando já havia protagonizado muito falatório ao cantar com os "cômicos", como arreliara d. Pedro II em 1855, mas agora o escândalo seria muito mais sério. D. Fernando e Elisa passaram a se relacionar e até viajaram juntos pela Europa. A diferença de idade entre eles era de quase vinte anos, isso sem falar na diferença de classe social.

D. Fernando teria em D. Pedro II um aliado. As confissões do cunhado ao monarca brasileiro e os conselhos deste acabaram por ajudar o rei a tomar a decisão de se casar com Elisa.

Numa carta enviada a d. Pedro em 17 de junho de 1869, o cunhado comunicou:

> Lembras-te que, há tempo, me escreveste: porque não casas tu? Pois eu casei no dia 10 deste mês, com aquela boa senhora, com quem mais de 9 anos fui tão feliz. Fez-se este casamento só com duas testemunhas, e com grande prazer dos meus filhos Luís e Augusto (que muito estimam esta senhora) na capela da tia Isabel [infanta Isabel Maria, filha de d. João VI], que tem sido ótima para nós. Nessa ocasião, o duque de Coburgo, meu primo, deu a minha esposa o título de condessa d'Edla. Tudo foi aqui geralmente bem recebido, porque os poucos que tais coisas desaprovam não devem ser tomados em consideração.[13]

O imperador, feliz pelo novo consórcio, mandou a ele uma carta de felicitações, que foi respondida por d. Fernando em 9 de agosto: "Como te conheço e sei que tem coração, não esperei que encarasses esse negócio de outro modo, entretanto o que dizes não pode, se é possível, senão aumentar ainda a estima que por ti tenho e aquela verdadeira e íntima amizade que sempre nos tem ligado".[14]

Diante da consternação de d. Pedro II de que nem todos aceitaram de bom grado a oficialização do relacionamento, o rei explicou:

> Bem sabe que em tais negócios sempre há quem aprove e quem desaprove e isto mesmo se devia esperar sendo também para

isto, como para todas as coisas, o tempo um grande remédio e calmante. [...]. Creio que uma das maiores oposicionistas nisto é a imperatriz viúva, duquesa de Bragança, por supor à minha esposa, a quem não conhece, ideias de ambição [...]. Já que se fala na imperatriz viúva, eu direi que sempre tenho feito para com aquela senhora (que de mais a mais não é nada minha parente, de *sanguinis jure*), todas as considerações e todo o respeito e tenho sempre cumprido para com ela todos os deveres de civilidade. Devo entretanto dizer que não concordo nada com muitas das ideias desta senhora [...]. Isto digo eu ao íntimo amigo e em homenagem à verdade. Eu anunciei-lhe o meu casamento por escrito, dizendo-lhe ao mesmo tempo que nunca me falasse neste assunto, se lhe desagradasse, e assim ficamos. Tu bem entenderás isto, porque eu já não sou nenhuma criança a quem se faça a lição, sobretudo da parte de quem não é seu parente, senão por circunstâncias. [...][15]

Segundo a biógrafa de d. Amélia, Cláudia Thomé Witte, a duquesa de Bragança não concordava com o relacionamento de d. Fernando com Elisa:

> Porque viúvos [no caso d. Fernando] tinham que se manter fiéis à memória da falecida. Elisa, além de atriz, tinha ficado muito malfalada por ter viajado com d. Fernando e passeado sozinha com ele sem serem casados, tendo arruinado a própria honra e reputação, o que a tornou mais indigna de se casar com o viúvo da filha de d. Pedro I e IV de Portugal, cuja memória continuava a ser glorificada por d. Amélia, como sendo a do libertador e santo mártir cristão que se sacrificara pela pátria.[16]

Mesmo com Elisa sendo nobilitada, isso não mudava em nada a opinião de d. Amélia.

Mas d. Pedro II ficaria ao lado do cunhado nessa questão, juntando forças contra a madrasta. A relação de d. Pedro II com o casal perduraria para sempre. Quando da morte de d. Fernando, em 1885, ele escreveu para Elisa:

> Querida Elisa
>
> A infelicidade que nos atingiu só serviu para reafirmar a afeição que tenho por si. Conte sempre com ela e que as cartas do seu amigo a possam consolar, da mesma forma que ele tem necessidade de si. Tinha a certeza que Fernando lhe iria deixar o castelo da Pena onde nós três passamos momentos tão felizes. Dê-me sempre notícias suas e acredite verdadeiramente na amizade deste seu tão devotado Pedro.[17]

Essa proteção dada ao cunhado por d. Pedro II, que praticamente apadrinhou e protegeu a união, apesar da oposição de d. Amélia, deve ser colocada na conta da veia romântica do imperador. Ele, assim como a mãe, d. Leopoldina, foi fruto do Romantismo, que diante de d. Pedro II se materializava cada vez mais em forma de música, literatura, pinturas e arquitetura. D. Fernando havia cumprido seu papel de marido de d. Maria II, dando a Portugal herdeiros para o trono, chegou a governar a nação durante a menoridade do herdeiro, e então, com a descendência garantida e já entronizada, podia-se dar ao luxo de querer ser feliz. Quisera d. Pedro poder fazer o mesmo. A viagem à Europa também visava rever a sua antiga paixão, a condessa de Barral, viúva e, assim, desimpedida, ao contrário dele.

Ainda em Lisboa até 22 de junho, quando partiu para a Espanha, d. Pedro II e a esposa foram recebidos pelo sobrinho, o rei d. Luís I, que assumira o trono após a morte do irmão, d. Pedro V, em 1861. De pai dos papagaios e de todos os animais, como anos antes lhe chamara a mãe, d. Maria II, em carta para d. Pedro II, o rapaz agora tinha várias outras qualidades. Apaixonado por Shakespeare, d. Luís mostrou ao tio as traduções que realizara. A família recebeu os imperadores para um jantar no Palácio da Ajuda em 21 de junho. Mas, como d. Teresa Cristina não tinha ainda tirado o luto pela perda da filha, a princesa d. Leopoldina, o evento acabou sendo mais intimista, servido no gabinete dos despachos, e não na sala de banquetes. Novamente, houve estranhamentos envolvendo d. Fernando e sua esposa, uma vez que Elisa não foi formalmente convidada para o jantar.

O imperador fujão

Uma das principais marcas de d. Pedro II em suas viagens ao exterior era a sua fuga a tudo a que fosse protocolar e recheado de pompas. Logo de início, não havia aceitado o favor do rei, seu sobrinho, em ficar isolado com a sua comitiva num navio e não no Lazareto. Depois, se recusou a se hospedar nos palácios reais portugueses, preferindo ir para um hotel. Seguiria assim por toda a Europa.

Em todas as viagens que fez ao Velho Continente, raríssimas vezes ficou em algum lugar de maneira oficial, para espanto e desgosto de muitos de seus parentes. O chefe da única monarquia americana desembarcava como um simples burguês em todos os cantos que visitava.

Em certas ocasiões, usaria de subterfúgios para se livrar de honras que queriam lhe fazer. Em outras, seria peremptório. Em Karlsruhe, em sua segunda viagem à Europa, dispensou a escolta militar e as carruagens da corte que foram enviadas para ele na estação ferroviária. D. Pedro II agradeceu a atenção, mas não a aceitou. Tomou uma carruagem de aluguel em direção ao hotel.

Na Dinamarca, também em sua segunda visita ao Velho Mundo, chegou a mudar a forma de atravessar a fronteira, quando o governo colocou a sua disposição dois navios de guerra para levá-lo a Copenhague. Em vez de ir por mar, foi por terra. Mesmo assim, o governo mandou que ele fosse recebido com honras ao entrar no país. D. Pedro II escapou novamente dos dinamarqueses e surgiu já na capital instalado num hotel antes de o governo se dar conta.

França

A sua primeira viagem à Europa durou pouco menos de um ano, de 25 de maio de 1871 até 30 de março de 1872. No dia 22 de junho, partiu de Portugal para a Espanha. Chegou a Madri no dia 24, onde foi cumprimentá-lo na estação o rei Amadeu I. De lá seguiria para a França. D. Pedro II foi o primeiro chefe de Estado a visitar essa nação após sua derrota na Guerra Franco-Prussiana. O país ainda se encontrava ocupado por tropas alemãs. Além disso, Paris estava parcialmente arrasada, após a Comuna de Paris, a primeira tentativa de implantação de um governo socialista.

D. Pedro passava por locais nos quais a história estava sendo feita. A Prússia havia, em janeiro de 1871, declarado a unificação da Alemanha no Salão de Espelho do Palácio de Versalhes, humilhando ainda mais os vencidos. A Comuna de Paris, meses antes, tentara implementar as ideias dos socialistas numa cidade sob estado de sítio. Essa primeira viagem à Europa fez o imperador brasileiro atentar para diversos movimentos sociais e políticos que estavam surgindo no Velho Mundo. Não por acaso, em suas cartas ao cunhado, d. Fernando, ele começaria a fazer algumas considerações a respeito do futuro das monarquias mundiais.

O governo e os cidadãos franceses ficariam gratos a d. Pedro pela delicadeza da visita. Com o aprisionamento do imperador francês Napoleão III na Batalha de Sedan, em setembro de 1870, Adolphe Thiers foi eleito chefe do governo francês. Ciente da importância da visita do imperador, Thiers enviou o velho conde de Gobineau, amigo pessoal de d. Pedro II e ex-diplomata francês creditado na corte de São Cristóvão, para recebê-lo. Junto a Gobineau, em Hendaye, primeira cidade francesa depois da fronteira da Espanha, estavam a condessa de Barral e vários brasileiros, como o barão de Itajubá, ministro do Brasil na França, e diversos cônsules brasileiros na Europa com as respectivas esposas.

Segundo Lidia Besouchet,[18] o imperador quase saltou do trem em movimento ao ver Gobineau e Barral na plataforma. Mas o ímpeto arrefeceu ao notar que se tratava de mais uma das várias recepções oficiais. Mesmo assim os pegou e os levou para dentro do compartimento que d. Teresa Cristina ocupava no trem, e lá almoçaram todos juntos. A condessa de Barral seguiria na viagem com os imperadores, tomando o seu posto de dama de companhia da imperatriz, meio a contragosto desta, que aceitava a acompanhante em obediência ao marido.

Na cidade de Rouen, ainda ocupada pelo exército alemão, o general comandante da região apresentou seus respeitos a d. Pedro II e lhe comunicou que uma guarda de honra prussiana seria colocada no hotel em que o imperador do Brasil havia se hospedado. Além disso, uma banda militar lhe faria uma serenata. O imperador de pronto recusou, se desculpando por não aceitar. Segundo d. Pedro II: "Se eu estivesse na Alemanha não me oporia, absolutamente. Estou, porém, na França e não posso aceitar que a música dos vencedores venha me saudar no solo dos vencidos".[19]

Inglaterra

Em Rouen, juntaram-se à comitiva a irmã, d. Francisca, e o marido, o príncipe de Joinville. Continuando a viagem, seguiram para Calais e cruzaram o canal da Mancha em 29 de junho no paquete *Napoléon*. No desembarque na Inglaterra, na Victoria Station, o aguardavam d. Januária com o marido, o conde d'Áquila. Também ali estavam o duque de Némours, pai do conde d'Eu, seu filho, o duque d'Alençon, além de representantes brasileiros, do governo britânico e um grande número de pessoas. O imperador se hospedou no Hotel Claridge, em aposentos destinados a hóspedes reais, o que confundia ainda mais os jornalistas, para quem d. Pedro II continuava dizendo que estava viajando em caráter particular e de maneira incógnita.

Seu perambular pelas ruas londrinas foi, nos primeiros dias, o de um turista. Visitou a National Gallery, o British Museum, a Real Sociedade Geográfica, de que era membro honorário — a Real Sociedade realizou uma sessão em homenagem ao imperador. Ele também conheceu o Observatório Real, foi a vários bairros e subiu a Torre de Londres. No dia 8 de julho, conheceu, sob protestos de várias pessoas, a sinagoga de Upper Berkley Street, onde assistiu a uma cerimônia e discutiu com os rabinos os textos hebraicos, os surpreendendo ao traduzir trechos nesse idioma. Liberal até a alma, d. Pedro II recebia no seu hotel a todos que o procurassem, judeus, protestantes, católicos, maçons e livres-pensadores, mas um faltou. Apesar da ânsia de o imperador querer se avistar com Charles Darwin, o criador da teoria da evolução das espécies não se encontrava na Inglaterra no momento.

Visitou de forma particular a rainha Vitória no castelo de Windsor, com a imperatriz, as irmãs e o genro viúvo, o duque de Saxe. Vitória achou o imperador grisalho demais para 44 anos, mas também notou que ele era "muito alto, volumoso e espigado, vistoso homem".[20] Em retribuição à visita, a rainha foi com duas de suas damas de companhia ao Claridge, em 8 de julho, vê-lo, igualmente de modo particular. Na ocasião, entregou a ele a Ordem da Jarreteira.

O viajante afoito

As visitas na Inglaterra foram se sucedendo, como no Brasil: instituições, fábricas e intelectuais. Em Liverpool e Manchester, conheceu fábricas têxteis, visitou as universidades de Oxford e Cambridge. D. Pedro queria ver tudo e se avistar com todos. O seu mordomo, que teve que ficar no hotel, fazendo a contabilidade da viagem, deu graças por isso. Achava que o imperador iria acabar matando a todos que tentavam acompanhar as suas corridas. Em suas memórias, Nogueira da Gama lembraria a péssima impressão como membro da comitiva imperial. Parecia que haviam percorrido

> [...] todas as capitais, cidades, vilas, e aldeias da velha Europa, andando-se sempre, ora para diante, ora para trás, para a direita e para a esquerda, muitas vezes, para ver coisas que nem um passo mereceriam para serem vistas, e antes que me esqueça, tive, por meus pecados, de subir, pela segunda vez, o Vesúvio, que o inferno confunda.[21]

D. Pedro acordava cedo, mal comia e não parava quieto um segundo, querendo absorver tudo o que pudesse. Era invariavelmente acompanhado pela santa esposa, aquela que se encontrava doente e por isso o imperador havia requisitado a permissão de sair do Brasil, para tratá-la na Europa. D. Teresa Cristina continuou doente na viagem, mantinha uma tosse constante que mal a deixava dormir, e os excessos a que o marido a expunha não a ajudavam em nada.

A condessa de Barral irritou-se com o comportamento do imperador e a irresponsabilidade como marido em relação ao estado de saúde da esposa. A irritação com a viagem enlouquecida de d. Pedro II pela Europa enervou a amiga. Achou-o egoísta, sem modos, e dizia o que efetivamente pensava a respeito.

> Jesus Maria, quem o criou tão egoísta! Meu Deus! Bonita maneira de viajar para a saúde de sua esposa! Coitada deve ser sua humilde escrava, não lhe permite a menor reflexão, nunca lhe cede nada [...]. Ai de quem não disser Amém para tudo que ele quer. [...] Toca a ser insuportável e malcriado.[22]

Na Escócia de Ivanhoé

Continuando a se importar mais com o seu itinerário do que com as pessoas a sua volta, d. Pedro II foi para a Escócia. Peregrinou pelos lugares imortalizados pelo romancista sir Walter Scott, de quem o monarca não esquecia o romance *Ivanhoé*, lido na infância. A bisneta de Scott entregou ao imperador um manuscrito do autor sobre o cerco à ilha de Malta.

Além de várias conversas com os "sábios", como se referiu à condessa de Barral em seu diário, o imperador teve contato com o físico e matemático William Thompson, professor da Universidade de Glasgow e autoridade em cabos submarinos. Na ocasião, aproveitou para convidá-lo para ir ao Brasil examinar o cabo que estava sendo instalado na costa brasileira. Efetivamente, Thompson realizaria essa visita em 1874. E ele e o imperador se veriam novamente na Exposição da Filadélfia, em 1876, onde analisariam juntos o aparelho telefônico de Graham Bell.

Bélgica, Alemanha e o Império Austro-Húngaro

Novamente cruzando o canal da Mancha, o imperador e a sua comitiva chegaram à Bélgica, onde ele foi recebido pelo filho da condessa de Barral, Dominique, e pelo rei dos belgas, Leopoldo II. Continuando sua viagem peripatética, visitou diversas cidades, jantou com o rei, tendo antes visitado o campo da Batalha de Waterloo, onde Napoleão foi derrotado.

Em Aachen, na Alemanha, visitaram a catedral em que Carlos Magno está sepultado. Depois seguiram para Dresden, passando por Colônia até chegar a Berlim, onde d. Pedro visitou o imperador e conseguiu escapar de um encontro com Bismarck, o chanceler alemão que subjugara a França. Finalmente, na casa da condessa Schleinitz, amiga do conde de Gobineau e de Mme. de La Tour, o imperador conheceu pessoalmente o compositor Richard Wagner, a quem sempre admirou. Wagneriano convicto, d. Pedro II foi um dos subscritores do teatro de Bayreuth, idealizado pelo compositor para as suas óperas e peças musicais.

De Berlim, partiu para Coburgo, a parte mais dolorosa da viagem. Ali foram recebidos pelos duques reinantes, pelo genro, o duque de Saxe, pelos pais do duque e pelo neto mais velho, d. Pedro Augusto. Depois, de tarde, os imperadores se dirigiram à igreja de Santo Agostinho, onde a filha, d. Leopoldina, havia sido sepultada. Sozinhos na cripta, os imperadores foram rezar junto ao túmulo da princesa. Depois que os imperadores regressaram ao hotel, o restante da comitiva seguiu para prestar suas homenagens a d. Leopoldina.

Depois partiram para Karlsbad, a famosa cidade termal onde d. Teresa Cristina faria, finalmente, o seu tratamento. Anos depois de sua passagem pelo local, ainda era possível avistar numa das lojas uma placa em alemão que informava "Fornecedor da corte de sua majestade o imperador do Brasil".

Deixando d. Teresa fazendo seu tratamento, d. Pedro seguiu para Munique. Ali reviu a irmã, a duquesa de Goiás, e conheceu o teatro barroco em que Mozart, outro de seus compositores preferidos, havia tocado. De lá partiram para Praga, passando por Salzburgo, outro cenário da vida do músico, Linz e finalmente chegando a Viena, em 1º de outubro de 1871. Na terra onde a mãe havia nascido em 1797, d. Pedro II se encontrou com o seu primo, o imperador Francisco José e, assim como em Lisboa, visitou a cripta dos seus parentes. Deixando Viena, d. Pedro seguiu para Budapeste passando por Trieste, Veneza e Milão em direção ao Oriente que tanto o fascinava. A imperatriz se juntaria a ele no final desse trecho para a ida ao Egito.

D. Pedro no Egito

Por quinze dias, ele arrastou a sua comitiva, que estava desfalcada da condessa de Barral. Os companheiros continuavam reclamando, inocuamente, da pressa e da urgência com que o imperador queria ver e conhecer tudo. Em 4 de novembro de 1871, com o amigo de infância, o barão do Bom Retiro, o monarca escalou a grande pirâmide. No diário que escreveu e enviou para a condessa de Barral ler, ele contou sobre a aventura e a lembrança que teve dela em cima do monumento:

> Depois de ouvir missa na igreja dos franciscanos à qual só a pé se pode chegar por causa dessas ruas que parecem galerias de formigas, fui às pirâmides de Gizé. O caminho quase todo por alamedas de acácias, das quais muitíssimas traçam entre si as copas [...] condigno vestíbulo de tão venerandos monumentos.
>
> Parecem pequenos até chegar a eles e só se faz ideia da altura da grande pirâmide quando se observam os que por ela trepam e vão-se tornando cada vez mais pigmeus. Subi facilmente, ajudado pelos árabes, e no cimo reunimo-nos mais de 30. Da minha companhia só foram Bom Retiro e o egiptólogo distinto dr. Brugsch,[23] que muito tem simpatizado comigo e dado-me

informações interessantíssimas. [...] Logo que atingimos o alto das pirâmides soltamos muitos "hurrahs", agitamos lenços e eu, assentado numa pedra do tempo de Chufu (Cheops dos gregos), escrevi algumas palavras a Você [...].[24]

Um grupo de jovens norte-americanas de uma sociedade emancipadora feminina também havia escalado a grande pirâmide e pediu autógrafos para d. Pedro, que os deu. O imperador não deixou seu nome apenas nos bilhetes de visita, mas "também numa das pedras do cimo do monumento, depois de havê-la escrito, com um grosso lápis dado por um árabe. Já havia feito o mesmo num recanto onde descansei mais tempo na subida".

Ao visitar a pirâmide internamente, achou o local "imponente, porém lúgubre". Na câmara mortuária, "fiz gravar meu nome e os árabes dançaram lembrando-me, pelo movimento e toada do canto, a dança dos botocudos do rio Doce". Será que alguém ainda encontrará esses vestígios da passagem do imperador por lá?

No Cairo, continuou suas andanças, visitou túmulos e templos. Ia conhecendo a tudo e a todos. Teve algumas aulas de escrita copta, gramática hieroglífica, história e gramática com egiptólogos renomados. Em Ismaília, encontrou-se com o soberano egípcio. O fausto, o luxo e a ostentação de que o governante estava cercado irritaram d. Pedro. Ele considerou que o quediva deveria gastar menos com os palácios e mais com a conservação dos monumentos antigos, que não se encontravam em bom estado.[25]

Enquanto o imperador mergulhava em seu torvelinho desenfreado de turista, seus companheiros de viagem revelavam sua exaustão. Nogueira da Gama e o barão do Bom Retiro, em cartas para suas famílias, reclamavam constantemente das fúrias imperiais. Em suas memórias, Nogueira da Gama deixaria registrado o périplo:

> Percorreu-se todo o Egito, desde Alexandria até o Cairo, novo e velho, a Arábia, Mênfis, suas pirâmides e antiquíssimas sepulturas, atolados até os joelhos em montes de areia movediça e abrasadoras sob aquele clima africano, e imagine-se o que

sofremos, principalmente, outra vez pela Suíça, onde passamos uma noite em um hotelzinho, entre Monte Cenis e Genebra, com uma temperatura de 23 graus abaixo de zero!

Dali seguimos para Paris, onde [...] penei 31 dias de cama, esperando os médicos que, em um desses dias, fosse eu descansar eternamente no *Père Lachaise*.[26, 27]

Europa novamente

As memórias de Nogueira da Gama não são totalmente completas — entre o Egito e Paris, não passaram somente pela Suíça. Ao deixarem o Egito, chegaram no dia 14 de novembro à Itália. No dia 15, estavam em Nápoles, terra natal de d. Teresa Cristina.

Em Brindisi, na Itália, no dia 14, o imperador respondeu a uma carta da princesa d. Isabel que pedia conselhos a respeito do governo. Na Europa, d. Pedro, também para a filha, assinalava que havia deixado o imperador no Brasil e era, em viagem, um simples brasileiro: "[...] Sobre suas perguntas a respeito de decisões governativas nada direi porque é melhor que procedam segundo a sua ótima consciência, sem que eu nem por conselho haja influído na resolução [...]".[28] Durante sua visita ao Egito, ele havia recebido um telegrama do Brasil lhe informando sobre a Lei do Ventre Livre, que tinha sido assinada e entraria em vigor.

Em Roma, d. Pedro, para sua infelicidade, acabou não conseguindo se encontrar com o compositor Franz Liszt, que havia partido da cidade recentemente para realizar alguns concertos. O imperador foi recebido na Universidade de Roma, com honras especiais, e visitou todos os recantos: a Basílica de São Pedro, a maior parte das igrejas, estátuas, monumentos e os institutos que conseguiu. Uma dessas visitas foi ao escultor Fernando Petrich, que havia passado algum tempo no Brasil e fez a estátua do imperador para a Biblioteca Nacional.

Apesar dessa sede pela Europa, numa visão eurocêntrica, d. Pedro nunca se esquecia do Brasil. Consultou nos arquivos da Cúria Romana as cartas originais do padre José de Anchieta, desejando que fossem copiadas e enviadas ao Brasil. Assim como as cartas anchietanas, em todos os locais, em todas as demais viagens, ele sempre se preocuparia com a questão de levar para o Brasil os registros antigos sobre a nação. Para isso, muitas vezes, instou junto a diplomatas brasileiros para que pesquisassem nos arquivos das nações em que estavam creditados informações antigas sobre a pátria.

De Roma, d. Pedro II seguiu para Assis, Perúgia, Florença, Pisa, Gênova, Turim e de lá para a Suíça. A parada feita em Monte Cenis pareceu uma maldade para o pobre Nogueira da Gama, que acusou o imperador de querer congelar os companheiros. Mas, na realidade, o motivo da parada deveu-se a mais uma curiosidade de d. Pedro II. Ele queria conhecer uma das maiores obras de engenharia do século XIX, o túnel de quase catorze quilômetros que, atravessando o monte Cenis, uniu a Itália à França.

Paris

A Paris que d. Pedro II encontrou ainda guardava as marcas da guerra e da Comuna. Em 15 de dezembro, d. Pedro II e a sua comitiva desembarcaram na Gare de Lyon, na qual uma enorme multidão aguardava o imperador brasileiro. O governo francês não tinha dado a menor atenção à repetida informação de que o imperador viajava em caráter particular. D. Pedro e sua comitiva se instalaram no Pavillon de L'Opéra, no Grande Hotel, no Boulevard des Capucines. A ala, com saída particular para a rua d'Scribe, isolava os hóspedes ilustres dos demais. O chefe de polícia destacou doze guardas para manter a ordem no hotel, e o governo francês enviou antigos guardas do Palácio das Tulherias em uniforme de gala e cobertos de condecorações para realizar a guarda de honra do imperador nos dois grandes salões de recepção do local.

D. Pedro era a primeira personalidade internacional a visitar a França após todos os desastres ocorridos, e foi muito mimado pelos franceses. Os jornais parisienses apregoavam diariamente as qualidades do monarca constitucional brasileiro, que deveria servir de modelo a outros chefes de Estado. Enalteciam a sua cultura e o seu esclarecimento.

Paris em peso parecia querer falar com o imperador, que estabeleceu a hora da recepção das 17 às 18 horas, recebendo a todos que o procuravam. Passeando sempre de preto, sem condecorações, era visto por ruas, museus, palácios, galerias e monumentos. Sua simplicidade burguesa e seu Liberalismo ganharam os parisienses como o pai havia ganhado quarenta anos antes.

Os jornais, entusiasmados, começaram a inventar matérias sobre o imperador. Aparecimentos, doações e ações, que não ocorreram, viraram notícia. A presença de d. Pedro ditou moda, apareceram charutos no comércio tidos como brasileiros, e até uma cançoneta em francês, *Le Brésilien*, que nada tinha com o Brasil, era conhecida de todos e cantada pela cidade.

O imperador liberal espantava a cidade que lia avidamente a lista das pessoas que ele recebia no hotel diariamente. Nela se viam as mais inimagináveis misturas: do grande rabino da França ao núncio apostólico, de Jules Favre, político francês acusado de vender a França aos alemães, a membros das famílias que reinaram na França, como os Bourbon e os Orléans. Era pública a simpatia do imperador por ideias novas e o seu apreço por intelectuais e cientistas. O interesse de d. Pedro era focado no intelecto das pessoas; o lado político, moral ou religioso pouco lhe dizia respeito.

Sempre que podia visitava Gobineau. Apesar de não comungar completamente das ideias do amigo a respeito da teoria das raças, admirava a cultura e a inteligência do francês. D. Pedro chegou a acusar Gobineau de ser um inimigo de sua época. Também a casa da condessa de Barral, no boulevard Haussmann, 127, era um dos locais visitados mais frequentemente. Em Paris, também se avistou com Joseph Ernest Renan, historiador, filósofo e escritor francês, que, assim como d. Pedro II, se interessava pelo sânscrito e pelo hebraico. Na Academie des Inscriptions et Belles-Lettres, conversaram por algum tempo. O monarca admirava Renan, que, segundo a historiadora Lidia Besouchet, forneceu a d. Pedro "as bases de um Racionalismo inspirado".[29] Renan havia conseguido colocar dentro do quadro da história da humanidade Jesus, os santos e a história de Israel. D. Pedro o chamava de "filósofo sem crenças", e, assim como o monarca, depositava sua fé na ciência, aceitando o Evolucionismo.

O chefe do governo francês, Thiers, convidou d. Pedro para uma visita a Versalhes. No dia 24 de dezembro, o monarca e sua comitiva para lá se dirigiram, sendo recebidos por Thiers nos degraus de acesso do Petit Trianon. O francês e o imperador andaram pelo palácio conversando por mais de uma hora. O chefe do governo, encantado com d. Pedro, convidou-o para jantar dois dias depois e foi esperá-lo na estação de trem, quando conversaram durante todo o percurso. No jantar, no Petit Trianon, faziam parte da comitiva do imperador a irmã, d. Francisca, e o marido, Joinville, que tiveram ocasião de rememorar as recepções dadas ali, antes da Revolução de 1848. O imperador voltaria mais algumas vezes, inclusive para uma sessão da Assembleia Nacional, quando estava sendo votado o retorno ou não do governo para Paris. Dias depois, Thiers jantou com o imperador no Grande Hotel.

Entre as visitas e os compromissos oficiais, d. Pedro e sua comitiva também se divertiam. Assim como seu pai, ele aproveitou bem a temporada parisiense indo a diversos teatros, assistindo a óperas, peças, balés, concertos e participando no L'Opéra de Paris do baile de máscaras, ocorrido em 22 de dezembro. Também frequentou as conferências do Instituto de França, para o qual entraria como membro correspondente na seção de Geografia e Navegação, na Academia de Ciências, em 1º de março de 1875, chegando a membro associado estrangeiro em junho de 1877. Tudo interessava ao imperador, das conferências do instituto aos esgotos de Paris, que, acompanhado do prefeito da cidade, visitou por três horas. Hospitais, asilos, médicos, cientistas, tudo d. Pedro queria ver e conhecer. Além da Biblioteca Nacional da França, ele visitaria constantemente uma outra, a de Sainte-Geneviève, para conversar com o seu diretor, o grande brasilianista Ferdinand Denis.

No Natal de 1871, d. Pedro e a imperatriz assistiram à missa do galo na Madeleine e cearam no hotel com membros da comunidade brasileira.

Para as comemorações do final do ano, participaram das festividades no castelo de Chantilly, organizadas pelo duque d'Aumale, filho do falecido rei Luís Filipe. Os Bragança e os Orléans ainda marcariam Paris com o maior evento social da temporada, o casamento do príncipe Czartoryski com a princesa Margarida, filha do duque de Némours e irmã do conde d'Eu. O imperador conduziu a noiva até o altar, seguido pela imperatriz d. Teresa Cristina, que entrou com o noivo.

O casamento foi realizado na catedral de Notre-Dame, que sofreu um grande incêndio em 15 de abril de 2019. Na ocasião da visita do monarca, ela havia sido restaurada pelo arquiteto Eugène Emmanuel Viollet-le--Duc, um dos primeiros teóricos a respeito de preservação histórica e um dos primeiros restauradores profissionais. D. Pedro e ele já haviam conversado no hotel em que o monarca estava hospedado. Viollet-le-Duc, um homem de seu tempo, assim como d. Pedro, visualizava o restauro e a preservação das construções antigas ao mesmo tempo que via a evolução das formas de construir aliadas ao progresso das ciências. Viollet-le-Duc previu os primeiros arranha-céus com estruturas em vigas e colunas de ferro revestidas por pedras.

Depois de visitar algumas cidades — Cherbourg, Brest e Havre —, d. Pedro partiu de Paris rumo ao sul da França no início de fevereiro de 1872. As corridas do imperador seguiam sua ânsia de ver e falar com todos. No sul, encontrou-se com Frédéric Mistral, que, com a sua poesia e seu movimento artístico, havia feito ressurgir a língua provençal. Para diversas pessoas, incluindo o monarca brasileiro, ela era a primeira língua da Europa civilizada e de onde havia nascido o português. Nogueira da Gama era a testemunha ímpar da velocidade com a qual o imperador girava pela Europa. Em Nîmes: "Mal tinha amanhecido o dia seguinte, o imperador saiu comigo, em um carro descoberto, percorrendo todas as ruas, becos e praças daquela cidade dos tempos romanos".

Ao chegarem ao hotel, para desespero do mordomo, toda a comitiva já havia almoçado tranquilamente, e para ele, acompanhando o imperador, o que restou foi engolir: "De pé, um chávena de chá com pão e manteiga, porque, à porta do hotel estacionavam de há muito os carros descobertos destinados à comitiva, e, a todo instante dizia Sua Majestade: — Vamos, vamos, que não tenho tempo a perder."

Espanha e Portugal

A viagem chegava ao final. Cruzaram a fronteira com a Espanha, onde visitaram Madri, Granada, Sevilha e diversos outros locais. Oito meses após a partida, d. Pedro estava de volta a Portugal. A entrada foi por Badajoz, em 29 de fevereiro de 1872. Em Elvas, aguardava António de Melo Breyner Teles da Silva, marquês de Ficalho, veterano das lutas liberais e ajudante de campo do duque de Bragança, desde que o pai de d. Pedro II aportou na ilha Terceira, nos Açores, em março de 1832, até a morte dele, em setembro de 1834. O imperador pôde conversar bastante com o marquês, que também havia acompanhado de Munique o príncipe Augusto de Leuchtenberg, primeiro marido de d. Maria II, irmão de d. Amélia, com quem d. Pedro brincou de cavalinho na infância. Ficalho também foi ajudante de campo de d. Fernando, portanto não havia melhor pessoa para escoltar o imperador do Brasil em sua primeira visita ao Porto.

D. Pedro II chegou à estação de trem das Devessas, em Gaia, em 1º de março de 1872, por volta das seis e meia da manhã. Ele, a esposa e a comitiva foram recebidos pelas autoridades e pelo povo, enquanto uma banda de música animava a recepção. O monarca seguiu a pé, atravessando a Ponte Pênsil, toda decorada, assim como as ruas pelas quais ele passaria até chegar ao Hotel do Louvre, onde iria se hospedar no Porto.

A cidade preparou-se para receber o filho do Libertador. Tanto na ponte quanto pelas ruas, foram erguidos arcos de triunfo para d. Pedro II passar. Num deles, a frase colocada era das mais significativas: "Os que possuem o coração do pai saúdam o filho." A lembrança de d. Pedro I do Brasil e IV de Portugal continuava tão viva no Porto quanto na época da entrega do seu coração à Igreja da Lapa, local onde o duque de Bragança ouvia missas durante o cerco das tropas miguelistas à cidade. Os portuenses que participaram da recepção ao filho do Libertador procuravam nele os traços do pai, enquanto d. Pedro II via o impacto da memória de d. Pedro IV entre eles.

Nesse ponto, a ideia da viagem do cidadão Pedro de Alcântara já tinha ido por terra, ninguém mais se lembrava do caráter particular da viagem, só o imperador, que pediu a um general para desmobilizar o esquadrão de cavalaria que deveria escoltá-lo pelas ruas entre alas de portuenses.

Após se instalar no Hotel do Louvre e almoçar, ele seguiu para a Igreja da Lapa. Mas não bastava só o coração do Libertador. Queria mais, queria ver onde o pai dera combate durante o Cerco do Porto, onde ele ficara exposto ao fogo inimigo, para desespero de seus generais. Viu tudo o que quis. Após conhecer algumas instituições, d. Pedro II retornou ao hotel, onde deu uma recepção, e terminou a noite no teatro Baquet, no qual, em sua homenagem, foi representada uma peça de Machado de Assis, *O caminho da porta*.

No dia seguinte, continuou conhecendo a cidade. Retornou às trincheiras do Porto, onde o pai batalhara pela liberdade do povo, e recebeu diversos veteranos idosos que haviam se batido, ombro a ombro com o duque de Bragança, pela causa da rainha e pela constituição. Se não tiver sido enviado pelo próprio d. Pedro I ao filho na época, talvez date dessa visita ao Porto um quebra-cabeça que se encontra no Arquivo Histórico do Museu Imperial. No brinquedo, vemos o desembarque de d. Pedro I no Porto, em 1832.

Enquanto d. Pedro era procurado por todos, havia quem ele queria ver e lhe fugia: Camilo Castelo Branco. Alegando que não ia ao hotel onde o monarca estava por não se encontrar bem de saúde, o escritor evitava visitá-lo. Porém, sem se fazer de rogado, o imperador foi à casa de Camilo, um sobrado na rua do Lázaro. O romancista, além das obras que conhecemos hoje e que se popularizaram, escreveu alguns livros contrários aos Bragança no trono. Camilo era um miguelista convicto. No escritório do autor, d. Pedro sentou-se num velho canapé. Camilo percebeu que o monarca olhava para uma parede em que havia um quadro representando todos os reis de Portugal até o fundador da dinastia bragantina. Próximo, estava um retrato de Pierre Jean de Béranger, poeta e libretista francês, autor de músicas revolucionárias. O escritor perguntou a d. Pedro se contemplava os seus avós, ao que o imperador respondeu que olhava para Béranger. Diante do desembaraço, da cordialidade e da inteligência do imperador brasileiro, Camilo rendeu-se. O escritor português enviou ao monarca o retrato dos reis de Portugal. Em sua obra *Cancioneiro alegre*, Camilo comentou a respeito de uma homenagem que o finado poeta Gonçalves Dias havia recebido no Rio de Janeiro, tendo seu nome dado a uma rua, mas, apesar disso, a mãe do poeta passava necessidades. Camilo explicou no texto que a sobrevivência da senhora se deveu à benemerência do imperador, que lhe deu uma pensão vitalícia. Para o português, d. Pedro II, "por acerto da fortuna", era "um monarca tão ilustrado que chega a vestir-se como um poeta pobre".[30]

No seu retorno a Lisboa, em 7 de março de 1872, d. Pedro cumpriu a promessa e visitou novamente d. Amélia pela manhã. Ele não se esqueceu dela durante a sua viagem pela Europa. De Munique, enviou à madrasta uma carta contendo algumas das flores que colocara nos túmulos dos pais dela, que ele visitou, na cripta da Igreja de São Miguel. D. Amélia, enternecida, agradeceu e disse que ficou bastante comovida, tanto pela lembrança quanto por o enteado ter dito que estava com saudades dela. Essa seria a última vez que se veriam. D. Amélia faleceria menos de um ano depois, em 26 de janeiro de 1873. Se o projeto de ser uma boa imperatriz para o Brasil não vingou, o de ser a mãe dos filhos órfãos de d. Leopoldina não deixou nada a desejar. D. Teresa Cristina escreveria à filha, a princesa Isabel, que d. Amélia sempre havia sido uma mãe para d. Pedro II e para ela. D. Francisca, em carta para o irmão, em 18 de março de 1873, usaria a mesma expressão para lamentar a perda da duquesa de Bragança, dizendo que d. Amélia sempre fora uma verdadeira mãe para eles, que tinha muita estima e confiança nela e que ela iria fazer muita falta. Quando o barão do Rio Branco perdeu a mãe, em 1890, d. Pedro II escreveu a ele em 11 de setembro:

> Não conheço maior dor que a da perda de nossa mãe, embora não a sentisse daquela, a quem devo a existência, senão

pelo que outros dela me referiram, experimentando-a contudo tão profunda, creio eu, quando faleceu quem como tal consagrava-me seu amor, podendo eu ainda antes beijar-lhe a mão.[31]

Depois de visitar a madrasta, d. Pedro foi ciceroneado por d. Fernando, que o levou até Sintra, onde apreciou o esplendor da serra. Visitou o belo Palácio da Pena, erguido pelo cunhado e decorado com as suas maravilhosas coleções. Também esteve no Palácio da Vila e desceu até o Palácio de Queluz, onde, emocionado, conheceu a sala D. Quixote, onde havia falecido o pai. Antes de partir, d. Pedro recebeu de presente do fotógrafo Joaquim Coelho da Rocha um álbum com fotos dos principais lugares que o imperador visitara em Portugal, como o Palácio das Janelas Verdes, onde morava d. Amélia, e a sala D. Quixote. Coelho da Rocha havia feito uma fotografia do imperador e da sua comitiva no Lazareto, em 19 de junho de 1871, meses antes, e passara o período em que d. Pedro viajava por outros países montando esse álbum de vistas, que o imperador conservaria e que hoje se encontra no Museu Imperial, em Petrópolis.

O bom burguês

Conforme deixou registrado Camilo, d. Pedro era um monarca tão ilustrado que chegava a se vestir como um poeta pobre. Não foi apenas o literato que notara os modos burgueses do imperador. Avesso a cerimônias e pompas, seu uniforme e sua roupa da coroação eram somente usados em ocasiões especiais no Brasil. Na maioria das vezes, era sempre visto do mesmo modo: calças pretas, camisa branca, casaca preta, chapéu, geralmente cartola, também preta, gravata e, às vezes, a miniatura do Tosão de Ouro ou da Ordem da Rosa fixada na lapela da casaca. Foi assim que se dirigiu à Universidade de Coimbra, sendo recebido por professores e alunos, assistindo às aulas e participando de uma formatura, para arrepio da tradicional instituição.

A condessa de Barral assistiu escandalizada à primeira visita de d. Pedro II à Europa. Ela achava-o sem modos, reclamava que ele comia com a faca, com os cotovelos na mesa e espalhando molho e vinho na toalha. A casaca amarfanhada parecia haver nascido com ele. O inglês terrível que o imperador teimava em usar em várias ocasiões irritava Barral. Ela sabia que o francês dele era falado à perfeição desde a infância, mas ele insistia no inglês. "O senhor Alcântara tem dois defeitos insuportáveis: é egoísta como ninguém e cabeçudo como todas as mulas do mundo." E vaticinava: "Enquanto for rei, esteja livre para ser mal-educado, mas ele tem pretensões de ser *gentleman*!".[32]

O monarca aburguesado, apesar de suas curiosidades e cultura e mesmo proclamando a sua incógnita, representava o Brasil. E, como tal, a condessa de Barral não perdoava a sua falta de educação. Ela reclamava que ele se portava de maneira bárbara, dando tapas nas costas das pessoas e apertando a mão de todos, quando nenhum príncipe europeu fazia o mesmo. Os modos de d. Pedro enervavam não apenas a condessa, mas as visitas do imperador a intelectuais escancaradamente republicanos escandalizaram também diversas famílias reais. Ao retornar ao Brasil, esse aburguesamento entraria de vez em choque com os velhos rituais da corte.

O poder contido nos ritos se esvaía, e o imperador colaborava com isso. Ao se democratizar colocando-se como igual aos demais, a mística do trono, coroa e cetro, caía por terra. Em 27 de abril de 1872, ele ordenou ao ministro do império que o beija-mão fosse abolido. D. Pedro II queria civilizar sua corte acabando com rituais antiquados, sem os atualizar ou substituir por outros. Isso esvaziava o poder contido neles. Sem rituais, sem demonstrações de poder da parte do monarca, d. Pedro enfraquecia o poder da Coroa e permitia que se levantassem questões a respeito da necessidade de um imperador que agia como uma pessoa comum.

Herdeiros

Em 30 de março de 1872, d. Pedro II e sua comitiva desembarcaram no Rio de Janeiro, trazendo dois novos membros: d. Pedro Augusto, que comemorara 6 anos a bordo do navio *Douro* que regressava ao Brasil, e seu irmão, d. Augusto Leopoldo, de 4 anos. Os órfãos da princesa d. Leopoldina seriam criados pelos avós. D. Pedro Augusto, o neto preferido do imperador, segundo na linha de sucessão por alguns anos, se formaria em Engenharia e, como a bisavó, d. Leopoldina, seria um excelente mineralogista. O segundo, apelidado de "príncipe marinheiro", ingressaria na Marinha de Guerra brasileira, onde faria carreira até a queda do império, em 1889.

Durante anos, d. Pedro Augusto foi considerado o herdeiro do avô. Em 1872, a tia, a princesa d. Isabel, sofreu um aborto. Em 1874, durante uma viagem com o marido ao exterior, a princesa descobriu-se grávida de dois meses ou dois meses e meio, em Paris. D. Pedro e o Conselho de Estado foram taxativos: apesar dos rogos e protestos da filha e da família na Europa, d. Isabel deveria pegar o primeiro navio para o Rio de Janeiro e ter esse filho, futuro governante brasileiro, na terra em que reinaria.

De volta ao seu palácio, no bairro de Laranjeiras, a princesa começou a sentir os primeiros sinais do parto na virada de 24 para 25 de julho de 1874. Junto à princesa, a condessa de Barral, inconformada com a ordem de d. Pedro e novamente o acusando de egoísta, acompanhou d. Isabel no que ela precisasse. Os médicos foram chamados. Após cinquenta horas de trabalho de parto a criança, uma menina bem-formada, com cabelos louros, morreu asfixiada dentro da mãe, no final da tarde do dia 27. Somente às 2 horas da manhã do dia 28 foi possível retirar o bebê, e assim salvar a princesa.

O estado de d. Isabel se estabilizou com os cuidados médicos recebidos. Mas durante algum tempo ela teria momentos de depressão e ansiedade. Quase dez anos de casada e não conseguira dar um herdeiro ao marido, ao pai e ao trono. Dizer isso pode parecer ao leitor deste século que há algo errado; afinal, esse discurso patriarcal já foi sobrepujado, a mulher é muito mais que uma geradora de filhos e gestora do lar. Mas, aos olhos da sociedade daquela época, a mulher valia pouco mais que isso. Mesmo d. Pedro II e o marido de d. Isabel, o conde d'Eu, viam na princesa um ser dependente da tutela patriarcal.

D. Pedro, apesar de profundamente abalado com a perda da neta, agradecia o estado de saúde da filha e ainda esperava que ela tivesse filhos. A princesa, com a depressão, a ansiedade, as mortes da irmã e da filha e o aborto, acabou buscando conforto na religião. D. Isabel passou a se devotar mais ao catolicismo quase como uma tábua de salvação.

Em cartas, criticaria no pai o hábito de ele ir a sinagogas na Europa e rezar como se fosse um judeu, e até a visita feita ao Parlamento italiano. A unificação italiana tirara grande parte dos territórios ligados ao Vaticano, solapando o poder secular do papa. Aos olhos da opinião pública brasileira, d. Isabel parecia mais interessada nas questões da Igreja do que nos negócios de Estado. O pai, colocando e tirando a filha das regências para poder viajar para fora do Brasil, pouca coisa fazia para aproximá-la do dia a dia das decisões da Coroa enquanto ele estava no país.

A Questão Religiosa

De regresso ao Brasil, d. Pedro II teria que enfrentar uma das mais longas crises do seu reinado. Antes da chegada do imperador, o chefe do gabinete, o visconde do Rio Branco, grão-mestre da maçonaria brasileira, foi festejado por uma importante loja maçônica do Rio de Janeiro, a Vale do Lavradio. Na ocasião, o padre Almeida Martins discursou em honra do homenageado. Quem não gostou nada de ver um padre maçom foi o bispo do Rio de Janeiro, que o mandou sair da maçonaria. Como Almeida Martins não obedeceu, o bispo lhe suspendeu as ordens, o que causou o protesto dos maçons.

O jovem bispo de Olinda, recém-empossado, frei Vital Gonçalves de Oliveira, entusiasmado com a atitude do bispo do Rio de Janeiro, ordenou que o clero de Olinda se retirasse das lojas maçônicas, abjurando a maçonaria. As irmandades religiosas também deveriam expulsar os membros que não saíssem da maçonaria. Não sendo obedecido, o bispo suspendeu as ordens religiosas — o que foi visto como uma violação às leis do império brasileiro, uma vez que era o Estado quem regulava essas associações. Dos bispos brasileiros, apenas um, d. Antônio Macedo Costa, bispo do Pará, ficou do lado de frei Vital.

A irmandade de Santo Antônio, do Recife, recorreu da decisão do bispo junto ao governo imperial. Ela alegava que, além de o religioso não poder determinar sobre o fechamento, ele ainda tentava fazer valer as bulas papais que excomungavam os maçons, sem que essas tivessem obtido a permissão, ou *placet*, do governo imperial para serem executadas.

O gabinete, liderado pelo visconde do Rio Branco, o mais importante maçom brasileiro, inicialmente tentou levar o caso a uma conciliação, mas frei Vital se recusava a voltar atrás. Tanto este quanto o bispo do Pará acabaram presos e enviados para a corte no primeiro semestre de 1874. Julgados pelo Supremo Tribunal de Justiça, foram condenados ambos a quatro anos de cárcere com trabalhos forçados, pena que acabou sendo comutada para prisão simples.

O protesto com a decisão do júri e a prisão dos bispos dividiu o país e a própria família imperial, com d. Pedro intransigente de um lado e a filha e a condessa de Barral, profundamente ultramontana, do outro. D. Isabel estava na Europa com a família quando ocorreu a prisão dos bispos. De lá, escreveu ao pai diversas vezes tratando da questão: "Uma coisa que me faria prazer é que chegando lá soubesse que os bispos presos estavam livres", "Lá vai este apelo, meu Papai, e este pedido pela liberdade dos Bispos!", "Deveriam, ao menos, ter esperado, para processá-los [...] o resultado da missão do Penedo [junto ao Vaticano]".[33] A condessa de Barral, no Brasil, na ocasião, correndo risco de zangar o imperador e melindrando todo o ministério, foi de carruagem brasonada e com criados com a libré do Paço Imperial visitar os bispos presos.

A falta de respeito dos bispos às decisões da Coroa levaram d. Pedro II a ficar contra eles. O imperador sentiu pessoalmente a ofensa. Como lembrou Joaquim Nabuco, d. Pedro tornou o caso reservado à Coroa. Ao barão de Cotegipe, o monarca explicou como via friamente a situação, que para ele não tinha nada a ver com religião alguma:

Eu não posso deixar de repetir que os bispos praticavam um crime, excluindo das Irmandades membros delas, sem ser em virtude dos compromissos aprovados pelo poder civil, e fazendo-o eles em cumprimento de Bulas não placitadas [...]. A questão em si "não tem nada de religiosa".[34]

A pressão popular, política e internacional foi imensa, com o papa escrevendo indignado ao imperador e vaticinando: "Vossa Majestade. [...] descarregou o primeiro golpe na Igreja, sem pensar que ele abala ao mesmo tempo os alicerces do seu trono".[35]

Crise financeira e política

Além da chamada Questão Religiosa, o Brasil viveu, em maio de 1875, uma das suas maiores crises. Tomado de arrastão na crise financeira mundial, o preço do café, principal produto de exportação brasileiro, despencou, diminuindo sensivelmente a arrecadação de impostos. No primeiro semestre, a praça mercantil do Rio de Janeiro se viu abalada com a quebra de vários bancos, o suicídio do diretor do Banco Alemão e o barão de Mauá pedindo moratória. O governo teve que garantir por decreto uma soma que não possuía para auxiliar os bancos de depósito e assim apaziguar a histeria que levou a população a querer retirar seu dinheiro das agências. As contas públicas seguiriam em déficit insanável ao longo da década. Ainda no final da década, em 1877, se abateria uma terrível seca na região Nordeste que durou três anos e impactou diretamente a população menos favorecida.

Diante da crise de 1875, o gabinete de Rio Branco não conseguiu se manter no poder. D. Pedro foi obrigado a chamar novamente os conservadores e a escolher alguém forte o suficiente para isso: o duque de Caxias. Entretanto, o velho militar que levara o jovem para o pampa, acampara com ele e reorganizara o exército brasileiro não era mais o mesmo. Estava com mais de setenta anos e doente. D. Pedro o agarrou num abraço dizendo que não o soltaria até ele aceitar o cargo. Assim, obedeceu uma vez mais à vontade imperial.

O fim da questão dos bispos

O novo gabinete conseguiu a duras penas arrancar do imperador a anistia aos bispos em 1875, em troca da reforma eleitoral, cara a d. Pedro. A chamada "Lei do Terço" pretendia organizar melhor as eleições e combater as fraudes cometidas pelos partidos, que obviamente arrumaram outros meios para cometer os delitos.

O Vaticano, devido à prisão dos bispos, havia enfrentado o império interditando ele mesmo as irmandades religiosas. A essas cabiam muitas vezes os enterramentos dos seus membros, que por fazer parte delas tinham locais de sepultamento garantido. D. Pedro II queria que os religiosos brasileiros presos se retratassem publicamente antes que desse o perdão a eles. O gabinete, achando que o papa suspenderia as interdições às irmandades religiosas, pressionou o imperador pela anistia, ameaçando se demitir se d. Pedro II não cedesse. O monarca por fim capitulou. Os bispos foram libertados, e o Vaticano suspendeu as interdições. Entretanto, quem sairia como vencedora da causa, aos olhos da população, seria a princesa d. Isabel pelo seu devotamento público.

Um novo herdeiro

Na verdade, a princesa, além de se queixar com o pai, nada de prático fizera. D. Isabel, novamente grávida em 1875, padecia nessa nova gravidez de distúrbios psicológicos. A depressão e a ansiedade dessa nova gestação a devastaram. Acreditava ser incapaz de levar a gravidez adiante, achava que não tinha forças para aguentar mais uma provação depois do aborto e do terrível parto anterior. Quem a sustentou nesse período foi a condessa de Barral, durante uma longa permanência no Brasil.

Por fim, em 15 de outubro de 1875, no aniversário de 11 anos de casada, a herdeira do trono dava ao marido e ao pai o esperado herdeiro. O príncipe d. Pedro de Alcântara de Orléans e Bragança, príncipe do Grão-Pará, chegava para dar esperanças a um imperador a quem o futuro do trono era incerto. Mas nem tudo era motivo de alegria, pois o uso do fórceps para a retirada do bebê danificou a musculatura do braço esquerdo de "Baby", como a mãe o chamaria.

D. Isabel, afastada da sede da corte, cada vez mais na residência de Petrópolis, preferia cuidar da família a se imiscuir no mundo masculino de negócios do império do pai. Na mesma época, a mãe da princesa, d. Teresa Cristina, novamente não se encontrava bem de saúde, tendo ataques recorrentes de nevralgia que a deixavam impossibilitada de sair da cadeira ou da cama.

No ano do nascimento do herdeiro, 1875, d. Pedro II inaugurou as comunicações telegráficas com a Europa. Da Biblioteca Nacional, que na época funcionava em frente ao Passeio Público, onde hoje está a Escola de Música da UFRJ, o imperador mandou telegramas para a rainha da Inglaterra, para o rei da Itália, para o imperador da Alemanha, para o vice-rei do Egito e para os presidentes da França e dos Estados Unidos.

A ideia de uma nova viagem

O encurtamento das distâncias pelo cabo submarino unindo o Brasil ao mundo não bastava. D. Pedro vivia num século veloz que varria para o passado milhares de formas antiquadas de se fazer, viver e pensar. As cartas e as viagens agora eram mais rápidas do que na época de seu nascimento. Os cavalos e as carruagens vinham sendo substituídos pelas estradas de ferro que ligavam velozmente um continente inteiro, como acontecia nos Estados Unidos. As luzes mortiças dos lampiões com óleo de baleia, que iluminavam o Rio de Janeiro da época do avô d. João VI, estavam sendo substituídas pela luz dos lampiões de gás desde a década de 1860.

Até mesmo a compreensão do mundo, de sua existência e da data de sua criação passavam por questionamentos. Ao mesmo tempo que se estudavam as culturas e civilizações antigas, os olhos se voltavam para o futuro e era necessário alcançá-lo. D. Pedro, depois de vivenciar tudo o que vira e conhecera na primeira viagem, mais do que nunca, precisava viajar novamente. Os problemas políticos e familiares do imperador o faziam sonhar com uma estada mais longa no exterior. Claramente aliada à fuga dos problemas internos, a sua sede de conhecer tudo e todos o devoraria a vida inteira.

O empréstimo pessoal que fizera para a primeira viagem demorou a ser quitado, mas isso não o demoveu de novos projetos ainda mais ambiciosos. Na carta em que comunicou ao seu amigo, o conde de Gobineau, o feliz nascimento do primeiro filho da herdeira, informava sobre a certeza da nova viagem: "Uma outra notícia que lhe dará certamente prazer: vou aos Estados Unidos, e de lá à Europa, onde conto revê-lo. Visitarei Estocolmo em agosto do próximo ano. A segunda quinzena de abril e o mês de maio de 1877 eu os passarei em Paris".[36]

Em 1874, o imperador começou a idealizar uma ousada viagem pelo mundo. Em Petrópolis, medindo as distâncias nos mapas junto com o embaixador da Áustria, o barão de Schreiner, que conhecera no Egito em 1871 e foi seu professor de árabe, o imperador começou todo o planejamento. Em 18 meses de viagem, queria visitar os Estados Unidos, de costa a costa, parte do Canadá, praticamente toda a Europa, a Ásia Menor, a Palestina e novamente o Egito.

Reação política contra a viagem

Mais uma vez a "desculpa" junto ao Parlamento para solicitar autorização para se ausentar do Brasil era a saúde dos imperadores. Zacarias de Góis, durante os debates no Senado, sem acusar diretamente o imperador, no que cairia diretamente em crime de lesa-majestade, ironizou a justificativa para o novo afastamento de 18 meses.

> Alega-se na exposição falta de saúde. O orador está no seu sistema de não apreciar semelhantes razões; mas o que é certo

é que, se na segunda viagem o estilo fora o mesmo que na primeira, tal viagem não pode aproveitar à saúde de ninguém, antes é própria para arruiná-la.

Ficou a Europa admirada de ver a rapidez febricitante dos viajantes! Percorreram a Europa, passaram a outro continente, sempre com uma pressa incrível! Não é isto próprio de quem vai restabelecer sua saúde.[37]

Além do tratamento de saúde, dizia o pedido que d. Pedro precisava visitar outros países para se instruir. Zacarias também atacou esse ponto:

Que instruções vai o chefe de Estado ganhar, ele que tanto estuda, nessa rápida viagem? Em que matéria vai ficar mais versado? Em matéria de forma de governo?

Os príncipes antigamente viajavam e ainda hoje, quando em idade própria, viajam porque, examinando diversos modos de governar, trazem lições para seu futuro reinado. Mas sua majestade já vai atingir meio século, tem a sua teoria de governo feita, a sua regra de governar está assentada.[38]

Zacarias listou os países que seriam visitados pelo imperador e perguntou que tipo de estudos de governo d. Pedro II pretendia realizar nos Estados Unidos. O sistema de governo deles era diametralmente oposto ao do Brasil, assim como o da Rússia e de diversas outras nações. Apesar da discussão que se seguiu, a permissão foi concedida.

Mas uma coisa havia ficado clara: d. Pedro, incentivado desde cedo a estudar, fora definitivamente "acometido" do mal do conhecimento. Ao chegar à Europa em 1871, se sentiu em casa. Cercado pela cultura e pela civilização europeias, teve um choque de realidade de quanto ainda faltava ao Brasil para chegar ao modelo de evolução do Velho Mundo que ele admirava.

Não temos como sentir falta de algo que não conhecemos e não vivenciamos. Após o retorno do imperador ao Brasil, a falta de estar viajando e conhecendo o mundo seria constante. Com 35 anos de vida dedicados à nação, começava a encarar com certo desânimo quanto ainda faltava fazer. A incompreensão popular a respeito de seus interesses intelectuais e estudos, como a arqueologia, o interesse pelas línguas mortas, pela linguística, entre outros saberes, conhecimentos nada práticos para a arte de governar, aos olhos dos brasileiros, o tornou arredio. Cercava-se dos poucos que o entendiam e gozavam de seus interesses fechando cada vez mais o círculo que separava o trono da sociedade.

O imperador, cansado, começava a sentir o peso da idade. Começou a sentir a saúde declinar, passou a cochilar nas sessões públicas e em reuniões ministeriais. As caricaturas que invadiam os pasquins nesse período davam a ideia de que d. Pedro não se interessava mais pelo Brasil, só tinha pensamentos para a Europa e nada aqui lhe importava. Isso não era verdade, pois o ritmo com que desempenhava as atividades inerentes ao cargo, quer pela idade, quer pela saúde, quer mesmo por novos interesses, não era mais o mesmo.

Novamente a princesa d. Isabel assumiria o governo. Em meio à crise financeira que se abatia no Brasil, o pai ainda queria que ela visse com especial questão a separação da Igreja e do Estado, que se mostrava mais do que necessária após a Questão Religiosa. Em suas anotações para a filha, mencionou:

> A questão dos bispos cessou [...]. Entendo que é urgente tornar os efeitos civis dos atos desta natureza independentes da autoridade eclesiástica. Se se tivesse seguido o meu parecer, ter-se-ia votado já o projeto de lei do casamento civil, apresentado às Câmaras pelo ministério de 1875. Adoto inteiramente as ideias desse projeto. O católico deve casar-se catolicamente, mas não obrigado a isso pela lei civil, para que esse ato da vida civil

tenha efeitos civis. O registro civil já está regulamentado em virtude de lei; e é apenas preciso fazer executar o regulamento. Nos cemitérios já há lugar reservado para quem a Igreja não possa ou [não] queira enterrar em sagrado; e só é necessário regular esse assunto. Ainda com estas medidas poderá haver usurpação do poder civil pelas autoridades eclesiásticas, e para isso cumpre que fique bem estabelecido o recurso à coroa. O ministro do Império ficou de apresentar-me um projeto de lei a tal respeito. Talvez o possa estudar antes da minha partida.[39]

O que ninguém contava é que, após a saída de d. Pedro II do Brasil, a imprensa nacional faria com que a opinião pública se voltasse contra a regente. Um dos primeiros boatos foi, segundo diversos jornais, que o papa havia enviado ao Brasil o novo internúncio para uma missão específica. Segundo alegavam, o novo representante deveria insistir pessoalmente na expulsão dos maçons das irmandades no Brasil, e o governo preparava medidas para que isso ocorresse. O gabinete teve que desmentir oficialmente essa história, no final de 1876. Entretanto, a imagem de d. Isabel ficava novamente ligada à de uma "papista" que obedeceria cegamente a Roma.

Como se as diatribes da opinião pública não fossem suficientes, d. Isabel ainda sofreu um novo aborto, seguido de uma longa hemorragia, no segundo semestre de 1876. O conde d'Eu, no mesmo período, teve também problemas de saúde, com a sua velha bronquite o obrigando a sair do Rio de Janeiro. O ano de 1877 seria ainda pior. A grande seca no Nordeste levou a uma crise política e administrativa devido ao despreparo do governo em lidar com ela. Em meio a toda essa difícil situação, pessoal e nacional, a regente e o marido se retraíram. Deixaram de ser vistos visitando repartições públicas, instituições e academias, tanto por causa do estado de saúde de ambos quanto pelos diversos ataques sucessivos da imprensa contra eles.

A segunda viagem de d. Pedro II

Em 26 de março de 1876, o vapor *Hevelius* zarpou do Rio de Janeiro levando d. Pedro II, a esposa e uma comitiva menor que a anterior. Dessa vez, seguia com d. Pedro o fiel negro Rafael. No mesmo navio ia James O'Kelly, correspondente do jornal norte-americano *The New York Herald*, que cobriria a viagem do imperador aos Estados Unidos. Antes de chegar ao porto de Nova York, o navio fez três paradas, uma na Bahia, outra em Pernambuco, onde não desceram devido à febre amarela, e outra no Pará. Em Belém, a recepção foi entusiástica. Até o governador de Caiena, capital da Guiana Francesa, surgiu em seu navio, a mando do presidente da França, para saudar o imperador. O foguetório foi tanto que por pouco um foguete não atingiu d. Teresa Cristina ainda dentro do navio. Na recepção, no cais, d. Pedro recebeu cumprimentos de d. Macedo Costa, um dos bispos recém-anistiados envolvido na Questão Religiosa. O imperador tomou água do rio Amazonas e se maravilhou com a pororoca. O Brasil era imenso e maravilhoso aos olhos do monarca, e todos os lugares lhe despertavam a atenção. Mas ele notava uma terra ainda inculta para o padrão europeu. Ainda, segundo o olhar estrangeiro, muito precisava ser feito para civilizá-la.

Em Belém, no navio que seguia para os Estados Unidos, tomou lugar um capitão norte-americano que havia perdido seu navio num incêndio e estava voltando para casa em Nova York. Apesar de o navio ter mais passageiros da mesma nacionalidade, o capitão recém-embarcado era o único a bordo que sabia de cor toda a letra do hino nacional norte-americano. Ele a forneceu ao imperador, que exercitou seu inglês fazendo a tradução para o português.

Depois das broncas da condessa de Barral, d. Pedro começou a praticar cada vez mais o inglês e percebeu, desconcertado, que o inglês britânico pouco tinha de semelhante na pronúncia com o inglês norte-americano. Nas entrevistas dadas a bordo do navio ao jornalista James O'Kelly, d. Pedro pediu que falassem em inglês, não em francês, para ele ir praticando. Nelas, o imperador foi espontâneo, até na demonstração de impaciência com o seu "Já sei, já sei", que O'Kelly traduziu como "Very well, very well". D. Pedro, segundo a matéria produzida por O'Kelly, pretendia chegar, se tudo corresse bem, no dia 15 de abril e deixaria os Estados Unidos na primeira quinzena de julho. Desse país, d. Pedro seguiria para a Inglaterra, de lá para Paris e a Alemanha, onde d. Teresa Cristina se trataria numa cidade termal e lá ficaria. D. Pedro, depois de deixar a esposa cuidando da saúde, viajaria para a Holanda, a Suécia e a Rússia. Depois, reunido novamente com a imperatriz, iria à Itália e daí para o Egito. Dessa vez pretendia seguir pelo rio Nilo até a primeira catarata. Também queria passar pela Ásia Menor e pela Palestina.

Ia de Nova York até São Francisco, cruzando o país pela Estrada de Ferro do Pacífico, e depois retornaria por outros meios. Queria, em aproximadamente três meses, visitar todos os estados norte-americanos. D. Teresa Cristina, dessa vez, seria poupada por d. Pedro, que deixaria a esposa em Nova York, onde ela se divertiria fazendo compras em lojas de departamentos. Junto com a imperatriz, além da dama de companhia, ficariam o dr. Sousa Fontes, que os acompanhava, e o vice-almirante De Lamare. Os demais, incluindo o seu inseparável amigo, o barão do Bom Retiro, seguiriam com o imperador.

Durante as conversas com o jornalista norte-americano, d. Pedro II se recordou de outro correspondente do *New York Herald*, Henry Morton Stanley, e quis saber se havia alguma notícia a respeito dele e de sua expedição africana. Stanley, após conseguir descobrir na África o paradeiro do missionário e explorador britânico dr. David Livingstone, imortalizado pela famosa e irônica frase "Dr. Livingstone, eu presumo", foi contratado pelo *Herald* e pelo *Daily Telegraph* para explorar o rio Congo até a sua foz.

A expedição de Stanley era fruto das consequências da primeira grande depressão econômica mundial, que levou de roldão o mercado financeiro brasileiro em 1875 e outros pelo mundo. Essa crise acabou por abrir o apetite dos grandes capitalistas industriais, que sobreviveram tendo concentrado em suas mãos mais capital que antes, o que, entre outras questões, levou ao Neocolonialismo. Stanley, financiado pelo rei da Bélgica, Leopoldo II, e cuja expedição interessava a d. Pedro II, acabaria transformando a região conhecida como Congo numa propriedade privada do monarca belga.

Em seu relato, O'Kelly informa que d. Pedro II parecia regulado feito um relógio. Tinha aulas de sânscrito com o dr. Henning e estudava inglês com os passageiros às 17 horas todos os dias. A bordo, soube que a peça *Júlio César*, de Shakespeare, seria levada a cena em Nova York. Passou a estudar um exemplar da peça que conseguiu no navio e, com a ajuda de uma senhora norte-americana, passou a traduzi-lo.

Nova York

A chegada a Nova York, como previsto, ocorreu em 15 de abril. Uma comitiva do governo foi recepcionar o imperador numa lancha decorada com as bandeiras dos Estados Unidos e do Brasil. Os representantes do presidente Grant imaginavam que o imperador e a sua comitiva entrariam na lancha para que fossem até o navio de guerra norte-americano que os aguardava para a entrada com o imperador no porto. Entretanto, os norte-americanos, como os europeus anteriormente, encontraram o cidadão Pedro de Alcântara dizendo que havia deixado o imperador no Brasil.

A decepção foi grande. Os enviados do governo retornaram sem d. Pedro à lancha e de lá ao navio de guerra, que entrou no porto de Nova York sob aplausos, vivas, apitos, foguetórios e ao som de uma banda militar. A multidão não entendeu nada quando os representantes desembarcaram sem o imperador. Grande parte do povo se dispersou, assim como os soldados norte-americanos que estavam de prontidão para saudar o primeiro soberano a pisar na América do Norte.

Esse não seria o único mal-estar causado pelo "cidadão d. Pedro de Alcântara". Diversos jornais norte-americanos estranhariam o fato de o imperador não se encontrar com o presidente Grant, partindo para a Costa Leste sem antes passar por Washington. Os diplomatas brasileiros e a comunidade brasileira em Nova York tiveram que entrar em ação para explicar as atitudes do imperador. O que não foi fácil, pois muitos tiveram que argumentar que, mesmo sendo convidado do governo norte-americano para as festividades do Centenário da Independência, o imperador viajava de maneira particular, e por isso não tinha obrigação da visita.

D. Pedro e a comitiva, da maneira mais casual possível, desembarcaram do navio em que haviam feito toda a viagem, cada um tendo na mão uma valise, ingressaram em carros de aluguel e foram para o hotel reservado na Quinta Avenida, onde os aguardava um telegrama de boas-vindas do presidente Grant.

À noite foram ao teatro, onde o imperador notou com espanto a falta de pessoas negras na plateia. Apesar da libertação dos escravizados, e da guerra civil que isso causou, os negros, diferentemente do que ocorria no Brasil, eram discriminados e não frequentavam o mesmo espaço que os brancos. No Brasil, era possível ver homens negros não escravizados ascenderem socialmente e, ao tecerem uma rede de sociabilidade, serem aceitos pela elite. Foi o caso do barão de Guaraciaba, filho de um português e de uma negra, que manteve as feições e os traços da raça de sua mãe. Iniciou sua carreira como tropeiro, virou fazendeiro e banqueiro e foi nobilitado devido às benemerências praticadas.

Os negros com dinheiro e contatos sociais no Brasil podiam ser vistos em teatros, clubes, irmandades religiosas etc. Ter dinheiro era o passaporte para o mundo dos brancos, das classes elevadas. Nos Estados Unidos, essa aceitação não ocorria com a mesma facilidade, e a segregação, que se institucionalizou após a Guerra Civil, perdurou por quase cem anos, chegando até a segunda metade do século XX.

Se os negros podiam entrar nos teatros no Brasil, o país estava longe de ser um mar da concórdia racial. Por exemplo, não era todo negro que podia frequentar os passeios públicos de suas cidades. O acesso, mesmo aos locais ditos públicos, só o era para determinadas classes sociais. A forma de se vestir e se comportar como os brancos era a chave de entrada.

No dia seguinte, 16 de abril, domingo, os imperadores foram assistir à missa na catedral de São Patrício, depois d. Pedro foi visitar as oficinas do jornal *Herald* e outros pontos da cidade. A velocidade que d. Pedro imporia nessa viagem era a mesma da fervilhante cidade. Ao ver o trem de superfície que unia alguns bairros de Nova York, d. Pedro imaginou fazer algo semelhante no Rio de Janeiro, unindo a Estação Pedro II, atual Central do Brasil, ao Cais Pharoux. Esse sonho nunca saiu do papel.

Durante os cinco dias que ficou em Nova York, viu tudo que pôde — museus, teatros, bibliotecas, sociedades, academias e escolas — e foi a vários jantares e recepções. Em uma das visitas, conheceu Theodore Roosevelt, um jovem jornalista de 20 anos, futuro presidente dos Estados Unidos. Outro com quem se avistou foi o antigo cônsul dos Estados Unidos no Brasil Samuel C. Lewis, que estava com mais de setenta anos. Lewis morou alguns anos no Rio de Janeiro, durante o Primeiro Reinado e a Regência, e se lembrava do nascimento de d. Pedro II, em 1825, dos acontecimentos que levaram d. Pedro I a abdicar e do período regencial.

Rumo à Costa Leste

Junto com Rafael, Bom Retiro, O'Kelly, o dr. Henning e o dr. Macedo, d. Pedro partiu de Nova York para São Francisco pela ferrovia. Um carro *pullman* especial foi colocado à disposição do imperador e ligado à composição. Assim como sofria com os enjoos no mar, d. Pedro procurou fingir ao máximo que não sentia indisposição com a viagem de trem, que era definitivamente mais rápida que os meios dos quais se utilizara para se locomover até então.

Ao longo do percurso, fez algumas paradas, como em Chicago e Salt Lake City. O imperador ficou surpreso ao conhecer Brigham Young, líder da comunidade mórmon. Entre divertido e escandalizado, soube da quantidade de esposas do líder espiritual que era oficialmente reconhecido pelo governo norte-americano. Para a filha, escreveu: "Não compreendo como podem os ianques permitir a poligamia no coração mesmo dos Estados Unidos".⁴⁰

Desertos, pastos, fazendas, búfalos e montanhas, tudo encantava e deslumbrava o imperador viajante, que numa parada nas Montanhas Rochosas escalou um dos picos. Em 26 de abril, d. Pedro chegou a São Francisco, onde avistou pela primeira e última vez na vida o oceano Pacífico. Achou a baía menos bela que a de Guanabara. Visitou diversos jornais, que não cansavam de propagar pelos Estados Unidos a visita de tão ilustre e ilustrado monarca. Também conheceu a Universidade de Berkeley e todos os museus e instituições que pôde. Durante esse trecho da viagem, viu pela primeira vez a extração do petróleo da terra.

Em 7 de maio, se encontrou com a imperatriz d. Teresa Cristina, vinda de Nova York, e juntos foram a Washington para jantar na Casa Branca com o presidente Grant, que não o agradou muito.

Exposição do Centenário

No dia 10 de maio de 1876, o imperador e a imperatriz, juntamente com o presidente dos Estados Unidos e a esposa, inauguraram oficialmente a Exposição da Filadélfia. Após o aparecimento dos dois chefes de Estado no palanque oficial, os dois hinos nacionais foram executados, e houve a abertura oficial da exposição. O presidente Grant abriu o cortejo para visitar o local de braço dado com a imperatriz, seguido de d. Pedro II, que servia de cavalheiro para a primeira-dama norte-americana. O cortejo desfilou ao som da "Marcha do Centenário", criada pelo compositor alemão Richard Wagner para a ocasião.

O cortejo em visita à exposição parava mais do que seria o caso devido ao fato de o imperador brasileiro encontrar em diversos estandes internacionais muitos conhecidos. O cortejo se deteve por mais tempo no estande do Brasil, com o imperador fazendo questão de mostrar diversos produtos, frutas, compotas e riquezas minerais aos norte-americanos.

O estande brasileiro mostrava a nossa arte, nossa cultura, nossos produtos e até os nossos jornais. Havia um quadro estatístico a respeito de nossa população, outro sobre nossas Forças Armadas, assim como informações sobre as nossas riquezas naturais e matérias-primas, portos, cidades, mercado exportador e consumidor e muito mais. Essas exposições serviam, numa época de escassa tecnologia, para mostrar um pouco do que cada país tinha, como era e também de como gostaria de ser lembrado pelos visitantes. Os Estados Unidos, por exemplo, queriam demonstrar sua tecnologia com máquinas. Durante a inauguração, d. Pedro e o presidente Grant se dirigiram ao pavilhão dedicado às grandes máquinas modernas, e cada um acionou uma alavanca de um dos motores Corliss, dando por inaugurado o evento.

Dois dias depois da abertura oficial da exposição, chegavam à Itália ordens enviadas por telegrama por d. Pedro II para que o maestro e compositor Carlos Gomes compusesse um hino em homenagem ao Centenário da Independência norte-americana. Antes do telegrama, o compositor já havia sido instado para o trabalho pela diplomacia brasileira. O maestro desculpou-se dizendo que era impossível realizar a encomenda devido a compromissos assumidos anteriormente. Entretanto, bastou o imperador solicitar, e Carlos Gomes correu para realizar o hino em tempo recorde.

As partituras para orquestra e bandas militares chegaram a tempo para a comemoração oficial dos cem anos da independência norte-americana, em 4 de julho de 1876, na Filadélfia, onde foi lida a declaração original da Independência, seguida de discursos e da peça sinfônica de Carlos Gomes, executada na presença do presidente, dos ministros e dos imperadores do Brasil. A maior república, e que efetivamente funcionava como tal em todo o continente, era saudada pelo segundo maior país do continente e a única monarquia das Américas.

O Sul dos Estados Unidos

Entre a inauguração da exposição e os festejos do 4 de julho, livre de compromissos oficiais, d. Pedro II voltou a percorrer os Estados Unidos.

CIDADÃO DO MUNDO

Conheceu o Sul, o rio Mississippi e as cidades sulistas ainda ressentidas pela Guerra de Secessão. Isso se dava a entrever pelas conversas anotadas pelo imperador em seu diário:

> 20 de maio de 1876: [...] Conversei com uma senhora idosa que perdeu marido e filho combatendo pela causa do Sul. Disse-me que não tinha mais pátria e admirou-se de que visitasse Grant prevaricador. Respondi-lhe convenientemente, e ela concordou comigo, que o princípio da escravidão tinha tornado antipática a causa do Sul e que, apesar de nada dizer a tal respeito à constituição, não podia estar na mente de Washington, Franklin, Jefferson e tantos outros grandes homens da Independência manter tal princípio. Enfim, que neste mundo o resultado valeu muitíssimo, e que era preciso sujeitar-se a ele tendo o consolo de ver a pátria outra vez reunida, formando uma grande nação. A isto acudira ela logo com dois never bem acentuados.[41]

Igual ao pai, a paciência de d. Pedro II nunca foi o seu forte. Na chegada à cidade de Baton Rouge: "Invasão de bárbaros! Já me deram um ramalhete de flores monstruoso, porém muito bonito". No local, surpreendeu um judeu polonês de sobrenome Kowalski. Este lhe dirigiu uma saudação em hebraico por escrito, e o imperador leu na presença do ofertante, que ficou encantado.

A poucos metros de Nova Orleans, o imperador anotou em seu diário:

> Creio que os sulistas hão de incomodar-me com suas obsequiosidades, pois que o bispo já me disse que se fosse possível eles me quereriam para monarca do Sul, como durante a guerra da secessão tiveram intenção de se constituírem monarquia e chamar um soberano de fora. O tom da linguagem deles é de quem ainda não se resignou do resultado de sua imprevidência e, sobretudo, de sua má causa interesseira.[42]

D. Pedro sentiu-se irritado com as saudades da época da escravidão externadas pelos sulistas. Entretanto, em seu diário, ele não fez qualquer paralelo com os escravagistas brasileiros do mesmo período, que se lamentavam das medidas tomadas pelo governo do imperador visando à libertação progressiva dos escravizados. As anotações do seu diário demonstram que o Norte, industrializado, havia lhe agradado muito mais que o Sul, agrário como o Brasil.

Seu modo burguês encantou o povo norte-americano. Em uma de suas anotações, o imperador conta sobre a surpresa que teve com um senhor que se dirigiu a ele perguntando se era d. Pedro I; ele disse que era o segundo. O senhor estendeu a mão para ele, cumprimentou-o efusivamente e se retirou. Segundo o imperador, havia sido o *handshake* mais simples dos que já tinha dado.

Canadá e Boston

No início de junho, d. Pedro visitou parte do Canadá e as famosas cataratas do Niágara, com um traje em que só seu rosto não era coberto, mas mesmo assim acabou se molhando nas quedas. Achou-as mais majestosas que a cachoeira de Paulo Afonso, que havia conhecido anos antes.

Muitas histórias circularam sobre d. Pedro II nos Estados Unidos. Em uma delas o imperador, em Boston, resolveu visitar de manhã bem cedo, madrugador como era, o Bunker Hill Monument, alusivo à independência do país. Lá chegando, acabou por acordar o vigia, que, mal-humorado, cobrou do imperador a entrada de cinquenta centavos. D. Pedro, como os nobres e bem-nascidos de sua época, não andava com dinheiro. Geralmente alguém da comitiva, um secretário, e, no caso específico dessa viagem, o amigo barão do Bom Retiro, se encarregava do pagamento das despesas pequenas, que depois eram contabilizadas. O imperador, sem dinheiro no bolso, foi até a carruagem e pediu ao cocheiro que o levara até ali um empréstimo no valor da entrada. D. Pedro pagou, assinou o livro de visitas e foi conhecer o local. Pouco depois, o historiador Richard Frothingham chegou ao monumento, consultou o livro e, vendo a identificação do imperador, perguntou ao vigia onde ele estava. O vigia, analisando a assinatura que Frothingham apontava, teria exclamado irritado: "Imperador? Esse camarada não passa de um vagabundo, sem um centavo no bolso!".[43]

Em 7 de junho, d. Pedro chegou a Boston, indo visitar, em Cambridge, então um subúrbio da cidade, o túmulo de um velho amigo, o naturalista Louis Agassiz, que estudou o Brasil e se correspondeu com o imperador durante muitos anos. Teve tempo para visitar a viúva de Agassiz e, ainda em Cambridge, o escritor Henry Longfellow, cujos poemas e a tradução d'*A divina comédia* de Dante do italiano para o inglês haviam despertado a atenção de d. Pedro. O imperador, pelo domínio de idiomas do poeta, achava que Longfellow tinha condições para traduzir *Os lusíadas* para a língua inglesa, mas não conseguiu que ele aceitasse a empreitada. O imperador deixou o poeta admirado pelos seus sentimentos liberais. A correspondência entre ambos se encerraria em 1882 com a morte de Longfellow.

Outro dos diversos literatos norte-americanos que d. Pedro II quis conhecer pessoalmente foi o escritor John G. Whittier, um abolicionista com quem o imperador se correspondia já havia alguns anos. D. Pedro traduzira para o português um poema de Whittier, "The cry of a lost soul", que falava a respeito de uma lenda brasileira sobre o canto do cuco. O imperador havia enviado a sua tradução para o poeta juntamente com dois cucos empalhados. Whittier não sabia português, mas disse ao monarca que dera o poema a um amigo qualificado para fazer a análise, que disse que a tradução era perfeita e fiel ao poema original.

Graham Bell e o telefone

Entre os diversos interesses de d. Pedro II estava a educação de pessoas surdas e mudas. A convite do imperador, o professor e pedagogo francês Édouard Huet veio ao Brasil e apresentou o plano de criação para um instituto de ensino. Surgia assim, em 1857, o Imperial Instituto de Surdos-Mudos, atual Instituto Nacional de Educação de Surdos (Ines). Em

D. PEDRO II

Boston, d. Pedro quis visitar a Escola Municipal de Surdos-Mudos, onde conheceu o jovem escocês Alexander Graham Bell. Bell vinha de uma família de professores de elocução. Seu pai havia publicado vários tratados sobre linguagem gestual e os métodos de se instruir surdos por meio visual, quer por gestos, quer por leitura de movimento dos lábios, que d. Pedro em seu diário chamou de "método Bell". Nos Estados Unidos, Bell virou uma referência no assunto, por isso o interesse de d. Pedro II na visita ao instituto, mas não seria essa a única vez que ambos se veriam.

Depois de várias visitas, inclusive aos observatórios e às academias militares de West Point e Newport, d. Pedro II retornaria, como simples particular, para ver calmamente a exposição da Filadélfia. Conseguiu do diretor da exposição permissão especial de chegar bem cedo, antes da abertura dos portões ao público, para visitar sem tumulto os pavilhões e estandes. Em uma dessas visitas, reviu Graham Bell, registrando seu primeiro contato com o telefone inventado pelo escocês, que o estava demonstrando na exposição:

> Dia 25 de junho de 1876 [...]. O telefone de [ilegível] não deu perfeito resultado, mas assim mesmo duas pessoas leram — uma quase nada — dois telegramas que mandei ao mesmo tempo — Verity on single. All the sciences conduct to varity — aplicando o ouvido a um dos tubos acústicos. Em todo o caso ficou demonstrado o belo princípio achado por Konig e que o professor Baker explicou assim como sua aplicação ao telefone, bem como sua praticabilidade. Depois examinei com sir W. Thompson o aparelho elétrico automático e quadrupler, creio eu e finalmente a aplicação que Bell, o mesmo do Instituto dos Surdos-Mudos de Boston, fez do princípio de Konig à transmissão dos sons pelo fio elétrico. Seu aparelho é mais simples que o outro, porém não é como este aplicado à telegrafia. Não é parecer somente meu; mas que sir W. Thompson achou exato.[44]

O contato prévio de d. Pedro com Bell no Instituto de Surdos-Mudos de Boston deve ter facilitado o interesse do imperador em ver o seu invento, levando consigo membros ilustres que acompanhavam o monarca na visita. Posteriormente, diversas pessoas que estiveram com o imperador narrariam que uma das palavras ditas por Bell ao telefone com d. Pedro, escutando no outro aparelho, teria sido "Ser ou não ser, eis a questão", com o monarca incrédulo afirmando: "Meu Deus, isto fala!". Mas o registro do imperador em seu diário não demonstra nada tão memorável. Porém, sempre atento às inovações tecnológicas, d. Pedro seria um dos primeiros, no futuro, a ter a nova invenção em seus palácios, e o Rio de Janeiro uma das primeiras cidades do mundo a se conectar pelo telefone.

Retornando a Nova York, em 9 de julho, ouviu novamente o "Hino do Centenário" composto por Carlos Gomes. Mesmo a orquestra de 180 instrumentos com coro de quinhentas vozes parece não ter sido o suficiente para atrair a atenção do povo. Já em 4 de julho, d. Pedro havia notado na Filadélfia que o barulho da multidão havia prejudicado a acústica da música; em Nova York, a mesma coisa. O hino agradara ao imperador, mas "parece não ser bastante barulhento para este povo".[45]

Ainda conheceu o *New York Times*, onde viu um instrumento moderno de secagem de café, e almoçou com os amigos no famoso Delmonico's, então localizado na Quinta Avenida. No dia 12 de julho, partiu com a comitiva para a Europa, pelo navio *Russia*, da companhia Cunard. A orquestra de P. S. Gilmore, a mesma que executara dias antes o hino de Carlos Gomes, fora ao cais tocar na despedida do imperador. D. Pedro conquistara os americanos. O Norte o queria para seu presidente, enquanto o Sul o queria para seu imperador: nada mais dual do que a própria imagem que ele transmitia ao mundo.

Europa

O navio aportou na Inglaterra, e d. Pedro partiu para Londres, para uma visita rápida aos museus e jardins, antes de seguir para Bruxelas, onde a imperatriz se consultaria com os doutores Charcot e Séquard, vindos de Paris especialmente para vê-la. Junto com o dr. Macedo, recomendaram tratamento hidroterápico em Gastein, na Áustria, próximo da cidade de Salzburgo. Em Bruxelas, finalmente d. Pedro II revia a sua querida condessa de Barral e o filho dela, Dominique, além de parentes.

Em Gastein, d. Pedro e d. Teresa Cristina se separaram. Ela ficou com a condessa de Barral, com quem passaria a temporada na Alemanha, fazendo estação de águas e visitando o túmulo da filha. Enquanto isso, o imperador com "rodinhas nos pés", acompanhado pelo jovem Dominique, se dirigiu para Bayreuth. Ambos assistiriam à inauguração épica do teatro construído pelo compositor Richard Wagner, para o qual d. Pedro tinha contribuído com uma doação para a Associação Amigos de Wagner. Após o evento, Dominique retornou para Gastein.

Além de d. Pedro II, estavam também presentes na abertura do teatro e do festival wagneriano, que existe até hoje, o imperador da Alemanha, o rei da Baviera e vários outros nobres e governantes. Dessa vez, finalmente, o imperador conheceu o compositor Franz Liszt, assistindo a um concerto dado por ele.

Escandinávia e Rússia

Do festival, d. Pedro partiu diretamente para a Escandinávia, onde o conde de Gobineau o encontrou na Dinamarca. Maravilhou-se com um país que desde 1849 protegia velhos, doentes, crianças e pessoas em geral incapacitadas de se sustentar — o Estado fornecia auxílio social para seus cidadãos. Fugindo das tentativas de o reino dinamarquês o saudar oficialmente, chegou ao Hotel da Inglaterra, em Copenhague, incógnito. Visitou os jardins do Tivoli e diversos estabelecimentos. Um deles foi o Museu Etnográfico, onde o imperador viu as obras pintadas na época do Brasil Holandês por Albert Eckhout. D. Pedro encarregou o miniaturista Niels Aagaard Lytzen de copiar os quadros e enviar as cópias ao Brasil. Esses importantes registros da história nacional se encontram no Instituto Histórico e Geográfico Brasileiro.

Ainda na Dinamarca, visitou o príncipe regente e a rainha-mãe em seu palácio de Sorgenfri. Mas o que o imperador mais ansiou foi pela visita a Elsinor, cenário da tragédia *Hamlet*, de Shakespeare. Partindo para a Suécia, país em que Gobineau era o representante da França desde 1872, ficou hospedado no Grande Hotel de Estocolmo. O rei Oscar II achou divertida a ideia de o imperador querer viajar incógnito e não o importunou, colocando um guia à disposição para levá-lo aonde ele quisesse. Oscar II era filho de Oscar I e da rainha Josefina de Leuchtenberg, irmã de d. Amélia, a ex-imperatriz do Brasil que havia falecido em Lisboa em 1873.

Com pouco tempo em Estocolmo, d. Pedro II acordava às 5 horas da manhã para visitar tudo o que lhe interessava, ou que achava que podia interessar, e ainda à noite tinha disposição para ir ao teatro. Novamente matava todos de exaustão, menos Gobineau, que mostrava ao imperador tudo de maneira também entusiasmada. Por fim, não conseguiu escapar de um jantar na corte do rei da Suécia, no palácio de Drottningholm. Sem conseguir dispensa oficial da França para acompanhar o imperador do Brasil no restante da viagem, Gobineau continuou na Suécia, enquanto d. Pedro partiu para a Rússia, passando antes pelo então principado da Finlândia. No caminho, ia colecionando pedras e flores secas para a amiga distante, a condessa de Barral, que ansiava rever em Constantinopla, se ela quisesse encontrá-lo.

Na fronteira da Rússia, uma comitiva do governo aguardou para receber o imperador do Brasil. Mas novamente quem chegava, para escândalo de todos, era o cidadão Pedro de Alcântara, que foi até o restaurante da estação tomar um cafezinho. Nas diversas paradas se misturou democraticamente tanto com os demais passageiros quanto com o povo que vinha saudá-lo. Os jornais russos publicavam diariamente notícias da viagem do imperador do Brasil, louvando a sua cultura e comparando-o a Alexandre II. O imperador russo havia libertado os servos em 1861, e a imprensa comparava os dois monarcas traçando paralelos com a Lei do Ventre Livre.

No dia 29 de agosto, d. Pedro II e sua comitiva chegaram a São Petersburgo onde foram recebidos pelo prefeito, uma vez que a família imperial se encontrava de férias na Crimeia. Hospedado no Grande Hotel Europa, o imperador logo partiu para suas expedições, visitando tudo o que podia e ficando pasmado perante a opulência da capital russa idealizada por Pedro, o Grande.

D. Pedro II conhecia russo, hebraico, sânscrito e outras línguas. Sem cerimônia, na Biblioteca Imperial, conversou com curadores e estudiosos debruçados sobre pergaminhos hebraicos e samaritanos, versões raras d'*As mil e uma noites* e do *Corão*, discutindo sobre trechos controversos das obras e das suas traduções. Visitou diversas igrejas e universidades, recebeu muitas coleções de livros e diplomas de membro honorário da Academia de Ciências e da Universidade de São Petersburgo. Gobineau, finalmente liberado pelo governo francês, chegou a São Petersburgo para acompanhar d. Pedro II até a Grécia. Junto com o irmão do czar Alexandre II, o grão-duque Constantino, que d. Pedro havia conhecido na inauguração do teatro de Wagner em Bayreuth, visitaram os palácios de Tsarskoye Selo, próximo da capital.

Em São Petersburgo, o imperador participou do Terceiro Congresso de Orientalistas, cuja sessão inaugural se deu na Universidade Imperial. D. Pedro II, presente ao evento, aceitou o título de membro de honra. Lá, conversou com diversos pesquisadores russos e estrangeiros, linguistas e egiptólogos, fascinando vários especialistas com seus conhecimentos, entre eles sobre hieróglifos moabitas. Poder comparecer a esse tipo de evento era para ele uma realização. Nessas ocasiões, sua inteligência, seu conhecimento e seu saber eram louvados, enquanto no seu dia a dia no Brasil ninguém saberia do que ele estava falando. Os interlocutores de d. Pedro II no Brasil seriam cada vez mais raros com o passar dos anos.

De São Petersburgo foram para Moscou, onde d. Pedro II, por coincidência, visitou o Kremlin exatos 64 anos depois da entrada de Napoleão nele. Novamente, correu institutos, feiras, palácios e museus e achou Moscou a mais bela cidade que conhecera até então. No Teatro Bolshoi, convidados pelo futuro rei da Itália, Humberto I, assistiram à apresentação da ópera *A sonâmbula*, de Vincenzo Bellini. Até de uma festa cigana o imperador participou, que se seguiu a um jantar tipicamente russo preparado pelo governador de Moscou em sua homenagem.

Visitou também o monastério de Troitza-Serghiev, centro nacional de peregrinação a são Sérgio. O local, fundado no século XII, na época da passagem de d. Pedro II contava com catorze igrejas, relíquias e diversos tesouros. Ainda em Moscou, uma recepção musical, organizada por Gobineau, ocorreu na casa do diretor do Conservatório Musical, o pianista e compositor Anton Rubinstein. Antes de partir da cidade, no dia 17 de setembro, o imperador madrugador foi visitar o Orfanato de Moscou e chegou tão cedo que a superiora e as irmãs ainda estavam em suas respectivas camas.

De partida para a Crimeia, passaram pela Ucrânia e visitaram Kiev e várias outras cidades. O imperador viu o contraste de raças, credos, climas, cores e paisagens, não muito diferente do que, em escala proporcional, os olhos estrangeiros observavam a respeito do Brasil. De Odessa partiram para Livádia, para visitar o czar e sua família. A região de Ialta, Livádia e boa parte da região litorânea da Crimeia era o local tradicional de férias da família imperial e da corte russa devido ao clima semelhante ao Mediterrâneo. Ali d. Pedro II e o czar Alexandre II se conheceram, e o imperador russo levou o brasileiro em seu iate para ver os cenários da Guerra da Crimeia (1853-1856), que mobilizara a opinião pública mundial. D. Pedro pôde conhecer de perto a campina em que ocorrera, anos antes, a Carga da Brigada Ligeira, eternizada em poema por lorde Tennyson. A década de 1880 seria trágica para os dois homens. Alexandre II, no início da década, seria assassinado por terroristas num atentado a bomba em São Petersburgo, e d. Pedro II, no fim dela, seria expulso do Brasil.

Constantinopla, Grécia, Terra Santa e Egito

Em 27 de setembro, a imperatriz chegou a Constantinopla para se encontrar com d. Pedro. Entretanto, vinha sem sua dama de companhia. A condessa de Barral não seguiu para a velha capital do Império Otomano como o imperador desejara. Acompanhado pelo sultão Abdulhamid II e o conde de Gobineau, d. Pedro conheceu a catedral de Santa Sofia, construída na época do Império Romano do Oriente. Após a queda de Constantinopla, nas mãos dos muçulmanos, foi transformada em mesquita.

A cidade e a profusão de religiões, línguas, povos e culturas, com relativa liberdade de expressão e sem conflitos, encantaram o imperador. De Constantinopla, d. Pedro fretou um barco e partiu para a Grécia, chegando a Atenas em 16 de outubro. Lá, finalmente, a aguardada condessa de Barral se fizera presente, juntamente com diversas outras pessoas que engrossaram o séquito do imperador, entre elas os netos d. Pedro Augusto e d. Augusto. Também seria companheiro de viagem do imperador o arqueólogo Heinrich Schliemann, o descobridor das ruínas de Troia.

Barral permaneceu com d. Pedro na Grécia até 29 de outubro, partindo para se juntar novamente ao filho. Apesar de ter mais de sessenta anos, acompanhou o imperador a várias visitas, algumas românticas, como assistirem juntos ao pôr do sol no Panteon. D. Pedro, em cartas posteriores à condessa, se recordaria com saudades das boas noites de Atenas.

Em companhia de Schliemann e de Gobineau, visitou diversas ruínas, localidades antigas e escavações arqueológicas na Grécia. Na sua entrada em Argos, a primeira capital da civilização helênica, o imperador foi saudado pela população com música e danças típicas. Corinto, Delfos, as ilhas de Salamina, Psitaleia e tantas localidades mais foram visitadas até que o imperador retornasse a Atenas, de onde partiu para a Ásia Menor, não sem antes visitar pela última vez, de madrugada, a Acrópole. Dessa visita de d. Pedro II à Grécia, podemos ver ainda no Museu Nacional de Belas Artes, no Rio de Janeiro, as cópias em gesso de estátuas e baixos--relevos que o imperador encomendou.

D. Pedro continuaria a viagem sem o conde de Gobineau, depois de tantos meses juntos. Da Grécia, o imperador seguiu seu roteiro: Síria, Líbano, Palestina, Egito, depois Itália e o restante da Europa. No início de dezembro, d. Pedro, depois de navegar pelo mar Egeu, visitaria Beirute e Damasco, e em Jerusalém passou seu aniversário. Assistiu a uma missa no Santo Sepulcro, onde comungou em 2 de dezembro de 1876, quando completou 51 anos. Na Cidade Santa, visitou todos os lugares caros às diversas religiões, não apenas à católica, que ele professava de seu jeito próprio, como eram os modos de se crer no Século das Luzes.

Novamente no Egito, visitou Tebas, as grutas de Beni-Hassan, o templo de Usurtasen I, as ruínas de Karnak. Procurou nos desenhos o rosto da rainha Cleópatra e de vários outros soberanos. Traduziu inscrições e estudou outras tantas.

O Ano-Novo de 1877 encontraria o imperador no seu adorado Egito, desbravando as cataratas do rio Nilo. No dia 1º, anotou em seu diário mais um dos diversos registros que deixou de sua passagem pelo país que o encantava:

> No ponto mais alto do rochedo de Abousihr deixei a seguinte inscrição: 1º de jan. 1877
>
> D. Pedro d'Alcântara
>
> V. de Bom-Retiro Artur T. de Macedo Brésiliens
>
> C. Henning[46]

Ao chegar à fronteira do Sudão, d. Pedro II retornou a Assuã, onde a imperatriz e parte da comitiva se estabeleceram.

Itália, Viena e Alemanha

Os companheiros de d. Pedro, exaustos, entregariam de vez as contas ao imperador na Sicília. Todos ficaram no hotel pretextando doença enquanto ele, acompanhado pelo dr. Cesare Persiani, desbravou a ilha. De lá, foram para Nápoles, terra natal da imperatriz, passando por Ravello, Pompeia, Amalfi e Sorrento. Na cidade de d. Teresa Cristina, festejaram o carnaval no Teatro São Carlos. O imperador se divertiu, como contou a Barral, atirando confetes pela janela.

Novamente excursionou pelo Etna e pelo Vesúvio, antes de partir para uma temporada em Roma, onde reviu Liszt e o papa Pio IX. Se o imperador e o papa trataram a respeito da questão dos bispos brasileiros, o laconismo da menção à entrevista no diário do imperador nada revela. Em Florença, visitou Pedro Américo, que na época terminava *Batalha do Avaí*, hoje no Museu Nacional de Belas-Artes. Em suas andanças, d. Pedro visitou o célebre mosteiro beneditino no monte Cassino, onde, uma vez mais, se lembrou da condessa de Barral. O monarca tocou o túmulo do patriarca são Bento com flores que colheu por perto e enviou-as como lembrança à amiga que nunca saía de seus pensamentos.

Veneza, Milão, Viena, Berlim foram se sucedendo na velocidade com a qual o imperador deixava todos os seus seguidores em vertigens. Em Milão, foi cumprimentar Carlos Gomes pelo hino que lhe enviara para o Centenário da Independência norte-americana. Em Viena, como a mãe sessenta anos antes, passeou no Prater e foi aos teatros. Teve a oportunidade de ver Johann Strauss (filho) regendo suas valsas. Foi recebido com um jantar pelo imperador Francisco José e novamente se avistou com Liszt nos concertos que este deu na capital dos Habsburgo. Na Weimar do escritor Goethe assistiu ao *Fausto* escrito por ele. Visitou a antiga casa do poeta Schiller, onde colheu flores para enviar a Barral. Além de todas as visitas de praxe, uma foi de especial deferência, a do industrial Alfred Krupp, que o levou para visitar suas usinas siderúrgicas de Essen. Krupp, conhecido como "rei do canhão", ou "rei do armamento", era responsável pela maior parte dos canhões e blindados que se produziam no mundo na época. O industrial nutriria uma grande amizade com o imperador até o final da vida deste. A amizade, da parte de d. Pedro, era mais uma questão de educação.

Paris

No dia 19 de abril de 1877, d. Pedro chegou a Paris com a sua comitiva. Novamente hospedou-se no Grande Hotel, e novamente a capital inteira parecia querer ver o imperador do Brasil, que continuava se apresentando como d. Pedro de Alcântara, para deleite da burguesia e constante irritação da condessa de Barral, que chegara com o filho de Londres.

Logo de início, d. Pedro visitou o presidente Mac-Mahon no Palácio do Eliseu. Dias depois, novamente com o presidente, ministros e diversas personalidades, visitou a Exposição Internacional de Horticultura. A presença do imperador nesses eventos expositivos acabava sempre levando o estande ou pavilhão brasileiro a se destacar. Em Paris, reviu Graham Bell, que estava expondo na Estação de Saint-Lazare algumas versões do seu aparelho telefônico.

O imperador foi homenageado por várias pessoas, mas as recepções mais importantes foram a do conde de Paris, herdeiro do trono francês, e a do presidente da França no Palácio do Eliseu. A esta compareceram os principais embaixadores e ministros estrangeiros sediados em Paris. Na ocasião, soube da tentativa do presidente Mac-Mahon em reintegrar o conde de Gobineau à diplomacia francesa. O amigo do imperador acabou sendo demitido do seu posto na Suécia após ter sido recebido pelo imperador da Alemanha, em seu retorno de Atenas. Mas o presidente nada pôde fazer contra os radicais que pediram a cabeça do conde.

Outra festa grandiosa, que os jornais parisienses apontavam como a mais brilhante da temporada, foi a da legação do Brasil em honra ao imperador. A nobreza europeia da capital, assim como todos os ministros, embaixadores e diplomatas cujos países tinham laço de amizade com o Brasil, compareceu ao evento, bem como alguns políticos franceses, como o ex-presidente Thiers, que faleceria naquele ano.

Acompanhado da imperatriz, d. Pedro levou flores aos túmulos de conhecidos e parentes sepultados no famoso cemitério Père-Lachaise. Visitou também outros cemitérios parisienses, monumentos, diversas instituições e repartições, e assistiu a aulas em vários institutos, principalmente na Sorbonne. Membro honorário ou efetivo das mais diversas sociedades, d. Pedro participou de eventos da Sociedade de Topografia, da de Zoologia, da Central de Náufragos, da Sociedade Francesa de Higiene, que o fez presidente honorário, da de Agricultura, e assistiu à entrega de prêmios da Sociedade de Proteção aos Animais, da qual era membro honorário.

Um jornal parisiense não perdeu a piada em relação a todas as distinções feitas em honra ao imperador:

> Assim é que na semana passada, depois de uma visita à Academia das Ciências, onde deu provas de conhecimentos geográficos extensos, foi nomeado acadêmico honorário. Na mesma noite foi à Comédie-Française. Em um entreato levaram-no a visitar os camarins. Aí ele deu provas de conhecimentos literários extensos, foi nomeado ator honorário. No dia seguinte, dirigiu-se a Versalhes, onde assistiu à sessão [do parlamento]. Deu provas de conhecimentos políticos extensos, saiu do recinto deputado honorário. De uma parada voltou general honorário, de uma visita ao Tribunal de Justiça: juiz honorário [...].[47]

Piadas à parte, o imperador visitou diversas vezes o amigo brasilianista Ferdinand Denis, na Biblioteca de Sainte-Geneviève, além de se avistar com outros cientistas, intelectuais e artistas ao longo da temporada parisiense. Mas não se esquecia do Brasil. Procurou se inteirar da situação dos bolsistas brasileiros nas academias e nos institutos que visitava. Além das bolsas dadas pelas províncias e pelo governo imperial, havia alunos que estudavam com subsídio dado pelo próprio imperador.

D. Pedro II vivia em Paris os ventos iniciais da *Belle Époque*: teatro, ópera, concertos, jantares, bailes, homenagens a eruditos e personalidades do mundo artístico, de tudo ele participava. Mas nem tudo era festa. Apesar do discurso de que não era o imperador, d. Pedro era consciente de sua importância e sabia bem que a sua presença, mesmo que de maneira aburguesada e nada imperial, simbolizava o Brasil. Assim, fazia questão de se encontrar com personalidades, como músicos, engenheiros e intelectuais brasileiros por onde viajava. Nas suas visitas a pavilhões e feiras internacionais sempre deixava registrado em cartas e nos diários o seu orgulho ao ver que seu país fizera boa figura e normalmente estava bem representado. Na Academia de Ciências da França, da qual era membro correspondente desde 1875, assistiu a diversas reuniões, palestras e conferências, ocupando a cadeira que lhe era destinada como sócio. Lá ouviu Schliemann, que havia passeado com ele pela Grécia, apresentar oficialmente ao mundo científico as descobertas das cidades de Troia e Micenas. D. Pedro também foi espectador da palestra em que Louis Pasteur apresentou os resultados de seus estudos de análises sanguíneas, que vinha realizando ao estudar a transmissão de doenças por meio de bactérias. Pasteur, amigo de d. Pedro e portador da Ordem da Rosa, na sua apresentação, chamou a atenção da assistência para a presença do monarca: "Nosso augusto colega Dom Pedro de Alcântara, que ama, como todos sabemos, dissimular o seu cetro imperial sob as palmas acadêmicas que recebe no mundo inteiro".[48]

Victor Hugo

Desde a primeira viagem, d. Pedro desejava conhecer o escritor e republicano convicto Victor Hugo, mas o exílio do grande escritor e a programação da jornada anterior do imperador não colaboraram. Dessa vez, com o famoso escritor estabelecido novamente em Paris, d. Pedro tentou encontrar-se com ele, mas não foi fácil.

Em uma das primeiras tentativas, via embaixada brasileira, tentaram convidar Victor Hugo para um encontro com o imperador e a resposta recebida foi curta: Victor Hugo não visitava ninguém. Não só o feroz republicano era arredio, como o círculo aristocrático ao redor do imperador também tentou dissuadir d. Pedro de vê-lo. Victor Hugo era um republicano, com viés social, mas não um socialista, e ainda por cima era espírita. O escândalo do encontro não poderia ser maior. Os Orléans não viam com bons olhos o tipo de propaganda que isso poderia originar nos jornais franceses; e os brasileiros da comitiva imperial temiam a repercussão de tal encontro no Brasil perante a opinião pública.

Mas d. Pedro insistiu. Várias tentativas de encontro com o escritor, ao longo do mês de maio, falharam. Hugo sugeriu de se encontrarem no

Parlamento francês, onde ele, como senador, iria discursar. Mas d. Pedro declinou dessa proposta. Não queria dar tal caráter político e público ao encontro. Por fim, sabendo que o escritor recebia em sua residência às terças-feiras e que era madrugador, como o monarca, este se pôs, sem ser acompanhado por ninguém, em direção à residência de Hugo, no dia 22 de maio, batendo-lhe na porta às 9 horas.

Assim Victor Hugo registrou a visita do imperador em seu diário:

> 22 de maio — 9 horas da manhã — Visita do imperador do Brasil. Longa conversa.
>
> Espírito muito nobre. Ele viu sobre uma mesa *A arte de ser avô*.[49] Eu o ofereci a ele e peguei uma pluma. Ele me disse: "O que você vai escrever?" Eu respondi: "Dois nomes, o vosso e o meu." Ele me disse: "Nada mais. Era isso que ia vos pedir." Eu escrevi: "A Dom Pedro de Alcântara. Victor Hugo."
>
> Ele me disse: "E a data?" E eu acrescentei: 22 de maio de 1877. Ele me disse: "Gostaria de ter um dos vossos desenhos." Eu tinha ali uma paisagem que fizera do Castelo de Vianden. Dei-lhe o desenho. Ele disse: "A que horas vós jantais?" Eu respondi: "Às oito horas." Ele disse: "Eu viria a um desses dias jantar convosco." Eu respondi: "Quando desejais. Sereis sempre bem-vindo."
>
> Ele cobriu de carinhos Georges e Jeanne [netos de Victor Hugo]. Quando entrou, afirmou: "Dai-me um pouco de confiança. Sou um pouco tímido." Falando sobre reis e imperadores, disse: "meus colegas". Em outro momento, disse: "meus direitos"... Depois, retomou: "Eu não tenho mais direitos. Eu tenho poder devido ao acaso. Devo empregar-lhe para fazer o bem. Progresso e Liberdade!" Quando Jeanne voltou, ele disse: "Eu tenho um desejo. Gostaria de ser apresentado à senhorita Jeanne." Eu disse a Jeanne: "Jeanne, apresento-te o imperador do Brasil."

A neta de Victor Hugo, olhando aquele homem estranho, vestido de maneira comum, balbuciou desconfiada à meia voz: "Ele não tem manto de imperador". D. Pedro respondeu: "Dá-me um beijinho, senhorita".

> Ela avançou sua bochecha. Ele disse: "Mas, Jeanne, dá-me um abraço, no pescoço". Ela o abraçou com seus pequeninos braços. Ele pediu-me uma fotografia das crianças e uma minha e me prometeu uma sua. Partiu às onze horas. Falou-me de um modo tão grave e inteligente que, ao partir, eu lhe disse: "Senhor, sois um grande cidadão". Mais um detalhe. Ao apresentar-lhe Georges, eu disse-lhe: "Senhor, apresento o meu neto a Vossa Majestade". Ele disse a Georges: "Meu filho, aqui só há uma majestade, é Victor Hugo".[50]

O escritor passou no hotel em que o imperador estava hospedado e deixou na recepção a foto prometida. No envelope escreveu: "Para aquele que tem por antepassado Marco Aurélio",[51] comparando d. Pedro II com o imperador romano, considerado um sábio filósofo. Hugo não seria o primeiro nem o único a ligar os dois imperadores. Ainda na menoridade de d. Pedro, um livro com os textos filosóficos de Marco Aurélio foi publicado no Brasil, dedicado ao imperador e com um retrato dele bem jovem.

D. Pedro visitou uma vez mais o escritor no dia 29, dessa vez acompanhado pelo amigo, o barão do Bom Retiro. Além de Paris, d. Pedro também visitou diversas cidades e regiões da França, como a Bretanha. Em Orléans, participou da festa em homenagem a santa Joana d'Arc. Em Compiègne, visitou a Exposição Industrial e Agrária, e em Meaux conheceu uma fábrica de chocolates que utilizava o cacau brasileiro.

Grã-Bretanha

Da França, d. Pedro partiu para a Inglaterra em um navio posto a sua disposição pela rainha Vitória. Tomou chá com a soberana em Windsor, onde visitou as galerias de pintura do castelo, cujo nome viria a rebatizar a dinastia de Vitória, na época da Primeira Guerra Mundial. A rainha retribuiu a visita indo tomar chá com o imperador, a imperatriz, Barral e Bom Retiro no Hotel Claridge, onde os brasileiros estavam hospedados. Tudo muito discreto, uma vez que a corte inglesa encontrava-se mais uma vez de luto pela morte de mais um dos inúmeros parentes da rainha, que seria conhecida como avó da Europa.

Em Londres, visitou novamente todos os museus, incluindo o célebre Museu de Cera de Madame Tussaud, além de diversos templos religiosos. A sós com a condessa de Barral, foi a galerias de arte e passeou no Hyde Park. Com a esposa, visitava orfanatos e demais casas de caridade. Na Royal Academy, assistiu novamente a Schliemann divulgar suas descobertas.

Diversos nobres e aristocratas se reuniam ao imperador nas noites em que ele recebia visitas no hotel; entre os presentes não era raro encontrar os príncipes de Gales. Era costume, ao se ir visitar alguém, caso a pessoa não se encontrasse, deixar um cartão de visita. Dentre esses cartões deixados no hotel, quando o imperador não se encontrava, um deles chama a atenção, o de Ernest de Saisset. Ernest, capitão de fragata aposentado, compartilhava com d. Pedro II um irmão: Pedro de Saisset. Este que já havia tentado contato com o imperador do Brasil, era filho de d. Pedro I com madame Saisset, mãe de Ernest. Os imbróglios familiares deixados pelo Libertador não teriam fim. Ernest também já havia conseguido se apresentar a d. Januária após uma função religiosa numa igreja de Paris.

D. Pedro, como em todos os lugares por onde passou, recebeu também na Inglaterra várias homenagens, incluindo mais alguns títulos honorários, como o do Instituto de Antropologia, que foi receber com toda a delegação diplomática brasileira em Londres. Foi festejado por institutos, museus e pela nobreza e a aristocracia internacional que morava ou estava de passagem pela capital britânica. Na Marlborough House, residência dos príncipes de Gales, foi oferecido a ele um banquete.

Um dos últimos banquetes de que participou em Londres foi em homenagem a William Caxton, que em 1460 fez as primeiras impressões gráficas na Inglaterra. Pouco depois do brinde à rainha, o imperador desculpou-se e se retirou. Precisava partir da cidade muito cedo no dia seguinte no trem para Edimburgo. Após a saída do imperador, o ex-primeiro-ministro inglês William E. Gladstone fez o discurso de saudação ao monarca ausente. Agradecendo o fato de o imperador não se encontrar mais no recinto, pois de outra forma poderia se constranger, enalteceu as qualidades de d. Pedro II. Destacou seu caráter inquieto e curioso, sua atividade febril e incessante em busca do novo e das regras que se impunha como despertar nas primeiras horas da manhã. Se Gladstone tivesse tentado acompanhar o imperador em suas andanças pela Europa, não as louvaria tanto.

O jornal satírico *Punch*, como conta a historiadora Lidia Besouchet, fez uma caricatura de D. Pedro II na qual o imperador dizia:

> Acordei-me às 4h bastante irritado por ter dormido demais...
> Às 5h fui ao palácio Alexandra, depois fui aos museus, às galerias, às prisões, aos restaurantes, aos bailes, às igrejas, às sinagogas; nos intervalos, entre um concerto e uma exposição de pintura, visitei Thomas Carlyle, Gladstone, Tennyson... Até à 1h30 mantive conversações com amigos e visitantes no meu hotel. Antes de dormir, no meu quarto, li o *Times* de fio a pavio e pus o despertador para às 3h. Dormi.[52]

Após a estada na Escócia, partiu para Belfast e depois para Dublin. Ele havia visitado em Londres o túmulo de Feargus O'Connor, líder revolucionário irlandês. Isso tornou o imperador brasileiro simpático a diversos irlandeses. O'Connor, junto com William Lovett, produziu um documento chamado "Carta do Povo". Neste, eles pediam, entre outras coisas, pela participação de representantes dos operários no

Parlamento, pela igualdade eleitoral — para que todos os homens tivessem direito a votar sem a obrigação de uma renda mínima e para que o voto fosse secreto.

A preocupação com os operários devido à Revolução Industrial inglesa era um tema interessante, mas a questão do sistema de votação interessava mais ainda ao imperador. Para um Brasil que ainda não havia se livrado completamente da escravidão, a preocupação com operários era algo que ainda não ocupava as manchetes nacionais, ao contrário do que ocorria com os países industrializados.

Sem dúvida, a visita ao túmulo de um revolucionário social não era algo bem-visto. Afinal, esse homem havia, com suas ideias, ajudado a solapar um pouco do poder da aristocracia e fazer com que o governo considerasse a representação da classe operária nos debates políticos. Mas d. Pedro procurava entender a sua época e os movimentos que surgiam, mesmo que por vezes não concordasse com suas ideias. Não dizia que saía do Brasil para estudar? E assim fazia. Ao entender os anseios sociais, que começavam a dominar o mundo, o surgimento do início da força política da classe operária, as novas tecnologias e as mais recentes descobertas das ciências, via quanto ainda era necessário fazer no Brasil.

Com a condessa de Barral a seu lado e, eventualmente, a imperatriz também, visitou, além de Belfast e Dublin, Portrush, Giant's Causeway, Mallow, Cork. No dia 11 de julho, retornou para a Inglaterra. Ainda viajaria pela Bélgica, Holanda, Alemanha, Suíça, Espanha e, por fim, Portugal, onde tomaria o navio *Orenoque* em 9 de setembro, que o traria de volta ao Brasil.

Boa parte da estada europeia do imperador foi em companhia da condessa de Barral. Foram quase cinco meses de constante convivência nos mais diferentes cenários. Depois de sua partida, ele se agarraria constantemente a essas lembranças e diria a ela, em carta, que agora sabia o que era felicidade.

Como todos os que voltam de férias, a realidade aguardava o imperador no Brasil. Em São Paulo, em 1877, enquanto d. Pedro II estava às voltas com sua viagem, foram eleitos os primeiros deputados republicanos para a assembleia da província. Oito anos depois, o Partido Republicano elegeria os primeiros deputados para a Câmara.

A grande seca

No Nordeste, a seca de 1877 a 1879 matou mais de 400 mil brasileiros e causou um dos maiores êxodos nacionais. Mais de 100 mil pessoas se dirigiram para o Norte, onde acabariam sendo absorvidas como mão de obra barata para a nascente indústria da borracha. Outras 60 mil pessoas se espalharam pelo restante do país.

Na Europa, d. Francisca e a condessa de Barral criaram um comitê em Paris para os flagelados. No Rio de Janeiro foi criada pela princesa Isabel a Comissão Central de Socorro, chefiada pela viscondessa de Tamandaré, Eufrásia Marques Lisboa.

Discussões a respeito da emissão de apólices ou de dinheiro para a crise também abalaram o governo e suas relações com a Câmara no início de 1878. Nessa época, junto a uma comissão de deputados do governo cearense, d. Pedro II afirmou que, se fosse preciso, venderia até a última joia da coroa para auxiliar o Ceará, o que não foi necessário. A sua preocupação com a seca e os retirantes era legítima. Durante muitos anos, estudou e consultou especialistas internacionais sobre o assunto. Para ele, era importante manter os flagelados onde eles estavam, dando condições para a sua subsistência para que eles não precisassem abandonar suas propriedades.

O FIM DO IMPÉRIO

No fim de 1879 e início de 1880, ocorreu no Rio de Janeiro a chamada Revolta do Vintém. Devido ao imposto instituído pelo ministro das Finanças, Afonso Celso de Assis Figueiredo, na passagem de bonde, houve um aumento considerável no custo do transporte popular.

Os jornais moveram a opinião pública contra o ministro e seu novo imposto. No dia 29 de dezembro, o jornalista republicano Lopes Trovão liderou uma multidão que se pôs em direção ao Palácio de São Cristóvão para pedir ao imperador a revogação do tributo. A manifestação foi detida pela polícia antes de passar pelo portão da Quinta. Em carta à condessa de Barral, d. Pedro II informou:

> [...] Queriam entrar na Quinta; mas a polícia opôs-se, e foram contidos. Disse-se aos diretores do meeting [agrupamento] que eu receberia os que quisessem falar-me sem aparência tumultuária, como a todos ouço em audiência; mas não voltaram. Tomara eu nunca falar, mesmo a emissários do povo, apesar de não evitar a estes, quando se apresente como esta tarde![1]

Ainda para a amiga, afirmou que jamais admitiria populaça com "ar de ameaça". Mas a "populaça" não ficaria só nos "ares de ameaça": o povo partiu para as vias de fato, arrancando trilhos, virando bondes e apunhalando os animais que os puxavam.

No largo de São Francisco, principal parada dos bondes da capital, a polícia não conseguiu conter a população e o exército teve que ser chamado. A multidão, atiçada com a presença dos militares, avançou e foi dispersada a tiros, o que resultou em mortos e feridos. Pela primeira vez desde o início do reinado de d. Pedro II, o governo atirara contra o povo na capital do Império. Em carta para a condessa de Barral, o monarca desabafou: "O dia foi de desordens. Felizmente durante quase 40 anos, que não foi preciso empregar a força como tal contra o povo. Muito me aflige isso, mas que remédio! A lei deve ser respeitada. Eu necessariamente hei de andar à baila". Indo além, como que prevendo depois de tudo o que havia visto na Europa o destino do regime, comentou:

> Difícil é a posição de um monarca nesta época de transição. Muito poucas nações estão preparadas para o sistema de governo para que se caminha, e eu por certo poderia ser melhor e mais feliz presidente da república do que imperador constitucional. Não me iludo, porém não deixarei de cumprir, como até aqui, com os meus deveres de monarca constitucional.[2]

Na imprensa, surgiu a paródia de uma polca em que se pregava a destruição dos bondes e, em determinado momento, se fazia menção à figura do imperador:

> Cri-cri, cri-cri, cri-cri,
> Vai o Pedro Banana
> Cri-cri, cri-cri, cri-cri,
> Que por tolo vai passando;
> Cri-cri, cri-cri, cri-cri,
> A todos vai enganando;
> Cri-cri, cri-cri, cri-cri,
> Ele é fino, vai andando.[3]

A Lei Saraiva e o voto feminino

As mudanças sociais e políticas no Brasil caminhavam na velocidade com que d. Pedro II acompanhava a evolução da ciência e da tecnologia. O país que governara durante décadas mudava, assim como os anseios da classe política e da elite, em descompasso com os pensamentos do imperador. D. Pedro, tentando salvaguardar a Constituição, acreditava que somente uma reforma constitucional poderia legitimar e, ao mesmo tempo, limitar a reforma eleitoral que tanto o Partido Liberal quanto o Conservador queriam. Para o imperador, só essa reforma poderia ordenar definitivamente as eleições. Essa ideia do monarca derrubou dois gabinetes, e as discussões com as Câmaras sobre o assunto perduraram por quase dois anos.

O medo do imperador era que uma lei como a da reforma eleitoral abrisse precedente para outras reformas que acabassem por implantar o sufrágio universal, permitindo que qualquer um pudesse ter direito de votar, independentemente de renda e escolaridade. Esse teria sido um dos fatos que o levaram a não chamar Joaquim Nabuco, com a queda do gabinete Caxias, a compor um novo governo. Era público o pensamento de Nabuco, partidário do voto universal. Em 1876, na carta que deixou para a filha, já a alertava a respeito da reforma eleitoral que os partidos pretendiam. D. Pedro II, no documento, se mostrou favorável a dois pontos — a renda exigida e que os eleitores soubessem ler e escrever —, pois: "Sem educação generalizada nunca haverá boas eleições; portanto é preciso atender, o mais possível, a essa importantíssima consideração".[4]

Em meio à seca, à população do Rio de Janeiro sendo abatida a tiros na rua, à popularidade do imperador sendo minada dia a dia, o governo literalmente caiu. O gabinete liderado por João Lins Vieira Cansanção de Sinimbu, que substituíra o de Caxias, no início de 1878, pediu demissão, abrindo espaço para o gabinete organizado por José Antônio Saraiva. Saraiva emprestaria seu nome à maior reforma eleitoral ocorrida no Brasil: a Lei Saraiva.

Essa lei, que teve como redator o baiano Rui Barbosa, modernizou as eleições no Brasil. Instituiu o título de eleitor e acabou com as fórmulas eleitorais arcaicas por meio da eleição direta para todos os cargos eletivos do Império. Apesar de continuar existindo a questão da renda mínima, agora o direito ao voto era aberto a todos, incluindo imigrantes e cidadãos de outras religiões que não a católica, a religião oficial do império. Mas era necessário ao eleitor comprovar que sabia ler e escrever. Essa condição não era mencionada na Constituição de 1824, mas pela Lei Saraiva, além de possuir uma renda mínima para votar, os novos eleitores não poderiam mais ser analfabetos.

As discussões na Câmara dos Deputados a respeito de se permitir o direito ao voto aos analfabetos causam arrepios à luz dos entendimentos atuais. O fato de não saber ler e escrever colocava o eleitor, perante os olhos da elite, como um ser ignorante e que precisava ser tutelado. Contava-se na época que 8/10 da população brasileira fosse analfabeta, contra 2/10 alfabetizada.[5] Pelo censo de 1872, a população analfabeta representava 84% dos brasileiros, sendo que entre as mulheres o analfabetismo chegava a 86%, e entre os escravizados, 99%.

Se por um lado a nova lei cerceava o direito dos analfabetos e os tutelava, o art. 2º, §10, autorizava serem eleitores todas as pessoas com "diplomas científicos ou literários de qualquer faculdade, academias, escola ou instituição nacional ou estrangeira, legalmente reconhecidos".

A mulher, desde a reforma educacional de 1879, passou a ter acesso a diplomas de cursos superiores no Brasil. Isso se deveu especialmente a d. Pedro II. Ele tomou sob a sua proteção Maria Augusta Generoso Estrela, estudante brasileira que cursava Medicina nos Estados Unidos. Aos 15 anos, Maria Augusta entrou no curso preparatório da Academia de St. Louis. Inicialmente, ela foi sustentada pelo pai, até que ele faliu, deixando a filha em situação difícil no exterior. Em 1877, acabou retornando ao Brasil, onde d. Pedro II, que havia conhecido Maria Augusta durante sua viagem aos Estados Unidos, concedeu a ela, pelo decreto de 20 de outubro de 1877, uma pensão de 100 mil-réis e mais 300 mil anuais para vestuário. Dessa forma ela pôde continuar seus estudos e se formar no New York Medical College and Hospital for Women, em 1881.

Após sua formatura, d. Pedro autorizou mais um ano de mesada para que Maria Augusta pudesse frequentar clínicas e hospitais e aperfeiçoar-se. Em 1882, ela escreveu ao imperador agradecendo toda a ajuda recebida, e d. Pedro informou que esperava o seu breve regresso ao Brasil, onde a jovem médica poderia utilizar os seus conhecimentos científicos. A reforma do ensino ocorrida em 1879 permitiu o retorno de Maria Augusta. O seu título foi reconhecido no país, onde ela foi a primeira mulher a exercer a medicina. Maria Augusta foi recebida por d. Pedro II em 1882, quando o monarca aconselhou-a a clinicar para mulheres.

Com isso, o Brasil Imperial chefiado por d. Pedro II abria-se para uma situação nova: o voto feminino. A Lei Saraiva, que concedia o título de eleitor aos brasileiros diplomados, não fazia qualquer distinção de gênero. As mulheres no Brasil, com a reforma do ensino em 1879, podiam estudar e se graduar, logo, também podiam votar.

A lei, sem dizer com todas as letras que o direito ao voto era exclusivamente atributo do homem, permitiu que as mulheres interpretassem o texto para fazer valer seus direitos. A primeira a possuir um título de eleitor no Brasil foi a gaúcha Isabel de Sousa Mattos, formada em odontologia. Ela requisitou o título em 1885 e teve que lutar na justiça para ter seu direito de votar reconhecido, o que conseguiu em 1887, ainda durante o império. Com a queda da monarquia, a república não reconheceria mais o seu direito, e as mulheres só passariam a votar e ser votadas em 1932.

O Brasil chegava com esperanças renovadas a 1880, mas, infelizmente, logo se descobriria, nas eleições subsequentes, que o jogo de quem dominava as artimanhas do poder controlava ainda as eleições. As fraudes continuavam, e os liberais e conservadores conseguiam a maioria ou não na Câmara, de acordo com as falhas descobertas nas novas leis.

Na Fala do Trono de 3 de maio de 1886, d. Pedro II afirmou: "Fatos criminosos ocorridos durante a última eleição, apesar das repetidas recomendações e ordens do governo, aconselham que examineis se a reprodução de semelhantes fatos pode ser evitada por meio da alteração da lei eleitoral". Logo em seguida, como se tudo fizesse parte de um pensamento só ligando a educação às eleições afirmava que o "estado do ensino, em seus diversos graus, reclama de vossa solicitude a reorganização deste importante ramo do serviço público".[6]

O "Bolsinho do Imperador"

Se o Estado pouco ou nada fazia em relação à educação dos brasileiros, d. Pedro II não ficava omisso quanto a esse assunto. Em 1881, ele autorizou o pagamento de 240 mil-réis ao paraense Júlio César Ribeiro de Sousa. O valor era para custear sua passagem de Belém ao Havre e de lá para Paris, onde o jovem pretendia ingressar na Escola de Aeronautas para se aperfeiçoar a respeito da direção de aeróstatos. Em novo ofício de 6 de abril de 1881, a mordomia informou ao ministro brasileiro em Paris que d. Pedro II havia autorizado o pagamento de uma pensão, em seu nome, ao paraense, para que ele pudesse frequentar o curso e submeter à Academia de Ciências a sua teoria sobre a dirigibilidade dos aeróstatos. Em novembro de 1881, Ribeiro de Sousa conseguiu pilotar o balão *Le Victoria* contra o vento, diante de uma plateia e da imprensa francesa. Mas o seu projeto acabou sendo copiado pelos franceses Charles Renard e Arthur Krebs, que, em 1884, conseguiram, pela primeira vez, voar em um circuito retornando ao ponto de partida.

Ribeiro de Souza recebeu mais verba do bolso de d. Pedro II em 29 de outubro de 1885, um auxílio de 500 mil-réis, com o qual retornou a Paris para criar um novo balão, o *Cruzeiro*, e tentar um debate com seus plagiadores na Academia Francesa, mas estes não responderam ao seu convite. A nova empreitada não obteve grande sucesso e o aeronauta faleceu em 1887.

Além de Ribeiro de Souza e de Maria Augusta, d. Pedro ajudou pessoalmente a manter diversos brasileiros estudando. Todos os bolsistas eram obrigados a apresentar, trimestralmente, certificados de aproveitamento e de frequência, além de atestados de boa conduta. Aos que estudavam no exterior era exigido que, ao se formarem, retornassem ao Brasil para disseminar no país de origem os conhecimentos adquiridos fora.

As pensões variavam muito. Podiam ser quantias pequenas, destinadas à manutenção de crianças em escolas primárias e secundárias no Brasil, até valores maiores para a formação de artistas e doutores no exterior. Muitas vezes, como no caso de Maria Augusta, além da pensão para o pagamento dos cursos, havia o fornecimento de meios para garantir a subsistência dos alunos brasileiros, tanto no exterior quanto em outras partes do Brasil que não suas cidades de origem. O imperador chegava a fornecer valores extras para a compra de livros e de materiais de estudo que fossem necessários.

D. Pedro II sustentou 151 bolsistas. Não que as finanças da casa imperial permitissem grandes gastos: ao longo de 49 anos de reinado, o monarca teve que recorrer a 24 empréstimos para tentar manter as contas equilibradas. Mesmo assim, não descuidou da educação de quem dependia dele. Segundo Guilherme Auler, em seus estudos a respeito dos bolsistas do imperador, no qual estudou a documentação dos livros da mordomia do paço, não havia da parte de d. Pedro II uma predileção quanto a determinadas áreas. É só imaginarmos que, em 1881, ajudava a financiar a educação de um aviador, enquanto o seu projeto de dirigível poderia ser julgado como loucura.[7]

Dos 151 estudantes, 65 formaram-se no ensino primário ou secundário, 18 estudaram pintura, 15 conseguiram diploma em Engenharia, 13 em Direito, 12 eram músicos, 10 médicos, 6 militares, 3 agrônomos, 3 padres, 2 professores, 2 farmacêuticos, 1 arquiteto e 1 aviador.[8]

Diabetes

D. Pedro II caminhava em direção à sua sexta década cansado e doente. Depois de tudo o que vira fora, a realidade brasileira era esmagadora. Além disso, depois de seu retorno da última viagem, sua saúde declinou. Já havia os que notavam seus cochilos, nos teatros e em outros locais. Mas para alguém que vivia a vida em ritmo acelerado, dormindo pouco, isso seria uma coisa comum, não fossem outras questões, como o hábito de se refrescar tomando jarras de água com açúcar,⁹ entre outros descuidos com a alimentação e a saúde.

No início de 1882, o dr. Cláudio Velho da Mota Maia diagnosticou d. Pedro com diabetes, depois de ver a quantidade de formigas em seu urinol em Petrópolis, no início de uma manhã. Seria provavelmente do tipo II, o que dá para intuir tanto pela demora de sua pele cicatrizar quanto pela dificuldade do seu organismo em combater infecções. Esses fatos vieram aliados à sonolência e à necessidade de urinar mais frequentemente, muitas vezes durante eventos públicos, reuniões e teatro.

O envelhecimento da monarquia

Por volta do início da década de 1880, a opinião pública, aproveitando-se da liberdade de imprensa, passou a atacar a propalada sabedoria do imperador cansado e adoentado. O jornal *Gazeta da Tarde* publicou um poema anônimo que continha a famosa frase de impaciência que o imperador sempre usava, principalmente quando alguém tentava lhe explicar algo que já sabia: "Já sei, já sei".

> Já sei — já sei! Sabe tudo
> O sábio por excelência!
> Sabe mais do que a ciência
> E muito mais do que a lei!
> Do passado e do presente
> Fez um estudo profundo,
> Sabe o futuro do mundo...
> Já sei — já sei!
> Matemática, direito,
> Escultura, geografia,
> Mistérios da astronomia,
> Tudo sabe o nosso rei!
> Conhece o desconhecido!

Sabe tudo, e tudo ensina!
É forte na medicina...
Já sei — já sei!
O padre eterno, invejoso
De uma tal ciência infusa,
Lhe disse, a juízo de escusa
"— D. Pedro, me sucedei!
Eu vos entrego o universo."
Mas o sábio, firme, teso
Respondeu-lhe com desprezo:
Já sei — já sei.[10]

Todos os materiais como livros, mapas, documentos históricos e pessoais, objetos de coleção, a correspondência trocada dentro e fora do Brasil, quer política, quer de cunho pessoal, quer científica, eram acumulados de maneira caótica em diversas salas do Palácio de São Cristóvão. Em meio a essa balbúrdia, enquanto caminhava atrás do marido, discutindo com ele, d. Teresa Cristina, em 1885, ao passar pela biblioteca, tropeçou em um fichário, caiu de frente e quebrou o úmero.

D. Pedro II, na ânsia de aprender, aos olhos de muitos, virava uma enciclopédia ambulante sem se aprofundar em um assunto específico. Isso, décadas antes, era visto como sabedoria. Entretanto, nas décadas finais do século XIX, a produção científica era muito maior. Com a velocidade das comunicações, era humanamente impossível alguém querer abarcar todos os ramos do saber e as suas produções mais modernas.

Perdido em meio a seu labirinto intelectual e com as forças já vacilantes, o imperador fatigado ainda tentava manter o ritmo de anos antes. Com as alavancas do Poder Moderador, controlava a renovação da Câmara e o sobe e desce dos partidos no poder. Continuava visitando algumas províncias, como São Paulo, Minas Gerais, entre outras, mais próximas da corte, ia às repartições públicas, assistia a exames e aulas tanto no Colégio Pedro II quanto em outras instituições de ensino. Sempre estava com a sua indefectível cartola e sua casaca preta. Ao contrário de outros governantes, não lançava modas, manteria, nas últimas décadas, sua imagem burguesa e ao mesmo tempo desgastada, reutilizando ainda carruagens e outros veículos vindos da Europa décadas antes. Os paços também não se encontravam em melhor estado que as velhas carruagens.

O roubo das joias

A decadência dos serviços dos palácios imperiais se revelou, para a alegria da imprensa oposicionista, com o caso das joias da imperatriz e de d. Isabel. Em 14 de março de 1882, se comemorou o aniversário de 60 anos da imperatriz d. Teresa Cristina, sem baile ou festas grandiosas. Seguindo o velho ritual bragantino, houve cortejo, missa e depois recepção à corte, aos diplomatas e ministros no Paço da Cidade.

Após a celebração, os imperadores, a princesa d. Isabel e o conde d'Eu subiram para Petrópolis. Enquanto isso, o criado particular, Francisco de Paula Lobo, foi para São Cristóvão guardar as joias da imperatriz, de d. Isabel e da baronesa da Fonseca Costa, dama de d. Teresa Cristina, numa escrivaninha do imperador. O criado encontrou a escrivaninha trancada. Em vez de pedir a chave para Pedro de Paiva, criado do palácio, Lobo e o criado de quarto do imperador, José Virgílio Tavares, acabaram colocando as joias dentro de um armário simples, no quarto de d. Pedro II. E de lá as joias desapareceram.

Por volta do dia 20 de março, notou-se que as joias haviam sumido. A polícia da corte foi acionada, e até o ministro da Justiça participou da investigação. Ainda em Petrópolis, a família imperial se dividiu a respeito da questão. Grande parte, inclusive os netos mais velhos do imperador, a própria imperatriz, entre outros, desconfiava do irmão de Pedro de Paiva, Manuel, afastado do serviço do palácio acusado de roubo. Entretanto, mesmo fora do serviço, Manuel havia recebido do imperador um terreno dentro da Quinta da Boa Vista, onde estava construindo a sua casa. Segundo o conde d'Eu em carta à condessa de Barral:

O imperador não quer ouvir essa discussão e pode-se compreender o quanto a atividade policial é frustrada, de um lado, pelo temor de dessagrar o imperador acusando Paiva e, por outro lado, pelo terror que os Paiva e o Lobo inspiram em todo o pessoal do palácio. Ninguém ousa dizer qualquer coisa.[11]

Manuel de Paiva e os dois criados foram presos. Em 22 de março, o caso ganhou os jornais. Estes discutiriam por algum tempo o estranho favorecimento do imperador a um ex-funcionário do palácio e o fato de somente as peças da imperatriz e da princesa terem sido roubadas, estando as comendas do imperador, cravejadas de pedras preciosas, no mesmo armário. Alguns periódicos afirmaram que o valor total das peças chegaria a quatrocentos contos de réis, enquanto o conde d'Eu afirmava que o valor do roubo era a metade, duzentos. Mas, de qualquer modo, era um valor elevado.

Uma das coisas que chamaram a atenção foi o arrombamento das portas. Somente as portas para se chegar diretamente ao aposento de d. Pedro foram arrombadas. Só quem conhecesse o palácio poderia ter feito esse trabalho preciso. Além da polícia da corte, o superintendente da Quinta de São Cristóvão, o major Archer, também realizou uma investigação.

Um soldado que estava de sentinela no palácio reconheceu Manuel de Paiva como sendo o sujeito que entrou à meia-noite no Torreão Sul. Archer localizou no terreno dado a Manuel de Paiva um pedaço de corda amarrado numa madeira. O pedaço de corda era idêntico a outro achado dentro do palácio e que teria sido usado para o roubo. Ao serem colocados juntos, eles se encaixavam exatamente onde a corda havia sido cortada.

Archer continuou investigando e entrevistando os habitantes e funcionários do palácio. O velho negro Rafael, que morava no Torreão Sul, ocupava um quarto perto da escada que dava para os aposentos do imperador. Em seu depoimento, Rafael informou que, no dia do roubo, no período da tarde, ele estava à porta do seu quarto conversando com a filha, quando Manuel de Paiva e José Virgílio Tavares apareceram. Eles trouxeram uma refeição para Rafael e disseram a ele para comer na casa da filha uma vez que seus serviços não seriam necessários naquela noite. E assim, sem suspeitar de nada, o velho negro seguiu o conselho deles. Saiu do palácio deixando o caminho livre para os assaltantes. Esses tinham, obrigatoriamente, que passar pela frente de seu quarto para realizar o roubo.

Na noite de 26 de março, chegou às mãos da polícia uma carta anônima. Apesar do seu tom zombeteiro, ela dizia onde estariam as joias — e a polícia resolveu investigar. O chefe da polícia, desembargador Ovídio Trigo de Loureiro, e o tenente Lírio, seu principal colaborador nas investigações, se dirigiram à casa de detenção para buscar Manuel de Paiva. De lá, seguiram para a Quinta da Boa Vista, entraram no terreno de Manuel. Seguindo as indicações da carta, acharam as latas enterradas num lamaçal.

A lama que cobriu as joias imperiais acabou por respingar na monarquia. Os três servidores da Casa Imperial implicados no crime foram libertados pelo chefe de polícia, para espanto geral.

O jornal *Gazeta de Notícias*, no dia 29, atacou diretamente o imperador:

> Essa questão, que a princípio parecia só interessar à família imperial, tem na realidade um alcance muito mais vasto. Ela mostra que no Brasil não há legalidade, e que só não estamos nas condições de Daomé ou Paraguai, porque há quem tenha a vontade de passar aos olhos da Europa como liberal, republicano, democrata, livre pensador etc.[12]

Quanto à prisão e posterior soltura dos acusados, o jornal ainda questionava:

> Ou as joias de SS. MM. Imperiais foram furtadas ou foram roubadas. Se foram furtadas, os três acusados não podiam ser

presos. Se foram roubadas, os três acusados não podiam ser soltos. Em qualquer dos casos, o juiz está sob as garras do Código Criminal, art. 160 [...]. Bem diz um distinto literato nosso: O Brasil é uma folia organizada.[13]

O mesmo jornal publicou uma carta anônima, cujo autor afirmava ser o mesmo da carta anterior. O remetente informava, dessa vez, que não revelaria quem era, nem toda a história por trás do caso, enquanto não fosse localizada a pedra que faltava numa das peças encontradas. Segundo o remetente da carta, ali estava a chave do mistério, e, quando esta surgisse, ele revelaria a história da ponte do Catete.

No dia 30 de março, nova carta anônima publicada pela *Gazeta de Notícias* estampava insinuação contra o caráter do imperador: "Há quem deseje fazer crer à virtuosa soberana que nada há de novidade, nem de estranho, neste intricado negócio, e esse *Alguém* bem sabe por que tal coisa é preciso que se faça crer".[14] A carta anônima informava também sobre roubos anteriores de outras pedras preciosas.

Chegava a minúcias sobre colares específicos em que faltavam brilhantes junto aos engastes. Tudo isso, segundo o autor, porque foi necessário recompensar certos trabalhos realizados. O desaparecimento de pedras preciosas e de outros objetos de valor da residência imperial não seria novidade. Ainda segundo o anônimo, há trinta anos isso ocorreria e essas peças, "sem terem asas [...] fogem da Quinta Imperial sem licença de ninguém... mas, talvez de *Alguém*".[15]

O denunciante estava correto em afirmar a falta de um dos brilhantes num dos colares. Este foi exposto na Casa Farani, joalheria conceituada da rua do Ouvidor, no centro do Rio, para dar "a conhecer ao público o valor, cor e dimensões dos brilhantes, e auxiliar as autoridades na descoberta da pedra que falta".[16]

A dimensão da propalada intervenção do imperador junto à polícia para libertar os acusados foi enorme. Diante do escândalo, no dia 30 de março, foi publicada na *Gazeta de Notícias*, na seção "A Pedidos", com o título de "Casa Imperial", uma declaração pública do mordomo barão de Nogueira da Gama:

> Declaro, de ordem de sua majestade, o imperador, que o mesmo augusto senhor autorizou sempre o chefe de polícia a todas e quaisquer diligências para o descobrimento de quem tenha subtraído as joias de sua majestade a imperatriz, de sua alteza a princesa imperial e da sra. baronesa da Fonseca Costa, e que jamais interveio direta ou indiretamente no procedimento do mesmo chefe.

Mas a resposta imperial, diante do escândalo, de nada adiantou. Como podia o chefe supremo da nação, empenhado durante toda sua vida pública em salvaguardar as leis e a Constituição e punir os malfeitos, proteger quem o havia roubado? Como se tudo isso não bastasse, d. Pedro concedeu ao chefe de polícia da corte o título de conselheiro e ao tenente Lírio a Ordem da Rosa, no grau de cavaleiro. Isso só produziu mais murmúrios sobre o assunto.

Logo surgiram folhetins na imprensa do Rio de Janeiro fazendo ironia sobre o caso. A *Gazeta de Notícias* publicou ao longo de várias semanas a história "As joias da coroa", em que d. Pedro II era representado pelo personagem "duque de Bragantina", e Manuel de Paiva, pelo alcoviteiro "Manuel de Pavia". A trama da novela dizia respeito à entrega de uma jovem garota, ainda com ar infantil, virgem, em troca de uma grande quantia a ser dada pelo nobre senhor que a desvirginaria. O autor anônimo da história de "As joias da coroa" era Raul Pompeia.

Ele não foi o único a se debruçar e dar asas à imaginação e aos rumores das ruas e da sociedade contra o soberano. No periódico *Gazetinha*, um jornal de formato pequeno e diário, surgiu na mesma época "Um roubo no Olimpo". Apresentado ao leitor como uma "ópera-bufa", d. Pedro II surgia como Júpiter, Manuel de Paiva era Mercúrio, o mensageiro dos amores de Júpiter, e o delegado era Argos.

Outro jornal, a *Gazeta da Tarde*, publicou durante mais de noventa edições um folhetim chamado "A ponte do Catete". Nele, a vida amorosa de d. Pedro II era completamente descortinada. Com nomes sendo trocados, d. Pedro II aparecia como Bourbon, e outros personagens eram sugeridos, como a "condessa", uma clara referência à condessa de Barral. Assim, como nos demais pasquins, Manuel de Paiva entrava na história como alcoviteiro do imperador. Esse folhetim ainda ia mais longe, levantando questões dos amores do pai de Bourbon com "Demetilde", numa alusão a Domitila de Castro, a marquesa de Santos, falecida anos antes. "A ponte do Catete" narrava diversas peripécias amorosas de d. Pedro II. Tudo, obviamente, lido pelo monarca, que sorvia com interesse todas as publicações da imprensa nacional.

Assim como o chefe de polícia teve que enfrentar o Senado e a Câmara por ter soltado o principal suspeito do roubo das joias, sem conseguir dar qualquer explicação convincente, o imperador enfrentaria a condessa de Barral. Da Europa, ela tomaria aos poucos conhecimento do ocorrido. Tanto d. Pedro quanto o conde d'Eu, além de outras pessoas, inclusive a princesa d. Francisca, lhe contariam sobre o caso.

A condessa deu graças a Deus que o bom amigo, o negro Rafael, não estivesse implicado no roubo. Quanto a Manuel de Paiva, ela, como o restante da família imperial, não concordava com o tratamento que d. Pedro dera ao caso. Numa das suas cartas, Barral deu mostras de que os roubos eram realmente constantes dentro dos palácios. "Agora fico persuadida de que foi o mesmo Manuel de Paiva que lhe furtou a comenda de brilhantes e os botões do conde d'Eu, e que você, por grandeza de alma, não o denunciou. Não louvo essa clemência, porque nem sempre se faz do ladrão fiel, e aí está o pago."[17]

Durante meses, a condessa fustigou o monarca:

Longe de mim o pensamento que v.m. exerceu a menor influência sobre a marcha da polícia e da justiça; mas soltarem os acusados, sobre os quais pesam suspeitas tão graves, pelo mero fato de se terem achado as joias, é uma flagrante imoralidade; e eu digo, não sei com qual jornal, que, na lama de onde se tiraram os brilhantes, se enterrou a justiça.

Da Europa, a condessa de Barral passou a ler o folhetim "A ponte do Catete", que fazia menção velada aos amores dela com o imperador. No início de maio de 1882, escreveu: "Hoje tenho andado tão nervosa, que nem sei como posso comigo, depois da leitura de um folhetim mandado do Brasil à sua mana Chica e que ela me emprestou. O que virá na continuação desta triste história?". Na mesma carta, ela suplicava a d. Pedro que modificasse o seu modo de vida: "Porque, na mocidade, desculpa-se muita coisa; mas, na velhice, nada; e v.m. deve dar o exemplo".[18] Fica bastante clara aqui a repreensão de Barral ao monarca. Também ela parecia desconfiar que o que prendia o destino de Manuel de Paiva ao do imperador eram serviços que o criado prestava arranjando jovens para d. Pedro.

Essa carta-diário, que por diversos dias ela ia escrevendo até remeter a missiva, tem algumas passagens interessantes. A visão da condessa a respeito da imagem da monarquia para o povo demonstra ser mais arguta do que a do monarca. "Repito que fiquei com nojo de tudo isso, porque nem espírito mostraram os ladrões; e o que mais admira é isso já não ter acontecido muitas vezes, com o desleixo que reina em tudo no paço de v. majestade." E ia mais além vaticinando: "E vai parecendo que breve teremos mais uma república na América do Sul — Sei que por si v. majestade não se importaria, mas é seu dever cuidar de sua dinastia e fazer respeitar a pessoa do soberano".[19]

Foi gritante para a sociedade ver seu guardião máximo, que com seu lápis fatídico vetava a entrada de pessoas para postos no governo por falta de lisura ou de caráter, envolvido nesse escândalo. O imperador, ao impedir explicitamente que a justiça continuasse o seu curso, pôs em xeque o papel que havia construído para si.

A desfragmentação de um personagem

A sociedade passou a questionar o soberano. Se a residência oficial do chefe da nação era aquela desorganização, com falta de segurança, seria ele capaz de governar o Brasil? O líder impoluto, guardião da Constituição, que fazia questão de supervisionar e corrigir seus ministros sempre que podia, cobrando correição e lisura em seus ofícios públicos em detrimento de vantagens, sofria com esse episódio um imenso arranhão.

D. Pedro estivera até então acima das negociatas e dos jogos de poder. Ninguém podia acusá-lo de enriquecimento ilícito, por exemplo. A sua renda era assegurada pela dotação, e ele fizera de tudo para nunca elevá-la, mesmo se endividando durante anos para saldar as viagens feitas ao exterior. Entretanto, ele se imiscuiu em diversas nomeações, como comprovam as cartas de suas amantes com pedidos de cargos e postos no exterior, geralmente dados pelo soberano. Em 1883, o casamento de Dominique de Barral, filho da condessa, com Maria Francisca, filha do marquês de Paranaguá, alimentaria mais um escândalo na corte, com o ministério e os imperadores prestigiando o casamento.

A velha geração de funcionários, cortesãos, militares e políticos que deram sustentação à monarquia, ao longo da minoridade de d. Pedro II e de seu longo reinado, deixava de existir. A maior personalidade do período, o duque de Caxias, falecera em maio de 1880 com mais de setenta anos; o general Osório havia morrido em 1879. Os políticos mais velhos também partiam — a nova geração, com os olhos voltados para o novo, para o progresso e para o moderno, queria mudanças, sem se atentar que nem sempre "novo" é sinônimo de "melhor".

As caricaturas do período e os eufemismos usados para falar do sistema de governo e do imperador saíram das tribunas da Assembleia e tomaram os jornais — que começaram a influenciar a opinião pública. Em 1881, foi publicada no jornal satírico *O Corsário* uma das críticas mais mordazes ao imperador. Observa-se tanto um ataque político quanto moral, usando para isso a condessa de Barral. O texto prova como já era voz corrente o relacionamento amoroso dos dois:

D. PEDRO II

O Rei

Onde estão tuas virtudes, oh! monarca,
Onde se acastela o teu saber,
Que títulos de bondade são os teus,
Respondei ou mostrai, queremos ver?

Não é por certo
Boa mora
Trair a esposa
Com a Barral.

A quem tu corrompes, oh! Bobeche,
Com a tua vontade de czar?
Tens por sempre premiar os criminosos
E desprezar a quem se faz honrar!

Timandro o diz
E com razão;
prova está
No seu brasão

Quem são os teus amigos, Pedro Dois,
A quem dedicas tu terna afeição?
Ao egoísmo, à maldade, à ladroeira,
Sentimentos de teu vero coração!

Salgado se ri
De ti idiota,
o prêmio já teve
De sua patota.

Tu ensinas, no país, a corrupção,
Te disfarças em letrado ou sabichão
Discípulo vergonhoso de Loyola,
No tempo da feroz inquisição.

O povo é vítima
Da tua grei
P'ra ti não há
Justiça ou lei.[20]

D. Pedro não era mais unanimemente respeitado nem mesmo por aqueles que acreditavam num Terceiro Reinado. Esse era o caso do jornalista e abolicionista José do Patrocínio — proprietário do jornal *Gazeta da Tarde*, no qual o longo folhetim "A ponte do Catete" foi publicado. Segundo alguns pesquisadores, seria o próprio Patrocínio o autor da obra. O jornalista, ao mesmo tempo que atacava o velho imperador, via na princesa d. Isabel o futuro da nação. Mas esse pensamento não era unânime.

Até então, as duas regências de d. Isabel só haviam servido para ela sentir o ritmo de governo preestabelecido pelo pai. As leis que ela assinara, como a Lei do Ventre Livre e a dos Sexagenários, já haviam sido discutidas, e o terreno para que as coisas acontecessem já tinha sido pavimentado antes de ela assumir as regências.

Após os retornos do imperador ao Brasil, d. Isabel voltou a ser aljada do poder. Como filha amantíssima e obediente, não se insurgiu e não reclamou diretamente com o imperador por uma participação efetiva junto aos negócios do país que ela, pela lei, herdaria. O Brasil não era o mesmo da época em que d. Pedro II havia subido ao trono. Ele então, envelhecido e adoentado, estava sozinho capitaneando uma máquina governamental cada vez maior e mais complexa. Aos 55 anos, em 1880, as reuniões dos conselhos de ministros que eram realizadas aos sábados a partir das 19 horas chegavam facilmente até a 1 hora da manhã do dia seguinte, quando não até depois das 3 horas da madrugada.

Apesar de a sociedade brasileira se tornar mais complexa, a máquina administrativa passava quase inteiramente pelas mãos do soberano. D. Pedro continuava sendo a chave de acesso para diversas nomeações de postos no governo, no Senado, no Conselho de Estado e no exterior. Havia menos um respeito e mais um medo de muitos burocratas afrontarem o soberano e suas ideias e com isso caírem em desgraça junto a d. Pedro, prejudicando futuras nomeações. O império era regido por um "gigante" que a imprensa queria a todo custo revelar que tinha pés de barro. A aparência imperial, com o ar já gasto e amarfanhado, contrastava com o ar moderno e pulsante que os mais novos viam nos seus vizinhos americanos. As novas gerações começariam a imaginar outro Brasil, com outra forma de governo.

O Brasil na época do império era uma das maiores nações do continente americano e a única monarquia. Os Estados Unidos da América do Norte, com os estados do Norte da Federação dando o tom da industrialização e do dinamismo, avançavam como uma das mais importantes nações do continente. Vizinha do Brasil, a Argentina, que no início da Guerra do Paraguai vivia violentos problemas internos com chefes militares tomando o poder e se revezando nele, emergia ao longo da década de 1880 como uma república moderna. A pecuária e a agricultura ditavam a economia argentina, enquanto o país se abria para a imigração e vencia as distâncias de seu território por meio da construção de estradas de ferro.

O Brasil também construía estradas de ferro, mas seu território ainda não era unido por elas como os Estados Unidos, por exemplo. Enfim, dois países da América se modernizavam, enquanto o Brasil continuava dependente da monocultura do café e com uma indústria incipiente. Quanto à economia, continuávamos necessitando de empréstimos para saldar a nossa dívida externa. Em 1886 e 1888, o Brasil fez dois empréstimos com os ingleses, cada um de seis milhões de libras, em grande parte para amortizar os juros das dívidas anteriormente contratadas na praça de Londres.

O FIM DO IMPÉRIO

A questão dos escravizados

Diferentemente desses dois países, Estados Unidos e Argentina, o Brasil do início da década de 1880 estava longe de ver o fim da escravidão. Apesar de o Poder Moderador conferir diversos poderes ao monarca, ele não podia chamar para si uma medida de tamanha envergadura como a abolição dos escravizados.

A Coroa fazia a sua parte. Toda a família imperial estava unida no que dizia respeito à emancipação da mão de obra escravizada. D. Pedro assalariou os escravizados da Coroa, não os libertou porque eles pertenciam ao Estado nacional, e isso podia ser interpretado como uma expropriação dos bens nacionais se não houvesse uma lei que amparasse o ato. D. Pedro, a esposa, a filha e o genro participaram e auxiliaram financeiramente a libertação de diversos escravizados com compras de alforria — no caso de d. Isabel, ela chegou a esconder alguns fugitivos.

Durante a década de 1880, assim como já fizera antes, o imperador tornou pública na Fala do Trono a necessidade de dar prosseguimento à libertação dos escravizados. Em 1883, em seu discurso, ele disse:

> Fazendo justiça a vossos sentimentos, espero que não vos esqueçais da gradual extinção do elemento servil, adotando medidas que determinem sua localização, assim como outras que auxiliem a iniciativa individual de acordo com o pensamento da lei de 28 de setembro de 1871.

Dois anos depois, em 8 de março de 1885, insistiu na abertura da Assembleia que se tornava "imperioso resolver-se a questão do elemento servil". Havia, desde aquela época, uma questão difícil junto aos proprietários de escravos. Eles consideravam estes um bem, uma propriedade. Se os escravizados fossem libertos pelo Estado brasileiro, ele deveria indenizar os proprietários pela perda de seus bens.

Anotações de 1884 provam que o monarca estudou matematicamente a questão da extinção gradual do cativeiro por aumento do Fundo de

Emancipação de Escravos. Esse fundo havia sido criado pelo art. 3º da Lei 2.040, de 28 de setembro de 1871, conhecida como Lei do Ventre Livre. O governo imperial dava um aporte financeiro para as províncias, e esse dinheiro era destinado a indenizar quem quisesse alforriar seus escravizados. Por meio desse fundo, mais de 30 mil escravizados conseguiram liberdade em todo o país.

Pelas contas feitas por d. Pedro, vemos os valores anotados a respeito das indenizações até a quantidade de escravos que se conseguiria libertar e as suas idades. Em meio às anotações, apontava alguns de seus pensamentos: "Termo médio da vida das pessoas livres, conforme a estatística, 39 anos. Há muitas classes que vivem pior que os escravos, no Brasil! Qual será o termo médio da vida destes: creio que será sempre menor".

E continuava suas elucubrações:

> O tráfico cessou em 1853, e, portanto, os importados até este ano têm, pelo menos, 31 anos, e não em muito grande número os que existam.

> Logo devemos contar, para a emancipação, muito principalmente os descendentes daqueles. Como emancipá-los gradualmente pela lei?

> Segundo a de 28 de setembro de 1871, só é escravo o matriculado de mais de 13 anos.

> Os de 30 são os que prestarão mais serviço, e os de 60 já o terão prestado 30 anos e merecem sua emancipação por lei, sem indenização a quem já tirou dele o maior lucro.

D. Pedro previa que, pelo Fundo de Emancipação de Escravos, pelas taxas do imposto que compunham o fundo e por diversos outros fatores, a libertação por meio desse método demoraria muito para ocorrer:

> A emancipação por lei, sem indenização, dos que tenham ou completarem 60 anos, pode-se dizer que dará só por si o resultado da emancipação do último escravo daqui a 60 anos, menos 13 ou 47, isto é, em 1931. Seria muito tarde, embora deva-se entender que o término médio da vida do escravo é de menos de 39 anos, e, assim, o número de escravos não será grande nessa época.[21]

Em junho de 1884, época das anotações acima, o monarca chamou o liberal Manuel Pinto de Sousa Dantas para formar um novo governo. Em seu discurso de posse na Câmara, o novo presidente do Conselho de Ministros informou que a Lei do Ventre Livre não era mais suficiente e que o governo tinha, efetivamente, de se dedicar à emancipação progressiva da escravidão.

Em julho, foi apresentado um projeto de lei que previa o aumento do Fundo de Emancipação e o fim da escravidão para os maiores de sessenta anos. As discussões que se seguiram na Câmara foram intensas, e acusou-se d. Pedro II de se imiscuir no assunto. Os deputados se reuniram numa moção de censura contra o governo — que pediu ao imperador que dissolvesse a Câmara, o que d. Pedro fez. Mas, mesmo o gabinete tendo o controle das novas eleições nas mãos, os novos deputados fizeram frente ao governo que caiu, obrigando d. Pedro a chamar Saraiva e depois João Maurício Wanderley, o barão de Cotegipe, para tentarem organizar um novo gabinete.

Finalmente, sem indenização aos proprietários, os escravos com 60 anos ou mais eram libertados por meio da Lei dos Sexagenários (Saraiva-Cotegipe), promulgada em 1885. Entretanto, apesar de o imperador conseguir fazer a sua vontade, o governo do conservador Cotegipe estava pouco disposto a agir em prol do abolicionismo total. Logo o primeiro-ministro se revelou contrário ao movimento abolicionista, tentando persegui-lo. Cotegipe tentou negar aos abolicionistas o direito de se pronunciarem e de se reunirem publicamente.

São Paulo em 1886

D. Pedro era contrário ao fato de o Estado se encarregar dos escravos fugidos. Era da opinião de que estes deveriam ser castigados por seus donos. Em viagem à província de São Paulo, de outubro a novembro de 1886, o imperador foi acompanhado por Múcio Teixeira, correspondente do jornal *O País*. O jornalista produziu para o periódico 27 artigos com o título de "Viagem imperial". Neles, contava sobre o dia a dia do imperador. Em seus papéis, anotou sobre d. Pedro: "Dorme pouco, come menos do que dorme, bebe só água. Fala muito, lê mais do que fala e ainda mais do que lê visita escolas, cadeias, hospitais, quartéis, só não visita as pessoas que o visitam. Não fuma e não deixa quem fuma fumar".[22]

Nessa viagem, como em todas as demais, d. Pedro não perdia tempo. Percorreu todas as estradas de ferro da província e seus ramais, como também os rios navegáveis, passando tanto por cidades grandes quanto por diversas povoações. Durante o dia descansava somente enquanto comia rapidamente alguma refeição e de noite dormia suas cinco horas apenas.

Visitou na ocasião a construção do Monumento à Independência, o Palácio do Ipiranga, projetado pelo italiano Tommaso Bezzi e que hoje é ocupado pelo Museu Paulista da USP. D. Pedro gostou do que viu, uma obra grandiosa para assinalar o local da Independência. Achou que o prédio devia ter um fim prático e abrigar um instituto, como efetivamente acabou por ter, primeiro como escola e depois como museu.

> Na cadeia de Taubaté, viu um alçapão
>
> [...] cautelosamente fechado com a precisa antecedência, indagou o que é que havia lá embaixo. Ao saber que nesse antro jaziam cinco escravos ali enterrados por ordens dos respectivos senhores, convidou-me a descer, e vimos então uns miseráveis pretos, que na frase sintética do inconsciente carcereiro "eram atrevidos e incorrigíveis".[23]

Em conversa com o presidente da Câmara Municipal, onde também ficava a cadeia, no andar térreo, o imperador perguntou se o político achava que as autoridades deveriam auxiliar os donos dos escravos a corrigir o comportamento. Acrescentou, antes de dar tempo para ele responder: "Entendo que o senhor de escravos não pode castigá-los fora de sua casa".

Noutra cadeia, a mesma cena, novamente um escravo preso a mando do seu senhor. Dessa vez, d. Pedro se voltou para o escravo e disse: "Espere, meu preto, tenha paciência, que eu já vou tratar da sua liberdade".[24] Voltou-se para o presidente da Câmara e mandou que tratasse da alforria do escravo, afirmando que pagaria a quantia da indenização ao senhor. Como o vereador continuou acompanhando o imperador, este ordenou ao político: "Ande, que eu tenho pressa, e não quero sair daqui sem ver isso feito". Num quartel de polícia, libertou um passarinho preso numa gaiola e disse sorrindo: "Eu não gosto de gaiolas em quartéis, nem de alçapões em cadeias".[25]

Obviamente que as histórias de Múcio Teixeira para *O País*, contando sobre o descontentamento do imperador em ver escravos nas cadeias, fizeram com que, na cidade de Piracicaba, d. Pedro não encontrasse mais nenhum aprisionado, assim como nas demais localidades por onde passou. Mas o imperador, apesar de tentar, não era onisciente nem onipresente. As leis para a emancipação gradual existiam, mas o seu cumprimento era outra questão.

A primeira lei, a do Ventre Livre, deixava de ser cumprida por falta de fiscalização, mesmo com denúncias, como a da venda de um garoto escravizado de dez anos de idade. O menino foi posto à venda num leilão em 1882, na cidade de Valença, Rio de Janeiro, quando, pela Lei de 1871, já era um liberto. Não havia gente suficiente para verificar se os filhos dos escravizados estavam efetivamente recebendo algo para trabalhar ou não, e se estavam sendo criados para serem libertos.

Em relação à segunda lei, a dos Sexagenários, pela quantidade de escravos que efetivamente chegavam aos 60 anos, a liberdade servia para pouca coisa, a não ser para os senhores, que, mesmo sem indenização como desejavam, se livravam do ônus de manter, cuidar e tratar dos escravos até o fim de suas vidas.

Joaquim Nabuco, um dos principais tribunos abolicionistas, acusava o governo de tentar com essas leis, que considerava protelatórias, adiar a verdadeira abolição e, com isso, tentar esvaziar o movimento. Nabuco e o engenheiro André Rebouças, entre outros, eram partidários de um projeto de Brasil no qual a abolição e a igualdade social pudessem alicerçar o Terceiro Reinado, com d. Isabel governando.

Em oposição ao flerte da Coroa com o movimento abolicionista, os escravocratas começaram a estreitar laços com o movimento republicano — que não tocava na questão da abolição e era formado pela elite, não tinha, portanto, caráter popular. O movimento republicano passou, então, a simbolizar para os senhores de escravos uma possibilidade de manutenção de seus privilégios. A ideia, no geral, era que a libertação ocorresse da maneira mais morosa possível.

Em descompasso com os impasses dos grupos políticos e econômicos que formavam a base do império, diversos movimentos abolicionistas irromperam pelo Brasil. Não apenas a compra das alforrias era uma forma de dar liberdade, mas verdadeiras redes de proteção aos escravos fugidos foram criadas. Não havia consenso oficial a respeito da manutenção da escravidão. Enquanto alguns políticos lutavam pela causa dos fazendeiros, outros que estavam no poder faziam a sua parte em prol da abolição. Diversas províncias acabaram abolindo a escravidão antes que o poder central agisse para isso. A primeira a agir dessa forma foi a província do Ceará, em 25 de março de 1884, cinco anos antes da Lei Áurea.

A abolição no Ceará deveu-se, de certa forma, a Francisco José do Nascimento, apelidado de "Dragão do Mar". Ele, liderando outros jangadeiros, se recusou a realizar travessias de escravos da terra para os navios que os levariam já vendidos ao Sudeste. O ato dos jangadeiros tomou dimensão nacional.

Enquanto isso, em São Paulo, no período em que d. Pedro fez a sua viagem à província, as fazendas do oeste paulista começavam a sofrer com as fugas em massa. Um dos organizadores dessas debandadas era Antônio Bento de Souza e Castro, com seu grupo denominado "Caifazes". Da cidade de São Paulo, ele coordenava o movimento dos escravos evadidos das fazendas até o quilombo do Jabaquara, na cidade de Santos, litoral paulista. Esse quilombo chegou a ter 10 mil habitantes. Além de Santos, outro lugar para onde os escravos paulistas foram enviados foi o Ceará.

As fugas em massa fizeram com que muitos fazendeiros tentassem, por meio da alforria de seus escravos e de um contrato de trabalho, manter a produção das fazendas. Alguns conseguiram, mas não por muito tempo. Para o escravizado, o trabalho no campo era a continuidade da escravidão, e o sentimento de liberdade só era alcançado quando ele não tinha o direito de ir e vir cerceado, sendo permitido ao ex-escravo se estabelecer onde quisesse. Isso passou a estabelecer uma das diferenças entre os imigrantes, atrás de trabalho para "fazer a América", e os negros, que queriam poder usufruir sua liberdade.

A Questão Militar

A década de 1880 no Brasil revelou o descompasso entre a Coroa, os políticos e o anseio da população, lançando à cena, novamente, o exército brasileiro. Durante a menoridade de d. Pedro II, o papel político da força foi esvaziado com a criação da Guarda Nacional pelo regente Feijó. Após o fim da Guerra do Paraguai, o exército passou a querer ter cada vez mais voz ativa na sociedade. Diferentemente de grandes líderes do passado, como o falecido duque de Caxias, a nova elite militar era mais urbana, menos rural e menos dependente de fortunas familiares advindas da exploração da lavoura. Estava alienada, portanto, do jogo do poder. O ingresso de soldados negros, ex-escravos alforriados, para lutar no lugar de brancos que não queriam servir no exército, acabou por irmanar os brasileiros da classe baixa, unidos pela mesma vicissitude.

A chamada "Questão Militar", com episódios pontuais de 1883 até a queda da monarquia em 1889, foi outra ponta da crise social e política que abalou os anos finais do Segundo Reinado. Assim como os republicanos arregimentaram escravocratas reticentes com a maneira como a Coroa via a questão abolicionista, a oficialidade passou a ser seduzida pela ideia de um novo regime que desse voz a ela.

Uma parte desses militares flertava com as ideias políticas positivistas do teórico francês Auguste Comte, segundo o qual a sociedade caminha em direção à estruturação racional. De acordo com Comte, o homem racionaliza os fenômenos universais passando por três estágios: o primeiro, o teológico, em que ele crê que sua vida é guiada pela vontade de seres sobrenaturais; o segundo, o metafísico, em que imagina a influência de forças ocultas; e o terceiro, o positivista, em que o Racionalismo e o conhecimento científico sobrepujam as demais fases. Um dos lemas de Comte era: "O amor por princípio, a ordem por base e o progresso por fim".

Sena Madureira

Em 1883, diante da proposta de lei do visconde de Paranaguá, que reformava o montepio dos militares, espécie de sistema de aposentadoria do exército, o tenente-coronel Antônio de Sena Madureira, entre outros, discutiu a questão na imprensa. Em resposta aos discursos realizados pelos políticos no Parlamento, os militares respondiam por meio dos jornais. Assim, os oficiais envolvidos na polêmica acabaram sendo acusados de irem contra o regulamento ao discutirem publicamente questões políticas. Estes, por sua vez, alegavam que entraram em discussão pública ao terem suas honras atingidas. Sena Madureira foi um dos repreendidos e punidos pelo ministro da Guerra.

No ano seguinte, 1884, Sena Madureira se envolveu em nova polêmica. Além de se bater pela causa militar, ele era também abolicionista e, como comandante da Escola de Tiro de Campo Grande, recebeu publicamente na instituição o famoso "Dragão do Mar". Como punição, Sena Madureira foi transferido para o Rio Grande do Sul, para a Escola

Preparatória do Rio Pardo. Na polêmica que se seguiu, os militares foram proibidos de se manifestar por meio da imprensa.

No ano seguinte, durante uma investigação de corrupção no Piauí, o coronel Cunha Matos, do Partido Liberal, denunciou o comandante de um quartel local, que era do Partido Conservador. Em 1886, como vingança, o deputado Simplício Rezende, em discurso na Câmara dos Deputados, atacou Cunha Matos, afirmando que ele havia, durante a Guerra do Paraguai, atirado contra soldados brasileiros. O militar, ferido em seus brios, atacou o político pela imprensa. Por ordem do ministro da Guerra, Cunha Matos foi preso por dois dias e novamente os militares foram proibidos de se manifestarem na imprensa sem autorização.

O senador José Antônio Correia da Câmara, visconde de Pelotas, marechal do exército e senador pela província do Rio Grande do Sul, em discurso no Senado, tomou a questão de Cunha Matos como ofensa geral aos oficiais do exército brasileiro. Acusou os políticos de se acharem superiores aos militares sem terem dado a vida em batalha e afirmou que os oficiais brasileiros tinham o direito de defender sua honra, quando fossem atacados. Alguns dias depois, como resposta ao visconde, o senador Franco de Sá negou o abuso dos políticos contra os militares. Franco de Sá era ex-ministro da Guerra e o responsável pelas punições a Sena Madureira. Este, do Sul, por meio do jornal republicano gaúcho *A Federação*, respondeu ao discurso do senador.

O marechal Manuel Deodoro da Fonseca era, na ocasião, comandante de armas e presidente interino da província do Rio Grande do Sul. Como responsável por seus comandados, o marechal foi questionado por telegrama pelo ajudante-general do exército Manuel Antônio da Fonseca da Costa se ele dera permissão para a publicação da carta de Sena Madureira no jornal. Antes que Deodoro respondesse, o ministro da Guerra repreendeu publicamente Sena Madureira.

A disputa entre os militares e o governo recrudesceu. Os alunos das Escolas Militares do Rio Grande do Sul e do Rio de Janeiro prestaram homenagens a Sena Madureira, e o marechal Deodoro acabou se transformando no principal representante do exército contra o governo. A pressão exercida tanto pelo exército quanto pelo senador visconde de Pelotas acabou por revogar a proibição dos militares de se manifestarem pela imprensa.

O presidente do Conselho de Ministros, João Maurício Wanderley, barão de Cotegipe, diante da negativa de Deodoro em proibir que os alunos e oficiais do Sul se reunissem para discutir política, fez o marechal ser transferido para o Rio de Janeiro. Deodoro cumpriu as ordens e voltou para a corte, acompanhado de Sena Madureira, que se demitiu em solidariedade. Diante das homenagens prestadas aos dois militares, em Porto Alegre, Cotegipe solicitou ao irmão de Deodoro, Severiano da Fonseca, comandante da Escola Militar da Praia Vermelha, que proibisse os alunos de irem ao desembarque do marechal e de Sena Madureira, quando chegassem à corte. Os alunos não só compareceram ao desembarque como também foram fardados, e Severiano pediu demissão.

O ano de 1887 começou com a saída de Severiano da escola. Durante a passagem do comando, houve diversas homenagens e discursos, incluindo um de Benjamin Constant. Os militares estavam exaltados. Exigiam que as fichas de serviços de Sena Madureira e Cunha Matos, suas fés de ofício, fossem limpas.

Deodoro

O alagoano Manuel Deodoro da Fonseca era um velho conhecido de d. Pedro II. Um dos primeiros contatos do imperador com a família Fonseca foi, segundo consta do arquivo do monarca, uma carta escrita pelo patriarca, o tenente-coronel Manuel Mendes da Fonseca, pai de Deodoro.[26] Em 1854, viúvo e tentando criar os dez filhos que sobreviveram, recorreu ao imperador em busca de ajuda financeira. Precisava pagar uma dívida de cinco contos de réis que havia contraído. A duras penas, Manuel Mendes havia conseguido criar e dar educação aos filhos. Com exceção de um, que era doente, todos os demais se formaram na Escola Militar. As duas filhas também foram educadas. Tanto Deodoro quanto os irmãos serviram ao Brasil durante a Guerra do Paraguai, sendo dois deles, Eduardo Emiliano e Afonso Aurélio, mortos em batalha. A estatura moral e de serviços prestados ao Brasil colocava, na ocasião, o marechal Deodoro como um substituto à altura do duque de Caxias à frente do exército.

Deodoro, em fevereiro de 1887, escreveu diretamente ao imperador para tratar da limpeza das fichas dos militares. Uma semana depois, sem receber nenhum retorno, escreveu novamente a d. Pedro e denunciou o governo por traição. Diante da situação, Alfredo Chaves, ministro da Guerra, se demitiu.

Além da questão da limpeza da ficha de serviço dos militares, também entrou em discussão a questão dos cinquenta alunos da Escola Militar da Praia Vermelha que foram receber Deodoro e Sena Madureira, quando estes chegaram ao Rio de Janeiro. Eles foram transferidos para a Escola de Tiro de Realengo, e, com isso, a formatura deles acabaria sendo postergada. O visconde de Pelotas e Deodoro assinaram um manifesto a favor dos alunos e dos oficiais. Enquanto isso, pelas ruas, já se falava abertamente em um golpe militar que instalaria a república. A questão passou a ser discutida dentro do Parlamento e do Senado do Império, de onde saiu a resolução de se limpar as fichas dos militares.

O exército abolicionista

Ainda em junho de 1887, ocorreu a criação do Clube Militar, órgão por meio do qual o exército ganhou voz própria, sob a presidência do marechal Deodoro. Um dos seus primeiros pronunciamentos foi a respeito da escravidão. O exército se recusava a perseguir escravos fugidos. Um documento foi emitido pelo Clube, em outubro de 1887, para a princesa d. Isabel:

> Senhora! Os oficiais membros do Clube Militar pedem a vossa alteza imperial vênia para dirigir ao Governo Imperial um pedido, que é antes uma súplica. Esperam que o governo imperial não consinta que nos destacamentos do exército, que seguem para o interior, com o fim, sem dúvida, de

manter a ordem, tranquilizar a população e garantir a inviolabilidade das famílias, os soldados sejam encarregados da captura de pobres negros, que fogem à escravidão, ou porque vivam já cansados de sofrer os horrores, ou porque um raio de luz da liberdade lhes tenha aquecido o coração e iluminado a alma.

Senhora! A liberdade é o maior bem que possuímos sobre a terra; uma vez violado o direito que tem a personalidade de agir, o homem, para reconquistá-lo, é capaz de tudo: de um momento para outro, ele que dantes era um covarde, torna-se um herói; ele, que dantes era a inércia, se multiplica e se subdivide, e, ainda mesmo esmagado pelo peso da dor e das perseguições, ainda mesmo reduzido a morrer, de suas cinzas renasce sempre mais bela e mais pura a liberdade. Impossível, pois, senhora, esmagar a alma humana que quer ser livre.

Por isso, os membros do Clube Militar, em nome dos mais santos princípios da humanidade, em nome da solidariedade humana, em nome da civilização, em nome da caridade cristã, em nome das dores de sua majestade, o imperador, vosso augusto pai, cujos sentimentos julgam interpretar e sobre cuja ausência choram lágrimas de saudades, em nome do vosso futuro e do futuro de vosso filho, esperam que o governo imperial não consinta que os oficiais e os praças do exército sejam desviados da sua nobre missão. Eles não desejam o esmagamento do preto pelo branco e não consentiriam também que o preto, embrutecido pelos horrores da escravidão, conseguisse garantir a sua liberdade esmagando o branco.[27]

Os oficiais, ao lançarem essa carta, afirmavam com todas as letras não quererem mais compactuar com a sustentação dos interesses das classes dominantes, a dos proprietários de terras e escravagistas, formadas principalmente por fazendeiros fluminenses, que, devido ao método do plantio do café, exauriram a terra, diminuindo muito sua capacidade de produção. Sem contarem com a mesma entrada anterior de dinheiro, acabaram por se agarrar à terra e aos escravos que ainda restavam, como parte de seu capital. Oposta aos fluminenses, uma nova classe surgia: a dos cafeicultores do oeste paulista. Estes já vinham dando liberdade aos escravos e adotando a mão de obra livre, além de outras técnicas modernas de exploração da terra. O boicote dos militares não era uma afronta à classe dominante, mas a uma parcela dela.

Começava assim a crise do Estado imperial, que se demonstrou incapaz de atender às demandas e necessidades da sociedade que se expandia e se tornava mais complexa. O descontentamento político com a crise da reversão do gabinete, realizada pelo imperador em 1868, acabou levando à criação do Partido Republicano. Isso fez surgir, dentro das classes dominantes, uma via que buscava a evolução do Estado tendo por princípio o fim da monarquia. Enquanto isso, dentro da ordem política, os dois partidos hegemônicos, e teoricamente antagônicos, faziam pouco mais do que buscar a manutenção de seus poderes e de seus interesses.

O imperador doente

E onde estava o imperador no início de 1887, no auge da crise militar? Por que ele não respondeu à carta de Deodoro? D. Pedro II, envelhecido, sem a herdeira e seus netos por perto, havia adoecido gravemente. A princesa d. Isabel, o conde d'Eu e os filhos estavam na Europa.

D. Pedro estava fatigado. Dormia pouco, acordava com os travesseiros e a roupa de cama ensopados de suor. Estava fraco e havia emagrecido bastante. Na sua ausência, a assembleia, principalmente o Senado, praticamente chamou a si, de certo modo, o Poder Moderador, resolvendo a Questão Militar, praticamente à revelia do monarca.

O imperador, após ter chefiado o Conselho de Ministros no dia 26 de fevereiro de 1887, havia subido novamente para Petrópolis, onde passou mal à noite, durante uma apresentação de mágica. A dor de cabeça que o acometeu foi tão forte que o obrigou a se retirar assim que o espetáculo teve início. No dia seguinte, teve febre bem alta. Os médicos do Paço o examinaram e concluíram que o problema estava no fígado. A sua recuperação foi bastante lenta, passou semanas acamado, enfraquecido e tendo surtos de febre, vômitos e recaídas ao longo de três meses. Com d. Isabel na Europa, o governo ficou quase que completamente nas mãos do barão de Cotegipe.

No início de abril, os médicos do Paço, sem conseguirem identificar corretamente a doença e um tratamento eficaz, aconselharam que fosse feita uma junta médica formada por outros médicos e especialistas do Rio de Janeiro. O conselho geral da junta médica atestou que o imperador precisava de novos ares. E assim foi feito: levaram-no para várias localidades e, quando parecia que estava se recuperando, teve um ataque grave de febre e vômitos no dia 25 de abril, piorando ao longo da semana.

Os médicos acharam melhor levá-lo de volta à corte, para o Palácio de São Cristóvão. O dr. João Vicente Torres Homem foi chamado e verificou que, além do fígado, o imperador também estava com problema no baço e provavelmente com malária. À luz da medicina moderna, podemos inferir que o imperador estava, na ocasião, com pancreatite, somados a isso, os danos causados no pâncreas devido a seu diabetes.

Concordando com o tratamento dos drs. Cláudio Velho da Mota Maia e Vicente Cândido Figueira de Saboia, Torres Homem indicou que seria melhor, devido aos ares, levar o imperador para a floresta da Tijuca. No dia 1º de maio, acompanhado pela imperatriz e os médicos, d. Pedro foi se hospedar no palacete da condessa de Itamaraty, no Alto da Boa Vista. Ali, aos poucos, o imperador foi se recuperando e começou a dar passeios de carro e a pé pela floresta.

O público em geral tinha notícias da saúde do imperador pelos boletins médicos, que diziam que o estado de saúde dele era "satisfatório". Devido à repetição do termo "estado satisfatório", isso passou rapidamente a anedota na boca do povo e na imprensa, enervando, dessa forma, os liberais e calando os conservadores que estavam no poder.

Se o estado do imperador era satisfatório, por que não era mais visto passeando pela sua Quinta da Boa Vista, pela cidade do Rio de Janeiro, ou em Petrópolis? Por que não recebia mais comissões parlamentares, nem seus amigos particulares, nem os viajantes famosos que passavam pelo Brasil? O povo também não o via mais no teatro ou nas ruas, dando batidas em repartições públicas.

O restabelecimento de d. Pedro II estava longe de estar completo. Ele estava abatido, havia emagrecido e envelhecido bastante. Sua memória não era mais a mesma e falhava constantemente. Angelo Agostini, no seu jornal satírico, desenhou o monarca, com uma manta nos joelhos, recomendando que antes de se tomar uma decisão devia se consultar o barão do Bom Retiro, que havia morrido um ano antes.

A princesa d. Isabel ficou com receio de retornar rapidamente ao Brasil sem uma ordem para isso. Poderia dar a impressão de que ansiava o lugar do imperador. O seu imobilismo causou a impressão inversa. A opinião pública a acusou de pouco se importar com o pai e os negócios brasileiros. Em consulta formal ao dr. Mota Maia, o barão de Cotegipe, em abril, exigiu um parecer definitivo sobre o estado de saúde do imperador. O parecer foi de que o estado de d. Pedro inspirava cuidados e que ele deveria se afastar da direção dos negócios públicos por um período razoável visando ao seu restabelecimento.

Diante do relatório do médico, Cotegipe telegrafou para a princesa d. Isabel solicitando o seu pronto retorno ao Brasil para assumir a regência em nome do imperador. Ela retornou o mais rápido possível, chegando ao Rio de Janeiro em 7 de junho. A princesa, que se acostumara a ter no pai um exemplo de robustez e memória sólida, alarmou-se ao deparar-se com um senhor envelhecido e com falta de memória.[28] A falha da memória do imperador pareceu, aos olhos do embaixador austríaco, ter sido provocada pelo abuso das doses de sulfato de quinino dadas ao paciente para a cura da malária.

O dr. Mota Maia tentou colocar regras de horários de visitas e dieta específica para conter o diabetes e as demais doenças que abatiam a frágil saúde do imperador. Mas d. Pedro continuava querendo ler todos os jornais do Rio de Janeiro, do Brasil e do mundo. Enquanto o médico travava uma luta feroz com o imperador para curá-lo, os jornais e os políticos faziam acusações contra todos os monarquistas.

Os jornais culpavam ora a herdeira, ora o conde d'Eu, o "estrangeiro", pelo isolamento do monarca. Acusavam, ainda, o conde de querer a todo custo que sua esposa se tornasse imperatriz para poder mandar no Brasil por meio dela. Sobraram acusações até mesmo aos médicos e aos cortesãos, que queriam explorar a suposta invalidez do imperador. Conforme os rumores de uma nova viagem do monarca à Europa surgiam, começaram a chover acusações da oposição contra o governo, a ponto de acusarem o presidente do ministério, barão de Cotegipe, de obrigar o imperador a morrer longe da pátria.

Assim como a esposa, o conde d'Eu também estranhou o sogro. Em cartas para os parentes na Europa, Gastão comentou a respeito da mudança no caráter do imperador. O monarca, de vontade sempre resoluta, sempre determinado e confiante, agora ouvia mais do que decidia. D. Isabel, nas suas memórias aos filhos, se lembraria de ver pela primeira vez na vida o pai irresoluto, lento na conversa e constantemente esquecido de assuntos correntes. Mesmo sendo contrário a ir para a Europa se tratar, o imperador, segundo d. Isabel, não quis tomar parte nas discussões, deixando o assunto a cargo dos médicos, da filha e do ministério. Segundo ela, por ele ter "medo de errar".

Quem era o herdeiro de d. Pedro II?

Enquanto o governo e a família tentavam contornar a falta do imperador, começaram a surgir boatos e ideias a respeito de quem efetivamente deveria assumir o trono imperial na falta do monarca. O embaixador austríaco, em sua correspondência comentando sobre a questão da sucessão, citou o nome do neto mais velho de d. Pedro II, o príncipe d. Pedro Augusto, filho da finada princesa d. Leopoldina.

D. Pedro Augusto, criado pelo avô com as mais altas expectativas, passou boa parte da infância e da adolescência tentando agradá-lo. Apesar disso, d. Pedro II chegava, por exemplo, a criticar o neto em carta para a condessa de Barral por este ter passado apenas com aprovação mínima no seu ingresso na Escola Politécnica, onde se formaria em Engenharia.

D. Pedro manteve durante muitos anos o neto praticamente isolado em São Cristóvão. Apesar de ser muito afeiçoado a ele, os negócios de Estado os afastavam. Na sua tentativa de se adequar ao que o avô esperava, d. Pedro Augusto meteu-se entre os livros, sobretudo na coleção de mineralogia que pertencera à bisavó, d. Leopoldina. Como mineralogista, realizou descobertas, participou do Instituto da França e escreveu artigos e obras sobre o assunto.

No mundo patriarcal do Brasil da época, no qual a mulher socialmente era ligada às questões privadas, relegando as questões públicas aos homens, aos olhos de alguns, o herdeiro natural de d. Pedro II seria um homem e não d. Isabel. A herdeira, por ser mulher — segundo o que se esperava na época, ao menos no imaginário de parte da população e dos políticos —, seria tutelada pelo marido, encarado até pelo imperador como o seu conselheiro natural. Contra o conde d'Eu, cuja surdez não ajudava a ser o brilho das festas e das reuniões sociais, pesava o fato de ser estrangeiro. Com forte sotaque francês, era constante alvo de maledicências, principalmente por parte dos republicanos. Era acusado de sovina e de explorar cortiços no Rio de Janeiro, quando na realidade havia alugado terrenos que lhe pertenciam para a exploração de terceiros.

A constante distância da política e do público que o casal acabou por manter, para não ferir os brios de d. Pedro II, acabou de certa forma por isolá-los da sociedade. Isso contribuiu para aliená-los de parte dos estratos sociais e das classes dominantes que poderiam sustentar o pretendido Terceiro Reinado.

As intrigas, nas quais d. Pedro Augusto se viu enredado para que assumisse o trono no lugar do avô, chegaram aos ouvidos do conde d'Eu por meio do próprio sobrinho. Em carta ao pai, o duque de Némours, Gastão informou sobre o assunto dizendo que o neto mais velho do monarca o havia procurado: "Ele achou que devia, por lealdade, me advertir". Mas o conde d'Eu não acreditava nessas especulações que, segundo ele, eram muito comuns "no país da fofoca".[29]

Alguns historiadores veem esse fato por diversos prismas. D. Pedro Augusto estaria efetivamente mancomunado com pessoas contrárias à ascensão de d. Isabel ao trono, principalmente por não simpatizarem com o conde d'Eu. Outras veem o neto do monarca como alguém para quem a política não interessava em absoluto. De qualquer forma, d. Pedro Augusto seguiria na comitiva do avô para a Europa. Caso ocorresse algo com o imperador no exterior, o neto estaria longe do Brasil no momento em que sua tia assumia pela terceira vez a regência, sendo mais do que natural a ela continuar no poder na falta do pai.

Novamente a Europa

Em 30 de junho de 1887, os imperadores desceram do palacete dos condes de Itamaraty em direção ao Arsenal de Marinha, onde embarcaram no paquete *Girondi* com destino à Europa. Além do neto, seguiam na comitiva os drs. Mota Maia e Saboia, com as famílias, o conde de Nioac e o filho, os condes de Carapebus e o professor Seybold, pois o imperador, mesmo enfermo, queria continuar se aprimorando em sânscrito, árabe e grego. Também no mesmo navio, com destino ao seu consulado em Liverpool, seguia o filho do visconde do Rio Branco, o futuro barão do Rio Branco, José Maria da Silva Paranhos Júnior.

Quintino Bocaiuva, em seu jornal *O País*, chamou o navio que levaria d. Pedro II à Europa de "esquife da monarquia". Tanto os políticos da oposição quanto da situação tinham o mesmo pensamento: caso o imperador morresse no exterior, temia-se pelo futuro das instituições brasileiras. O povo se juntou mais uma vez para desejar boa viagem ao seu monarca, atraído pela curiosidade de ver quem não via havia tempos. A figura que saiu da carruagem na entrada do Arsenal era trêmula, pálida, olhos fundos e barba longa branca. Ao lado da imperatriz, saudava à direita e à esquerda, enquanto tentavam avançar. Gritos de "Viva Sua Majestade o Imperador" e "Sua Majestade a Imperatriz" ecoaram, enquanto a guarda de honra da Marinha prestava continência. A galeota branca e verde partiu levando os imperadores para bordo do *Girondi*, deixando para trás a multidão no cais.

Podemos saber do ânimo do imperador por um poema que ele fez a bordo do navio dias depois da partida e anotou em seu diário no dia 2 de julho:

> Cumpri o meu dever; se mais não fiz
>
> É que a moléstia m'impediu a ação.
>
> Da pátria e da família é o coração,
>
> E por seu bem eu tudo sempre quis.
>
> Este adeus tão saudoso, que lhes diz
>
> Quem os ama, só tem consolação
>
> Na ideia de voltar, qual dantes são
>
> Para entre eles viver sempre feliz
>
> Apesar de sofrer cruéis demoras,
>
> Vendo os progressos dos que mais viveram,
>
> Darei aos brasileiros meus emboras,
>
> Pois seus antigos dotes não perderam,
>
> Revelando-os melhor todas as horas,
>
> No que a muitos outros excederam.[30]

Para passar o tempo, além das anotações em seu diário, o monarca aproveitou o relatório do barão de Ibituruna sobre higiene pública. Também, com o professor Seybold, traduziu do árabe trechos d'*As mil e uma noites*. Como sempre interessado n'*Os lusíadas*, de Camões, comparou a tradução alemã com o texto original.

Com o repouso forçado a bordo do navio, d. Pedro chegou outro homem em Lisboa, muito parecido com o que corria pelas ruas para cima e para baixo anos antes a pé ou em veículos. Recebido pela Família Real portuguesa, se recusou novamente a ficar em algum palácio e se hospedou no Hotel Bragança. Uma das visitas que fez foi à condessa d'Edla, viúva de d. Fernando, que havia falecido dois anos antes.

França, Alemanha e França de novo

De Lisboa partiu para Paris passando pela Espanha. No dia 21 de julho de 1887, d. Pedro e sua comitiva desembarcavam à 1h30 da manhã na Estação Orléans, sendo saudado por cerca de trezentas pessoas que o aguardavam, apesar da hora.

De lá, foram para o Grande Hotel. No mesmo dia, seguiu para a assembleia geral dos acionistas da empresa construtora do canal do Panamá, onde foi aclamado. Visitou também o Instituto de França, passeou pelos cais Voltaire e Malaquias, chegando até o Hipódromo. Para quem no Brasil esteve à beira da morte meses antes, a recuperação do monarca era assombrosa.

No dia seguinte, visitou o presidente da França e, ao retornar ao hotel, teve consulta com os drs. Brown-Séquard e Michel Peter, convocados por Mota Maia. Após os exames, ambos concordaram com o tratamento que vinha sendo dado pelo médico do imperador e recomendaram ao monarca um período em alguma estação de águas termais. Iria para Baden-Baden. Também o dr. Charcot, entre outros, o examinara durante a sua estada em Paris.

Na capital francesa, foi à L'Opéra e à Academia de Ciências do Instituto de França para assistir à posse de Pasteur como secretário perpétuo da seção de ciências físicas. O imperador aproveitaria a ocasião para introduzir o neto, d. Pedro Augusto, junto aos seus amigos acadêmicos. Solicitou que o príncipe lesse um trabalho que havia desenvolvido a respeito de mineralogia — o que ocorreu na sessão de 1º de agosto de 1887. No jantar anual do Instituto de França, o imperador ocupou o lugar de honra.

Apesar de abatido e emagrecido, d. Pedro teimava em tentar manter seu ritmo frenético no exterior. As consultas médicas eram fechadas. Poucas pessoas, mesmo do círculo íntimo, sabiam o que os médicos efetivamente haviam dito. Tanto a princesa d. Francisca, que visitara o irmão e o achara até melhor do que esperava, quanto d. Pedro Augusto tentaram descobrir algo, sem conseguirem mais do que serem acalmados pelos médicos.

O que a família não conseguiu, brasileiros inventaram. Dermeval Pereira, médico e jornalista, enviou uma série de reportagens produzidas em Paris para a *Gazeta de Notícias* do Rio de Janeiro. Como era formado em Medicina, conversou com o dr. Peter e saiu de seu consultório informando que o imperador não estava mais apto a continuar no poder. Peter desmentiu, disse ter afirmado que achava que o imperador não poderia mais se entregar com o afinco habitual aos seus estudos, não ao governo.

Não apenas d. Pedro II era alvo dos jornais e políticos brasileiros. Enquanto estava fora, d. Pedro Augusto foi censurado num discurso de Rui Barbosa na Câmara. O príncipe havia sido visto em um jantar com o escritor português anticlerical e republicano Guerra Junqueiro. Nada diferente do avô, anos antes, com Victor Hugo. Em 1º de agosto, o imperador e sua comitiva partiram para Baden-Baden.

Nas termas, buscava-se o alívio da diabetes de d. Pedro por meio de duchas, mergulhos e massagens. Considerada, na ocasião, a segunda capital da Europa, Baden-Baden vivia cheia de artistas, intelectuais, nobres e magnatas. Mota Maia, Nioac e outros tiveram dificuldades em conter o curioso imperador, que queria ver, receber e visitar todos que lhe interessavam. Passaram dois meses na cidade, partindo em 1º de outubro em direção a Coburgo, onde assistiram à missa na igreja em que a princesa d. Leopoldina está sepultada. Em seu diário, o velho imperador, agora melhor de aspecto, confidenciou que teve que se segurar ao ir rezar na capela onde a filha jazia para não chorar feito uma criança.

No dia 9, após passar por Bruxelas, estava novamente em Paris. Na capital francesa, a irmã d. Francisca notou que as ideias do monarca fluíam melhor. Mas nem tudo agradava à princesa, que em carta à sobrinha no Brasil confidenciava à regente:

[...] Sempre agitado, tem a cor da pele ainda pálida e um pouquinho amarelada, está menos carrancudo, as ideias parecem-me irem muito melhor, pude conversar com ele sozinha uma boa meia hora, um pouco de tudo, e tive o prazer de ver que procurava muito menos suas recordações [...] deploro é o contínuo movimento e cansaço inútil a que ele dá-se. Falei ao Mota Maia, disse ele que o achava também e fazia o que podia para impedi-lo.[31]

Inquieto como sempre, o imperador não parava sentado mais que cinco minutos. Apesar de dizer que estava um pouco restabelecido, seu rosto pálido o traía. Mota Maia, em cartas a d. Isabel, reclamava do paciente. Em uma delas afirmava que o imperador poderia passar bem melhor se não se desgastasse tanto em constante atividade, superior às suas forças. E d. Pedro não parava. Instituto de França, almoços, jantares, ópera, visitas a intelectuais. Tentava agir como antes, como se não tivesse nenhum problema. Quis aproveitar que estava na Europa e ia atravessar o Mediterrâneo até o Egito. Os médicos o proibiram, e ele foi então para Marselha e Cannes.

A caminho de Cannes conversou com o grão-rabino de Avignon, Benjamin Mossé, que foi o primeiro estrangeiro a escrever uma biografia sobre o imperador: *Dom Pedro II, empereur du Brésil*, publicada em 1889, com d. Pedro ainda no trono. Escrita em francês, língua então universal dos intelectuais, a obra foi ideia do conde de Nioac. Mossé era um escritor razoavelmente reconhecido na França, mas sabia muito pouco sobre o Brasil. O verdadeiro autor da obra, a quem Mossé emprestou o nome, foi o barão do Rio Branco, José Maria da Silva Paranhos Júnior. Nesse livro, Mossé, ou melhor, Rio Branco, escreveu a célebre frase que ficaria conhecida a respeito de d. Pedro II e do seu amor pela instrução: "Em presença de vários dos nossos compatriotas em Cannes repetiu, se não fosse imperador quisera ser mestre-escola. Não conheço mais elevada missão".[32]

Na beira do mar, recebeu e conversou com diversos poetas, escritores e nobres e fez passeios pelas praias. Uma pessoa que não se esqueceria de sua figura foi Franklin Delano Roosevelt, futuro presidente dos Estados Unidos. Roosevelt, que na ocasião passeava com os pais em um parque no sul da França, viu surgir um casal de idosos vestidos distintamente, eram d. Pedro II e a imperatriz. Segundo o presidente norte-americano, aquele seria o seu primeiro contato com o Brasil.[33]

Itália

Sem poder ir até o seu amado Egito, se pôs a explorar a Itália, aproveitando para se consultar com o dr. Semmola. Teimosamente, subiu o Vesúvio mais uma vez. Passou por Gênova, Florença, Nápoles, Bolonha e Veneza. O dr. Mota Maia, em carta para o conde d'Eu, informava, aflito, que o imperador viajava pela Itália "pelo modo tão desconhecido de v. alteza, e nem os meus rogos, pedidos e discussões cotidianas o demovem do seu propósito de tudo ver e examinar. Às minhas observações e às de Nioac, sempre dedicado, sua majestade respondia: 'Não sei viajar como uma mala!'".[34]

Em Florença, no início de março de 1888, se hospedaram no Grand Hotel de La Paix. O rei Humberto I, da Itália, em temporada no Palácio Pitti, convidou-o para um almoço em que havia mais três cabeças coroadas: a rainha Vitória, que passava uma temporada hospedada na Vila Palmieri, a rainha de Württemberg e a da Sérvia. Vitória achou o imperador idoso e doente. D. Pedro com a esposa e o neto mais velho visitariam a velha rainha. Vitória faria 69 anos em maio. D. Pedro II estava com 62 anos. Apesar de ser mais novo que ela, o monarca brasileiro, segundo o *Almanaque de Gotha*, era o príncipe com reinado mais longevo na ocasião, tendo assumido o trono em 1831, enquanto Vitória assumiu em 1837.

O grito do Ipiranga

Ainda em Florença, junto com os reis e rainhas que ali estavam, foi apresentado por Pedro Américo, residente nessa cidade, o quadro *O grito do Ipiranga*, em que retratou d. Pedro I no momento do Grito, em 7 de setembro de 1822, às margens do riacho do Ipiranga. A inauguração se deu em 8 de abril de 1888 diante do prefeito de Florença e de grande parte dos políticos, de senadores, príncipes e nobres. D. Pedro anotou sobre o quadro em seu diário naquela noite: "Agradou-me em geral, contudo não brilha pelo colorido e há um cavalo que se inclina tanto para o lado galopando que tenho medo que se prancheie. Mais direi depois que tiver a fotografia onde talvez possa escrever os nomes das pessoas retratadas".[35] No mesmo dia, o conde de Nioac escreveu ao conselheiro João Alfredo: "Ele [o imperador] vai sem novidade e em constante atividade! Não é possível retê-lo, vive-se em contínuas lutas, não é possível moderá-lo, quer ir sempre adiante e dormir depois de meia-noite".[36]

Na comemoração do aniversário da imperatriz, em 14 de março, o imperador anotou em seu diário a respeito do brinde que havia feito no jantar em sua honra ao qual compareceram dois irmãos de d. Teresa: "Fiz saúde a quem devo quase meio século de felicidade — e aos que no Brasil lembram-se hoje ainda mais de mim".[37]

Em maio, o imperador andarilho estava em Milão e não parava quieto um segundo com diversas incursões aos arredores da cidade. No dia 2, assistiu sozinho, executado somente para seus ouvidos, ao primeiro ato da ópera *Lo Schiavo* (O escravo), de Carlos Gomes. Essa era a contribuição do maestro campineiro ao movimento abolicionista brasileiro, assunto que inflamava as conversas no Brasil e no exterior. Gomes pretendia que o governo ajudasse a levar a ópera à cena no Rio de Janeiro e d. Pedro disse que ajudaria. Fatigado, já passava da meia-noite quando o imperador se deitou, porém não se levantou de manhã cedo, como de hábito, acordando a todos. Continuou na cama, com calafrios.

O imperador agonizante

Mota Maia de pronto telegrafou para o dr. Charcot, que da França havia partido para a Espanha e estava incomunicável. Já o médico italiano, o dr. Semmola, assim que recebeu o chamado, partiu para junto da cabeceira do imperador. Mota Maia, diante da tosse seca de d. Pedro, diagnosticou que ele estava com pleurisia. Semmola recomendou uma conferência médica com os doutores Bruno, de Turim, e De Giovanni, de Pádua. Além deles, interrompendo suas férias, o dr. Charcot também chegou a Milão para se juntar à equipe médica que tentava salvar o imperador.

Aplicou-se bolsa de gelo na cabeça de d. Pedro por quase quinze dias na tentativa de amenizar a febre alta e suas consequências. Do dia 8 em diante, a piora do imperador levou o presidente do Conselho de Ministros a telegrafar para a legação em Roma pedindo que, em caso de falecimento do imperador na Itália, solicitassem ao governo local que nada faltasse. Prostrado na cama, d. Pedro mal conseguia falar e respirar. No dia 8, teve delírios, e no dia 11 tudo parecia perdido, mas no dia 12, por volta das 20 horas, ele apresentou uma ligeira melhora.

Abolição

Enquanto isso, no Brasil, no início de março, o conselheiro João Alfredo compôs um novo ministério. O gabinete do barão de Cotegipe, que governara até então, pedira demissão coletiva — e d. Isabel aceitara. Desde que o pai saíra do Brasil, ela, o marido e os filhos se instalaram no Palácio de São Cristóvão, para supervisionar uma arrumação geral no gabinete e na biblioteca do pai, entre outras coisas. Os papéis privados e públicos, misturados no meio de livros, estavam ao alcance de praticamente qualquer um que entrasse nos aposentos.

Mas não foi só a arrumar a casa do pai que d. Isabel se dispôs. Desde o início, ela e o marido começaram a pressionar o barão de Cotegipe a respeito de uma lei que abolisse totalmente a escravidão no Brasil. D. Isabel não era mais a tímida princesa que se prestara a ser uma simples substituta do pai no trono. Se nas outras duas regências não interferira diretamente na condução dos negócios de Estado, dessa vez seria diferente.

Diversas províncias já estavam realizando as suas próprias abolições, e o governo central ainda não sinalizara um empenho para acabar nacionalmente com o problema. D. Isabel, em diversas reuniões com o presidente do conselho, externou suas preocupações quanto à demora de uma lei ampla e irrestrita. Via até mesmo como próxima, caso essa lei não fosse feita, a secessão dos estados abolicionistas do restante do país. Entretanto, o barão não enxergava a mesma urgência que a princesa e não tinha vontade alguma de tratar sobre o assunto no momento.[38]

A oportunidade da mudança do ministério surgiu devido a uma crise entre a polícia da corte e alguns militares. A questão levou ao pedido de demissão do chefe de polícia do Rio de Janeiro e com ele o do gabinete. D. Isabel, quebrando a tradição do pai, não aceitou a indicação do barão de Cotegipe para o seu substituto. A princesa procurou dentro do Partido Conservador, que mantinha a maioria na Câmara, alguém disposto a levar adiante a lei da libertação dos escravos. Essa pessoa foi o senador pernambucano conselheiro João Alfredo, um dos responsáveis pela aprovação da Lei do Ventre Livre. Ele organizou o novo gabinete e conseguiu fazer passar a lei.

Em 13 de maio de 1888, foi assinada pela princesa a Lei Áurea, que pôs um fim geral à escravidão no Brasil. A ideia do projeto inicial, escrito pelo ministro da Fazenda, conselheiro Antônio Prado, era fixar os escravos na terra por dois anos após a data da lei. Mas o projeto passou simplesmente declarando livres todos os escravizados, sem a obrigação de o escravo trabalhar por mais tempo para seus antigos proprietários e muito menos que se indenizassem os fazendeiros pela perda da propriedade.

D. Isabel, numa carta para seus filhos,[39] deixou claro que se negou a indenizar os fazendeiros, pois para isso teria que ser criado um imposto, e quem pagaria pela libertação seria o povo, que pouco ou nada tinha com isso. Os fazendeiros que ainda mantinham escravos se viram sem essa mão de obra no início da colheita do café, que no Brasil é feita entre maio e setembro — eles passaram a representar uma fonte de insatisfação permanente contra a futura imperatriz que havia lhes tomado a propriedade e parte dos lucros da colheita. Em carta ao imperador, no mesmo dia, d. Isabel declarou que o 13 de maio seria um dos mais belos dias de sua vida, se o pai não estivesse doente.[40]

Em Milão

No dia 13 de maio, um telegrama do presidente do Conselho de Ministros informou ao imperador do Brasil que a Lei nº 3.353, que passaria à história como Lei Áurea, havia sido aprovada pelo Senado e sancionada pela princesa, passando a valer no mesmo dia. A escravidão estava oficialmente extinta no Brasil. João Alfredo comentou que as ruas se encheram com o júbilo da população e que a corte não havia visto até então festas iguais àquelas. Também dizia que a princesa d. Isabel era o alvo entusiasmado das saudações e que o nome de d. Pedro II era lembrado e aclamado, junto com votos de pronto restabelecimento. No dia 15 de maio, foi expedido um telegrama onde se lia: "Agradeço à Redentora, seu pai — Pedro". Mas não era da lavra do imperador e sim do conde de Nioac.

Em carta para o conselheiro João Alfredo, Nioac informou no dia 17 de maio que havia retido os telegramas e as informações a respeito da abolição, não os mostrando para o imperador, pois os "quatro médicos temeram que a emoção fosse muito superior e que pudesse produzir graves consequências ao ilustre enfermo".[41]

Na manhã de 22 de maio, d. Teresa Cristina se preparava para ir à missa, quando bateram em seu quarto pedindo que ela fosse ao do marido, pois ele não estava nada bem. A imperatriz mal tivera tempo de arrumar o cabelo e foi até lá. Na noite anterior, o quadro clínico de d. Pedro era estável, mas a imperatriz ao entrar no aposento do marido o encontrou como morto. Ele havia sofrido um colapso, e os médicos temeram a falência geral de seus órgãos. Seu corpo ficou frio e coberto de suor. Sua respiração, de profunda, tornou-se superficial até chegar, por alguns minutos, a ficar sem respirar.

D. Pedro agonizava, telegramas foram expedidos. O mundo aguardou a sua morte. No Brasil, o demissionário barão de Cotegipe, provedor da Santa Casa de Misericórdia, ordenou orações ao imperador nos estabelecimentos da instituição. Monsenhor Brito, vigário-geral, determinou aos párocos das freguesias que celebrassem preces em te-déum com a exposição permanente do santíssimo sacramento. O rei de Portugal, d. Luís, solicitou que as igrejas do reino juntassem suas preces às da Família Real em intenção da recuperação de seu tio. O papa escreveu a d. Teresa Cristina e determinou que o arcebispo de Milão fosse ministrar os últimos sacramentos ao imperador.

Além do oxigênio ministrado e das injeções de éter, o dr. Semmola insistiu em injeções de cafeína. Elas surtiram efeito, e o imperador recobrou a consciência e conseguiu se confessar, recebendo a extrema-unção de um pároco de uma igreja perto do hotel que, na urgência, a imperatriz mandou chamar. Aproveitou também para, diante do medo iminente da morte do marido, contar o que acontecera no Brasil, no dia 13 de maio.

A condessa de Barral, que havia chegado ao hotel no dia 20, encontrava-se no quarto de d. Pedro junto com a imperatriz. Todos no aposento estavam ajoelhados rezando, enquanto o monarca recebia a hóstia consagrada. Depois de d. Pedro comungar, a condessa de Barral disse: "Sabe, meu senhor, chegou uma grande notícia do Brasil que a imperatriz vai dar a vossa majestade". No que o imperador respondeu: "O quê?". A imperatriz disse: "É a emancipação". Como ele pareceu não compreender, a condessa explicou: "Não tem mais um só escravo no seu império. A lei passou quase sem discussão em ambas as Câmaras e foi recebida com o maior entusiasmo e vivas a vossa majestade".

O imperador, com uma voz diferente da normal, pois estava sem sua dentadura, exclamou "Graças a Deus!" e repetiu umas vinte vezes "ser a minha filha quem assinou isso é para mim o maior prazer".[42] Lágrimas rolaram pela face de d. Pedro, segundo as testemunhas, que o ouviam pronunciar repetidamente as palavras "ó, o grande povo... ó grande povo".

Até o dia 23 de maio, ainda houve receio de que ele falecesse no exterior. Aos poucos, d. Pedro foi melhorando, mas ainda inspirava muitos cuidados. Muito fraco, não conseguia nem se sentar na cama para alimentar-se. A irmã, a princesa de Joinville, foi visitá-lo e escreveu para d. Isabel no dia 28 que o havia encontrado com boa cara e muito satisfeito com a emancipação, mais satisfeito ainda com o fato de a filha ter assinado o decreto.

Convalescença

No dia 30, os médicos publicaram um boletim atestando que o imperador se encontrava estável e havia entrado em convalescença. Carregado em cadeiras de braço, maca e cadeira de rodas, o imperador seguiu com seus companheiros para Aix, onde se hospedou no Hotel Splendide. Aí começou a sua lenta recuperação cercado pelas irmãs e pelos médicos, incluindo o dr. Charcot, que fora visitá-lo novamente. No início da primeira quinzena de junho, d. Pedro já caminhava sozinho e dava pequenos passeios.

O presidente da França, Sadi Carnot, e sua esposa visitaram o imperador no hotel onde d. Pedro exclamou: "A França terá me salvado!". Na ocasião se acertou a participação do Brasil na Exposição Universal de 1889, em Paris, na qual a Torre Eiffel, inaugurada no evento, serviu de entrada. No final de junho, Mota Maia reuniu novamente a junta médica internacional, que deliberou que o estado do imperador era satisfatório para retornar ao Brasil, mas com a condição de que ele não assumisse imediatamente o governo e continuasse o repouso e o regime que vinha seguindo.

Como agradecimento a Mota Maia, o imperador, além do título de visconde que já havia lhe dado, mandou ordens para que o mordomo do Paço adquirisse, em nome do doutor, a casa que este alugava em Petrópolis. Ela ainda continua de pé, próxima da catedral, numa esquina da avenida Koeller. O título de visconde de Mota Maia seria elevado a conde em agosto de 1888. Além desse gasto, a viagem foi uma das mais caras pagas pelo monarca. Mais de 900 mil francos foram gastos no total, sendo só com os médicos italianos, Semmola e De Giovanni, pagos 60 mil francos para cada um em honorários, e para Charcot, 50 mil.

Deixando o marido em Aix, a imperatriz seguiu com a cunhada, d. Januária, para o santuário de Nossa Senhora de Lourdes, disposta a pagar a promessa feita à Virgem pela recuperação do marido. Ali, notou que faltava a bandeira do império brasileiro entre os pavilhões e fez com que uma fosse entregue e hasteada solenemente em 11 de fevereiro de 1889.

O neto, d. Pedro Augusto, havia, no começo de julho, partido para Paris, onde, no dia 10, representou o avô num banquete em homenagem à abolição. Em seu discurso, não fez nenhuma menção à tia que assinou a lei, deixando o tio-avô, o príncipe de Joinville, presente na cerimônia, perplexo. Essa não foi a única grosseria do príncipe. O neto mais velho do imperador, apesar de ter informado o tio, o conde d'Eu, das tentativas de incluí-lo num conluio para assumir o trono no lugar de d. Isabel, parecia não ser tão inocente na história. Diversas ideias megalomaníacas e de cunho infantil assaltaram o príncipe, que realmente se via como alguém apto a ocupar o trono no lugar do avô. D. Pedro Augusto havia deixado boa parte da comitiva irritada. Tanto Mota Maia quanto o conde de Nioac deram graças quando o príncipe se afastou do avô, indo para Paris e depois para Viena, antes do retorno ao Brasil. A intriga era uma constante na vida do rapaz, inclusive contra os médicos do avô — Pedro Augusto dizia que eles escondiam informações sobre o real estado do monarca. Suas atitudes já sugeriam os sinais da esquizofrenia que se abateria sobre ele.

Volta ao Brasil

Em 3 de agosto, d. Pedro II partiu para a cidade de Bordéus, onde tomou o navio *Congo* para o Brasil. Não passaria pela sua amada Paris mais uma vez, nem em Lisboa, seguindo direto para o Rio de Janeiro.

Os cuidados de Mota Maia continuaram a bordo. Apesar de o médico e de o dr. Charcot terem recomendado ao imperador que ele se ativesse a leituras leves, logo que chegou ao navio d. Pedro mandou abrir a caixa de livros que o Instituto de França havia mandado para ele. O médico brasileiro e o imperador entraram num acordo. O monarca poderia ler uma hora antes do almoço e outra antes do jantar, e deveria passear no tombadilho depois. Mas o soberano desobediente era quase sempre advertido pelo médico vigilante de que estava passando a hora de fechar os livros, o que d. Pedro fazia com o seu indefectível "Já sei, já sei".

Em 22 de agosto, d. Pedro desembarcou no cais do Arsenal de Marinha, no Rio de Janeiro. Meses antes, em 15 de junho de 1888, fora desembarcado, no mesmo local, o meteorito de Bendegó. O maior meteorito do Brasil e um dos maiores do mundo, foi uma das raras peças do Museu Nacional sobreviventes do incêndio que o antigo Palácio de São Cristóvão sofreu em 2 de setembro de 2018. O meteorito, constituído por ferro e níquel, foi transportado do sertão baiano para o Rio de Janeiro por empenho pessoal do imperador.

Salvas de tiros das fortalezas e dos navios, multidões nos morros e no píer festejavam o imperador que voltava vivo. A recepção foi entusiástica. Cadetes da Escola da Praia Vermelha, em honra do soberano, escalaram o Pão de Açúcar para desfraldar uma faixa verde, defronte ao mar, com a palavra "Salve", com cada uma das letras medindo oito metros. A faixa, vista do navio, emocionou o imperador, que fez questão de conhecer e cumprimentar os arrojados jovens cadetes.

Na rua do Ouvidor, o povo tentou desatrelar os cavalos da carruagem de d. Pedro para que a multidão a puxasse até o Paço da Cidade, mas d. Pedro II se opôs completamente a isso, impedindo a população de fazê-lo.

Abdicação

A chegada do imperador deu lugar a um impasse. Ele não estava completamente restabelecido. Muitos notaram o rosto abatido, o aspecto doentio e o olhar sem expressão. Seria ele capaz de assumir novamente as rédeas do Império? Não seria talvez melhor realizar a sucessão enquanto ele estava vivo e assim garantir o Terceiro Reinado?

A ideia tomou força durante a travessia, quando Mota Maia tentou entrar no assunto, e d. Pedro II respondeu que aceitaria se virasse conselheiro e senador. Se a ideia da abdicação era dar sossego e tranquilidade ao monarca, a hipótese de ele efetivamente ser feito senador e conselheiro estava fora de cogitação. A irônica resposta do imperador escapou à compreensão dos demais. Mas a ideia persistiu dentro do círculo íntimo. O conde de Nioac e o presidente do Conselho de Ministros, o conselheiro João Alfredo, insistiriam sutilmente nela.

No mesmo dia da chegada, João Alfredo perguntou quando poderia falar com o imperador sobre os negócios de Estado, acreditando que este o remeteria para a filha. D. Pedro foi taxativo, mandou o primeiro-ministro falar com ele no dia seguinte em São Cristóvão. O velho imperador não largaria facilmente o poder, ainda mais agora diante do acolhimento popular recebido.

O ministro, antes de comparecer ao palácio, foi conversar com a princesa. Ele acreditava que, enquanto d. Pedro se recuperava, ela devia continuar governando. Mota Maia entrou em ação novamente e, antes da chegada de João Alfredo a São Cristóvão, no dia 23, insistiu junto ao soberano. Relembrou a d. Pedro as recomendações dos médicos estrangeiros de que ele não deveria se sobrecarregar novamente com tantos assuntos. Ao menos mais dois meses de repouso, era o que pedia o médico.

Mas a ideia não agradou ao monarca. Não aceitaria abdicar nem se afastar e deixar a filha reinar. Recusava-se a assumir um cargo meramente honorífico e pró-forma, como já havia muitos no país. Ficaria até o fim no trono. E ficou.

Subindo para Petrópolis, no dia 5 de setembro, viu da janela do seu palácio, por detrás das vidraças, a manifestação entusiasmada da população recebendo de volta o seu morador mais ilustre. D. Pedro recebeu uma comissão que lhe entregou um álbum com diversos votos de boas-vindas e pronta recuperação assinado por personalidades, poetas e políticos.

Junto com boatos da abdicação do imperador, começou a surgir o de uma revolução que estaria sendo preparada pelos republicanos. Na dúvida de como as coisas se arrumariam, o que não faltavam eram histórias. Algumas levaram d. Pedro Augusto a achar que queriam casá-lo à força e mandá-lo para fora do Brasil. A condessa de Barral, em carta ao conde d'Eu, informou que na Europa se murmurava que d. Isabel deveria abdicar em nome do filho mais velho, o príncipe do Grão-Pará, e entregar a regência da criança ao príncipe d. Pedro Augusto, sendo, segundo a condessa, a forma de fazer "fiel o ladrão".⁴³

A Guarda Negra

Enquanto d. Pedro sonhava em morrer em seu trono, o restante dos que estavam a seu redor achava o futuro cada vez mais incerto. João Alfredo e o jornalista e abolicionista José do Patrocínio haviam ajudado, cada um a seu modo, a formação da chamada "Guarda Negra da Redentora". A guarda era um movimento de negros capoeiristas que se batiam violentamente nas ruas do Rio de Janeiro contra os republicanos e seus discursos cada vez mais incendiários.

A guarda dava, de certa maneira, suporte ao governo de João Alfredo e à princesa d. Isabel, ambos responsáveis diretos pela promulgação da Lei Áurea. A ideia também era lutar pelo direito do negro em ter livre exercício da cidadania, acesso à educação e à política. Além do beneplácito do presidente do Conselho de Ministros e do ministro da Justiça e da mobilização de Patrocínio, a guarda tinha em seu cerne o apoio da corte. A ideia de sua criação teria partido de Manoel Maria de Beaurepaire Pinto, filho da dama de d. Teresa Cristina, Elisa de Beaurepaire. Era a tentativa de alguém do círculo íntimo do imperador criar uma saída alternativa contra o movimento republicano que começava a tomar cada vez mais espaço na imprensa e nas ruas. Com a perda do interesse de grande parte dos latifundiários com o futuro do regime, era hora de se tentar buscar novos alicerces para a monarquia.

A herdeira naquele momento gozava da popularidade de boa parte dos libertos. Devido a esse fato, a hostilidade contra ela aumentou por parte da elite política e econômica. A ascensão, por meio do trono e do governo, de uma classe que até então vivia à margem da sociedade poderia representar para a elite um perigo social. O próprio conde d'Eu tinha reservas a respeito desse tipo de alianças. No aniversário de um ano da abolição, em maio de 1889, o conde, em carta para a condessa de

Barral, notou o abismo que se abria no Brasil. Pela sua análise, eventos emotivos como aqueles não eram nascidos completamente da devoção do povo, mas havia uma essência política que podia "espantar e alienar da monarquia, não sem alguma razão, os interesses estabelecidos e acender os instintos revolucionários dos demais".[44]

A Rosa de Ouro

O imperador desceu de Petrópolis em 28 de setembro de 1888 para a cerimônia da Rosa de Ouro. A rosa é um vaso de prata com uma rosa de ouro que o papa concede a igrejas, santuários, guerreiros e príncipes que se distinguem por ações beneméritas grandiosas. Esse símbolo de distinção foi entregue à princesa d. Isabel em setembro de 1888 em reconhecimento aos seus serviços na assinatura da Lei Áurea. A mão que agora recebia a rosa havia, aos olhos da sociedade da época, libertado o escravizado no ventre e depois acabado definitivamente com qualquer obrigação entre os negros e seus antigos proprietários.

A cerimônia foi realizada na Capela Imperial, que ficou pequena para a multidão presente. Havia diversas hostes de abolicionistas, sob a liderança de José do Patrocínio, escolares, o povo, o clero e a nobreza, em uma confusão acalorada e festiva de estandartes, uniformes e joias, tudo meio embaçado pelas névoas dos incensos. D. Pedro II, d. Teresa Cristina, d. Isabel e o conde d'Eu ocupavam os lugares de honra, assim como d. Pedro Augusto e a princesa da Baviera, de passagem pelo Brasil.

O gabinete de João Alfredo estava todo reunido no ato na Capela. Lá também estavam o presidente do Senado, diversos senadores, e uma comissão das Câmaras dos deputados e dos vereadores, bem como os funcionários do Paço. Para uma corte acostumada a não ter ostentação, a brasileira se engalanou solenemente para a festa. Nada era por acaso. Até mesmo a data do recebimento oficial da Rosa de Ouro era simbólica. Em 28 de setembro de anos anteriores haviam sido assinadas as duas primeiras leis do processo emancipatório, a do Ventre Livre e a dos Sexagenários.

Além do internúncio papal, monsenhor Spolverini, encarregado por Leão XIII de entregar a rosa a d. Isabel, estavam presentes no ato religioso os bispos do Rio de Janeiro, de São Paulo, de Olinda e Recife e o do Pará. O bispo do Pará, d. Antônio de Macedo Costa, um dos presos na Questão Religiosa, foi o escolhido para pronunciar, do púlpito, o sermão. No ato, d. Antônio afirmou ser aquela a "Segunda Missa" do Brasil. A primeira pedira aos céus as bênçãos para o país que nascia, a segunda "eleva os clamores da Grande Vítima até o coração de Deus, suplicando misericórdias para a nação que renasce". D. Antônio afirmava que a primeira missa consagrara e preparara a pátria, e essa segunda "prepara para os nossos vindouros uma pátria grande, próspera, livre!".[45]

O caráter político da cerimônia, que unia a Igreja, a herdeira do trono e os alforriados em um mesmo projeto de país, ficou claro em diversos momentos do discurso. D. Antônio, em seu sermão, deu a entender que a monarquia seria a garantia mais segura da estabilidade da nação.

Após o término das palavras do bispo, a princesa foi conduzida pelo marido aos pés do altar-mor e se ajoelhou. O secretário do internúncio papal leu a carta em que o papa concedia a honraria a d. Isabel, e monsenhor Spolverini lhe entregou a rosa. A herdeira beijou-lhe o anel e a rosa, que segurou até retornar ao Paço da Cidade. Ali depositou o arranjo na mesma mesa em que havia assinado a Lei Áurea, no dia 13 de maio.

Ainda no Paço, houve desfile militar e uma recepção. D. Isabel recebeu a embaixada da Cúria Romana e houve uma fala oficial de monsenhor Spolverini. A resposta da princesa foi meramente protocolar, disse que informasse ao "Soberano Pontífice a expressão de toda a minha dedicação à Santa Sé e o meu reconhecimento pelo precioso testemunho de benevolência que o Santo Padre acaba de me dispensar e bem assim ao meu país".

A fala pública da princesa, em toda a cerimônia e na recepção, foi essa. Entretanto, todas as rosas têm espinhos. Logo, o governo e a Coroa iriam sentir a fúria da imprensa partidária. Diversos jornais estampariam outra fala que não foi pronunciada por d. Isabel: "Agradeço ao santo padre essa grande prova de apreço e prometo ser filha obediente da Santa Sé".

O que deveria ser apenas uma frase cerimonial em agradecimento à ordem recebida transformou-se em um estopim que incendiou o Rio de Janeiro e o Brasil. Anteriormente ao recebimento da rosa, a Câmara já havia se mostrado hostil. Alguns deputados alegavam que se tratava de uma condecoração e, como tal, vinda de um governante estrangeiro, era preciso obter permissão do imperador para ser recebida.

Então, atacavam abertamente o ministério de João Alfredo por ter permitido que a herdeira do trono afirmasse publicamente que se sujeitava ao papa ao dizer "[...] prometo ser filha obediente da Santa Sé", o que ela não disse. Isso seria, segundo os jornais e os deputados, um desrespeito às leis do Império brasileiro e vinha alimentar ainda mais a celeuma de que ela era completamente submissa à Igreja católica.

A polêmica tomou o Senado. Silveira Martins, apoiado por Cristiano Otoni, pediu informações ao governo sobre se o que os jornais diziam a respeito da questão do juramento de fidelidade de d. Isabel ao papa era correto. Martins questionava se seria possível que a futura soberana do Brasil pudesse ser súdita de quem quer que fosse, ainda que se tratasse de Sua Santidade.

O presidente do Conselho de Ministros, João Alfredo, no dia seguinte foi ao Senado, onde da tribuna respondeu a Silveira Martins. Segundo o presidente do ministério, as notícias da imprensa não eram exatas e não houvera o tal juramento. Na Câmara, a questão também foi debatida. Muitos políticos experientes, como Joaquim Nabuco, acusaram a falta de escrúpulos de alguns que estavam fazendo do boato do juramento de fidelidade da princesa ao papa uma arma contra o governo.

A questão seria explicada e esclarecida até com o próprio internúncio vindo a público informar que não houvera qualquer juramento de fidelidade da herdeira ao papa. Mas a perseguição a d. Isabel e a sua propalada e criticada "carolice" a acompanharia para sempre.

O teatro da corte e do governo

D. Pedro II, apesar de melhor de saúde, não era mais o mesmo, e sua vivacidade se esvanecia. João Alfredo e o dr. Mota Maia, acusado por Rui Barbosa de ser o verdadeiro poder por detrás do trono, tentaram controlar o volume de trabalho que chegava às mãos do monarca. Mas o que ele continuava lendo e estudando parecia ao médico impossível de controlar. As sessões do Conselho de Ministros acabaram por se tornar um suplício, com d. Pedro, depois da primeira hora de reunião, ficando fatigado e sendo acometido por crises de suor que ensopavam os documentos que estavam com ele.

Em novembro de 1888, o conde d'Eu escreveu ao pai, o duque de Némours, informando que o estado de decrepitude do imperador acabou por fazer notar ainda mais o estado de decadência da monarquia brasileira. Com isso, o povo, aos poucos, passou a compreender que o "imperador, com a melhor das intenções, não pode mais, por causa das restrições que seu estado de saúde exige, governar como ele costumava fazer antes da doença".[46]

Pela penúltima vez, em 22 de novembro de 1888, d. Pedro II subiu ao trono no Senado do Império para pronunciar a sua Fala. Nela, se referiu à pátria, ao trabalho do pai, d. Pedro I, e a como o Brasil sempre fora bom para ele, na infância, na orfandade e naquele momento meses antes, ao recebê-lo de volta da Europa. Quanto à abolição, assim se referiu a ela:

> Podemos desvanecer-nos do modo pacífico por que se opera a transformação do trabalho em virtude da lei de 13 de maio, cuja decretação tanto me consolou das saudades da pátria, minorando os meus sofrimentos físicos. O Brasil deu por esse ato novo testemunho de sua idoneidade para todos os progressos morais.[47]

A figura de d. Pedro, mais magro, envelhecido e frágil, causou impacto na assistência. Muitos murmuravam que ele não era mais o mesmo.

Na tentativa de diminuir o ritmo dos despachos, enquanto o ministro João Alfredo reduzia constantemente o que era discutido no conselho ministerial, o dr. Mota Maia conseguiu que o *Jornal do Commercio* parasse de publicar a hora de início e de término do conselho. Assim, evitava-se publicidade ao redor da diminuição do ritmo do monarca. Muitos notavam que, quando deixado em paz, o imperador limitava-se a se dedicar a fazer versos e criar charadas, como podemos ver em seus diários antes do exílio.

O cidadão número um do Império, o seu primeiro funcionário, acabou sendo minado pela doença e pela idade. O ator principal passara repentinamente a ser um mero coadjuvante que alguns viam como patético. Ao menos era dessa forma que os republicanos queriam que a imagem do monarca chegasse à imprensa. O movimento era cada vez mais engrossado, dessa vez pela chegada dos fazendeiros descontentes por não terem sido indenizados pela perda de seus escravos. Esses acreditavam, sem razão, que a república os indenizaria pela perda da propriedade. Enquanto isso, os primeiros republicanos, em número ínfimo, chegavam à Câmara dos Deputados do Império. Para os novos representantes eleitos desse partido, o democrático monarca os eximiu de jurar fidelidade ao imperador.

O governo, tentando controlar os militares, deu a Deodoro o comando de uma expedição militar a Corumbá, no Mato Grosso. A Bolívia havia tomado do Paraguai a região da Bahia Negra, na época conhecida como Puerto Pacheco, e o governo paraguaio havia solicitado ao Brasil que o nosso território que margeava a região ficasse efetivamente neutro em caso de guerra entre os dois países. O marechal assumiu a chefia em 21 de dezembro de 1888 das forças de terra e mar em observação na fronteira de Mato Grosso. Dessa maneira, João Alfredo eliminava uma ameaça constante junto à corte, com a retirada do presidente do Clube Militar. Deodoro ainda tentou fazer com que d. Pedro mudasse de ideia e nomeasse algum outro militar para o posto, que de certa forma equivalia a um exílio. Mas o velho monarca, invocando a questão da disciplina, fez o marechal marchar sob as ordens recebidas do gabinete.

O FIM DO IMPÉRIO

Em dezembro de 1888, no Rio de Janeiro, a conferência realizada pelo republicano Silva Jardim terminou em selvageria. Capoeiras da Guarda Negra, republicanos e escravocratas se atracaram por mais de quarenta minutos até a chegada da polícia. Mais de quarenta pessoas ficaram feridas, sendo que algumas faleceram. A Guarda Negra se retirou dando vivas à princesa d. Isabel.

D. Pedro II, completamente descontente com a violência, chamou o ministro da Justiça, Antônio Ferreira Viana, a Petrópolis. O recado do imperador era claro: que se batessem por doutrinas, não deveriam se matar e sim discutir. Enquanto isso, os cortesãos, como registrou o engenheiro André Rebouças, "pediam [...] mais sangue de republicano para encobrir a sua covardia".[48]

O movimento republicano era uma constante preocupação para os príncipes de Joinville e a condessa de Barral, que, da Europa, admoestavam o imperador e o restante da família imperial para o perigo que viam.

O Federalismo

Em 1888, novamente retornavam à pauta as ideias políticas de autonomia às províncias, reunidas em uma federação. O projeto era veementemente defendido pelo Partido Republicano Paulista, que via uma forma de garantir aos cafeicultores de São Paulo a entrada na política regional de modo mais agressivo, administrando eles próprios o seu estado, em vez de ficarem dependentes do governo central. Os conservadores e os liberais também começaram a questionar a estrutura administrativa do Brasil. Uma parte dos liberais era adepta da ideia de um Federalismo menos agressivo, enquanto boa parte dos conservadores queria um Federalismo mais radical.

Os liberais, no congresso realizado em 1º de maio de 1889, demonstraram que queriam reformas mais amplas e sociais. Patrocínio, líder da Guarda Negra, falou a respeito de "Socialismo agrícola". O Brasil parecia sentado em cima de um vulcão. O imperador acreditava, como muitos, que a ideia da federação do Império levaria rapidamente à república. Em conversa com André Rebouças, o ministro disse o que pensava do assunto:

> Eu sou republicano... Todos o sabem. Se fosse egoísta, proclamava a república para ter glórias de Washington. Somente sacrificava o Brasil à minha vaidade... Porque as pequenas províncias não têm pessoal para a Federação e seria um desgoverno geral, que acabaria pela separação.[49]

Mesmo alardeando o seu Republicanismo aos quatro cantos, não seria ele a fazer a República. Esta congregaria em seu seio mais descontentes com o Império e menos teóricos políticos. Os mais velhos a temiam, enquanto os mais jovens, com a sede de novidade que lhes é peculiar, ansiavam por ela.

Tentando dar mostras da serventia da monarquia, o conde d'Eu se encarregou dos socorros às vítimas da febre amarela, no início de 1889. O conde partiu no encouraçado *Aquidabã* em 14 de março do Rio de Janeiro para São Paulo. Ia para Santos e depois para Campinas levar médicos e medicamentos para os locais mais infectados pela febre. No Rio de Janeiro, a febre não foi tão perniciosa quanto nas outras cidades.

Gastão foi recebido em Santos com folhetos nos quais era chamado de "D. Cortiço", devido aos rumores que os republicanos incutiram de que ele explorava cortiços no Rio de Janeiro. Ao chegar à corte, novos panfletos republicanos saudaram o conde d'Eu, atacando-o e atacando a "doida da Isabel" que queria reinar. Na sede do império, faltava água, e a imprensa apontava acusadoramente o dedo para a administração falha do ministério. O engenheiro Paulo de Frontin conseguiu um contrato de urgência e numa semana de trabalhos na serra fez jorrar água na cidade.

A Ilha Fiscal

O melhoramento do abastecimento da capital não era a única obra de engenharia da ocasião. Em 27 de abril de 1889, na presença do imperador, foi inaugurada e entregue a Ilha Fiscal. O novo prédio da guarda fiscal alfandegária do porto do Rio de Janeiro foi projetado pelo engenheiro Adolfo José Del Vecchio no estilo neogótico inglês. A construção foi iniciada em 6 de novembro de 1881 e durou mais de sete anos em razão de mudanças significativas no projeto.

O edifício é um trabalho minucioso em cantaria, madeiras e vitrais. A decoração, tanto interna quanto externa, se volta para o império e as suas principais figuras, como d. Pedro II e d. Isabel que surgem em vitrais coloridos. A menção à princesa por assinar a Lei Áurea também é vista ainda hoje no local. O brasão imperial é o elemento decorativo mais presente na construção — um verdadeiro "documento" do final do Segundo Reinado. Os próprios republicanos perceberiam isso. Tanto que o grande brasão imperial em cantaria, que ainda pode ser observado na fachada do edifício, só foi salvo da destruição porque Del Vecchio pediu a Rui Barbosa, após a queda da monarquia, que o trabalho artístico fosse poupado da destruição que se abateu sobre os símbolos da Coroa por todo o Brasil.

A localização, na antiga Ilha dos Ratos, facilitou a proximidade do edifício com os navios. Na torre maior, havia um holofote, cuja luz tinha a intensidade de 60 mil velas, que varava a noite da baía em busca de contrabandistas. A fachada principal, voltada para a entrada da barra, elevava-se acima dos mastros dos navios da época, sendo facilmente vista de vários pontos do Rio de Janeiro.

Apesar de a arquitetura de Del Vecchio, inspirada nos projetos de Viollet-le-Duc, amigo de d. Pedro II, lembrar um castelo medieval, no edifício só havia o que de mais moderno existia de tecnologia no mundo. O prédio da fiscalização era ligado por telégrafo à sede da alfândega. O imperador teria dito a respeito da ilha que ela era um belo estojo para uma brilhante joia. E essa joia de fato brilhava. A eletricidade não fazia apenas o grande holofote funcionar, mas alimentava toda a construção que era iluminada interna e externamente por lâmpadas elétricas. Na ilha, numa construção separada do edifício principal, geradores próprios a tornavam autossuficiente em eletricidade. Além das lâmpadas, as quatro faces do relógio da torre se iluminavam, mostrando as horas para boa parte da cidade, dia e noite.

A última Fala do Trono

Descendo para a cidade em maio de 1889, d. Pedro II participou pela última vez do início do ano legislativo. A roupa do imperador era a mesma, devidamente ajustada, desde a época em que ele subira anos antes os mesmos degraus do trono para falar aos representantes eleitos da nação. O velho Senado estava cheio, as galerias lotadas, e todos viram o monarca, com as suas meias de seda branca, o manto de veludo verde bordado a ouro, a murça amarela de papos de tucano e a coroa.

D. Pedro, com as pernas bambas, parecia que sucumbiria ao peso do aparato imperial. Os pajens ergueram o manto para facilitar a subida do imperador ao trono, o aliviando um pouco do peso, mas era visível o seu cansaço ao vencer penosamente os degraus. A voz, fraca e baixa, dificultou que escutassem o seu discurso. Os que o ouviram não gostaram muito; os que o leram, após as gráficas do Rio de Janeiro imprimirem os jornais, menos ainda. Além da informação a respeito da quantidade de imigrantes, mais de 100 mil que entraram no Brasil, e a necessidade de uma reforma agrária, envolvendo tanto terras devolutas quanto improdutivas, principalmente nas beiras das estradas de ferro, d. Pedro foi tachado de medieval pelo visconde de Taunay devido ao fato de fazer menção à criação de mais bispados no país e universidades.

O direito de o governo desapropriar as terras improdutivas mexeu com os grandes latifundiários. Já lhes arrancaram a propriedade escrava e então também iam tirar suas terras? Para complicar mais a situação política, o Senado elegeu como presidente o conselheiro Paulino, que daria voz aos fazendeiros inconformados com a falta de indenização pelos libertos.

Dez dias depois, o monarca juntava-se à imperatriz, ao conde d'Eu e a d. Isabel na festa nacional pelo primeiro aniversário da abolição. Cada vez mais esquecido das coisas atuais e indiferente aos assuntos políticos, d. Pedro acabou por criar um impasse entre o ministério de João Alfredo e a Câmara dos Deputados.

Uma nova crise no governo

Sem conseguir quórum na Câmara, o presidente do Conselho de Ministros chegou a pedir demissão, e, como o imperador não concordou com ela, cogitou-se a respeito da dissolução da casa. Mas dessa vez o resultado seria muito incerto ao governo. O Partido Conservador encontrava-se dividido por diversas questões, principalmente sobre a indenização dos escravizados. Novas eleições seriam arriscadas, primeiro porque se duvidava que a ala conservadora de João Alfredo conseguisse formar uma base, segundo porque elas incorreriam em risco de aumentar a base liberal e, principalmente, facilitar a entrada de novos deputados republicanos na casa. Temia-se que, além de não conseguir sustentar o governo, as novas eleições acabassem por determinar o fim da monarquia.

O impasse do governo paralisado sem quórum para votar durou vários dias, até que o imperador convocou o Conselho de Estado no final de maio. Este, por maioria, foi contra a dissolução da Câmara. Diante do impasse, o imperador ainda insistiu que o gabinete continuasse. João Alfredo, sem ver meios de como governar, mais uma vez pediu demissão coletiva deste e, finalmente, o monarca aquiesceu.

D. Pedro tentou manter os conservadores no poder, mas os dois primeiros que tentou convocar para presidir um novo governo não aceitaram. O senador pelo Rio de Janeiro, o visconde de Cruzeiro, até tentou montar um gabinete com as duas facções dissidentes do Partido Conservador, mas não logrou êxito. Por fim, o monarca se voltou para os liberais, convidando o conselheiro Saraiva.

D. PEDRO II

Da monarquia à república

O conselheiro Saraiva, senador pela Bahia, saiu do hotel em que residia em Santa Teresa em direção a Petrópolis em 6 de julho de 1889. Ali encontrou o imperador recostado numa *chaise-longue* com as pernas cobertas por uma manta. D. Pedro prolongava naquele ano sua estada na cidade serrana enfrentando já o frio da região. O monarca só desceria a serra em 15 de julho, para se estabelecer novamente no palacete Itaramaty, na Tijuca, e não em São Cristóvão. Era a fórmula usada por Mota Maia de o monarca continuar a usufruir os ares da serra, mesmo estando na cidade.

O conselheiro Saraiva, que nunca primou pela subserviência e rapapés palacianos, sabia que o Brasil se encontrava em uma encruzilhada política. Não era possível retornar ao estado anterior da abolição e não era possível seguir adiante a política de João Alfredo. Os conservadores escravocratas, liderados por Paulino de Sousa e Francisco Belisário, avançavam com a ideia da república. Na opinião de Saraiva, a república era um passo que devia ser considerado. Assim como d. Pedro II, ele também achava que o Brasil caminhava para ela, entretanto sem a estrutura administrativa estar apta para recebê-la. Para isso, Saraiva achava prioritária a federação das províncias, não como era a ideia radical da Câmara, mas um modelo no qual os estados fossem minimamente estruturados para se autoadministrarem sem a dependência total do governo central.

Saraiva temia que a chegada da república, sem a estrutura necessária, levasse o país ao caos econômico e culminasse em separatismo, ideia semelhante à do imperador. Pensava Saraiva numa transição de tipo de governo, de maneira institucional; não imaginava que um possível golpe militar instituiria uma república. Segundo se recordava Salvador de Mendonça[50] a respeito do encontro de Saraiva com o imperador, em Petrópolis, o político falara clara e abertamente com o monarca, como era de seu feitio.

Saraiva teria explicado a d. Pedro como via o estado em que o país se encontrava. Que a república parecia muito perto de acontecer e que era necessário preparar o país para esse novo regime. O imperador, interrompendo os pensamentos do conselheiro, perguntou: "E o reinado de minha filha?" No que o senador teria respondido: "O reinado de vossa filha não é deste mundo". Saraiva expôs ao imperador que não via a herdeira como uma pessoa estimada pela nação e que o marido dela era impopular.

Para aceitar o cargo, Saraiva teria exigido do monarca carta branca para dizer ao Parlamento brasileiro que estava autorizado a realizar todas as reformas necessárias, incluindo a federação. Além do mais, queria que, após as reformas serem alcançadas, a república fosse feita dentro do próprio Parlamento, por meio de uma constituinte eleita perante a qual o imperador abdicaria.

Segundo Saraiva, d. Pedro II teria concordado com tudo. Seria ele o primeiro imperador no mundo a fazer uma transição tão suave para algo que ele próprio considerava natural. Entretanto, após descer para o Rio de Janeiro, o conselheiro contemporizou que o plano não poderia ir adiante se não contasse também com a autorização da herdeira. A subida dele como presidente do novo gabinete ministerial, com as exigências feitas ao monarca, seria o fim dos sonhos de um Terceiro Reinado. O senador sabia que não gozava da simpatia da princesa e do marido. Assim que retornou ao Rio de Janeiro, soubera da preferência da herdeira pela nomeação do visconde de Ouro Preto como presidente do Conselho de Ministros. Ouro Preto, também liberal, era contrário à federação total das províncias e fiel ao sistema monárquico.

Saraiva subiu para Petrópolis no dia seguinte para uma nova entrevista com o monarca. O senador se encontrou com a princesa numa sala do palácio antes de se avistar com d. Pedro. D. Isabel respondeu secamente ao seu cumprimento, deixando claro que tomara conhecimento de suas ideias. Ao ser recebido pelo imperador, Saraiva alegou que não poderia aceitar o convite mesmo com a carta branca dada pelo monarca. Este, então, solicitou que ele convocasse Ouro Preto ao palácio.

Gabinete Ouro Preto

O gabinete formado pelo visconde de Ouro Preto, que já havia tomado parte em ministérios nas pastas da Marinha e das Finanças, pretendia barrar o avanço das ideias republicanas e aplacar os fazendeiros descontentes. Era claramente uma tentativa de reação monárquica, que contava no gabinete com nomes do círculo da princesa d. Isabel. Ainda para agradar aos militares, foi um dos raros gabinetes de ministros do império no qual militares, e não civis, ocuparam as pastas da Marinha e da Guerra.

Em 11 de junho de 1889, o visconde de Ouro Preto se dirigiu à Câmara dos Deputados. Em seu discurso, expôs o convite do imperador, o seu ministério e o seu programa de governo. Este, entre outras coisas, previa a ampliação do direito de voto para qualquer cidadão que soubesse ler e escrever e tivesse uma profissão. Também queria implantar a autonomia administrativa dos municípios e das províncias, passando os administradores municipais, presidentes e vice-presidentes provinciais a serem eleitos por voto dos eleitores e não mais por indicação direta do poder central. Outras pautas também faziam parte do seu plano de governo: liberdade de culto, reforma do Conselho de Estado, liberdade de ensino, lei de terras, para que facilitasse sua aquisição, e a criação de estabelecimentos de crédito para financiar o comércio e principalmente a lavoura. Este último estabelecimento visava ajudar principalmente os fazendeiros que se julgavam prejudicados com a abolição. Ouro Preto também pretendia criar o Código Civil, projeto no qual o próprio imperador trabalharia junto com uma comissão.

Após ser interrompido diversas vezes, Ouro Preto terminou o discurso, e outros deputados falaram. Após o término da fala do deputado padre João Manuel de Carvalho, que finalizou o discurso com um "Viva a República", Ouro Preto retornou à tribuna:

> Viva a República, não! Não e não; pois é sob a monarquia que temos obtido a liberdade, que outros países nos invejam e pudemos mantê-la em amplitude suficiente, para satisfazer as aspirações do povo mais brioso! Viva a monarquia! Forma de governo que

a imensa maioria da nação abraça e a única que pode fazer a sua felicidade e a sua grandeza! Sim! Viva a monarquia brasileira, tão democrática, tão abnegada, tão patriótica, que seria a primeira a conformar-se com os votos da nação e a não lhe opor o menor obstáculo, se ela, pelos seus órgãos competentes, manifestasse o desejo de mudar de instituições![51]

Joaquim Nabuco, em seu último discurso no Parlamento, defendeu a monarquia e o novo gabinete ministerial. Na sua fala, Nabuco afirmou que a ideia da república era fruto do descontentamento causado pelas leis emancipatórias aos escravizados. O político chamou a atenção para o fato de que os republicanos faziam parte da oligarquia, principalmente da cafeeira. Assim, ao contrário dele, que estava do lado do povo defendendo a monarquia, do lado da república não havia lugar para pobres e analfabetos, que eram amparados pela Coroa.

Apesar das defesas à monarquia, as pessoas presentes na galeria, entre elas o embaixador português, viram com apreensão as reações na Câmara. O ministro de Portugal, extremamente lúcido, oficiou ao Ministério das Relações Exteriores de seu país informando sobre a sessão a que assistira:

> [...] O que vi e ouvi naquela sessão confirmou a minha convicção de que o sentimento monárquico neste país se acha tão enfraquecido que qualquer aventureiro audaz que consiga aliciar alguns batalhões do exército brasileiro, cuja indisciplina é pública e notória, poderá proclamar a república federal sem provocar grande resistência.[52]

Os conservadores, cada vez mais contrários a qualquer reforma profunda na sociedade brasileira que os fizesse perder seus privilégios, se movimentaram no Congresso e tentaram depor o novo presidente do Conselho de Ministros apresentando uma moção de desconfiança contra Ouro Preto. A moção passou com 79 votos a favor e vinte contrários.

Em vez de destituir o novo ministério, o imperador, acionando as manivelas do Poder Moderador, dissolveu a Câmara e entregou a máquina eleitoral nas mãos de Ouro Preto para que fossem feitas novas eleições. Este usou de todos os meios, lícitos ou não, para garantir a maioria liberal de que precisava no novo Parlamento. De outra maneira não seria possível fazer passar as reformas que julgava necessárias. O resultado das eleições não foi surpreendente, os conservadores passaram da maioria para a minoria, conseguindo eleger apenas sete deputados, enquanto os liberais conseguiram 120 cadeiras e os republicanos apenas duas.

Ouro Preto passou a cortejar os fazendeiros descontentes garantindo a eles empréstimos a juros baixos e conseguindo com o imperador novos títulos de nobreza. Enquanto isso, ao mesmo tempo que cortejava os militares colocando oficiais em seu gabinete, garantia a Guarda Negra e pretendia reformar e ampliar a Guarda Nacional. Usaria do engenho já utilizado anteriormente pelo regente Feijó. Esvaziaria e diminuiria a influência do exército na política contrabalançando o seu poder em número de homens e reformaria uma força capaz de defender o governo contra as tropas regulares se estas tentassem um golpe.

Quem se abateria a favor do exército seria Rui Barbosa, que na imprensa incitaria os militares a se mostrarem como guardiões das instituições nacionais. Isso era algo que até então nenhum político brasileiro havia ousado fazer e que ele próprio se arrependeria de ter feito anos depois.

A política de Ouro Preto, que pretendia dar sobrevida à monarquia com um projeto de modernização social do Brasil, acabou por acelerar o final do regime. Os conservadores foram banidos do jogo democrático, e o pífio desempenho do Partido Republicano em eleger dois deputados era gritante. Ambos voltaram-se para a ideia de um golpe, uma vez que, por meio da política, não havia como representarem reação ao governo. O novo Parlamento, de maioria absoluta liberal, tomaria posse no dia 20 de novembro de 1889. Os grupos contrários ao gabinete Ouro Preto precisariam agir antes.

O centenário da Revolução Francesa

Em julho de 1889, a França comemorou os cem anos da Queda da Bastilha. O Brasil, assim como outras monarquias europeias, como Rússia, Áustria, Portugal, Romênia etc., participou com um pavilhão nacional em Paris, na Exposição Universal de 1889, em homenagem à efeméride francesa. No Brasil, no início de julho de 1889, d. Pedro II e o Instituto Histórico e Geográfico Brasileiro comemoraram com exposições, no Paço da Cidade, e palestra, no Instituto, o centenário de morte do poeta e inconfidente Cláudio Manuel da Costa. Obviamente, menções a Tiradentes e à Inconfidência não faltaram. O assunto não era estranho ao monarca, que na viagem a Minas Gerais em 1871 fizera questão de conhecer "todos os lugares dos sucessos da conspiração do Tiradentes e celebrados pelos versos de Gonzaga na sua obra *Marília de Dirceu*, e de Cláudio Manuel da Costa em seu poema de Vila Rica".[53] A monarquia brasileira, ao comemorar revoluções, se mostrava mais democrática e plural que os anos iniciais da república que a seguiria.

O embaixador francês no Brasil, Amelot de Chaillou, garantiu que os republicanos não usassem a efeméride para protestarem contra a monarquia. O embaixador recusou a proposta da comissão do Jockey Club para a organização de um grande prêmio em comemoração à Queda da Bastilha. Segundo o embaixador, em carta ao Ministério das Relações Exteriores francês, ao explicar a recusa alegou que todo o comitê era composto por republicanos. Também recusou a homenagem de um imenso banquete, e só concordou oficialmente com a iluminação festiva da fachada do Cassino Fluminense.

Mas, mesmo sem as bênçãos da França, os republicanos não deixariam passar a data em branco. Organizaram no Clube Congresso Brasileiro, no dia 14 de julho, a assembleia do Centro Republicano Lopes Trovão, o jornalista que havia inflamado a Revolta do Vintém. O evento, presidido por Quintino Bocaiuva, teve participação maciça de acadêmicos vindos de vários locais. João Pandiá Calógeras falou em nome da

Escola de Minas de Ouro Preto, Simões Lopes, da Escola Politécnica, e Homero Ottoni, pela Faculdade de Medicina. Após os discursos foi organizada uma passeata, que terminaria no largo de São Francisco, aos pés da estátua de José Bonifácio. Tudo ia bem até o encontro dos republicanos com a Guarda Negra que os esperava.

O enfrentamento se deu por volta das duas horas da tarde. Contra os golpes de capoeira e navalhas, os estudantes responderam com tiros e bengaladas. Os feridos foram levados para a Santa Casa, e o governo enviou para o local do atrito cinquenta soldados do 1º Regimento de Infantaria e algumas unidades do Batalhão Naval. Ao invés de apaziguar os ânimos, a presença dos militares enfureceu ainda mais a multidão, e a cavalaria teve que dar algumas cargas na rua do Ouvidor para afugentar os manifestantes.

Atentado contra o imperador

No dia seguinte, 15 de julho, d. Pedro, acompanhado pela esposa, a filha e o neto mais velho, foi ao teatro Sant'Anna, atual teatro Carlos Gomes, na região da praça Tiradentes, na época praça da Constituição. Levava-se à cena a peça *Escola de maridos*, de Molière, que Arthur Azevedo havia traduzido para o português. D. Pedro queria conferir como haviam ficado a tradução e a montagem.

Também se apresentou a violinista Giulietta Dionesi, que a imperatriz queria ouvir. O teatro estava cheio, e da plateia não havia qualquer demonstração de animosidade contra a família imperial, apesar dos acontecimentos do dia anterior. No final do espetáculo, já depois da meia-noite, junto ao povo, a família imperial foi em direção à saída do teatro, onde aguardava o delegado de polícia. A princesa imperial ia à frente, seguida do imperador, que dava o braço à imperatriz, e atrás vinha o príncipe d. Pedro Augusto. A multidão, respeitosamente, abria caminho em silêncio para Suas Majestades e Altezas passarem.

Tudo ia bem até os imperadores e príncipes chegarem ao vestíbulo, onde irrompeu subitamente um "Viva a República". O imperador parou de pronto e uma confusão teve início. Um grande número de pessoas se acercou do monarca gritando vivas a d. Pedro II e ao império. As mulheres que estavam no vestíbulo, com medo, tentaram voltar à sala de espetáculos, mas foram impedidas pela massa que ainda afluía de dentro dela. Em meio ao tumulto generalizado, o imperador ordenou ao chefe de polícia que deixasse os rapazes do grupo republicano em paz, que cada um fizesse o que quisesse. O tumulto acabou por tomar a rua do Espírito Santo e a praça da Constituição. Os imperadores e os príncipes conseguiram sair do teatro e tomar o veículo que os aguardava. O piquete de cavalaria que fazia a escolta do imperador, temendo algo, seguiu a carruagem com as espadas desembainhadas.

Quando o coche passava em frente ao café e restaurante Maison Moderne, lotado de jovens naquela hora, ouviu-se o disparo de um revólver. Segundo alguns jornais, o tiro quase teria acertado o príncipe d. Pedro Augusto. O autor do atentado, um jovem português de 22 anos, Adriano Augusto do Vale, foi preso pela polícia horas depois.

> O jornal *Gazeta da Tarde* do dia 16 de julho lastimava:
>
> Era o sr. d. Pedro II o único soberano deste século contra quem não tinha havido atentado de espécie alguma, e isso abonava principalmente a brandura do coração brasileiro e dos nossos costumes.
>
> Infelizmente, houve ontem um atentado que não podemos atribuir senão à inconsciência de quem o praticou: ou loucura ou embriaguez, pois, por honra do partido republicano, não acreditamos que tal ato dele partisse.[54]

Não apenas os brasileiros, incluindo os republicanos, chocaram-se com o ato. Na França, o presidente Sadi Carnot e o seu ministério, bem como os membros do Instituto de França, compareceram à missa que a embaixada brasileira mandou rezar na igreja de Saint-Augustin no dia 25 de julho para dar graças pela vida do monarca. Da Inglaterra, a rainha

Vitória mandou um telegrama de contentamento pela vida do "caro primo". A princesa d. Francisca dava graças, na França, por o autor do atentado não ter sido brasileiro. Enquanto isso, o presidente da Venezuela, Rojas Paúl, afirmava ao embaixador brasileiro que agradecia aos céus por Adriano Augusto do Vale não ser nascido na América. Quem entrou em polvorosa foram o governo e a colônia portuguesa no Brasil, que fizeram questão de se distanciar do fato e dar mostras de apreço ao imperador.

Mas este pouco se importou com o atentado e nada fez para capitalizar o evento para si e para a monarquia. D. Pedro alegava, para quem quisesse ouvir, que o tiro havia sido disparado por um louco e que o ocorrido não tinha importância. Ernesto Senna, repórter do *Jornal do Commercio*, estava no palácio, copiando os telegramas recebidos pelo imperador para publicar no periódico, quando o monarca, após uma audiência, entrou na sala. Senna, em suas memórias, se recordou que ao notar sua presença, d. Pedro disse: "Ah, está copiando os telegramas? Isso não foi nada!"[55]

No inquérito, ficou apurado que Adriano, alcoolizado, teria agido sozinho. Segundo a colônia portuguesa, ele era um rapaz exaltado e inclinado a fazer barulho, tendo sido despedido recentemente do comércio em que trabalhava. Aparentemente havia sido instigado, como numa aposta, a dar o tiro. Se algo, além da aventura juvenil, ocorreu, nada ficou esclarecido. Preso na Ilha das Cobras, posteriormente foi julgado e absolvido. Morreu no Brasil em 1903 de tuberculose, que teria contraído no cárcere.

Se o imperador pouco ou nada ligara para o fato, o contrário ocorreu com a imperatriz d. Teresa Cristina. Para Maria Antônia de Verna, filha da condessa de Belmonte e antiga aia da princesa d. Francisca, já quase cega, a imperatriz teria dito que "o imperador e o governo estavam profundamente enganados. Esse moço não faria aquilo se não obedecesse a uma trama política. A revolução está aí, Maria Antônia, e talvez a república e a anarquia".[56]

A despeito dos conflitos nas ruas, no Parlamento e nos jornais que travavam polêmicas a respeito do sistema de governo república x monarquia, a última viagem de d. Pedro II a uma província brasileira, Minas Gerais, no final de julho de 1889, foi um sucesso. Ela foi organizada pelo visconde de Ouro Preto com a clara intenção de demonstrar a identificação do monarca com a sua política. A melhor parte do roteiro foi o imperador poder rever a Escola de Minas, instituição pioneira em estudos geológicos no Brasil, que d. Pedro havia idealizado e cuja fundação havia confiado a Claude-Henri Gorceix.

A viagem do conde d'Eu

Após a ascensão de Ouro Preto ao ministério, o marido da herdeira seguiu em viagem de três meses pelas antigas províncias do Norte do Brasil. Ele foi acompanhado de diversos jornalistas, tanto monarquistas quanto republicanos. Em boa parte do percurso, no navio *Alagoas*, o conde foi acompanhado pelo propagandista republicano Silva Jardim, que havia pregado o fuzilamento do príncipe.

As narrativas da viagem pela imprensa são desencontradas. Enquanto uns jornais falavam da forma calorosa com que o príncipe era recebido, outros afirmavam que Gastão era recebido com desprezo pela população. Ocorria, ao redor de sua figura, uma verdadeira batalha de versões claramente motivada pela política. Onde o conde desembarcava para reafirmar a monarquia, ia atrás Silva Jardim para discursar sobre a ideia da república.

Em diversas cidades, ocorreram conflitos entre republicanos entusiasmados, que queriam ouvir Silva Jardim falar, e monarquistas, que ameaçavam com a Guarda Negra acabar com as reuniões da oposição. A polícia muitas vezes se viu incapaz de manter a ordem. No Recife, Silva Jardim foi mais bem recebido, os republicanos eram mais entusiasmados que os monarquistas. Na Bahia se deu o contrário, com o conde d'Eu e a família imperial sendo defendidos ferozmente, tendo os republicanos que se esconder para salvar a vida.

D. PEDRO II

Entretenimentos do imperador

Enquanto a tormenta se avizinhava, o imperador continuava fazendo suas charadas e seus poemas e passou a se entreter com a comissão do Código Civil que se reunia com ele no Paço da Cidade. Entre as propostas defendidas pelo soberano estava a extinção da pena de morte. Ele, conforme envelhecia, comutava as penas de morte para trabalhos forçados sempre que era possível. Quando não encontrava meios para fazer isso, segurava com ele o processo e transformava a pena capital em prisão perpétua.

No palacete da condessa de Itamaraty, na Tijuca, voltou a realizar as reuniões sobre traduções e literatura que anteriormente fizera no Colégio Pedro II. Quem guardou memória de uma das últimas foi o barão de Paranapiacaba:

> O imperador deu ordem para que, às cinco horas da tarde, nos dias por ele marcados àquelas conferências, tivéssemos no antigo ponto dos bondes do Andaraí quantos carros precisássemos para a viagem de ida e volta.
>
> Entrávamos em Palácio ao escurecer, às dez horas da noite descíamos para a cidade, onde chegávamos cerca de onze e meia.
>
> Nessas últimas conferências ouvimos *As mil e uma noites*, traduzidas do árabe pelo Imperador.

A simplicidade na qual continuava vivendo o monarca também é lembrada por Paranapiacaba, que ao entrar na residência da Tijuca não encontrou guarda ou criado algum. Assim foi avançando, sala por sala, até encontrar alguém:

> Ao fundo duma pequena porta aberta refletiam-se os raios de um bico de gás. Para esse ponto encaminhei-me e divisei a imperatriz sentada em uma poltrona, junto de uma cesta

a transbordar de roupa branca, que ela examinava, peça a peça, com toda a atenção, a ver se precisava de algum reparo. Nenhuma dama a seu lado. Ao rumor de meus passos, ergueu sua majestade os olhos e, vendo-me, saudou-me com o sorriso nos lábios.[57]

Deodoro

O marechal Deodoro, visto dentro do Partido Conservador como sucessor do falecido duque de Caxias, padecia na fronteira de Mato Grosso. O exílio do militar teve um fim após uma medida desastrada de Ouro Preto. Em 7 de junho de 1889, o visconde nomeou para o cargo de presidente da província de Mato Grosso o coronel Ernesto da Cunha Matos, o mesmo que Deodoro havia defendido durante a Questão Militar. Além disso, dissolveu as forças de operação chefiadas em Mato Grosso pelo velho marechal. Destituído de sua função principal, Deodoro, pela hierarquia militar, não poderia ficar subordinado ao novo presidente da província, um coronel. Assim, passou o comando da praça para o capitão de mar e guerra José Nolasco da Fontoura Pereira da Cunha e partiu com as tropas que havia trazido do Rio de Janeiro de volta para a corte. Essas tropas, lideradas por Deodoro, deporiam o gabinete meses depois.

Deodoro, na corte, reassumiu o comando do Clube Militar e deu prosseguimento à defesa de sua classe. O marechal, antigo presidente da província do Rio Grande do Sul durante o gabinete conservador, ficou ainda mais irritado ao saber quem iria ocupar a sua antiga presidência. Ouro Preto havia posto no cargo o senador Gaspar da Silveira Martins, político liberal gaúcho, nascido em Bagé, desafeto político de Deodoro.

Em Porto Alegre, antes de Silveira Martins e o novo comandante de armas da capital assumirem, os cadetes se sublevaram. Cumprindo ordens do imperador, o novo governador puniu os culpados, o que irritou Deodoro, que considerava a indisciplina uma questão militar e que os civis não deveriam se intrometer.

A rivalidade entre Silveira Martins, liberal, e Deodoro, conservador, segundo as fofocas da época, ia além do cenário político. A viúva baronesa do Triunfo teria chamado a atenção de ambos e desde então a rivalidade passou também para o cenário pessoal. Silveira Martins, desdenhoso, referia-se publicamente a Deodoro como "sargentão", e fustigava o marechal em discursos no Senado.

Mas, muito mais do que qualquer rivalidade romântica, a questão era política. Com a volta de Deodoro do Rio Grande do Sul em 1887, pesaram contra ele acusações de desvio de dinheiro da Fazenda provincial. A acusação vinha principalmente de Silveira Martins, no Senado, e do conselheiro Antônio Eleutério de Camargo, na Câmara. Em maio de 1888, Deodoro seria absolvido das acusações, mas o ódio contra os seus perseguidores liberais não seria esquecido.

Durante seu retorno para a corte, o marechal foi entrevistado na cidade de Santos. Ao repórter, Deodoro deixou claro o seu descontentamento com o resultado das eleições para a Câmara: "As eleições me surpreenderam", comentou, "eu sempre contei que o governo fizesse dois terços da Câmara e que os conservadores e os republicanos o terço".

"Que fim levaram os republicanos?", provocou o repórter, ao que o velho militar respondeu: "Nas províncias do sul, pelo menos, o Partido Republicano foi o único que se apresentou em campo, disputando galhardamente a vitória às forças do Governo. É exato. Os conservadores mostraram-se medrosos, fracos e traidores". "V. Exa. é conservador?", quis saber o jornalista. "Era conservador porque só os conservadores protegem o Exército",[58] afirmou Deodoro.

Não seria ministro, não dos liberais, mas seria uma pedra no caminho deles. Durante a entrevista deixou bem clara sua posição na política do Rio Grande do Sul: seria favorável a qualquer um contrário ao novo presidente, Gaspar da Silveira Martins.

Os últimos brilhos da monarquia

Em 15 de outubro de 1889, a princesa d. Isabel e o conde d'Eu celebraram suas bodas de prata. Às congratulações que eles receberam durante a tarde no palácio juntaram-se os parabéns ao herdeiro do casal, o príncipe do Grão-Pará, que completava na ocasião 14 anos. O sobrinho, d. Pedro Augusto, foi visitar os tios e parabenizá-los, bem como o gabinete, diversos políticos, o chefe da polícia, e também o comandante em chefe da Guarda Nacional e todo o seu estado-maior. As ruas Guanabara e Paissandu ficaram intransitáveis devido ao fluxo de pessoas. Inúmeras corporações, representantes das mais diversas classes sociais, afluíam à residência da princesa para prestar suas homenagens.

Houve discurso em homenagem a d. Isabel, principalmente versando sobre a questão da abolição da escravidão no Brasil. Quanto ao conde d'Eu, Carlos Afonso enalteceu a sua conduta à pátria adotiva, principalmente nas ações da Guerra do Paraguai. A nobreza compareceu ao palácio, acompanhada de comissões de diversas instituições nacionais, como escolas, institutos, hospitais, além de diretores de jornais e repartições públicas e do povo. Por volta das 15 horas, d. Pedro II e d. Teresa Cristina chegaram para cumprimentar a filha, o genro e o neto, que, das mãos da avó, recebeu o diploma de irmão terceiro da Ordem de Nossa Senhora do Carmo.

Da hora em que o imperador chegou até as 18 horas, as galerias do palácio foram abertas para a imprensa ver os presentes que o casal havia recebido. A quantidade era imensa, e o luxo de um rivalizava com o do outro. O presente dos imperadores ao casal foi um serviço completo de prata para toalete dentro de uma caixa de marroquim. O maior e mais exuberante foi o centro de mesa em prata e cristal oferecido pela Associação Comercial. O sobrinho d. Pedro Augusto presenteou os tios com um par de vasos japoneses de bronze, e a Guarda Nacional deu um cartão de prata fosca com um brilhante onde se lia: "À Sua Alteza a princesa imperial e seu benemérito consorte o sr. conde d'Eu, marechal do Exército, homenagem da mais inquebrantável lealdade da Guarda Nacional da corte. 15 de outubro de 1889".

Enquanto a Guarda Nacional e a polícia prestavam suas homenagens, era perceptível o silêncio de parte do exército na festa. Não se notava a presença dos oficiais mais graduados, como, por exemplo, a do marechal Floriano Peixoto. Em carta para o conde d'Eu, Floriano se desculparia pela ausência. Alagoano, assim como Deodoro, Floriano se manteria em atitude dúbia a respeito da república até o momento final da monarquia, que ocorreria um mês depois das bodas dos príncipes.

À noite, houve um baile no Cassino Fluminense, oferecido pela Associação Comercial em comemoração ao retorno do conde d'Eu da sua viagem às províncias do Norte. Por gentileza dos organizadores, a data escolhida para homenagear Gastão foi a das bodas do casal.

Por aqueles salões, desde 1845, a sociedade imperial dançava. Havia sido ali, após d. Pedro II parar de dar bailes em São Cristóvão, que o imperador seria visto bailando, apesar das críticas da mana d. Francisca, que achava que o prestígio do império era para ser visto nas recepções em palácio.

Por volta das 22 horas, a família imperial chegou. O imperador envergava seu uniforme de almirante, enquanto o genro e o neto mais velho, d. Pedro Augusto, vestiam casacas pretas. D. Isabel usava um vestido de seda azul-celeste guarnecido de rendas brancas, tendo no colo um riquíssimo colar de diamantes e nos cabelos uma pluma azul com brilhantes. D. Teresa Cristina vestia também seda, mas cor de chumbo.

Mais de oitocentos convidados, a mais fina flor da sociedade imperial, circulavam e dançavam por aqueles salões naquela noite, se deliciando com as bebidas e comidas ao encargo da Confeitaria Castelões. O único da família a bailar foi d. Pedro Augusto, abrindo a quadrilha com a esposa do ministro de Negócios da França.

Além dos oficiais, nobres, embaixadores, estavam também presentes os oficiais do encouraçado chileno *Almirante Cochrane*. Esse aventureiro escocês que dava nome ao navio havia se batido tanto pela independência chilena quanto pela brasileira nas primeiras décadas do século. Naquele momento, ambas as marinhas se uniam em exercícios conjuntos. Também se podiam ver os uniformes dos oficiais franceses da *Le Sané* no meio da multidão multicolorida de fardas, casacas e veludos de seda dos vestidos das damas, além do dourado dos fidalgos da Casa Imperial. Também de casaca estavam os intelectuais e literatos presentes no evento, como Sacramento Blake, Machado de Assis e o visconde de Taunay. O champanhe era derramado nas taças, enquanto nuvens provocadas pelos charutos havana subiam azuladas e festivas por entre as folhas das palmeiras artificiais. A família imperial se retirou depois do chá, por volta da 1 hora da manhã do dia 16 de outubro.

Mas não seria esse o grande baile que entraria para a história do Brasil. Em homenagem ao Chile e aos oficiais chilenos estava prevista outra festa, a ser realizada quase na sequência, em 17 de outubro. Entretanto, telegramas de Portugal informavam que o rei d. Luís, sobrinho de d. Pedro II, encontrava-se agonizando, e o imperador mandou o visconde de Ouro Preto adiar tudo. Quem gostou do fato foram os doentes pobres internados na Santa Casa de Misericórdia, que jantariam os perus que haviam sido abatidos para o banquete adiado.

Com a morte do rei português, tentando distrair os chilenos em meio ao luto da corte e da cidade, o ministro interino da Guerra, Cândido de Oliveira, titular da pasta da Justiça, os levou para conhecer a Escola Superior de Guerra. Ali, foram recebidos com um discurso do tenente-coronel Benjamin Constant, afrontosamente contra o governo. Em sua fala, o professor positivista declarou, encarando o ministro, que o exército era respeitado e respeitador e acataria os poderes públicos desde que estes cumprissem a lei. Caso contrário, o exército reagiria até indo à praça pública contra os desmandos dos governantes.

O ministro se retirou imediatamente da escola diante da afronta do tenente-coronel. Ao explicar o ocorrido para o visconde de Ouro Preto, este retrucou: "Devia tê-lo preso, só assim poderia ser corrigida a falta de um oficial que se pronuncia contra os seus superiores, diante deles e ainda mais de oficiais estrangeiros. Que juízo farão estes de nós?".[59]

Inconformado com o ocorrido, Ouro Preto tentou destituir o marechal Miranda dos Reis, diretor da Escola Superior de Guerra, onde ocorrera a indisciplina. A ideia era colocar um oficial no comando que fosse fiel ao governo, e, assim que empossado, o novo diretor advertiria Benjamin Constant pela sua falta. Se o tenente-coronel se mostrasse intransigente, faria o mesmo diante da congregação, e, caso não adiantasse, seria reunido um conselho de lentes para julgá-lo dentro da escola.

D. Pedro II não queria concordar com a ação de Ouro Preto, primeiro porque dizia que Miranda dos Reis não deveria ser afastado por conta dos serviços prestados à pátria e segundo porque Benjamin, professor de matemática dos netos do imperador, não era um sujeito ruim. Segundo sua opinião, o presidente do conselho deveria chamá-lo para conversar pessoalmente. O visconde se irritou com a benevolência imperial. Seguiria adiante com o seu plano, em 2 de novembro nomeou o marechal Miranda dos Reis para ajudante de campo do imperador e colocaria alguém de sua confiança na escola, mas os acontecimentos se precipitariam antes disso.

O imperador democrata e livre-pensador

Ouro Preto e o irmão dele, que também se exasperou com as ideias francamente democráticas do imperador, não seriam as únicas testemunhas do livre-pensamento do monarca. Múcio Teixeira, que por um período foi hóspede de d. Pedro em São Cristóvão, deixou um relato curioso.[60]

Em certa ocasião, Múcio se encontrava numa roda de conversa no Café da Imprensa, na rua do Ouvidor, com alguns amigos: Joaquim Serra, André Rebouças, Quintino Bocaiuva, Bittencourt Sampaio, Joaquim Nabuco e o visconde de Taunay. "De repente, a palestra, que borboleteava sobre vários assuntos, caiu em cheio sobre a princesa e a sua última recepção; Joaquim Serra improvisou uma maliciosa quadrinha que a todos fez rir."

Isso ocorreu, segundo Múcio Teixeira, à 1 hora da tarde, aproximadamente. Às 17 horas, ele foi até o largo da igreja de São Francisco, para pegar a carruagem do paço que o esperava para o levar de volta a São Cristóvão. Chegando ao palácio, um criado disse que o imperador o aguardava. Múcio subiu diretamente aos aposentos de d. Pedro, que o recebeu e o levou até uma das janelas. "Torcendo e destorcendo um dos botões do meu fraque", narrou ao rapaz o que havia ocorrido horas antes no Café da Imprensa. Ao fim da história, lhe perguntou se era verdade.

Múcio, assustado por ver como a conversa chegara rápido aos ouvidos do imperador, mudou de cor. Encabulado, confirmou que era tudo verdade e que havia rido da malícia de Serra contra a princesa Isabel.

O imperador teria dito:

— Isso foi naturalmente o que se passou. Mas o mais grave é que a maledicência vai sempre muito além da realidade, tanto assim, que me vieram dizer que você e o Taunay, exatamente os dois que mais estimo, foram os que mais aplaudiram o improviso do Serra contra minha filha.

— Garanto...

— Não precisa garantir nada. Conheço-os, sei que nenhum dos dois seria capaz de praticar tão reprovável ação. Riram-se, ambos, como deveriam rir todos os outros, porque a sátira tem isso de mais doloroso, faz rir às vezes a própria vítima, quando é feita com graça, como acredito que seja o epigrama em questão.

— Prometo, senhor, que nunca mais serei visto em rodas de cafés.

— Não prometa aquilo que não poderá fazer. Peço-lhe que continue no grupo de seus amigos, que é realmente um grupo notável. Agora... quando se reproduzir uma cena idêntica, então, sim, procure qualquer pretexto para não sancionar com a sua presença alguma injustiça praticada contra aqueles que só lhe têm dado provas de estima. Digo-lhe isto no seu próprio interesse, pois pode ser que a futura imperatriz não tenha o modo de pensar do atual imperador. Bem, vá jantar que temos hoje palestra no Externato.

O último baile do Império

Acidentes à parte, a nova data fixada para o baile que o presidente do Conselho de Ministros daria em honra aos oficiais chilenos ficou estabelecida para 9 de novembro. Antes disso, em 5 do mesmo mês, quem brilharia seria o príncipe d. Pedro Augusto. Abriu o Palácio Leopoldina, antiga residência de sua finada mãe e do seu pai, o duque de Saxe, em São Cristóvão, para onde se mudara recentemente. Boa parte da alta sociedade e até militares para lá afluíram, convidados para o banquete de cinquenta talheres dado em honra aos oficiais chilenos.

O que deveria ser a sua estreia social foi a sua despedida da sociedade brasileira. O moço louro de grandes olhos melancólicos terminaria seus dias em um hospital psiquiátrico na Europa.

Se alguém duvidava que o imperador estivesse se recuperando de sua longa enfermidade, o dia 9 de novembro, sábado, serviria de exemplo para mostrá-lo esbanjando vitalidade. Às 8 da manhã, já estava em um bonde ao lado do conde d'Eu para inaugurar no bairro do Caju o hospital São Sebastião, que se encarregaria dos doentes de febre amarela. Depois, seguiu para o Paço da Cidade para dar audiência. No início da tarde, houve uma reunião do Conselho de Estado, na qual foi debatida a seca que se abatia novamente sobre o Nordeste e o crédito a ser destinado para a província do Ceará por conta da calamidade. Por fim, ainda houve reunião do ministério, e o dia do monarca só terminaria às 3 horas da manhã de 10 de novembro ao sair do baile dado na Ilha Fiscal.

O prédio da guarda alfandegária, inaugurado por ele naquele ano, foi utilizado para a grande festa dada pelo visconde de Ouro Preto, que pretendia com ela demonstrar o poder da monarquia brasileira ao mundo e o apreço à República do Chile, com quem o governo pretendia continuar estreitando laços diplomáticos e estratégicos. Muitos dias antes, o conselheiro barão de Sampaio Viana, inspetor da alfândega, e o comendador

Adolpho Fortunato Hasselmann, guarda-mor, foram encarregados de organizar o baile na ilha. Além das dependências do palácio neogótico, construções temporárias foram erguidas para dar lugar a dois grandes salões de bailes e três outros menores de dança, serviço de bufê, salão de banquete e banheiros para homens e mulheres.

As decorações remetiam às cores nacionais brasileiras e chilenas. Tudo era coberto por espelhos e guirlandas artificiais de flores que contornavam os tetos, no meio das quais pequenas lâmpadas elétricas iluminavam o ambiente. Foram necessários quatro motores para iluminar as mais de 700 lâmpadas instaladas para a ocasião. A elas adicionavam-se o potente canhão de luz da torre, que iluminava a baía, e os holofotes do *Almirante Cochrane*, do *Riachuelo* e do *Aquidabã*, que transformaram a noite da ilha em um dia de festa.

O pavilhão onde se serviu a ceia foi erguido do lado esquerdo do pavilhão de desembarque, no extremo da ilha. Do lado direito do salão, escudos azuis e vermelhos, em homenagem ao Chile, traziam os nomes de presidentes e intelectuais do país; do lado esquerdo, outros escudos traziam os nomes dos navios da armada chilena. O salão, com a mesa montada em forma de ferradura, ainda trazia outras decorações que evocavam as cores do Chile, tudo amplamente iluminado por lâmpadas elétricas e diversos candelabros com velas.

Dois imensos pavões com as caudas abertas, pedaços inteiros de caças e castelos altos feitos de açúcar com as bandeiras do Brasil e do Chile em suas torres, que guardavam bombons, decoravam as mesas guarnecidas de talheres e cristais de alta qualidade. A Confeitaria Pascoal, que realizou o serviço, contou com 150 copeiros e sessenta trinchadores durante o serviço da ceia. Foram servidas 12 mil garrafas, entre vinho, licores, champanhe, cerveja, águas com e sem gás e outras bebidas, 12 mil sorvetes, 12 mil taças de ponche, vinte esculturas de açúcar para centro de mesa e cerca de quinhentos pratos de doces variados. Na cozinha, trabalharam durante três dias quarenta cozinheiros e cinquenta ajudantes. Serviram-se dezoito pavões, oitenta perus, trezentas galinhas, trinta frangos, trinta fiambres, 10 mil sanduíches, 18 mil frituras, mil peças de caça, cinquenta peixes, cem línguas, cinquenta maioneses e 25 cabeças de porco recheadas.

Ao todo, 5 mil convites foram expedidos, e cerca de 4.500 pessoas compareceram à festa. O transporte entre o continente e a Ilha Fiscal foi feito pela barca *Primeira*, iluminada com copos de vidros vermelhos e azuis, que iniciou o serviço às 20h30 ligando a ilha ao cais Pharoux.

Uma multidão imensa se juntou ao longo da linha do cais, das docas do mercado até o Arsenal de Marinha, para ver a iluminação da ilha e escutar os sons que chegavam até a terra. Também queriam ver os convidados, as suas joias e os seus trajes. Ocasionalmente, o holofote da ilha e os dos navios varriam a terra, iluminando boa parte da cidade e a região do Paço da Cidade, a Capela Imperial, a igreja de Nossa Senhora do Carmo, a rua do Ouvidor, chegando até o largo de São Francisco de Paula. Também varriam a baía.

A confusão era imensa junto aos mais de seiscentos veículos dos convidados no largo do Paço, a grande massa de curiosos afluía em profusão para o cais, tomando todas as ruas ao redor e complicando a chegada dos convidados. O cais Pharoux encontrava-se todo decorado e iluminado para a ocasião. Em um bosque artificial, estava a banda do corpo policial da corte em uniforme de gala distraindo as pessoas.

Quem chegava à ilha desembarcava por uma prancha móvel atapetada com corrimãos acolchoados, conduzida por doze marinheiros. Ao pôr os pés na ilha, os convidados avançavam em meio a um bosque artificial até a entrada do edifício. Por volta das 22 horas, o imperador chegou em seu uniforme de almirante ao lado da imperatriz, que usava um vestido preto com rendas de Chantilly, e do neto d. Pedro Augusto, de casaca com a grã-cruz da Ordem do Cruzeiro. A princesa imperial e o marido chegariam logo depois.

Os imperadores foram recebidos ao desembarcarem ao som do Hino Nacional brasileiro. A festa, por sinal, era muito bem servida de músicos. No alto da torre, a banda do Arsenal de Guerra tocava, e duas orquestras estavam nos coretos ao lado de cada um dos dois grandes pavilhões.

Uma sala luxuosamente decorada foi reservada para descanso da família imperial, incluindo um banheiro especialmente decorado para a imperatriz, com jardineiras de porcelana com violetas naturais. Às 23 horas, o baile teve início no mesmo momento em que a princesa imperial entrou no salão. Ela usava um vestido em *moire antique* preta, com o corpinho bordado a ouro, e tinha nos cabelos, elegantemente arranjados, um diadema. O conde d'Eu, de casaca, acompanhava a esposa ao entrar no salão. Haviam saído às 21 horas do Paço da Cidade e só então conseguiam entrar na ilha. À 1h30 da manhã, foi servida a ceia, presidida pelo imperador.

Na ocasião, brasileiros e chilenos discursaram. Apesar do avanço da hora sobre a cidade, que naquela noite não dormiria, quando Ouro Preto concluiu o seu discurso com um viva ao Chile, a fortaleza de Villegagnon salvou 21 vezes. Houve troca de presentes, com o imperador dando ao comandante Bannem, do *Almirante Cochrane*, uma tradução por ele realizada de "Glaura", Canto XVIII do poema épico *La Araucana*, de Alonso de Ercilla y Zúñiga.

A família imperial retirou-se por volta das 3 horas da madrugada, mas d. Pedro Augusto ficou um pouco mais; fora o único a valsar. Inúmeras foram as histórias que recobriram o fausto do baile, assunto até mesmo de obras literárias, como *Esaú e Jacó*, de Machado de Assis.

Também surgiram histórias lendárias, com indícios de terem sido inventadas posteriormente, como o tropeço do imperador. Ao desembarcar na Ilha Fiscal, d. Pedro II teria quase ido ao chão, se não fosse o braço prestativo do dr. Mota Maia. Na ocasião, o monarca teria dito que "a monarquia tropeçou, mas não caiu". Outra história, pouco lembrada, mas que se ventilou na época, diz respeito à ida do monarca ao baile. Quando a sua carruagem e a escolta passavam pelo Campo de Santana, ouviu-se um grande barulho. Parando a comitiva para ver o que acontecera, descobriram que a coroa imperial que ornava um edifício estatal havia desabado e jazia estilhaçada no chão.[61]

A conspiração, o golpe

No mesmo 9 de novembro, enquanto a corte valsava numa festa que consumiu milhares de contos de réis, acontecia a Assembleia Geral do Clube Militar. Cento e dezesseis militares decidiam o seu futuro e o do império. O marechal Deodoro, sofrendo com falta de ar, pensou em passar uma temporada em Caxambu, e, para tal, se afastou da presidência do Clube no dia 21 de outubro, passando-a ao tenente-coronel Benjamin Constant.

O governo, segundo rumores, iria mandar as tropas que estavam no Rio de Janeiro para outras cidades do império, diminuindo o contingente na corte. No artigo "Plano contra a Pátria", escrito por Rui Barbosa e publicado ainda no dia 9 de novembro em *O País*, o autor acusava Ouro Preto de pretender armar a Guarda Nacional com equipamentos superiores aos que o exército possuía. Segundo o conselheiro, o governo havia encomendado artilharia Krupp para a guarda, e esta, completamente aparelhada, figuraria no festejo de aniversário do imperador no dia 2 de dezembro, na "parada das milícias do príncipe consorte".

Rui Barbosa, no texto, afirmou que, ao contrário das milícias que seriam prestigiadas, o exército "ir-se-á escoando, batalhão a batalhão, até desaparecer da capital do Império o último soldado e ficar o Rio de Janeiro entregue às forças do conde d'Eu".[62] O visconde de Ouro Preto, em suas memórias, se defendeu das falácias de Rui Barbosa. Afirmou que o texto do conselheiro era infundado, pois, na ocasião, além de uma tropa que seguiria para o Norte, não havia qualquer outra ideia efetiva de afastar as tropas do Rio de Janeiro.

Mas a batalha de versões estava só começando. Na reunião do Clube Militar, no dia 9, mudou-se a opinião anterior de que se deveria enviar uma comissão de três oficiais para conversar com Ouro Preto e pedir que ele respeitasse o exército. Benjamin Constant queria que fosse dada a ele a oportunidade de alcançar resultado digno para a corporação em oito dias.

No dia 11, na casa do marechal Deodoro, que acabou não saindo do Rio de Janeiro, uma comissão se reuniu para conversar sobre os próximos passos. Lá se encontravam Benjamin Constant, o republicano paulista chegado havia pouco na cidade, Francisco Glicério, Quintino Bocaiuva, Aristides Lobo e os majores Sólon e Cantuária. Também Rui Barbosa compareceu e, posteriormente, alegaria não saber qual assunto queriam tratar com ele, surpreendendo-se ao encontrar na casa do marechal um grupo discutindo sobre a implantação da República e os cargos que cada um teria no novo governo. Se de fato ocorreu dessa maneira, nada fez o conselheiro para avisar o governo da revolta iminente do exército.

Mesmo após um longo discurso de Benjamin Constant, que buscou injetar ânimo no marechal para que este proclamasse a República, Deodoro ainda parecia vacilante. Falou diante de todos que queria acompanhar o caixão do imperador, que estava velho e a quem ele respeitava. Depois, esfregando as mãos uma contra a outra, como se as lavasse, completou: "Ele assim o quer, façamos a República. Benjamim e eu cuidaremos da ação militar, o sr. Quintino e seus amigos organizem o resto".[63]

A princípio, Deodoro queria ficar com o posto de ministro da Guerra, e que outro, como Constant ou Quintino Bocaiuva, ficasse como presidente. Todos protestaram veementemente dizendo que cabia ao militar o novo posto de presidente. Mas o irresoluto marechal ainda mudaria de opinião algumas vezes a respeito da instalação da República.

O imperador, sem suspeitar de nada, havia retornado depois do baile da Ilha Fiscal para Petrópolis. D. Pedro desceu em 14 de novembro para visitar a Imprensa Nacional e também assistir ao concurso para a cátedra de inglês do Colégio Pedro II. Subiu no mesmo dia e deveria descer dias depois para a reunião de ministros. No dia 16 de novembro, haveria uma recepção em honra aos oficiais do *Almirante Cochrane*, dessa vez organizado pela princesa imperial no Palácio Isabel. No dia 20, o imperador deveria descer novamente, dessa vez para abrir o novo Parlamento com a sua Fala do Trono. Esse seria o dia fatal para a monarquia. Os conspiradores pretendiam rebelar as tropas e com elas cercar o Senado, prendendo a família imperial e o ministério.[64]

Reação do governo

Mas as coisas acabaram se precipitando. Diversas vezes, por cartas anônimas, o visconde de Ouro Preto recebeu informações de que se tramava contra o gabinete e o imperador. Mas, para ele, a princípio, tudo não passava de boatos. Mesmo que não fossem, como usar de violência contra pessoas apontadas como culpadas de conspiração sem haver qualquer prova? Para enveredar por esse caminho, o primeiro obstáculo seria o próprio imperador e o seu conhecido Liberalismo e Humanismo. No dia 14, o ministro da Guerra procurou Ouro Preto para informar que o marechal Floriano, ajudante-general do exército, havia lhe enviado a seguinte mensagem: "A esta hora deve v. exa. ter conhecimento de que tramam algo por aí além: não dê importância, tanto quanto seria preciso, confie na lealdade dos chefes, que já estão alertas".

O visconde convocou o chefe de polícia para colocar a força em alerta e ordenou que ele tentasse descobrir quem e o que efetivamente se tramava. Ouro Preto achava, até então, que estava sustentado pela polícia, pela Marinha e pelos militares fiéis. Ao ser questionado a respeito do que se faria com Deodoro, teria respondido ao conselheiro Dantas: "O Deodoro, meu Dantas, mando prendê-lo, e fuzila-se".[65]

Parte dessa frase cairia nos ouvidos errados e logo seria espalhada pela rua do Ouvidor, o centro nervoso da corte. O major Sólon foi o seu principal divulgador, quando espalhou o boato da prisão de Deodoro por volta das 14 horas daquele 14 de novembro. Segundo Sólon, Deodoro e Benjamin Constant tinham sido presos, e o governo mandaria o 2º Regimento de Artilharia e os dois regimentos de cavalaria para fora da corte. O espírito de agitação era tão grande que a história espalhada por Sólon foi o que bastou para, às 23 horas, o primeiro regimento se sublevar.

Ouro Preto, ao tomar conhecimento da revolta, partiu para o quartel da polícia. Convocou Floriano, que lhe informou que, além do 1º e do 9º Regimento de Cavalaria, o 2º Batalhão de Artilharia também se levantara. O marechal também informou que somente o 10º Batalhão de Infantaria era de confiança e por isso deviam chamar o 24º Batalhão, que estava aquartelado na ilha de Bom Jesus, para se juntar ao 10º. Visando neutralizar o 2º de Artilharia, aliado ao 1º de Cavalaria, se deveria chamar o 4º Regimento, que estava na Fortaleza de Santa Cruz.

Ouro Preto concordou com a ideia, despachou Floriano para o Quartel-General do Exército para que ele tomasse as providências quanto às tropas e mandou Gentil de Castro para Niterói. Ali ele deveria se encontrar com Carlos Afonso, irmão de Ouro Preto e governador da província do Rio de Janeiro para alertá-lo. Este deveria embarcar para a corte os batalhões que pudesse. O próprio Ouro Preto partiu para o Arsenal de Marinha para se encontrar com o ministro barão de Ladário e tomar as providências para a vinda à terra dos marinheiros e fuzileiros na tentativa de sustentar o regime.

Do Arsenal, depois das providências tomadas, Ouro Preto telegrafou ao imperador em Petrópolis:

> Urgente. À sua majestade o imperador. Senhor, esta noite o 1º e o 9º Regimento de Cavalaria e o 2º Batalhão de Artilharia, a pretexto de que iam ser atacados pela Guarda Negra, e ter sido preso o marechal Deodoro, armaram-se, e mandaram prevenir o chefe do Quartel-General de que viriam desagravar aquele marechal. O governo toma as providências necessárias para conter os insubordinados e fazer respeitar a lei. Acho-me no Arsenal de Marinha com meus colegas da Justiça e da Marinha.[66]

O passo em falso

O ministro do Exército, visconde de Maracaju, achou que a presença do ministério no Quartel-General do Exército, no Campo de Santana, poderia dar ânimo às tropas fiéis ao governo. Ouro Preto, acompanhado dos demais ministros, que chegaram ao Arsenal, decidiu seguir para o Campo de Santana. Já eram as primeiras horas da manhã do dia 15 de novembro, quando o visconde e o gabinete seguiram para a armadilha em que acabou se transformando o Quartel-General do Exército.

Enquanto isso, Benjamin Constant liderava inicialmente as tropas amotinadas na saída do quartel de São Cristóvão que seguiam em marcha contra o ministério. Deodoro, no dia 14, estava pior da sua falta de ar e não levantara. Benjamin Constant sabia que, se as tropas fossem efetivamente entrar em ação, precisariam de um líder militar do quilate de Deodoro para pô-las em combate. Foram despachados Lauro Müller e o cadete Antônio Brasil para ir à casa do marechal, que, quase morto durante a noite, nas primeiras horas da manhã do dia 15 pôs-se de pé e uniformizado para o combate. Ele seguiu num veículo até as tropas e junto a elas passou para um cavalo, sendo ovacionado pelos oficiais, cadetes e soldados.

Ouro Preto, no Quartel-General do Exército, ficou exasperado ao ver o estado das tropas que ali estavam e a displicência dos oficiais. Nada de prático e tático parecia ser feito. Até mesmo o 10º Batalhão, que Floriano afirmara ser fiel ao governo, partiu na direção oposta a São Cristóvão. Foi enviado para a Lapa, onde havia a hipótese de um enfrentamento com os cadetes da Praia Vermelha. Floriano se movimentava, sussurrando ordens que ninguém ouvia, e nada de prático acontecia. Enquanto isso, já se via entrando no Campo da Aclamação os primeiros soldados de Deodoro, sem que se disparasse qualquer tiro em sua direção.

Todas as ordens de Ouro Preto eram inócuas. Ninguém fazia efetivamente nada para enfrentar as tropas amotinadas, que já assentavam suas baterias no Campo da Aclamação contra o Quartel-General do Exército, sem oposição alguma, para irritação do ministro.

Floriano subiu até a sala onde se encontrava Ouro Preto e o ministério e disse que o marechal Deodoro havia solicitado uma conferência com ele. O visconde explodiu dizendo ser um absurdo o fato de o marechal, sem receber comando militar do governo, haver aparecido no quartel com uma força hostil e pedir conferência com o ajudante-general. Ouro Preto deu ordens para que Floriano intimasse Deodoro a se retirar e que, se preciso fosse, deveria usar a força para cumprir isso, sendo essa a decisão final do governo. Floriano, ressabiado, saiu da sala, desceu as escadas, montou em seu cavalo no pátio interno e nada fez — procurava ganhar tempo enquanto pensava como agir.

Enquanto isso, Ouro Preto, ainda inconformado com a falta de ação, se queixava a respeito do que considerava um absurdo, as peças de artilharia dos revoltosos apontadas diante do quartel e ninguém fazendo nada. Os militares presentes tentaram explicar que qualquer atitude seria recebida a bala pelos insurgentes.

Ouro Preto os lembrou de que no Paraguai o exército havia tomado posições bem piores que aquela. Floriano, que retornava para a sala naquele momento, respondeu de pronto ao ministro: "Sim, mas lá tínhamos em frente inimigos, e aqui somos todos brasileiros". O alagoano mudaria de ideia anos depois. Ao ocupar a presidência, daria enfrentamento sangrento à Armada e a outros levantes contra o seu governo e contra a República.

Diante da resposta do marechal Floriano, Ouro Preto viu que estava tudo perdido. Telegrafou novamente para Petrópolis:

> Senhor, o ministério sitiado no Quartel-General de Guerra, à exceção do Sr. Ministro da Marinha, que consta achar-se ferido em uma casa próxima, tendo por mais de uma vez ordenado, pelo órgão do Presidente do Conselho e do Ministro da Guerra, que se empregasse a resistência à intimação armada do Marechal Deodoro para pedir sua exoneração, diante da declaração feita pelos Generais Visconde de Maracaju, Floriano Peixoto e Barão do Rio Apa de que, por não contarem com a força reunida, não há possibilidade de resistir com eficácia, depõe nas augustas mãos de vossa majestade o seu pedido de demissão. A tropa acaba de confraternizar com o Marechal Deodoro abrindo-lhe as portas do Quartel.[67]

Deodoro, que fora ovacionado pelos soldados ao passar pelos portões, ergueu o quepe e ordenou: "Em pelotões". A ordem foi seguida de pronto pelos batalhões. Ajudado pelos oficiais que vinham com ele, desceu do cavalo e seguiu escada acima, para a sala onde estava o ministério. Antes bradou às tropas "Viva sua majestade o imperador!", deixando atarantados os oficiais que o seguiam. Eles esperavam a queda da monarquia e a instauração da República, não apenas a queda do ministério. Ao chegar ao salão onde estavam os ministros, Deodoro fez um discurso falando das afrontas sofridas pelo exército e deu voz de prisão a Ouro Preto e ao ministro da Guerra, que depois seria relaxada.

Com as tropas reunidas, incluindo o 10º de Infantaria, que se juntara aos cadetes da Praia Vermelha a quem deveriam ter dado combate, Deodoro seguiu à frente das tropas, com Benjamin Constant e Quintino Bocaiuva ao lado. Eles marcharam pelas ruas do centro do Rio de Janeiro, desfilando pela rua do Ouvidor até o Arsenal de Marinha. No Arsenal, as tropas pararam a marcha, e Deodoro foi falar com o ajudante-general da Armada, barão de Santa Marta. Logo depois, surgiu o almirante Wandenkolk, que, ciente da queda do gabinete, não reagiu, tomando o fato por consumado.

Voltavam todos depois disso para os seus quartéis e Deodoro para sua casa. E o povo? Como disse na época Aristides Lobo, "o povo assistiu àquilo bestializado". Mas não era apenas a população que estava alheia ao que ocorreu, os próprios republicanos também. O golpe era militar e puramente corporativista — a honra militar contou mais do que qualquer ideologia política até aquele momento. A animosidade dos que queriam o golpe, alimentados por falsas notícias a respeito das prisões dos líderes militares e da retirada das tropas da corte, é que incentivou a ação.

O propagandista republicano Silva Jardim, quem mais havia se batido pela causa republicana, foi tomado de espanto e indignação ao saber da derrubada do ministério. Tirando as informações que foram passadas aos paulistas, que logo mandaram Glicério ao Rio de Janeiro antes do golpe, quase ninguém sabia o que estava sendo preparado. Os republicanos tentariam capitalizar para si o movimento daí em diante.

Em Petrópolis

Ao raiar o dia 15 de novembro em Petrópolis, nada indicava algo de anormal. Não se sabia, até então, dos acontecimentos da madrugada na capital do império. Logo ao acordar, cedo como sempre, o imperador recebeu de seu criado particular, Cândido José Freire, o telegrama que Ouro Preto havia enviado de madrugada, ainda do Arsenal de Marinha.

Mas isso não o incomodou o suficiente para decidir descer para a cidade naquele horário. Seguiu o ritmo das suas manhãs indo para o seu banho nas Duchas, na avenida Piabanha, esquina da rua Kopke. Seguia para lá com Mota Maia e o seu camarista, o conde de Aljezur. Depois, retornando ao palácio, passou pela estação da estrada de ferro. Ali procurou averiguar se, caso fosse necessário, seria possível atrelar o vagão imperial ao próximo comboio que descesse para a capital. Diante da resposta afirmativa do chefe, seguiu para se encontrar com a imperatriz. Iam juntos à igreja matriz antiga, hoje demolida, que ficava diante do palácio. Era dia da missa em intenção à alma de d. Maria II, que falecera naquela data havia 36 anos.

Durante o ofício religioso, Cândido José Freire apareceu com o segundo e último telegrama de Ouro Preto. Ali, o imperador era informado da demissão do gabinete cercado pelas tropas de Deodoro no Quartel-General do Exército. O imperador, imperturbável, continuou a assistir ao ofício religioso, mas deu ordem para que preparassem o coche e o trem. Na saída, tomou a imperatriz pelo braço e lhe avisou que desciam naquela hora para a corte. D. Teresa Cristina ainda quis ir ao palácio pegar as suas joias, mas o imperador não permitiu.

João Duarte da Silveira lembraria, quarenta anos depois, do episódio do qual tinha sido testemunha ocular. Em 1889, aos 24 anos, ele era um dos poucos republicanos da cidade e trabalhava como despachante da antiga Estrada de Ferro Príncipe do Grão-Pará. Ele, àquelas horas, já sabia do que acontecera no Rio, pois tinha amigos entre os republicanos que haviam tomado a central dos telégrafos na corte. Foi ele quem despachou o trem que levou d. Pedro II para a sua última viagem ao Rio de Janeiro.

> Seriam dez horas quando um portador do palácio [...] chegou à estação com a requisição do trem. Dos funcionários da estrada nenhum deu maior importância do fato, exceto eu [...]

que estava a par do que sucedia. E eu próprio fiz a requisição do trem, que se encontrava na estação do Alto da Serra. [...]

O trem Imperial verdadeiramente não era digno deste nome. Era um carro salão vulgar, com cadeiras de espaldar e assento de couro, dispostas ao longo do carro, e com um avarandado simples. Acompanhava-o sempre um carro de bagagem.

Após alguns minutos, [o] modesto coche com molas de couro chegava à estação transportando diretamente da igreja os imperantes, ele de casaca e cartola e a imperatriz vestida sobriamente em traje escuro.

Eu me encontrava na plataforma e presenciei toda a cena que passo a relatar ouvindo verdadeiramente consternado, apesar das minhas convicções republicanas, o diálogo que se travou entre ss. mm. A imperatriz desde que desembarcara do coche demonstrava grande nervosismo, a torcer as mãos, exclamando por diversas vezes:

— Está tudo perdido!

Ao que, em dado momento, respondeu o imperador:

— Não há de ser tanto assim. Senhora! Eu lá chego tudo se acomodará.

Apesar da firmeza com que o imperador se exprimia, lia-se na sua fisionomia um grande abatimento. Não era o mesmo homem que, dias passados, tinha se dirigido à minha pessoa, pedindo, democraticamente, que fizesse o favor de o pesar, na mesma balança usada para as encomendas. Atendendo a sua majestade, naquele dia, verifiquei que, apesar de emagrecido, d. Pedro pesava 97 quilos.

Foi triste a última viagem do imperador. A estação estava quase deserta. Nem pompas oficiais, nem clarins, nem personalidades. Ninguém sabia daquela viagem inesperada, que seria a última. [...]

No trem viajavam alguns empregados do palácio, poucos. A bagagem dos imperadores só seguiu no dia seguinte. Nesse tempo, o trem seguia até Mauá, onde os passageiros eram obrigados a tomar barcas até o cais Pharoux. Nesse dia, porém, o imperador desceu em São Francisco Xavier. Se tivesse seguido por mar e se asilado em algum navio, talvez os acontecimentos tivessem tomado outro rumo. De São Francisco Xavier o imperador seguiu para o Paço.[68]

No Palácio Isabel

Enquanto isso, no Palácio Isabel, em Laranjeiras, preparava-se despreocupadamente os arranjos para a recepção que a princesa imperial daria aos oficiais chilenos. Sem suspeitar de nada, o conde d'Eu partiu de manhã cedo para o seu passeio a cavalo com os filhos, Totó (d. Antônio) e Pedro de Alcântara, o do meio, d. Luís, ficara no palácio pois estava com a mandíbula inflamada. Detalhes como esses foram escritos pelo conde no dia 19 de novembro de 1889 em carta para a condessa de Barral. Na missiva, ele narrou os acontecimentos daqueles dias.

Na noite anterior, 14 de novembro, o major Leopoldino Amaral havia enviado um cartão ao conde pedindo para ser recebido. Como Gastão não o conhecia, recusou, ainda mais porque a casa se encontrava de pernas para o ar devido aos preparativos. Após o retorno do passeio com os filhos, no dia 15 pela manhã, o conde folheou alguns jornais e no *Diário do Comércio* encontrou um comentário que se devia esperar alguma revolta militar, pois o gabinete passara reunido no Quartel-General do Exército.

Entre as 9h30 e as 10 horas, surgiu o barão de Muritiba levando consigo o almirante barão de Ivinhema e o tenente-general visconde de Penha. Chegavam com a informação de que o 2º Batalhão havia se revoltado e que o barão de Ladário, ministro da Marinha, havia sido assassinado. Na verdade, Ladário, quando chegou para se juntar ao gabinete no Quartel-General do Exército, recebeu ordem de prisão de Deodoro e desceu atirando do seu veículo. Em resposta, foi alvejado com três tiros por um oficial. Socorrido no Palácio do Itamaraty, Ladário seguiu no mesmo dia de bonde para casa.

A princesa tentou, por telefone, ter notícias junto ao Arsenal de Marinha e Guerra, mas lá eles informaram que de nada sabiam. A cada momento afluíam mais pessoas ao Palácio Isabel, cada um com uma informação mais desencontrada que a outra. Um deles, o alferes honorário Ismael Falcão, informou que as tropas estavam reunidas diante do ministério tendo à frente Deodoro e Bocaiuva. "Nesse caso", exclamou o conde d'Eu, "a monarquia acabou!"

Nesse meio-tempo, chegou ao palácio André Rebouças. Ele, tomando o conde d'Eu pelo braço, afirmou que havia, com o visconde de Taunay, estabelecido um plano. O imperador deveria permanecer em Petrópolis e convocar para a cidade políticos de peso que deveriam organizar um novo governo que fizesse frente à insurreição no Rio de Janeiro.

Segundo recordou-se a princesa, num memorial sobre os acontecimentos para os filhos, "neste ínterim ninguém sabia como comunicar com papai, temendo-se uma traição do telégrafo central no Campo, provavelmente em mãos dos republicanos; em efeito, apareceu depois o Capanema declarando que entregaram o telégrafo a estes".[69] Os telégrafos encontravam-se nas mãos do tenente José Augusto Vinhais. O oficial despacharia ainda naquele dia a informação para as províncias de que "o povo, o Exército e a Marinha haviam proclamado a República".

Temendo pelo pior, sem saber o que acontecia ao certo, d. Isabel e o conde d'Eu resolveram enviar os filhos para Petrópolis. Segundo a princesa, seria esse "o meio de informar papai do que havia e também pôr os meninos fora de barulho". Os príncipes foram acompanhados pelo seu professor, o barão de Ramiz Galvão, que futuramente compararia Deodoro ao presidente George Washington. Ramiz recebeu ordens de levar os pupilos até o encouraçado *Riachuelo* e aguardar no navio a hora de tomar a balsa das 16 horas para o píer Mauá. De lá deveria tomar o trem para subir a serra até Petrópolis.

Em meio a esses preparativos, a princesa d. Isabel recebeu um telegrama por volta do meio-dia do dr. Mota Maia — nele, o médico do imperador informava que Suas Majestades estavam descendo pela Estrada de Ferro do Norte e que desembarcariam na Estação de São Francisco Xavier.

No Paço Imperial

Pensando que os imperadores iriam para o Palácio de São Cristóvão, a princesa e o conde d'Eu foram para Botafogo, onde, próximo ao Morro da Viúva, tomaram uma pequena lancha a vapor, arranjada pelo barão do Catete. Ela deveria deixá-los no Caju, de onde seguiriam para São Cristóvão. Porém, enquanto faziam o percurso por mar, próximo da praia de Santa Luzia, o conde d'Eu viu o coche do imperador e a sua escolta seguindo a galope já próximo à Santa Casa de Misericórdia. Inicialmente, Gastão achou que o novo presidente da república pudesse ter confiscado a carruagem. Desembarcaram diante do Paço da Cidade, para onde o veículo havia ido. O barão de Muritiba, que seguia com o casal, foi até o Paço saber quem efetivamente desembarcara. Ele retornou com um veículo da Casa Imperial para levá-los ao Paço — era mesmo o imperador que havia chegado.

Passava das 13 horas. O barão de Muritiba lembraria de que o largo do Paço, ou praça D. Pedro II, seu nome oficial, tinha o aspecto dos dias comuns. A mais absoluta tranquilidade reinava, e as pessoas, como de costume, tiravam o chapéu respeitosamente diante dos príncipes. Estes foram recebidos pela guarda do palácio com as honras habituais: toque de corneta, rufos de tambores e continências.

O visconde de Taunay, que já se encontrava no Paço, conversou algum tempo com o imperador e lhe expôs o seu plano, no qual d. Pedro II deveria retornar para Petrópolis, ali constituir novo governo, e, caso fosse necessário, deveria se internar pelo interior do país, se as circunstâncias assim exigissem. O monarca anotaria em 1891 no livro *Império e República ditatorial*, escrito por Alberto de Carvalho:

[...] Sabem os que estavam comigo que se não fosse a repugnância a tudo o que poderia derramar sangue, minha tenção em Petrópolis, quando recebi à noite o telegrama de Ouro Preto era retirar-me para o interior, e formar aí como poderia um núcleo de resistência.[70]

Fica-se na dúvida, perante a anotação imperial, se d. Pedro efetivamente tivera a ideia ou acabou se convencendo de que a proposta de Taunay e Rebouças tinha sido dele. O imperador, que a filha, o genro e outros viram, estava na maior serenidade na ocasião. Parecia não perceber a gravidade da situação.

"Ali encontramos o imperador e a imperatriz", recordou-se o conde d'Eu. "O primeiro a falar foi o imperador, que disse: 'Acho que devemos dissolver os batalhões'".[71] "É fácil falar", respondeu o genro, "mas como o senhor quer extinguir corporações que estão contra o senhor? É preciso que se institua um governo pois o anterior pediu demissão." "Não aceito esta demissão!", reagiu de maneira peremptória o imperador. "Mas os ministros encontram-se prisioneiros dos revoltosos, como o senhor quer que eles continuem a governar?"

Como nenhum ministro apareceu no Paço para falar com o imperador, d. Pedro encarregou o tenente-general barão Miranda dos Reis de procurar o visconde de Ouro Preto e trazê-lo à sua presença.

Uma das pessoas que foram ao Paço falar com o monarca foi o comandante chileno Bannen, do *Almirante Cochrane*. Este pôs à disposição do monarca o navio de guerra. D. Pedro respondeu: "Isto é um fogo de palha; eu conheço os meus patrícios!" Além dos brasileiros, o chileno se surpreendeu com a resposta do imperador diante da situação.

Por volta das 15 horas, apareceu no largo do Paço um piquete de cavalaria com quarenta soldados. O comandante, recebido no palácio, declarou que, por ordem do marechal Deodoro, vinha pôr às ordens de Sua Majestade seus homens. Ao ser informado pelo conde de Aljezur do fato, d. Pedro II replicou que não reconhecia em Deodoro qualidade para tal. De fato, o marechal não tinha oficialmente qualquer comando, havia se colocado por conta e risco à frente das tropas sublevadas e derrubado o ministério. Guardião da Constituição, d. Pedro II não reconheceria num militar insubordinado a autoridade para colocar soldados à sua disposição.

Miranda dos Reis retornou com o visconde de Ouro Preto. Afonso Celso e d. Pedro conversaram a sós. O visconde contaria que o imperador, aparentemente ainda alheio à dimensão dos acontecimentos, recusava a demissão do ministério. Após explicar detalhadamente tudo o que ocorrera da noite de 14 de novembro até aquela manhã, Ouro Preto disse ser impossível continuar governando sem ter como manter a ordem. A única coisa que o visconde poderia fazer era indicar alguém para montar um novo ministério. O imperador mandou que ele assim o fizesse. "O senador Silveira Martins é o homem para a situação", afirmou Ouro Preto. O imperador depois diria que fora ele, e não o visconde, quem se lembrara do nome de Silveira Martins. A princesa d. Isabel viu na afirmação do pai uma forma de o monarca não deixar a culpa recair em Ouro Preto — o que acabou acontecendo:

> Diz [...] papai que foi ele quem se lembrou de Silveira Martins para suceder ao Ouro Preto. Em todos os casos, como é que o Ouro Preto não o dissuadiu disso? Além de que é contrário ao seu costume deixar de seguir o parecer do presidente do Conselho que é demitido, por coisas que ouvi, creio que foi o Ouro Preto quem indicou o Silveira Martins assim como foi ele quem chamou papai de Petrópolis. Ambas as ideias foram desacertadas![72]

Todos no Paço souberam da decisão do imperador, e logo a notícia acabou em outros ouvidos. O conde d'Eu, depois de 25 anos de respeito total ao sogro, no calor do momento, se enervou:

— Como que ficaremos três dias sem governo na situação em que nos encontramos?

— Esperaremos — respondeu d. Pedro.

— Mas dizem que o governo provisório já está constituído, e é composto por Deodoro, Bocaiuva e Benjamin Constant. Amanhã de manhã, se não for ainda hoje à noite, o senhor verá suas proclamações anunciadas publicamente.

— Já sei, já sei — o soberano cortou impaciente o genro.[73]

Tanto d. Isabel quanto o marido queriam que o imperador convocasse o Conselho de Estado para ver o que os conselheiros recomendavam. D. Pedro, relutante, respondeu vagamente "mais tarde", e foi conversar com dois conselheiros que haviam ido para o Paço. Às 17 horas, o jantar foi servido e, antes de se sentarem à mesa, o conde d'Eu voltou à carga e insistiu na convocação do conselho.

A república de Patrocínio

O que não se sabia até então era que, à revelia dos militares, José do Patrocínio, vereador do Rio de Janeiro, um dos líderes da Guarda Negra e que dera o título de Redentora à princesa d. Isabel, estava na Câmara Municipal proclamando a República. Aníbal Falcão redigiu a moção apresentada por Patrocínio na qual o povo, diante da revolução que depusera a monarquia, por meio do órgão dos seus vereadores, declarava consumado o ato e apelava para que as classes militares sancionassem a iniciativa popular.

Às 18 horas, enquanto no Paço d. Pedro II achava que esperar era o melhor remédio, a moção sancionada na Câmara foi levada por Patrocínio à casa de Deodoro. O abolicionista seguia à frente de uma grande multidão de adesistas de última hora. O marechal não apareceu para recebê-los. Quem surgiu foi Benjamin Constant, que disse que uma constituinte deveria ser convocada para que esta, então, determinasse o sistema de governo. Somente em 1993, 104 anos depois, ocorreria um plebiscito para os brasileiros escolherem o sistema de governo que queriam.

Às 18h25 já era transmitida para fora do Brasil a notícia da proclamação da república. A redação do jornal *O País* telegrafou para o seu correspondente em Lisboa: "Rio, 15 de novembro. O povo, o Exército e a Armada vão instalar um governo provisório, que consultará a Nação sobre a convocação de uma Constituinte. Erguem-se aclamações gerais à República".[74]

O jornalista Sousa Ferreira chegou no final da tarde à casa de Deodoro e informou a todos as notícias vindas do Paço. Após receber Ouro Preto, o imperador havia decidido chamar para presidente do conselho Gaspar da Silveira Martins. Ao tomar conhecimento do fato de que seu inimigo político formaria novo governo, Deodoro decidiu-se pela República.

O novo gabinete do governo provisório de Deodoro se reuniu no Instituto dos Cegos, construído em terreno doado por d. Pedro, do qual Benjamin Constant era diretor. O Decreto nº 1, enviado para a casa de Deodoro para este assinar, foi redigido por Rui Barbosa. De uma penada só, Rui transformou o Brasil em República e tornou realidade a ideia da federação, que rondava a nação provocando sucessivas crises desde 1831. O nome oficial do país, espelhado na América do Norte, passou a ser República dos Estados Unidos do Brasil.

D. Pedro II teimava

Lutava-se contra o tempo e contra a teimosia do imperador. Diante da nova interpelação do conde d'Eu sobre a convocação do Conselho de Estado, o monarca respondeu "veremos isso mais tarde", dando as costas para o genro. D. Isabel e o marido decidiram, à revelia de d. Pedro, enviar para os dezessete conselheiros de Estado presentes no Rio de Janeiro, tirando os dois que já estavam no Paço, a seguinte mensagem assinada pelo barão de Muritiba: "S.A. a princesa imperial me encarrega de rogar a v. ex. queira com a maior brevidade comparecer no Imperial Paço da Cidade onde se acha s. m. o imperador".

Durante a noite, mais pessoas chegaram ao Paço, incluindo todos os conselheiros, com exceção de Sinimbu e Nunes Gonçalves. Também ali se encontravam os senadores Saraiva e Taunay. O conde d'Eu e Taunay aderiram a ideia que Gastão tivera: entrar em conversações com Deodoro. D. Isabel, que inicialmente havia discordado disso, acabou sendo convencida pelo marido e pelo senador a aceitar. Os conselheiros Dantas e Correia, cada qual pertencente a um dos dois grandes partidos do império, foram encarregados por d. Isabel para a missão. Os conselheiros se dirigiram à casa de Deodoro e encontraram somente os empregados, que não souberam dizer aonde o marechal havia ido. Tudo isso aconteceu fora das vistas do imperador, que de nada suspeitava.

Por volta das 23h30, d. Isabel, após inúmeras súplicas, conseguiu convencer o pai a reunir finalmente o conselho ao redor da mesa de despacho. Alguns dos conselheiros convocados já haviam ido embora depois de esperar em vão pela reunião do conselho, que, pela falta de vontade do imperador, parecia que não ocorreria. Também o senador Saraiva e outros políticos já haviam partido. O conselho deliberou que deveria se compor novo ministério e que a nomeação de Silveira Martins empurraria Deodoro para a república. Decidiu-se, então, chamar Saraiva para compor o novo governo.

O marquês de Paranaguá, aos 68 anos, subiu o morro de Santa Teresa a pé atrás de Saraiva. Eles retornaram ao Paço por volta da 1h30 da manhã do dia 16. Saraiva se encarregou de redigir uma mensagem a Deodoro na qual pedia uma reunião com o marechal para, juntos, decidirem o novo ministério. O major Trompowsky partiu com a mensagem, e o imperador foi se deitar. A princesa não quis se retirar e ficou de vigília até o retorno do major. Trompowsky retornou às 2 horas da manhã e foi recebido imediatamente por d. Isabel, que ouviu dele que Deodoro o havia recebido na cama, mas que havia declarado que não tinha resposta para dar, pois a república já estava decidida, conforme se recordou o conde d'Eu.

Devido à surdez, o conde não ouviu tudo, mas soube pela mulher que Deodoro havia se queixado dele, considerando-o autor da opressão ao exército, suposição que era errada e contra a qual Gastão protestou.

Segundo o barão de Muritiba, por volta das 3h30 as pessoas que ainda estavam acordadas ouviram tiros e vivas ao imperador vindos da praça do palácio.

> Eram, como depois constou, imperiais marinheiros que haviam tentado um desembarque acudindo em defesa do monarca abandonado. Brava gente! Outros foram mais tarde vitimados, se é verdade o boato, por não terem querido arriar a bandeira imperial que haviam jurado defender.[75]

Anos depois, em depoimento para o historiador Tobias Monteiro, o tenente-coronel Mallet diria que essa ação teria ocorrido na madrugada de 17 de novembro, e seria usada como justificativa para apressar o embarque do imperador para o exílio.

O conde d'Eu e d. Isabel subiram para se recolher por volta das 4 da manhã. Ele se deitou com a mesma roupa que estava e não conseguiu dormir. O dia 16 de novembro raiou às 5 horas, quando o conde levantou-se por fim e se pôs a

> [...] observar das janelas a calma absoluta das cercanias e pessoas levando nos ombros, como os chineses, seus cestos de legumes, para o mercado. Estávamos na manhã do sábado 16. Por volta das 7h, trouxeram-me os jornais que comunicavam a Proclamação da República [...]. Os empregados do palácio tinham lágrimas nos olhos. A princesa esgotada dormiu até bem tarde, bem como o imperador e a imperatriz. Logo, por volta das 8h, creio, vimos formar-se diante do palácio um destacamento de cavalaria, com suas carabinas erguidas sobre a parte dianteira da sela e algum tempo depois esta mesma tropa colocou uma série de sentinelas a cavalo em torno do edifício, de modo que as carabinas estavam engatilhadas contra as janelas. Ao mesmo tempo, estavam colocando sentinela da infantaria em todas as portas [...]. No começo do dia, o oficial de guarda estava ainda deixando entrar visitantes, após verificar

suas identidades. Porém, por volta de 10h, chegou a ordem de não deixar nem entrar nem sair mais ninguém [...].[76]

A princesa, em suas memórias, também se lembraria de que, além de as pessoas não poderem entrar no Paço, não podiam mais se reunir na praça. "Constantemente ouviam-se correrias de cavalaria em torno para espalhar a gente. [...]
Vimos por vezes, ainda que pouco chegássemos às janelas, alguns conhecidos que de longe nos cumprimentavam. Que horrível dia! Meu Deus!"
O barão de Muritiba também se recordou daquela manhã e da grande multidão de pessoas na praça e nas ruas próximo do Paço,

[...] no meio da qual reconhecemos vários amigos. Ninguém, todavia, manifestava por brados sua aprovação ou reprovação do que se estava passando; era esse silêncio, esse morno sossego que levou um dos corifeus da nova ordem de coisas a escrever tão significativamente: que o povo brasileiro assistira bestializado à Proclamação da República. Um jornal argentino creio, indo mais longe lançou-nos este pungente epigrama: "que na revolução brasileira houvera um ferido e dez mil desanimados".[77]

Uma passagem secreta e uma ideia de fuga

De início, o cerco ao redor da casa do imperador fora incompleto. As tropas ignoravam uma passagem que ligava o Paço aos fundos de uma casa da rua da Misericórdia, por onde se podia sair e entrar livremente. Por ela entraram os condes de Carapebus.
O conde d'Eu não sabia se foram os Carapebus ou outras pessoas que trouxeram a notícia de que a família imperial seria enviada para o exílio pelo encouraçado *Solimões*. Este era um navio de proporções pequenas que só podia navegar com todas as escotilhas fechadas. Diante

dessa ameaça à vida de todos, Gastão e d. Isabel chegaram a repensar a proposta do comandante e do ministro do Chile de asilo no encouraçado *Almirante Cochrane*.

Como o Paço ficava próximo do mar, seria fácil, uma vez passadas as sentinelas, tomar um bote e ir para o navio chileno. Gastão foi conversar com o imperador, que estava entretido lendo uma de suas revistas científicas. A ideia foi completamente descartada por d. Pedro, que preferia assumir os riscos de permanecer na posição em que se encontrava a refugiar-se em território estrangeiro. O plano foi deixado de lado. O comunicado ao povo brasileiro, que alguns cortesãos haviam esboçado para explicar a atitude do imperador buscar refúgio em uma nau de outra bandeira, foi esquecido.

A intimação

Por volta das 15 horas, depois de muito esperarem por uma comunicação do novo governo, chegou ao Paço um grupo de cavalaria em trajes de gala. O major Sólon e três oficiais pediram uma entrevista com o imperador. A princesa se recordaria da cena:

> Por sua atitude respeitosa parecia ir cumprir uma mensagem ordinária. O major Sólon mostrava-se tão perturbado que ao entregar o papel a papai deu-lhe o tratamento de v. exa., v. alteza e finalmente v. m. Entregando-o a papai, o major Sólon disse: "Venho de parte do governo provisório entregar mui respeitosamente a v. m. esta mensagem."
>
> — Não tem v. m. uma resposta a dar? — disse ele.
>
> — Por ora, não — respondeu papai.
>
> — Então posso retirar-me? — disse Sólon.
>
> — Sim — respondeu papai.[78]

Mal sabia a princesa que o homem todo embaraçado tinha iniciado tudo aquilo, com os seus boatos lançados na rua do Ouvidor. O nervosismo de Sólon, ao ter de encarar o imperador que ele ajudara a expulsar do Brasil, era compreensível. O imperador, junto ao barão de Loreto, Franklin Dória, foi para um canto da chamada Sala das Damas, onde todos se encontravam. Ali tomou conhecimento do teor da carta. Esta, assinada pelo marechal Deodoro, informava oficialmente ao agora ex-imperador a respeito da proclamação da república e que a família deveria deixar o país em 24 horas.

Ao voltar-se para os demais, o imperador comunicou o conteúdo da mensagem. Segundo o conde d'Eu, d. Pedro II afirmou que "[...] estava pronto para partir até mesmo nesta noite". Gastão registrou a reação dos demais: "A imperatriz jogou-se sobre uma poltrona enquanto escutava os gritos nervosos de uma de suas camareiras, Isabel e quase todas as senhoras começaram a chorar. Dória começou a redigir a resposta que o imperador devia dar".[79]

A resposta foi a mais digna possível, copiada e assinada de próprio punho por d. Pedro, na qual ele "resolvia ceder" às circunstâncias e sair do Brasil.

> À vista da representação que me foi entregue hoje, às três horas da tarde, resolvo, cedendo ao império das circunstâncias, partir com a minha família para a Europa, amanhã, deixando assim a pátria, de nós estremecida, à qual me esforcei por dar constante testemunho de entranhado amor e dedicação, durante meio século em que desempenhei o cargo de Chefe do Estado. Na ausência, eu, com todas as pessoas da minha família, conservarei do Brasil a mais saudosa lembrança, fazendo ardentes votos por sua grandeza e prosperidade. D. Pedro de Alcântara. Rio, 16 de novembro de 1889.[80]

A princesa d. Isabel se recordaria de ter ouvido o pai falar que se retirava e que "se não fosse pelo país, para ele pessoalmente era uma despachação".[81]

Papai sempre calmo e digno".[82] Mas na realidade d. Pedro fingia bem. O golpe fora duro; em suas anotações se mostrou triste por ser banido da própria terra e, ao passar pelo barão de Muritiba, disse, visivelmente emocionado: "Isto é devido à indisciplina do Exército, que seu pai bem conhece".[83]

PARTE IV

O EX-IMPERADOR (1889-1891)

EXÍLIO E MORTE

Tudo havia sido combinado para que a família imperial embarcasse no dia seguinte, após as 15 horas. Antes, o imperador desejava ouvir a missa na Capela Imperial. Todos já haviam se recolhido aos quartos quando, por volta da 1h30 da manhã do dia 17, o mordomo do conde d'Eu, coronel Lassance, bateu na porta do quarto de Gastão para avisar da chegada súbita do general José Simeão e do tenente-coronel Mallet.

O governo provisório havia determinado que Mallet informasse à família imperial da necessidade iminente de embarque. Inicialmente, o tenente-coronel recebera ordens de prender o conde d'Eu, tomando-o como refém até que a família embarcasse e chegasse sem problemas à Europa.

Temia-se pela vida da recém-nascida república brasileira, que só no Rio de Janeiro parecia ter sido razoavelmente aceita. Na Bahia e em outras províncias, tanto o exército quanto o governo civil não haviam aderido ainda ao novo regime. Com muito custo, Mallet conseguiu dissuadir seus superiores da necessidade da prisão do conde, mas o embarque de todos era necessário a qualquer custo.

Sem o imperador no Brasil, não haveria bandeira viva para sustentar uma contrarrevolução. A dificuldade com que Mallet conseguiu chegar até o Paço da Cidade mostrava que uma reviravolta era possível. As ruas e a praça ao redor do Paço estavam praticamente tomadas, mesmo de madrugada, por uma massa compacta e silenciosa que parecia querer saber o que aconteceria.

O conde d'Eu, ao se inteirar do que Mallet e Simeão queriam, foi acordar a princesa d. Isabel. Trataram então de despertar os imperadores, o sobrinho d. Pedro Augusto e os demais. Todos aguardavam em um salão, onde a princesa imperial, ainda incrédula, sem os filhos, que continuavam em Petrópolis, se pôs a chorar. Mallet, ao chegar ao salão, foi inquirido por d. Isabel sobre os príncipes, e este lhe deu sua palavra de honra de que as crianças estariam com ela no navio que os levaria para fora do Brasil. O príncipe d. Pedro Augusto queria saber se poderia levar todos os seus pertences, os outros começaram a conversar e perguntar coisas, até que a chegada do imperador à sala, com o dr. Mota Maia, fez todos silenciarem.

D. Pedro, encarando Mallet, perguntou: "Que é isto? Então vou embarcar esta hora da noite?". No diálogo que se seguiu, o imperador negou-se a sair do Brasil daquela maneira, como "negro fugido". Mallet insistia que era uma questão de segurança, pois se temiam distúrbios. O monarca continuou sem se deixar convencer. Disse que só embarcaria na hora que havia sido combinada e à luz do dia, não daquela maneira.

O almirante Jaceguai, que a essa hora integrava a pequena comitiva com Mallet e Simeão, passou a fazer coro aos militares que haviam mandado o recado, instando que o imperador cedesse. "O governo receia que haja derramamento de sangue", disse o vice-almirante, "e todos sabem quanto v. m. zela o sangue de seu povo." D. Pedro cortou de pronto: "Ah! Então não é o povo que me manda embora; o povo me quer bem, e tudo isto é obra da indisciplina do Exército e da Armada, da qual o senhor tem certa culpa não agora, mas em outro tempo!"

Por fim, o imperador concordou em partir, mas dizendo que se o fazia era para evitar mortes. Enquanto isso se passava, o tenente-coronel Mallet comunicou à princesa imperial que o governo provisório disponibilizara amplos recursos financeiros à família imperial, ao que d. Isabel, indignada, respondeu: "Oh! Senhor Mallet, pois é quando nos vê com o coração partido de dor que vem falar-me de dinheiro, conhecendo o nosso modo de pensar sobre semelhante assunto?!".

Depois dessa resposta da princesa, Mallet impediu que o tenente França, que já estava no Paço, entregasse ao soberano o Decreto nº 2, de 16 de novembro de 1889, no qual o governo da república concedia a fortuna de 5 mil contos de réis à família imperial. Dessa maneira, segundo o governo, os Bragança teriam como se sustentar e se instalar no estrangeiro com decência.

Mallet receou que o documento, naquele momento, dado o ânimo de todos, fosse malvisto, ou mesmo que o imperador recusasse o dinheiro e mudasse de ideia a respeito do embarque naquela hora. O assunto financeiro fora levantado, muitas horas antes, pelo próprio conde d'Eu. Ele sabia bem, pela infância e juventude que tivera, o que era viver no exílio e procurou saber quais as providências que o novo governo tomaria quanto aos meios para a família se manter fora do Brasil.

O imperador se despediu de seus criados, um dos quais, o velho Bernardo, debulhado em lágrimas, que se ajoelhou para beijar pela última vez as mãos de d. Pedro II. O negro Rafael, com mais de oitenta anos, só no dia seguinte é que saberia que o Brasil não era mais uma monarquia e que o seu imperador havia deixado a pátria. Segundo a história, recolhida por Múcio Teixeira, Rafael morreu logo depois.

O monarca colocou seu chapéu, e todos ficaram parados, sem ter coragem de descer as escadas e sair do Paço. Quem ajudou o imperador a dar os primeiros passos foi o conde d'Eu, cedendo às insistências do coronel Mallet. Mesmo enquanto descia lentamente as escadas, d. Pedro continuava com seus protestos: "Não embarco, não embarco a essa hora como negro fugido". Mas, mesmo com a chuva e o mau tempo, as águas encrespadas e o perigo de ele e de a frágil imperatriz caírem no mar, eles embarcaram.

A bordo do *Parnaíba*, todos os membros da família imperial buscavam resolver seus negócios pendentes. Ordens eram despachadas para o visconde Nogueira da Gama, mordomo do imperador, assim como para Lassance, mordomo do conde d'Eu e da princesa d. Isabel. Além das pendências administrativas, se preocupara em escrever cartas públicas explicando que deixavam a pátria. O conde d'Eu tratou de registrar seu pedido oficial de dispensa do exército.

A princesa e o republicano

A princesa Isabel, em suas anotações, se recordaria de uma conversa que teve com um republicano a bordo do *Parnaíba*:

— Vossa Alteza compreende que esta transformação era necessária.

— Pensava que se daria, mas por outro modo: a nação iria elegendo cada vez maior número de deputados republicanos, e estes, tendo a maioria, nos retiraríamos.

— Assim nunca podia ser feita, porque o poder é o poder.

— Quanto a ser a expressão da vontade da nação, não. Estou convencida de que se cada um votasse livremente, a maioria por meu pai seria incontestável. Agora tudo foi feito pelo exército, armada, por conseguinte pela força. Pode-se mesmo dizer que tudo foi feito por alguns oficiais.

— Mas ver-se-á isto por meio da constituinte proximamente.

— Não disse o senhor que o poder é o poder?!

O rapazinho, aliás, falava respeitosamente e parecia bem-intencionado e comovido da nossa dor.[1]

A indenização e o banimento

Depois de os filhos da princesa e os demais chegarem a bordo, todos foram transferidos para o vapor *Alagoas*, rumo a Portugal. Ironicamente o nome do navio que os levaria ao exílio tinha o nome da província de onde se originaram os dois militares responsáveis pela queda da monarquia: Floriano Peixoto e Deodoro da Fonseca.

Ainda a bordo do *Parnaíba*, d. Pedro recebeu o documento do governo em que este concedia a indenização de 5 mil contos. Mas o imperador não lhe deu qualquer atenção e mandou que o guardassem numa

EXÍLIO E MORTE

pasta. Somente durante a travessia é que ele se inteirou a respeito do teor do documento. Não teve dúvida: assim que chegaram à primeira parada, em São Vicente, na ilha de Cabo Verde, despachou uma mensagem pelo seu mordomo dizendo:

> Tendo tido conhecimento no momento da partida para a Europa do decreto pelo qual é concedida à família imperial a quantia de cinco mil contos, mando que declare que não receberei, bem como a minha família, senão as dotações e mais vantagens a que temos direito pelas leis, tratados e compromissos existentes, e, portanto, se tiver porventura recebido essa quantia, deverá restituí-la sem perda de tempo. Recomendo, outrossim, que, cingindo-se estritamente aos termos da comunicação, dirija ofício que fará imediatamente publicar, e por igual me comunicará cópia. D. Pedro de Alcântara, a bordo do *Alagoas*, ao chegar a São Vicente nas ilhas de Cabo Verde, 29 de novembro de 1889.[2]

Em uma anotação no arquivo da família imperial, no Museu Imperial, em Petrópolis, lê-se: "Rejeitei os cinco mil contos por incompetência de quem os concedera". O conde d'Eu ainda tentou argumentar, mas tanto d. Pedro quanto d. Isabel eram contrários a qualquer dinheiro vindo do novo governo, e o prático francês foi voto vencido. A resposta do imperador decaído foi um golpe no governo republicano. Este já havia feito publicar a notícia do aceite oficial de d. Pedro II, que nunca existiu. A falta de uma resposta oficial imediata, ainda no Rio de Janeiro, por parte do ex-imperador à oferta republicana foi confirmada pelo embaixador austríaco presente a bordo, em comunicado ao seu governo.

Com a negativa oficial, divulgada na imprensa nacional a mando do ex-soberano, o governo partiu para uma dura represália e emitiu o Decreto nº 78-A, de 21 de dezembro de 1889. Essa lei não apenas revogou o Decreto nº 2, retirando a oferta dos 5 mil contos, mas baniu a família imperial do território nacional, proibindo-a de possuir bens no Brasil e obrigando-a a liquidar com todos eles em um prazo de dois anos. Também extinguiu a dotação do imperador e dos príncipes a partir de 15 de novembro de 1889, não devendo a família imperial receber mais nada do Estado após essa data.

Tendo em vista a dificuldade que enfrentariam inicialmente no exílio, sem recursos, na documentação do conde d'Eu, no Museu Imperial, em Petrópolis, é possível ver as diversas ordens transmitidas por ele em nome do imperador aos administradores dos bens da família no Brasil. Entre elas encontram-se decisões a respeito da venda de ações que o imperador possuía para poder honrar as pensões pessoais concedidas por ele, uma vez que não teria mais como contar com a dotação anual. Nesse ponto, o governo republicano interveio e assumiu pelo Decreto nº 5, de 19 de novembro de 1889, todas as pensões pagas até então pelo imperador.

Somente em 1920 seria revogado o banimento da família imperial brasileira. Das três gerações dos Bragança que partiam para o exílio no *Alagoas*, somente duas pessoas retornariam vivas ao Brasil: o conde d'Eu e o seu primogênito, o príncipe do Grão-Pará, d. Pedro de Alcântara Orléans e Bragança. O conde retornaria em 1921 e depois em 1922 para as comemorações do Centenário da Independência. Na última viagem, faleceu antes do desembarque, a bordo do vapor *Marsília*. Seu corpo foi embalsamado e velado na igreja de Santa Cruz dos Militares, no centro do Rio de Janeiro. Já seu filho foi o único dos exilados a se estabelecer novamente no Brasil, falecendo em Petrópolis em 1940.

Incidentes a bordo

O *Riachuelo*, que acompanhou o *Alagoas* durante parte da viagem, era um verdadeiro peso morto. O *Alagoas*, muito mais rápido, às vezes tinha que diminuir a velocidade ou mesmo chegar a navegar em círculos para esperar o navio de guerra da escolta. D. Pedro irritou-se: "Diga a este moço que vem a bordo que, se o *Riachuelo* representa uma homenagem, dispenso-a; se é por prevenção, esteja certo que não quero voltar. O Brasil não me quer; e eu me vou".³ Por fim, no dia 22 de novembro, o *Riachuelo*, próximo ao paralelo norte da Bahia, uma das províncias que haviam inicialmente tentado resistir à república, deixou de escoltar o *Alagoas*, que seguiu a toda a velocidade rumo a Portugal. Antes disso, subiu a bordo o tenente Magalhães Castro, que devia servir de guarda da família em lugar do oficial Amorim Rangel, que passou mal a bordo.

No dia 24, o navio passou pela ilha de Fernando de Noronha, onde o imperador alongou "bem a vista para última terra brasileira".⁴

> Segundo relatou a baronesa de Loreto:
>
> Enquanto admirávamos esse lindo espetáculo, o imperador teve a ideia de escrever num pedacinho de papel as seguintes palavras: Saudades do Brasil, assinadas pela família imperial e pelas pessoas da comitiva. A singela mensagem atou-se ao colo de um pombo que vinha preso em pequena gaiola, e então foi solto à nossa vista. A pobre avezinha, não podendo tomar o voo, caiu desfalecida no mar e afogou-se.⁵

Em seu diário, d. Pedro II escreveu um soneto sobre o que lhe ia à mente à vista do último pedaço de terra pátrio:

> Breve não avisto mais a pátria amada
> Com a prece de Deus sempre atendida
> E passado o dilúvio desprendida
>
> Pomba (infelizmente por sair da prisão onde estava há muito e sem movimento caiu no mar com a palavra saudade) e assinatura de todos os brasileiros.
>
> Quem a achará? Volte com a nova desejada
> Segurança nos dando tão almejada
> A pátria combalida que se

Já ao antigo estado restituída
Sempre qual meu desejo resplende
Seja entre as nações pela riqueza
E pela força do saber ingente
Que entesoura o que dá a natureza
E só pelo que assim for seja valente,
Sempre impondo-se a todas com a inteireza.[6]

Os netos

Enquanto o conde d'Eu cuidava dos filhos, Rebouças e d. Pedro se encarregavam de dar aulas para eles. D. Pedro Augusto inspirava muito mais cuidados que as crianças. O neto mais velho do imperador teve um ataque de nervos a bordo. Além da forma como foram expulsos do Brasil, a presença do *Riachuelo* o afetara gravemente. O navio parecia tatear feito um cego atrás do *Alagoas*. Segundo a baronesa de Loreto, ele parecia conhecer pouco o caminho, navegava de um lado para outro, como às apalpadelas, atirava foguetes de aviso para fazer o *Alagoas* diminuir a marcha, ora ia para a costa, ora voltava, e além de tudo ainda içava diversas bandeiras de sinalização. Toda essa movimentação atuou sobre os nervos de d. Pedro Augusto, que acreditava que o navio bombardearia o *Alagoas* e mataria a todos.

O conde d'Eu, em carta para a condessa de Barral, falou sobre o sobrinho:

> O principal problema da viagem foi o estado de terror em que se encontrava Pedro Augusto, o que o impedia de dormir, às vezes de comer e nos fazia temer por sua saúde mental. O tempo que ficávamos parados por causa do Riachuelo, os movimentos dos oficiais da marinha e dos que estavam a bordo [...] tudo era motivo para que ficasse aterrorizado.[7]

Com a partida do *Riachuelo,* a esquizofrenia do príncipe diminuiu, e todos achavam que ele havia melhorado, mas no dia 5 de dezembro teve novamente surtos psicóticos. O príncipe achava que o matariam e a toda a família.

O barão de Muritiba se recordaria de que o príncipe, desde que embarcou "[...] estava constantemente apreensivo e dominado pela mania de perseguição. A esse estado de espírito convém atribuir o fato, aliás, narrado com muita exageração, de ter ele lançado as mãos ao pescoço do comandante [...] do *Alagoas*".[8] Muritiba, que estava próximo quando a cena ocorreu, prontamente mandou que ele soltasse o comandante, e d. Pedro Augusto obedeceu. O neto de d. Pedro, ora achando que iam matá-lo, ora querendo se matar atirando-se ao mar, foi trancado por algum tempo numa cabine que teve a escotilha chumbada. Depois, ele alegaria que tudo que haviam dito a seu respeito era mentira. Não passariam de boatos espalhados pelo conde d'Eu e pelo dr. Mota Maia para desacreditá-lo e impedir que um dia ele pudesse assumir o trono do avô.

O irmão de d. Pedro Augusto, d. Augusto, que seguia carreira na Marinha Imperial brasileira no posto de segundo-tenente, estava a bordo do cruzador *Almirante Barroso* em missão de circum-navegação. Em Colombo, capital do Sri Lanka, o navio encontrou a sua espera um telegrama enviado do Rio de Janeiro em 17 de novembro informando a respeito da queda da monarquia e mandando que substituíssem a bandeira retirando a coroa dela. Inicialmente, a ordem foi ignorada, e até o aniversário do imperador, 2 de dezembro, foi comemorado a bordo do *Almirante Barroso*. Entretanto, novas ordens começaram a chegar, e o comandante Custódio de Melo se conformou com a mudança do regime. Uma nova bandeira foi feita, costurando-se por cima do brasão uma estrela vermelha.

D. Augusto entrou em contato com o avô por telegrama, e este ordenou ao neto o mesmo que falaria a todos os brasileiros que o questionassem a respeito do novo regime: "Sirva o Brasil". Um novo telegrama do Rio de Janeiro ordenou que o príncipe pedisse demissão; em vez disso, d. Augusto solicitou licença, que foi aceita pelo almirante Eduardo

Wandenkolk. Recebeu o salário pelos serviços prestados e partiu rumo à Europa para reencontrar a família. Mas, antes disso, foi homenageado pelos seus companheiros com um jantar e dividiu seus bens entre os companheiros, incluindo a sua espada e demais objetos que ficaram no Brasil, no antigo Palácio Leopoldina.

As perspectivas

D. Pedro, apesar de ter sido banido de sua pátria, era também banido das obrigações que carregara desde criança. Não precisava mais fazer o papel de norte da bússola do destino do Brasil. Passara a ser um homem livre das responsabilidades do trono. Decidiria ainda onde se estabeleceria, mas assim que pudesse continuaria seus estudos erráticos, as conversas com os sábios e intelectuais e as andanças que as parcas posses permitiriam.

Já a imperatriz, o que lhe restaria além de ser arrastada por ele por todos os lados? Artrítica, com asma cardíaca e então profundamente abalada pelo modo como deixara o país que adotara como seu, até quando resistiria? Até quando seguiria junto do marido por suas andanças? No navio, d. Teresa Cristina passou mal diversas vezes, ausentando-se das refeições conjuntas e permanecendo constantemente em sua cabine.

No pouco tempo em que ficaram em Cabo Verde, d. Pedro fez o que fazia sempre, recebeu e fez visitas e foi conhecer repartições e pontos de seu interesse, anotando a renda da alfândega local e diversas outras questões completamente inúteis ao seu presente estado de exilado. O hábito contínuo dos estudos havia se transformado numa mania impossível de se desvencilhar e que então era parte integral da imagem que construíra para si. Durante a travessia, solicitou que o navio mudasse um pouco a rota para que passasse pelas Ilhas Canárias, pois queria avistar o Pico de Tenerife. Era novamente o imperador, que ordenava a mudança de rota do navio para satisfazer sua vontade, disfarçado de cidadão d. Pedro de Alcântara.

D. Pedro mandou um telegrama ao Hotel Bragança em Lisboa para reservar dezesseis quartos para si e para a comitiva que o acompanhava. Recusou mais uma vez, como costumava, qualquer palácio posto a sua disposição em Portugal pelo rei, que agora era o seu sobrinho-neto, d. Carlos. O senso da nova realidade fugia completamente da compreensão do monarca, para total desespero do conde d'Eu, que teve que pedir dinheiro emprestado ao comandante do navio para passar telegramas e enviar cartas, inclusive para o Hotel Bragança, cuja despesa ninguém tinha ideia de como seria paga.

D. Pedro nunca tivera que lidar diretamente com as suas questões financeiras e não seria então que mudaria seu modo de vida, que, apesar de frugal, tinha o seu custo. D. Isabel ainda tentou fazer o pai ver a realidade e aceitar a oferta de d. Carlos, mas o imperador resistiu. Nunca havia aceitado enquanto imperador, não aceitaria naquele momento como rei deposto.

Em Portugal

Em 7 de dezembro, o *Alagoas*, com a bandeira imperial tremulando, pois a república brasileira não havia sido reconhecida pelo governo português, chegou a Lisboa. Foi recebido por diversas autoridades e pela imprensa, ávida em ter declarações do imperador deposto. Esta, porém, nada conseguiu. Quiseram que d. Pedro fizesse um manifesto e ele disse que o manifesto era ele em pessoa. Quando perguntado se retornaria ao Brasil, caso fosse chamado de volta, disse que sim, que não tinha por que não voltar. Ou seja, nada de mágoas externadas e nenhum indício de resistência contra a república — nem da parte dele, nem da filha, para desespero dos monarquistas mais empedernidos. D. Pedro não se pronunciou nenhuma vez publicamente contra o novo regime. Aos embaixadores e cônsules dispostos a se demitirem em protesto contra a proclamação da república, ele recomendava que não o fizessem por ele, que deveriam continuar trabalhando pela pátria.

Para evitar qualquer mal-entendido ou especulação da imprensa a respeito das opiniões da família imperial sobre a deposição e o exílio, d. Pedro mandou que seu camarista, o conde de Aljezur, publicasse uma carta no *Jornal do Commercio* de Portugal:

Sr. redator. Tendo alguns jornais, tanto portugueses como de outros países, publicado interviews ou conferências de diversos redatores e correspondentes com sua majestade o imperador e suas altezas a princesa imperial e o sr. conde d'Eu, peço a v. seja servido declarar que os ilustres jornalistas, que suas majestades e suas altezas se dignaram de receber, não foram autorizados a publicar quaisquer opiniões emitidas acerca dos últimos acontecimentos políticos naquele país, a muitas das quais não foi dada, de certo sem propósito, exata interpretação.[9]

O novo rei e o ex-imperador

Logo, entre d. Pedro e o sobrinho-neto, d. Carlos, houve estranheza. D. Pedro não queria nenhuma pompa e circunstância em sua estada em Portugal, apesar de o sobrinho oferecer por duas vezes qualquer residência real que o tio escolhesse para sua estada.

D. Carlos recebia o tio-avô deposto num momento complexo da história portuguesa. Os republicanos em Portugal estavam se organizando, e, assim como no Brasil, as ideias republicanas adentravam os quartéis. O pai de d. Carlos, d. Luís I, havia falecido em outubro e se preparava a aclamação do novo rei no momento da chegada do tio deposto. D. Pedro continuava esbanjando o seu pendor republicano. Logo após a recepção a bordo e de embarcarem na barca do rei para serem levados a terra, d. Pedro e a família foram recebidos com honras no Arsenal de Marinha. Ali, o rei de Portugal e o ex-imperador do Brasil se separaram, indo cada qual para o seu destino.

O pai e o filho

Antes de ir para o hotel, a primeira parada do imperador deposto foi no Panteão dos Bragança em São Vicente de Fora. Foi rezar junto aos seus parentes, do mesmo modo que o pai havia feito 56 anos antes ao chegar a Lisboa. Completava-se um círculo. Assim como d. Pedro I chegara em 1833 como ex-imperador do Brasil em Lisboa, agora então era a vez do filho, o primeiro por abdicação, o outro por deposição. Ambos, pai e filho, compartilhavam, além da coroa brasileira, o exílio da pátria adotiva de um e nativa do outro.

A figura de d. Pedro I em Portugal seria mais palpável que nunca a d. Pedro II. No dia 11 de dezembro de 1889, pela primeira vez, foi visitar o Palácio de Queluz, e, sobretudo, o quarto onde nascera e morrera seu pai. Em seu diário, d. Pedro II anotou ter visto as nódoas de sangue na roupa de cama, provavelmente causadas pela expectoração do pai, enquanto morria de tuberculose. Dois dias depois, ao visitar o castelo de São Jorge, aproveitou também para visitar o 5º Batalhão de Caçadores, que lutou no Cerco do Porto junto com d. Pedro I, coronel honorário do regimento. Lá conversou com oficiais e viu a imagem do soldado que abraçou seu pai no leito de morte e a quem d. Pedro II abraçaria também antes de falecer.

Em Lisboa, o ex-monarca fez e recebeu inúmeras visitas, foi levar uma coroa que mandou fazer para o túmulo de Alexandre Herculano, recebeu e visitou diversas vezes a amiga condessa d'Edla, viu a viúva do general Sarmento, ajudante de ordens de d. Pedro I em Portugal etc. Foi a institutos, assistiu a conferências, visitou os sábios e literatos, antigos e novos, e esteve diversas vezes com o deposto visconde de Ouro Preto e seu filho.

Ouro Preto havia também sido exilado e se encontrava em Lisboa com o imperador. Os navios de ambos haviam se cruzado em Cabo Verde, mas eles conversaram apenas por bilhetes. O visconde passou o restante da vida produzindo livros e manifestos para justificar suas posições e sua visão dos acontecimentos que levaram à queda do gabinete e da monarquia. Tanto ele quanto o filho, no Brasil, levariam adiante, durante anos, células monarquistas na tentativa da criação de um partido restaurador.

Camilo Castelo Branco

D. Pedro tentaria algumas vezes rever Camilo Castelo Branco, que, doente, na cama, dizendo estar à beira da morte, tentava evitar o encontro. Camilo, corroído pela sífilis, já não enxergava mais direito e se mataria um ano depois. D. Pedro não se dera por vencido no passado e não se daria naquele momento. No dia 21 de dezembro, foi com o seu camarista à casa de Camilo, encontrando-o na cama.

O diálogo, recolhido pela nora de Camilo, mostra duas pessoas buscando se consolar mutuamente das respectivas desgraças:

— Meu Camilo, console-se... há de ver!
— Senhor, meu senhor...
— Há de voltar a ter vista...
— Meu senhor, a cegueira é a antecâmara da minha sepultura...
— E não voltar à pátria é viver penando!
— Resigne-se vossa majestade, tem luz nos olhos...
— Sim... sim... meu pobre Camilo. Mas falta-me o sol de lá.[10]

E se despediram chorando. Tanto d. Pedro quanto Camilo ainda trocariam alguns bilhetes, e o imperador lhe remeteria alguns de seus escritos.

Na corte portuguesa

A princesa Isabel e o conde d'Eu, acompanhados pelos filhos e o sobrinho d. Pedro Augusto, partiram para a Espanha para visitar o tio de Gastão, o duque de Montpensier. Os imperadores se reencontrariam com o restante da família nos Pirineus — esse era o plano inicial — e de lá seguiriam juntos até Cannes para passar o restante do inverno.

Um dia depois da partida da família, o imperador assistiu em 18 de dezembro ao batizado do filho de d. Carlos, d. Manuel. O bebê que recebia o batismo naquele dia seria o último rei de Portugal, com o nome de d. Manuel II. Ele subiu ao trono em maio de 1908 após o assassinato do pai, d. Carlos, e do irmão mais velho, d. Luís, ocorrido em 1º de fevereiro daquele ano. Dez dias depois, em 28 de dezembro, seria realizada a cerimônia da aclamação de d. Carlos como rei de Portugal. D. Pedro não estaria presente, pois estaria indo embora de Portugal.

É bem possível que alguns cortesãos, quando não o próprio rei de Portugal, tivessem ficado aliviados com a decisão de d. Pedro em não comparecer à aclamação. Evitavam-se, assim, as interpretações de mau agouro do monarca decaído na ascensão de um novo. Mas o alívio foi momentâneo: o destino pregaria uma peça e o dia 28 de dezembro seria de festa e de luto simultaneamente.

Coimbra e Porto

Mesmo em Lisboa, antes de começar a viagem em direção a Cannes, passando por parte de Portugal e Espanha, d. Teresa Cristina já não se encontrava bem de saúde. Em seu diário, no dia 18 de dezembro, d. Pedro anotou que havia dormido pouco devido aos ataques de asma da esposa. No dia 19, a imperatriz, aos prantos, foi socorrida às 3h30 da manhã, novamente com um dolorosíssimo ataque de asma.

Apesar do estado da esposa, o imperador manteve a programação da saída de Portugal. Antes, passaram por Coimbra e pelo Porto. Na primeira ficaram três dias. O ex-imperador foi recebido com toda a alegria e pompa pela cidade e pela universidade, não de maneira oficial, mas de maneira oficiosa e festiva. Finalmente, ele não tinha mais razão de explicar que quem viajava era d. Pedro de Alcântara e não o imperador do Brasil. Mesmo assim, as regalias dadas eram devido a sua alta posição ocupada anteriormente — uma delas foi a rara honra de ser aberto o sepulcro da rainha Santa Isabel e ele poder beijar a sua mão. De lá, seguiram para a cidade do Porto.

No Porto, ele e sua reduzida comitiva se hospedaram no luxuoso Grande Hotel, que Daniel Martins de Moura Guimarães, um portuense que fizera fortuna no Brasil, mandara erguer em 1880 para ser um estabelecimento de referência na cidade. D. Pedro saía todos os dias, de manhã e de tarde, perambulando pela cidade.

A notícia do banimento

No dia 24, dormira mal devido ao incômodo da esposa. No Natal de 1889, às 16h30, foi até a igreja da Lapa, onde ouviu a missa e venerou o coração do pai que ali se encontra até hoje. Ao retornar ao hotel, se pôs a ler os jornais da tarde e recebeu o mais amargo dos presentes natalinos de toda a sua vida. Em seu diário anotou: "O [jornal] *Economista* tem telegrama do [meu] banimento e da minha família do Brasil". E complementou espantado: "Para quê?" No jornal *O Primeiro de Janeiro*, em um artigo ele leu que queriam vender os bens dele em Petrópolis de maneira dissimulada.

Era a lei do banimento de que ele tomava conhecimento e que dificultaria muito a vida dele e da família no exterior. O governo republicano acabava com a dotação do imperador a partir de 15 de novembro de 1889 e dava prazo para a liquidação de seus bens no Brasil.

As dívidas da Casa Imperial eram vultosas. Em 11 de novembro de 1889, quatro dias antes do golpe militar, a Mordomia da Casa Imperial contraiu junto ao Banco do Brasil um empréstimo no valor de mil contos de réis para saldar em 1890. O déficit, que então estava na casa dos 2 mil contos, vinha desde 1886, quando o imperador encerrou o ano abrindo o livro de ouro da Abolição com sessenta contos de réis. Desde então não conseguiram mais equilibrar as contas, que aumentaram vertiginosamente com os gastos realizados com a saúde do imperador durante a viagem entre 1887 e 1888 à Europa.

O pai do conde d'Eu, o duque de Némours, deu ao filho uma pensão de 8 mil francos mensais para ajudar nas despesas, que só aumentariam com a mania de o imperador querer morar em hotéis e não em casas alugadas. Só as contas do Hotel Bragança, em Lisboa, somavam oitenta libras por dia. De início, Mota Maia, a princesa d. Isabel e o conde d'Eu recorreram a empréstimos de pessoas de posses, principalmente de portugueses que haviam enriquecido no Brasil e retornado para Portugal. Entre eles, estava o visconde de Alves Machado, que não apenas ajudaria a família nos primeiros momentos, mas ainda deserdaria uma filha legitimada entregando todos os bens no Brasil a d. Isabel por testamento.

Os poemas atribuídos ao ex-imperador

Mas a questão financeira não abalava o imperador, que continuava alienado diante das dificuldades materiais. Passara mais de sessenta anos sem se preocupar diretamente com isso, não seria então que iria mudar. Continuava lendo seus jornais, anotando os ataques da imperatriz que não o deixavam dormir e vendo com espanto o surgimento de um poema:

> Não maldigo o rigor da ímpia sorte,
> Por mais atroz que fosse e sem piedade,
> Arrancando-me o trono e a majestade;
> Quando a dois passos só estou da morte.
>
> Do jogo das paixões minha alma forte
> Conhece bem a estulta variedade,
> Que hoje nos dá contínua felicidade
> E amanhã nem um bem que nos conforte.
>
> Mas a dor que excrucia e que maltrata,
> A dor cruel que o ânimo deplora,
> Que fere o coração e pronto mata,
>
> É ver na mão cuspir à extrema hora
> A mesma boca aduladora e ingrata,
> Que tantos beijos nela pôs outrora.

Este e outros poemas creditados ao imperador apareceriam recolhidos na obra *Sonetos do exílio*, dada como impressa em Paris em 1898. Em seu diário, em 26 de dezembro de 1889, d. Pedro anotou que falavam desse poema "que se tem dito ser meu".[11] Suspeita-se que tanto esse texto quanto outros sejam de autoria do escritor e monarquista Carlos de Laet. Futuramente, seriam feitos cartões-postais impressos com os rostos dos imperadores e poemas creditados a d. Pedro II que seriam distribuídos como propaganda monarquista.

A doença da imperatriz

Em carta para um amigo, o conde de Aljezur, d. Pedro comentou: "Sua majestade a imperatriz, que tem estado com uma bronquite que ainda a obriga a não prosseguir viagem e está bastante fraca, vai hoje alguma coisa melhor".[12]

Em 27 de novembro, d. Pedro chegou a ir ao consulado brasileiro, que na sua opinião "não estava mal-arranjado". Segundo o imperador ou d. Pedro de Alcântara? O rei deposto continuava com as suas inspeções e sua obsessão com *Os lusíadas*, sempre presente em sua vida. A sua paixão pela obra havia levado o imperador a patrocinar a que é considerada até hoje a edição mais luxuosa dela. O livro foi publicado pelo fotógrafo e editor alemão estabelecido em Portugal Karl Emil Biel, também conhecido por Emílio Biel, em 1880, no tricentenário da morte do poeta.

D. Pedro aproveitou o dia para visitar o estabelecimento comercial de Biel e ver as chapas de impressão da edição monumental.

No sábado, dia 28, às 7 horas da manhã, anotou no seu diário que havia dormido bem e que de seu quarto ouviu os gemidos da esposa e foi ver o que estava acontecendo. "Está com fortes dores nas costas, mas não tem febre." Minutos depois, leu o *Jornal da Manhã*, o *A Atualidade* e diversos outros periódicos. Neles viu o "Telegrama de Rui Barbosa dizendo que foi cassada a dotação e o subsídio, visto que não o acatando e só aquele que é de lei, nego a legitimidade da revolução". No diário, corrigiu um ponto infundado no telegrama: "Não foi só chegando à Europa, como diz o telegrama de Rui Barbosa, que não aceitei os 5 mil contos, mas logo que de tal soube".

D. Pedro se aborreceu com esse imbróglio de Rui Barbosa e com o novo decreto, que afirmava erroneamente que o ex-imperador tinha aceitado de início o dinheiro e depois o recusou. Deixando isso de lado, saiu para seus passeios, sendo acompanhado pelo conde de Aljezur, deixando a imperatriz em seu leito de enferma. Depois de visitar a Associação Comercial, almoçou e se dirigiu para a Academia de Belas-Artes, onde foram chamá-lo às pressas: d. Teresa Cristina havia tido uma síncope.

> Em seu diário, o imperador registrou:
>
> Não sei como escrevo. Morreu haverá ½ hora a imperatriz, essa santa. [...] Ninguém imagina a minha aflição. Somente choro a felicidade perdida de 46 anos. Nada mais posso dizer. Custa-me escrever, mas preciso não sucumbir. Não sei o que farei agora. Só o estudo me consolará de minha dor.
>
> Custa-me crer. Sempre desejei precedê-la na morte. Abriu-se na minha [vida] um vácuo que não sei como preencher. Que me tarda abraçar minha filha! Se pudesse desafogar minha dor! Nada pode exprimir quanto perdi. Que noite vou passar! Dizem que o tempo tudo desfaz! Mas poderei viver tempo igual ao da minha felicidade? Quando puder escreverei o que faça aquilatar a minha![13]

Após o almoço, d. Teresa Cristina piorara. A baronesa de Japurá, que, ao contrário do imperador, não saíra do pé do leito de d. Teresa Cristina, ouviu da imperatriz: "Maria Isabel, não morro de moléstia, morro de dor e de desgosto".[14]

A baronesa foi a primeira a pedir um padre para a imperatriz, mas esta, já com a voz enfraquecida, disse: "Sim, desejo bem receber a extrema-unção, mas é preciso que o imperador ordene".[15] Mota Maia, vendo a situação da imperatriz, mandou que fossem à Sé do Porto buscar o abade Moreira Freire, que oficiava o te-déum em comemoração à aclamação de d. Carlos, que ocorria naquele dia em Lisboa.

Notando a piora crescente de d. Teresa Cristina e que não daria tempo para a chegada do abade, Mota Maia correu escada abaixo até a rua, onde pediu ao policial de guarda à porta do hotel que conseguisse o primeiro padre que achasse. O ex-vigário-geral em Braga, que ia passando, padre Manuel da Conceição da Costa e Silva, chegou quando ela morria. Suas últimas palavras foram recolhidas pela baronesa de Japurá: "Sinto a ausência de minha filha e de meus netos. Não a posso abraçar pela última vez. Brasil, terra linda... Não posso lá voltar..".[16]

Em seu diário, d. Pedro registrou:

Pediu muitas vezes um padre, mas havia toda a esperança até a síncope e se houve culpa de não receber todos os sacramentos foi minha, embora não o julgasse preciso o Mota Maia, aliás não só mo disse não tendo eu perguntado, quando eu mesmo tinha toda a esperança. Infelizmente pelo seu estado antes da síncope eu saíra. Deus me perdoe, assim como o padre a quem primeiro me confessar.[17]

O luto

Com o cadáver da esposa no outro quarto, d. Pedro agarrou-se mais do que nunca à rotina. As páginas do seu diário desse período são entremeadas de registros de jornais portugueses e estrangeiros e desabafos. Em um dos trechos, d. Pedro diz, provavelmente diante da narrativa da baronesa de Japurá, que não concordava com a afirmação de que a lei do banimento é que matara a esposa:

> Não, não posso crer que meus patrícios talvez concorressem para a morte de quem verdadeiramente mais amei. Foi uma crueldade, e eu a causa, por ter me dado 50 anos de ventura! Quanto deverei mitigar com lágrimas essa última dor que ela quis compartilhar! Ninguém sabe como ela era boa, e sofria mais pelos outros do que por si. [...][18]

Logo depois, ainda mergulhado na dor, pareceu mudar de ideia:

> Fizessem-me tudo, mas não a matassem por causa de mim, do muito amor que me tinha. É crueldade demais. E estou certo que ela está orando no céu por eles mesmos. O estudo e a leitura só podem ser meus consolos. Hei de assim também lembrar dela que tinha vaidade por mim. Quando puder hei de escrever sua vida para exemplo [...].

Entre uma anotação de notícia e outra, como o de um artigo a respeito de sítios arqueológicos em Portugal, entremeou com uma frase lancinante: "Nada me distrai os olhos daquela porta fechada". Atrás dela jazia o corpo da ex-imperatriz. Depois do registro da prisão do senador Gaspar da Silveira Martins, o soberano escreveria: "Ainda me custa a crer. Ninguém como eu a adorava por suas qualidades. Que fez ela para sofrer por mim? Tomara que chegue minha filha!"

Enquanto isso, a notícia da morte de d. Teresa Cristina ganhava o mundo. A Lisboa, festiva com a aclamação do novo rei, chegou como um golpe. D. Carlos tentou cancelar o grande banquete, mas era impossível, disseram os ministros e os conselheiros. O rei mandou seu irmão ir apresentar os respeitos ao imperador e depois ele, a esposa e a mãe mandaram os pêsames por telegrama. O corpo iria para São Vicente de Fora, para o panteão dos Bragança, junto das irmãs, do pai, da madrasta e dos avós do ex-imperador. O velório e o sepultamento da última imperatriz brasileira seguiriam, funestamente, na continuidade das festas da aclamação do penúltimo rei de Portugal. O Teatro São Carlos, em

Lisboa, suspendeu a récita de gala. Braga, Viana do Castelo e diversas outras cidades portuguesas interromperam os festejos da coroação e enviaram pêsames a d. Pedro.

Uma multidão, mesmo enfrentando o frio intenso, ficou dia e noite, de maneira silenciosa, à porta do Grande Hotel. D. Pedro só recebia as pessoas mais íntimas. Uma delas foi o visconde de Ouro Preto e seu filho, Afonso Celso. Afonso, em sua obra *O imperador no exílio*, se recordou da cena que o marcaria para sempre. Após tomar conhecimento da chegada deles ao hotel, d. Pedro recebeu-os no seu quarto:

> Modestíssimo [...] a um canto, cama desfeita; em frente, um lavatório comum; no centro, larga mesa coberta de livros e papéis. Um sofá e algumas cadeiras completavam a mobília. Tudo frio, desolado, nu. Os joelhos envoltos num cobertor ordinário, trajando velho sobretudo, d. Pedro II lia sentado à mesa um grande livro, apoiando a cabeça na mão.[19]

Tratava-se de uma edição d'*A divina comédia*, que, mesmo não gostando da tradução, se obrigara a ler para se distrair. "Ao nos avistar, acenou para que nos aproximássemos."[20] Enquanto o visconde se curvava para lhe beijar a mão, o imperador se adiantou e o puxou para um abraço demorado. "Depois, ordenou que nos sentássemos perto dele. Notei-lhe a funda lividez. Calafrios arrepiavam-lhe a cútis, por vezes."[21] Quebrando o doloroso silêncio que se abateu no quarto, d. Pedro mostrou o livro, disse que aquilo, o estudo, era o que o consolava e se pôs a discorrer sobre a obra de Dante.

Quando o imperador parou de falar, o ex-primeiro-ministro, nervoso, de maneira desajeitada, buscando assunto, perguntou se ele não pretendia voltar ao Brasil. "Estou banido, senhor", respondeu o ex-imperador. Ouro Preto, voltando a si, respondeu: "É exato... estamos... Nem me lembrava". D. Pedro começou a falar sobre a cidade e a recomendar os pontos pitorescos do Porto que os dois deveriam visitar. Não falou em nenhum momento na imperatriz. "Só quando, ao cabo de meia hora, nos retirávamos, observou baixinho: — A câmara mortuária é aqui ao lado. Amanhã às 8 horas, há missa de corpo presente."

O visconde de Ouro Preto e o filho já haviam se retirado quando Afonso Celso notou que havia deixado o chapéu para trás. Voltando para pegá-lo, viu pela porta entreaberta d. Pedro chorando.

> Por entre os dedos escorriam-lhe as lágrimas, deslizavam-lhe ao longo da barba nívea e caíam sobre as estrofes de Dante. Não me pude conter. Rompi também em choro convulsivo. Sua majestade descobriu a face, envolveu-me num indizível olhar, a um tempo de desconforto e de reconhecimento, fazendo com a mão, molhada de pranto, sentido gesto de adeus.[22]

No dia 31 de dezembro, filha, genro e netos chegavam da Espanha para se juntar a d. Pedro em sua dor. Ao ver a mãe morta, d. Isabel desmaiou. O imperador se irritara com o neto mais velho, que, inquieto, mexia em tudo. Segundo testemunho da baronesa de Loreto, o ex-imperador estava muito abatido, apesar de se apresentar sereno. O seu diário continuava a mostrar a confusão que lhe ia na mente. Obrigava-se a tentar fazer anotações que continuavam se misturando ao seu luto.

Em 2017, em viagem à Rússia, o ex-presidente brasileiro Michel Temer recebeu de presente do presidente russo, Vladimir Putin, um pequeno lote de cartas que este havia adquirido num leilão. Tratava-se de missivas de d. Pedro II para algumas pessoas. Uma delas foi para Sully Prudhomme, seu confrade do Instituto de França, importante poeta parnasiano que viria a ser a primeira pessoa a receber o Prêmio Nobel de Literatura:

> Senhor
>
> Minha escrita e meu gosto pela poesia são vossos conhecidos e eu gostaria bem de ter um exemplar do vosso poema da "Felicidade". Eu espero encontrar nele muito alívio pela falta da minha, que, como você pode imaginar, nada mais é que a perda

de uma companhia de quase meio século e o distanciamento da minha pátria.

Eu continuo a tradução de Lucrécio, a qual eu terei o maior prazer em vos enviar. Escreva-me às vezes dando notícias vossas e crede na estima sincera do Vosso afetuoso confrade do Instituto.

D. Pedro de Alcântara
Cannes, 20 de julho de 1890[23]

Apesar dos sucessivos estudos e traduções, d. Pedro sentiria até o final dos seus dias a falta da antiga companheira, a quem sempre chamaria de santa.

O quarto da imperatriz foi transformado em câmara mortuária. As paredes foram forradas de veludo negro semeado de estrelas de prata. Nem uma réstia de luz externa entrava no aposento, iluminado apenas pelas velas do altar armado no local. O corpo de d. Teresa Cristina, já embalsamado e vestido de preto, com a banda e a cruz da Ordem do Cruzeiro, jazia em sua cama, coberta até a cintura com uma colcha bordada com o brasão do império.

"Que será para mim o ano que principia? Deus terá piedade de mim embora não tenha mais a esposa devotada de quase 50 anos, mas a vida é luta e sofrimento",[24] d. Pedro II se queixava ao seu diário no dia 1º de janeiro. Assim começava o ano de 1890 para ele e a família: assistindo à missa de corpo presente da imperatriz, banidos da pátria e até com o seu nome sendo apagado da sua cidade. Petrópolis passara a ser chamada Cidade da Liberdade, conforme anotara no seu diário no dia 1º. E, para completar ainda mais a desolação, não havia recursos financeiros para pagar pelas exéquias de d. Teresa Cristina.

Seriam socorridos pelos ricos portugueses que haviam ficado milionários no Brasil. D. Pedro II anotaria mais tarde em seu diário que esses portugueses pensaram em comprar o hotel e fazer dele um asilo com o nome de

Asilo d. Teresa Cristina. O aposento em que a ex-imperatriz faleceu seria transformado em capela. Mas tal projeto não foi adiante e o Grande Hotel do Porto permanece com a sua função original até os dias atuais.

Mais contratempos

Mesmo de luto, o imperador e a família sofreriam constrangimentos para além da falta de recursos. De início estava tudo certo com o governo de Portugal para que as exéquias de d. Teresa Cristina fossem realizadas em São Vicente de Fora, no Panteão dos Bragança. Elas deveriam ocorrer no dia 4 de janeiro, sete dias após a morte da imperatriz.

Após as últimas orações, o cadáver foi retirado da cama onde estava e colocado no caixão. D. Pedro chamou todos que lá estavam para se despedirem pela última vez de d. Teresa Cristina. O ex-monarca abraçou o cadáver da esposa aos prantos e teve que ser retirado do aposento pelo seu médico. Antes das despedidas finais, d. Pedro havia tocado, com uma medalhinha, o cadáver da imperatriz. Era uma medalha benta que ele trazia ao pescoço e que fora colocada nele pela esposa, quando o monarca estava entre a vida e a morte em Milão, anos antes. Essa medalhinha, junto a outra com uma mecha dos cabelos de d. Teresa Cristina, ficaria para sempre em seu pescoço.

Aguardava-se a retirada do corpo do hotel e a ida para Lisboa quando chegaram mensagens do primeiro-ministro e do rei dizendo que a partida precisava ser adiada. Não seria mais possível realizar o sepultamento na data combinada. A gerência do hotel reagiu de maneira enérgica, já que o cadáver não poderia mais ficar ali. O cônsul do Brasil foi ao hotel e informou que era urgente que se saísse com o corpo da imperatriz. A cidade do Porto estava parada, multidões, em pleno inverno, lotavam as ruas para prestar homenagens a d. Teresa Cristina. As tropas, que não haviam sido avisadas pelo governo do adiamento, haviam formado alas para a passagem do cortejo. Diante desse caos, foi definido que o corpo da imperatriz seria enviado para a igreja de Nossa Senhora da Lapa, onde ficaria aos pés da ânfora que continha o coração do sogro.

O cortejo foi magnífico, e no dia seguinte todos os jornais do Porto o descreveram minuciosamente: as ruas cobertas pelo povo enlutado, as mulheres nas varandas rezando, acompanhando o féretro. Mais à frente, seguiam a guarda municipal, os bombeiros e, fechando o cortejo, quarenta carruagens com os ricos portuenses que tinham dívidas de gratidão para com o Brasil. Os portugueses fizeram mais que o governo brasileiro, a república nada fez para homenageá-la e o cônsul do Brasil não compareceu à missa de corpo presente.

Para complicar ainda mais a situação, um trem descarrilou na linha férrea que ligava o Porto a Lisboa, fazendo quatro mortos e cinquenta feridos. D. Pedro lia as críticas que os jornais fizeram ao governo português pelas trapalhadas em relação às exéquias de d. Teresa Cristina e concordava. Ele só queria sair logo de lá, sentia-se aprisionado.

Continuava lendo os jornais, anotando o que acontecia no mundo, mas seu foco era o que os periódicos diziam a respeito da morte de d. Teresa Cristina e as notícias do Brasil. A Rússia se recusara a reconhecer o governo provisório brasileiro. As contas públicas e o superávit do país também o interessaram e, principalmente, a discussão a respeito de ele ser adepto do Federalismo e sobre a nova Constituição que seria feita no Brasil. Segundo o imperador, a nova Carta deveria ser promulgada pelo governo, como o pai fizera em 1824, e depois o Congresso Nacional deveria revê-la e, se fosse o caso, modificá-la.

Finalmente a 6 de janeiro, à noite, partiram todos do Porto e chegaram no dia seguinte a Lisboa. Na presença da Família Real portuguesa, da corte e de membros de casas reais e imperiais, enviados especialmente para os funerais de d. Teresa Cristina, ela foi depositada no panteão da família. O corpo diplomático creditado junto ao governo português também compareceu, com exceção dos diplomatas brasileiros. "Depositei a minha santa no jazigo de S. Vicente e assisti à encomendação. Rezei por ela e também junto aos caixões de meu pai, de minha mãe, Amélia, de minhas irmãs, irmãos, do Fernando, e de outros meus parentes."[25] De lá, d. Pedro partiu para o Palácio das Necessidades, aceitando pela primeira vez na vida a oferta de um rei português. No dia seguinte acordou cedo, não conseguia dormir e fez versos sobre o que sentia:

> Meio século lá foi aí de ventura,
> Que muito amor apenas deslumbrou
> E em trevas, onde enfim me sepultou,
> Para meu coração se transfigura
> Dizer o que essa imagem tem de pura
> Nem mesmo pode quem a venerou
> E, se Deus junto a si a colocou,
> Foi para velar na triste criatura
> A Deus rogando a felicidade
> Da pátria e dos seus tão adorados
> Sempre no gozo de tranquilidade,
> E do que é justo firmes aliados,
> Todos ganhando assim a eternidade.[26]

Este foi o real poema escrito em homenagem à esposa morta. O tão propagado texto "A imperatriz", que começa com a frase "Corda que estala em harpa mal tangida", como outros que se alegou terem sido escritos por d. Pedro, não era de sua lavra. No dia em que escreveu o poema em lembrança da esposa, comentou no diário que fazia 10 graus em Lisboa: "Temperatura ordinária de Petrópolis nos meus passeios invernais da manhã".[27] Era uma somatória de perdas e saudades que não teria mais fim.

Mas não havia da parte de d. Pedro nenhuma palavra de julgamento ou de contrariedade. Não se queixou em nenhum momento de o governo provisório brasileiro não ter enviado oficialmente algum representante aos funerais da ex-imperatriz. Seu amor pelo Brasil continuava inquebrantável. No dia 11, lembrando-se dos trabalhos de tradução deixados para trás em São Cristóvão e do projeto de traduzir a Bíblia diretamente do hebraico para o português, d. Pedro anotou: "Dê-me Deus saúde e hei de provar que posso fazer nas letras e nas ciências o que possa falar do meu Brasil. Agora sinto-me capaz disso, pois deram-me tempo que aproveitarei para minha pátria que jamais deslembro".[28]

Ele ainda ficou três dias em Lisboa usufruindo a hospitalidade do rei, que queria se livrar o mais rápido possível de d. Pedro. D. Carlos, em conversa com o arquiduque Eugênio,[29] disse que gostaria que o ex-imperador não demorasse muito em Portugal. Não aprovava as atitudes democráticas do tio-avô nem o fato de ele se relacionar com pessoas favoráveis à forma de governo republicana. Enfim, não queria complicações.

O exílio na França

Mas as complicações viriam e se abateriam sobre Portugal. O ex-monarca logo partiu de Lisboa com a família, passando pela Espanha com destino à França. Visitaram o santuário de Nossa Senhora de Lourdes, onde d. Teresa Cristina tinha ido rezar pela saúde de d. Pedro em 1888. No santuário viram tremular a bandeira imperial brasileira, que fora mandada hastear a pedido da imperatriz e que a república ainda não alcançara.

Na França, o ex-imperador se estabeleceria. Curiosamente, o lugar onde se sentia bem era a única república europeia. Diversas famílias soberanas europeias lhe puseram palácios à disposição, mas ele agradeceu e recusou as ofertas. O novo país de residência do monarca, no entanto, não dava credibilidade alguma ao regime republicano brasileiro. O novo governo brasileiro enfrentaria, durante algum tempo, na imprensa, um combate encarniçado de brasileiros, na Europa e no Brasil, contra o novo sistema.

André Rebouças, Eduardo Prado, assinando como Frederico S., entre outros, publicaram diversos artigos que foram traduzidos para importantes jornais europeus atacando duramente o novo regime. Afinal, Deodoro não era d. Pedro II, era um militar e não um estadista. Não estava acostumado a se equilibrar na balança do poder e muito menos estava disposto a permitir que falassem mal de si dentro do jogo democrático e no espírito liberal de seu antecessor. O novo governo passou a perseguir e a censurar jornais e exilou mais pessoas do que ocorrera ao longo de todo o Segundo Reinado.

Contra os grandes e influentes intelectuais monarquistas havia no Rio de Janeiro o ex-conselheiro Rui Barbosa, que tentava colocar de pé a nova estrutura governamental brasileira, ao mesmo tempo que respondia, por telegramas, para a Europa o que se falava contra o Brasil. Seu apelido em Portugal passou a ser "Telegrafista-mor do Brasil".

Mas a república e o Brasil poderiam contar com a atitude passiva de d. Pedro, que não inflamaria ninguém contra os novos donos do poder — que continuariam prendendo gente e combatendo qualquer ameaça à nova ordem, fosse real ou imaginada. Mesmo os que somente exigiam os direitos de liberdade de pensamento e crítica, de que já usufruíam no império, acabavam presos, como foi o caso de Carlos von Koseritz. Político e dono de jornal em Porto Alegre, Koseritz foi detido e humilhado, morrendo poucos dias depois de sua soltura.

Na Riviera francesa em 1890

D. Pedro chegou no dia 16 a Cannes, no litoral sul da França, para passar o resto do inverno. Hospedou-se no mesmo hotel, Beau Séjour, em que já estivera anos antes e ali ficaria até ter autorização médica para se estabelecer em Paris. Para lá seguiu o restante dos exilados brasileiros que haviam ido para a Europa com d. Pedro. D. Januária e d. Francisca, suas irmãs, foram vê-lo. Também se juntou ao grupo o genro, o duque de Saxe, d. Augusto. Ele reencontrou os filhos, d. Pedro Augusto e d. Augusto, o oficial da Marinha brasileira que havia sido deixado na Ásia meses antes.

Outra pessoa que o ex-imperador reviu na cidade foi a condessa de Barral. A velha amiga achava difícil viver num mundo em que seu país não era mais uma monarquia. De certa forma, culpava o ex-monarca pelo modo como as coisas se sucederam. Sem dúvida, ela era mais monarquista que d. Pedro II conseguira ser. Mas, se houvera certa troca de favores no passado entre eles, essa não era a única coisa que os uniu. Ela nunca deixara de se corresponder com ele. Foram anos de mensagens, telegramas e cartas nas mais diversas ocasiões, inclusive de pêsames pela morte da ex-imperatriz. Ela não deixaria o velho amigo, no momento em que ele perdera o seu trono. Então, se reencontravam em Cannes, ambos viúvos. Mas, mesmo assim, para manter a honra dos dois, a condessa insistiu em se hospedar num hotel distante do dele, recusando a oferta do ex-imperador de um aposento no mesmo estabelecimento.

A falta de dinheiro

D. Pedro continuava seu exílio sem se importar com as despesas, para desespero da filha, do genro e depois da condessa de Barral. Dona Isabel tentou dissuadir o pai a se mudar do hotel, que era caro, para uma residência alugada, como ela iria fazer. Tanto a condessa de Barral quanto d. Isabel foram visitar com ele diversas casas, mas d. Pedro não gostava de nenhuma. Eles tinham o costume de não falar abertamente sobre dinheiro, mas as contas diárias do Beau Séjour iam se acumulando a mil francos por dia. O ex-imperador afirmava que uma casa não seria suficiente para abrigar a todos os que o seguiram para o exílio voluntariamente e que ele não os podia abandonar.

Quem acabou explodindo, após Barral ter se feito de magoada pelo fato de o ex-monarca se recusar a ir para uma casa alugada, foi o conde de Mota Maia. Em um momento de completa sinceridade, revelou perante d. Pedro a situação financeira desesperadora em que se encontravam. Mesmo diante disso, o ex-imperador não quis mudar seus hábitos, e a família teve que recorrer novamente a empréstimos.

O desabafo do dr. Mota Maia chegou a José Calmon, procurador da família imperial no Rio de Janeiro. Em março, sabendo que o ex-imperador não tinha como pagar pelo hotel em que estavam, o governo brasileiro tentou mais uma vez ajudá-lo, sem nenhum sucesso.

Mediante a liquidação dos bens da família no Brasil, o governo provisório estaria disposto a arrematar tudo e a pagar por isso uma entrada de cem contos de réis e o restante seria pago em prestações mensais de trinta contos, a se iniciar em abril de 1890. D. Pedro, assim que viu as primeiras notícias a esse respeito nos jornais, escreveu rapidamente ao seu mordomo no Rio de Janeiro. Pedia que o visconde Nogueira da Gama não recebesse do governo nenhum dinheiro e protestou contra ter de se desfazer dos seus bens no Brasil no prazo de dois anos, segundo o decreto de banimento. Não o faria e isso viraria uma questão para ser resolvida na justiça.

O dinheiro de que necessitava seria futuramente obtido, quando da abertura do inventário de d. Teresa Cristina no Rio de Janeiro e da liquidação do espólio. Mas isso ainda demoraria, e a necessidade era imediata. Pensaram inicialmente em tomar empréstimo no banco Rothschild. O banco daria o dinheiro, mas como garantia exigiam os bens da família imperial no Brasil, e para isso o barão de Itajubá, representante brasileiro em Paris, teria que entrar como avalista em nome da República. Assim, o banco ficaria seguro: no caso de os Bragança não conseguirem saldar o empréstimo, a República brasileira passaria aos banqueiros os bens da Casa Imperial. A família, sem querer qualquer ajuda do governo que os banira, tomou outro caminho e voltou a solicitar ao conde de Alves Machado, no Porto, novo pedido de empréstimo, que foi dado.

O dia a dia em Cannes

D. Pedro se entretinha com Barral. A condessa, espirituosa, vivaz e gaiata, segundo a baronesa de Loreto, dava leveza à vida do ex-imperador. Barral fazia frequentes massagens nas mãos de d. Pedro com glicerina, para aliviar suas dores. O diabetes do ex-monarca, parcialmente controlado, ainda causava desconfortos, ele era obrigado a acordar ao menos cinco vezes por noite para urinar, e as dores e os inchaços nas mãos eram problemas recorrentes.

A condessa partiu depois de algumas semanas, e ficou combinada uma visita do imperador e da família ao castelo de Voiron, propriedade de Barral próximo a Grenoble.

D. Pedro continuava sentindo falta da esposa. Em seu diário, fazia diversas menções à imperatriz, assistia à missa em sua memória todos os dias 28 de cada mês, data de seu falecimento. Mas, apesar da saúde e das saudades, ele buscava continuar ativo intelectual e fisicamente. Comprava buquês para a filha e os remetia para a casa que ela havia alugado junto com poemas que escrevia para ela. Ia jantar com d. Isabel, o genro e os netos todos os domingos, geralmente acompanhado por d. Pedro Augusto. Mota Maia e o neto mais novo de d. Pedro II geralmente não compareciam.

D. Pedro visitava com frequência a escola dos netos mais jovens, filhos de d. Isabel e do conde d'Eu, assistindo às aulas, como costumava fazer no seu Colégio Pedro II. Não apenas esse hábito foi mantido como a mania de deixar a família à margem dos fatos. Em uma carta à condessa de Barral, o conde d'Eu comentou que ele e d. Isabel tinham cada vez menos conhecimento da situação em "relação a finanças ou política [...]". E desabafava: "É incrível! Mas, no final de contas, consiste com o modo como sempre foi".[30]

Ocupava-se com os estudos, com Seybold, trabalhava em traduções em diversas línguas semíticas, de maneira normalmente caótica e pouco produtiva. Além disso, também aperfeiçoava seu russo com o médico do grão-duque Cirilo Vladimirovich, sobrinho do czar Alexandre III. Jamais abandonaria suas traduções e seus estudos. Desde que pusera os pés na Europa, centenas de cartas e telegramas chegavam de diversas partes do mundo. O astrônomo Camille Flammarion desejava que as luzes das estrelas eliminassem a negra ingratidão que o havia feito sair do Brasil. O arquiteto francês que projetara a Opéra de Paris, Charles Garnier, lhe escrevera, bem como o escritor e historiador italiano Cesare Cantù. O escritor e filólogo conde Angelo de Gubernatis, orientalista apaixonado como d. Pedro, o convocou para ir morrer em Florença.

Mas a solidão era a principal companheira. O diário escrito hora a hora mostra isso. Anteriormente, entretido com o governo e outros afazeres no Brasil, não tinha tido nenhuma série tão organizada e detalhada de diários como a que fez no exílio. Nele, o registro da ausência de d. Teresa Cristina era constante, como na anotação de 14 de março: "7h.

Eram os anos da minha santa. Ninguém imagina a falta que me faz.". Também se lembrava do aniversário do juramento da Constituição, no dia 25 de março. Deixou escrito que a Constituição havia concorrido para "o bem da minha pátria há mais de 60 anos e querem agora abolir, talvez insensatamente".

Ao longo dos meses, a comitiva imperial se dispersou. D. Pedro ficaria acompanhado por um criado e por um camareiro, além do dr. Mota Maia e da família dele. Também continuariam junto ao avô, por algum tempo, os filhos da finada princesa d. Leopoldina.

No início de abril, d. Pedro teve que parar um pouco com seus estudos e traduções, tivera uma crise, semelhante à que tivera em Milão em 1888, sem tanta gravidade, e se recuperou mais rapidamente. Em pouco tempo estava de volta às suas atividades intelectuais e científicas. Nos dias 16 e 17 de junho esteve no grande observatório local para assistir a um eclipse. Para marcar a passagem de d. Pedro, o diretor, que havia descoberto no final de maio um novo asteroide, deu a ele o nome de *Brasília*.

Jubileu

Em 23 de julho, a antecipação da maioridade de d. Pedro II e sua ascensão ao poder fariam cinquenta anos. Tal como ocorrera com a recepção aos oficiais do *Almirante Cochrane*, e que acabou sendo o último baile do Império, o visconde de Ouro Preto pretendia fazer uma festa grandiosa. Para marcar o cinquentenário de d. Pedro no poder, as carruagens, as librés e os móveis do Paço seriam restaurados para abrilhantar ainda mais a festa e o novo Código Civil que seria promulgado.

De Paris, o barão do Rio Branco escreveu ao imperador:

Estas linhas chegarão às mãos de v. m. amanhã, 23 de julho, dia em que os brasileiros contavam poder celebrar o jubileu do glorioso e fecundo reinado de v. m. As ingratidões do período agitado hão de passar, e v. m. pode encarar com ânimo sereno o futuro e descansar no juízo da posterioridade, no respeito e no agradecimento dos brasileiros. Na mesma história quando a pudermos ter livre e imparcial, não haverá nome que possa igualar em grandeza ao do soberano ilustre que durante quase meio século presidiu aos destinos da nação brasileira, dando--lhe com os maiores exemplos de patriotismo, de desinteresse e de respeito à religião do dever um governo liberal e honesto, e tantos dias de glória que contam e contarão sempre entre os primeiros do Brasil.[31]

Voiron

Antes de partir para visitar a condessa de Barral com a família, d. Pedro participou da entrega de prêmios do Colégio Stanislas, em Cannes, onde os netos estudavam. Na ocasião, foi distribuída aos alunos vencedores uma obra litografada escrita por d. Pedro. Nela, o ex-monarca compilou frases a respeito da educação nas mais diversas línguas, começando pelo hebraico e terminando com o tupi.

Em 25 de julho de 1890, d. Pedro e a família chegaram ao castelo de Barral, em Voiron. A imprensa local, atiçando a curiosidade da população com matérias a respeito do monarca decaído, levou uma multidão à estação para recebê-lo. Chegaram até a cogitar que o brasileiro se instalasse por lá, pois deram como certa a compra do Château de Michallon, em Buisse, a poucos quilômetros da casa da velha amiga.

Diversos programas foram preparados para entreter o imperador. Ele gostou da natureza e do bosque próximo ao castelo, passeava diariamente a pé ou num automóvel. Fez diversas incursões com a sua família e a da condessa pela região. Muitos concertos e representações teatrais foram realizados no castelo durante a sua estada. Não raro, apareciam brasileiros para vê-lo. D. Pedro continuava a dar o mesmo conselho: que continuassem servindo à pátria, independentemente do regime político. No dia 2 de agosto, chegou de

EXÍLIO E MORTE

Paris um telegrama anunciando a morte de seu amigo, o brasilianista Ferdinand Denis.

Como sempre, todas as fábricas e prédios interessantes foram vistos, analisados e anotados pelo inquieto d. Pedro, até que em agosto, partiram para a estação de águas de Baden-Baden. Em seu diário, registrou:

> Deixo hoje Voiron e, com que saudades, os prazeres de uma amizade de quase meio século, embora se gozem por todos os modos possíveis e apesar das maiores distâncias, custa e muito a deixar de gozá-la na intimidade; porém, resta a esperança de breve nos revermos, e o estudo é o meu grande conselho.[32]

Antes de se afastar da condessa, d. Pedro entregou a ela um poema:

> Em torno do castelo, que a habitar
> Sua dona muito mais graça lhe empresta
> Breve lhe estou ausente mas não resta
> A mim só com o regresso já sonhar
> Pois o oceano não pode me afastar
> Do que hoje a distância mal contesta
> Viveremos assim mais com a amizade
> Sentindo que ela assim nos avizinha
> Do que é em tempo e gozo eternidade
> E ao Éden recobrado encaminha
> Sem ter de alcançar mais a ansiedade
> Melhor possua talvez do que já tinha.[33]

Ainda se veriam novamente no final do ano em Cannes. A república foi um golpe também para ela, que, aos 74 anos, parecia ter envelhecido mais rapidamente.

Conspirações

Em 21 de maio de 1890, o ex-imperador registrou em seu diário:

> Tive larga conversa com os meus filhos a respeito dos negócios do Brasil de uma carta do Estrela e de meu neto Pedro. Eu como sempre aprovei o bom pensar de Gaston, e disse-lhe que aconselhasse o Pedro. Eu sempre pronto, como sabem, a servir minha Pátria, e a sacrificar-me por ela, nunca serei manivela de tripotages; expressão que empreguei [...].[34]

Por filhos, entende-se d. Isabel e o conde d'Eu. O imperador desaprovava qualquer tentativa de envolver a ele e sua família em planos mirabolantes de restauração, nos quais d. Pedro Augusto parecia já ter embarcado. D. Pedro incomodava tanto os republicanos quanto os monarquistas. Sem dar aval às propostas de restauração dos últimos, irritava os primeiros por continuar na Europa gozando do prestígio que sempre tivera, permanecendo calado, sem dar munição aos republicanos para o atacar.

Mesmo assim, recebia a todos que o procuravam, como Gaspar da Silveira Martins. O político, indicado por Ouro Preto para substituí-lo como presidente do Conselho de Ministros, também estava exilado. Em Baden-Baden, d. Pedro se encontrou-se com Silveira Martins, "cuja conversa não foi muito interessante, mesmo porque eu falei com alguma cautela".[35] Ao menos no momento.

Alemanha e Paris

Na estação termal de Baden-Baden, o imperador continuou o tratamento hidroterápico, cercado de intelectuais e de suas traduções, além de muitos brasileiros. O 7 de Setembro foi comemorado com ele vestindo sua casaca e a Ordem do Cruzeiro do Sul em um jantar com seus patrícios ali reunidos.

EXÍLIO E MORTE

Não era um simples costume, mas um hábito praticado havia mais de sessenta anos — as datas comemorativas brasileiras continuavam sendo reverenciadas por ele. E o 13 de Maio também passou a fazer parte das comemorações. Em 1890, ele e outras pessoas reunidas escreveram uma saudação a d. Isabel pela data; em 1891, d. Pedro entregou um buquê de flores para a filha no dia 13, em homenagem a ela pela abolição. Outra referência era o 7 de Abril, data em que d. Pedro I abdicara do trono brasileiro, em 1831. Nesse dia em 1890, d. Pedro II anotou em seu diário: "Abdicaria como meu Pai se não me achasse ainda capaz de trabalhar para a evolução natural da república".[36]

Finalmente em outubro chegava à sua querida Paris, não num hotel, mas sim hospedado pelo conde de Nioac em sua residência, que, tal como a Cidade Luz, fervilhava. Nos saraus, encontros, jantares e pequenas recepções, a nata dos brasileiros, exilados ou não, corria para lá. Eduardo Prado, Ouro Preto, o conselheiro Lafaiete, Rio Branco, barão da Estrela, Ferreira Viana por ali passaram em visita ao ex-monarca. Também franceses, como a célebre atriz Sarah Bernhardt, reviram o imperador na casa dos Nioac, e o cônsul português Eça de Queirós foi também vê-lo.

A 9 de outubro, visitou pela primeira vez a Torre Eiffel, erguida no ano anterior para a exposição internacional em comemoração aos cem anos da Revolução Francesa.

> Comecei a minha ascensão da torre Eiffel até a primeira plataforma. Pode-se chamar a maravilha do século. Andei por toda a plataforma em roda gozando de bela vista. Daí mandei uma carta-telegrama à Isabel. Pondo uma moedinha não sei agora de quanto numa fenda caíram-se duas fotografiazinhas do Eiffel e do ascensor do 1º andar que trouxe assim como uma coleção de pequenas fotografias em livrinho com o título Tour Eiffel. Também comprei uma bela fotografia da mesma torre.[37]

D. PEDRO II

Os leilões do Paço de São Cristóvão

Enquanto d. Pedro se encontrava no exílio, cercado de novidades, no Brasil, parte da história do império se dispersava. Os símbolos da monarquia foram sendo suprimidos. Rui Barbosa poupou o brasão imperial em pedra trabalhada na fachada do Palácio da Ilha Fiscal, mas a Quinta da Boa Vista não teve a mesma sorte.

As janelas fechadas do palácio denunciavam a falta de habitantes na antiga residência oficial. Cinco gerações de Bragança viveram ali, a começar com d. João VI. No portão principal da Quinta, a coroa imperial fora arrancada, bem como do portão da cancela as iniciais P. II. No portão que dava para a estação da estrada de ferro, o I, de Imperial, e a coroa também não estavam mais lá, restando apenas Q. B.V. (Quinta da Boa Vista).

Com o falecimento de d. Teresa Cristina e a falta de recursos da família, foi aberto o seu inventário no Rio de Janeiro. Com a permissão do juiz Honório Coimbra, da Segunda Vara de Órfãos, foi feita a avaliação de animais, móveis, veículos e de todos os objetos da Quinta, do Paço da Cidade e do Senado que pertenciam à família. A avaliação ficou a cargo do tenente-coronel Costa Ferreira, por parte do juiz, e de João Teixeira, por parte de José da Silva Costa, advogado e procurador do inventariante d. Pedro. A avaliação, terminada em julho de 1890, apurou que todos os bens valiam 190 contos de réis. Um valor respeitável, mas inteiramente equivocado ao não se levar em conta o valor histórico e a importância artística de muitas das peças.

Em paralelo, a tensão entre os representantes da família imperial e o governo só aumentava. Uma comissão montada pelo governo republicano faria uma devassa nos documentos do imperador, separando os manuscritos entre públicos e privados. O governo ficaria com o que entendia ser importante para o Brasil; os demais documentos seriam devolvidos, não sem antes d. Pedro ter toda a sua correspondência e intimidade exposta diante da comissão.

Integrava a comissão o bibliotecário do imperador, Inácio Augusto César Raposo, que detinha as chaves da biblioteca e do museu do imperador. Em 8 de maio, o ministro do Interior autorizou o superintendente da Quinta da Boa Vista a solicitar que Raposo entregasse as chaves desses aposentos, o que ele se recusava a fazer. No dia 19, o bibliotecário se matou ao se jogar na frente de um trem, mas não sem antes mandar uma carta ao administrador da Quinta, tenente Jardim, dizendo que ninguém nunca encontraria as chaves solicitadas.

O leilão do espólio foi realizado pelo leiloeiro Joaquim Dias dos Santos, que conseguiu apurar mais de quatrocentos contos de réis no total. Isso, porém, não ocorreu antes do embate final entre o governo e o procurador da família imperial.

Benjamin Constant queria formar uma comissão para inspecionar a biblioteca e o museu do imperador, que fora criado por d. Leopoldina e havia sido bastante ampliado pelo filho. As coleções de numismática e de mineralogia ainda eram do tempo da primeira imperatriz e haviam sido catalogadas pelo bibliotecário que ela havia trazido de Viena, Roche Süsch.

No início de julho, começou a correr o boato de que o governo arremataria os itens que lhe interessavam para mandar para os institutos de educação e até, quem sabe, para um futuro museu histórico. O procurador de d. Pedro mandou publicar esse fato no *Jornal do Commercio* — se fosse verdade essa intenção, a lei estava do lado da família, caberia aos Bragança estabelecer o que seria ou não vendido. No dia 20 de agosto, após quatro leilões já terem sido realizados, Benjamin Constant escreveu para o procurador de d. Pedro informando que havia sido composta uma comissão que analisaria os bens deixados no Brasil pela família imperial. A comissão, ainda segundo Benjamin Constant, disporia do que interessasse aos brasileiros e ao governo, indenizando o ex-monarca. O procurador de d. Pedro, José da Silva Costa, respondeu que não cabia ao governo tomar qualquer decisão que passasse por cima do juiz de órfãos da capital. O advogado foi categórico:

> [...] Ouso esperar que V. Ex.a se sirva reconsiderar as deliberações tomadas, as quais constituem violenta ofensa aos direitos

> que patrocino, impondo-se-lhes uma prática discordante dos mais correntes preceitos legais, agravada pela circunstância de se estar a devassar desde novembro do ano passado a correspondência particular e manuscritos de quem, como o imperador, exerceu dignamente suas majestáticas funções; tendo sido desatendidas as incessantes reclamações feitas contra semelhante procedimento, como se a propriedade houvesse perdido sua valiosa significação na nomenclatura das instituições de direito privado!
>
> Quanto à firmeza que a V. Ex.a aprouve invocar, releve que a ela oponha muito formal e respeitosamente a inquebrantável energia com que costumo desempenhar meus deveres profissionais, como crente decidido da força da razão e não da razão da força. O advogado, dr. José da Silva Costa.[38]

Diante disso, Benjamin Constant deixou o assunto morrer. Depois de ter adiado o leilão, o governo permitiu que ele continuasse em setembro. Foram três meses de pregões, de julho a novembro, totalizando treze, nos quais foram vendidas até mesmo as benfeitorias feitas na Quinta da Boa Vista pelo imperador. Entre elas, estava a escola mista para os filhos dos funcionários do palácio, que fora construída e era mantida por d. Pedro, bem como o hospital, um edifício de dois andares que o imperador mandara construir para tratar dos funcionários e das pessoas necessitadas que procuravam por ele e pela imperatriz. Todos os prédios foram adquiridos pelo governo. Os da Fazenda de Santa Cruz, igualmente.

Para a Europa foram despachadas quinze toneladas de objetos, divididos em 92 caixas. Ali estavam inúmeras peças preciosas, como as condecorações cravejadas de diamantes e outras joias, como as dragonas de brilhantes, o leque de ouro e diamantes que pertencera a d. Leopoldina, além de vários outros objetos valiosos, tanto material como sentimentalmente. Quanto à biblioteca e ao museu do imperador, finalizada a partilha dos bens, d. Pedro escreveu para o seu procurador em junho de 1891:

> Senhor Silva Costa,
>
> Queira pedir em meu nome ao visconde de Taunay, visconde de Beaurepaire, Olegário Herculano de Aquino e Castro, e dr. João Severiano da Fonseca que separem os meus livros podendo por sua especialidade interessar ao Instituto e os entreguem, a fim de serem parte de sua biblioteca. Esses livros serão colocados em lugar especial com a denominação de "D. Thereza Christina Maria". Os que não deverem pertencer ao Instituto ofereço-os à Biblioteca Nacional, que deverá colocá-los também em lugar especial com a mesma denominação.
>
> O meu museu dou-o também ao Instituto Histórico, no que tenha relação com a etnografia e a história do Brasil. A parte relativa às ciências naturais, e à mineralogia sob o nome de "Imperatriz Leopoldina", como os herbários, que possam, fica o museu do Rio.
>
> A coroa imperial, a espada e todas as joias deverão ser entregues, e pertencer à minha filha.
>
> Espero que me dê notícias suas e dos seus sempre que possa, e creia na estima afetuosa de d. Pedro d'Alcântara.
>
> Versalhes, 8 de junho de 1891.[39]

João Severiano da Fonseca, citado na carta, era irmão do marechal Deodoro da Fonseca e secretário-geral do Instituto Histórico e Geográfico Brasileiro. Na primeira reunião do instituto após o dia 15 de novembro de 1889, João Severiano propôs, e foi aceito, que a cadeira que o ex-imperador usava nas sessões do instituto fosse coberta com um véu e que ninguém mais sentasse nela. Ninguém mais, naquele momento, proporia algo semelhante, mas ele, pela posição em que se encontrava como irmão de Deodoro, dificilmente seria acusado de traidor do novo regime.

Quanto à doação de d. Pedro, ela foi feita. Uma parte do museu do imperador, como as múmias e outros antigos objetos pertencentes a d. Pedro II e a d. Leopoldina, foram consumidos no incêndio do prédio do Museu Nacional em setembro de 2018. Os livros que não ficaram com o Instituto Histórico e Geográfico foram levados para a Biblioteca Nacional. Esta também herdou a coleção fotográfica do imperador iniciada em 1840, bem como as partituras musicais que pertenceram a d. Leopoldina e a d. Teresa Cristina.

Última vez em Cannes

De Cannes, onde estava novamente para o inverno de 1890, o imperador acompanhou pelos jornais a reunião da Assembleia Constituinte no Brasil. Ouro Preto informou a d. Pedro que soubera que o exílio da família imperial seria retirado pela assembleia, mas a esperança durou pouco. Só os exilados políticos puderam retornar, o banimento da família continuaria. Em seu diário, d. Pedro escreveu a respeito: "Paciência. Não quiseram fazer justiça a meus sentimentos. Mas tenho tanta fé no que é justo, que a medida há de breve ser tomada, e eu nunca servirei de longe ou de perto a fermento de Revolução".

Amigos do Rio de Janeiro e de outros estados brasileiros escreveram para a família imperial informando que algo estava acontecendo. Havia uma ameaça de revolta, e, segundo alguns, parecia quase certo que Deodoro estaria disposto a aceitar o retorno do imperador e a volta da monarquia.

Mas a grande preocupação de d. Pedro naquele momento era se os fundos que vinha recebendo, o resultado financeiro dos leilões, daria para ajudar a todos que lhe pediam esmolas e auxílios. Entre os beneficiados estavam a filha do seu velho amigo, já falecido, conde de Gobineau, a quem deu 4 mil francos. Para ajudar a viúva do escritor e crítico Alphonse Karr, comprou por 8 mil francos a biblioteca do falecido marido e restituiu os livros a ela.

O seu aniversário de 65 anos foi passado com a família. Os netos mais jovens o animavam, enquanto d. Pedro Augusto era motivo frequente de preocupação, devido aos atritos com d. Isabel e o dr. Mota Maia. Ainda no final do ano de 1890, novas más notícias chegariam do Brasil.

O confisco do Paço Isabel

Com a exposição de motivos do ministro Francisco Glicério a respeito da legalidade ou não da manutenção do dote de d. Isabel após a república, o governo, pelo Decreto nº 1.050, de 21 de novembro de 1890, incorporou ao domínio da nação as terras, no Paraná e em Santa Catarina, dadas à princesa quando de seu casamento. Isso abriu um precedente para o Decreto nº 447, de 18 de julho de 1891, no qual o governo entendia que o dinheiro dado a d. Isabel por dote, com o qual ela comprou sua residência, o Paço Isabel, atual Palácio Guanabara, pertencia à nação.

D. Isabel e o conde d'Eu contestaram a questão na justiça. O processo, o mais antigo em tramitação nos tribunais brasileiros, deu ganho de causa à União em 2018. O próprio d. Pedro, na época, pareceu dar razão ao governo. Em seu diário, no dia 20 de dezembro de 1890, o ex-monarca anotou: "Antes de dormir li [...] o decreto a respeito das terras da Isabel. Quisera que fosse menos bem sustentado na exposição de motivos do ministro Glicério [...]".[40]

A morte da condessa de Barral

Novamente, o ex-imperador iniciava mais um ano de exílio em luto. Em 14 de janeiro de 1891, no seu diário, d. Pedro anotou: "Morreu a condessa de Barral minha amiga desde 1848, e de ver todos os dias educava minhas filhas desde 1851. O mérito dela só o aquilatou quem a conheceu como eu. [...] Jantei como pude. Antes tinha telegrafado a Nioac para representar nos funerais da condessa".

No dia seguinte, ainda não conformado com a morte da amiga, foi assistir à missa em sua memória e depois lhe escreveu um poema. Se a esposa havia sido a companheira de décadas, que se orgulhava da sabedoria e dos estudos do marido, Barral seria a sua cúmplice intelectual, ao mesmo tempo animada, alegre, com cultura invejável e gozando de uma liberdade que só agora o ex-imperador conseguia usufruir.

> Durante meio século de amizade
> Talento e graça em ti bem me encantava
> E o tempo junto a ti nunca durava
> Em toda a sua maior diuturnidade
> Quantas vezes com a mais doce maldade
> O relógio fatal eu desandava
> E um teu sorriso logo me indicava
> Que em tal quiseras ter cumplicidade
> Só por querermos mais cessava a harmonia
> Também custava pouco reatá-la
> E assim o dia era igual a outro dia
> De ambos a vida a deslizá-la
> Uma só existência parecia
> Que a morte mesmo nunca há de acabá-la.[41]

O amigo e arqueólogo Schliemann, com quem andara pela Grécia, também faleceu no início de 1891. Aos poucos, seus diversos interlocutores iam partindo, ou por morte ou por afastamento. O período inicial do exílio, no qual ele era procurado por todos, passara. As pessoas se afastavam dele, principalmente os brasileiros.

Passando o tempo

D. Pedro continuava a se dedicar aos seus estudos e às traduções d'*As mil e uma noites* e da Bíblia. Inteirava-se do mundo por meio dos jornais e mantinha a correspondência em dia. Lia para as filhas de Mota Maia e jogava bilhar, preferencialmente após o almoço ou o jantar. Além de sonhar...

Em 30 de janeiro, o ex-imperador sonhara, como anotou em seu diário, que lhe haviam permitido retornar ao Rio de Janeiro. "Que felicidade", registrou d. Pedro. No sonho, ele passava o verão em Petrópolis e voltava para a Europa para passar a primavera, mas eis que acenderam a luz do quarto, e, com ela, a dura realidade do exílio se abateu novamente sobre ele.

A crise no Brasil

Enquanto isso, no Rio de Janeiro, Deodoro enfrentava um levante ministerial contra o seu desejo de construção de um porto no sul do Brasil. O ministério se demitiu em peso. Benjamin Constant faleceu pouco tempo depois, não sem antes, em delírios, dizer que esperava pelo imperador. Rui Barbosa saiu do governo e foi ocupar seu cargo de senador, que havia garantido na eleição de 1890. Antônio da Silva Jardim e José do Patrocínio acabaram se exilando na Europa. Silva Jardim, o panfletário republicano que correra atrás dos calcanhares do conde d'Eu, durante a viagem às províncias do Norte, morreu tragado pelo vulcão Vesúvio, em 1º de julho de 1891. Silva Jardim, apesar dos alertas do seu guia napolitano, teimou em subir o vulcão, até que este entrou em atividade. O panfletista republicano desapareceu para sempre em uma fenda que se abriu aos seus pés. O imperador, ao ler a descrição de sua morte, no *Corriere di Napoli*, lançou em seu diário: "Coitado".

Um a um, os artífices da república iam caindo. Apesar de o marechal Deodoro ter sido eleito pelo Congresso Nacional, numa disputa contra o paulista Prudente de Morais, nem o presidente ficaria muito tempo no cargo, nem os deputados no Congresso. Durante meses, Deodoro travou luta com o Legislativo. Acabou dissolvendo o Congresso após deputados tentarem propor a diminuição dos poderes presidenciais. O estado de sítio, que seria constantemente declarado durante a chamada República

Velha, foi imposto ao Rio de Janeiro e a Niterói, pela primeira vez, em novembro de 1891. Logo, Deodoro seria obrigado a renunciar, passando a sucessão ao seu vice-presidente, Floriano Peixoto.

A nova Constituição brasileira

No começo do ano, a primeira Constituição republicana foi promulgada, em 24 de fevereiro de 1891. D. Pedro a estudou e a anotou inteiramente. Talvez motivado pela nova fase que o Brasil vivia e pela nova Constituição, passou a fazer um balanço de seu reinado, deixando para a posteridade a sua "Fé de Ofício".[42]

Nas disposições transitórias da Constituição, o artigo 7º concedia ao ex-imperador "uma pensão que a contar de 15 de novembro de 1889, garanta-lhe, por todo o tempo de sua vida subsistência decente". O Congresso ordinário, em sua primeira reunião, fixou o quantum dessa pensão. O valor definido pelos deputados e senadores foi de 120 contos de réis, a mesma quantia paga para o presidente da República pelo exercício da função. O presidente marechal Deodoro da Fonseca sancionou a Lei nº 40, de 22 de outubro de 1891. Mas, em conversa com o seu procurador, Silva Costa, d. Pedro procurou meios de recusar o pagamento. Inicialmente, o ex-monarca estava disposto a aceitar a pensão, enquanto ela ainda estava sendo discutida na constituinte. Mas, depois, ele resolveu abrir mão do recebimento, pois o mesmo Congresso que lhe votou a pensão confirmara o seu banimento por 163 votos a favor e dez contra. Ele não aceitaria mais nada do novo governo. Junto com seu procurador, que viera fazer a prestação de contas com d. Pedro na estação de águas da cidade de Vichy, viu que o que possuía daria para se manter no exílio sem qualquer ajuda do Brasil.

Últimas esperanças

Em Versalhes, perto da filha, que havia alugado uma casa na região, se instalou num modesto hotel, de setembro a outubro de 1891. Ali tentou se recuperar da extração de um calo no pé, cuja ferida gangrenou devido a seu diabetes. Entre anotações de estudos e a manutenção do seu diário, no qual registrava até a frequência em que ia ao banheiro, d. Pedro tinha tempo para receber os poucos e minguados amigos que ainda apareciam. Outros ressurgiam, por pouco tempo, para logo desaparecerem para sempre. Foi esse o caso de uma de suas antigas conquistas, a condessa Claire Benoist d'Azy, que havia aparecido em Vichy com o marido e a filha para visitá-lo. Essa visita, por sinal, havia animado bastante d. Pedro, que no seu diário, no dia 19 de setembro, confidenciou:

> A minha carta já foi decerto bem lida e tomara que se forme uma amizade e me livre de outras vulgares. Minha vida deu-me outro norte, porém que infelizmente escureceram as trevas do sepulcro. Não quero viver o resto da vida com meras distrações do estudo, que é meu verdadeiro consolo.[43]

O imperador, doente e beirando os 66 anos, queria ser lembrado como sábio e erudito, mas o seu lado humano ainda lhe despertava paixões e não gostaria de ter que se envolver com "amizades vulgares". Entretanto, do mesmo modo que os amigos mais íntimos agora se faziam de estranhos, as mulheres que amaram o imperador do Brasil pouco interesse pareciam demonstrar pelo senhor d. Pedro de Alcântara. As cartas do ex-monarca seriam enviadas e não retornariam com respostas. Dez dias depois, ainda reclamava inconformado em seu diário: "Enviei o que costumo à condessa Benoist d'Azy que não me escreve. Não compreendo-a depois de sua estada em Vichy".

De Versalhes, mudou-se para Paris, em pleno inverno, ao contrário dos outros anos, em que havia passado a temporada em Cannes. Mota Maia achou um hotel que não era caro e estava dentro das posses do ex-soberano. D. Pedro, em 25 de outubro de 1891, deu entrada no Hotel Bedford, no quarto 401, no qual duas janelas davam para a rua fria. Não gostou, apesar de estar no centro da cidade, perto da igreja da Madeleine. Pretendia voltar às aulas nos institutos, visitar Pasteur, Charcot, Nioac e todos que o ajudavam a suportar o exílio, sendo transportado pelas ruas de Paris por algum fiacre a 35 cêntimos, sempre com algum livro nas mãos. Mas as notícias do Brasil não paravam de chegar.

No início de novembro de 1891, boatos começaram a aparecer na imprensa europeia acerca dos acontecimentos que antecederam a renúncia do marechal Deodoro. Entre eles, estava o de que o almirante Saldanha da Gama havia levantado a Armada em contrarrevolução e ameaçava bombardear o Rio de Janeiro, depois de o presidente ter passado por cima da Constituição e fechado o Congresso Nacional. Tudo isso vinha junto à pior crise econômica que o Brasil já havia enfrentado. Na realidade, quem levantou a Armada foi o almirante Custódio de Melo, mas o marechal renunciaria a favor do vice-presidente Floriano Peixoto, que assumiria o poder.

Antes do desfecho dado pela renúncia de Deodoro, em meio aos boatos e sem saber o que realmente ocorria no Brasil, d. Pedro recebia desde 4 de novembro notícias truncadas. O ex-imperador foi procurado pelo jornalista do *Le Figaro* Gaston Calmette, que publicou uma entrevista com d. Pedro no dia 7 de novembro. Ela seria replicada pelo *New York Times* dois dias depois.

A primeira e única entrevista do ex-imperador no exílio teve como título "Declarações do imperador do Brasil". Nela, d. Pedro fala claramente que considerava a guerra civil o pior dos flagelos que podia se abater sobre uma nação e que ele havia sacrificado tudo para que ela não acontecesse no Brasil. Ele havia preferido seguir para o exílio a permitir que sua presença fosse a causa de luta e de derramamento de sangue. Em meio a diversas conjecturas, d. Pedro afirmava que a sua certeza era de que, mesmo no exílio, amava, "mais do que nunca, o meu povo". E que se este apelasse

> [...] para o seu velho imperador, esquecerei a um só tempo a minha idade avançada, as minhas enfermidades e as minhas tristezas, e me exporei prontamente aos riscos duma viagem longínqua para me achar no meio de meus filhos e consagrar à felicidade deles o que me resta de forças e vida. Serei sufi-

cientemente recompensado, se puder dormir o último sono no meu país bem-amado!⁴⁴

Os brasileiros voltaram a aparecer no hotel do ex-monarca com mais frequência. Parecia haver uma esperança a respeito da queda do governo provisório. Diversas personalidades e pessoas interessadas na causa, como os barões do Rio Branco, de Penedo, de Estrela, o conde d'Eu, Eduardo Prado, Silveira Martins, entre outros, foram se avistar com d. Pedro no Hotel Bedford.

Algumas das conversações, segundo o diário do ex-monarca, se deram com os brasileiros ao redor da cama dele. No dia 11, ele anotou: "Converso mesmo na cama com Silveira Martins, assistindo Penedo e Estrela. Expus minhas ideias sempre sujeitas às circunstâncias de ocasião. Silveira Martins concordou com elas". No dia seguinte continuavam as confabulações: "Conversei com o Penedo e Estrela a respeito dos negócios que ainda dependem de Isabel, a quem pedirei que ouça os dois e Silveira Martins".

Tudo girava ao redor da esperança de o Brasil retornar ao sistema monárquico. O próprio movimento da restauração se dividia. D. Pedro logo completaria 66 anos e a sua saúde não era das melhores. Agora usava botas acolchoadas por causa da ferida gangrenada e quase não andava mais a pé; quando o fazia, era com a ajuda de muletas ou bengala. Não lhe restaria muito mais tempo. Para um grupo, a ideia da sucessão da princesa d. Isabel era inaceitável, outros preferiam d. Pedro Augusto, que cada vez mais dava sinais claros de problemas mentais. Com o imperador ainda vivo, o norte dado por ele faria muito mais sentido e seria capaz de unir o movimento monarquista que estava dividido.

Silveira Martins e outros haviam idealizado um plano: d. Pedro e d. Isabel renunciariam ao trono brasileiro, passando a herdeiro da casa o príncipe do Grão-Pará, filho mais velho da princesa. Sendo chamado ao Brasil, haveria uma regência que governaria em nome do príncipe até ele ter idade para subir ao trono. Mas, como d. Pedro disse no seu diário, isso dependeria da princesa, e ela não concordou. Tinha medo de que o filho fosse educado longe dela.

Silveira Martins não retornou mais para as conversações, e d. Pedro se irritou com a obstinação da filha, não abdicaria ele também a favor de ninguém. No dia 14, autorizou os que o cercavam a redigir em seu nome um telegrama e mostrou ao conde d'Eu.

> Estive com o Penedo e o Estrela. O Silveira Martins não quis vir. Os dois primeiros redigiram um telegrama em meu nome e fi-lo ler a Gaston, que o aprovou. Queria que eu falasse da família. Respondi que os sentimentos desta deveriam subentender-se e, além disso, se me chamarem quero os braços livres para fazer o que as circunstâncias aconselharem, e quem é o culpado de não se falar no meu neto no telegrama?[45]

O *Le Temps*, em 17 de novembro, publicou a notícia que foi repercutida em outros jornais:

> [...] pessoas autorizadas da colônia brasileira receberam do imperador d. Pedro II a declaração de que, vendo com a dor mais profunda os acontecimentos que levam o país fatalmente ao desmembramento, está pronto para regressar ao Brasil se a nação lhe reclamar a presença, a fim de prestar nos seus últimos dias um derradeiro serviço à união, à integridade e à grandeza da pátria.[46]

Rapidamente, o embaixador brasileiro em Paris desmentiu que no Brasil se repensava a forma de governo. Afirmou que qualquer manifestação pública em favor da monarquia seria reprimida com energia. No Brasil, nada abalara a nova estrutura, e, além da quartelada que substituiu Deodoro, qualquer iniciativa de se implantar a monarquia era esquálida e falharia.

Ironicamente, segundo tradição familiar, em 1964 um grupo de militares brasileiros tentou convencer o bisneto de d. Pedro II, o príncipe

d. Pedro Henrique, a participar de um golpe de Estado e restaurar a monarquia, assumindo o trono como d. Pedro III. A renúncia de d. Pedro de Alcântara, príncipe do Grão-Pará, e a morte do príncipe d. Luís, pai de d. Pedro Henrique, tornou este o herdeiro da Coroa. Assim como o seu bisavô e a sua avó, d. Pedro Henrique não via no retorno da monarquia imposto pela força uma ação digna, e recusou a oferta.

Pneumonia

D. Pedro II, além dos negócios do Brasil, não descuidava da efervescência intelectual de Paris. No dia 23, foi à Academia de Ciências do Instituto de França e votou, como membro estrangeiro, para a eleição da classe de física. No dia 24, pela manhã, anotou no seu diário: "O Deodoro demitiu-se". Após o almoço, foi passear de carro em Saint-Cloud. Às 16 horas, escreveu que havia retornado do passeio em que viu as ruínas do palácio que lá existira e de onde teve uma bela vista de Paris, que "estava neblinosa". Além da neblina, fazia frio, e, às 18h30, anotou que estava com uma tosse terrível. Mota Maia o medicou e meia hora depois d. Pedro achou que estava melhor.

No dia 25 de novembro, ficou de cama o dia inteiro, repousando. Mota Maia chamou o dr. Bouchard, que diagnosticou uma gripe. D. Isabel, o conde d'Eu e os netos, além do padre David e de vários brasileiros, o visitaram nesse dia. O dia 25 de novembro foi o último no seu diário a receber anotações de sua própria mão. No dia 26, devido à piora, não tocou mais nele, mas os registros continuaram. D. Pedro ditava o que queria que fosse escrito para a filha ou para pessoas próximas, e assim foi mantendo-o atualizado até 1º de dezembro.

Assim que a notícia de sua doença se espalhou, a colônia brasileira o visitou em peso. Uma visita agora frequente, além da princesa e dos netos, era a do dr. Charcot. No dia 30, o conde d'Eu telegrafou para d. Pedro Augusto, que havia partido para visitar o tio, o rei da Bulgária. Gastão explicou a situação de d. Pedro ao neto e solicitou a sua presença em Paris. No dia 1º, os drs. Charcot, Mota Maia e Bouchard notaram que a pneumonia havia tomado o pulmão esquerdo.

Às vésperas de seu aniversário de 66 anos, mandou anotar no diário: "Ano melhor que o passado para mim, desejo a todos que estimo. Não careço de falar da família". Ainda fazia planos. Partiria no dia 6 ou logo depois para Cannes ou para o Norte. No dia 2, no seu aniversário, houve uma missa no seu quarto, e o ex-imperador comungou. Os médicos acharam, inicialmente, sinais de melhora, e, no dia 3, d. Isabel e o conde d'Eu voltaram para a casa em Versalhes, mas só para darem com o telegrama de Mota Maia à porta dizendo para eles retornarem. D. Pedro piorara, ardia em febre e alternava períodos de consciência. Não havia mais nada que os médicos pudessem fazer: a pneumonia atingira também o pulmão direito. No dia 4 de dezembro, pela manhã, d. Isabel pediu um padre, e da igreja perto veio o abade d'Angily, que deu a extrema-unção. O ex-imperador, já quase sem voz, ainda conseguira dizer: "Brasil." Aos 35 minutos do dia 5 de dezembro, d. Pedro faleceu.

O historiador Hélio Vianna atribuiu a ele uma última frase antes de morrer, em perfeito decassílabo: "Que Deus faça feliz o meu Brasil!" Com a propaganda monarquista ativa na época em que o ex-imperador era vivo, atribuindo-lhe sonetos que ele nunca compusera, essa frase talvez merecesse de d. Pedro um de seus comentários: "Não é minha, porém não rejeito pelos sentimentos".[7]

Os funerais

O falecimento de d. Pedro ocorreu sem dor, como se ele dormisse. Todos os presentes, d. Isabel, o conde d'Eu, seus filhos, o genro duque de Saxe com os filhos, os diversos brasileiros e estrangeiros presentes, como o professor Seybold, se puseram de joelhos e rezaram por sua alma. O conde de Aljezur, oficial da câmara de Sua Majestade Imperial, lavrou o ato de sua morte. Houve beija-mão ao cadáver de d. Pedro, e os brasileiros beijaram também a de d. Isabel, aos prantos pela morte do pai, sendo reconhecida pelos presentes como a nova chefe da Casa Imperial.

Os brasileiros e estrangeiros afluíram ao Hotel Bedford, com o aposento do imperador sendo transformado em câmara-ardente e o seu corpo, embalsamado, recebendo as homenagens de todos. O hotel, que até hoje recebe visitas de brasileiros em busca do local de morte do imperador exilado, cobrou da família 12 mil francos de indenização por estragos no quarto ocupado pelo imperador.

Sadi Carnot, presidente da República francesa, que estava fora de Paris, mandou todos os membros da Casa Militar em trajes de gala levar os pêsames para a princesa d. Isabel. Os mais importantes nomes da França, republicanos, monarquistas, sábios, literatos, além dos brasileiros, se alinharam no livro de condolências pela morte do ex-imperador. A monarquia europeia, casas reinantes e ex-reinantes, compareceu em peso, além de embaixadores de diversas nações.

A igreja da Madeleine foi preparada para as exéquias, e o governo francês colaborou com os preparativos. Do Brasil, a única voz oficial erguida não foi de luto e sim de protesto. O embaixador brasileiro junto à França protestou perante o cerimonial francês. O conde d'Ormesson o tranquilizou, dizendo que o governo francês prestava as homenagens devidas não a um chefe de Estado, mas a um portador da grã-cruz da Legião de Honra. Entretanto, para além do cerimonial, o presidente da França enviou um representante oficial.

D. Pedro foi vestido com o uniforme de marechal do exército brasileiro, com a faixa da Ordem da Rosa, o grande colar, o tosão de ouro no pescoço e no peito a placa do Cruzeiro. O crucifixo mandado para ele, em 1888, em Milão, pelo papa lhe foi colocado nas mãos. No caixão, foi posto um travesseiro com uma informação bordada a ouro dizendo ser terra do Brasil. A terra havia sido encontrada pelo conde d'Eu, certa vez, em um armário, no quarto do ex-imperador, que havia lhe dito que se morresse fora da pátria queria com ela ser enterrado.

Em cima do caixão, foi colocada uma placa de prata gravada com toda a filiação de d. Pedro e os pontos de sua biografia, tudo em latim, e ao final, uma citação retirada do seu querido *Os lusíadas*:

> Ditosa pátria que tal filho teve!
> Mas antes, pai! Que enquanto o sol rodeia
> Este globo de Ceres e Netuno
> Sempre suspirará por tal aluno

No dia 9 de dezembro, na Madeleine, a missa de réquiem foi celebrada pelo abade Le Rébours, na qual o coro da igreja, regido por Gabriel Fauré, cantou o *Kyrie* de Beethoven e o *Agnus Dei* de Cherubini.

Junto à princesa de Joinville, a única dos presentes que conhecera o imperador desde criança, estavam diversas cabeças coroadas, representantes de reis e imperadores, da nobreza da França e de boa parte da Europa. O corpo diplomático estrangeiro em Paris era encabeçado pelo decano monsenhor Ferrata, núncio papal. Todos os representantes dos países da América estavam presentes, com exceção dos de Brasil, México e Venezuela. A academia francesa havia comparecido em grande número. Ao lado de escritores como Alexandre Dumas Filho, viam-se maestros como Gounod e Ambroise Thomas, matemáticos, físicos, ao lado de médicos, como Charcot, e os orientalistas Gauthier, Foucart, Boislisle. Nos funerais de um monarca, até então, nunca se vira tantos intelectuais e acadêmicos.

No final da missa, o caixão do imperador, coberto com a bandeira imperial, foi levado da igreja para o coche fúnebre, puxado por oito cavalos negros. Uma divisão do exército francês, com espada em continência, aguardava o féretro. Três generais de brigada chefiavam as tropas que perfilavam da rua Royale ao bulevar de Saint-Germain. O ataúde seguia ao som da marcha fúnebre de Chopin pela chuvosa Paris, acompanhado por uma multidão. À frente do cortejo, ia a guarda republicana em uniforme de gala; atrás, fechando, os dragões.

Os brasileiros, seguindo a pé, revezaram-se segurando os cordões negros do esquife, que foi conduzido até a estação Orléans e de lá seguiria, via Espanha, para Lisboa, onde d. Pedro descansaria junto a d. Teresa Cristina, ao pai, à madrasta e aos demais familiares. Dois carros levavam cerca de duzentas coroas de flores. Entre elas, a da rainha Vitória, a dos Voluntários da Pátria, a dos estudantes brasileiros em Paris, a de "um negro brasileiro em nome de sua raça". Além das coroas de Eduardo Prado, Rio Branco, Nabuco, Tamandaré, Ladário e tantos outros, também ali estavam as de instituições como o Instituto Histórico e Geográfico Brasileiro e o Instituto dos Surdos-Mudos. Também Krupp não se esqueceu dele, e muito menos a cidade de Cannes.

Às 20h30, o trem especial que levava o corpo de d. Pedro partiu para Portugal. Chegou às 6 horas da manhã a Madri, onde esperavam pessoas da nobreza, o ministro da Guerra e demais membros do governo. Entre uma estação e outra, um regimento de infantaria fez as honras ao ex-imperador. Em Lisboa, o rei e a corte reunida esperavam o corpo de d. Pedro no cais de Santa Apolônia. De lá até a igreja de São Vicente de Fora, a guarnição militar da cidade formou alas. As fortalezas e os navios de guerra ancorados no Tejo salvavam de 15 em 15 minutos. A rainha, suas damas e todo o corpo diplomático, novamente com exceção do representante brasileiro, aguardaram o cortejo na escadaria da igreja, onde o cardeal patriarca de Lisboa, ao lado de todos os bispos do país, cantou a missa *Libera me*.

Só morto, pois não tinha como reclamar que o seu cadáver era do cidadão d. Pedro de Alcântara, é que recebera de parte dos países estrangeiros que o estimavam as homenagens do estadista que fora.

D. Pedro II, de São Vicente de Fora a Petrópolis

O governo republicano mal se sustentava sem o estado de sítio. Tinha receio de que o luto nacional descambasse para a contrarrevolução e a república recém-instituída caísse antes de se assentar. Os novos donos do poder silenciaram, quando da morte do ex-imperador. Mas não o povo. O Rio de Janeiro se cobriu de enlutados, o comércio, a bolsa, os teatros fecharam as portas. Nos jornais, até mesmo republicanos do porte de Quintino Bocaiuva lamentaram a morte do ex-imperador. Em Minas Gerais, Rio Grande do Sul, Bahia, Recife, Pará, São Paulo, do norte ao sul do Brasil, houve manifestações de pesar pelo passamento de d. Pedro

II. A catedral do Rio de Janeiro, cujos sinos haviam tocado o dobre de finados pela morte do ex-imperador, realizou no dia 9 de dezembro de 1891 uma missa em sua memória. Nesse mesmo dia e local 66 anos antes, d. Pedro II havia sido batizado. Os antigos servidores da Casa Imperial compareceram, e alguns, como o velho marquês de Tamandaré, fizeram questão de usar os antigos uniformes da corte. Os institutos nacionais que floresceram no tempo do imperador também o homenagearam.

Durante anos, a cripta dos Bragança em São Vicente de Fora virou ponto de visitação dos brasileiros que chegavam à Europa via Lisboa. D. Teresa Cristina se encontrava ao lado do marido, num caixão simples e pequeno como ela. O corpo de d. Pedro jazia entre a esposa e a madrasta, no mesmo esquife de tampa de vidro em que saíra de Paris. Por cima, a bandeira imperial cheia de respingos de cera. Muitos brasileiros apressados querendo ver o imperador, em visita rápida a Lisboa, acabavam por chegar tarde demais no panteão de São Vicente de Fora, encontrando o lugar escuro. Com uma vela fornecida pelo guarda do local, iam até o esquife e afastavam a bandeira de cima do vidro para observar o imperador em seu sono eterno e, assim, acabavam derramando a cera sobre a bandeira e o caixão.

Luís Gastão d'Escragnolle Dória, que fora professor do Colégio Pedro II e na década de 1910 partiu como bolsista para a Europa em busca de documentos históricos sobre o Brasil, visitou o panteão em 1912. Na ocasião, registrou que d. Pedro se encontrava como havia sido posto no caixão, com o uniforme, o colar da Ordem da Rosa e o crucifixo do papa. Mas o embalsamamento deixara a desejar:

> O rosto parece de cera velha. As barbas, outrora tão finas, tão sedosas, tão brancas, amareleceram feiamente como o marfim antigo.
>
> Ignoro por que motivo o corpo do imperador parece minguar cada vez mais. Acriança-se na imobilidade da morte. Quando o vi, em fevereiro de 1912, ainda o achei menor do que em fins

de 1909 [...]. A cabeça de d. Pedro II repousa num travesseiro cheio de terra brasileira [...]. Como está diferente o imperador! Quanto é cruel o embalsamamento imperfeito! Onde [está] aquela cabeça majestosa, coroada nos últimos tempos de cabelos argênteos e finos? Onde [estão] os olhos azuis, em brilho de aço; a bela barba dourada pela mocidade e prateada pela velhice; o porte imponente?

Tudo desfeito, esvaído!

Involuntariamente comparo o soberano mumificado, empergaminhadamente feio, pequenino, ao homem gigante que, em 1886, eu vira entrar na Sé de São Paulo, no meio de colossal onda de povo, dominando-a, parecendo acimar sê-lhe de muitos côvados.[48]

Durante muitos anos se buscou repatriar o corpo do imperador para o Brasil. Em Petrópolis, cogitou-se a construção de uma cripta na catedral para o abrigar. Em 1906, uma comissão da Câmara dos Deputados propôs a trasladação dos restos mortais para o Brasil. A princesa d. Isabel foi contra: o pai e a mãe só voltariam à pátria após a extinção da lei do banimento. Dez anos depois, sem o projeto andar dentro do Congresso, o Instituto Histórico e Geográfico Brasileiro tomou a frente da questão e solicitou ao presidente Venceslau Brás que os restos mortais dos imperadores pudessem estar de volta à pátria para o centenário da Independência, em 1922.

Outra contribuição à causa foi dada pelo jornalista Assis Chateaubriand, que visitara o castelo d'Eu, residência da princesa d. Isabel no exílio, e conversou com ela. Chatô também fez campanha para que a lei do banimento fosse derrubada. O presidente eleito, Epitácio Pessoa, diante da questão, solicitou diretamente ao Congresso a revogação da lei e o traslado dos corpos. O projeto do deputado Francisco Valadares, de dezembro de 1919, foi desarquivado após o discurso de Epitácio Pessoa, em maio de 1920, durante a abertura do legislativo. O presidente, influenciado pelo Instituto Histórico e por Assis Chateaubriand, declarou ao Congresso que considerava importante o corpo dos imperadores estar no Brasil por ocasião do centenário da Independência, em 1922. O projeto de Valadares se transformou no Decreto nº 4.120, de 3 de setembro de 1920, que acabou com o banimento. O decreto também autorizava o Poder Executivo, mediante prévia autorização da família imperial, a transladar os restos mortais dos imperadores ao Brasil.

No final daquele ano, o encouraçado *São Paulo*, que levava de volta à Europa o rei Alberto da Bélgica, que estivera em visita oficial ao Brasil, passou por Lisboa. Em uma cerimônia dada a chefes de Estado, os esquifes de d. Pedro II e de d. Teresa Cristina foram levados a bordo. Seguiam também o genro, o conde d'Eu, e o único filho dele vivo, o príncipe do Grão-Pará d. Pedro de Alcântara; d. Antônio falecera em 29 de novembro de 1918, e d. Luís, em 26 de março de 1920. D. Isabel ficou na França, sem condições físicas de fazer a viagem.

No dia 8 de janeiro de 1921, o encouraçado *São Paulo* chegou ao Rio de Janeiro. O desembarque se deu à tarde no cais Mauá. Comandadas pelo general Luiz Barbedo, as tropas formaram alas do cais até a catedral. O 1º Regimento de Artilharia disparou os 21 tiros de estilo. Além do povo reunido, apesar da chuva, havia também as comissões de diversas irmandades religiosas e de instituições como o Colégio Pedro II. Viajou de São Paulo, para a ocasião, o conselheiro Antônio Prado, o último ministro do império ainda vivo. Os corpos ficaram na capela de Nosso Senhor dos Passos, na antiga Capela Imperial, que, na época, era a catedral do Rio de Janeiro.

No mesmo ano, em 14 de novembro, morreu a princesa d. Isabel. No ano seguinte, em 28 de agosto, retornando ao Brasil para a festa do centenário da Independência, faleceu o conde d'Eu a bordo do vapor *Marsília*. Hoje, os quatro corpos, o do imperador, o da imperatriz, o da princesa d. Isabel e o de d. Gastão, bem como os de alguns de seus descendentes, descansam no mausoléu da catedral de São Pedro de Alcântara, na cidade de Petrópolis.

O mausoléu foi inaugurado em 5 de dezembro de 1939 com a presença do presidente Getúlio Vargas. Além das esculturas dos corpos em mármore que cobrem os ataúdes, de autoria do escultor francês Jean Magrou, do altar e dos vitrais belíssimos, duas pinturas de Carlos Oswald nas paredes do fundo, uma em cada lateral do altar, chamam a nossa atenção. Ambas representam dois momentos icônicos do reinado de d. Pedro II: do lado direito, vemos a coroação, do outro, o banimento.

Diante da emoção sentida pelas centenas de turistas que visitam o local diariamente, o ex-imperador, se pudesse, consideraria tudo aquilo uma grande "maçada". D. Pedro, impaciente diante dos guias turísticos que repetem sua história, diria a eles o seu infalível "já sei, já sei". Afinal, nada disso importaria para o ex-soberano, a não ser o fato de que, no fim, ele retornou à sua cidade.

# ANEXO

FÉ DE OFÍCIO

É famosa uma frase de d. Pedro II que do exílio, saudoso, pede ao visconde de Taunay: "Fale-me de Petrópolis". O que passa normalmente despercebida é a notícia, na mesma carta datada de Cannes de 21 de março de 1891, em que o imperador deposto avisava que estava escrevendo a sua Fé de Ofício.

O visconde de Taunay recebeu do imperador o documento final em 20 de maio de 1891 no Brasil e, por telegrama, questionou d. Pedro se poderia tornar público o texto. Diante da permissão do imperador, a Fé de Ofício saiu impressa na primeira página do *Jornal do Commercio* de 28 de maio.

Taunay enviou o jornal impresso ao imperador no exílio e este respondeu:

> [...] Direi que me confessei perante a Nação. A posteridade me absolverá de meus erros, entendendo as intenções.
>
> Creia que lhe escrevo estas linhas com as lágrimas nos olhos. Tenho tanta fé em tudo que fiz e faço que, penso, seria mártir nos primeiros séculos do cristianismo. Não exagero.[1]

A Fé de Ofício é um balanço do seu longo reinado e dos princípios e métodos que nortearam toda a vida pública de d. Pedro II. Esse documento mostra como ele tinha dimensão de sua imagem e de como buscou se fazer compreender, não apenas para as gerações que o conheceram, mas para as que viriam posteriormente.

Fé de Ofício

Creio em Deus.

Fez-me a reflexão sempre conciliar as suas qualidades infinitas: Previdência, Omnisciência e Misericórdia.

Possuo o sentimento religioso: inato ao homem, é despertado pela contemplação da Natureza. Sempre tive fé e acreditei nos dogmas. O que sei, devo-o, sobretudo, à pertinácia.

Reconheço que sou muito somenos no que é relativo aos dotes da imaginação, que posso bem apreciar nos outros. Muito me preocuparam as leis sociais; e não sou o mais competente para dizer a parte que de contínuo tomei em seu estudo e aplicação.

Sobretudo me interessei pelas questões econômicas, estudando com todo o cuidado as pautas das alfândegas no sentido de proteger as indústrias naturais até o período do seu próspero desenvolvimento.

Invariavelmente propendi para a instrução livre, havendo somente inspeção do Estado quanto à moral e à higiene, devendo pertencer a parte religiosa às famílias e aos ministros das diversas religiões.

Pensei também no estabelecimento de duas Universidades, uma no Norte e outra no Sul, com as faculdades e institutos necessários e, portanto, apropriados às diferentes regiões, sendo o provimento das cadeiras por meio do concurso.

Igreja livre no Estado livre; mas isso quando a instrução do povo pudesse aproveitar de tais instituições.

Estudei com cuidado o que era relativo à moeda corrente e se prendia à questão dos bancos. Quanto à legislação sobre privilégios, opus-me aos que se ligam à propriedade literária, sustentando, assim, as opiniões de Alexandre Herculano, antes que ele as tivesse manifestado.

Cautelosa e insistentemente estudei questões de imigração sobre a base da propriedade e o aproveitamento das terras, explorações para o conhecimento das riquezas naturais, navegação de rios e diferentes vias de comunicação.

Pensava na instalação de um observatório astronômico, moldado nos mais modernos estabelecimentos desse gênero. Segundo as minhas previsões e estudos, poderia ser superior ao de Nice.

Cogitei sempre em todos os melhoramentos para o exército e a marinha, a fim de que estivéssemos preparados para qualquer eventualidade, embora contrário às guerras. Buscava, assim, evitá-las.

Preocuparam-me seriamente os estudos de higiene pública e particular, de modo a nos livrar das epidemias; e isso sem grande vexame para as populações.

Acompanhava-me sempre a ideia de ver o Brasil que me é tão caro, o meu Brasil, sem ignorância, sem falsa religião, sem vícios e sem distâncias. Para mim, o homem devia ser regenerado e não suprimido; e por isso muito estudava a penalidade, tomando grande parte no que se fez relativamente a prisões e pesando todas as questões modernas, que tendiam a seu melhoramento. Procurei abolir a pena capital, tendo se encarregado o visconde de Ouro Preto de apresentar às Câmaras um projeto para a abolição legal da mesma pena. Pacientemente compulsava todos os processos para a comutação da pena última: quando não encontrava base para isso, guardava-os, sendo a incerteza já uma pena gravíssima para os réus.

Muito me esforcei pela liberdade das eleições e, como medida provisória, pugnei pela representação obrigada do terço, preferindo a representação uninominal de círculos bem divididos; pois o sistema, ainda por ora impraticável, deve ser o da maioria de todos os votantes de uma nação. Conselho de Estado organizado o mais possível como o da França, reformando-se a Constituição, para que pudesse haver direito administrativo contencioso.

Provimento de 1º lugar da magistratura por concurso perante tribunal judiciário para formar lista dos mais habilitados, onde o governo pudesse escolher; concurso também para os lugares de administração; categorias de presidências para que se preparassem os que deviam regê-las, conforme a importância de cada uma. Trabalhei muito para que só votasse quem soubesse ler e escrever, o que supõe riqueza moral e intelectual, isso é, a melhor.

Sempre procurei não sacrificar a administração à política.

Cogitava da construção de palácios para os ramos legislativo e judiciário e para a administração, para biblioteca e exposições de diferentes espécies, para conferências públicas.

Nunca me descuidei da sorte física do povo, sobretudo em relação a habitações salubres e a preço cômodo e à sua alimentação. Nunca deixei de estudar um só projeto, discutindo com os seus autores e procurando esclarecer-me.

O meu dia era todo ocupado no serviço público, e jamais deixei de ouvir e falar a quem quer que fosse. Lia todas as folhas e jornais da capital e alguns das províncias para tudo conhecer por mim quanto possível, mandava fazer e fazia extratos nos das províncias dos fatos mais importantes que se ligavam à administração, com a ideia constante de justiça a todos. Assistia a todos os atos públicos para poder ver e julgar por mim mesmo.

Em extremo gostei do teatro dramático e lírico, cogitando sem cessar da ideia de um teatro nacional.

Nunca me esqueci da Academia de Belas-Artes, pintura, escultura, desenho e gravura, e fiz o que pude pelo Liceu de Artes e Ofícios.

Desejava estabelecer maior número de dioceses, conforme comportasse o território, assim como diferentes seminários.

Sempre me interessei pelas expedições científicas, desde a do Ceará, que publicou trabalhos interessantes, lembrando-me agora da de Agassiz e de algumas que ilustraram nossos patrícios no continente europeu.

Presidia ultimamente a comissão encarregada do Código Civil e esperava que, em pouco tempo, apresentasse ela trabalho digno do Brasil. Pensava na organização de um instituto científico e literário, como o da França, utilizando para isso alguns estabelecimentos de instrução superior que já possuíamos; e para isso encarreguei o dr. Silva Costa e outros de formarem projeto de estatutos.

Sempre procurei animar palestras, sessões, conferências científicas e literárias, interessando-me muito pelo desenvolvimento do Museu Nacional. O que aí fez o dr. Couty tornou esse estabelecimento conhecido na Europa; muitos dos trabalhos do Museu são hoje citados e aplaudidos. Preocuparam-me as escolas práticas de agricultura e zootecnia.

Dei toda a atenção às vias de comunicação de todas as espécies no Brasil, tendo feito, além de outros, estudo especial dos trabalhos do engenheiro Hawkshaw relativos aos melhoramentos da barra do Rio Grande do Sul. Do mesmo modo, tudo quanto se referia a estabelecer a circulação do Brasil por água desde o Amazonas até ao Prata e daí ao São Francisco, da foz para o interior, ligando-se por estradas de ferro a região dos Andes às bacias do Prata e Amazonas.

Oxalá pudesse a navegação por balões aerostáticos tudo dispensar e, elevando-se bem alto assim como a submarina aprofundando-se bastante, nos livrassem ambas das tempestades. São, porém, devaneios...

Nas preocupações científicas e no constante estudo é que acho consolo e me preservo das tempestades morais...

Dom Pedro de Alcântara
Cannes, 23 de abril de 1891.[2]

CRONOLOGIA

1825

2 de dezembro
Nascimento do príncipe d. Pedro de Alcântara, no Palácio de São Cristóvão, Quinta da Boa Vista, Rio de Janeiro.

1826

2 de agosto
Reconhecimento oficial de d. Pedro de Alcântara como herdeiro do trono brasileiro.

11 de dezembro
Morte da mãe, a imperatriz d. Leopoldina.

1831

7 de abril
Abdicação de d. Pedro I ao trono brasileiro.

9 de abril
Aclamação de d. Pedro II como imperador do Brasil.

1833

15 de dezembro
Substituição de José Bonifácio pelo marquês de Itanhaém como tutor dos príncipes.

1834

24 de setembro
Falece em Portugal d. Pedro I.

1840

23 de julho
D. Pedro II é declarado maior de idade.

1841

18 de julho
D. Pedro II é sagrado e coroado imperador do Brasil.

1842

20 de maio
Assinado na Europa o contrato de casamento entre d. Pedro II e a princesa napolitana d. Teresa Cristina Maria.

1843

16 de março
D. Pedro II cria Petrópolis por meio do Decreto n. 155.

1º de maio
Casamento de d. Francisca com o príncipe de Joinville.

30 de maio
Casamento por procuração de d. Teresa Cristina com d. Pedro II em Nápoles.

3 de setembro
Chegada de d. Teresa Cristina ao Rio de Janeiro.

1844

28 de abril
Casamento de d. Januária com o conde d'Áquila, cunhado de d. Pedro II.

22 de outubro
Partida de d. Januária e do conde do Brasil.

1845

23 de fevereiro
Nascimento do primeiro filho de d. Pedro II e de d. Teresa Cristina, o príncipe d. Afonso.

6 de outubro
Partida de d. Pedro II para visitar as províncias do Sul e de São Paulo.

1846

26 de abril
Retorno dos imperadores ao Rio de Janeiro.

28 de junho
Partida do mordomo Paulo Barbosa para a Europa.

29 de julho
Nasce a princesa d. Isabel.

1847

11 de junho
Falece o príncipe d. Afonso.

13 de julho
Nasce a princesa d. Leopoldina.

1848

19 de julho
Nasce o príncipe d. Pedro Afonso.

1850

10 de janeiro
Falece o príncipe d. Pedro Afonso.

4 de setembro
Lei Eusébio de Queirós.

1853

4 de fevereiro
Morte da princesa Maria Amélia, irmã mais nova de d. Pedro II, única filha de d. Pedro I e de d. Amélia.

15 de novembro
Morte de d. Maria II, rainha de Portugal, irmã mais velha de d. Pedro II, filha de d. Pedro I e de d. Leopoldina.

1856

Setembro
Início das funções da condessa de Barral como aia das filhas de d. Pedro II.

1859

2 de outubro
D. Pedro II e a imperatriz partem para visitar o Norte e o Nordeste brasileiros.

CRONOLOGIA

1860

11 de fevereiro
Retorno dos imperadores à corte.

1862

30 de dezembro
Início da Questão Christie.

1863

5 de julho
Ruptura diplomática entre o Brasil e a Inglaterra.

1864

15 de outubro
Casamento da princesa d. Isabel com o conde d'Eu.

1º de dezembro
Início da guerra contra o Uruguai.

15 de dezembro
Casamento da princesa d. Leopoldina com o duque de Saxe.

27 de dezembro

Invasão de Mato Grosso por tropas paraguaias.

1865

20 de fevereiro
Fim da guerra contra o governo uruguaio.

1º de maio
Assinado o Tratado da Tríplice Aliança.

10 de julho
D. Pedro II parte para o Rio Grande do Sul com o genro, o duque de Saxe.

11 de setembro
Chegada de d. Pedro II, do conde d'Eu e do duque de Saxe a Uruguaiana.

18 de setembro
Rendição de Uruguaiana.

23 de setembro
Reatamento das relações entre o Brasil e a Inglaterra.

9 de novembro
Retorno de d. Pedro II ao Rio de Janeiro.

1866

19 de março
Nasce o primeiro neto de d. Pedro II, d. Pedro Augusto, filho da princesa d. Leopoldina e do duque de Saxe.

1869

1º de janeiro
O exército brasileiro entra em Assunção, capital do Paraguai.

19 de janeiro
Caxias se retira para o Rio de Janeiro.

16 de abril
O conde d'Eu assume o comando do exército brasileiro em operações no Paraguai.

CRONOLOGIA

1870

1º de março
Solano López é morto, e o Brasil dá por encerrada a guerra.

3 de dezembro
Manifesto republicano.

1871

7 de fevereiro
Falece em Viena a princesa d. Leopoldina.

25 de maio
Partida de d. Pedro II do Brasil, em sua primeira viagem para visitar a Europa e o Egito.

29 de setembro
Lei do Ventre Livre.

1872

30 de março
Chegada ao Brasil.

1873

26 de janeiro
Início da Questão Religiosa.

27 de janeiro
Morre em Lisboa a imperatriz d. Amélia.

1874

21 de janeiro
Prisão dos bispos.

1875

17 de setembro
Os bispos são anistiados.

15 de outubro
Nasce o primeiro filho da princesa d. Isabel, d. Pedro, príncipe do Grão-
-Pará.

1876

26 de março
Partida de d. Pedro II para sua segunda viagem ao exterior.

15 de abril
D. Pedro II chega a Nova York.

8 de junho
Primeiro encontro do imperador com Alexander Graham Bell.

20 de junho
Demonstração do telefone na feira da Filadélfia.

12 de julho
Partida para a Europa via Nova York.

Julho a setembro
Visita a Alemanha, Dinamarca, Suécia, Rússia e Ucrânia.

2 de outubro
Chegada a Istambul.

Outubro a dezembro
Viagem pela Grécia, Ásia Menor, Palestina e pelo Egito. O imperador passa seu aniversário em Jerusalém.

1877

Janeiro, fevereiro, março e abril
Visita a Itália, Áustria, Alemanha e França.

19 de abril
Chega para sua segunda estada em Paris.

22 e 29 de maio
Visitas ao escritor Victor Hugo.

Julho a setembro
Viagem a Inglaterra, Escócia, Irlanda, Holanda, Suíça e Portugal.

26 de setembro
D. Pedro II retorna ao Brasil.

1878

28 de setembro a 31 de outubro
Viagem de d. Pedro II a São Paulo.

1880

1º de janeiro
Revolta do Vintém.

17 de maio a 7 de junho
Viagem de d. Pedro II ao Paraná.

1881

9 de janeiro
Reforma eleitoral.

26 de março a 30 de abril
Viagem de d. Pedro II a Minas Gerais.

1882

14 de março
Aniversário de 60 anos de d. Teresa Cristina, início do caso do roubo das joias.

1885

28 de setembro
Lei dos Sexagenários.

1887

26 de fevereiro
D. Pedro II adoece.

14 de maio
Questão Militar, protestos de Deodoro e do visconde de Pelotas.

30 de junho
Terceira viagem de d. Pedro II à Europa em busca de tratamento para sua saúde.

1888

Maio
D. Pedro II agoniza em Milão.

13 de maio
Lei Áurea.

22 de agosto
D. Pedro II retorna ao Brasil.

1889

15 de junho
Atentado contra d. Pedro II na saída do teatro.

9 de novembro
Baile da Ilha Fiscal.

15 de novembro
Proclamação da República.

17 de novembro
Embarque da família imperial para o exílio.

7 de dezembro
Chegada a Lisboa.

21 de dezembro
Decreto do banimento de d. Pedro II e sua família do Brasil.

28 de dezembro
Morte da imperatriz d. Teresa Cristina, no Porto.

1891

14 de janeiro
Morte da condessa de Barral.

5 de dezembro
Morre d. Pedro II em Paris.

9 de dezembro
Exéquias do imperador na Igreja da Madeleine, em Paris.

10 de dezembro
D. Pedro II é sepultado em São Vicente de Fora, em Lisboa.

D. PEDRO II

1920

3 de setembro
Término do banimento da família imperial.

1921

8 de janeiro
Chegada dos corpos de d. Pedro II e d. Teresa Cristina à catedral Metropolitana do Rio de Janeiro.

1939

5 de dezembro
Sepultamento dos corpos dos imperadores na cripta da catedral de São Pedro de Alcântara, em Petrópolis.

NOTAS

Prólogo

1. Museu Imperial, Arquivo da Casa Imperial: Maço 206 — Doc. 9.404.
2. A cena e as palavras ditas são citadas em anotações de d. Pedro II e da princesa Isabel e no memorial escrito pelo barão de Muritiba sobre os acontecimentos de 15 e 16 de novembro de 1889 que se encontram no Arquivo Histórico do Museu Imperial: Maço 206 — Doc. 9.404 e Maço 207 - Doc. 9.413.
3. MONTEIRO, Tobias. *Pesquisas e depoimentos para a história*, p. 80.
4. Museu Imperial, Arquivo da Casa Imperial: Maço 207 — Doc. 9.413.
5. Museu Imperial, Arquivo da Casa Imperial: Maço 206 — Doc. 9.394.
6. Bilhete a lápis, doado ao Instituto Histórico e Geográfico Brasileiro por Ramiz Galvão.
7. MONTEIRO, Tobias. *Op. cit.*, p. 85.
8. Museu Imperial, Arquivo da Casa Imperial: Maço 207 — Doc. 9.435.
9. RAMIREZ, Ezekiel Stanley. *As relações entre a Áustria e o Brasil*, p. 121.
10. LYRA, Heitor. *História de d. Pedro II*, v. 3, p. 116.
11. *Idem.*
12. RAMIREZ, Ezekiel Stanley. *Op. cit.*, p. 121.
13. Museu Imperial, Arquivo da Casa Imperial: Maço 206 — Doc. 9.404.
14. REBOUÇAS, André. "Diário" *apud* CALMON, Pedro. *História de d. Pedro II*, v., 4, p. 1635.
15. Museu Imperial, Arquivo da Casa Imperial, v. 29.
16. *Idem.*
17. AHMI, Maço 206 — Doc. 9.394.
18. *Idem.*

D. PEDRO II

O príncipe imperial

1. Também conhecido até hoje popularmente como Campo de Santana, apesar da denominação oficial de praça da República.
2. *Diário Fluminense*, n. 190, 2 dez. 1825, p. 521.
3. KANN, Bettina; LIMA, Patrícia Souza. *Cartas de uma imperatriz*, p. 442.
4. *Diário Fluminense*, n. 3, v. 7, 4 jan. 1826, p. 9.
5. Museu Imperial, Arquivo Histórico: 1-POB-08.04.1827-Cha.c 1-6.
6. MORAES, A. J. de Mello . *Brasil histórico*, tomo II, p. 168.
7. Carta de D. Pedro I à duquesa de Goiás, 30 maio, 1830. REZZUTTI, Paulo. *D. Pedro I*, p. 360.
8. REZZUTTI, Paulo. *D. Leopoldina*, p. 175.
9. KANN, Bettina; LIMA, Patrícia Souza. *Op. cit.*, p. 327.
10. *Idem*, p. 86.
11. *Diário Fluminense*, n. 135, v. 6, 10 dez. 1825, p. 545-546.
12. VASCONCELOS, Maria Celi Chaves. *A casa e os seus mestres*, p. 54.
13. GALVÃO, B. E. Ramiz. *Contribuições para a biografia de d. Pedro II*, p. 23.
14. RAFFARD, Henrique. Pessoas e coisas do Brasil, *Revista do IHGB*, p. 161.
15. "Carta de d. Mariana a d. Pedro I" apud Manuel Inácio Cavalcanti de Albuquerque. *A propósito da condessa de Belmonte*, p. 185.
16. *Astréa*, n. 37, 19 set. 1826, p.150.
17. CALMON, Pedro. *História de d. Pedro II*, v. 1, p. 31.
18. TAUNAY, Afonso. *Do reino ao império*, p. 96.
19. WALSH, Robert. *Notices of Brazil 1828-1829*, v. 1, p. 525-527.
20. RAFFARD, Henrique. *Op. cit.*, p. 219-
21. MONTEIRO, Tobias. *História do império*: o Primeiro Reinado, v. 2, p. 124.
22. REZZUTTI, Paulo. *D. Pedro I*, p. 235.
23. BARRAL, Paul Paranaguá de. "Um documento do visconde de Pedra Branca". *Revista do Instituto de Estudos Brasileiros*, p. 142-144.
24. WITTE, Cláudia Thomé. *D. Amélia*, 2023, p. 124.
25. BHSA, Abt. V, Arquivo Leuchtenberg, 78, p. 61. Apud WITTE, Cláudia Thomé. *D. Amélia*, 2023, p. 166.

26. VERNA, D. Mariana Carlota de. Introdução do *Pequeno catecismo histórico, oferecido a Sua Alteza Imperial, d. Pedro de Alcântara*. Rio de Janeiro: Seignot Plancher, 1830.
27. LOUREIRO, João. *Cartas de João Loureiro...*, p. 286.
28. Museu Imperial, Arquivo Histórico, "Diário", v. 8.
29. RHEINGANTZ, Carlos Grandmasson. "Ascendência e descendência de d. Arcángela, irmã do padre Correia", in *Anuário do Museu Imperial*, v. 18, p. 132 e 133.
30. Emilia Viotti da Costa. *Da Monarquia à República*, p. 10.
31. AHMI I POB, 22/2/1831, PI.B.c.
32. MONTEIRO, Tobias. *História do império: o Primeiro Reinado*, v. 2, p. 198.
33. ALVERNE, Francisco de. *Obras oratórias*, v. 4, p. 123.
34. DÓRIA, Luiz Castão d'Escragnolle. Uma testemunha diplomática do Sete de Abril, *Revista do IHGB, Sete de Abril*, p. 183.
35. ARMITAGE, João. *História do Brasil*, p. 224.
36. MONTEIRO, Tobias. *Op. cit.*, v. 2, p. 217.
37. AHMI III-DMI, 7/4/1831 PI.B.C.
38. ARMITAGE, João. *Op. cit.*, p. 225.
39. AHMI, *Diário de d. Pedro II*, v. 31.

O menino imperador

1. RAFFARD, Henrique. *Op. cit.*, p. 315.
2. *O Futuro*, ed. n. 1, p. 12
3. AHMI, I-POB-12.04.1831-PI.B.c 1-7.
4. *Idem*.
5. SOUSA, Otávio Tarquínio de. *José Bonifácio*, p. 223.
6. AHMI, II-POB-08.04.1831-Sil.c 1-2.
7. RANGEL, Alberto. *A educação do Príncipe*, p. 80.
8. AHMI, I-POB-12.04.1831-PI.B.c 1-7.
9. RUSCHENBERGER, William Samuel Waithman. *Three years in the Pacific...*, p. 51.
10. MORAES, A. J. de Mello. *História do Brasil Reino e do Brasil Império*, tomo I, p. 88.

11. RAFFARD, Henrique. *Op. cit.*, p. 343.
12. AHMI, I-POB-23.10.1831-Mag.c.
13. AHMI, I-POB-12.04.1831-PI.B.C 1-7 (A1).
14. AHMI, I-POB-12.04.1831-PI.B.C 1-7 (D2).
15. AHMI, I-POB-12.04.1831-PI.B.C 1-7 (A1).
16. AHMI, I-POB-12.04.1831-PI.B.c1-17 (d6).
17. AHMI, Maço 94 - Doc. 4505 (d2).
18. *Contribuições para a biografia de d. Pedro II*, p. 72.
19. *Idem*, p. 72.
20. *A Verdade*, 10 de abril de 1832, p. 2.
21. AHMI, Maço 98 — Doc. 4.820.
22. *Apud* LYRA, Heitor. *Op. cit.*, v. 1, p. 33.
23. *Idem, ibidem*.
24. AIHGB, Coleção Hélio Viana, DL 1376, pasta 5.
25. *Idem*, DL175-38.
26. FAZENDA, José Vieira. Antiqualhas e memórias do Rio de Janeiro, *Revista do IHGB*, p. 346.
27. RAFFARD, Henrique. *Op. cit.*, p. 396.
28. *A infância e a educação de d. Pedro II e suas irmãs*, p. 169-170.
29. *O Futuro*, ed. n. 2. p. 46.
30. *Contribuições para a biografia de d. Pedro II*, p. 72.
31. Arquivo Nacional da Áustria OeStA/Haus-und HofSta Haus A SB-51-1-16 alt 318/15.
32. Arquivo Nacional da Áustria OeStA/Haus-und HofSta Haus A SB-K-51-4-13 alt 321/11.
33. Biblioteca Nacional, Arquivo Tobias Monteiro, 63,05,005 n. 021.
34. Arquivo Nacional da Áustria OeStA/Haus-und HofSta Haus A51-5-16 alt 322/13a.
35. A "mana" era a rainha Maria II e a "mana pequena" a que d. Pedro II se referia era a filha de d. Pedro I e d. Amélia que havia nascido na França em 1º. de dezembro de 1831, a princesa Maria Amélia.
36. AIHGB, Manuscritos, Fundo Wanderley Pinho, DL1571-06.
37. RAFFARD, Henrique. *Op. cit.* p. 374.
38. AHMI, I-AMI-29.9.1834-A.B.C.

39. RAFFARD, Henrique. *Op. cit.*, p. 161.
40. AHMI, Maço 100 — Doc. 4.904.
41. CALMON, Pedro. *História de d. Pedro II*, v. 1, p. 379.
42. Arquivo Grão-Pará III.4.05 — 1835. Lisboa, 9 de fevereiro.
43. Arquivo estadual da Baviera Abteilung V — FA Leuchtenberg Signatur 192 Brief 30.03.1835.
44. Arquivo Grão-Pará III.4.05 — 1835. Lisboa, 29 de março.
45. REZZUTTI, Paulo. *D. Pedro I*, p. 330 ss.
46. HAMOND, Graham Eden. *Os diários do almirante*, p. 147 e 148.
47. *Idem, ibidem*, p. 147.
48. *Idem, ibidem*.
49. *Idem, ibidem*, p. 61.
50. *O Futuro*, 1º de janeiro de 1863, p. 238.
51. RAFFARD, Henrique. *Op. cit.*, p. 544.
52. Arquivo do Museu Paulista/USP.
53. RANGEL, Alberto. *No rolar do tempo*, p. 180.
54. HAMOND, Graham Eden. *Op. cit.*, p. 147.
55. Arquivo Grão-Pará, III.4.05 — 1835. Lisboa, 14 de janeiro.
56. Arquivo Histórico do Museu Imperial, Maço 116 — Doc. 5762.
57. *Contribuições para a biografia de d. Pedro II*, p. 98.
58. HAMOND, Graham Eden. *Op. cit.*, p. 145.
59. *Idem, ibidem*, p. 143.
60. *A infância e a educação de d. Pedro II e suas irmãs*, p. 115.
61. "Regulamento do aio do Imperador". *In: A infância e a educação de d. Pedro II e suas irmãs*, p. 170.
62. *Infância e adolescência de d. Pedro II*, p. 66.
63. TEIXEIRA, Múcio. *O imperador visto de perto*, p. 131.
64. BESOUCHET, Lidia. *Pedro II e o século XIX*, p. 56.
65. RUSINS, Alfredo Teodoro. *O casamento de dom Pedro II*, p. 145.
66. ORLÉANS, François de. *Diário de um príncipe no Rio de Janeiro*, p. 20.
67. *Idem, ibidem*, p. 31.
68. *Idem, ibidem*, p. 37.
69. *Idem, ibidem*.
70. *Idem, ibidem*, p. 79.
71. *Idem, ibidem*, p. 82.

Maioridade

1. COSTA, Emília Viotti da. *Da Monarquia à República*, p. 156.
2. MARINHO, José Antônio. *A declaração da maioridade de Sua Majestade Imperial...*, p. 5.
3. *Idem, ibidem*, p. 6.
4. *Idem, ibidem*, p. 7.
5. *Idem, ibidem*, p. 92-96.
6. *Idem, ibidem*.
7. *Apud. Contribuição para a biografia de d. Pedro II*, p. 113.
8. *Idem, ibidem*.
9. CAMPOS, Monsenhor Joaquim Pinto de. *O senhor d. Pedro II: Imperador do Brasil*, p. 37 e 38.
10. *Contribuição para a biografia de d. Pedro II*, p. 113.
11. Ofício de 18 de julho de 1840. *Apud* RAMIREZ, Ezekiel Stanley. *Op. cit.*, p. 71.
12. CAMPOS, Monsenhor Joaquim Pinto de. *Op. cit.*, p. 35 e 36.
13. *Idem, ibidem*, p. 112.
14. Art. 103 da Constituição Imperial.
15. LACOMBE, *O mordomo do imperador*, p. 300.
16. WITTE, Cláudia Thomé. *D. Amélia*, p. 411.
17. HOLANDA, Sérgio Buarque de. *O Brasil monárquico*, v. 2, p. 510 e 511.
18. Ofício de 15 de março de 1840. *Apud* LYRA, Heitor, *Op. cit.*, v. 1, p. 70.
19. Almoço ou pequeno almoço são formas antigas de se referir à primeira refeição do dia.
20. VIANNA, Hélio. *D. Pedro I e d. Pedro II: acréscimos às suas biografias*, p. 113 e 114.
21. AHMI, *Diário de d. Pedro II*, v. n. 9.
22. *Apud* LACOMBE, Américo Jacobina. *O mordomo do imperador*, p. 113.
23. *Idem, ibidem*.
24. *Idem, ibidem*, p. 114.
25. Ofício de 22 de setembro de 1840 do barão Daiser para Metternich. *Apud* Ramirez. *Op. cit.*, p. 75.
26. *Idem, ibidem*.
27. RANGEL, Alberto. *A educação do Príncipe*, p. 214 e 215.

28. *Jornal do Commercio*, 17 jan. de 1840, p 1.
29. *Jornal do Commercio*, 20 e 21 jan. de 1840, p. 1.
30. FERREZ, Gilberto. *A fotografia no Brasil: 1840-1900*, p. 20.
31. SCHWARCZ, Lilia M. *As barbas do imperador*, p. 501.
32. AHMI, *Diário de d. Pedro II*, v. 9.
33. MOSSÉ, Benjamin. *D. Pedro II, imperador do Brasil*, p. 202.
34. Decreto 151 de 28 de agosto de 1840.
35. AHMI, Maço 32 - Doc. 1.052.
36. AHMI, *Diário de d. Pedro II*, v. 9.
37. AHMI, *Diário de d. Pedro II*, v. 1.

Fazendo um imperador

1. Sobre o assunto, ver: "O inventário de d. Pedro II". In: *Pequena Ilustração*, n. 493, p. 5, e "O inventário do Principe do Grão-Pará". In: *Pequena Ilustração*, n. 514, p. 5.
2. *Apud* LACOMBE, Américo. *O mordomo do imperador*, p. 45.
3. Espécie de uniforme, semelhante a uma farda, utilizado por criados de determinada casa nobre ou de casas governantes.
4. ORLÉANS, François de. *Op. cit.*, p. 25.
5. *Apud* LYRA, Heitor. *Op. cit.*, v. I, p. 74 e 75.
6. *Diário do Rio de Janeiro*, 23 jul. 1841, p. 15.
7. ALENCAR, José de. *Senhora*, p. 67.
8. LACOMBE, Américo. *Op. cit.*, p. 213.
9. AHMI, Maço 163 - Doc. 7.546.
10. PARANAPIACABA, barão de. Introdução à trasladação poética..., *Revista do IHGB*, p. 49.
11. *A Aurora Fluminense*, 26 out. 1829, p. 1080.
12. LACOMBE, Américo. *Op. cit.*, p. 219.

A família

1. Ofício de 21 de novembro de 1837. *Apud* RAMIREZ, Ezekiel Stanley. *Op. cit.*, p. 81.
2. RAMIREZ, Ezekiel Stanley, *Op. cit.*, p. 84.

3. *Apud* RAMIREZ, Ezekiel Stanley, *Op. cit.*, p. 87.
4. Na realidade, Teresa Cristina Maria.
5. Cândido de Araújo Viana, ministro do Império.
6. Royal Archive, Windsor, Carta de Laeken, 12 de nov. de 1842. *Apud* CALMON, Pedro. *Op. cit.*, v. I, p. 217.
7. LANGSDORFF, baronesa E. de. *Diário*, p. 134 e 135.
8. *Idem, ibidem*, p. 135.
9. *Idem, ibidem*, p. 158.
10. *Idem, ibidem*, p. 105.
11. *Idem, ibidem*, p. 145.
12. *Apud* CALMON, Pedro. *Op. cit.*, v., 1, p. 224.
13. A princesa e a sopa de papagaio. *O Estado de S. Paulo*, 30 abr. 2009. Disponível em: https:// www.estadao.com.br/noticias/geral,a-princesa-e-a-sopa-de-papagaio,363254. Acesso em: 28 de maio de 2019.
14. *Apud* CALMON, Pedro. *Op. cit.*, v. I, p. 225.
15. LANGSDORFF, baronesa E. de. *Diário*, p. 172.
16. *Idem, ibidem*, p. 171.
17. *Idem, ibidem*, p. 173.
18. *Idem, ibidem*, p. 175.
19. *Idem, ibidem*, p. 180.
20. CALMON, Pedro. *Op. cit.*, v. 1, p. 228.
21. Cata-vento é o lugar no navio em que se coloca o oficial de quarto (de serviço) da navegação para observar e comandar as manobras.
22. LANGSDORFF, baronesa E. de. *Op. cit.*, p. 197.
23. Ofício de 9 de novembro de 1843. *Apud* CALMON, Pedro. *Op. cit.*, v. 1, p. 239.
24. VIANNA, Hélio. "Entrevista com d. Isabel". *Jornal do Commercio*, 6 out. 1967, p. 4.
25. *Idem, ibidem*.
26. *Apud* CALMON, Pedro. *Op. cit.*, v. 1, p. 217.
27. AHMI, Arquivo do Grão-Pará, XXXIX-3.
28. AHMI, Arquivo do Grão-Pará, XXXIX.
29. TEIXEIRA, Múcio. *Op. cit.*, p. 30.
30. Ofício de 22 de outubro de 1844. *Apud* LYRA, Heitor. *Op. cit.*, v. I, p. 135.

31. *Apud* LYRA, Heitor. *Op. cit.*, v. I, p. 136.
32. Relatório de 19 de outubro de 1844. *Apud* CALMON, Pedro. *Op. cit.*, v. I, p. 254.
33. CALMON, Pedro. *Op. cit.*, v. I, p. 377.
34. *Idem, ibidem*, v. I, p. 379.
35. ALMEIDA, Sylvia L. Martins de. *Uma filha de d. Pedro I, dona Maria Amélia*, p. 160
36. AHMI - Arquivo do Grão-Pará, III.4.22 — 1853. Lisboa, 12 de fevereiro.
37. AHMI - Arquivo do Grão-Pará, III.4.22 — 1853. Lisboa, 14 de junho.
38. AHMI - Arquivo do Grão-Pará, III.4.20 — 1851. Lisboa, 3 de outubro.
39. AHMI - Arquivo do Grão-Pará, III.4.22 — 1853. Lisboa, 14 de junho.
40. AHMI - Arquivo do Grão-Pará, III.4.22 — 1853. Lisboa, 13 de setembro.
41. AHMI - Arquivo do Grão-Pará, III.4.21 — 1852. Lisboa, outubro.
42. *Idem.*
43. AHMI - Arquivo do Grão-Pará, XXVIII.1(11) 1853.
44. AHMI - Arquivo do Grão-Pará, IV.3 (14) 1853.
45. ANTT-CCR Cx 324, Cap 14, doc 2.
46. *Idem.*
47. Arquivo Nacional da Torre do Tombo Cx 324, Capilha 14, doc 2.
48. *Paraphrase da epistola aos Pisões, commumente denominada Arte poetica de Quinto Horacio Flacco, com annotações sobre muitos lugares*, por D. Gastão Fausto da Camara Coutinho. Lisboa: Typographia de José Baptista Morando, 1853.
49. Arquivo Nacional da Torre do Tombo Cx 324, Capilha 14, doc 2.
50. AHMI - Arquivo do Grão-Pará. IV.3(16) — 1855. Lisboa, 13 de abril.
51. Arquivo Nacional da Torre do Tombo Cx 324, Capilha 14, doc 2.
52. *Idem.*
53. *Ibidem.*
54. AHMI - Arquivo do Grão-Pará, III.4.(13)u — 1843. Sintra, 11 de setembro.
55. Posteriormente denominada *Araucaria angustifolia*.
56. AHMI - Arquivo do Grão-Pará, IV.3(14) — 1853. Sintra, 14 de julho.
57. *Idem.*

58. Disponível em: http://legis.senado.leg.br/legislacao/PublicacaoSigen.actionfid=541073&tipoDocumento=LEI-n&tipoTexto=PUB. Acesso em: 26 de maio de 2018.
59. Apud REZZUTTI, Paulo, *Versalhes tropical*, p. 27.
60. SODRÉ, Alcindo. *O imperador em Petrópolis*, p. 42.
61. *Idem, ibidem*, p. 29.
62. AHMI, *Diário*, v. 9.
63. SODRÉ, Alcindo. *Op. cit.*, p. 42.
64. LACOMBE, Lourenço. *Biografia de um palácio*, p. 64.
65. LACOMBE, Lourenço. *Op. cit.*, p. 65.
66. O Decreto n. 85.849, de 27 de março de 1981, assinado pelo presidente João Figueiredo, concedeu a Petrópolis o título.

Conhecendo o Brasil

1. Cristiano B. Ottoni. *Autobiografia*, p. 84.
2. AHMI, *Diário de d. Pedro II*, v. 9.
3. *Idem*.
4. *Idem*.
5. TEIXEIRA, Múcio. *Op. cit.*, p. 152.
6. *Idem, ibidem*, p. 154.
7. PARANAPIACABA, barão de. Introdução à trasladação poética..., *Revista do IHGB*, p. 52.
8. Tormento de Tântalo ou Suplício de Tântalo refere-se ao mítico rei Tântalo que foi punido pelos deuses do Olimpo, pois ao sentir fome e sede, e vendo a comida e a bebida, elas se afastavam de seus dedos ao tentar tocá-las.
9. Apud SODRÉ, Alcindo. *D. Pedro II chefe de estado*, p. 219.
10. SODRÉ, Alcindo. *D. Pedro II na pacificação do Rio Grande do Sul*, p. 46.
11. *Idem, ibidem*, p. 46.
12. *Idem, ibidem*, p. 47.
13. *Idem, ibidem*, p. 48.
14. PINHO, Wanderley. *Salões e damas do segundo reinado*, p. 125.
15. *Idem, ibidem*, p. 45.
16. TEIXEIRA, Múcio. *Op. cit.*, p. 115.

17. Carta de Caxias para Osório. *Apud* CALMON, Pedro, *Op. cit.*, v. 1, p. 207.
18. CALMON, Pedro. *Op. cit.*, v. 1, p. 314.
19. *Idem, ibidem*, p. 311.
20. *Idem, ibidem*.
21. PINHO, Wanderley. *Op. cit.*, p.123.
22. C070 - Fragmento de carta inédita pertencente ao Arquivo da Família Lindenberg. De Heinrich Adolph Lindenberg para seu irmão Johann Friedrich Wilhelm Lindenberg, datada de Salinas Perynas, 1847, Cabo Frio, Rio de Janeiro. Tradução de Thomas Denk, revisão de Luiza Sawaya, no prelo.
23. *Cartas a Suas Majestades*, 1859-1890, P. 352.
24. *Apud* GARCIA, Rodolfo. *Viagens de d. Pedro II*. p. 118.
25. AHMI, *Diário de d. Pedro II*, v. 2.
26. *Idem*.
27. AHMI, *Diário de d. Pedro II*, v. 2, nota de 13 de outubro de 1859.
28. *Idem*.

A corte

1. SUZANNET, Conde de. *O Brasil em 1845*, p. 30.
2. KOSERITZ, Carl von. *Imagens do Brasil*, p. 46 e 47.
3. O Cassino Fluminense funcionava no prédio que até 2003 foi sede do Automóvel Club do Brasil, no Rio de Janeiro, em frente ao Passeio Público.
4. LACOMBE, Américo. *O mordomo do imperador*, p. 241.
5. PINHO, Wanderley. *Op. cit.*, p. 125,
6. *Idem, ibidem*, p. 137.
7. *O Álbum Semanal*, 5 set. 1852, p. 188.
8. Paulo Bregaro, oficial do Supremo Tribunal Militar, foi encarregado por José Bonifácio de entregar os despachos realizados no Conselho de Estado de 2 de setembro de 1822 sobre a presidência de d. Leopoldina a d. Pedro I, que se encontrava em São Paulo. A entrega desses despachos ao príncipe regente no Ipiranga, em 7 de setembro, levou ao Grito da Independência. Pela sua ação, Bregaro foi feito patrono dos Correios do Brasil.

9. Rodrigo Delfim Pereira (4/11/1823 a 31/1/1891) era filho de d. Pedro I com Maria Benedita de Castro do Canto e Melo, baronesa de Sorocaba, irmã da marquesa de Santos.
10. OLIVEIRA, Albino José Barbosa de. *Memórias de um magistrado do império*, p. 228 e 229.
11. LACOMBE, Américo. *O mordomo do imperador*, p. 249.
12. Idem, ibidem, p. 251.
13. Idem, ibidem, p. 252.
14. Idem, ibidem.
15. Expressão francesa antiga, qualifica a atitude de quem quer conciliar interesses conflitantes.
16. *Gazeta de Notícias*, 19 ago., 1883, p. 2.
17. Apud PINHO, Wanderley. *Op. cit.*, p. 131.
18. LACOMBE, Américo. *O mordomo do imperador*, p. 254.
19. AHMI, *Diário de d. Pedro II*, v. 9.
20. VALERA, Juan. *Correspondência*, p. 243.
21. Personagem mítica feminina, apelidavam-se com esse nome mulheres que fascinavam por suas graças e encantos.
22. VALERA, Juan. *Op. cit.*, p. 243 e 244.
23. BN, ATM, 63, 04, 001, n. 089.
24. Idem.
25. Idem.
26. BN, ATM, 63, 04, 001, n. 078.
27. SANDRONI, Cícero. *180 anos do* Jornal do Commercio *1827-2007*, p. 179.
28. BN, ATM, 63, 04, 001, n. 078.
29. BN, ATM, 63, 04, 001 n. 076.
30. BN, ATM, 63, 04, 001 n. 077.
31. BN, ATM, 63, 04, 001 n. 073.
32. RAEDERS, Georges. *D. Pedro II e o conde de Gobineau*, p. 226.
33. BN, ATM, 63, 04, 002, 19011.
34. BESOUCHET, Lidia. *Op. cit.*, p. 440.
35. BN, ATM, 63, 04, 002, n. 013.
36. 36. BN, CTM, 63, 04, 002, n. 013.
37. BESOUCHET, Lidia. *Op. cit.*, p. 446.
38. MONTEIRO, Mozart. *A vida amorosa de d. Pedro II*, p. 220.

As filhas

1. LACOMBE, Lourenço. *Isabel, a princesa redentora*, p. 18.
2. AGUIAR, Jaqueline Vieira de. *Princesas Isabel e Leopoldina, mulheres educadas para governar*, p. 69.
3. ARGON, Maria de Fátima Moraes. *Isabel, educada para governar o Brasil*, p. 28.
4. AHMI, Maço 29 - Doc. 1.046.
5. *Apud* LACOMBE, Lourenço. *Op. cit.*, p. 22.
6. AHMI, Maço 29 - Doc. 1.046.
7. *Idem.*
8. *Idem.*
9. FRANCISCO, Ana Cristina B. L. M.. *A condessa preceptora*, p. 107.
10. *Idem, ibidem*, p. 115.
11. PINHO, Wanderley. *Op. cit.*, p. 204.
12. *Apud Idem, ibidem*, p. 204.
13. *Apud* AGUIAR, Jaqueline. *Op. cit.*, p. 85 e 86.
14. *Apud* LACOMBE, Lourenço. *Op. cit.*, p. 27.
15. LACOMBE, Lourenço. *A educação das princesas*, p. 250.
16. *Apud* FRANCISCO, Ana Cristina B. L. M.. *Op. cit.*, p. 157.
17. *Idem, ibidem*, p. 159.
18. *Apud Idem, ibidem*, p. 160 e 161.
19. *Apud* AGUIAR, Jaqueline. *Op. cit.*, p. 226.
20. *Idem, ibidem*, p. 227.
21. *Apud* LACOMBE, Lourenço. *Isabel*, p. 45.
22. *Idem, ibidem*, p. 50.
23. PRIORE, Mary Del. *Condessa de Barral: A paixão do imperador*, p. 16.
24. SODRÉ, Alcindo. *Abrindo um cofre*, p. 23.
25. *Apud* AVELLA, Aniello. *Op. cit.*, p. 207.
26. *Apud* AGUIAR, Jaqueline. *Op. cit.*, p. 183.
27. AHMI, 6.4.865, PI.B.c. 1-27.
28. *Apud* AVELLA, Aniello. *Op. cit.*, p. 194 e 195.
29. Carta de 8/10/1880. *Apud* Paulo de Matos Pedreira Cerqueira. *D. Pedro II e a condessa de Barral*, p. 379 e 380.
30. *Idem, ibidem.*

31. MONTEIRO, Mozart. *Op. cit.*, p. 197.
32. *Idem, ibidem*, p. 174.
33. *Idem, ibidem*, p. 114.
34. MONTEIRO, Mozart. *Op. cit.*, p. 307.
35. *Idem, ibidem*, p. 320.
36. MONTEIRO, Mozart. *Op. cit.*, p. 386.
37. *Apud* CERQUEIRA, Paulo de Matos Pedreira. *Op. cit.*, p. 379 e 380.
38. *Apud* LACOMBE, Lourenço. *Op. cit.*, p. 54.
39. COSTA, Marcos. *O reino que não era deste mundo*, p. 107.
40. AHMI, *Diário de d. Pedro II*, v. 9.
41. Carta do príncipe de Joinville a d. Pedro II, Claremont, 20/12/1863. Lourenço Lacombe. *Op. cit.*, p. 65.
42. *Apud* AGUIAR, Jaqueline. *Op. cit.*, p. 266.
43. *Apud* LACOMBE, Lourenço. *Isabel*, p. 63.
44. *Apud idem, ibidem*, p. 61.
45. *Idem, Ibidem*, p. 64.
46. Para saber mais sobre o assunto, ver o livro *A intriga*, de d. Carlos Tasso de Saxe-Coburgo e Bragança. Obra fundamental e a mais documentada que existe sobre as tratativas de casamento das princesas.
47. *Apud* LACOMBE, Lourenço. *Op. cit.*, p. 68.
48. *Idem, ibidem. Op. cit.*, p. 69.
49. *Apud* LACOMBE, Lourenço. *Op. cit.*, p. 75.
50. AHMI, Diário da Imperatriz d. Teresa Cristina, 1864, entrada de 31 de julho: *Pranzo con i ministri essendo gli arni dell'Imperatrice Amelia. Le mie figlie pranzarono con noi per la prima volta.*
51. Reunião social que ocorria depois do jantar.
52. *Apud* AGUIAR, Jaqueline. *Op. cit.*, p. 255.
53. Lisboa, 10 jan. 1865. *Apud* LACOMBE, Lourenço. *Op. cit.*, p. 87.
54. PRIORE, Mary del. *Castelo de papel*, p. 71.

A guerra com o Paraguai

1. *Apud* LYRA, Heitor. *Op. cit.*, v. 1, p. 164.
2. AHMI, *Diário de d. Pedro II*, v. 9.
3. *Idem*.

4. AHMI, *Diário de d. Pedro II*, v. 9.
5. *Falas do trono*, p. 594.
6. MAGALHÃES Jr., Raimundo. *D. Pedro II e a condessa de Barral*, p. 47.
7. LYRA, Heitor. *Op. cit.*, v. I, p. 228.
8. CALMON, Pedro. *Op. cit.*, v. II, p. 738.
9. *Idem, ibidem.*
10. DUARTE, Paulo de Queiroz. *Os voluntários da pátria na Guerra do Paraguai*, p. 22.
11. *Contribuições para a biografia de d. Pedro II*. p. 341.
12. *Idem, ibidem.*
13. *Apud* LYRA, Heitor. *Op. cit.*, v. II. p. 78.
14. *Apud* RANGEL, Alberto. *Gastão de Orléans*, p. 109.
15. *Apud* LACOMBE, Lourenço, *Op. cit.*, p. 118.
16. *Idem, ibidem.*
17. *Idem, ibidem.*
18. *Idem, ibidem*, p. 120.
19. *Idem, ibidem*, p. 119.
20. *Idem, ibidem*, p. 121.
21. *Apud* RANGEL, Alberto. *Op. cit.*, p. 147.
22. O pai de Jose Bonifácio, O Moço, era Martim Francisco, casado com a sobrinha, Gabriella Frederica Ribeiro de Andrada, filha do Patriarca da Independência.
23. SILVA, José Bonifácio de Andrada e (O Moço). *Discursos parlamentares*, p. 580.
24. *Idem, ibidem*, p. 582.
25. Atas do Conselho de Estado, disponíveis em: https://www.senado.leg.br/publicacoes/anais/pdf/ACE/ATAS8-Terceiro_Conselho_de_Estado_1868-1873.pdf.
26. *Apud* Manifesto Republicano, disponível em: https://edisciplinas.usp.br/pluginfile.php/3817523/mod_resource/content/2/manifesto%20republicano%201870.pd6.
27. LACOMBE, Lourenço. *Op. cit.*, p. 125.
28. *Apud* BRAGANÇA, Carlos Tasso de Saxe-Coburgo e. *A intriga*, p. 272.
29. *Apud* GUIMARÃES, Francisco Pinheiro. *Um voluntário da pátria*, p. 177.

Cidadão do mundo

1. BRAGANÇA, Carlos Tasso de Saxe-Coburgo e. *Op. cit.*, p. 280.
2. AHMI, Maço 160 — Doc. 7.412, 2 de maio de 1871.
3. *Falas do trono*, p. 667.
4. *Apud* BRAGANÇA, Carlos Tasso de Saxe-Coburgo e. *Op. cit.*, p. 308.
5. "Conselhos à regente". Carta de d. Pedro II para a princesa Isabel, 3 de maio de 1871 *apud* LYRA, Heitor. *Op. cit.*, v. 11, p. 173-174.
6. AHMI, Maço 134 — Doc 3.553.
7. AHMI. *Diário de d. Pedro II*, v. 11, anotação de 27 de maio de 1871.
8. BEDIAGA, Begonha (org.). *Diário do Imperador D. Pedro II*. Petrópolis: Museu Imperial, 1999. Volumes 11, 12 e 13. (Mídia eletrônica: CD-Rom).
9. AHMI, Maço 160 — Doc. 7.422, 16 de junho de 1871.
10. AHMI. Arquivo do Grão-Pará, carta de d. Fernando para d. Pedro II, 17 de junho de 1869.
11. AHMI, *Diário de d. Pedro II*, v. 11.
12. AHMI, *Diário de d. Pedro II*, v. 11.
13. AHMI - Arquivo do Grão-Pará IV-3(30) — 1869 — Sintra, 17 de junho.
14. AHMI - Arquivo do Grão-Pará IV-3(30) — 1869 — Sintra, 9 de agosto.
15. *Idem*.
16. Entrevista com a fonte em agosto de 2018.
17. *Apud* RAMALHO, Margarida de Magalhães. *Os criadores da Pena:* d. Fernando II e a condessa d'Edla, p. 93.
18. BESOUCHET, Lidia. *Op. cit.*, p. 196.
19. MOSSÉ, Benjamin. *Dom Pedro II, imperador do Brasil*, p. 233.
20. *Apud* CALMON, Pedro. *Op. cit.*, v. 3, p. 910.
21. NOGUEIRA DA GAMA, visconde de. *Minhas memórias*, p. 184.
22. PRIORE, Mary del. *Condessa de Barral: a paixão do imperador*, p. 196.
23. Heinrich Karl Brugsch (1827-1894). Egiptólogo alemão.
24. AHMI, *Diário de d. Pedro II*, v. 13.
25. LYRA, Heitor. *Op. cit.*, v. 2, p. 189.
26. Famoso cemitério de Paris.
27. NOGUEIRA DA GAMA, visconde de. *Op. cit.*, p. 184-185.
28. AHMI, Arquivo do Grão-Pará, carta de d. Pedro II para a princesa d. Isabel. Brindisi, 14 de novembro de 1871.

29. BESOUCHET, Lidia. *Op. cit.*, p. 234.
30. CASTELO BRANCO, Camilo. *Cancioneiro alegre I*, p. 276.
31. CORRESPONDÊNCIA entre d. Pedro II e o barão do Rio Branco (1889-1891), p, 104.
32. PRIORE, Mary Del. *Op. cit.*, p. 196.
33. *Apud* LACOMBE, Lourenço. *Op. cit.*, p. 202.
34. PINHO, Wanderley. *Cartas do imperador d. Pedro II ao barão de Cotegipe*, p. 240.
35. BARROS, Roque Spencer Maciel de. *Vida religiosa*, p. 362.
36. RAEDERS, Georges. *D. Pedro II e o conde de Gobineau*, p. 214.
37. Anais do Senado do Império do Brasil, ano 1875, livro 6, p. 341.
38. *Idem, ibidem.*
39. *Apud* LYRA, Heitor. *Op. cit.*, v. II, p. 215-216.
40. *Apud* LYRA, Heitor. *Op. cit.*, v. 11, p. 234.
41. AHMI, *Diário de d. Pedro II*, v. 17.
42. *Idem.*
43. *Apud* LYRA, Heitor. *Op. cit.*, v. II, p. 235.
44. AHMI, *Diário do imperador*, v. 17.
45. *Idem.*
46. AHMI, *Diário de d. Pedro II*, v. 21.
47. ASSUMPÇÃO, Mauricio Torres. *A história do Brasil pelas ruas de Paris*, p. 138.
48. *Idem, ibidem*, p. 139.
49. Livro com os poemas que Victor Hugo escreveu para os netos.
50. *Apud* BESOUCHET, Lidia. *Op. cit.*, p. 374-375.
51. *Idem, ibidem*, p. 375.
52. *Idem, ibidem*, p. 384-385.

O fim do império

1. *Apud* CALMON, Pedro. *História de Pedro II*, v. III, p. 1193.
2. MAGALHÃES Jr., Raimundo. *D. Pedro II e a condessa de Barral*, p. 30.
3. *Idem, ibidem.* p. 31.
4. Recomendações de d. Pedro II à princesa Isabel — Regência de 1876-1877, 25 mar. 1876. AHMI, Maço 175 - Doc. 7.972.

5. Annaes do Parlamento Brasileiro, 1879, tomo I, p. 460.
6. *Falas do trono*, p. 835 e 836.
7. AULER, Guilherme. Os bolsistas do imperador, p. 19.
8. *Idem*.
9. PARANAPIACABA, barão de. Introdução à trasladação poética..., *Revista do IHGB*, p. 62.
10. MAGALHÃES Jr., Raimundo. *O império em chinelos*, p. 88.
11. AHMI, Arquivo do Grão-Pará, XII-5, 20 mar. 1882.
12. *Gazeta de Notícias*, RJ, 29 mar. de 1882, p. 1.
13. *Idem, ibidem*.
14. *Gazeta de Notícias*, RJ, 30 mar. de 1882, p. 1.
15. *Idem, ibidem*.
16. *Gazeta de Notícias*, RJ, 1 de abr. de 1882, p. 1.
17. *Cartas a Suas Majestades*, p. 208.
18. *Idem, ibidem*, p. 212.
19. *Idem, ibidem*.
20. *O Corsário*, n. 31, RJ, 31 jan. 1881, p. 2.
21. AHMI, Maço 29 - Doc. 1.025.
22. TEIXEIRA, Múcio. *Op. cit.*, p. 126-127.
23. *Idem, ibidem*, p. 113.
24. *Idem, ibidem*, p. 116.
25. *Idem, ibidem*, p. 122.
26. AHMI, Maço 120 — Doc. 6.005.
27. MOURA, Clóvis. *Dicionário da escravidão negra no Brasil*, p. 103.
28. AHMI, Maço 206 — Doc. 9.413.
29. AHMI, Arquivo do Grão-Pará, XLI-1, 17 jun. 1887.
30. AHMI, *Diário de d. Pedro II*, v. 27.
31. AHMI, Arquivo do Grão-Pará - Princesa de Joinville a d. Isabel, 12 out. 1887.
32. MOSSÉ, Benjamin. *D. Pedro II, imperador do Brasil*, p. 202.
33. Discurso do presidente Franklin Delano Roosevelt no Congresso Nacional brasileiro em 1936. *Apud* CALMON, Pedro. *Op. cit.*, v. 5, p. 1388.
34. *Cartas do conde de Nioac a João Alfredo*, p. 224.
35. AHMI, *Diário de d. Pedro II*, v. 27.
36. *Cartas do conde de Nioac a João Alfredo*, p. 247.

37. AHMI, *Diário de d. Pedro II*, v. 27. Entrada de 13 de março de 1888.
38. PRIORE, Mary del. *O castelo de papel*: uma história de Isabel de Bragança, princesa imperial do Brasil, e Gastão de Orléans, conde d'Eu, p. 221.
39. BARMAN, Roderick J. *Princesa Isabel do Brasil*: gênero e poder no século XIX, p. 249.
40. AHMI, Arquivo do Grão-Pará, XL-2. D. Isabel para d. Pedro II, 13 de maio 1888.
41. *Cartas do conde de Nioac a João Alfredo*, p. 250.
42. AHMI, Arquivo do Grão Pará - Condessa de Barral ao conde d'Eu, 22 maio 1888.
43. AHMI, Arquivo do Grão-Pará, carta da condessa de Barral ao conde d'Eu. out. 1888.
44. AHMI, Arquivo do Grão-Pará, XII-5, 9 maio 1889.
45. ARAGÃO, Pedro Moniz de. A Rosa de Ouro, *Revista do IHGB*, p. 33.
46. AHMI, AGP, XLI-1, 12 nov. 1889.
47. *Falas do trono*, p. 865.
48. REBOUÇAS, André. *Diário...*, p. 319.
49. *Idem, ibidem*, p. 330.
50. MENDONÇA, Salvador de. "A abdicação do sr. d. Pedro II". *O Imparcial*, 13 fev. 1913.
51. FIGUEIREDO Jr., Afonso Celso de Assis. *Visconde de Ouro Preto*, p. 426.
52. Apud CALMON, Pedro. *Op. cit.*, v. 4, p. 1495.
53. AHMI, Coleção Barral-Montferrat, Carta de d. Pedro II à condessa de Barral. 24 mar. 1881.
54. *Gazeta da Tarde*, 16 jul. 1889, p. 1.
55. SENNA, Ernesto de. *Notas de um repórter*, p. 171.
56. *Jornal do Commercio*, 2 dez. 1925, p. 18.
57. PARANAPIACABA, barão de. *Op. cit.*, p. 81.
58. SENNA, Ernesto de. *Deodoro*: subsídios para a história, p. 9.
59. MONTEIRO, Tobias. *Pesquisas e depoimentos...*, p. 226.
60. TEIXEIRA, Múcio. *Op. cit.*, p. 128-130.
61. SEREJO, Jahir de Carvalho. *Fragmentos de nossa história*, p. 418.
62. Apud LYRA, Heitor. *História da queda do império*, v. 2, p. 20.
63. MONTEIRO, Tobias. *Pesquisas e depoimentos*, p. 100.
64. *Idem, ibidem*, p. 100.

65. VIANA FILHO, Luis. *Três estadistas: Rui, Nabuco, Rio Branco*, p. 173.
66. SCHIAVO, José. *A família imperial do Brasil*, p. 222.
67. Idem, ibidem.
68. *Pequena Ilustração*, Petrópolis, 19 nov. 1939, p. 6.
69. "Memória para meus filhos" foi escrito em Cannes em 30 de maio de 1890 para os seus filhos, como uma memória dos acontecimentos do dia 15 de novembro e seguintes. AHMI, Maço 207 - Doc. 9.413.
70. VIANNA, Hélio. "Notas de d. Pedro II ao livro 'Império e República ditatorial'", p. 169.
71. Esse diálogo e as demais recordações encontram-se em uma carta escrita pelo conde d'Eu à condessa de Barral durante os dias 14 e 19 de novembro de 1889 - AHMI, Maço 207 — Doc. 9.413.
72. Princesa d. Isabel aos filhos. Maço 207 — Doc. 9.413.
73. Conde d'Eu à condessa de Barral. Maço 207 — Doc. 9.435. Reproduzido no *Anuário do Museu Imperial*, 1953, p. 114ss.
74. MARTINS, Rocha. *O imperador d. Pedro II do Brasil, proscrito em Portugal*, p. 20.
75. AHMI, Memória do barão de Muritiba, Maço 206 — Doc. 9.404.
76. AHMI, Conde d'Eu à condessa de Barral, Maço 207 — Doc. 9.435.
77. AHMI, Relato do barão de Muritiba, Maço 206 — Doc. 9.404.
78. AHMI, Princesa d. Isabel aos filhos, Maço 207 — Doc. 9.413.
79. AHMI, Conde d'Eu à condessa de Barral, Maço 207 — Doc. 9.435.
80. AHMI, Rascunho no Arquivo da Casa Imperial, Maço 207 — Doc 9.102.
81. Um ponto final, um encerramento.
82. AHMI, Princesa d. Isabel aos filhos, Maço 207 — Doc. 9.413.
83. AHMI, Relato do barão de Muritiba, Maço 206 — Doc. 9.404.

Exílio e morte

1. AHMI, Princesa d. Isabel aos filhos, Maço 207 — Doc. 9413.
2. AHMI, Maço 206 — Doc. 9,394.
3. CALMON, Pedro. *Op. cit.*, v. 4, p. 1638.
4. AHMI, *Diário de d. Pedro II*, v. 29.
5. IHGB, *Baronesa de Loreto*: notas de viagem.
6. AHMI, *Diário de d. Pedro II*, v. 29.

7. AHMI. Conde d'Eu à condessa de Barral, Maço 207 — Doc. 9.435.
8. AHMI, Memória do barão de Muritiba, Maço 206 — Doc. 9.404.
9. *Jornal do Commercio*, 3 jan. 1890, p. 3.
10. MARTINS, Rocha. *Op. cit.*, p. 173.
11. AHMI. *Diário de d. Pedro II*, v. 29.
12. CALMON, Pedro. *Op. cit.*, v. 5, p. 1730.
13. AHMI. *Diário de d. Pedro II*, v. 29.
14. CALMON, Pedro. *Op. cit.*, v. 5., p. 1734.
15. *Idem*.
16. *Idem*.
17. AHMI, *Diário de d. Pedro II*, v. 29.
18. *Idem*.
19. Afonso Celso de Assis Figueiredo Jr. *O imperador no exílio*, p. 19-24.
20. *Idem*.
21. *Idem*.
22. FIGUEIREDO Jr., Afonso Celso de Assis. *O imperador no exílio*, p. 19-24.
23. AHMI I-DMI - 20/7/1890 — PII.B.d. Transcrição e tradução Fátima Argon.
24. AHMI. *Diário de d. Pedro II*, v. 29.
25. AHMI. *Diário de d. Pedro II*, v. 29.
26. AHMI. *Diário de d. Pedro II*, v. 29.
27. *Idem*.
28. *Idem*.
29. *Apud* CALMON, Pedro. *A princesa Isabel*: a redentora, p. 279.
30. AHMI, AGP XLI-5. Carta do conde d'Eu à condessa de Barral, 15 mar. 1890.
31. Rio Branco para d. Pedro II, arquivo do Grão-Pará. *Apud* CALMON, Pedro. *História de d. Pedro II*, v. 5, p. 1780.
32. AHMI. *Diário de d. Pedro II*, v. 32.
33. AHMI. *Diário de d. Pedro II*, v. 32.
34. AHMI, *Diário de d. Pedro II*, vol. 31.
35. AHMI, *Diário de d. Pedro II*, vol. 33.
36. AHMI, *Diário de d. Pedro II*, vol. 31.
37. AHMI, *Diário de d. Pedro II*, vol. 34.

38. Apud Regina Dantas. *A casa do imperador*: do Paço de São Cristóvão ao Museu Nacional. p. 49.
39. AHMI, Coleção Silva Costa, I-DAS — 8/6/1891 — PII.B.c.
40. AHMI, *Diário de d. Pedro II*, vol. 35.
41. AHMI, *Diário de d. Pedro II*, vol. 36.
42. Ver Anexo.
43. AHMI, *Diário de d. Pedro II*, vol. 42.
44. Pedro Calmon. Op. cit., vol. 5, p. 1879.
45. AHMI, *Diário de d. Pedro II*, vol. 43.
46. *Apud* Pedro Calmon. Op. cit., vol. 5, p. 1882.
47. 47. AHMI, *Diário de d. Pedro II*, vol. 34. Entrada de 10 de novembro de 1890, na qual d. Pedro comentou a respeito de mais um poema sobre o seu exílio atribuído a ele e publicado no *Diário do Comércio* em 11 de outubro.
48. Luís Gastão d'Escragnolle Dória. *D. Pedro II*, p. 448-451.

Fé de ofício

1. *Revista do Instituto Histórico e Geográfico Brasileiro*, tomo 75, p. 169.
2. TAUNAY, Visconde de. *Pedro II*.

BIBLIOGRAFIA

Fontes primárias

Arquivo do Instituto Histórico e Geográfico Brasileiro/Rio de Janeiro
Arquivo Hélio Vianna
Arquivo Wanderley Pinho
Diário da baronesa de Loreto
Diário da condessa de Barral
Arquivo Estadual da Baviera
Departamento V — Arquivos e coleções
Arquivo Família Leuchtenberg/Nachlass Familienarchiv Leuchtenberg
Arquivo Histórico do Museu Imperial/Petrópolis
Arquivo da Casa Imperial do Brasil
Arquivo do Grão-Pará
Arquivo Paulo Barbosa
Coleção Barral-Montferrat
Coleção da Casa Imperial do Brasil
Coleção Silva Costa
Arquivo Nacional da Áustria
Arquivos da Casa Imperial, da corte e do Estado
    Arquivo Nacional da Torre do Tombo/Lisboa
Cartório da Casa Real
Arquivo particular da família Lindenberg
Biblioteca Nacional/Rio de Janeiro
Coleção Tobias Monteiro

Jornais

A Verdade, 10 abr. 1832, p. 2.
Astréa, 19 set. 1826, n. 37, p. 150.
A Aurora Fluminense, 26 out. 1829, p. 1080.
Diário do Rio de Janeiro, 23 jul. 1841, p. 15.
Diário Fluminense, 10 dez. 1825, v. 6, n. 135, p. 545-546.
Diário Fluminense, n. 190, 2 set. 1825, p. 521.
Diário Fluminense, no 3, v. 7, 4 jan. 1826, p. 9.
Gazeta da Tarde, RJ, 16 jul. 1889, p. 1.
Gazeta de Notícias, RJ, 19 ago. 1883, p. 2.
Gazeta de Notícias, RJ, 1º abr. 1882, p. 1.
Gazeta de Notícias, RJ, 29 mar. 1882, p. 1.
Gazeta de Notícias, RJ, 30 mar. 1882, p. 1.
Jornal do Commercio, RJ, 6 out. 1967, p. 4.
Jornal do Commercio, RJ, 17 jan. 1840, p. 1.
Jornal do Commercio, RJ, 2 dez. 1925, p. 18.
Jornal do Commercio, RJ, 20 e 21 jan. 1840, p. 1.
Jornal do Commercio, RJ, 3 jan. 1890, p. 3.
O Álbum Semanal, 5 set. 1852, p. 188.
O Corsário, RJ, n. 31, 31 jan. 1881, p. 2.
O Futuro, 1º. jan. 1863, 8. ed., p. 238.
O Futuro, ed. n. 2, p. 46.
O Futuro, ed. n.1, p. 12.
O República, 30 mar. 1831.
Pequena Illustração, ano IX, n. 429, Petrópolis, 19 nov. 1939, p. 6.
Pequena Ilustração, Petrópolis, n. 493, 15 fev. 1941, p. 5.
Pequena Ilustração, Petrópolis, n. 514, 20 jul. 1948, p. 5.

Livros e periódicos

A INFÂNCIA e a educação de d. Pedro II e suas irmãs. Publicações do Archivo Nacional, v. XVII, Rio de Janeiro, 1917.
AGUIAR, Jaqueline Vieira de. *Princesas Isabel e Leopoldina*: mulheres educadas para governar. Curitiba: Appris, 2015.

BIBLIOGRAFIA

ALBUQUERQUE, Manuel Inácio Cavalcanti de. A propósito da condessa de Belmonte. *Anuário do Museu Imperial*, 1946.

ALENCAR, José de. *Senhora*. São Paulo: FTD, 2010.

ALMEIDA, Sylvia Lacerda Martins de. *Uma filha de d. Pedro I*: Dona Maria Amélia. São Paulo: Nacional, 1973.

ALVERNE, Francisco de. *Obras oratórias*. Rio de Janeiro: Laemmert, 1853.

ANNAES do Parlamento brazileiro: 1879, tomo I. Rio de Janeiro: Typographia Nacional, 1879.

ANAIS do Senado do Império do Brasil. Ano 1875, livro 6. Disponível em: https://www.senado.leg.br/publicacoes/anais/asp/IP_AnaisImperio_digitalizados.asp. Acesso em: 26 jan. 2019.

ARAGÃO, Pedro Moniz de. A Rosa de Ouro. *Revista do Instituto Histórico e Geográfico Brasileiro*, Rio de Janeiro, n. 219, abr.-jun. 1953.

ARAUJO, Maria Walda de. *D. Pedro II e a cultura*. Rio de Janeiro: Arquivo Nacional, 1977.

ARGON, Maria de Fátima Moraes. Isabel, educada para governar o Brasil. *Revista História Viva*, n. 45, jun. 2007.

ARMITAGE, João. *História do Brasil desde o período da chegada da família de Bragança em 1808 até a abdicação de d. Pedro I em 1831, compilada à vista dos documentos públicos e outras fontes originais, formando uma continuação da história do Brasil de Southey*. Belo Horizonte: Itatiaia; São Paulo: Edusp, 1981.

ASSUMPÇÃO, Maurício Torres. *A história do Brasil nas ruas de Paris*. Rio de Janeiro: Casa da Palavra, 2014.

ATAS do Conselho de Estado. Disponível em: https://www.senado.leg.br/publicacoes/anais/pdf/ACE/ATAS8-Terceiro_Conselho_de_Estado_1868-1873.pdf. Acesso em: 26 jan. 2019.

AULER, Guilherme. *Os bolsistas do imperador*. Petrópolis: Tribuna de Petrópolis, 1956.

AVELLA, Aniello Angelo. *Teresa Cristina de Bourbon*: uma imperatriz napolitana nos trópicos — 1843-1889. Rio de Janeiro, EdUERJ, 2014.

BARMAN, Roderick J. *Imperador cidadão e a construção do Brasil*. São Paulo: Unesp, 2012.

BARMAN, Roderick. *Princesa Isabel do Brasil*: gênero e poder no século XIX. São Paulo: Unesp, 2002.

BARRAL, Paul Paranaguá de. Um documento do visconde de Pedra Branca. *Revista de Estudos Brasileiros*, n. 5, 1968.

BARROS, Roque Spencer de. *Vida religiosa*. In: HOLANDA, Sérgio Buarque de (org.). *História geral da civilização brasileira*, tomo II, v. 4. São Paulo: Difel, 1974.

BEDIAGA, Begonha (org.). *Diário do imperador d. Pedro II*. Petrópolis: Museu Imperial, 1999. CD-ROM.

BESOUCHET, Lidia. *D. Pedro e o século XIX*. Rio de Janeiro: Nova Fronteira, 1993.

BRAGANÇA, Carlos Tasso de Saxe-Coburgo e. *A intriga*. São Paulo: Senac, 2012.

CALDEIRA, Jorge. *Mauá*: empresário do império. São Paulo, Companhia das Letras, 1995.8

CALLARI, Cláudia R. Os institutos históricos: do patronato de d. Pedro II à construção do Tiradentes. *Revista Brasileira de História*, São Paulo, v. 21, n. 40, 2001.

CALMON, Pedro. *A princesa Isabel*: a Redentora. São Paulo: Cia. Ed. Nacional, 1941.

CALMON, Pedro. *O rei filósofo*. São Paulo: Cia. Ed. Nacional, 1938.

CALMON, Pedro. *História de d. Pedro II*. Rio de Janeiro: J. Olympio, 1975. 5 v.

CAMPOS, Monsenhor Joaquim Pinto de. *O senhor d. Pedro II*: imperador do Brasil. Porto: Typographia Pereira da Silva, 1871.

CARTAS a Suas Majestades, 1859-1890. Rio de Janeiro: Ministério de Justiça, Arquivo Nacional, 1977.

CARTAS do conde de Nioac a João Alfredo. *Revista do Instituto Histórico e Geográfico Brasileiro*, Rio de Janeiro, v. 258, 1963.

CARVALHO, José Murilo de. *A construção da ordem*: a elite política imperial. Rio de Janeiro: Campus, 1980.

CARVALHO, José Murilo de. *A formação das almas*: o imaginário da República no Brasil. São Paulo: Companhia das Letras, 1990.

CARVALHO, José Murilo de. *D. Pedro II*: ser ou não ser. São Paulo: Companhia das Letras, 2007.

CARVALHO, José Murilo de. *Os bestializados*: o Rio de Janeiro e a República que não foi. São Paulo: Companhia das Letras, 1987.

BIBLIOGRAFIA

CARVALHO, José Murilo de. *Teatro de sombras*: a política imperial. Rio de Janeiro: Vértice; Iuperj, 1988.

CASTELO BRANCO, Camilo. *Cancioneiro alegre*. Porto: Livraria Internacional de Ernesto Chardron, v. I. 1887.

CERQUEIRA, Paulo de Matos Pedreira. D. Pedro II e a condessa de Barral. *Revista do IHGB*, n. 326, 1980.

CHATEAUBRIAND, Assis. Um professor de elites. *Revista do Instituto Histórico e Geográfico Brasileiro*. Rio de Janeiro: Imprensa Nacional, 1928, t. 98, v. 152.

CHIAVENATTO, Júlio José. *Genocídio americano*: a Guerra do Paraguai. São Paulo, Brasiliense, 1979.

CONTRIBUIÇÃO para a biografia de d. Pedro II. *Revista do Instituto Histórico e Geográfico Brasileiro*. Rio de Janeiro, tomo especial, 1925.

CORRESPONDÊNCIA entre D. Pedro II e o Barão do Rio Branco (1889-1891). São Paulo: Nacional, 1957.

COSTA, Emília Viotti da. *Da monarquia à república*: momentos decisivos. São Paulo: Fundação Editora da Unesp, 1999.

COSTA, Marcos. *O reino que não era deste mundo*: crônica de uma república não proclamada. Rio de Janeiro: Valentina, 2015.

DÓRIA, Luiz Gastão d'Escragnolle. D. Pedro II. *Revista do Instituto Histórico e Geográfico de São Paulo*, São Paulo, v. 16, 1911.

DÓRIA, Luiz Gastão d'Escragnolle. Uma testemunha diplomática do Sete de Abril. *Revista do Instituto Histórico e Geográfico Brasileiro*, Rio de Janeiro, tomo LXXIV, parte II, 1911.

DUARTE, Paulo de Queiroz. *Os voluntários da pátria na Guerra do Paraguai*. Rio de Janeiro: Bibliex, 1981.

FALAS do Trono. Rio de Janeiro: Imprensa Nacional, 1889.

FAZENDA, José Vieira. Antiqualhas e memórias do Rio de Janeiro. *Revista do Instituto Histórico e Geográfico Brasileiro*, Rio de Janeiro, tomo 95, v. 149.

FERREZ, Gilberto. *A fotografia no Brasil (1840-1900)*. Rio de Janeiro: Funarte, 1985.

FERREZ, Gilberto. *O Paço da cidade do Rio de Janeiro*. Rio de Janeiro: Fundação Pró-Memória, 1985.

FIGUEIREDO Jr., Afonso Celso de Assis. *O imperador no exílio*. 2. ed. Rio de Janeiro/São Paulo: Livraria Francisco Alves, s/d.

FIGUEIREDO Jr., Afonso Celso de Assis. *Oito anos de Parlamento*: poder pessoal de d. Pedro II. São Paulo, Melhoramentos, 1928.

FIGUEIREDO Jr., Afonso Celso de Assis. *Visconde de Ouro Preto*. Porto Alegre: Globo, 1935.

FRANCISCO, Ana Cristina B. L. M. *A condessa preceptora*: entre o cotidiano nos Paços Imperiais e a construção do mito. 2017. Tese de Doutorado em Educação. Universidade Católica de Petrópolis, Petrópolis.

FRAGUAS, Alessandra Bettencourt Figueiredo; FERREIRA Jr., Maurício Vicente (orgs.). *D. Pedro II e Portugal*: memória, representações e sociabilidades. Petrópolis: Museu Imperial, 2023.

GARCIA, Rodolfo. Viagens de d. Pedro II. *Revista do Instituto Histórico e Geográfico Brasileiro*, Rio de Janeiro, tomo 98, v. 152, 1925.

GUIMARÃES, Argeu. *D. Pedro II nos Estados Unidos*. Rio de Janeiro: Civilização Brasileira, 1961.

GUIMARÃES, Argeu. *Em torno do casamento de d. Pedro II*. Rio de Janeiro: Zélio Valverde, 1942.

GUIMARÃES, Argeu. *Pedro II na Escandinávia e na Rússia*. Rio de Janeiro: J. Leite, s.d.

GUIMARÃES, Francisco Pinheiro. *Um voluntário da pátria na Guerra do Paraguai*. Rio de Janeiro: José Olympio, 1936.

HAMOND, Graham Eden. *Os diários do almirante Graham Eden Hamond*. Rio de Janeiro: J. B., 1984.

HOLANDA, Sérgio Buarque de. *O Brasil monárquico 4 e 5*: o Império e a República. Rio de Janeiro/São Paulo: Difel, 1977.

INFÂNCIA e adolescência de d. Pedro II — Documentos interessantes publicados para comemorar o primeiro centenário de nascimento. Rio de Janeiro: Arquivo Nacional, 1925.

KANN, Bettina; LIMA, Patrícia Souza. *Cartas de uma imperatriz*. São Paulo: Estação Liberdade, 2006.

KOSERITZ, Carl von. *Imagens do Brasil*. Belo Horizonte: Itatiaia; São Paulo: Edusp, 1980.

LACOMBE, Américo Jacobina. *O mordomo do imperador*. Rio de Janeiro: Biblioteca do Exército, 1994.

LACOMBE, Lourenço Luiz. *Biografia de um palácio*. Petrópolis: Museu Imperial, 2007.

BIBLIOGRAFIA

LACOMBE, Lourenço Luiz. *Isabel, a princesa redentora*. Petrópolis: IHP, 1989.

LACOMBE, Lourenço Luiz. A educação das princesas. *Anuário do Museu Imperial*, Petrópolis, 1946.

LANGSDORFF, baronesa E. de. *Diário da baronesa E. de Langsdorff relatando sua viagem ao Brasil por ocasião do casamento de S.A.R. o príncipe de Joinville*. Florianópolis: Mulheres; Santa Cruz do Sul: Edunisc, 1999/2000.

LOUREIRO, João. Cartas de João Loureiro escritas do Rio de Janeiro ao conselheiro Manuel José Maria da Costa e Sá, de 1828 a 1842. *Revista do Instituto Histórico e Geográfico Brasileiro*, Rio de Janeiro, tomo 76, v. 128, 1913.

LYRA, Heitor. *História da queda do império*. São Paulo: Cia. Ed. Nacional, 1964. 2 v.

LYRA, Heitor. *História de d. Pedro II*. São Paulo: Edusp; Belo Horizonte: Itatiaia, 1977. 2 v.

MAGALHÃES Jr., Raimundo. *D. Pedro II e a condessa de Barral*. Rio de Janeiro: Civilização Brasileira, 1956.

MAGALHÃES Jr., Raimundo. *O Império em chinelos*. Rio de Janeiro: Civilização Brasileira, 1957.

MAIA, Manuel Augusto Velho da Mota. *O conde de Mota Maia*: médico e amigo dedicado de d. Pedro II. Rio de Janeiro: Francisco Alves, 1937.

MARINHO, José Antônio. *A declaração da maioridade de Sua Majestade Imperial o Senhor D. Pedro II, desde o momento em que essa ideia foi aventada no corpo legislativo até o ato de sua realização*. Rio de Janeiro: Typ. da Associação do Despertador, 1840.

MARTINS, Rocha. *O imperador do Brasil d. Pedro II*: proscrito em Portugal. Porto: AOV, 1949.

MONTEIRO, Mozart. *A vida amorosa de d. Pedro II*. Rio de Janeiro: O Cruzeiro, 1962.

MONTEIRO, Tobias. *Pesquisas e depoimentos para a história*. São Paulo: Edusp, Belo Horizonte: Itatiaia, 1982.

MONTEIRO, Tobias. *História do Império*: o Primeiro Reinado, v. 2. São Paulo: Edusp, Belo Horizonte: Itatiaia, 1982.

MORAES, A. J. de Mello. *Brasil histórico*, tomo II. Rio de Janeiro: Typographia dos Editores, 1866.

MORAES, A. J. de Mello. *História do Brasil reino e do Brasil império*, tomo I. Rio de Janeiro: Typographia de Pinheiro e Cia., 1871.

MOSSÉ, Benjamin. *D. Pedro II, imperador do Brasil*: o imperador visto pelo barão do Rio Branco. Brasília: FUNAG, 2015.

MOURA, Clóvis. *Dicionário da escravidão negra no Brasil*. São Paulo: Edusp, 2005.

NOGUEIRA DA GAMA, visconde de. *Minhas memórias*. Rio de Janeiro: Livraria Moderna, 1893.

OLIVEIRA, conselheiro Albino José Barbosa de. *Memórias de um magistrado do império*. São Paulo: Cia. Ed. Nacional, 1943.

ORLÉANS, François de. *Diário de um príncipe no Rio de Janeiro*. Rio de Janeiro: José Olympio, 2007.

OTTONI, Cristiano B. *Autobiografia*. Rio de Janeiro: Leuzinger, 1908.

PARANAPIACABA, barão de. Introdução à trasladação poética do original do *Prometeu Acorrentado*, de Ésquilo. *Revista do Instituto Histórico e Geográfico Brasileiro*, Rio de Janeiro, tomo 68, parte II, v. 112, 1905.

PINHO, Wanderley. *Salões e damas do Segundo Reinado*. São Paulo: Martins, 1942.

PRIORE, Mary del. *A condessa de Barral*: a paixão do imperador. São Paulo: Objetiva, 2008.

PRIORE, Mary del. *Castelo de papel*: uma história de Isabel de Bragança, princesa imperial do Brasil, e Gastão de Orléans, conde d'Eu. Rio de Janeiro: Rocco, 2013.

PRIORE, Mary del. *O príncipe maldito*: traição e loucura na família imperial. São Paulo: Objetiva, 2007.

RAEDERS, Georges. *D. Pedro II e os sábios franceses*. Rio de Janeiro: Atlântica Editora, s.d.

RAEDERS, Georges. *D. Pedro II e o conde de Gobineau*. São Paulo: Cia. Ed. Nacional, 1938.

RAFFARD, Henrique. Pessoas e coisas do Brasil. *Revista do Instituto Histórico e Geográfico Brasileiro*, n. 98, tomo 61, v. 2, Rio de Janeiro, 1898.

RAMALHO, Margarida de Magalhães. *Os criadores da Pena, D. Fernando II e a Condessa d'Edla*. Parques de Sintra: Monte da Lua, 2013.

RAMIREZ, Ezekiel Stanley. *As relações entre a Áustria e o Brasil 1815-1889*. São Paulo: Cia. Ed. Nacional, 1968.

RANGEL, Alberto do Rego. *A educação do príncipe*. Rio de Janeiro: Agir, 1945.

RANGEL, Alberto do Rego. *Gastão de Orléans, o último conde d'Eu*. São Paulo: Cia. Ed. Nacional, 1935.

RANGEL, Alberto do Rego. *No rolar do tempo*. Rio de Janeiro: José Olympio, 1937.

RANGEL, Alberto do Rego. *Textos e pretextos*. Tours: Arrault e Companhia, 1926.

REBOUÇAS, André. *Diário e notas autobiográficas*: texto escolhido e anotações. Rio de Janeiro: José Olympio, 1938.

REZZUTTI, Paulo. *D. Leopoldina, a história não contada*. São Paulo: LeYa, 2017. REZZUTTI, Paulo. *D. Pedro I*. Coleção A história não contada. Rio de Janeiro: Record, 2024.

REZZUTTI, Paulo. Versalhes Tropical. *Revista Aventuras na História*, edição 130, maio 2014.

RHEINGANTZ, Carlos Grandmasson. Ascendência e descendência de d. Arcângela, irmã do padre Correia. *Anuário do Museu Imperial*, Petrópolis, 1957.

RUSCHENBERGER, William Samuel Waithman. *Three years in the Pacific including notices of Brazil, Chili, Bolivia and Perou*. Filadélfia: Carey, Lea and Blanchard, 1834.

RUSINS, Alfredo Teodoro. O casamento de dom Pedro II. *Anuário do Museu Imperial*, Petrópolis, 1944.

SANDRONI, Cícero. *180 anos do Jornal do Commercio 1827-2007*. Rio de Janeiro: Quorum, 2007.

SANTOS, Francisco Marques dos. O leilão do Paço de São Cristóvão. *Anuário do Museu Imperial*, Petrópolis, 1940.

SANTOS, Francisco Marques dos. As duas últimas festas da monarquia. *Anuário do Museu Imperial*, 1941.

SCHIAVO, José. A família imperial do Brasil. *Anuário do Museu Imperial*, 1953.

SCHWARCZ, Lilia M. *As barbas do imperador*: D. Pedro II, um monarca nos trópicos. São Paulo: Companhia das Letras, 1998.

SENNA, Ernesto de. *Deodoro*: subsídios para a história. Brasília: Senado Federal, 1999.

SENNA, Ernesto de. *Notas de um repórter*. Brasília: UNB, 1983.

SEREJO, Jahir de Carvalho. Fragmentos de nossa história. *Revista do Instituto Histórico e Geográfico Brasileiro*, Rio de Janeiro, v. 256, 1962.

SILVA, José Bonifácio Andrada e (O Moço). *Discursos parlamentares*. Rio de Janeiro: Typ. de Molarinho & Mont'Alverne, 1880.

SODRÉ, Alcindo. *Aspectos da vida municipal*: crônicas petropolitanas. Petrópolis: Comissão do Centenário, 1939.

SODRÉ, Alcindo. Dom Pedro II em Petrópolis. *Anuário do Museu Imperial*, Petrópolis, 1940.

SODRÉ, Alcindo. *Abrindo um cofre*: cartas de d. Pedro II à condessa de Barral. Rio de Janeiro: Livros de Portugal, 1956.

SODRÉ, Alcindo. D. Pedro II chefe de estado. *Anuário do Museu Imperial*, Petrópolis, 1942.

SODRÉ, Alcindo. D. Pedro II e a pacificação do Rio Grande do Sul. *Revista do Instituto Histórico e Geográfico Brasileiro*, Petrópolis, 1945.

SOUSA, Otávio Tarquínio de. *José Bonifácio*. São Paulo: Edusp; Belo Horizonte: Itatiaia, 1988.

SUETÔNIO. *O antigo regime*: homens e coisas. Rio de Janeiro: Cunha e Irmãos, 1896.

SUZANNET, conde de. *O Brasil em 1845*. Rio de Janeiro: Casa do Estudante Brasileiro, 1957.

TAUNAY, Affonso de E. Depoimentos vários sobre a corte de d. Pedro I e sobre este monarca. *In*: TAUNAY, Affonso de E. *Do reino ao império*. São Paulo: Diário Oficial, 1927.

TAUNAY, Alfredo d'Escragnolle. *O grande imperador*. São Paulo: Melhoramentos, 1932.

TAUNAY, Alfredo d'Escragnolle. *Pedro II*. São Paulo: Cia. Ed. Nacional, 1933.

TAUNAY, Alfredo d'Escragnolle. *Reminiscências*. São Paulo: Melhoramentos, 1923.

TÁVORA, Araken. *D. Pedro II e seu mundo através da caricatura*. Rio de Janeiro: Editora Documenta, 1976.

TEIXEIRA, Múcio. *O imperador visto de perto*. Rio de Janeiro: Leite Ribeiro, 1937.

BIBLIOGRAFIA

TORRES, João Camilo de Oliveira. *A democracia coroada*: teoria política do Império do Brasil. Brasília: Câmara dos Deputados, 2017.

TOSTES, Vera Lúcia Bottrel. *Princípios de heráldica*. Rio de Janeiro: [s.n.], 1993.

VALERA, Juan. *Correspondência*, v. I. Madri: Castalia, 2002.

VASCONCELOS, Maria Celi Chaves. *A casa e os seus mestres*: a educação no Brasil de oitocentos. Rio de Janeiro: Gryphus, 2005.

VERNA, D. Mariana Carlota de. *Introdução do Pequeno Catecismo Histórico, oferecido a Sua Alteza Imperial d. Pedro de Alcântara*. Rio de Janeiro: Signot Plancher, 1830.

VIANA Filho, Luís. *Três estadistas*: Rui, Nabuco, Rio Branco. Rio de Janeiro: José Olympio, 1981.

VIANNA, Hélio. Notas de d. Pedro II ao livro "Império e República ditatorial". *Revista do Instituto Histórico e Geográfico Brasileiro*, v. 277.

VIANNA, Hélio. *D. Pedro I e d. Pedro II*: acréscimos às suas biografias. São Paulo: Cia. Ed. Nacional, 1966.

VIANNA, Hélio. *Letras imperiais*. Rio de Janeiro: MEC, s.d.

WALSH, reverendo Robert. *Notices of Brazil in 1828 and 1829*. 2 v. Londres: Frederick Westley and A. H. Davis, 1830.

WITTE, Cláudia Thomé. *D. Amélia*: a neta de Napoleão que se tornou imperatriz do Brasil. São Paulo: Leya Brasil, 2023.

AGRADECIMENTOS

Esta nova edição da biografia de d. Pedro II foi enriquecida graças à generosidade de uma parceira de anos, a pesquisadora Cláudia Thomé Witte. Cláudia cedeu fotos das cartas pessoais do imperador do Brasil que localizou na Torre do Tombo e das cartas de d. Pedro II e de suas irmãs ao avô, o imperador Francisco I da Áustria, que estão no Arquivo Nacional austríaco. Também devo um agradecimento especial a d. Pedro Carlos, bisneto da princesa Isabel, que autorizou a minha pesquisa e a reprodução das cartas que se encontram no Arquivo do Grão-Pará. Não teria sido possível aprofundar o estudo da relação entre a família de Bragança no Brasil e em Portugal sem isso. Igualmente, sou grato à Fundação Maria Luisa e Oscar Americano, que cedeu imagens de seu acervo para a publicação desta nova edição. Muito obrigado ao diretor cultural da instituição, Eduardo Monteiro, ao produtor executivo Érico Vital Brasil, à museóloga Rosa Esteves e ao designer Flávio Scramignon Rabelo.

Quando este livro foi publicado pela primeira vez, em 2019, eu profetizei que a historiadora Alessandra Bettencourt Figueiredo Fraguas caminhava para ser uma das maiores conhecedoras de d. Pedro II, e não estava errado. Além da sua contribuição na época, ela vem produzindo estudos cada vez mais aprofundados sobre o segundo e último imperador brasileiro. Meu muito obrigado também à historiadora Maria de Fátima Argon, que me ajudou muito na pesquisa a distância e depois presencialmente. À Neibe Machado Costa, pelo apoio de sempre. Do setor museológico, a pesquisa iconográfica não seria completa sem a colaboração e as dicas da Ana Luísa Alonso de Camargo e da ajuda da Aline Maller Ribeiro. Uns dos "anjos" deste livro foi Claudia Maria Souza Costa, da Biblioteca do Museu Imperial. Sem a sua colaboração, esta obra estaria muito menos completa. A ela e a sua equipe, o meu muito obrigado, bem como a toda a equipe do professor Maurício Vicente Ferreira Júnior, diretor do Museu Imperial.

Agradeço à professora doutora Maria Celi Chaves Vasconcellos, por todas as questões relativas à educação, tanto do imperador quanto das filhas. Também agradeço à dra. Ana Cristina Borges López Monteiro Francisco, pela ajuda em entender um pouco mais sobre a condessa de Barral e pelos diversos contatos e documentos obtidos em Petrópolis. À Jaqueline Vieira de Aguiar, que me fez entender melhor sobre a educação das duas princesas, filhas de d. Pedro II e d. Teresa Cristina. À professora Vera Lúcia Cabana de Queiroz Andrade, pela ajuda com as informações sobre o imperador e o Colégio Pedro II. À professora Regina Wanderley, pelas inúmeras dicas de arquivos, matérias e documentos sobre d. Pedro II. Também um agradecimento especial a Maura Corrêa e Castro, da biblioteca do IHGB, por confirmar e esclarecer alguns pontos sobre as obras do imperador guardadas na instituição. E a Fábio Canova, pelo empréstimo de material sobre o imperador e de imagens de peças de sua coleção. Obrigado, Adriana e Neusa, como sempre, pela paciência.

Este livro foi composto na tipografia Minion Pro,
em corpo 11,5/15,5, e impresso em
papel off-white no Sistema Cameron da
Divisão Gráfica da Distribuidora Record.